Das internationale Zivilverfahren im französischen Rechtskreis

Berliner Schriften zum internationalen und ausländischen Privatrecht

Herausgegeben von Prof. Dr. Helmut Grothe, Freie Universität Berlin

Freie Universität Berlin

Band 4

PETER LANG
Frankfurt am Main · Berlin · Bern · Bruxelles · New York · Oxford · Wien

Bernhard Kunkler

Das internationale Zivilverfahren im französischen Rechtskreis

Eine rechtsvergleichende Untersuchung des autonomen internationalen Zivilverfahrensrechts Frankreichs, Belgiens und Québecs

PETER LANG
Internationaler Verlag der Wissenschaften

Bibliografische Information der Deutschen Nationalbibliothek
Die Deutsche Nationalbibliothek verzeichnet diese Publikation in der Deutschen Nationalbibliografie; detaillierte bibliografische Daten sind im Internet über http://dnb.d-nb.de abrufbar.

Zugl.: Berlin, Freie Univ., Diss., 2008

Gedruckt auf alterungsbeständigem,
säurefreiem Papier.

D 188
ISSN 1865-486X
ISBN 978-3-631-59713-2

www.peterlang.de

Vorwort

Die vorliegende Arbeit wurde im Sommersemester 2008 von der juristischen Fakultät der Freien Universität Berlin als Dissertation angenommen. Sie befindet sich auf dem Stand von Juni 2006. Spätere Gesetzgebung, Rechtsprechung und Literatur, u.a. die deutsche Reform des Verfahrens in Familiensachen und Angelegenheiten der freiwilligen Gerichtsbarkeit vom 1. September 2009, konnte nicht mehr berücksichtigt werden.

Mein Dank gebührt meinem Doktorvater, Herrn Prof. Dr. Helmut Grothe für seine wertvollen Anregungen und die Aufnahme der Arbeit in diese Schriftenreihe. Herrn Prof. Dr. Arnaud Nuyts von der Université libre de Bruxelles und Herrn Prof. Dr. H. Patrick Glenn von der McGill University Montréal danke ich für die Unterstützung während meiner Forschungsaufenthalte in Belgien und Québec. Herrn Rechtsanwalt Dr. Niklas Conrad habe ich für die Beherbergung und die fruchtbaren Diskussionen während meines Forschungsaufenthaltes in Paris zu danken. Ihm, Herrn Rechtsanwalt Johannes Callet, Licencié en droit, Frau Rechtsreferendarin Anne Treschanke, LL.M. und Herrn Vincent Assmann danke ich für die musikalische Begleitung während der Promotionszeit. Bei Frau Rechtsanwältin Antje Böhme, Herrn Rechtsanwalt Ishak Jonas Isik, LL.M., Herrn Rechtsanwalt Oliver Reichard, D.E.S.S. sowie Herrn Richter Bo Meyer bedanke ich mich für die Korrekturlesearbeiten.

Vor allem aber danke ich meinen Eltern, die mich stets und in jeder erdenklichen Hinsicht unterstützt haben. Ihnen widme ich diese Arbeit.

Berlin im Dezember 2009 | Bernhard Kunkler

Inhaltsverzeichnis

Einleitung

Einer international zu beobachtenden Tendenz folgend,[1] haben Québec und Belgien kürzlich ihr autonomes IPR und mit diesem auch ihr autonomes IZVR kodifiziert. Dies mag erstaunen: Was Belgien betrifft, stellt die zunehmende „Europäisierung“ des mitgliedsstaatlichen IZVR den Sinn einer nationalen Kodifikation in Frage, und auch die Erforderlichkeit der Quebecer Kodifikation lässt sich angesichts der zunehmenden gesetzgeberischen Tätigkeit der kanadischen Föderation im Bereich des IZVR in Zweifel ziehen.

Diese Betrachtungsweise ließe jedoch außer Acht, dass sich die geltenden gemeinschaftsrechtlichen Regelungen darin erschöpfen, das IZVR für Fälle mit einem bestimmten innergemeinschaftlichen Bezug zu regeln. Die beiden wichtigsten EU-Verordnungen in diesem Bereich, EuGVO und EheVO II, setzen dementsprechend grundsätzlich einen Beklagten mit Sitz bzw. eine Partei mit gewöhnlichem Aufenthalt in einem EU-Mitgliedsstaat voraus. Auch die bundesgesetzlichen kanadischen Regelungen betreffen allein innerkanadische Sachverhalte. Mit der stetig zunehmenden – wirtschaftlichen und gesellschaftlichen – globalen Verflechtung steigt jedoch auch die Zahl der Fälle, die den erforderlichen Bezug zur jeweiligen Gemeinschaft nicht aufweisen und daher dem autonomen IZVR unterfallen, sofern keine anderweitige staatsvertragliche Regelung eingreift. Gerade für Parteien aus dem weit entfernten Ausland ist eine klare gesetzliche Regelung des IZVR dann eine große Hilfe bei der Entscheidung darüber, welche Erfolgschancen ein eventuelles Gerichtsverfahren im Inland hätte. Daher ist die Entscheidung des belgischen wie des Quebecer Gesetzgebers, das autonome IPR unter Einschluss des autonomen IZVR zu kodifizieren, in doppelter Hinsicht, nämlich zeitlich und räumlich, „weitsichtig“.

Der aufgezeigten Bedeutung der IPR-Kodifikationen entsprechen langwierige, rechtsvergleichende Vorarbeiten auf höchstem Niveau.

In Québec wurde zunächst eine Kommission eingesetzt, die 1975 den Entwurf einer IPR-Kodifikation vorlegte.[2] Dieser wurde nach einer ersten Überarbeitung

---

1 Siehe nur die neuen IPR-Gesetze der Schweiz (1987), Rumäniens (1992) und Italiens (1995).

2 Québec, Office de révision du Code civil, Rapport sur le droit international privé, XXXII, Montréal 1975.

in den 1977 vorgestellten Entwurf eines reformierten Zivilgesetzbuchs integriert.[3] Ihren endgültigen Platz fanden die Vorschriften nach weiteren Änderungen in den Jahren 1988 und 1990 im zehnten Buch des *Code civil du Québec*[4], der 1991 verabschiedet wurde, jedoch erst 1994 in Kraft trat. Auch das belgische Reformvorhaben begann im Jahr 1998 mit der Einsetzung einer Kommission, die im Jahr 2001 zunächst den Vorentwurf einer IPR-Kodifikation vorlegte.[5] Nach einer ausführlichen Stellungnahme des belgischen Conseil d'État[6] wurde 2003 eine Gesetzesinitiative[7] eingebracht, die daraufhin von den Justizkommissionen beider Kammern des Parlaments geprüft wurde.[8] Im Oktober 2004 trat der *Code de droit international privé* schließlich in Kraft.

Bei der Erarbeitung des neuen Quebecer IPR wurden nicht nur die Lösungen des richterrechtlichen französischen Rechts, sondern auch neuere IPR-Kodifikationen, allen voran das Schweizer Bundesgesetz über das internationale Privatrecht, berücksichtigt.[9] Zudem nutzte der Gesetzgeber die Gelegenheit, bestehende – aber teilweise umstrittene – Einflüsse des common law auf das Quebecer IZVR gesetzlich zu fixieren. Das belgische Gesetzeswerk wurde ebenfalls von zeitgenössischen IPR-Gesetzen, insbesondere dem EGBGB, dem spanischen, dem italienischen und dem Schweizer IPR-Gesetz, sowie vom europäischen Zivilverfahrensrecht beeinflusst.[10]

Aber nicht nur was ihre Genese angeht, sondern auch im Hinblick auf ihre Zielsetzungen weisen beide Kodifikationen Gemeinsamkeiten auf:

Der belgische CDIP verfolgt ausweislich der Gesetzgebungsmaterialien drei Ziele, nämlich Rechtsklarheit, Modernisierung und internationale Öffnung.[11] Diese drücken sich im Bereich der internationalverfahrensrechtlichen Bestimmungen wie folgt aus:

---

3 Québec, Office de révision du Code civil, Rapport sur le Code civil: Projet de Code civil, vol. 1, Québec 1978.

4 Online: www.canlii.org/qc/legis/loi/ccq/20060213/tout.html.

5 *Avant-projet de loi portant le Code de droit international privé*, Doc. Parl., Sénat, 2001-2002, no. 2-1225/1 S. 1-201 (im Folgenden: *Avant-projet de loi*).

6 *Avis du conseil d'État*, Doc. Parl., Sénat, 2001-2002, no. 2-1225/1 S. 202-293 (im Folgenden: *Avis du Conseil d'Ètat*).

7 *Proposition de loi portant le Code de droit international privé*, Doc. Parl., Sénat, 2003, no. 3-27/1 (im Folgenden: *Proposition de loi*).

8 *Rapport fait au nom de la commission de la justice du Sénat*, Doc. Parl., Sénat, 2003-2004, no. 3-27/7 (im Folgenden: *Rapport Sénat*); *Second rapport fait au nom de la commission de la justice du Sénat*, Doc. Parl., Sénat, 2003-2004, no. 3-27/11; *Rapport fait au nom de la commission de la justice de la Chambre*, Doc. Parl., Chambre, 2003-2004, no. 51-1078/005 (im Folgenden: *Rapport Chambre*).

9 Siehe *Goldstein/Groffier*, D.i.p. I, no. 18, S. 38.

10 *Boularbah*, J.T. 2005, S. 174 no. 3.

11 *Proposition de loi*, S. 3 ff.

Der Rechtsklarheit dient zum einen die ausdrückliche Regelung etlicher Grundsatzfragen, etwa die Regelung der Anerkennbarkeit und Vollstreckbarkeit ausländischer öffentlicher Urkunden,[12] der Beweiswirkung *(force probante)* ausländischer Entscheidungen und Urkunden,[13] sowie der tatsächlichen Berücksichtigung *(effet de fait)* ausländischer Entscheidungen und Urkunden.[14] Zum anderen wird die Rechtsklarheit durch eine nahezu erschöpfende Regelung des IZVR gefördert. Der CDIP widmet nicht nur den klassischen Kategorien (Personenstand, Familienrecht, Erbrecht, Delikts- und Vertragsrecht, Sachenrecht), sondern auch dem internationalen Gesellschaftsrecht[15], dem internationalen Insolvenzrecht[16] sowie dem *trust*[17] eigene Bestimmungen.

Vom Bestreben, das belgische IZVR zu modernisieren, zeugt u.a. die fast vollständige Verdrängung des zuständigkeitsrechtlichen Anknüpfungspunkts der Nationalität durch den gewöhnlichen Aufenthalt und die Einführung einer gesonderten Bestimmung über die Anerkennbarkeit einer einseitigen Verstoßung der Ehefrau durch den Ehemann.[18]

Das Ziel internationaler Öffnung manifestiert sich u.a. in der ausdrücklichen Berücksichtigung von Rechtsinstituten, die dem innerstaatlichen belgischen Recht fremd sind (einseitige Verstoßung des Ehepartners, *trust* etc.), sowie in einem vergleichsweise liberalen Anerkennungsrecht.

Auch das Quebecer IZVR fördert die genannten Ziele. Das zehnte Buch des C.C.Q. enthält etliche klarstellende Regelungen, etwa über die zuvor umstrittene Qualifikationsmethode,[19] über die Lehre vom „forum non conveniens“[20] oder über die anerkennungsrechtliche Kontrolle des im Erststaat angewendeten Rechts.[21] Modernisiert wurde das IZVR u.a. durch die Aufgabe der Doppelfunktionslehre und die Einführung einer neuartigen Zuständigkeit für die zunehmend auftretenden Streitigkeiten über die Haftung für asbestverursachte Schäden.[22] Die internationale Öffnung Québecs schlägt sich u.a. in der Einführung des Verfahrenshindernis-

---

12 Art. 27 CDIP.
13 Artt. 26, 28 CDIP.
14 Art. 29 CDIP.
15 Artt. 109, 115 CDIP.
16 Artt. 118, 121 CDIP.
17 Art. 123 CDIP.
18 Art. 57 CDIP.
19 Art. 3078 C.C.Q.
20 Art. 3135 C.C.Q.
21 Art. 3157 C.C.Q.
22 Art. 3151 C.C.Q.; eine inhaltlich vergleichbare Regelung galt allerdings bereits seit 1989, siehe unten II B 3 a (5) aa iv.

ses bei ausländischer Rechtshängigkeit[23] sowie in einer deutlichen Liberalisierung des Anerkennungsrechts[24] nieder.

Die Reform des internationalen Privat- und Verfahrensrechts in Belgien und Québec läutet eine neue Ära ein. Das dort zuvor geltende IPR orientierte sich stark am französischen Vorbild. Wie den französischen Code civil hatten beide Staaten zu großen Teilen auch das richterrechtlich geprägte französische IPR übernommen und dessen Entwicklungen häufig nachvollzogen. Die beiden Kodifikationen markieren nicht nur einen formellen Bruch mit der französischen Mutterrechtsordnung, in welcher sich Kodifizierungsbestrebungen im Bereich des IPR nach wie vor nicht durchgesetzt haben.[25] Vielmehr wurde die Reform in beiden Staaten auch zum Anlass genommen, das geltende Recht inhaltlich zu überprüfen, und neue, eigenständige Lösungen zu entwickeln.

---

23 Art. 3137 C.C.Q.

24 Siehe dazu *Glenn*, [1997] 28 Can. Bus. L. J. 404 ff.

25 Siehe dazu *Muir Watt*, Droits 1998.149 ff.

Ziel und Gang der Untersuchung

Die vorliegende Arbeit verfolgt ein doppeltes Ziel. Untersucht werden soll zum einen, wie sich das IZVR des französischen Rechtskreises durch seine Kodifizierung in Belgien und Québec weiterentwickelt hat. Zum anderen soll aufgezeigt werden, welche Konzepte des französischen Rechtskreises bei einer eventuellen Kodifizierung des deutschen autonomen IZVR in Erwägung zu ziehen wären. Dass eine solche Kodifizierung auch in Zeiten einer „Europäisierung“ des IZVR von nicht unerheblichem Interesse ist, zeigt bereits die Entscheidung des belgischen Gesetzgebers, das autonome IZVR ausdrücklich gesetzlich zu regeln.

Entsprechend dem Aufbau der belgischen und der Quebecer Kodifikation gliedert sich die folgende Darstellung in zwei Teile. Der erste Teil der Arbeit befasst sich mit den Voraussetzungen der Zulässigkeit eines Zivilverfahrens mit Auslandsbezug. Gegenstand des zweiten Teils ist die Anerkennung und Vollstreckbarerklärung ausländischer Entscheidungen.

I. Die Zulässigkeit internationaler Zivilverfahren

Der erste Teil der vorliegenden Arbeit beschäftigt sich mit den Zulässigkeitsvoraussetzungen eines Zivilverfahrens mit Auslandsberührung. Diese lassen sich in drei Kategorien einteilen, die zugleich den Aufbau des ersten Teils vorgeben: Gegenstand des ersten Kapitels (A) sind die Partei-, Prozess- und Postulationsfähigkeit. Das zweite Kapitel (B) ist den Regelungen über die internationale Entscheidungszuständigkeit gewidmet. Im dritten Kapitel (C) werden schließlich mögliche Verfahrenshindernisse erörtert. Die Regeln über die Befreiung von der Gerichtsbarkeit gleichen sich weitgehend,[26] sodass auf ihre Darstellung verzichtet wird.

A Partei-, Prozess- und Postulationsfähigkeit

Anders als das deutsche (internationale) Zivilverfahrensrecht, unterscheidet der französische Rechtskreis Partei-, Prozess- und Postulationsfähigkeit nicht deutlich voneinander, sondern fasst sie unter dem Begriff der *capacité d'ester en justice*, also der „Fähigkeit, vor Gericht zu stehen", zusammen. Im Allgemeinen untergliedert sich die *capacité* allerdings stets in die *capacité de jouissance* (Rechtsfähigkeit) und die *capacité d'exercice* (Handlungs-/Geschäftsfähigkeit). Erstere ist im hier zu erörternden Zusammenhang mit der Parteifähigkeit vergleichbar, während letztere der Prozess-[27] und Postulationsfähigkeit entspricht.

Die Postulationsfähigkeit, d.h. die Fähigkeit, Prozesshandlungen in eigener Person wirksam vornehmen zu können, wird übereinstimmend als prozessuale

---

26 Siehe *Schack*, IZVR, Rn. 131 ff. (Deutschland), *Mayer/Heuzé*, D.i.p., no. 320 ff. (Frankreich), *Rigaux*, D.i.p. II, no. 790 ff. (Belgien) und *Emanuelli*, D.i.p. québecois, no. 197 ff. (Québec).

27 Die Terminologie ist allerdings nicht ganz einheitlich. Manche französischen und belgischen Autoren und teilweise auch die Rechtsprechung verorten die Prozessfähigkeit statt unter der Prozessvoraussetzung *„capacité"* unter derjenigen der *„qualité"*, ohne dass dies jedoch das Ergebnis beeinflusst, siehe etwa *De Leval*, Élements de procédure civile, no. 10 ff.

Frage angesehen und als solche[28] der lex fori unterstellt.[29] Hinsichtlich der Parteifähigkeit (a) und der Prozessfähigkeit (b) ist dagegen zu differenzieren.

1) Parteifähigkeit

Die Fähigkeit, Partei eines Prozesses, also Kläger, Beklagter oder Intervenient zu sein, ist überall Voraussetzung für die Zulässigkeit eines Zivilverfahrens. Während die Parteifähigkeit natürlicher Personen recht einheitlich geregelt ist (a), divergieren die Lösungen bei juristischen Personen erheblich (b).

a) Natürliche Personen

(1) Deutschland

Die Prozessvoraussetzung der Parteifähigkeit ist in der ZPO geregelt und knüpft nach innerstaatlichem Prozessrecht gemäß § 50 ZPO an die Rechtsfähigkeit an. Bei ausländischen Personen entscheidet einer Ansicht nach auf Grund dieses Verweises das Personalstatut i.S.d. Art. 7 EGBGB. Nach der Gegenansicht ist § 50 ZPO auf die Parteifähigkeit ausländischer Personen unanwendbar. Diese soll sich stattdessen gemäß einer ungeschriebenen prozessrechtlichen Kollisionsnorm direkt nach ihrem prozessualen Heimatrecht, d.h. nach den ausländischen Vorschriften zur Parteifähigkeit, beurteilen.[30] Anhand des (materiellen bzw. prozessualen) Heimatrechts ist nach h.M. auch die Frage der Parteifähigkeit des nasciturus zu beurteilen.[31]

---

28 Über prozessuale Fragen entscheidet im Grundsatz überall die lex fori: Für Deutschland *Nagel/Gottwald*, IZPR, § 1 Rn. 41; für Frankreich *Huet*, Jurisclasseur Droit international, Fasc. 582-10 no.7 ff.; für Belgien *Rigaux*, D.i.p., no. 839; für Québec Art. 3132 C.C.Q.

29 Für Deutschland: Staudinger-*Hausmann*, BGB, Art. 7 EGBGB, Rn. 103; *Schack*, IZVR, Rn. 541; *Schütze*, Deutsches IZPR², Rn. 200 m.w.N.
Für Frankreich: *Motulsky*, Procédure civile et commerciale, no. 108; *Solus/Perrot*, Droit judiciaire privé III, no. 25; *Huet*, Jurisclasseur Droit international, Fasc. 582-20, no. 29.
Für Belgien: T.p.i. Bruxelles 2.9.2002, R.D.C.B. 2003, S. 170.
Auch in Québec ist dies allgemeine Meinung. *Glenn* (D.i.p., no. 69) berücksichtigt die Postulationsfähigkeit folgerichtig nicht in seiner Darstellung derjenigen Fragen, deren prozess- oder materiellrechtliche Qualifikation umstritten ist.

30 Nachweise zu beiden Ansichten bei Staudinger-*Hausmann*, BGB, Art. 7 EGBGB, Rn. 95.

31 Staudinger-*Hausmann*, BGB, Art. 7 EGBGB, Rn. 66; Staudinger-*Dörner*, BGB, Art. 25 EGBGB Rn. 80; *v.Bar*, IPR II, Rn. 4, 6. Für eine akzessorische Anknüpfung der Vorfrage

(2) Frankreich, Belgien, Québec

Der französische Rechtskreis kennt keine mit § 50 ZPO vergleichbare gesetzliche Bindung der Partei- an die Rechtsfähigkeit. Gleichwohl wird die Parteifähigkeit als Attribut der Rechtsfähigkeit begriffen.[32] Letztere kommt nach den innerstaatlichen Prozessrechten des französischen Rechtskreises jeder existierenden natürlichen Person zu.[33] Eine bis vor Kurzem bestehende Ausnahme, der strafrechtliche *contumax* des französischen Rechts, wurde mit Wirkung zum 1.10.2004 abgeschafft.[34] In internationalen Streitigkeiten entscheidet angesichts des gerade erwähnten Zusammenhanges das Personalstatut,[35] dessen Anknüpfungspunkt allerdings variiert. Da die Rechtsfähigkeit natürlicher Personen mittlerweile ein universell anerkanntes Prinzip ist, ist es zwar häufig nicht relevant, welches Recht zur Anwendung gelangt. Allerdings unterscheiden sich die nationalen Rechtsordnungen teilweise im Bezug auf den Beginn und das Ende der Rechtsfähigkeit. Insbesondere für die Parteifähigkeit des nasciturus kann es daher ausschlaggebend sein, welches Recht Personalstatut ist.

Nach französischem Kollisionsrecht untersteht die Rechtsfähigkeit dem Personalstatut, d.h. gemäß Art. 3 al. 3 C.civ.[36] in seiner Auslegung durch die Rechtsprechung[37] grundsätzlich dem Recht des Staates, dem die Person angehört.[38] Nach dem Heimatrecht dürfte sich auch der Beginn und das Ende der Rechtsfähigkeit richten.[39] *Glenn* entnimmt einer älteren erbrechtlichen Entscheidung der Pariser Cour d'appel[40], das Gericht habe die Rechtsfähigkeit eines ausländischen infans

---

der Rechts- und damit wohl auch der Parteifähigkeit im Bereich des Erbrechts hingegen MüKo-*Birk*, BGB, Art. 25 EGBGB, Rn. 203; *Raape*, IPR, S. 436 f. (unter ausdrücklicher Zulassung eines Renvoi auf das Heimatrecht). Für eine akzessorische Anknüpfung sämtlicher besonderer Rechtsfähigkeiten des Ungeborenen *Kegel*, IPR, S. 546.

32 *Huet*, Jurisclasseur Droit international, Fasc. 582-10, no. 37 f..

33 Frankreich: *Valéry*, Manuel de D.i.p., no. 461; *Vincent/Guinchard*, Procédure civile, no. 490; *Héron/Le Bars*, Droit judiciaire privé, no. 181 f.; *Solus/Perrot*, Droit judiciaire privé I, no. 284 ff.; Belgien: *Rouard*, Droit judiciaire privé, no. 144.

34 Gemäß Art. 627-21 C.proc.pén. konnte demjenigen, der sich der Strafverfolgung entzog, die Rechtsfähigkeit aberkannt werden.

35 *Huet*, Jurisclasseur Droit international, Fasc. 582-10, no. 37.

36 ***Art. 3 al. 3 C.civ.*** *Les lois concernant l'état et la capacité des personnes régissent les Français, même résidant en pays étrangers.*

37 Die einseitige Kollisionsnorm wurde bereits kurz nach Inkrafttreten des Code civil allseitig ausgebaut, siehe C.A. Paris 13.6.1814, S. 1815.2.67.

38 Siehe *Loussouarn/Bourel/De Vareilles-Sommières*, D.i.p., no. 163 ff.

39 So *Huet*, Jurisclasseur Droit international, Fasc. 582-10, no. 36 a.E.

40 C.A. Paris 8.4.1938, JDI 1938.1038.

conceptus nach dem Erbstatut beurteilt,[41] was auf eine akzessorische Anknüpfung hinausliefe. Allerdings fielen Erb- und Personalstatut im konkreten Fall zusammen und das Gericht begründete seine Entscheidung in diesem Punkt auch nicht, sodass die Entscheidung wohl nicht als dahingehendes Indiz verstanden werden kann.

Aus den belgischen Gesetzesmaterialien ergibt sich, dass Beginn und Ende der Rechtspersönlichkeit, soweit diese Voraussetzung eines bestimmten Rechtsverhältnisses ist, gemäß Art. 34 § 2 CDIP nach dem Recht zu beurteilen sind, welches auf das betreffende Rechtsverhältnis anzuwenden ist.[42] Diese Lösung stimmt mit der des Art. 34 S. 2 CH-IPRG[43] überein. So beurteilt sich etwa die Frage, ob der nasciturus erben oder als Kind anerkannt werden kann, akzessorisch nach dem Erb- bzw. dem Abstammungsstatut.[44] Ob diese akzessorische Anknüpfung auf die korrespondierende Parteifähigkeit ausgedehnt wird, ist bislang nicht geklärt. Sofern Art. 34 § 2 CDIP nicht auf die Parteifähigkeit anwendbar ist, beurteilt sich diese nach der Grundregel des Art. 34 § 1 CDIP, wonach sich die Rechtsfähigkeit nach dem Recht des Staates richtet, dessen Nationalität die betreffende Person besitzt.

Nach dem Vorbild des Art. 34 S. 2 CH-IPRG schlagen *Goldstein* und *Groffier* de lege ferenda auch für Québec eine akzessorische Anknüpfung des Beginns der Rechtspersönlichkeit vor.[45] De lege lata untersteht die Rechtsfähigkeit jedoch dem Domizilrecht, Art. 3083 al. 1 C.C.Q.[46] Allerdings ist die Parteifähigkeit in Art. 57 C.P.C.Q. gesondert geregelt. Die Vorschrift bestimmt, dass jede außerhalb von Québec domizilierte Person, der nach dem Recht ihres ausländischen Domizils

---

41 *Glenn*, La capacité de la personne en droit international privé francais et anglais, no. 271.

42 *Proposition de loi, Commentaire des articles* (im Weiteren: *„Commentaire"*) – Art. 34 CDIP.

43 **Art. 34 CH-IPRG** Die Rechtsfähigkeit untersteht schweizerischem Recht.
Beginn und Ende der Persönlichkeit unterstehen dem Recht des Rechtsverhältnisses, das die Rechtsfähigkeit voraussetzt.

44 *Proposition de loi, Commentaire des articles* (im Weiteren: *„Commentaire"*) – Art. 34 CDIP.

45 *Goldstein/Groffier*, D.i.p. II, no. 203.

46 Nach innerstaatlichem Quebecer Recht gilt der nasciturus wohl nicht als parteifähig: Einer Kombination der Artt. 617 und 192 al. 2 C.C.Q. wird entnommen, dass die Rechtspersönlichkeit grundsätzlich erst beginnt, sobald der Mensch lebendig und lebensfähig (*„vivant et viable"*) geboren wird. Zwar wird das Kind schon vor seiner Geburt als geboren angesehen, wenn dies seinem Interesse entspricht und es später tatsächlich lebendig und lebensfähig geboren wird. Diese Fiktion soll dem Fötus aber keine Rechtspersönlichkeit verleihen, siehe Cour suprême du Canada 8.8.1989 „Tremblay c. Daigle" [1989] R.C.S. 530 (bezüglich der Frage des Rechts auf Leben gegenüber der abtreibungswilligen Mutter). Siehe zum Ganzen *Oullette*, Des personnes, no. 6 f.

die *„capacité d'ester en justice"* (die auch die Parteifähigkeit umfasst) zukommt, diese Fähigkeit auch in Québec besitzt. Die Parteifähigkeit in Québec untersteht folglich dem Domizilrecht.

(3) Stellungnahme

In deliktischen Streitigkeiten ohne grenzüberschreitenden Bezug wird die Rechts- und Parteifähigkeit des nasciturus kaum diskutiert.[47] [48] Das liegt wohl daran, dass sie wegen der „Stärke" des Deliktsrechts des französischen Rechtskreises, das grundsätzlich auch für primäre Vermögensschäden sowie immaterielle Schäden Ersatz gewährt,[49] praktisch keine Rolle spielt. Denn sowohl die Eltern als auch das einmal geborene Kind können jeweils im eigenen Namen Ersatz für sämtliche Schäden beanspruchen. Auf die Rechts- und Parteifähigkeit des Ungeborenen kommt es daher regelmäßig nicht an.[50]

---

47 Diskussionsansätze etwa bei *Labbée*, L'enfant concu n'est pas créancier d'aliments, D. 1999.Jur.177 und *Lamazerolles*, Irrégularité de l'action en justice de la société en formation, D. 2000.Jur.630, Fn. 5.

48 Für den Bereich des französischen Erbrechts war die Rechtsfähigkeit des nasciturus bislang allgemein anerkannt. Seit einer Gesetzesänderung im Jahr 2001 steht dies allerdings in Frage: Aus Art. 725 C.civ. a.F. ergab sich, dass die Existenz einer Person nicht an den Zeitpunkt der Vollendung der Geburt geknüpft war, sondern bereits der Gezeugte aber noch Ungeborene als existent (und damit wie oben erwähnt als rechtsfähig) angesehen wurde, sofern er später lebensfähig zur Welt kam. Der Wortlaut des Art. 725 C.civ. n.F. scheint nunmehr zu besagen, dass der später lebensfähig geborene infans conceptus gerade nicht „existent" ist: *„Pour succéder, il faut exister à l'instant de l'ouverture de la succession ou, ayant déjà concu, naître viable."* Ob die Rechtsprechung vor diesem Hintergrund die Rechtsfähigkeit des infans conceptus in Frage stellen wird, ist bislang noch nicht geklärt. Der Gesetzgeber verfolgte dieses Ziel mit der Gesetzesänderung jedenfalls nicht ausdrücklich. Siehe zum Ganzen *Baudin-Maurin*, Être ou ne pas être..., D. 2002.Chr.1763.

49 Artt. 1382 ff. C.civ.belge bzw. Art. 1457 ff. C.C.Q. nehmen ebenso wenig eine Eingrenzung auf bestimmte Rechtsgüter vor wie Artt. 1382 ff. des französischen C.civ. Art. 1457 C.C.Q. bestimmt sogar ausdrücklich, dass sich die Schadensersatzpflicht generell auch auf immaterielle Schäden bezieht: *„Toute personne a le devoir de respecter les règles de conduite qui, suivant les circonstances, les usages ou la loi, s'imposent à elle, de manière à ne pas causer de préjudice à autrui. Elle est, lorsqu'elle est douée de raison et qu'elle manque à ce devoir, responsable du préjudice qu'elle cause par cette faute à autrui et tenue de réparer ce préjudice, qu'il soit corporel, moral ou matériel. (...)"*.

50 Siehe die Entscheidung der französischen Cour de cassation in Cass.Ass.pl. 17.11.2000, JCP 2000.II.no. 10438: Ein durch einen ärztlichen Prognosefehler unerkannt schwer behindertes Kind wurde von der Mutter, die bei Kenntnis dieses Umstandes die Schwangerschaft abgebrochen hätte, ausgetragen. Nach der Geburt klagten Kind und Eltern gegen den Arzt auf Ersatz sämtlicher ihnen entstandener Schäden.

Anders liegt es jedoch bei Streitigkeiten mit grenzüberschreitendem Bezug. Dies zeigt sich, wenn lex causae und Personalstatut des Ungeborenen auseinanderfallen: Gewährt das Deliktsstatut nur begrenzt Ersatz für immaterielle Schäden und setzt es eine Verletzung persönlicher Rechtsgüter voraus, kann es vorkommen, dass die Eltern häufig keine eigenen Ersatzansprüche haben. Entscheidend ist dann, ob der Ungeborene selbst rechts- und parteifähig ist.

Wird dies nun nach dem Personalstatut beurteilt, kann es zu einer besonderen Art von „Normenmangel" kommen: Zeichnet sich die Rechtsordnung im Heimatstaat des nasciturus durch ein „starkes" Deliktsrecht aus, verneint jedoch dessen Rechts- und Parteifähigkeit und ist das Deliktsstatut „schwach", resultiert aus der Kombination beider Rechtsordnungen, dass weder die Eltern noch das Kind einen Ersatzanspruch geltend machen können. Durch eine akzessorische Anknüpfung der Rechts- und Parteifähigkeit würde dies vermieden. Soweit eine akzessorische Anknüpfung nicht in Betracht kommt, kann diese Art des „Normenmangels" nur durch Anpassung behoben werden.

b) Juristische Personen

Juristische Personen begegnen in vielerlei Varianten, die sich in drei Kategorien einteilen lassen, nämlich in juristische Personen des öffentlichen Rechts, juristische Personen des Privatrechts mit Gewinnerzielungsabsicht (insbesondere: Gesellschaften) und in juristische Personen des Privatrechts ohne Gewinnerzielungsabsicht. Da die Parteifähigkeit juristischer Personen des öffentlichen Rechts überall regelmäßig als unproblematisch angesehen wird[51] und die Parteifähigkeit privatrechtlicher Personen ohne Gewinnerzielungsabsicht mit kleineren Abweichungen[52] den Regeln folgt, die für die Parteifähigkeit gewinnorientierter Zusammenschlüsse gelten, konzentriert sich die Darstellung auf letztere.

---

51 Für Deutschland: *Geimer*, IZPR, Rn. 2212. Im französischen Rechtskreis wird auf das Heimatrecht abgestellt (für Frankreich etwa *Loussouarn/Bourel/De Vareilles-Sommières*, D.i.p., no. 704; für Belgien C.cass. belge 8.2.1849, Pas. 1849.I.221; *Rigaux/Fallon*, D.i.p. II, no. 1578; Berufungsgerichtshof Gent 6.12.2001, T.R.V. 2002, 376). Dieses ist regelmäßig das Recht des Staates, dessen Bestandteil die juristische Person ist, sodass die Konformität der Gründung mit diesem Recht gewährleistet ist.

52 Für sie gelten folgende gesetzliche Regelungen: Während ausländische *associations* in Frankreich früher gemäß Artt. 22-24 eines Gesetzes vom 1.7.1901 (D.P. 1901.4.105) nur dann als parteifähig angesehen wurden, wenn sie von der Regierung genehmigt worden waren, werden sie seit einer Gesetzesänderung vom 9.10.1981 gemäß Artt. 2 i.V.m. 6 des Gesetzes von 1901 (konsolidierte Fassung) als parteifähig angesehen, wenn sie den in Art. 5 al. 3 des Gesetzes enthaltenen Publikationsanforderungen nachgekommen sind. Diese Anforderung verstößt nach Ansicht der Cour de cassation nicht gegen Artt. 6 I, 14 EMRK, siehe Cass.crim. 16.11.1999, D. 2000.Inf.rap.22. Anders *Boré/*

Im Folgenden werden zunächst die Voraussetzungen der Parteifähigkeit ausländischer juristischer Personen (1), anschließend die Erweiterung der Parteifähigkeit zu Verkehrsschutzzwecken (2) und letztlich die Problematik des Verlusts der Parteifähigkeit durch grenzüberschreitende Sitzverlegung erläutert (3).

(1) Voraussetzungen der Parteifähigkeit

Zwei multilaterale Konventionen über die Anerkennung ausländischer Gesellschaften sind gescheitert.[53] Außerhalb des Anwendungsbereichs bilateraler Verträge gilt daher das autonome IZVR. Nach allen verglichenen Rechtsordnungen hängt die Parteifähigkeit im Ergebnis davon ab, ob der ausländischen juristischen Person nach ihrem Heimatrecht Rechts- bzw. Parteifähigkeit zukommt (aa). Daher ist zu erörtern, nach welchen Grundsätzen sich das Personalstatut ausländischer Personen bestimmt (bb). Eine formelle Anerkennung der juristischen Person durch das Inland ist im Ergebnis nirgends mehr erforderlich (cc).

aa) Rechts- bzw. Parteifähigkeit nach dem Personalstatut

Alle verglichenen Rechtsordnungen setzen im Ergebnis voraus, dass der juristischen Person nach dem Personalstatut Rechts- bzw. Parteifähigkeit zukommt:

In Deutschland ist wegen der Anknüpfung der Partei- an die Rechtsfähigkeit in § 50 I ZPO umstritten, ob ausländische Gebilde, die nach ihrem Personalstatut

---

De Salve de Bruneton, L'action en justice des associations étrangères, D. 2001.Jur.665, no. 15 ff. Eingehend zur Entwicklung *Loussouarn/Bourel/De Vareilles-Sommières*, D.i.p., no. 716 ff. Nach der Revision eines belgischen Gesetzes vom 27.6.1921 (durch Gesetz vom 2.5.2002, M.B. 11.12.2002, S. 55696) sieht dessen Neufassung in Art. 26 octies Entsprechendes vor. Sowohl das französische als auch das belgische Gesetz setzen aber eine wirksame Gründung der *association* – nach dem Recht ihres tatsächlichen Sitzes – voraus.

In Deutschland bedürfen ausländische Vereine und Stiftungen zur Erlangung der Rechtsfähigkeit trotz der Abschaffung des Art. 10 a.F. EGBGB noch immer einer Genehmigung durch den Bundesinnenminister, §§ 23, 80 S. 2 BGB. Siehe dazu *Kegel*, IPR, S. 586 f.

In Québec müssen sogenannte *coopératives* nach Art. 13 der *Loi sur les coopératives* L.R.Q., chapitre C-67.2 (online: www.canlii.org/qc/legis/loi/c-67.2/20050809/tout.html) von der Regierung genehmigt werden. Dies gilt aber wohl nicht für ausländische *coopératives*, die lediglich einer wirksamen Gründung nach ihrem Heimatrecht bedürfen.

53 Die Haager Konvention vom 1.6.1956 (zu dieser ausführlich *Loussouarn/Bredin*, Droit du commerce international, no. 289 ff.) und die europaweite Brüsseler Konvention vom 29.2.1968 (zu dieser *Mestre/Velardocchio*, Lamy sociétés commerciales 2005, no. 511) wurden nicht in ausreichender Zahl ratifiziert.

nicht rechts-, wohl aber parteifähig sind, auch vor deutschen Gerichten Parteifähigkeit genießen. Während ein Teil des Schrifttums und einige ältere Gerichtsentscheidungen gemäß der Konzeption des § 50 I ZPO eine Verweisung auf die materiellen ausländischen Vorschriften über die Rechtsfähigkeit annehmen,[54] gehen ein anderer Teil des Schrifttums sowie die neuere Rechtsprechung von einer ungeschriebenen Kollisionsnorm aus, die unmittelbar auf das prozessuale Heimatrecht, d.h. auf die ausländischen Vorschriften zur Parteifähigkeit verweist.[55] Im Vordringen befindet sich allerdings eine alternative Anknüpfung an die ausländische Rechts- und Parteifähigkeit.[56]

Diese alternative Anknüpfung findet sich auch im französischen Rechtskreis: Da die Parteifähigkeit als Attribut der Rechtsfähigkeit angesehen wird, ist ein ausländisches Gebilde, das nach seinem Heimatrecht Rechtspersönlichkeit genießt, d.h. nach dem Personalstatut wirksam gegründet[57] und nicht wieder endgültig untergegangen ist,[58] in Frankreich parteifähig.[59] Nach der französischen Rechtsprechung reicht aber auch schon allein die heimatrechtliche Parteifähigkeit aus. So wurde die Parteifähigkeit einer *partnership* englischen[60] bzw. New Yorker[61] Rechts oder eines italienischen Vereins[62] bejaht, obwohl diese Zusammenschlüsse nach ihrem Heimatrecht nicht rechtsfähig waren.[63] Ebenso scheint die Rechtslage in Belgien zu sein.[64]

---

54 BGH 30.6.1965, JZ 1965, 580; *Schütze*, Deutsches IZPR², Rn. 186 m.w.N. aus der Rechtsprechung.

55 *Pagenstecher*, ZZP 64 (1951), 249 ff. (251); *Rosenberg/Schwab/Gottwald*, Zivilprozessrecht, § 43 Rn. 3; Staudinger-*Großfeld*, IntGesR, Rn. 290 ff m.w.N. Auch einige Gerichtsentscheidungen rekurrieren direkt auf die heimatrechtliche Parteifähigkeit: BGH 17.10.1968, BGHZ 51, 27; BGH 3.2.1999, IPRax 2000, 21, 22; OLG Koblenz 17.10.1985, RIW 1986, 137.

56 So *Geimer*, IZPR, Rn. 2205; *Furtak*, Die Parteifähigkeit in Zivilverfahren mit Auslandsberührung, S. 161 ff (173); Reithmann/Martiny-*Hausmann*, Internationales Vertragsrecht, Rn. 2254; *Nagel/Gottwald*, IZPR, § 4 Rn. 16.

57 Siehe *Batiffol/Lagarde*, D.i.p.⁷ I, no. 199; *Glenn*, La capacité de la personne en droit international privé français et anglais, no. 55 und 198.

58 Für die Zwecke ihrer Abwicklung kann jedoch auch eine liquidierte Gesellschaft parteifähig sein, siehe Cass.civ.¹ 26.11.1975, RCDIP 1976.504 mit Anmerkung P.L. Vgl. zum belgischen Recht Cass.belg. 9.2.2000, Bull.belge 2000, no. 101, wonach eine anlässlich einer Fusion absorbierte Gesellschaft nicht mehr parteifähig ist.

59 Nachweise aus der Rechtsprechung bei *Huet*, Jurisclasseur Droit international, Fasc. 582-10.

60 C.A. Paris 6.6.1912, JDI 1914.1278 mit Anmerkung Sewell.

61 C.A. Paris 8.11.1991, RCDIP 1993.736.

62 C.A. Paris 25.1.1995, Gaz.Pal. 1996.1.540 mit Anmerkung Benas.

63 Zustimmend *Motulsky*, Procédure civile et commerciale, no. 100.

64 Inzident Cass.belge 11.1.1979, J.T. 1979.464 (465). Das Gericht verwarf das von der Revision vorgetragene Argument, die Bezeichnung einer parteifähigen Person als Ver-

Gemäß Art. 57 C.P.C.Q. ist hingegen die heimatrechtliche Parteifähigkeit auch in Québec maßgeblich. Die Parteifähigkeit eines ausländischen Gebilde, das nach seinem Heimatrecht nur rechtsfähig ist, ist angesichts dieser Vorschrift äußerst fraglich.

bb) Bestimmung des Personalstatuts

Fraglich ist, wie das Personalstatut ermittelt wird. Grundsätzlich kommen hierfür drei Methoden in Betracht. Nach der sog. „Kontrolltheorie" ist auf die Nationalität derjenigen natürlichen Personen abzuheben, die die juristische Person kontrollieren. Dies gestaltet sich allerdings häufig schwierig. Fraglich ist nicht nur, ob die Staatsangehörigkeit der Anteilseigner oder die der Geschäftsführer entscheiden soll, sondern auch, welche Nationalität bei einer Vielzahl verschiedener Nationalitäten – etwa bei einem internationalen *joint venture* – ausschlaggebend sein soll. Überdies ist der Anknüpfungspunkt instabil und kann schwer zu ermitteln sein. Insbesondere im Fall börsennotierter Aktiengesellschaften lässt sich kaum feststellen, wer zu einer bestimmten Zeit Anteilseigner ist und welche Nationalität er besitzt. Sind die kontrollierenden Personen ebenfalls juristische Personen, stellt sich die Frage, wie deren „Nationalität" ermittelt werden soll. Die „Kontrolltheorie" ist daher wenig geeignet.

Nach der sog. „Gründungstheorie" ist das Recht des Staates anzuwenden, nach welchem die juristische Person gegründet bzw. inkorporiert worden ist. Für diese Anknüpfung spricht die eindeutige Feststellbarkeit des Gründungs-/Inkorporationsortes, der sich regelmäßig durch eine leicht nachprüfbare Formalität (in der Regel eine Registereintragung) auszeichnet. Da sich dieser Ort nicht im Nachhinein verändern kann, bietet er als Anknüpfungspunkt auch Stabilität, die Problematik des Statutenwechsels stellt sich kaum. Zudem ist das Personalstatut für die juristische Person selbst und Dritte ohne Weiteres vorhersehbar. Darüber hinaus zollt die Gründungstheorie dem durch die Gründung in einem bestimmten Staat ausgedrückten Willen der Gesellschafter Respekt, die Gesellschaft dem dort herrschenden Recht zu unterstellen.[65]

Nach der sog. „Sitztheorie" schließlich ist das Recht am tatsächlichen Sitz der juristischen Person maßgebend. Für sie spricht, dass eine tatsächliche Verbin-

---

treter könne die nach dem Heimatrecht mangelnde Parteifähigkeit einer englischen Vereinigung heilen, mit folgender alternativ gefasster Argumentation: *„Que l'indication d'une personne physique ou morale qui représenterait ces associations ne peut avoir d'effet, dès lors que les associations elles-mêmes ne justifient pas de leur existence juridique ou de leur capacité d'ester en justice; (...)"*.

65 Das auf den Gesellschaftsvertrag anwendbare Recht kann nach allen verglichenen Rechten grundsätzlich von den Vertragsparteien gewählt werden.

dung zum Ort des tatsächlichen Wirkens der Gesellschaft gewährleistet wird. Dem Entstehen von „Briefkastengesellschaften“ und dem Ausnutzen von Rechts- und Steuerparadiesen wird vorgebeugt. Zudem wird der inländische Rechtsverkehr vor dem Auftreten juristischer Personen, die einem unbekannten und möglicherweise unzureichenden Haftungsrecht unterliegen, geschützt. Allerdings kann sich der tatsächliche Sitz in einen anderen Staat verlagern, er stellt also einen weniger stabilen Anknüpfungspunkt dar als der Gründungsort. Zudem ist die Bestimmung des tatsächlichen Gesellschaftssitzes häufig schwieriger als die des Gründungsortes, da sie eine Lokalisierung bestimmter faktischer Gegebenheiten voraussetzt.

In Deutschland, Frankreich und Belgien herrscht mit Unterschieden im Detail die Sitztheorie vor (i-v), während das Quebecer Recht der Gründungstheorie folgt (vi).

(i) Die Sitztheorie in Deutschland

Das gemäß § 50 ZPO auf die Parteifähigkeit von ausländischen juristischen Personen anwendbare Personalstatut ist nach deutschem IZVR – vorbehaltlich der EuGH-Rechtsprechung in diesem Bereich – das Recht am effektiven Verwaltungssitz der juristischen Person. Dieser befindet sich an dem Ort, an dem die Geschäftsführung erfolgt bzw. die dazu berufenen Vertretungsorgane tätig werden.[66] Teilweise wird eine widerlegliche Vermutung angenommen, nach der eine nach ausländischem Recht wirksam gegründete Gesellschaft ihren Sitz in diesem Staat haben soll.[67] Nach h.M. handelt es sich um eine Gesamtverweisung, sodass grundsätzlich das Recht des Gründungsstaates angewendet wird, falls das Recht des Sitzstaates auf dieses verweist.[68]

(ii) Die Sitztheorie in Frankreich

Entgegen vereinzelter Kritik aus dem Schrifttum[69] stellt auch die französische Rechtsprechung im Grundsatz auf das am tatsächlichen Sitz der juristischen Per-

---

66 Siehe BGH 21.3.1986, BGHZ 97, 269, 272; OLG Hamm 4.10.1996, RIW 1997, 236, 237.

67 *Geimer*, IZPR, Rn. 2210b; OLG Oldenburg, 4.4.1989, NJW 1990, 1422.

68 *Geimer*, IZPR, Rn. 2208; Staudinger-*Großfeld*, IntGesR, Rn. 109; Reithmann/Martiny-*Hausmann*, Internationales Vertragsrecht, Rn. 2219; *Grothe*, Ausl. KG&Co., S. 47 ff.; *Furtak*, Die Parteifähigkeit in Zivilverfahren mit Auslandsberührung, S. 87 ff. (90) m.w.N.
Zu möglichen Ausnahmen von der Beachtlichkeit eines Renvoi siehe Reithmann/Martiny-*Hausmann*, a.a.O., Rn. 2219-2221.

69 *Audit*, D.i.p., no. 1087 plädiert für eine grundsätzliche Anwendung des Gründungsrechts, die nur dann der Sitz- oder Kontrolltheorie weichen soll, wenn sich die Vermutung einer Gesetzesumgehung aufdrängt.

son, dem *siège (social) réel*, geltende Recht ab. Diese Konzeption hat der Gesetzgeber inzwischen auch in der einseitigen Kollisionsregel des Art. 1837 C.civ.[70] verankert, der zu Folge Gesellschaften mit tatsächlichem Sitz in Frankreich den französischen Gesetzen unterstehen. Der statutarische Sitz begründet allerdings eine widerlegliche Vermutung für den tatsächlichen Sitz; nur wenn das Gericht diese Lokalisierung für fiktiv hält, ermittelt es den tatsächlichen Sitz selbst.[71] Für maßgeblich gehalten wird heute nicht mehr der Ort, an dem die Gesellschaft – etwa durch Produktion oder Absatz von Gütern – ihre Aktivität entfaltet, sondern wie in Deutschland derjenige Ort, an dem die Entscheidungen der Hauptgeschäftsführung getroffen werden. Die Verweisung auf das Sitzrecht wird wie in Deutschland als Gesamtverweisung aufgefasst.[72]

In besonders gelagerten Fällen hat die Rechtsprechung auch die Kontrolltheorie angewendet.[73]

(iii) Die Sitztheorie in Belgien

Nach Art. 58 al. 1 C. soc.[74] sind „im Ausland gegründete Gesellschaften mit ausländischem Sitz in Belgien parteifähig". Einzige Voraussetzung für die Parteifähigkeit einer ausländischen juristischen Person ist somit deren Existenz. Gemäß Art. 111 § 1 no. 1 CDIP bestimmt das auf die juristische Person anwendbare Recht auch über deren Ent- und Bestehen und nach Art. 110 al. 1 CDIP ist Per-

---

70 ***Art. 1837 C.civ.*** *Toute societé dont le siège est situé sur le territoire francais est soumise aux dispositions de la loi française.*
Les tiers peuvent se prévaloir du siège statutaire, mais celui-ci ne leur est pas opposable par la société si le siège réel est situé en un autre lieu.

71 Die Entscheidung darüber, ob die Lokalisierung im Gesellschaftsvertrag fiktiv ist, überlässt die Cour de cassation dem Einschätzungsspielraum der Instanzgerichte, siehe z.B. Cass.Com. 25.5.1950, RCDIP 1951.291; T.g.i. Seine, 30.1.1963, RDCIP 1964.456 mit Anmerkung Y.L.

72 C.A. Paris 19.3.1965 „Banque Ottomane", JDI 1966.118 mit Anmerkung Goldmann, RCDIP 1967.85 mit Anmerkung Lagarde. Ebenso C.A. Paris 3.10.1984 „Banque Ottomane", RCDIP 1985.526 mit Anmerkung Synvet.

73 So wurde sie im Zusammenhang mit der Unabhängigkeit Algeriens angewendet, siehe dazu unten I A 1 b (3) aa.
Des Weiteren spielte die Kontrolltheorie auch in Kriegszeiten eine Rolle, sofern es um die Beschlagnahme feindlicher Güter ging. Sie sollte vermeiden, dass feindliche Güter durch Einbringen in eine französische Tarngesellschaft vor dem Zugriff geschützt werden, siehe dazu *Loussouarn/Bredin*, Droit du commerce international, no. 256 und 260. Schließlich folgen auch einige gesetzliche Bestimmungen der Kontrolltheorie, siehe *Mestre/Velardocchio*, Lamy sociétés commerciales 2005, no. 510.

74 ***Art. 58 al. 1 C.soc.*** *Les sociétés constituées en pays étranger et y ayant leur siége réel pourront faire leurs opérations en Belgique et ester en justice, et y établir une succursale.*

sonalstatut das Recht des Staates, auf dessen Territorium die juristische Person zur Zeit ihres Entstehens ihre „Hauptniederlassung" *(„établissement principal")* hatte. Letztere wird als Synonym zum „tatsächlichen Sitz" verstanden.[75] Mit dieser Regelung hat der Gesetzgeber die bereits vor der Kodifikation verfolgte Anknüpfung[76] bestätigt. Die für die Sitzermittlung maßgeblichen Anhaltspunkte zählt Art. 4 § 3 CDIP auf. Danach bestimmt sich die Hauptniederlassung einer juristischen Person „für die Zwecke des vorliegenden Gesetzes insbesondere nach dem Zentrum der Geschäftsführung, sowie nach dem Zentrum ihrer Geschäfte oder Aktivitäten, subsidiär nach dem in den Statuten festgelegten Sitz." Nach den Gesetzesmaterialien[77] sind die aufgezählten Indizien nach abnehmender Wichtigkeit geordnet. Folglich kommt dem Zentrum der Geschäftsführung bei der Sitzbestimmung mehr Gewicht zu als dem Ort, an dem die Aktivität der juristischen Person nach außen ins Werk gesetzt wird. Am geringsten ist die Bedeutung des statutarischen Sitzes, der nur „subsidiär" zu berücksichtigen ist. Nach altem belgischem IZVR wurde der tatsächliche Sitz dagegen solange am statutarischen Sitz vermutet wie diese Lokalisierung nicht durch gegenteilige Fakten in Frage gestellt wurde.[78]

In Ausnahme zum allgemeinen Ausschluss des Renvoi in Art. 16 CDIP ist der Verweis des Sitz- auf das Gründungsrecht gemäß Art. 110 al. 2 CDIP beachtlich.

(iv) Vergleich

In vielerlei Hinsicht decken sich die Konzeptionen des deutschen, französischen und belgischen IZVR. Überall gilt die Sitztheorie unter Beachtung eines Renvoi des Sitzrechts auf das Gründungsrecht. Zudem bestimmt sich der Sitz in erster Linie danach, wo die Willensbildung der Gesellschaft stattfindet, eine Sachfrage, deren Ermittlung den Tatsachengerichten überlassen bleibt. Überdies spielt der statutarische Sitz überall eine Rolle bei der Sitzbestimmung.

Das neue belgische Recht nimmt allerdings in zweierlei Hinsicht eine Sonderstellung ein. Zum einen billigt es dem statutarisch festgelegten Sitz nur noch den Stellenwert eines subsidiären und damit recht schwachen Indizes zu. In Frankreich und Deutschland geht man demgegenüber wie nach altem belgischen Recht vom statutarischen Sitz aus und fragt sodann, ob entgegenstehende Anhaltspunkte die Vermutung, dass dieser dem tatsächlichen Sitz entspricht, widerlegen.

---

75 Siehe *Proposition de loi, Commentaire* – Art. 4 CDIP. Dort wird darauf hingewiesen, dass *établissement principal* und *siège réel* identisch aufzufassen sind: *„Pour les personnes morales [...], le siège réel est similaire au principal établissement"*.

76 Siehe *Rigaux/Fallon*, D.i.p. II, no. 1591.

77 *Proposition de loi* – Commentaire, Art. 4 CDIP.

78 *Duranton*, Nationalité (Généralités), S. 23, no. 129 m.w.N.

Zum anderen bildet das Zentrum der gesellschaftlichen Aktivität den zweitwichtigsten Anhaltspunkt bei der Sitzbestimmung. In Frankreich wurde die Eignung dieses Kriteriums ausführlich diskutiert. Heute wird es angesichts seiner mangelnden Stabilität überwiegend abgelehnt.[79] Auch in Deutschland ist das Zentrum der Aktivität nicht ausschlaggebend. Wie schnell sich dieser Anknüpfungspunkt verlagern kann, zeigt sich insbesondere bei internationalen Unternehmen, die regelmäßig neue Märkte erschließen oder sich aus alten zurückziehen und dabei nicht selten ihr zentrales Betätigungsfeld von einem Staat in den anderen verlagern. Die zunehmende Involvierung des Internet bei Vertragsschlüssen und Leistungserbringung verursacht zusätzliche Schwierigkeiten bei der Lokalisierung des Zentrums der Aktivität. Zudem kann sich die Aktivität einer Gesellschaft, insbesondere die eines sog. *global player,* in gleichem Maß auf mehrere Staaten erstrecken, sodass ein Zentrum der Aktivität kaum bestimmbar ist. Letztlich gibt es Gesellschaften, die gar keine Aktivität entfalten, etwa „schlafende" Gesellschaften[80] oder solche, die sich in Liquidation befinden.

Bemerkenswert ist daher, dass der belgische Gesetzgeber diesem Kriterium (wenngleich nur nachrangige) Bedeutung beimisst. Es ging ihm wohl darum, die Sitzbestimmung durch eine Abwägung verschiedener Kriterien zu flexibilisieren. Nach der gesetzgeberischen Intention erlaubt diese Methode etwa, den Gesellschaftssitz abweichend vom Ort der Geschäftsführung zu verorten, wenn das Zentrum der gesellschaftlichen Aktivität und der statutarische Sitz in einem anderen Staat zusammenfallen. Dadurch soll vermieden werden, eine Tochtergesellschaft, die ihren statutarischen Sitz in Belgien hat und dort auch ihre geschäftliche Aktivität entfaltet, allein deshalb ausländischem Recht unterstellen zu müssen, weil sie von einer im Ausland ansässigen Muttergesellschaft gesteuert wird.[81]

(v) Ausblick

Nach der Rechtsprechung des EuGH ist die Sitztheorie im Verhältnis der EU-Mitgliedsstaaten untereinander zumindest teilweise nicht mehr anwendbar.[82] In der

---

79 Siehe *Audit*, no. 1082; *Loussouarn/Bourel/De Vareilles-Sommières*, D.i.p., no. 707, S. 925; *Duranton*, Nationalité (Généralités), S. 17 no. 91.

80 Diese werden auf Vorrat gegründet, um später eine Tätigkeit aufzunehmen.

81 Siehe *Proposition de loi, Commentaire* – Art. 4 CDIP: *„La combinaison de tels indices permet par exemple de considérer comme ayant son siège réel en Belgique la filiale d'une société dont le siège réel est à l'étranger, dès lors que le centre des affaires et le siège statutaire sont situés en Belgique : en d'autres termes, la seule circonstance que le pouvoir de direction s'exerce à partir d'une société mère située à l'étranger ne suffirait pas à disqualifier la localisation du siège réel en Belgique."*

82 Die Aberkennung der Parteifähigkeit einer in einem EU-Staat wirksam gegründeten Gesellschaft kann mit der in Artt. 43 i.V.m. 48 EGV postulierten Niederlassungsfreiheit

Rechtssache „Überseering“ stützte Generalanwalt Colomer seine Schlussanträge nicht nur auf die europarechtliche Niederlassungsfreiheit, sondern auch auf einen möglichen Verstoß der Folgen der Sitztheorie gegen Artt. 6 I und 13 EMRK sowie deren erstes Zusatzprotokoll,[83] eine Argumentation, die, wie sich noch zeigen wird, auch die Cour de cassation verwendet, um die Parteifähigkeit bestimmter ausländischer Gesellschaften contra legem zu gewährleisten.[84] Dieses Argument könnte herangezogen werden, um die Völkerrechtswidrigkeit der Anwendung der Sitztheorie auch auf drittstaatliche Gesellschaften zu begründen. Der EuGH hat dazu jedoch keine Position bezogen. Soweit keine bilaterale Konvention die Anwendung der Sitztheorie verbietet,[85] ist ihre Anwendbarkeit im Verhältnis zu Drittstaaten umstritten.

So wird in Deutschland wie in Frankreich von einigen vertreten, die Sitztheorie sei generell nicht mehr haltbar, andere halten sie im Verhältnis zu Drittstaaten weiterhin für anwendbar.[86]

Der belgische Gesetzgeber hat die Sitztheorie ohne Einschränkung für EU-interne Sachverhalte in Artt. 110, 112 CDIP festgeschrieben. Auch Art. 58 C. soc.

---

konfligieren. Diese ist in die primäre Niederlassungsfreiheit (Verlegung des Gesellschaftssitzes von einem EU-Staat in einen anderen) und die sekundäre Niederlassungsfreiheit (Gründung einer Zweigniederlassung in einem anderen EU-Staat) zu untergliedern. Da eine Zweigniederlassung keine eigene Rechtspersönlichkeit besitzt, tangiert die Ausübung der sekundären Niederlassungsfreiheit die Parteifähigkeit nicht.
Über die Sitzverlegung in einen anderen EU-Mitgliedsstaat hatte der EuGH in den Rechtssachen „Daily Mail“ (EuGH 27.9.1988, Rs. 81/87, Slg. 1988, S. 5483) und „Überseering“ (EuGH 5.11.2002, Rs. C-208/00, „Überseering“, Slg. 2002, S. I-9919) zu entscheiden. In der Rechtssache „Inspire Art“ (EuGH 30.9.2003, Rs. C-167/01, Slg. 2003, S. I-10155) wurde die Parteifähigkeit der Gesellschaft hingegen nicht in Frage gestellt.

83 Slg. 2002, I, S. 9922 ff., Nrn. 57 und 58.

84 Siehe unten I A 1 b (1) cc (iii).

85 So insbesondere Art. 14 § 5 der Konvention zwischen den Vereinigten Staaten und Frankreich vom 25.11.1959, (siehe J.O. 1960) oder Art. 25 V 2 des Freundschafts-, Handels- und Schifffahrtsvertrages mit den USA vom 29.10.1954 (BGBl. 1956.II, S. 488). Für eine Anwendung des letzteren siehe BGH 29.1.2003, IPRax 2003, 265, 266 (Parteifähigkeit einer in Florida inkorporierten Gesellschaft mit tatsächlichem Sitz in Deutschland).

86 Deutschland: Für eine generelle Abschaffung der Sitztheorie u.a. Stein/Jonas-*Bork*, ZPO, § 50 Rn. 53; *Behrens*, IPRax 2003, 193 (205 f.); *Leible/Hoffmann*, ZIP 2003, 925ff. (930). Dagegen u.a. *Borges*, RIW 2000, 167 (178), allerdings noch vor Erlass der „Überseering“-Entscheidung; *Ebke*, JZ 2003, 927 ff. (930); OLG Zweibrücken 20.10.2000, NJW-RR 2001, 341, 342.
In Frankreich prognostiziert etwa *Pataut*, Liberté d'établissement et droit international privé des sociétés, D. 2004.Jur.492 ff. das Ende der Sitztheorie. *Mestre/Velardocchio*, Lamy sociétés commerciales 2005, no. 511 hingegen halten die praktische Bedeutung ihrer Anwendung für gering, ohne sie aber generell zu verwerfen. Gegen eine generelle Unanwendbarkeit der Sitztheorie auch *Lagarde*, RCDIP 2003.524 (536).

hat er im Zuge der Reform nicht geändert, obgleich der *Code des sociétés* an anderer Stelle bereits eine Unterscheidung zwischen Gesellschaften aus EU-Staaten und solchen aus Drittstaaten trifft.[87] Allerdings konnte die „Überseering"-Rechtsprechung im Gesetzgebungsverfahren wohl nicht mehr berücksichtigt werden. Daher ist auch in Belgien noch nicht abschließend geklärt, wie diese sich auf die Anwendbarkeit der Sitztheorie in Fällen mit Drittstaatenbezug auswirken wird.[88] Angesichts der gesetzlichen Verankerung der Sitztheorie im belgischen Gesetz scheint eine generelle Abkehr von ihr allerdings nur durch Intervention der Legislative möglich.

(vi) Québec: Gründungstheorie

Gemäß Art. 3083 al. 2 C.C.Q. ist das Recht des Gründungsortes für *„état et capacité"* einer juristischen Person und damit auch für ihre *capacité d'ester en justice* maßgeblich.[89] Diese Verweisung ist anders als in den europäischen Vergleichsrechtsordnungen eine Sachnormverweisung.[90]

Fraglich ist allerdings, wie dies mit Art. 57 C.P.C.Q. zu vereinbaren ist, dem zu Folge eine juristische Person vor Quebecer Gerichten prozessfähig ist, wenn ihr nach dem Recht ihres ausländischen Domizils Prozessfähigkeit zukommt. Gemäß Art. 307 C.C.Q. befindet sich das Domizil einer juristischen Person nämlich an „Ort und Adresse des Gesellschaftssitzes", womit der tatsächliche Verwaltungssitz gemeint ist.[91] Davon abweichend wurde das Domizil i.S.d. Art. 57 C.P.C.Q. allerdings schon unter altem Recht als der Ort der Inkorporation (Gesellschaften) bzw. als Ort der Gründung (sonstige Vereinigungen) verstanden.[92] Daher ist unabhängig davon, ob sich die Parteifähigkeit unter neuem Recht nach Art. 3083 al. 2

87 Artt. 81, 82 C.soc., welche die Formalien der Eröffnung einer Zweigniederlassung regeln, unterscheiden die *„société étrangère relevant du droit d'un autre État membre de l'Union Européenne"* von der *„société relevant du droit d'un État autre qu'un État membre de l'Union Européenne"*.

88 Gegen eine Beschneidung der Sitztheorie im Verhältnis zu Drittstaaten etwa *Jonet*, J.T.D.E. 2003, S. 33 ff. (36): *„[La jurisprudence de la Cour Européenne] n'a pas vocation à protéger les droits d'une société constituée au Panama ou à Hong Kong."*

89 Zur Anwendung des Gründungsrechts auf die Parteifähigkeit einer juristischen Person beispielsweise Cour supérieure 13.4.2004 „Arab Monetary Fund c. 1954933 Nova Scotia Limited et autres", no. 505-05-007376-012.

90 Siehe Art. 3080 C.C.Q.

91 *Glenn*, D.i.p., no. 88; *Emanuelli*, D.i.p. québecois, no. 109; ferner *Prujiner*, La personne morale et son rattachement en droit international privé, [1990] 31 C. de D., S. 1063.

92 *Talpis*, Aspects juridiques de l'activité des sociétés et corporations étrangères au Québec, [1976] C.P. du N. 215, no. 10.

oder nach Artt. 57 C.P.C.Q. i.V.m. 307 C.C.Q. bemisst,[93] stets das Gründungsrecht maßgebend.

Zur Beibehaltung der Gründungstheorie dürfte nicht nur deren Verbreitung in den USA und den kanadischen Common-Law-Provinzen, sondern – angesichts der besonderen Beachtung der schweizerischen Kodifikation im Rahmen des Quebecer Gesetzgebungsverfahrens – auch die Entscheidung des schweizerischen Gesetzgebers für die Gründungstheorie[94] beigetragen haben.

cc) Keine formelle Anerkennung durch das Inland

Theoretisch kann die Parteifähigkeit einer ausländischen juristischen Person daran scheitern, dass der Gerichtsstaat sie nicht formell anerkennt. Mittlerweile ist eine formelle Anerkennung jedoch nirgends mehr erforderlich. In Frankreich muss zur Erreichung dieses Ergebnisses allerdings teilweise ein zweifelhafter dogmatischer Umweg beschritten werden.

(i) Rechtslage in Québec und Deutschland

In Deutschland und Québec gilt ausnahmslos das Prinzip der automatischen Anerkennung ausländischer Gesellschaften, die nach ihrem Heimatrecht wirksam gegründet wurden.[95]

(ii) Der franco-belgische Anerkennungskonflikt

Anders war dies zeitweilig in Frankreich und Belgien. Bis zur Mitte des 19. Jahrhunderts war die automatische Anerkennung ausländischer juristischer Personen

---

93 *Emanuelli*, D.i.p. québecois, no. 472 Fn. 426 nimmt eine Verdrängung des Art. 3083 al. 2 C.C.Q. durch Art. 57 C.P.C.Q. i.V.m. Art. 307 C.C.Q. an. *Goldstein/Groffier*, D.i.p. II, no. 238, S. 57 lassen nicht eindeutig erkennen, ob sie eine unmittelbare Anwendung des Art. 3083 al. 2 C.C.Q. auf die Parteifähigkeit befürworten, oder ob sie den in Art. 57 C.P.C.Q. verwendeten Begriff des Domizils im Licht des Art. 3083 al. 2 C.C.Q. abweichend vom innerstaatlichen Recht definieren. *Ferland/Emery*, Précis de procédure civile du Québec I, S. 98 zitieren Art. 3083 al. 2 C.C.Q. und Art. 57 C.P.C.Q. nebeneinander, ohne Art. 307 C.C.Q. zu erwähnen.

94 Siehe Art. 154 I CH-IPRG. Nach Absatz 2 der Vorschrift ist allerdings subsidiär das Recht des Sitzstaates maßgeblich, wenn die Voraussetzungen des Gründungsrechts nicht erfüllt wurden.

95 Für Deutschland *Rabel*, The Conflict of Laws, S. 130, 136; für Québec: Goldstein/Groffier, D.i.p., no. 238 S. 55.

zwar auch dort die Regel,[96] dies änderte sich aber nach einem Urteil der belgischen Cour de cassation von 1849[97], welches französischen Kapitalgesellschaften eine automatische Anerkennung versagte. Das Gericht wandte eine Vorschrift des innerstaatlichen belgischen Rechts, wonach die Autorisierung inländischer Kapitalgesellschaften erforderlich war, auch auf ausländische Kapitalgesellschaften an.[98] Folge waren Unstimmigkeiten zwischen den Regierungen beider Staaten, die durch einen bilateralen Vertrag beigelegt wurden. In diesem Übereinkommen verpflichteten sich die jeweiligen Regierungen, Regelungen über die gegenseitige Anerkennung von Kapitalgesellschaften zu schaffen.[99] Die daraufhin in den Jahren 1855 (Belgien) und 1857 (Frankreich) erlassenen Gesetze[100] sahen vor, dass das Privileg der automatischen Anerkennung auch Kapitalgesellschaften aus anderen Staaten zugute kommen kann, allerdings nur, wenn mit diesen ein entsprechender völkerrechtlicher Vertrag geschlossen oder die Anerkennung durch ein Sammeldekret[101] der Regierung erklärt wird.

Andere Arten juristischer Personen, insbesondere ausländische Personengesellschaften,[102] wurden weiterhin automatisch anerkannt.[103]

(iii) Reaktionen in Frankreich

In der Folge schloss Frankreich zahlreiche Anerkennungsverträge. Durch die Meistbegünstigungsklausel (*clause de la nation la plus favorisée*[104]) in einigen

---

96 Allgemein *Rabel*, The Conflict of Laws, S. 130; speziell für Frankreich: Cass. civ. 26.7.1853, S.1853.1.688; speziell für Belgien: C.cass. belge 22.7.1847, Pas. 1847.I.392. Begründet wurde dies mit dem Gebot der *Courtoisie internationale.*

97 C.cass. belge 8.2.1849, Pas. 1849.I.237.

98 Näher zu den Gründen für das damalige Erfordernis einer Autorisierung von Aktiengesellschaften im innerstaatlichen französischen und belgischen Recht: *Beguin*, Un texte à abroger: La loi sur la reconnaissance internationale des sociétés anonymes étrangères, S. 4-6.

99 Dazu *Simonart*, La personalité morale en droit privé comparé, no. 143 ff., und *Rigaux*, D.i.p. II, no. 713.

100 Das französische Gesetz vom 30.5.1857 ist in D.P. 1857.4.75 abgedruckt, das belgische Gesetz vom 14.3.1855 in D.P. 1857.4.77 Fn.1.

101 Ein solches Dekret bestimmt die Anerkennung sämtlicher Kapitalgesellschaften eines bestimmten Staates.

102 D.h. Gesellschaften mit tatsächlichem Sitz im Ausland. Auch ausländische GmbHs (französisch: S.A.R.L.) werden automatisch anerkannt, siehe C.A. Rennes 8.7.1981, RCDIP 1982.81 mit Anmerkung Mayer.

103 *Loussouarn/Bredin*, Droit du commerce international, no. 287; C.A. Paris 16.3.1988, D.1989.Somm.146 mit Anmerkung Vasseur.

104 Darin verpflichtet sich ein Staat in einem Vertrag, den Angehörigen eines anderen Staates dieselbe begünstigende Behandlung zukommen zu lassen, die er Angehörigen eines Drittstaates gewährt, siehe dazu *Mayer/Heuzé*, D.i.p., no. 1022.

dieser Verträge wurde die Anerkennung ausländischer Gesellschaften zusätzlich ausgeweitet. Zudem erließ die Regierung viele Anerkennungsdekrete.[105] Hatte eine Kapitalgesellschaft ihren Sitz aber in einem von diesen Rechtsakten nicht abgedeckten Staat, so wurde sie als *societé de fait*[106] angesehen, war mithin als Gesellschaft in Frankreich nicht existent und daher auch nicht aktiv[107] parteifähig, selbst wenn ihr nach dem Heimatrecht Parteifähigkeit zukam.[108]

Die Bedeutung des Gesetzes von 1857, das formell nie außer Kraft gesetzt wurde,[109] ist schon durch die zahlreichen Anerkennungsverträge und -dekrete stark vermindert. Wo es zur Anwendung käme, bejaht die Cour de cassation die Parteifähigkeit ausländischer Kapitalgesellschaften heute gleichwohl – unter Rückgriff auf Art. 6 I sowie auf Art. 14 EMRK i.V.m. Artt. 1 und 5 des ersten Zusatzprotokolls zur EMRK.[110] Die erste Vorschrift verbürgt das Recht auf einen fairen Prozess, die letzteren gewähren juristischen Personen ein Recht auf den Schutz ihrer „Güter". Aufgrund dieser Rechtsprechung hängt die Parteifähigkeit ausländischer Gesellschaften generell nicht mehr von einer Autorisierung ab.[111] Nicht geklärt ist lediglich, ob sich die Anerkennung der Gesellschaft auf den Bereich der Parteifähigkeit beschränkt, oder ob die EMRK auch die Anerkennung

---

105 Siehe die Listen bei *Niboyet*, Traité de D.i.p. francais II, no. 779, S. 403, Fn.1-2 (internationale Verträge) und no. 805 (Sammeldekrete).

106 Vergleichbar mit der faktischen oder fehlerhaften Gesellschaft im deutschen Recht.

107 Ihre passive Parteifähigkeit ist hingegen unabhängig von einer Anerkennungsformalie, siehe Cass.civ. 19.5.1863, S.1863.1.353 mit Anmerkung Dupin (allgemein zu *„societés de fait"*); C.A. Aix-en-Provence 3.7.1952, RCDIP 1953.842 (speziell für ausländische Gesellschaften, die in Frankreich nicht formell anerkannt wurden).

108 So bereits Cass.civ. 1.8.1860, S.1860.1.865.

109 Durch die zwei großen Reformen des Aktiengesellschaftsrechts 1867 und 1966 wurde es nicht (auch nicht implizit) abgeschafft, siehe *Beguin*, Un texte à abroger: La loi sur la reconnaissance internationale des sociétés anonymes étrangères, S. 6 f.

110 Siehe Cass. crim. 12.11.1990, D.1992.Jur.29 mit Anmerkung Bouloc, RCDIP 1991.669 mit Anmerkung Kairallah: Eine liechtensteinische Kapitalgesellschaft („Extraco Anstalt") verlangte im Adhäsionsverfahren vor einem französischen Gericht Schadensersatz. Eine Konvention zwischen Frankreich und Liechtenstein über die gegenseitige Anerkennung von Gesellschaften oder ein Sammeldekret bestanden nicht. Angesichts dessen verneinte die Cour d'appel Lyon die Parteifähigkeit der „Extraco Anstalt". Die Cour de cassation kassierte das Berufungsurteil mit dem Hinweis auf Artt. 6 I und 14 EMRK, die gemäß Art. 55 der französischen Verfassung supralegalen Rang haben, und bejahte das Recht der ExtracoAnstalt, ein Adhäsionsverfahren in Frankreich anzustrengen.

Ebenso Cass.civ.[1] 25.6.1991, D.1992.Somm.163 mit Anmerkung Audit; Cass.com. 15.11.1994, D.1995.Inf.rap.1; jüngst wieder Cass.com. 8.7.2003, D. 2003.AJ.2016 (Parteifähigkeit der internationalen Industrie- und Handelsbank von Guinea trotz fehlender Autorisierung durch die französische Regierung).

111 So *Khairallah*, D.2004.Jur.692 und wohl auch *Audit*, D.i.p., no. 1091.

anderweitiger Fähigkeiten erfordert. Zweifelhaft bleibt etwa, ob betroffene ausländische Gesellschaften ohne Autorisierung in Frankreich Eigentum erwerben oder eine gewerbliche Aktivität ausüben können.[112]

Nur auf den ersten Blick wirkt die Argumentation der Cour de cassation zirkelschlüssig. Zwar verbürgt die EMRK grundlegende Rechte einer „Person", setzt eine solche also voraus. Die Ausfüllung des Begriffs der (juristischen) Person bleibt daher grundsätzlich den einzelnen Mitgliedsstaaten überlassen.[113] Mithin scheinen Voraussetzung und Rechtsfolge vermengt zu werden, wenn auf die EMRK, die eine juristische Person (i.S.d. Rechts des verpflichteten Staates) voraussetzt, rekurriert wird, um aus ihr eine Verpflichtung zur Anerkennung dieser Person herzuleiten. Eine solche Betrachtungsweise griffe aber zu kurz. Denn könnte jeder Staat durch restriktive nationale Gesetze den Anwendungsbereich der Konvention beschneiden, wäre ihre Effizienz bedroht. Für die Anwendbarkeit der EMRK kann es daher nicht darauf ankommen, ob die juristische Person im betroffenen Mitgliedsstaat anerkannt wird, vielmehr muss es ausreichen, dass sie nach ihrem Heimatrecht wirksam gegründet wurde.

Dennoch bietet der pauschale Rückgriff auf die EMRK Anlass zu Kritik. Es ist nicht ersichtlich, wieso ein „fairer Prozess" gerade Zugang zu französischen Gerichten voraussetzen soll. Art. 6 I EMRK gewährt lediglich ein Recht darauf, dass die Rechtssache überhaupt von einem unabhängigen, unparteiischen und gesetzlich vorgesehenen Gericht gehört wird, nicht jedoch ein Recht auf ein bestimmtes Forum.[114] Zumindest im Heimatstaat hat die Gesellschaft aber regelmäßig Zugang zu Gericht. Sofern dort auch eine Zuständigkeit gegeben ist, besteht kein Grund für die Ermöglichung eines französischen Prozesses contra legem. Nur wenn in casu keine Zuständigkeit des Heimatstaates besteht, resultiert aus dem Auseinanderfallen von Parteifähigkeit in einem Staat und der Zuständigkeit eines anderen Staates ein *déni de justice*.[115] Der Zugang zu französischen Gerichten sollte daher in Parallele zur internationalen Notzuständigkeit[116] nur dann eröffnet wer-

---

112 Gegen eine derartige Ausdehnung *Bouloc*, D.1992.Jur.29; *Beguin*, Un texte à abroger: La loi sur la reconnaissance internationale des sociétés anonymes étrangères, S. 19; *Khairallah*, D.2004.Jur.692.

113 Staudinger-*Großfeld*, IntGesR, Rn. 146.

114 In diesem Sinne auch die von *Grolimund* (Drittstaatenproblematik des europäischen Zivilverfahrensrechts, S. 245) zitierte, unveröffentlichte Entscheidung Nr. 6200/73 der Europäischen Kommission für Menschenrechte.

115 Ein Beispiel für diese Konstellation bietet die „Überseering"-Entscheidung des EuGH (dazu unten I A 1 5 bb). Unter den Mitgliedsstaaten der EU war nur die Bundesrepublik Deutschland international zuständig. Gleichzeitig zweifelte der BGH aber an der Parteifähigkeit der niederländischen Gesellschaft, was zu einer Rechtsschutzverweigerung geführt hätte.

116 Dazu unten I B 7 b (1).

den, wenn keine Zuständigkeit der Gerichte des Heimatstaates besteht und auch in keinem anderen Staat ein fairer Prozess möglich ist, oder wenn das Verfahren im Heimatstaat die von Art. 6 EMRK gewährten rechtsstaatlichen Anforderungen nicht erfüllt. Nur unter diesen Umständen erfordert das Fair-trial-Gebot die Nichtanwendung des Gesetzes von 1857.

(iv) Reaktionen in Belgien

Das belgische Gesetz von 1855, das den franco-belgischen Anerkennungsvertrag umsetzte,[117] trat bereits 1873 wieder außer Kraft.[118] Und auch nach Art. 58 al. 1 C.soc. kommt es für die Parteifähigkeit von Gesellschaften mit Sitz im Ausland nicht auf eine Anerkennungsformalie an.[119] Somit herrscht in Belgien heute das System der automatischen Anerkennung ausländischer Gesellschaften.

(v) Stellungnahme

Der französische Weg ist jedoch unnötig verworren. Obwohl das Gesetz von 1857 nach der Rechtsprechung der Cour de cassation wegen seiner Völkerrechtswidrigkeit nicht mehr anwendbar ist, wurde es bis heute formell nicht außer Kraft gesetzt. Ursprünglich stellte es ein Druckmittel dar, das die Anerkennung französischer Kapitalgesellschaften im Ausland absicherte. Die Durchsetzung dieses Interesses zu Lasten ausländischer Privatparteien ist jedoch ebenso wenig angebracht wie eine Instrumentalisierung des Anerkennungsrechts durch das Erfordernis der Gegenseitigkeitsverbürgung.[120]

Die zu Recht kritisierte[121] Aufrechterhaltung dieses Gesetzes beeinträchtigt die Transparenz der Rechtlage und führt dazu, dass es von den Instanzgerichten immer wieder angewendet wird.[122]

---

117 Siehe M.B. 16.3.1853.

118 *Rigaux*, D.i.p. II, no. 715.

119 Bestimmten Gesellschaften obliegt es lediglich, den Gründungsakt zu hinterlegen: ***Art. 58 al. 2 C.soc.*** *Toutefois les actions intentées par les sociétés étrangères qui ont une succursale en Belgique au sens de l'article 88, sont irrecevables si elles n'ont pas déposés leur acte constitutif conformément aux articles 81, 82 ou 88.*

120 Dazu unten II B 4 c. Dem französischen Anerkennungsrecht ist das Gegenseitigkeitserfordernis unbekannt.

121 Siehe nur *Beguin*, Un texte à abroger: La loi sur la reconnaissance internationale des sociétés anonymes étrangères, S. 1 ff.; *Duranton*, Nationalité (Généralités), S. 12 no. 58.

122 So haben sämtliche Berufungsurteile, die zu den oben genannten Revisionsurteilen führten, das Gesetz angewandt, zuletzt wieder die Cour d'appel Toulouse mit Urteil vom 6.7.2000.

Zu bedauern ist daher der Misserfolg eines Projekts zur Reform des *Code civil*. Diesem zu Folge sollte nicht nur die Entfaltung jeglicher Tätigkeit auf französischem Boden zulässig sein, solange sie dem Ordre public nicht widersprach (Art. 39). Vielmehr sollte auch die Rechtspersönlichkeit sämtlicher ausländischer juristischer Personen automatisch anerkannt werden, soweit diese nach dem Gründungsrecht bestand (Art. 38).[123]

(2) Erweiterung der Parteifähigkeit durch Anwendung der lex fori?

Nach § 55 ZPO gelten ausländische juristische Personen als prozessfähig, wenn ihnen nach dem Recht des Prozessgerichts die Prozessfähigkeit zusteht, auch wenn sie nach ihrem Heimatrecht nicht prozessfähig sind. Hierdurch wird die Prozessfähigkeit ausländischer juristischer Personen erweitert.[124] Bezüglich der Parteifähigkeit kennt das deutsche Recht hingegen keine entsprechende Vorschrift. Gleichwohl gehen Rechtsprechung[125] und Schrifttum[126] von einer gleichförmigen Ausdehnung der passiven Parteifähigkeit ausländischer juristischer Personen aus.

In Frankreich gilt der Grundsatz, dass eine ausländische juristische Person nicht mehr Rechte haben kann, als ihr von ihrem Heimatrecht zugebilligt werden.[127] Nichtsdestoweniger bejaht auch die französische Rechtsprechung aus Verkehrsschutzgründen bisweilen die passive Parteifähigkeit, wo diese nach den bisher dargelegten Grundsätzen nicht bestünde.[128]

---

123 Zu beiden Vorschriften *Loussouarn*, Personnes morales étrangères, S. 47.

124 Dazu unten I A 2 c.

125 BGH 28.1.1960, NJW 1960, 1204 f.; BGH 21.3.1986, BGHZ 97, 269 ff.

126 *Riezler*, Internationales Zivilprozessrecht und prozessuales Fremdenrecht, S. 415; ihm folgend Soergel-*Lüderitz*, EGBGB, Anhang Art. 10, Rn. 29, der Parteifähigkeit annimmt, wenn der ausländische Zusammenschluss nach dem Sitzrecht „so organisiert ist wie eine inländische Einrichtung", da „im inländischen Verfahren gleiche prozessuale Verfolgungs- und Abwehrinteressen für Personenzusammenschlüsse oder Vermögensmassen gelten, gleichgültig, ob diese vom Ausland oder Inland her verwaltet werden". Mit gleicher Argumentation *Geimer*, IZPR, Rn. 2204; *Nagel/Gottwald*, IZPR, § 4 Rn. 18, billigen solchen ausländischen Gebilden Parteifähigkeit zu, „die im Inland den Rechtsschein der Rechtsfähigkeit gesetzt haben". Siehe ferner *Grasmann*, System des internationalen Gesellschaftsrechts, S. 478 Rn. 860 und *Jayme*, Anmerkung zu LG Frankfurt/M. 29.1.1982 und OLG Frankfurt/M. 3.3.1982, IPRax 1982, 201, 202, die eine Analogie zu § 55 ZPO befürworten, sowie *Furtak*, Die Parteifähigkeit in Zivilverfahren mit Auslandsberührung, S. 96 f., 138 ff.

127 C.A. Paris, 17.3.1960, RCDIP 1961.147 mit Anmerkung Loussouarn; *Batiffol/Lagarde*, D.i.p.[7] II, no. 202.

128 Cass.civ. 19.5.1863, S.1863.1.353; C.A. Aix en Provence 3.7.1952, RCDIP 1953.842. Weitere Rechtsprechungsnachweise bei *Huet*, Jurisclasseur Droit international, Fasc. 582-10, no. 40. Fehlt es nach dem Heimatrecht dagegen an der aktiven Parteifähigkeit eines ausländischen Gebildes, wird diese nach französischem Recht auch dann nicht

Während die Erweiterung der passiven Parteifähigkeit in Deutschland voraussetzt, dass ein inländisches vergleichbares Gebilde allgemein oder passiv parteifähig wäre oder der Rechtsschein einer existenten Gesellschaft erweckt wurde, verzichtet man in Frankreich auf den direkten Vergleich mit inländischen Gebilden. Erforderlich ist vielmehr ein gewisser Grad an Organisation und Personifikation, der gewährleistet, dass die beklagte Partei sich ordnungsgemäß verteidigen kann.[129] Dieser Ansatz weist Gemeinsamkeiten mit der in Frankreich herrschenden Methode der Bestimmung der Anerkennungszuständigkeit auf; auch insoweit werden nicht die inländischen Vorstellungen zum (gespiegelten) Maßstab gemacht, sondern auf eine neutrale Generalklausel rekurriert.[130]

In Belgien kommt Zusammenschlüssen, die nach ihrem Sitzrecht nicht wirksam gegründet wurden, als sog. *„association de fait"* bzw. *„société de fait"* keine Parteifähigkeit zu.[131] Parteifähig sind allein deren Mitglieder.[132] Auch im Übrigen wurde bisher weder in der Rechtsprechung noch in der Literatur eine Erweiterung der Parteifähigkeit nach deutschem oder französischem Vorbild erwogen. Die Legislative sah anscheinend ebenfalls keine dahingehende Notwendigkeit: Art. 111 § 2 CDIP enthält lediglich eine Vorkehrung zum Schutz des inländischen Rechtsverkehrs vor unbekannten Vertretungsregeln des Heimatrechts. Der Gesetzgeber hätte auch eine Regelung schaffen können, durch die der inländische Rechtsverkehr vor dem Risiko geschützt wird, dass die Gesellschaft entgegen redlicher Erwartungen nach ihrem Heimatrecht nicht existiert oder nicht parteifähig ist. Dessen enthielt er sich jedoch.

Auch in Québec wird keine Ausdehnung der Parteifähigkeit erwogen.[133]

---

angenommen, wenn sie von der lex fori zugebilligt würde, siehe *Batiffol/Lagarde*, D.i.p.[7] I, no. 202; C.A. Paris 17.3.1960, RCDIP 1961.147 mit zustimmender Anmerkung von Loussouarn; *Glenn*, La capacité de la personne en droit international privé francais et anglais, no. 57; implizit auch C.A. Paris 5.4.1994, RCDIP 1995.573 mit Anmerkung Kessedjian; des Weiteren *Mestre/Velardocchio*, Lamy sociétés commerciales 2005, no. 517 (für sämtliche *capacités de jouissance*).

129 Eingehend dazu *Baruchel*, La personnalité morale en droit privé, no. 142 ff. (147).

130 Siehe unten II B 3 a (2).

131 Grundlegend die Entscheidung Cass.belge 11.1.1979, J.T. 1979.464, Pas. 1979.I.521, in welcher *associations de fait* jegliche (passive wie aktive) Parteifähigkeit abgesprochen wurde. Ferner *De Leval*, Élements de procédure civile, no. 12; *Delvaux,* Act. dr. 2002, S. 454 no. 10 und S. 457 no. 13 jeweils mit Nachweisen aus der Rechtsprechung.

132 Siehe *Delvaux,* Act.dr. 2002, S. 476, no. 13.

133 *Talpis*, Aspects juridiques de l'activité des sociétés et corporations étrangères au Québec, [1976] C.P. du N. 215, no. 23.

(3) Verlust der Parteifähigkeit bei Sitzverlegung?

Die Parteifähigkeit endet grundsätzlich mit Entfallen einer ihrer Voraussetzungen. Verlegt eine juristische Person ihren tatsächlichen Verwaltungssitz in einen anderen Staat, so ändert sich nach der Sitztheorie ihr Personalstatut. Dieselbe Wirkung kann auch gegen den Willen der juristischen Person eintreten, nämlich dann, wenn das Territorium, auf dem sich der Sitz befindet, von einem Souveränitätswechsel (in Folge Annexion fremder Territorien oder Sezession eigener Gebiete) betroffen ist. In Frankreich und Belgien wurde dies insbesondere Mitte des 20. Jahrhunderts relevant, als die ehemaligen französischen und belgischen Kolonien und Protektorate Selbständigkeit erlangten.

Erfüllt die juristische Person nicht die Anforderungen des neuen Sitzrechts, so verliert sie ihre Parteifähigkeit. Selbst wenn sie die Voraussetzungen aber erfüllt, ist zu entscheiden, ob sie zunächst mit allen rechtlichen und steuerlichen[134] Konsequenzen als aufgelöst gilt und sich nach ihrem neuen Heimatrecht erneut gründen muss, oder ob der Transfer des Sitzes ohne Untergang der Rechtspersönlichkeit und damit auch der Parteifähigkeit anerkannt wird.

Nach der in Québec geltenden Gründungstheorie stellen sich diese Fragen so nicht, da eine Sitzverlegung keinen Einfluss auf die Wirksamkeit der Gründung hat. Vielmehr entfällt die Parteifähigkeit lediglich dann, wenn das Gründungsrecht dies bei einer grenzüberschreitenden Sitzverlegung anordnet.[135] In der folgenden Betrachtung bleibt das Quebecer Recht daher unberücksichtigt. Ebenfalls außer Betracht bleibt die Sitzverlegung aus oder in einen EU-Mitgliedsstaat, bei der die Sitztheorie aufgrund der neueren Rechtsprechung des EuGH nicht mehr zur Anwendung gelangt.[136]

---

134 Zu den steuerlichen Folgen der Sitzverlegung einer Kapitalgesellschaft aus einem anderen EU-Mitgliedsstaat nach Frankreich gemäß Art. 808 A II C.G.I.: *Mestre/Velardocchio*, Lamy sociétés commerciales 2005, no. 504.

135 *Goldstein/Groffier*, D.i.p. II, no. 238, S. 56.

136 Siehe oben I A 1 b (1) bb (iv). Aus der „Daily Mail"-Entscheidung ergibt sich, dass ein vom Recht des „Wegzugsstaates" verfügtes Emigrationsverbot nicht gegen die Niederlassungsfreiheit verstößt. In der „Überseering"-Entscheidung konstatierte der EuGH hingegen, dass die Nichtanerkennung einer nach dem Recht des bisherigen EU-internen Sitzes gegründeten Gesellschaft durch den „Zuzugsstaat" einen Verstoß gegen die Niederlassungsfreiheit darstellt. Zwar lässt Art. 46 EGV ausnahmsweise Beeinträchtigungen derselben zum Schutz der öffentlichen Ordnung, Sicherheit oder Gesundheit zu; nach Auffassung des EuGH können derartige Erwägungen jedoch keinesfalls die Verneinung der Parteifähigkeit und damit eine Versagung des Zugangs zu den Gerichten des „Aufnahmestaates" rechtfertigen („Überseering", a.a.O., Punkt 93).

aa) Die Rechtslage in Deutschland, Frankreich und Belgien

Nach deutschem internationalem Gesellschaftsrecht führt die Verlegung des effektiven Verwaltungssitzes in ein anderes Land zur Auflösung der Gesellschaft, es sei denn, das Recht des alten und des neuen Sitzes bejahen den Fortbestand der Rechtspersönlichkeit.[137]

Steht der Transfer des Sitzes aus oder nach Deutschland in Frage, lässt das deutsche Recht weder eine Emigration[138] noch eine Immigration[139] unter Aufrechterhaltung der Rechtspersönlichkeit zu.

Im Zusammenhang mit der Erlangung der algerischen Unabhängigkeit haben die französischen Gerichte in einem Fall internationaler Sitzverlegung, die ihren Grund im Wechsel der Gebietshoheit hatte, auf die Kontrolltheorie zurückgegriffen, um den Fortbestand der Rechtspersönlichkeit der betroffenen Gesellschaft zu gewährleisten.[140] Generalisierbar ist diese Lösung angesichts der besonderen Fallumstände[141] allerdings nicht. In der französischen Literatur lässt sich ein Meinungsumschwung feststellen. Während früher eine Auflösung und Neugründung

---

137 BayObLG 7.5.1992, WM 1992, 1371; OLG Düsseldorf 26.3.2001, BB 2001, 901; Staudinger-*Großfeld*, IntGesR, Rn. 606 m.w.N.

138 Die Sitzverlegung ist ein Auflösungsgrund. Die Gesellschaft verliert nicht automatisch ihre Rechtsfähigkeit, sie ist aber nach den dafür vorgesehenen Regeln aufzulösen, siehe nur Staudinger-*Großfeld*, IntGesR, Rn. 608 ff. m.w.N.
Selbst eine Rückverweisung des ausländischen Rechts auf das deutsche Recht soll dies nach h.M. nicht verhindern, siehe Staudinger-*Großfeld*, IntGesR, Rn. 629 m.w.N.

139 Ein persönlichkeitserhaltender Zuzug nach Deutschland ist weder dann möglich, wenn die Gesellschaft sich den Bedingungen des deutschen Gesellschaftsrechts anpasst, noch, wenn das materielle Gesellschaftsrecht des Wegzugsstaates identisch mit dem deutschen ist, siehe BGH 21.3.1986, BGHZ 97, 269; Staudinger-*Großfeld*, IntGesR, Rn. 642 f. m.w.N. aus Rechtsprechung und Literatur.

140 C.A. Paris 17.5.1967, JDI 1967.874 mit kritischer Anmerkung Loussouarn; Cass. civ.[1] 30.3.1971, RCDIP 1971.451 mit Anmerkung Lagarde. Beide Entscheidungen betrafen den selben Fall: In Frage stand das Statut einer französischen Gesellschaft mit Sitz in Algerien, die diesen erst nach der Unabhängigkeit Algeriens nach Frankreich verlegte. Nach der Sitztheorie hätte sie vom Tag der Unabhängigkeit an als Gesellschaft algerischen Rechts angesehen werden müssen, die ihren Sitz anschließend nach Frankreich verlegt hat. Die Gerichte entschieden jedoch anders: Mangels gesetzlicher Bestimmung über die Ermittlung des Gesellschaftsstatuts sei dieses unter Berücksichtigung aller Umstände des Einzelfalls zu ermitteln; im vorliegenden Fall sei maßgeblich, dass die Gesellschaft von Franzosen kontrolliert werde, die Lokalisierung ihres Sitzes habe im vorliegenden Fall keinen Einfluss auf die lex societatis.

141 Die Anwendung der Kontrolltheorie hing offenbar damit zusammen, dass der erste „Sitztransfer“ unfreiwillig geschah und im Gegensatz zu Sezessionen anderer französischer Kolonien wie Madagaskar, Tschad oder der zentralafrikanischen Republik versäumt worden war, die Anerkennung betroffener Gesellschaften durch eine bilaterale Konvention zu regeln.

befürwortet wurde, selbst wenn das alte Heimatrecht den Transfer zuließ und sich die juristische Person den Bedingungen des neuen Heimatrechts anpasste,[142] will man den Fortbestand der Rechtspersönlichkeit in jüngerer Zeit anerkennen, wenn diese Voraussetzungen erfüllt sind.[143]

Geht es um einen Weg- bzw. Zuzug aus bzw. nach Frankreich, gilt Folgendes: Die rechtspersönlichkeitserhaltende Emigration ist gesetzlich vorgesehen.[144] Die Immigration regelt das positive französische Recht hingegen nicht. Während die Finanzverwaltung von einer Neugründung ausgeht und die entsprechenden Gebühren erhebt,[145] befürworten zumindest Teile des neueren Schrifttums die Kontinuität der Rechtspersönlichkeit, wenn sich die Gesellschaft den Bedingungen des französischen Gesellschaftsrechts anpasst.[146]

Der belgische Gesetzgeber hat die Verlegung der Hauptniederlassung explizit geregelt und diesbezüglich die Lösung übernommen, die die belgische Cour de cassation bereits 1965 in der grundlegenden „Lamot"-Entscheidung[147] entwickelt hatte: Gemäß Art. 112 CDIP bleibt die Rechtspersönlichkeit der Gesellschaft ohne Neugründung bestehen, wenn der Transfer vom Recht des alten und des neuen Sitzes zugelassen wird. Dies entspricht der Position des modernen französischen Schrifttums sowie dem deutschen Recht.

Eine Emigration aus Belgien scheint ohne Weiteres zulässig.[148] Hinsichtlich einer Immigration nach Belgien wirft Art. 2 § 4 C.soc. Probleme auf. Dieser Vorschrift zu Folge erlangen belgische Gesellschaften die Rechtspersönlicheit erst,

---

142 *Pillet,* Des personnes morales en droit international privé, no. 109; *Hamel/Lagarde,* Traité de droit commercial I, no. 429.

143 *Loussouarn/Bourel/De Vareilles-Sommières,* D.i.p., no. 709; *Batiffol/Lagarde,* D.i.p. I, no. 194; *Audit,* D.i.p., no. 1086bis; *Mayer/Heuzé,* D.i.p., no. 1065 Fn. 55.; *Mestre/Velardocchio,* Lamy sociétés commerciales 2005, no. 514; wohl auch bereits *Escarra,* Manuel de droit commercial I, no. 851.

144 Nach Artt. L.222-9 (Kommanditgesellschaft), 223-30 C.com. (S.A.R.L., vergleichbar der deutschen GmbH) setzt sie eine einstimmige Beschlussfassung aller Gesellschafter voraus. Der Sitztransfer einer Aktiengesellschaft kann gemäß Art. L. 225-97 C.com. auf einer außerordentlichen Hauptversammlung beschlossen werden, solange mit dem Empfangsstaat ein Staatsvertrag besteht, welcher den Fortbestand der Rechtspersönlichkeit garantiert. Aber auch mangels derartiger staatsvertraglicher Verbürgung scheint eine Sitzverlegung möglich, solange sie einstimmig von den Gesellschaftern beschlossen wird, siehe *Mayer/Heuzé,* D.i.p., Rn. 1067.

145 Siehe die Anwort des Wirtschafts- und Finanzministeriums auf eine entsprechende Anfrage vom 19.2.1972, RCDIP 1972.511.

146 *Mayer/Heuzé,* D.i.p., no. 1066.

147 C.cass.belge civ.[1] 12.11.1965 „Lamot", R.C.J.B. 1966, S. 392 mit Anmerkung J. Van Ryn; RCDIP 1967.506 mit Anmerkung Loussouarn; Dazu *Rigaux/Fallon,* D.i.p. II, no. 1602.

148 *Van Gerven/Wyckaert,* Kroniek vennootschaprecht 2000-2001, TRV 2001, S. 442 ff., (S. 447 Nr. 13); *Jafferali,* RDCB 2004, S. 764 ff. (768).

wenn sie beim Handelsgericht an ihrem Sitz einen Auszug des Gründungsaktes hinterlegt haben. In Anbetracht dieser Vorschrift wollen einige Autoren einer immigrierungswilligen Gesellschaft die Rechtspersönlichkeit absprechen, sofern sie nicht vor der Sitzverlegung den Gründungsakt hinterlegt hat.[149] Andere begnügen sich damit, das Entstehen der Rechtspersönlichkeit bis zur Nachholung der Hinterlegung zu suspendieren.[150] Auch ein Fortbestand der Rechtspersönlichkeit trotz mangelnder Hinterlegung wird vertreten.[151]

bb) Stellungnahme

In einer global vernetzten Wirtschaft kommt es immer häufiger vor, dass Gesellschaften ihren Sitz in einen anderen Staat verlegen – in der Regel, weil dort bessere steuerliche oder wirtschaftliche Rahmenbedingungen herrschen. Man mag den dadurch entstehenden Wettbewerb um Standortattraktivität begrüßen oder beklagen, die zunehmende grenzüberschreitende Aktivität von Gesellschaften bleibt eine Gegebenheit, die nicht ignoriert werden kann. Die Umsetzung wirtschaftlich sinnvoller Standortentscheidungen mit dem Verlust der Parteifähigkeit zu sanktionieren, erscheint nicht angemessen. Zu begrüßen ist es daher, dass das deutsche und belgische sowie wohl auch das französische Recht einen Sitztransfer unter Beibehaltung der Parteifähigkeit anerkennen, sofern altes und neues Sitzrecht diesen zulassen. Eine möglicherweise aufwendige und kostspielige Neugründung der Gesellschaft wird dadurch entbehrlich, eine negative Auswirkung der Sitztheorie bereinigt. Solange die französische Rechtsprechung die Position des Schrifttums allerdings nicht bestätigt hat, kann sich eine umsichtige Unternehmensführung dazu veranlasst sehen, die Gesellschaft nach einer grenzüberschreitenden Sitzverlegung vorsichtshalber neu zu gründen. Unter dem Gesichtspunkt der Rechtssicherheit ist die gesetzliche Klarstellung in Art. 112 CDIP daher zu begrüßen.

Auch die Regelung des Art. 4 § 3 CDIP, der zu Folge der Gesellschaftssitz durch einzelfallbezogene Abwägung von statutarischem Sitz, Zentrum der gesellschaftlichen Aktivität und Geschäftsführungsort bestimmt wird,[152] ist unter dem Gesichtspunkt der Rechtssicherheit nicht zu beanstanden. Zwar begründet das zweite der genannten Kriterien grundsätzlich das Risiko eines unbewussten Verlustes der Parteifähigkeit. Denn wenn die Gesellschaft ihr Betätigungsfeld in einen anderen Staat verlagert, kann dies zu einem Sitzwechsel führen. Lässt der

149 Siehe die Nachweise bei *Prioux*, Les sociétés belges et les sociétés étrangères, no. 43 m.w.N.

150 *Tilquin*, RPS 1998, S. 51, no. 35 (ii).

151 *Jafferali*, RDCB 2004, S. 764 ff. (769).

152 Näher dazu oben I A b (1) bb (iii).

Zuzugsstaat keinen persönlichkeitserhaltenden Sitztransfer zu oder macht er ihn von Formalitäten wie der Hinterlegung des Gründungsaktes abhängig, verliert die Gesellschaft dann ihre Parteifähigkeit. Diese unerwünschte Konsequenz wird allerdings durch eine abgestufte Kriterienrelevanz vermieden: Angesichts der vorrangigen Bedeutung des Ortes der Geschäftsführung kann die Verlagerung des Zentrums der gesellschaftlichen Aktivität nie allein, sondern nur in Verbindung mit einer Verlegung des statutarischen Sitzes zu einem Sitztransfer führen. Ein unbewusster Verlust der Parteifähigkeit ist daher ausgeschlossen. Die Vorschrift gewährleistet mithin Flexibilität bei der Ermittlung des Gesellschaftssitzes, ohne die Rechtssicherheit zu gefährden.

2) Prozessfähigkeit

Die Prozessfähigkeit bestimmt darüber, ob ein Rechtssubjekt seine Rechte selbst oder durch von ihm bestellte Vertreter gerichtlich geltend machen kann. Diese Vertretung wird im französischen Rechtskreis als *représentation à l'action* bezeichnet[153] und von der *représentation à l'instance* abgegrenzt, welche insbesondere die Postulationsfähigkeit umfasst.[154]

Überall bestimmt im Ergebnis das Heimatrecht über die Prozessfähigkeit (a), wobei allerdings fraglich ist, ob das materielle oder prozessuale Heimatrecht zur Anwendung gelangt (b). Allein in Deutschland wird die Prozessfähigkeit aus Verkehrsschutzerwägungen durch subsidiäre Anwendung der lex fori ausgedehnt (c).

153 Siehe *Vincent/Guinchard*, Procédure civile, no. 498 ff.
154 Siehe *Vincent/Guinchard*, Procédure civile, no. 506 ff.

a) Maßgeblichkeit des Personalstatuts

Die Prozessfähigkeit wird in Frankreich und Belgien nicht prozessrechtlich, sondern als materiellrechtliches Institut zum Schutz der Person qualifiziert.[155] Zur Anwendung kommt daher nicht die lex fori, sondern grundsätzlich das Personalstatut.[156] Dieses ist auch in Deutschland maßgebend.[157]

Art. 57 C.P.C.Q. bestimmt, dass eine natürliche oder juristische Person vor Quebecer Gerichten prozessfähig ist, wenn ihr nach dem Recht ihres ausländischen Domizils Prozessfähigkeit zukommt. Wie bereits zur Parteifähigkeit ausgeführt,[158] stimmt dieser Anknüpfungspunkt mit dem des Personalstatuts überein.

b) Materielles oder prozessuales Heimatrecht

In Deutschland wird allerdings unterschiedlich beurteilt, ob das materielle oder das prozessuale Heimatrecht ausschlaggebend sein soll. Während Teile der Rechtsprechung und des Schrifttums gemäß §§ 51, 52 ZPO die Prozessfähigkeit nur annehmen, wenn die ausländische Person nach ihrem Heimatrecht geschäftsfähig ist,[159] will das überwiegende Schrifttum eine ungeschriebene verfahrensrechtliche

155 *Huet*, Jurisclasseur Droit international, Fasc. 582-20, no. 15 m.w.N.

156 Für Frankreich: Cass.civ. 2.6.1908, JDI 1908.1155; C.A. Paris 22.2.1957, JDI 1957.722; jeweils für natürliche Personen; T.g.i. Paris 15.12.1971, JDI 1972.608 mit Anmerkung Le Tarnec für juristische Personen. Aus der Literatur z.B. *Motulsky*, Procédure civile et commerciale, no. 100-104; *Batiffol/Lagarde*, D.i.p.[7] II, no. 202. Für Belgien beispielsweise: T.p.i. Bruxelles, 27.10.1972, J.T. 1973, S. 334; T.p.i. Bruxelles 2.9.2002, R.D.C.B. 2003, S. 170.
Ausnahmen sind gleichwohl denkbar: Zunächst kann die lex causae oder die lex fori zur Anwendung kommen, wenn man einen Renvoi des Personalstatuts beachtet. Dies geschieht wohl in Frankreich, siehe *Motulsky*, Procédure civile et commerciale, no. 62. Ebenso kann bei einer Partei, die sich in einem Insolvenzverfahren befindet, die lex concursus das Personalstatut verdrängen; zur dieser in Frankreich herrschenden Lösung *Huet*, Jurisclasseur Droit international, Fasc. 582-20, no. 18. Schließlich kann das Personalstatut bei vertraglich vereinbarter Vertretung zugunsten des Vertragsstatuts zurücktreten, z.B. im Fall eines *trust*.

157 *Pagenstecher*, ZZP 64 (1951), 249 ff. (278); Reithmann/Martiny-*Hausmann*, Internationales Vertragsrecht, Rn. 2836; *Furtak*, Die Parteifähigkeit in Zivilverfahren mit Auslandsberührung, S. 84 Fn. 440; Stein/Jonas-*Bork*, ZPO, § 55 Rn. 1; MüKo-*Sonnenberger*, BGB, Einleitung IPR, Rn. 459; *Geimer*, IZPR, Rn. 2217; Staudinger-*Großfeld*, IntGesR, Rn. 295.

158 Siehe oben I A 1 b (1) bb (vi).

159 Baumbach/Lauterbach/Albers/*Hartmann*, ZPO, § 55 Rn. 1; wohl auch KG 21.6.1991, FamRZ 1991, 1456.

Kollisionsnorm anwenden, kraft derer die heimatrechtliche Prozessfähigkeit entscheidet, ohne dass es auf die materielle Verpflichtungsfähigkeit ankäme.[160]

Eindeutig ist die Lage dagegen im französischen Rechtskreis. Dem französischen und belgischen Recht ist eine gesetzliche Verknüpfung von Prozess- und Geschäftsfähigkeit fremd. Daher sind allein die heimatrechtlichen Vorschriften über die Prozessfähigkeit ausschlaggebend. Das Quebecer Recht kennt zwar grundsätzlich eine Bindung der Prozessfähigkeit an die Geschäftsfähigkeit, Art. 56 C.P.C.Q.[161]. Dies gilt jedoch nur für Inländer. Nach dem für Ausländer geltenden Art. 57 C.P.C.Q. kommt es hingegen eindeutig auf die domizilrechtliche Prozessfähigkeit an.

c) Erweiterung der Prozessfähigkeit durch Anwendung der lex fori?

§ 55 ZPO fingiert die Prozessfähigkeit von Personen, die zwar nach ihrem Heimatrecht nicht prozessfähig sind, es aber bei Anwendung deutschen Rechts wären. Diese Regelung findet keine Entsprechung im französischen Rechtskreis. Billigt das Heimatrecht keine Prozessfähigkeit zu, wird diese folglich auch dann nicht angenommen, wenn sie bei Anwendung der lex fori gegeben wäre.

B Internationale Entscheidungszuständigkeit

Die Zulässigkeit eines internationalen Zivilverfahrens setzt stets voraus, dass das angerufene Gericht für die Beurteilung des Falles international zuständig ist. Eine umfassende Abhandlung aller einzelnen Zuständigkeitsbegründungen würde angesichts der Flut der dabei zu erörternden Probleme den Rahmen der vorliegenden Arbeit sprengen. Die folgende Darstellung beschränkt sich daher im Wesentlichen auf die allgemeinen Zuständigkeitsregeln. Besondere Zuständigkeiten werden behandelt, soweit sie für die Erläuterung der allgemeinen Regeln relevant sind. Im Übrigen werden sie nur kursorisch erwähnt.

---

160 *Pagenstecher*, ZZP 64 (1951), 278 ff.; Stein/Jonas-*Bork*, ZPO, § 55, Rn. 2 m.w.N.; *Geimer*, IZPR, Rn. 2217; Staudinger-*Hausmann*, BGB, Art. 7 EGBGB, Rn. 96 m.w.N.

161 ***Art. 56 C.P.C.Q.*** *Il faut être apte à exercer pleinement ses droits pour ester en justice sous quelque forme que ce soit, sauf disposition contraire de la loi.*
Celui qui n'est pas apte à exercer pleinement ses droits doit être représenté, assisté ou autorisé, de la manière fixée par les lois qui régissent son état et sa capacité ou par le présent code.
(...)

Nach einem grundlegenden Überblick über die Regelung der internationalen Zuständigkeit und der Erörterung zweier damit zusammenhängender Probleme (1) wird der allgemeine internationale Gerichtsstand erläutert (2). Anschließend werden internationale Gerichtsstandsvereinbarungen (3), die Unterwerfung unter die inländische Gerichtsgewalt (4), der Ausschluss der internationalen Zuständigkeit durch Schiedsvereinbarung (5), derivative internationale Zuständigkeiten (6), die internationale Dringlichkeits- und Notzuständigkeit (7) sowie die exorbitanten internationalen Zuständigkeiten (8) behandelt, bevor abschließend die Modalitäten der Feststellung der internationalen Unzuständigkeit erörtert werden (9).

1) Generalia

Die internationale Zuständigkeit kann entweder anhand speziell darauf zugeschnittener Regelungen oder aber in adaptierter Anwendung der Vorschriften über die örtliche Zuständigkeit ermittelt werden. Für die Zwecke dieser Abhandlung wird der erste Ansatz, nach dem internationale und örtliche Zuständigkeit getrennt und unabhängig von einander geregelt sind, als Trennungssystem, der zweite entsprechend der in Deutschland gebräuchlichen Terminologie als Doppelfunktionslehre bezeichnet. Zunächst ist zu erörtern, welchen dieser beiden Ansätze die verglichenen Rechtsordnungen jeweils verfolgen (a). Anschließend sind zwei damit zusammenhängende Probleme, nämlich das der ins Ausland weisenden ausschließlichen Zuständigkeiten (b) und das der „Lücken" in der örtlichen Zuständigkeit (c), zu erläutern.

a) Doppelfunktionslehre oder Trennungssystem

Französisches und deutsches Recht folgen im Grundsatz dem Doppelfunktionalitätsgedanken, belgisches und Quebecer Recht hingegen dem Trennungssystem.

(1) Deutschland

Die internationale Zuständigkeit deutscher Gerichte wird grundsätzlich durch doppelfunktionale Anwendung der Vorschriften über die örtliche Zuständigkeit bestimmt.[162] Daneben existieren aber auch einige Normen, die die internationale

---

162 BGH 14.6.1965, BGHZ 44, 46 ff.; 30.10.1974, BGHZ 63, 219, 220; *Geimer*, Zur Prüfung der Gerichtsbarkeit und der internationalen Zuständigkeit bei der Anerkennung ausländischer Urteile, S. 112; *derselbe*, Reflexionen über ausschließliche internationale Zuständigkeiten, S. 191-193; *Coester-Waltjen,* Zum Begriff der „Unterhaltssache" im Sinne der internationalen Zuständigkeit nach § 23a ZPO, IPRax 1990, S. 26; BT-Ds. 10/504 S. 89.

Zuständigkeit deutscher Gerichte explizit regeln, wie z.B. §§ 606a I, 640a II, 661 III ZPO, 35b, 43b I FGG.

(2) Frankreich

Die internationale Zuständigkeit französischer Gerichte ist ebenfalls nur fragmentarisch gesetzlich geregelt. Die im Zuge der französischen Revolution eingeführten Artt. 14 und 15 C.civ., welche lange Zeit die einzigen geschriebenen Regelungen über die internationale Zuständigkeit darstellten, betreffen nur Fälle, in denen wenigstens eine Partei französischer Nationalität ist. Daraus zogen die Gerichte zunächst den Gegenschluss, sie seien in Streitigkeiten zwischen Ausländern international unzuständig.[163] Diese Ansicht wurde zwar nach und nach in Teilbereichen durchbrochen,[164] insbesondere im Bereich des Personenstandes von Ausländern erklärten sich die französischen Gerichte jedoch weiterhin häufig für unzuständig. 1962 stellte die Cour de cassation dann in der „Scheffel"-Entscheidung[165] mit außerordentlicher Deutlichkeit fest, dass die ausländische Nationalität der Parteien keinen Grund für die Unzuständigkeit französischer Gerichte darstellt.[166] Der Gerichtshof nahm in dieser Entscheidung eine Formel wieder auf, die er bereits 1959 in der „Pelassa"-Entscheidung[167] verwendet hatte. Nach dieser

163 Erstmals in Cass.civ. 22.1.1806 „Mount Florence c. Skilpewith", S.1806.206. Anschließend beispielsweise Cass.civ. 17.7.1826 „Descande c. Guestier", S. 1827.1.394; Cass.req. 2.4.1833 „Le comte de Bloom c. la princesse de Bagration, S.1833.1.435; Cass.civ. 14.5.1834, D.P. 1834.1.245.
Neben dem Gegenschlussargument spielte auch die öffentlichrechtlich geprägte Lehre vom *„juge naturel"* eine Rolle, wonach der Zugang zu den Gerichten als Vorrecht der Staatsangehörigen galt, siehe dazu *Loussouarn/Bourel/De Vareilles-Sommières*, Di.p., no. 442-1 S. 598 und *Audit*, D.i.p., no. 323, 325 ff.

164 So wurde teilweise aus der Anwendbarkeit französischen Rechts auf die internationale Zuständigkeit geschlossen: Durch Cass.req. 10.11.1847 für dingliche Streitigkeiten *(actions réelles)* über in Frankreich belegene Immobilien, in denen gemäß Art. 3 al. 2 C.civ. französisches Recht anwendbar ist; durch Cass.civ. 17.11.1834, S.1941.1.544 hinsichtlich der deliktischen Haftung.
Teilweise wurden auch Prinzipien, die noch aus der absolutistischen Zeit *(ancien régime)* stammten, herangezogen, um französische Gerichtsstände für Ausländer zu eröffnen, siehe *Audit*, D.i.p., no. 329 S. 298.

165 Cass.civ.[1] 30.10.1962 „Scheffel c. Scheffel", RCDIP 1963.387 mit Anmerkung Francescakis, D.1963.109 mit Anmerkung Holleaux.

166 Dass Ausländer vor französischen Gerichten gegeneinander Prozesse führen können, wurde allerdings bereits in C.cass. 21.6.1948 „Patino", JCP 1948.II.4422 mit Anmerkung Lerebours-Pigeonnière, S.1949.1.121 mit Anmerkung Niboyet, RCDIP 1949.557 mit Anmerkung Francescakis zugelassen.

167 Cass.civ. 19.10.1959 „Pelassa", D.1960.37 mit Anmerkung Holleaux, RCDIP 1960.215 mit Anmerkung Loussouarn, JDI 1960.486 mit Anmerkung Sialelli.

ergebe sich die internationale Zuständigkeit französischer Gerichte aus einer „auf internationale Sachverhalte ausgedehnten Anwendung der Regeln über die örtliche Zuständigkeit".[168] Damit wurden in erster Linie die Vorschriften des *Nouveau Code de Procédure Civile* in Bezug genommen.[169] Aber auch Vorschriften aus anderen Gesetzen sind der Ausdehnung auf internationale Sachverhalte zugänglich.[170] Auch das französische Recht folgt also der Doppelfunktionslehre. Teilweise werden die Vorschriften über die örtliche Zuständigkeit für die Bestimmung der internationalen Zuständigkeit allerdings modifiziert. So sieht Art. 45 NCPC eine Konzentration aller Erbstreitigkeiten am Gericht des Ortes vor, an dem die Erbschaft eröffnet wird, d.h. gemäß Art. 110 C.civ.[171] am letzten Domizil des Erblassers. Bei doppelfunktionaler Anwendung müsste die französische Zuständigkeit somit ausgeschlossen sein, wenn der Erblasser sein letztes Domizil im Ausland hatte. Gleichwohl werden Erbstreitigkeiten, die sich auf eine in Frankreich belegene Immobilie beziehen, den französischen Gerichten zugewiesen, selbst wenn die Erbschaft im Ausland angefallen ist.[172] Abweichend von der Wertung des in-

168 *„L'extranéité des parties n'est pas une cause d'incompétence des juridictions françaises dont la compétence internationale se détermine par extension des règles de compétence territoriale interne."*

169 Allen voran die Zuständigkeiten der Art. 42 ff. (allgemeiner Gerichtsstand, vertragliche, deliktische, dingliche und gemischte Klagen, etc.), aber auch die Zuständigkeiten der Artt. 145 (Beweiserhebungen im Forumstaat), 1039 (Feststellung der französischen Nationalität), 1070 (Scheidung), 1072 (Scheidungsfolgen), 1139 (Trennung von Tisch und Bett), 1431 (Wiederherstellung zerstörter Urkunden) etc.

170 Z.B. die Zuständigkeiten des Art. R.517-1 C.trav. für arbeitsrechtliche Streitigkeiten (siehe dazu aber die unter I B 3 b (2) aa (i) dargestellte Kontroverse), des Art. R.114-1 C.ass. für Klagen des Versicherten gegen den Versicherer, der Artt. 54, 73 des Décret n°66-1078 du 31 décembre 1966 für Ansprüche aus maritimer Beförderung, des Art. R.321-26 C.org.jud. für mietrechtliche Streitigkeiten, des Art. 88 C.civ. für die Todeserklärung von französischen oder auf französischem Territorium Verschollenen, des Art. 55 C.civ. für die Erstellung einer Geburtsurkunde von in Frankreich geborenen Kindern, des Art. R.332-1 C.cons. für Verbraucherinsolvenzverfahren, usw.
Auch Art. 1 des Dekrets Nr. 85-1388 vom 27.12.1985 über Unternehmesinsolvenzverfahren wurde auf die internationale Zuständigkeit angewandt. Für EU-interne Sachverhalte ergibt sich die Zuständigkeit heute aus Art. 3 I InsolvenzVO).
Zu weiteren doppelfunktional angewendeten insolvenzrechtlichen Zuständigkeiten siehe *Huet*, Jurisclasseur droit international, Fasc. 581-21, no. 9 ff.

171 ***Art. 110 C.civ.*** *Le lieu où la succession s'ouvrira sera déterminé par le domicile.*

172 Dies stellte die Cour de cassation 1933 fest und desavouierte damit die bis dahin von den Instanzgerichten häufig verfolgte gegenteilige Position: Cass.civ. 5.7.1933 „Nagalingampoullé", D.P. 1933.I.33 mit Anmerkung Silz, S. 1934.I.337, RCDIP 1934.166 jeweils mit Anmerkung Niboyet. In derselben Entscheidung wurde auch festgestellt, dass die Konzentrationswirkung im umgekehrten Fall, also bei Belegenheit der Immobilie im Ausland und Anfall der Erbschaft in Frankreich, ebenfalls nicht gilt; siehe dazu unten I B 1 b (3) bb.

nerstaatlichen Prozessrechts tritt – wie auch nach belgischem[173] und Quebecer[174] IZVR – eine „zuständigkeitsrechtliche Nachlassspaltung" ein.

Daneben hat die Rechtsprechung auch originäre französische Zuständigkeiten erarbeitet, ohne auf eine gesetzliche Grundlage zu rekurrieren. Neben der bereits erwähnten Dringlichkeitszuständigkeit[175] nimmt die Rechtsprechung in bestimmten Fällen eine ungeschriebene Notzuständigkeit[176] sowie eine französische Zuständigkeit für Verfahren, die die Aktivität eines französischen *service public*[177] in Frage stellen, an. Letztere Zuständigkeit ist etwa für die Vollstreckbarerklärung ausländischer Entscheidungen,[178] für das Zwangsvollstreckungsverfahren über in Frankreich belegene Gegenstände,[179] für die Anordnung dringender vorläufiger Maßnahmen auf französischem Territorium,[180] für Streitigkeiten über die Berich-

---

Ob der Nachlassgegenstand beweglich oder unbeweglich ist, wird in diesem Zusammenhang nach französischem Recht beurteilt: Cass.civ.[1] 3.12.1996, RCDIP 1997.318 mit Anmerkung Ancel, JDI 1997.1020 mit Anmerkung Revillard.

173 Siehe Art. 77 no. 2 CDIP.

174 Siehe Art. 3153 al. 2 C.C.Q.

175 Siehe Einleitung zu I.

176 Dazu unten I B 7 b.

177 Der Begriff bezeichnet jegliche im öffentlichen Interesse ausgeübte Tätigkeit, sei es in öffentlichrechtlicher oder in privatrechtlicher Form. Unterscheiden lassen sich die i.d.R. öffentlichrechtlich verfassten S.P.A. (*services publics administratifs*) von den i.d.R. privatrechtlich organisierten S.P.I.C. (*services publics industriaux et commerciaux*). Diese Trennlinie ist allerdings nur für die innerstaatliche Rechtswegszuweisung erheblich.

178 Cass.civ. 10.3.1863, S. 1863.1.293.

179 Siehe Cass.civ. 23.3.1868, S.1868.1.328 (für die Pfändung in dritter Hand *(saisie-arrêt)*); Cass.civ. 12.5.1931 „Compagnie francaise de navigation Cyprien Fabre", D.1933.I.60 mit Anmerkung Silz, JDI 1932.387 mit Anmerkung Perroud. Französische Gerichte sind bei Belegenheit der Vollstreckungsgegenstände in Frankreich zuständig, auch wenn der Schuldner sich im Ausland befindet, umgekehrt besteht keine französische Zuständigkeit für im Ausland belegene Sachen, sogar wenn Kläger und Beklagter Franzosen sind. Siehe dazu auch Art. 9 al. 2 des Décret n° 92-755 du 31 juillet 1992, wonach bei Abwesenheit des Schuldners im Inland (nur) das Gericht des Vollstreckungsortes zuständig ist.

180 Anwendungsbeispiele der Dringlichkeitszuständigkeit aus jüngerer und jüngster Zeit: C.A. Paris 8.10.1964, JDI 1965.101 mit Anmerkung Sialelli (Bestellung eines vorläufigen Verwalters für in Frankreich belegene Gegenstände einer ausländischen Gesellschaft); Civ.[1] 6.3.1990, Rev. de l'arb. 1990.635 mit Anmerkung Gaudemet-Tallon (internationale Dringlichkeitszuständigkeit der ordentlichen Gerichte bei wirksamer Schiedsgerichtsklausel, da das Schiedsgericht noch nicht gebildet worden war); Cass. civ.[2] 11.10.1995, RTD com. 1996.664 mit Anmerkung Dubarry und Loquin (Beantragung eines Expertengutachtens); Cass.com. 5.1.1999, RCDIP 1999.137 mit Anmerkung Rémery (Beschlagnahme eines Schiffes in einem französischen Hafen; der internrechtliche Art. 211 des Décret n° 92-755 du 31 juillet 1992 wurde in diesem Fall nicht doppelfunktional angewendet).

tigung von in Frankreich oder durch eine französische Behörde erstellte Personenstandsurkunden, für die Feststellung der französischen Staatsangehörigkeit[181] sowie für die Feststellung der Gültigkeit eines französischen Patents oder einer französischen Marke[182] eröffnet.

Hinzu kommt die Zuständigkeit französischer Gerichte für Klagen auf ein durch ein Gesetz von 1819 vorgesehenes erbrechtliches Entnahmerecht französischer Staatsangehöriger.[183]

Eine ungeschriebene Zuständigkeit kraft Anwendbarkeit französischer Eingriffsnormen wird heute ganz überwiegend abgelehnt.[184]

(3) Belgien

Bereits vor der Reform des belgischen IZVR war die internationale Zuständigkeit belgischer Gerichte in Art. 15 C.civ.belge und Artt. 635, 638 C.jud. umfassend gesetzlich geregelt. Seit Oktober 2004 ergibt sie sich aus den Vorschriften des CDIP. Art. 2 CDIP weist zwar darauf hin, dass sich Regelungen zum internationalen Zivilprozessrecht auch in Sondergesetzen befinden können. Diese Gesetze legen die internationale Zuständigkeit aber ebenfalls unmittelbar fest.[185] Angesichts dieser erschöpfenden gesetzlichen Regelung ist dem neuen belgischen IZVR somit eine doppelfunktionale Anwendung des innerstaatlichen Verfahrensrechts, insbesondere der Regelungen über die örtliche Zuständigkeit, fremd.

---

181 Siehe *Audit*, D.i.p., no. 349.

182 Strittig ist, ob dies auch für andere Streitigkeiten bezüglich französischer Patente und Marken gilt, etwa für eine Schadensersatzklage wegen einer Patent- oder Markenrechtsverletzung, siehe dazu die Ausführungen bei *Huet*, Jurisclasseur droit international, Fasc. 581-21, no. 59 ff.

183 Dazu unten I B 8 a (2) bb.

184 C.A. Paris 8.1.1969, Gaz.Pal. 1969.1.149; *Loussouarn/Bourel/De Vareilles-Sommières*, D.i.p., no. 452; *Audit*, D.i.p., no. 345; *Sinay-Cytermann*, L'ordre public en matière de compétence judiciaire internationale, 340 ff.; *Huet*, Jurisclasseur droit international, Fasc. 581-20 no. 33; weitere Nachweise bei *Pataut*, Principe de souveraineté et conflit de juridictions, no. 196 Fn. 1.
A.A. *Pataut*, Principe de souveraineté et conflit de juridictions, no. 271, der eine Zuständigkeit kraft Anwendbarkeit französischer Eingriffsnormen befürwortet. Ihm folgend *Guez*, L'élection de for en droit international privé, no. 245.

185 So etwa Art. 4 eines Gesetzes vom 7.7.1961 über die Kündigung unbefristeter Exklusivvertriebskonzessionen, der eine belgische Zuständigkeit für Streitigkeiten über die Kündigung einer solchen Konzession eröffnet, siehe unten I B 3 b (3) aa (i).

(4) Québec

Vor der Reform des IZVR war die gesetzliche Regelung der internationalen Zuständigkeit durch die den Artt. 14, 15 C.civ. nachgebildeten Artt. 27, 28 C.c.B.C ebenso fragmentarisch wie in Frankreich. Dementsprechend wurden Vorschriften über die örtliche Zuständigkeit (Artt. 68 ff. C.P.C.Q.) doppelfunktional auf die internationale Zuständigkeit angewendet.[186] Im reformierten C.C.Q. ist die internationale Zuständigkeit der Quebecer Gerichte nunmehr erschöpfend geregelt, sodass grundsätzlich kein Raum mehr für die Doppelfunktionslehre bleibt.[187] Diese Ansicht bekräftigt auch Art. 3076 C.C.Q., der das zehnte Buch des C.C.Q. einleitet, sich gesetzessystematisch also auch auf dessen dritten Titel über die internationale Zuständigkeit bezieht. Die Vorschrift postuliert die Maßgeblichkeit des C.C.Q., soweit dem keine *„règles de droit en vigueur au Québec dont l'application s'impose en raison de leur but particulier"* entgegenstehen, eine Ausnahme, die sich auf materielle Eingriffsnormen, nicht auf Zuständigkeitsvorschriften bezieht. Damit dürfte die ausschließliche Maßgeblichkeit des C.C.Q. hinsichtlich der internationalen Zuständigkeit außer Frage stehen.

Goldstein und *Groffier* halten es gleichwohl nicht für ausgeschlossen, aus Artt. 20, 46 N.C.P.C., die dem Gericht bei Gesetzeslücken bestimmte Befugnisse einräumen, subsidiär zu den Regeln des zehnten Buches des C.C.Q. internationale Zuständigkeiten zu gewinnen, etwa eine von Art. 3139 C.C.Q. (Zuständigkeit für inzidente Klagen und Widerklagen) nicht vorgesehene Zuständigkeit für konnexe und akzessorische Klagen.[188] Dieser Rückgriff erscheint allerdings nicht überzeugend. Denn Art. 20 C.P.C.Q. regelt den Fall, dass „diese Kodifikation" – d.h. der C.P.C.Q., nicht der C.C.Q. – eine Lücke aufweist und ermächtigt überdies nur zur „Anordnung einer Verfahrensweise", die geeignet ist, die lückenhaft geregelte Ausübung eines Rechtes sicherzustellen. Art. 46 C.P.C.Q. befugt im zweiten Satz des zweiten Absatzes zu „geeigneten Anordnungen", ein Überbegriff, der im Zusammenhang mit den dort exemplarisch aufgezählten Anordnungen zu sehen ist. Diese sind prozessleitender Natur, setzen also die Zulässigkeit des Verfahrens und damit die Zuständigkeit des Gerichts voraus. Auch der einleitende erste Absatz der Vorschrift, dem zu Folge „die Gerichte alle zur Ausübung ihrer Zuständigkeit erforderlichen Befugnisse haben", belegt, dass die Vorschrift keine Befugnis zur Schaffung gesetzlich nicht vorgesehener Zuständigkeiten gibt.

Selbst wenn man aber der Meinung zuneigt, dass Artt. 20, 46 C.P.C.Q. subsidiär anwendbar sind, gilt in Québec doch zumindest prinzipiell das Trennungssystem.

---

186 Siehe „Trower c. Ripstein" [1944] 4 D.L.R. 497 (C.P.); „A.S.G. Industries c. Corporation Superseal", [1983] R.C.S. 781.

187 *Glenn*, D.i.p., no. 71; *Ferland/Emery*, Précis de procédure civile du Québec, no. 82.

188 *Goldstein/Groffier*, D.i.p. I, no. 125, S. 298.

In Bereichen, die der kanadischen Bundesgesetzgebung unterfallen, ergibt sich die Zuständigkeit der Quebecer Gerichte nicht aus dem C.C.Q., sondern aus einem Bundesgesetz, wie etwa aus Art. 3 der *Loi sur le divorce*[189] oder aus Art. 183 der *Loi sur la faillite et l'insolvabilité*[190].

(5) Vergleich

Während die internationale Zuständigkeit in Deutschland und Frankreich noch immer vorwiegend unter Zuhilfenahme der Doppelfunktionslehre bestimmt wird, sind das belgische und das Quebecer Recht zum Trennungssystem übergegangen.

Die explizite gesetzliche Regelung der internationalen Zuständigkeit fördert das vom belgischen Gesetzgeber ausdrücklich angestrebte Ziel der Transparenz. Für den in- und vor allem ausländischen Rechtsanwender ist die Ermittlung der internationalen Zuständigkeit belgischer und Quebecer Gerichte deutlich einfacher als der Zugang zur deutschen und französischen Regelung, die sich jeweils aus einer von der Rechtsprechung kontrollierten Anwendung der innerstaatlichen Zuständigkeitsvorschriften, ergänzenden ungeschriebenen Zuständigkeiten und einzelnen, über mehrere Gesetzeswerke verteilten Regelungen der internationalen Zuständigkeit zusammensetzt.

Das Trennungssystem ist auch deshalb vorzugswürdig, weil die hinter örtlichen und internationalen Zuständigkeiten stehenden Zielsetzungen nicht deckungsgleich sein müssen, vielmehr unterschiedliche Anknüpfungen erforderlich sein können.[191] Dies zeigt sich nicht zuletzt an der in Frankreich teilweise vorgenommenen Modifizierung der angewendeten Vorschriften über die örtliche Zuständigkeit.

Gleichwohl steht man Kodifizierungsbestrebungen im Bereich des autonomen IPR in Frankreich skeptisch gegenüber, und dies obwohl sich der Gesetzgeber mittlerweile in vielen Rechtsbereichen zu einer Kodifizierung entschlossen hat.[192] Diese Haltung gründet zum einen darauf, dass mit der zunehmenden Zahl an Regelungen im Bereich der EU ein bedeutender Teil internationaler Rechtsbeziehungen bereits einer geschriebenen Regelung unterworfen ist, zum anderen darauf,

---

189 L.R.C. (1985), chapitre 3 (2e supplément), online: www.canlii.org/ca/loi/d-3.4.

190 L.R.C. (1985), chapitre B-3, online: www.canlii.org/ca/loi/b-3.

191 Zur unterschiedlichen Zielsetzung der beiden Zuständigkeitsarten siehe *Kropholler* in: Hb. IZVR I, Kap. III, Rn. 133-136.

192 Jüngst wurde z.B. die unübersichtliche Rechtslage im Bereich des Insolvenzrechts sowie das gesamte Handels- Gesellschafts- und Wertpapierrecht durch den *Code de commerce* konsolidiert. Weitere Beispiele bilden der *Code général des impôts* oder der *Code de travail*. Eine Übersicht über sämtliche französischen Kodifikationen findet sich auf http://www.legifrance.gouv.fr.

dass die Förderung eines umfassenden überstaatlichen IPR-Gefüges in Frankreich viele Fürsprecher hat.

b) Beachtung ins Ausland weisender ausschließlicher Zuständigkeiten?

(1) Problemaufriss

Fraglich ist, ob die ausschließende Wirkung ausschließlicher Zuständigkeiten auch dann zu beachten sind, wenn ihr Anknüpfungspunkt im Ausland belegen ist.

Ein Deutscher mag beispielsweise vor einem deutschen Gericht gegen einen anderen Deutschen mit gewöhnlichem Aufenthalt in Bogota auf Feststellung des Eigentums oder des Bestehens eines Mietverhältnisses an einem in Bogota belegenen Haus klagen, der Beklagte sich dazu sachlich einlassen. Die doppelfunktional angewendeten §§ 24 und 29a ZPO führen nicht zur Zuständigkeit deutscher Gerichte.[193] Fraglich ist daher, ob das angerufene deutsche Gericht wegen der rügelosen Einlassung des Beklagten gemäß § 39 ZPO zuständig ist, obwohl diese Vorschrift nach der innerstaatlichen Konzeption durch die ausschließlichen Zuständigkeiten gemäß §§ 24 und 29a ZPO verdrängt wird.

Ebenso mag ein Franzose vor einem französischen Gericht gegen einen Japaner auf die Feststellung seines Eigentums an einer in Japan belegenen Immobilie klagen. Die doppelfunktionale Anwendung des dinglichen Gerichtsstandes (Art. 44 NCPC) begründet die französische Zuständigkeit nicht, da die Immobilie nicht in Frankreich belegen ist. Entscheidend ist daher, ob sich die französische Zuständigkeit auf Art. 14 C.civ. stützen lässt, obwohl Art. 44 NCPC eine ausschließliche Zuständigkeit postuliert.

Weitere Fälle ließen sich zum Verhältnis ausschließlicher Zuständigkeiten zur Allgemeinzuständigkeit bilden. Wegen der weitgehenden Verdrängung der autonomen Allgemeinzuständigkeit durch das europäische Zivilprozessrecht ist die Diskussion in diesem Verhältnis heute vernachlässigbar. Im Rahmen der EuGVO setzt sie sich allerdings fort.[194]

(2) Zusammenhang mit der Doppelfunktionslehre?

Das aufgezeigte Problem begegnet in dieser Form nur in Rechtsordnungen, die der Doppelfunktionslehre folgen. Denn ist die internationale Zuständigkeit getrennt und unabhängig von der örtlichen Zuständigkeit gesetzlich geregelt, stellt sich die

193 Europäisches Zuständigkeitsrecht ist angesichts des gewöhnlichen Aufenthalts der Beklagten außerhalb eines Mitgliedstaats der EU nicht anwendbar.

194 Siehe *Kropholler*, EZPR, § 22 Rn. 7.

Frage, ob die Wechselwirkungen zwischen den verschiedenen Zuständigkeitsbegründungen auf die internationale Zuständigkeit zu übertragen ist, nicht. Inwiefern eine gegenseitige Verdrängungswirkung zwischen den verschiedenen internationalen Zuständigkeiten besteht, ist dann vielmehr dem Gesetz zu entnehmen. Eine vergleichbare Diskussion kann sich im Trennungssystem nur dort ergeben, wo die gesetzlichen Regelung Interpretationsspielräume bietet.

(3) Rechtslage

aa) Deutschland

In Deutschland wird das Problem der „ins Ausland weisenden Zuständigkeit" kontrovers diskutiert. Die wohl h.L. verneint die Anwendbarkeit sonstiger Zuständigkeitsregeln, wenn der Anknüpfungspunkt einer ausschließlichen Zuständigkeit im Ausland belegen ist.[195] *Geimer* lehnt eine solche Wirkung in Ausland weisender ausschließlicher Zuständigkeiten dagegen – außer bei wirksamer Prorogation ausländischer Gerichte[196] – ab.[197] Die jüngere Rechtsprechung folgt dem Ansatz *Geimers* zumindest im Bezug auf § 24 ZPO.[198]

---

195 Manche sehen in der Ausschließlichkeit einer örtlichen Zuständigkeit ein Indiz für die Ausschließlichkeit auch der nach der Doppelfunktionalitätstheorie zu ermittelnden internationalen Zuständigkeit (so insbesondere *Kropholler* in: Hb. IZVR I, Kap. III, Rn. 153). Zunehmend wird aber auch mit dem Telos der jeweiligen Zuständigkeitsnorm argumentiert (siehe etwa Stein/Jonas-*Roth*, ZPO, vor § 12 Rn. 47 im Bezug auf § 24 ZPO; *De Bra*, Verbraucherschutz durch Gerichtsstandsregelungen im deutschen und europäischen Zivilprozessrecht, S. 105; *Schack*, IZVR, Rn. 197; ebenso im Bezug auf Art. 22 EuGVO *Kropholler*, EZPR, Art. 22 Rn. 7).

196 *Geimer*, IZPR, Rn. 1706; *derselbe*, Reflexionen über ausschließliche internationale Zuständigkeiten, S. 198.

197 Zöller-*Geimer*, ZPO, IZPR Rn. 40; *Geimer*, IZPR, Rn. 929; *derselbe*, Reflexionen über ausschließliche internationale Zuständigkeiten, S. 193 ff., wo er dies damit begründet, dass nur unmittelbare Staatsinteressen, deren Existenz er jedoch bestreitet, eine ausschließliche internationale Zuständigkeit erfordern könnten; ihm folgend *Dohm*, Die Einrede ausländischer Rechtshängigkeit, S. 258 f.

198 BGH 25.9.1997, NJW 1998, 1321: Zuständigkeit deutscher Gerichte kraft rügeloser Einlassung für eine dingliche Streitigkeit über eine in Spanien belegene Immobilie; KG 14.6.2001, KGR 2001, 401: Zuständigkeit kraft allgemeinen Gerichtsstands in Deutschland für den Streit über das Eigentumsrecht an einer in den Vereinigten Staaten belegenen Immobilie.
Gegen die ausschließliche Wirkung des § 24 ZPO, wenn die Immobilie im Ausland belegen ist, auch schon RG 20.1.1894, RGZ 32, 414, 416.

bb) Frankreich

Nach Ansicht der französischen Rechtsprechung stellt Art. 14 C.civ. eine Auffangzuständigkeit dar, die alle Fälle abdeckt, in denen nach keiner anderen Regel eine französische Zuständigkeit gegeben ist.[199] Gleichwohl erkennt die Rechtsprechung ins Ausland weisende ausschließliche Entscheidungszuständigkeiten an, die dieses Gerichtsstandprivileg verdrängen.[200] So liegt es insbesondere bei dinglichen Klagen über eine im Ausland belegene Immobilie,[201] Klagen auf Auseinandersetzung an einer solchen[202], oder bei Anträgen im Bezug auf Zwangsvollstreckungsmaßnahmen über im Ausland belegene Güter[203].[204] Der „ins Ausland weisende" Immobiliargerichtsstand setzt sich jedoch nicht nur gegen Art. 14 C.civ., sondern auch gegen andere Zuständigkeiten, insbesondere gegen die erbrechtliche Zuständigkeitskonzentration des Art. 45 NCPC, durch: Französische Gerichte sind selbst bei Erbschaftsanfall in Frankreich nicht für erbrechtliche Streitigkeiten über eine im Ausland belegene Immobilie zuständig.[205]

---

199 Siehe Cass.civ.[1] 19.11.1985, JDI 1986.719 mit Anmerkung Huet, D. 1986.Jur.362 mit Anmerkung Prévault, RCDIP 1986.712 mit Anmerkung Lequette: *„L'article 14 du Code civil ... n'a lieu de s'appliquer que lorsque aucun critère ordinaire de compétence territoriale n'est réalisé en France."*

200 So etwa in Cass.civ.[1] 1.2.1955, RCDIP 1955.327 mit Anmerkung H.B.; JDI 1956.684 mit Anmerkung Sialell; Cass.civ.[1] 4.12.1979, RCDIP 1980.758 mit Anmerkung Ancel.

201 Cass.req. 6.1.1841 „Wenger", S. 1841.1.24; Cass.req. 19.4.1859, „Guichard", S. 1859.1.411.

202 Cass.civ. 5.7.1933 „Nagalingampoullé", D.P. 1933.I.33 mit Anmerkung Silz, S. 1934.I.337 sowie RCDIP 1934.166 jeweils mit Anmerkung Niboyet; Cass.civ.[1] 24.11.1953 „Consorts Besson", RCDIP 1955.698 mit Anmerkung Mezger; Cass.civ.[1] 7.3.2000, RCDIP 2000.458 mit Anmerkung Ancel.

203 Cass.civ. 12.5.1931 „Compagnie francaise de navigation Cyprien Fabre", D.1933.I.60 mit Anmerkung Silz, JDI 1932.387 mit Anmerkung Perroud. Siehe auch T.g.i. Paris 29.6.1988 „De Dampierre", RCDIP 1990.339 mit Anmerkung Ancel: Die Cour de cassation hielt französische Gerichte für *„radicalement incompétent"*, die vom Londoner High Court und von einem New Yorker Gericht angeordneten dinglichen Arreste über in Großbritannien bzw. den USA belegenes Vermögen aufzuheben.

204 Zusammenfassend Cass.civ. 27.5.1970 „Weiss c. Societé Atlantic Electric et autres", RCDIP 1971.113 mit Anmerkung Batiffol, GAJDIP no. 49: *„L'art. 14 du Code civil a une portée générale s'étendant à toutes matières, à l'exclusion des actions réelles immobilières et des demandes en partage portant sur des immeubles situés à l'étranger, ainsi que des demandes relatives à des voies d'exécution pratiquées hors de France."*

205 Cass.civ. 5.7.1933 „Nagalingampoullé", D.P. 1933.I.33 mit Anmerkung Silz, S. 1934.I.337 sowie RCDIP 1934.166 jeweils mit Anmerkung Niboyet, siehe bereits oben I B 1 a (2), auch zur korrespondierenden zuständigkeitsrechtlichen Nachlassspaltung im umgekehrten Fall.

cc) Belgien

Da das belgische Recht bei der Entscheidungszuständigkeit dem Trennungssystem folgt, ergibt sich die Lösung aus dem Gesetz. Nach der Konzeption des CDIP kommen die belgische Allgemeinzuständigkeit sowie die Zuständigkeit kraft Unterwerfung des Beklagten dann nicht zur Anwendung, wenn sie von einer besonderen Zuständigkeitsregelung für ausgeschlossen erklärt werden.[206] Einen derartigen Ausschließlichkeitspassus enthält der dingliche Gerichtsstand des Art. 85 CDIP nicht; die Vorschrift begründet die belgische Zuständigkeit vielmehr „über die allgemeinen Zuständigkeitsregeln hinaus“ *(„outre dans les cas prévus par les dispositions générales de la présente loi“).* Auch in den Gesetzesmaterialien deutet nichts auf die Annahme einer ausschließlichen dinglichen Auslandszuständigkeit hin.[207] Bekräftigt wird dies dadurch, dass auch schon das alte belgische Recht der ausländischen Sachbelegenheit keine ausschließende Wirkung beimaß.

Hingegen schließen Art. 77 CDIP den allgemeinen Gerichtsstand und Artt. 66, 109, 118 CDIP die allgemeinen Vorschriften einschließlich der Zuständigkeit kraft Unterwerfung aus. Ist der von diesen Vorschriften verwendete Anknüpfungspunkt im Ausland zu verorten, kommt die Eröffnung der belgischen Allgemeinzuständigkeit bzw. die Anwendung der allgemeinen Zuständigkeitsregeln nicht in Betracht.

dd) Québec

Das Quebecer Zuständigkeitsrecht gibt angesichts des von ihm verfolgten Trennungssystems grundsätzlich ebenso wenig Anlass zu der in Deutschland geführten Debatte wie das belgische Recht. So stellt sich insbesondere nicht die Frage, ob die Zuständigkeit für eine Streitigkeit über im Ausland belegene Sachen auf eine rügelose Einlassung des Beklagten in Québec gestützt werden kann. Das Gesetz stellt in Art. 3148 al. 1 no. 5 C.C.Q. eindeutig klar, dass die Unterwerfung des Beklagten nur in persönlichen vermögensrechtlichen, nicht hingegen in dinglichen Angelegenheiten zuständigkeitsbegründend wirkt.[208]

Auch das Verhältnis der Zuständigkeiten in erbrechtlichen und dinglichen Streitigkeiten ist eindeutig geregelt. Für erbrechtliche Streitigkeiten über im Ausland belegene Sachen sind die Quebecer Gerichte nach Art. 3153 C.C.Q. immer

---

206 Dies ergibt sich aus dem in Art. 5 § 1 al. 1 bzw. 6 § 1 al. 2 CDIP verwendeten Passus *„Hormis les cas où la présente loi en dispose autrement...“.* Siehe dazu unten I B 2 b (1).

207 Siehe *Rigaux/Fallon*, D.i.p. II, no. 1188. Dem Kläger wurde daher geraten, die Anerkennungschancen im Belegenheitsstaat genau zu untersuchen, bevor er die belgischen Gerichte anrief.

208 Dazu näher unten I B 4 b.

dann zuständig, wenn die Erbschaft in Québec angefallen ist, einer der Beklagten in Québec domiziliert ist oder der Erblasser Quebecer Recht als Erbstatut gewählt hat. Anders als vor der Reform[209] verzichtet das Quebecer IZVR demnach nicht auf eine inländische Zuständigkeit für erbrechtliche Streitigkeiten über im Ausland belegene Immobilien.[210] In Extremfällen könnten sich die Quebecer Gerichte allerdings zum „forum non conveniens" erklären.[211] In Betracht käme dies etwa dann, wenn lediglich einer der Beklagten in Québec domiziliert ist, alle anderen Prozessbeteiligten sowie die sonstigen von Art. 3153 C.C.Q. verwendeten Anknüpfungspunkte hingegen in einem anderen Staat zu lokalisieren sind.

Trotz Trennungssystems umstritten ist jedoch, ob die Allgemeinzuständigkeit nach Art. 3134 C.C.Q. ausgeschlossen ist, wenn die streitgegenständliche Sache im Ausland belegen ist. Dies hängt offenbar damit zusammen, dass das Gesetz einen nicht ganz eindeutigen Passus enthält:

Unter altem Recht erklärten sich die Quebecer Gerichte in dinglichen Streitigkeiten über außerhalb Québecs belegene Immobilien für unzuständig, auch wenn der Beklagte[212] oder gar beide Parteien in Québec domiziliert waren.[213] In dinglichen Mobiliarstreitigkeiten waren die Quebecer Gerichte hingegen zuständig, wenn der Beklagte in Québec domiziliert war, selbst wenn die im Streit befangene Sache sich im Ausland befand.[214] Heute ist die Zuständigkeit für dingliche Streitigkeiten in Art. 3152 C.C.Q. einheitlich geregelt. Eine Quebecer Zuständigkeit besteht nunmehr ohne Unterscheidung nach Mobilien und Immobilien, wenn die im Streit befangene Sache in Québec belegen ist.

Goldstein und *Groffier* sind der Meinung, die frühere Rechtslage sei durch die Kodifizierung beibehalten und auf Mobilien ausgedehnt worden.[215] Die Rechtsprechung hatte zwar bislang noch keinen entsprechenden Fall zu entscheiden, die Gesetzestechnik spricht aber in der Tat gegen eine Quebecer Zuständigkeit bei ausländischer Sachbelegenheit. Denn die Allgemeinzuständigkeit ist gemäß Art. 3134 C.C.Q. nur *„en l'absence de disposition particulière"* eröffnet. Diese Formulierung stellt nicht darauf ab, ob im Einzelfall eine anderweitige Zuständigkeit gegeben ist, sondern lediglich darauf, ob für die betreffende Art von Streitigkeit überhaupt eine besondere Zuständigkeitsregelung existiert. Die allgemeine Zuständigkeit hat somit Auffangfunktion für Streitigkeiten, die sich nicht den be-

---

209 *Emanuelli*, D.i.p. québecois, no. 193.

210 Kritik an dieser gesetzgeberischen Entscheidung üben *Talpis/Castel*, Le Code civil du Québec, no. 458.

211 Siehe dazu unten I C 4 b.

212 *Goldstein/Groffier*, D.i.p. I, no. 151;

213 *Johnson*, Conflict of Laws, S. 485 ff.

214 *Emanuelli*, D.i.p. québecois, no. 191.

215 *Goldstein/Groffier*, D.i.p. I, no. 151.

sonderen Zuständigkeiten unterordnen lassen.[216] Im Fall einer dinglichen Klage dürfte der Rückgriff auf Art. 3134 C.C.Q. folglich angesichts der speziellen Regelung des Art. 3152 C.C.Q. unabhängig davon ausgeschlossen sein, ob letztere in casu eine Quebecer Zuständigkeit begründet.

Dementgegen hält *Emanuelli* die Anwendung des Art. 3134 C.C.Q. in dinglichen Streitigkeiten für möglich, und dies, obwohl er ebenfalls dessen subsidiären Charakter betont.[217] Dies scheint auf einer anderen Auslegung des Begriffs der „*disposition particulière*" zu beruhen. Fasst man darunter nur solche Bestimmungen, die wie die Allgemeinzuständigkeit an das Domizil anknüpfen (etwa Art. 3153 C.C.Q. für erbrechtliche Streitigkeiten), bleibt der Rückgriff auf die Allgemeinzuständigkeit neben den besonderen Zuständigkeiten, die (wie die dingliche Zuständigkeit) auf einen anderen Anknüpfungspunkt abstellen, möglich.

(4) Stellungnahme

Weist eine Zuständigkeitsregel ins Ausland, beansprucht häufig auch der betreffende ausländische Staat eine ausschließliche Zuständigkeit. Kommt zudem, wie insbesondere in Immobiliarstreitigkeiten, nur eine Vollstreckung im Ausland in Betracht, spricht einiges dagegen, auf der Zuständigkeit der inländischen Gerichte zu bestehen, deren Entscheidung im Ausland dann regelmäßig mangels Anerkennungszuständigkeit nicht vollstreckt werden könnte. Vor diesem Hintergrund hält man es in Frankreich für sinnvoll, im Fall einer ins Ausland weisenden ausschließlichen Zuständigkeitsregel auf eine französische Zuständigkeit zu verzichten.[218] Derselbe Gedanke wird auch in der deutschen Diskussion fruchtbar gemacht[219] und stützt überdies die an Art. 3153 C.C.Q. geäußerte Kritik aus dem Quebecer Schrifttum.[220] Dennoch scheint eine Präzisierung angezeigt. Zu bedenken ist nämlich, dass Ausschließlichkeitsvorstellungen nicht weltweit übereinstimmen. Selbst die immobiliarsachenrechtliche Zuständigkeit am Ort der Sachbelegenheit ist, wie etwa Art. 85 CDIP zeigt, nicht überall als ausschließliche Zuständigkeit konzipiert. Einer ins Ausland weisenden ausschließlichen Zuständigkeit ausschließende Wirkung gegenüber anderen Begründungen der inländischen Zuständigkeit zu-

---

216 Siehe dazu auch unten I B 2 b (1).

217 *Emanuelli*, D.i.p. québecois, no. 149 *(„[Art. 3134 C.C.Q.] est formulée de facon à souligner son caractère subsidiaire. (...) On peut imaginer son application, par exemple dans le cadre d'une action réelle, autre qu'une action successorale")* und no. 191 *(„Actuellement, les articles 3152 à 3154 prévoient des règles spécifiques. S'y ajoutent les règles générales (...)")*.

218 *Ancel/Lequette*, GAJDIP, S. 465 m.w.N.

219 Siehe *Matthies*, Die deutsche internationale Zuständigkeit, S. 43; *Walchshöfer*, ZZP 80 (1967), 175.

220 *Talpis/Castel*, Le Code civil du Québec, no. 458.

zubilligen, ist daher nur insoweit angebracht, als der inländischen Entscheidung im konkret in Rede stehenden ausländischen Forum tatsächlich die Anerkennung versagt werden würde.

c) Lücken in der Regelung der örtlichen Zuständigkeit

Wie in Deutschland unterteilt sich die innerstaatliche Zuständigkeit auch im französischen Rechtskreis in die sachliche Zuständigkeit *(compétence d'attribution)* und die örtliche Zuständigkeit *(compétence territoriale)*. Die Bestimmung der letzteren obliegt, sofern keine supranationale Regelung die örtliche Zuständigkeit impliziert,[221] dem innerstaatlichen Zuständigkeitsrecht.

Dabei kann es unter Geltung des Trennungssystems vorkommen, dass in einem gegebenen Fall zwar die internationale Zuständigkeit der inländischen Gerichte begründet ist, jedoch nicht ermittelt werden kann, welches dieser Gerichte örtlich zuständig ist.

Fußt die Begründung der internationalen Zuständigkeit etwa auf einem innerstaatlich nicht unterscheidungskräftigen Kriterium wie der Nationalität, entsteht eine Zuständigkeitslücke, wenn zugleich keiner der für die örtliche Zuständigkeit erheblichen Anhaltspunkte im Inland zu lokalisieren ist.

Eine Zuständigkeitslücke kann auch auftreten, wenn die internationale Zuständigkeit zwar auf einem innerstaatlich unterscheidungskräftigen, aber vom Recht der örtlichen Zuständigkeit nicht verwendeten Anknüpfungspunkt gründet. Aus diesem Grund kritisierte der belgische Conseil d'Etat den Entwurf des Art. 84 CDIP (heute Art. 85 CDIP). Beanstandet wurde, die Vorschrift knüpfe die internationale Zuständigkeit belgischer Gerichte in dinglichen Streitigkeiten (Art. 85 CDIP) an die Sachbelegenheit, die jedoch kein Kriterium für die örtliche Zuständigkeitsaufteilung in dinglichen Streitigkeiten über bewegliche Sachen darstelle.[222] Es seien

221 So ist in LugÜ/EuGVÜ/EuGVO immer auch die örtliche Zuständigkeit gemeint, wenn der Text von „den Gerichten des Ortes..." spricht. Auch in Art. 28 I des Warschauer Abkommens zur Vereinheitlichung von Regeln über die Beförderung im internationalen Luftverkehr vom 12.10.1929 ist von dem „Gericht des Ortes,..." die Rede, ebenso in Art. VIII des 155. Zusatzabkommens zum Warschauer Abkommen vom 18.9.1961.

222 Örtlich zuständig ist i.d.R. das Gericht am Domizil des Beklagten bzw. eines der Beklagten. Dies ergibt sich aus folgenden Vorschriften:
Art. 624 C.jud. *Hormis les cas où la loi détermine expressément le juge compétent pour connaître de la demande, celle-ci peut, aux choix du demandeur, être portée :*
1° devant le juge du domicile du défendeur ou d'un des défendeurs;
2° devant le juge du lieu dans lequel les obligations en litige ou l'une d'elles sont nées ou dans lequel elles sont, ont été ou doivent être exécutées;
3° devant le juge du domicile élu pour l'exécution de l'acte;

daher Fälle vorstellbar, in denen zwar eine belgische Zuständigkeit bestehe, ohne dass aber ein von den Bestimmungen über die örtliche Zuständigkeit verwendeter Anknüpfungspunkt in Belgien verortet werden könne.[223]

Wird die internationale Zuständigkeit streng anhand der Doppelfunktionslehre ermittelt, besteht diese Gefahr nicht, da für die Bestimmung der internationalen wie der örtlichen Zuständigkeit ein und derselbe, innerstaatlich unterscheidungskräftige Anknüpfungspunkt verwendet wird. Denkbar sind Zuständigkeitslücken jedoch auch hier:

4° devant le juge du lieu où l'huissier de justice a parlé à la personne du défendeur si celui-ci ni, le cas échéant, aucun des défendeurs n'a domicile en Belgique ou à l'étranger.
Art. 629 C.jud. *Le juge de la situation du bien est seul compétent pour connaître de la demande lorsqu'il s'agit :*
1° (des demandes en matière de droits réels immobiliers et des demandes portant sur les matières énumérées à l'article 591, 1°, 2°, (2°bis,) 3°, 4°, 5°, 6°, 9°, 10°, 11°, 12°, 13°, 14° et 18° (et 20°) à l'exception des demandes en matière de bail à ferme.) (NOTE : Pour la Communauté flamande, le premier alinéa de ce 1° a été modifié par DCFL 24-01-1984, art. 19, de la manière suivante :
1° Demandes en matière de droits réels sur des immeubles et demandes en matière des affaires énumérées à l'article 591, 1°, 2°, (2°bis,) 3°, 4°, 5°, 6°, 9°, 10°, 11°, 12°, 13°, 14°, 18°, 19° à l'exception de demandes en matière de bail) Si l'immeuble auquel la demande a trait est situé dans différents cantons ou arrondissements judiciaires, la demande peut être portée devant le juge du lieu dans lequel est située une partie de l'immeuble;
2° des demandes formées en vertu des articles 27, 77 et 93 de la loi du 16 décembre 1851, sur la revision du régime hypothécaire;
3° des demandes formées en vertu de la loi du 17 avril 1835 sur l'expropriation pour cause d'utilité publique et des demandes formées en vertu de l'article 8 des lois relatives à l'expropriation par zones pour travaux d'utilité communale, coordonnées le 15 novembre 1867;
4° des demandes formées en vertu de l'article 7 de la loi du 28 juin 1930 relative à l'expropriation par zones d'intérêt général ou provincial;
5° les demandes formées en vertu de la loi du 10 mai 1926 instituant une procédure d'urgence en matière d'expropriation pour cause d'utilité publique et la loi du 26 juillet 1962 relative à la procédure d'extrême urgence en matière d'expropriation pour cause d'utilité publique.
(6° d'une demande de facilités de paiement prévues par la loi du 4 août 1992 relative au crédit hypothecaire.)

223 *Avis du Conseil d'État*, S. 258: *„L'article 84 du projet fait [de la situation d'un meuble] un critère de compétence générale pour toute demande concernant des droits réels sur un bien corporel situé en Belgique. Mais le lieu de situation d'un meuble n'est pas un critère de compétence territoriale et il est donc possible que, dans certains cas, faciles à imaginer, aucun autre élément, ni du litige, ni du rapport litigieux ne soit situé en Belgique."*

Weder Trennungssystem noch Doppelfunktionslehre bieten Schutz dagegen, dass sich die internationale Zuständigkeit aus supranationalen Regeln ergibt, deren Anknüpfungen nicht mit denen des innerstaatlichen Zuständigkeitsrechts übereinstimmen. So knüpft Art. 31 CMR die internationale Zuständigkeit an den gewöhnlichen Aufenthalt des Beklagten (z.B. des Frachtführers i.S.d. Art. 3 CMR). Das deutsche Recht der örtlichen Zuständigkeit verwendet diese Anknüpfung jedoch lediglich in § 606 ZPO, welcher insoweit nicht einschlägig ist. Stellt der gewöhnliche Aufenthalt des Beklagten die einzige Verbindung zu Deutschland dar, besteht folglich eine Zuständigkeitslücke. Selbige Gefahr droht im Fall einer Gerichtsstandsvereinbarung, die die internationale Zuständigkeit eines neutralen Staates, d.h. eines Staates, mit dem der Sachverhalt keine Verbindungen aufweist, vorsieht.[224] Auch bei Eröffnung der internationalen Notzuständigkeit[225] kann eine Zuständigkeitslücke entstehen,[226] da auch hier nicht gewährleistet ist, dass einer der Anknüpfungspunkte der örtlichen Zuständigkeit im Inland verortet werden kann.

Die verglichenen Rechtsordnungen begegnen dem Entstehen von Lücken in der örtlichen Zuständigkeit auf unterschiedliche Weise:

(1) Deutschland

Die deutschen Vorschriften, welche sowohl die internationale als auch die örtliche Zuständigkeit bestimmen (z.B. §§ 15 I, 16, 23, 23a, 27 II, 38 II und III Nr. 2, 689 II 2, 703d i.V.m. den allgemeinen Vorschriften, 828 II 2. Var. i.V.m. 23 ZPO; §§ 65 III, 73 II, III FGG; § 14 I 2 UWG), verhindern von vornherein eine Lückenbildung. Soweit sie an die innerstaatlich nicht unterscheidungskräftige Nationalität einer Person anknüpfen, stellen sie selbst einen Ersatzgerichtsstand am Amtsgericht Berlin-Schöneberg zur Verfügung.[227]

Auch die Normen, welche allein die internationale Zuständigkeit zum Gegenstand haben, enthalten regelmäßig derartige Sicherungen. So knüpft § 606 I, II ZPO zur Bestimmung der örtlichen Zuständigkeit an den gewöhnlichen Aufenthalt der Parteien an. Nach § 606a I 1 Nr. 1 ZPO besteht eine internationale Zuständigkeit allerdings auch in Fällen, in denen keine der Parteien jemals ihren

---

224 Dieses Problem kann auch auftreten, wenn nur die internationale Zuständigkeit supranational geregelt ist. So setzt etwa Art. 23 EuGVO keine Bestimmung des „Ortes" voraus, sondern ermöglicht die Berufung der „Gerichte eines Mitgliedsstaates" in ihrer Gesamtheit, siehe Staudinger-*Hausmann*, BGB, Anhang II zu Art. 27-37 EGBGB Rn. 212; *Geimer*, IZPR Rn. 1753.

225 Zu dieser unten I B 7 b.

226 Siehe dazu *Kropholler* in: Hb. IZVR I, Kap. III, Rn. 142.

227 Siehe §§ 15 I 2, 27 II i.V.m. 15 I 2, 689 II 2 ZPO; §§ 65 III, 73 II 1 FGG.

gewöhnlichen Aufenthalt in Deutschland hatte. Deshalb sieht § 606 III ZPO eine örtliche Ersatzzuständigkeit des Amtsgerichts Schöneberg vor. Ähnlich sind die §§ 640a I 4, 661 III ZPO, 36 II-IV, 43b II, IV FGG ausgestaltet.

Im Übrigen, also im Fall einer internationalen Gerichtsstandsvereinbarung, die kein örtlich zuständiges Gericht bezeichnet sowie bei supranationaler Regelung der internationalen Zuständigkeit und bei Eröffnung der deutschen Notzuständigkeit, ist umstritten, wie eine eventuelle Zuständigkeitslücke zu füllen ist.

Nach *Geimer*, *Neuhaus* und *Kropholler* sind analog §§ 15 I 2, 27 II ZPO die Gerichte am Sitz der Bundesregierung örtlich zuständig.[228] *Geimer* schlägt aber Abweichungen bei Abänderungsklagen[229] sowie in Ehe- und Kindschaftssachen vor.[230] Und *Kropholler* möchte im Fall der Anwendung eines völkerrechtlichen Vertrages, welcher die internationale, nicht aber die örtliche Zuständigkeit bestimmt, die örtliche Ersatzzuständigkeit durch Übernahme des staatsvertraglichen Anknüpfungspunktes gewinnen.[231] Wie verfahren werden soll, wenn der staatsvertragliche Anknüpfungspunkt nicht für eine Ortsbestimmung taugt, lässt *Kropholler* offen. In einem solchen Fall müsste wohl auch er eine Ersatzzuständigkeit der Hauptstadtgerichte zulassen.

Schröder und *Milleker* wollen dagegen in Anlehnung an das französische Recht, dessen Lösung sogleich noch zu schildern sein wird, dem Kläger die Wahl des örtlich zuständigen Gerichts überlassen.[232]

Eine dritte, von *Pagenstecher*[233], *Matthies*[234], *Weigel*[235] und *Roth*[236] befürwortete Variante, die dem österreichischen „Ordinationsrecht" des § 28 (1) JN[237]

---

228 *Geimer*, IZPR, Rn. 965; *Neuhaus*, RabelsZ 20 (1955), 260; *derselbe* JZ 1966, 237 (241); im Grundsatz auch *Kropholler* in: Hb. IZVR I, Kap. III, Rn. 145.

229 *Geimer*, IZPR, Rn. 952 und 966: § 767 I ZPO analog.

230 *Geimer*, IZPR, Rn. 967: §§ 606 III, 640a I 4 ZPO analog.

231 *Kropholler* in: Hb. IZVR I, Kap. III, Rn. 146. Das hält *Geimer*, IZPR, Rn. 968 für „erwägenswert", der BGH (mit Urteil vom 6.2.1981, BGHZ 79, 332, 334) und das OLG Düsseldorf (mit Urteil vom 23.10.1980, VersR 1981, 1081, 1082) dagegen anscheinend nicht.

232 *Schröder*, Internationale Zuständigkeit, S. 215 und 810; *Milleker*, Der negative internationale Kompetenzkonflikt, S. 164. Beide Autoren übernehmen in Frankreich entwickelte Einschränkungen des Wahlrechts (zu diesen unten I B 1 c).

233 *Pagenstecher*, RabelsZ 11 (1937), 337, 381 Fn. 2.

234 *Matthies*, Die deutsche internationale Zuständigkeit, S. 57 f.

235 *Weigel*, Gerichtsbarkeit, S. 59.

236 Stein/Jonas-*Roth*, ZPO, § 36 Rn. 29 a.E.

237 ***§ 28 (1) JN*** *Sind für eine bürgerliche Rechtssache die Voraussetzungen für die örtliche Zuständigkeit eines inländischen Gerichts im Sinne dieses Gesetzes oder einer anderen Rechtsvorschrift nicht gegeben oder nicht zu ermitteln, so hat der Oberste Gerichtshof aus den sachlich zuständigen Gerichten eines zu bestimmen, welches für die fragliche Rechtssache als örtlich zuständig zu gelten hat, wenn*

entspricht und auch in § 13a StPO verwirklicht worden ist, besteht darin, die Bestimmung des örtlich zuständigen Gerichts (de lege ferenda oder in Analogie zu § 36 ZPO bzw. § 5 FGG) einem höheren Gericht zu überlassen.[238]

(2) Frankreich

Auch in Frankreich können staatsvertragliche Regelungen über die internationale Zuständigkeit, die Eröffnung der französischen Notzuständigkeit sowie Gerichtsstandsvereinbarungen, welche die französischen Gerichte in ihrer Gesamtheit prorogieren,[239] zu einer Lücke in der örtlichen Zuständigkeit führen. Darüber hinaus kennt das französische Recht die Nationalitätsprivilegien der Artt. 14, 15 C.civ. Bei deren Anwendung tut sich sogar regelmäßig eine Zuständigkeitslücke auf, da die Rechtsprechung sie heute nur noch subsidiär zu den sonstigen Zuständigkeitsbestimmungen anwendet, sie mithin lediglich dann anwendet, soweit keine doppelfunktional angewendete örtliche Zuständigkeitsregelung die französische Zuständigkeit zu begründen vermag.[240]

Zur Lückenfüllung gestand die Rechtsprechung dem Kläger zunächst ein Wahlrecht unter allen französischen Gerichten zu, welches allerdings nicht missbräuchlich ausgeübt werden durfte.[241] Später verlangte sie zudem, dass die Wahl einer „vernünftigen Verwaltung der Rechtspflege" entsprach. Als einer vernünftigen Pflege der Rechtsprechung entsprechend wurde etwa die Wahl des Gerichts angesehen, in dessen Bezirk der Beklagte seine letzte Residenz in Frankreich hatte und noch immer vollstreckungsfähiges Vermögen besaß.[242]

---

1. Österreich auf Grund eines völkerrechtlichen Vertrages zur Ausübung von Gerichtsbarkeit verpflichtet ist;

2. der Kläger österreichischer Staatsbürger ist oder seinen Wohnsitz, gewöhnlichen Aufenthalt oder Sitz im Inland hat und im Einzelfall die Rechtsverfolgung im Ausland nicht möglich oder unzumutbar wäre;

3. die inländische Gerichtsbarkeit, nicht aber ein örtlich zuständiges Gericht vereinbart worden ist.

238 Während § 28 JN und § 13a StPO die Bestimmung dem höchsten Gericht (OGH bzw. BGH) übertragen, befürworten die genannten Autoren eine Entscheidung durch das nächst höhere Gericht.

239 In diesem Fall muss das angerufene Gericht genau darlegen, auf Grund welcher Vorschrift es sich für örtlich zuständig hält. Ein pauschaler Verweis auf die „Vorschriften des französischen Rechts" kann zur Kassation führen, siehe Cass.civ.[1] 13.4.1999, RCDIP 2000.219 mit Anmerkung Ancel.

240 Siehe oben I B 1 b (3) bb.

241 Z.B. Cass.civ.[1] 23.4.1959, D. 1959.377, 3e ésp. mit Anmerkung Holleaux.

242 Cass.civ.[1] 9.2.1960, D. 1960.508 mit Anmerkung Lenoan. Weitere Rechtsprechungsnachweise bei *Batiffol/Lagarde*, D.i.p.[6] II, no. 684, Fn. 36. Sehr ausführlich zur

Die Rechtslage änderte sich 1981, als der französische Gesetzgeber den NCPC neben speziellen örtlichen Auffangzuständigkeiten[243] um eine allgemeine Auffangregel ergänzte: Gemäß Art. 42 al. 1 NCPC richtet sich der allgemeine Gerichtsstand danach, wo der Beklagte „verbleibt".[244] Ist der „Verbleib" unbekannt oder „verbleibt" der Beklagte im Ausland, so kann der Kläger seither gemäß Art. 42 al. 3 NCPC „am Ort seines eigenen Verbleibs oder, falls auch er [d.h. der Kläger] im Ausland wohnt, an einem Ort seiner Wahl klagen".[245] Die von der Rechtsprechung vormals aufgestellten Beschränkungen des klägerischen Wahlrechts wurden in dieser Vorschrift nicht verankert. Ob sie von den Gerichten noch angewendet werden, ist zweifelhaft.[246]

Im Einzelnen ist der Anwendungsbereich des Art. 42 al. 3 NCPC allerdings umstritten. So wird uneinheitlich beurteilt, ob die Vorschrift stets zur Anwendung kommt, wenn eine Lücke in der örtlichen Zuständigkeit besteht oder aufgrund ihrer Stellung im Gesetz nur dann, wenn gerade Art. 42 al. 1 oder al. 2 NCPC fehlschlagen. Nach letzterer Ansicht ist ihre Anwendung etwa in Erbschaftsangelegenheiten, in denen die örtliche Zuständigkeit sich gemäß Art. 45 NCPC nach dem letzten Domizil des Erblassers richtet, ausgeschlossen. Diskutiert wird auch, ob Art. 42 al. 3 NCPC voraussetzt, dass der Verbleib des Beklagten überhaupt nicht festgestellt werden kann, oder ob es schon ausreicht, wenn nicht festgestellt werden kann, ob er in Frankreich verbleibt.[247]

Soweit Art. 42 al. 3 NCPC danach keine Anwendung findet, bleibt es bei dem richterrechtlich entwickelten Wahlrecht des Klägers.[248]

Rechtsprechungsentwicklung: *Huet*, Jurisclasseur Droit international, Fasc. 581-31, no. 40-55.

243 Nach Art. 1431 NCPC besteht für Klagen auf Wiederherstellung bestimmter kriegs- oder katastrophenbedingt zerstörter Dokumente eine Auffangzuständigkeit des T.g.i. Paris; die gleiche Lösung enthält Art. 1039 NCPC für Klagen auf Feststellung der französischen Nationalität. Art. 1166 NCPC gibt dem Kläger in Adoptionsverfahren ein freies Wahlrecht unter den französischen Gerichten, wenn weder der zu Adoptierende noch der Adoptierende in Frankreich „verbleiben".
Vgl. auch den neueren Art. R.332-1 i.V.m. Art. L.333-3-1 C.cons., wonach der im Ausland wohnende französische Schuldner ein Verbraucherinsolvenzverfahren beim Gericht des Ortes beantragen kann, wo sich die für die Niederlassung eines seiner Gläubiger zuständige Überschuldungskommision befindet.

244 Näher dazu unten I B 2 a (1).

245 Zu einer arbeitsrechtlichen Anwendung der Vorschrift siehe *Devers*, D. 2001. Jur.2547 ff.

246 Siehe etwa C.A. Aix-en-Provence, 27.6.2000, Dr.mar.fr. 2001, hors-série no. 5, S. 77, no. 99, wo die Konformität der Wahl mit einer vernünftigen Verwaltung der Rechtspflege nicht erwähnt wird.

247 Zum Streitstand: *Huet*, Jurisclasseur Droit international, Fasc. 581-32, no. 62.

248 *Mayer/Heuzé*, D.i.p., no. 295.

(3) Belgien

Der CDIP begegnet Zuständigkeitslücken auf eine dritte, recht originelle Weise. In Reaktion auf die rege Kritik, die der Gesetzesentwurf des heutigen Art. 85 CDIP von Seiten des Conseil d'Etat erfahren hatte,[249] wurde Art. 13 CDIP eingefügt:[250]

Dessen erster Absatz stellt nochmals klar, dass sich die innerstaatliche Zuständigkeit (außer in Anerkennungs- und Exequaturverfahren) nach den Vorschriften des *Code judiciaire* und spezialgesetzlichen Vorschriften richtet. Der zweite Absatz zeigt auf, wie auftretende Zuständigkeitslücken zu schließen sind. In Umkehrung des Doppelfunktionalitätsgedankens ist die örtliche Zuständigkeit notfalls unter Heranziehung der Vorschriften des CDIP über die internationale Zuständigkeit zu ermitteln. Führt auch dies zu keinem Ergebnis, besteht ein Auffanggerichtsstand in Brüssel. Letztere Auffangzuständigkeit kommt insbesondere bei Annahme der internationalen Notzuständigkeit (Art. 11 CDIP) zum Tragen. In diesem Fall kann die Zuständigkeitslücke nämlich nie gemäß Art. 13 al. 2 Var. 1 CDIP (das hieße unter Rückgriff auf Art. 11 CDIP, der gerade nicht an ein örtliches Kriterium anknüpft) geschlossen werden.

(4) Québec

In Québec sind nur die sog. *Cours municipales* im herkömmlichen Sinne territorial aufgeteilt. Deren sachliche Zuständigkeit im Zivilrecht ist allerdings extrem beschränkt. Gemäß Art. 28 der *Loi sur les Cours municipales* sind sie zum einen für Rechtsmittel gegen bestimmte kommunale Steuern und Abgaben zuständig. Örtlich zuständig ist in diesem Zusammenhang jeweils das Gericht der Kommune, welche die Abgaben einfordert. Zum anderen sind die Munizipalgerichte für Forderungen unter 30.000 $ aus der Vermietung einer in der Kommune belegenen Sache zuständig, wenn die jeweilige Kommunalkörperschaft als Vermieter oder Mieter fungiert. Insoweit ergibt sich die örtliche Zuständigkeit also aus der Belegenheit der Sache. Zuständigkeitslücken bestehen hier nicht.

Die sonstigen ordentlichen Gerichte – die *Cour du Québec*, die *Cour supérieure* und die *Cour d'appel* – sind gemäß Art. 23 C.P.C.Q. für das ganze Gebiet Québecs zuständig. Der Größe Québecs, der mit ca. 7,5 Millionen Einwohnern bevölkerungsreichsten kanadischen Provinz, entspricht es, dass allein die *Cour du Québec* aus 270 Richtern besteht. Zehn dieser Richter (sog. *juges coordonnateurs*) sind allein damit beschäftigt, das Zusammenwirken der einzelnen Spruchkörper sicherzustellen. Dies bedeutet allerdings nicht, dass sich das Problem der Lücken

249 Siehe oben Einleitung zu I B 1 c.
250 Siehe *Proposition de loi, Commentaire* – Art. 13 CDIP.

in der örtlichen Zuständigkeit nicht auch in Québec stellte. Trotz ihrer zentralisierten Verfassung sind diese Gerichte nämlich in regionale Einheiten *(districts)* unterteilt, unter denen der jeweils zuständige Distrikt ermittelt werden muss. Dies geschieht anhand der Vorschriften der Art. 68 ff. C.P.C.Q.[251] Zuständigkeitslücken dürften allerdings Seltenheitswert besitzen, und dies, obwohl das Quebecer Recht dem Trennungssystem folgt. Denn die in Art. 68 ff. C.P.C.Q. verwendeten Anknüpfungspunkte stimmen großteils mit denen des C.C.Q. überein und sind zudem mannigfaltig. Überdies verwendet der C.C.Q. die Nationalität der Parteien nicht als Anknüpfungskriterium, sodass insoweit ebenfalls kein Problem entstehen kann.

Wie gleichwohl auftretende Zuständigkeitslücken, die vor allem bei Annahme der internationalen Notzuständigkeit oder im Fall einer Prorogation der Québecer Gerichte in ihrer Gesamtheit vorkommen können, zu füllen sind, ist nicht gesetzlich geregelt. Insbesondere vermag Art. 75.0.1 C.P.C.Q., dem zu Folge „das Gericht ausnahmsweise und im Interesse der Parteien eine Verweisung an einen anderen Ort anordnen kann", nicht zu helfen, da die Vorschrift eine nach den ihr voranstehenden Regeln begründete Zuständigkeit voraussetzt. Soweit ersichtlich kommen auch aus Rechtsprechung und Lehre keine Vorschläge. Dies dürfte mit der Seltenheit derartiger Lücken zusammenzuhängen. Sollte dennoch einmal eine Zuständigkeitslücke auftreten, erscheint es nicht ausgeschlossen, dass dem Kläger ein auf missbräuchliche Ausübung kontrolliertes Wahlrecht zugebilligt wird. Auch in Belgien wurde diese Lösung favorisiert, als die Frage dort noch nicht gesetzlich geregelt war.[252]

(5) Stellungnahme

aa) Ungeeignete Methoden

(i) Wahlrecht des Klägers

Dem Kläger die freie Wahl unter allen inländischen Gerichten zuzugestehen, ist abzulehnen. Zu groß ist die Gefahr eines Missbrauchs dieser Möglichkeit durch den Kläger. Darüber hinaus weist *Kropholler* zu Recht darauf hin, dass nicht einzusehen ist, warum bei einer durch ein Versäumnis der Legislative entstandenen Regelungslücke einseitig das Interesse des Klägers betont werden sollte.[253] Für den Beklagten, der sich in einem anderen Staat verantworten muss, ist es keineswegs unerheblich, vor welchem konkreten Gericht er sich zu verantworten hat.

251 Vgl. die Überschrift zu diesen Vorschriften *(„Du lieu d'introduction de l'action")*.
252 Siehe *Rigaux*, D.i.p. II, no. 793 a.E.
253 *Kropholler* in: Hb. IZVR I, Kap. III Rn. 145.

Vielmehr hat der Beklagte sehr wohl ein berechtigtes Interesse daran, frühzeitig ermitteln zu können, an welchem Ort ein eventueller Rechtsstreit ausgetragen würde. Zwar dürfte sich die Auslegung und Anwendung des Rechts innerhalb eines Staates nur in geringem Maß unterscheiden. Jedoch ist es sinnvoll, bereits vor Klageerhebung einen in der Region des erkennenden Gerichts ansässigen und mit den dortigen Gegebenheiten vertrauten Rechtsbeistand zu konsultieren. Im Hinblick darauf stellt es durchaus einen Unterschied dar, ob der in Frankreich Beklagte auf den Rat eines in Paris ansässigen Anwalts zurückgreifen kann oder ob er einen in einem überseeischen *département* zugelassenen Anwalt konsultieren muss. Kann der Kläger den Gerichtsstand frei wählen, ist dem Beklagten eine solche vorausschauende Planung nicht möglich. Vor diesem Hintergrund ist Art. 42 al. 3 Var. 2 NCPC insoweit ungeschickt, als er auf die von der früheren Rechtsprechung entwickelten Grenzen verzichtet. Wendet man die Vorschrift wortlautgetreu an, hat der Kläger freie Ortswahl.

Selbst ein auf Rechtsmissbrauch und Konformität mit den Erfordernissen einer vernünftigen Verwaltung der Rechtspflege kontrolliertes klägerisches Wahlrecht, das *Schröder*[254] und *Milleker*[255] empfehlen, unterliegt aber Bedenken. Keine der beiden Einschränkungen ist ausreichend voraussehbar. Etliche „vernünftig" erscheinende Gerichtsstände können in Frage kommen, etwa wenn die Zeugen an verschiedenen Orten wohnen, sich der streitige Sachverhalt an einem dritten Ort abgespielt hat und zugleich ein Gericht an einem vierten Ort für die konkrete Art von Streitigkeit über besondere Erfahrung verfügt. Diese Faktoren kann der Beklagte kaum mit ausreichender Sicherheit abschätzen.

Zwar kennt auch das aktuelle deutsche Recht in bestimmten Materien ein Wahlrecht des Klägers, etwa in § 73 III FGG. Allerdings ist dieses jeweils auf wenige, recht einfach bestimmbare Orte, die eine Beziehung zur Sache aufweisen beschränkt – in § 73 III FGG auf Gerichtsbezirke, in denen sich Nachlassgegenstände befinden. Diese Technik beugt klägerischer Willkür vor und gewährleistet zumindest ein gewisses Maß an Voraussehbarkeit.

(ii) Zuständigkeitsbestimmung durch ein höheres Gericht

Abzulehnen ist auch ein „Ordinationsrecht" eines höheren Gerichts. Möglicherweise trifft das höhere Gericht zwar eine Entscheidung, die den Belangen beider Parteien gleichermaßen Rechnung trägt. Letztlich wird dadurch jedoch nur überspielt, dass es an einem klaren Kriterium mangelt. Solange nicht im Vorhinein feststeht, welche Kriterien das höhere Gericht bei der Festlegung des örtlich zu-

254 *Schröder,* Internationale Zuständigkeit, S. 215 und 810.
255 *Milleker*, Der negative Kompetenzkonflikt, S. 164.

ständigen Gerichts leiten, bietet diese Methode ebenso wenig Rechtssicherheit für den Beklagten wie die vorgenannten.

(iii) Klägergerichtsstand

Ein Klägergerichtsstand ist zwar voraussehbar, bevorzugt aber ohne tragfähige Rechtfertigung den Kläger. Wo ein Klägergerichtsstand ausnahmsweise sachlich gerechtfertigt erscheint, etwa weil eine bestimmte Art von Klägern schutzbedürftig erscheint, kann dem mit abweichenden Spezialregelungen nach Art des § 23a ZPO Rechnung getragen werden.

Außerdem setzt der Klägergerichtsstand voraus, dass sich der Kläger im Forumstaat befindet; anderenfalls muss ein anderes Kriterium herangezogen werden, wie sich an Art. 42 al. 3 NCPC, der hilfsweise ein klägerisches Wahlrecht einräumt, zeigt. Kohärenter wäre es, Kriterien zu Rate zu ziehen, die davon unabhängig sind, ob der Kläger im In- oder Ausland zu lokalisieren ist.

bb) Geeignete Methoden

(i) Gesetzliche Ersatzzuständigkeit

Ein gesetzlich festgelegter Ersatzgerichtsstand ist neutral, bevorzugt weder Kläger noch Beklagten. Zudem ist er für alle Interessierten – Parteien wie Dritte – voraussehbar. Diese Methode ist daher zu bevorzugen. Solange das deutsche Gesetz keine derartige Regelung vorsieht, ist eine analoge Anwendung von § 36 ZPO oder § 5 FGG zu befürworten. De lege ferenda ist der Vorschlag *Krophollers* zu begrüßen, den Gerichten Berlins eine örtliche Auffangzuständigkeit zuzuweisen.[256]

(ii) Art. 13 CDIP

Gelungen ist auch die Regelung in Art. 13 CDIP. Anders als Art. 42 al. 3 NCPC regelt sie die örtliche Ersatzzuständigkeit einheitlich, unabhängig davon, ob der Kläger im In- oder Ausland „verbleibt". Darüber hinaus schafft die Vorschrift Rechtsklarheit für den inländischen wie für den ausländischen Rechtsanwender, der eine klare gesetzliche Regel an die Hand gegeben bekommt. Schließlich zollt sie dem Geist der staatsvertraglichen Regelungen über die internationale Zuständigkeit Respekt, indem sie deren Anknüpfungsentscheidungen auf Ebene der örtlichen Zuständigkeit fortführt. Wo dies zu keinem Ergebnis führt, behilft sich die belgische Regelung durch die Stellung eines unbedenklichen Auffanggerichtsstandes.

256 *Kropholler* in: Hb. IZVR I, Kap. III, Rn. 147.

2) Der allgemeine Gerichtsstand

Der allgemeine Gerichtsstand im hier zu Grunde gelegten Sinne bezeichnet die weder ratione materiae noch ratione personae beschränkte Zuständigkeit, welche allein an die örtliche Lokalisierung der Parteien anknüpft. Darunter fallen nicht die Gerichtsstandsprivilegien der Artt. 14, 15 C.civ. Deren Anwendungsbereich beschränkt sich zwar nicht auf auf bestimmte Arten von Streitigkeiten, ist also in sachlicher Hinsicht allgemein. Auf Grund ihrer Anknüpfung an die Nationalität der Parteien sind diese Vorschriften jedoch in persönlicher Hinsicht beschränkt.[257]

Der allgemeine Gerichtsstand juristischer Personen wird durch die Zweigniederlassungszuständigkeit ergänzt; der belgische Gesetzgeber hat diese sogar in die Vorschrift über den allgemeinen Gerichtsstand integriert. Dementsprechend wird die Zweigniederlassungszuständigkeit in die folgende Darstellung einbezogen.

Einigkeit herrscht darüber, dass der allgemeine Gerichtsstand beim Beklagten liegen muss.[258] Dahinter steht der Gedanke, ihm die Mühe zu ersparen, sich zwecks Verteidigung gegen jede (auch unbegründete oder sogar missbräuchliche) Klage ins Ausland begeben zu müssen sowie die Erwägung, dass sich beim Beklagten in der Regel auch vollstreckungsfähiges Vermögen befindet. Die Lokalisierung des Beklagten variiert allerdings.

a) Der Anknüpfungspunkt der allgemeinen Zuständigkeit

In Betracht kommen der Wohnsitz (bzw. das *„domicile"*), der gewöhnliche Aufenthalt (bzw. die *„résidence"* oder *„résidence habituelle"*) sowie der schlichte Aufenthalt (bzw. die *„simple demeure"*) des Beklagten.

(1) Frankreich

Gemäß Artt. 42 NCPC in doppelfunktionaler Anwendung sind französische Gerichte zuständig, wenn sich der Beklagte in Frankreich „befindet". Was damit gemeint ist, erläutert Art. 43 NCPC.

---

257 Artt. 14, 15 C.civ. werden im Rahmen der exorbitanten Zuständigkeiten (unten I B 8 a (2) aa) behandelt.

258 Das trifft selbstverständlich dann nicht zu, wenn man (wie anscheinend *Geimer,* IZPR, Rn. 1138) die Artt. 14, 15 C.civ. in die Definition des allgemeinen Gerichtsstandes einbezieht. Missverständlich insofern auch *Schack*, IZVR, Rn. 243, der §§ 12 ff. ZPO mit Artt. 14 und 15 C.civ. vergleicht.

aa) Natürliche Personen

(i) Domicile

Bei einer natürlichen Person ist gemäß Art. 43 NCPC in erster Linie das *domicile* maßgebend. Dieses ist teilweise gesetzlich fixiert, insbesondere bei unwiderruflichen Beamten auf Lebenszeit,[259] Minderjährigen,[260] betreuten Volljährigen[261] und Hausangestellten[262]. Anderenfalls befindet es sich gemäß Artt. 102 ff. C.civ. grundsätzlich an dem Ort, an dem die Person ihre hauptsächliche Niederlassung *(principal établissement)* hat.[263] Dieser Ort wird subjektiv durch den Aufenthaltswillen, objektiv durch die (gleich noch zu erörternde[264]) *résidence* der Person,[265] den Ort der Berufsausübung[266] und weitere, sekundäre Anhaltspunkte[267] bezeichnet.

Grundsätzlich hat eine Person ein einziges Domizil. Anders liegt es nur bei Einzelkaufleuten: Wird ein Einzelkaufmann als solcher verklagt, ist er an seinem Handelshauptdomizil *(domicile commercial principal)*,[268] nicht an seinem Privatdomizil allgemein gerichtspflichtig.

Gemäß Art. 111 C.civ. in doppelfunktionaler Anwendung begründet auch ein Wahldomizil in Frankreich *(domicile élu)* die französische Zuständigkeit. Gemäß Art. 111 C.civ. kann jede Partei eines Rechtsaktes in Bezug auf diesen ein Domizil wählen, das von ihrem realen Domizil abweicht. Am Wahldomizil können zum einen unter bestimmten Bedingungen Schriftstücke, die diesen Rechtsakt betreffen, zugestellt werden. Zum anderen kann mit der Vereinbarung eines Wahldomizils beabsichtigt sein, eine zusätzliche örtliche bzw. internationale Zuständigkeit zu begründen. In der Regel wird die Geschäftsadresse eines Anwalts angegeben.

---

259 Art. 107 C.civ.: Domizil am Ort des Beamtenverhältnisses.

260 Art. 108-2 C.civ.: Domizil bei den Eltern oder beim Betreuer.

261 Art. 108-3 C.civ.: Domizil beim Betreuer.

262 Art. 109 C.civ.: Domizil beim Hausherrn, sofern sie bei diesem wohnen.

263 Seeleute und Nomaden, die keine feste Niederlassung besitzen, sind gemäß Art. 102 al. 2 C.civ. bzw. Loi du 3.1.1969 gehalten, ein Domizil zu wählen.

264 Siehe unten I B 2 a (1) aa (ii).

265 Z.B. Cass.civ.[1] 18.11.1969, Bull.civ. I, no. 349; Cass.civ.[1] 24.7.1973, Bull.civ. I, no. 253.

266 Z.B. Cass.civ.[1] 5.11.1958, Bull.civ. I, no. 474; Cass.civ.[2] 26.4.1990, Bull.civ. II, no. 77.

267 Sekundäre Kriterien sind etwa, wo die Person ihre Steuern zahlt (z.B. Cass.civ. 13.1.1919, D. 1922.150), wo sie in die Wahlliste eingetragen ist oder wo sie familiäre oder vermögensmäßige Interessen besitzt.

268 Dieses befindet sich dort, wo sich seine geschäftliche Aktivität hauptsächlich entfaltet, siehe z.B. Cass.com. 15.11.1965, Bull.civ. III, no. 575.

Teilweise ist die Domizilwahl gesetzlich vorgeschrieben oder wird fingiert.[269] Wie sich aus dem Verweis in Art. 111 C.civ. auf Art. 48 NCPC ergibt, gelten für eine Domizilwahl ähnliche Grenzen wie für eine internationale Gerichtsstandsvereinbarung; dies soll verhindern, dass die Voraussetzungen der letzteren umgangen werden.[270]

(ii) Résidence

Ist der Beklagte nach den vorgenannten Regeln weder im In- noch im Ausland[271] domiziliert, wird die Residenz zum alleinigen Kriterium für die allgemeine Zuständigkeit. Die Residenz ist der Ort des gewöhnlichen und dauerhaften[272] Aufenthalts, sie wird also rein objektiv ermittelt. Eine Person kann mehrere Residenzen haben.[273] Für die Bestimmung der allgemeinen Zuständigkeit ist dann allein die Hauptresidenz relevant.

Sind Domizil und Residenz nicht ermittelbar, wird im Schrifttum kontrovers diskutiert, ob der bereits erläuterte[274] Klägergerichtsstand des Art. 42 al. 3 Var. 1 NCPC zur Anwendung kommen soll,[275] oder ob allein die französische Notzuständigkeit einen Gerichtsstand in Frankreich zu eröffnen vermag.[276]

bb) Juristische Personen: Établissement

Anknüpfungspunkt bei juristischen Personen ist gemäß Art. 43 NCPC das *établissement*, verstanden als der Ort ihres tatsächlichen Sitzes. Wie bereits dargelegt,[277] wird dieser widerleglich am statutarischen Sitz vermutet.

---

269 Beispielsweise Art. 751 NCPC (Die – zwingende – Benennung eines Anwalts vor dem T.g.i. gilt als Bestimmung eines Wahldomizils an dessen Niederlassung); siehe auch Art. 176 C.civ.belge (Wer Einwände gegen die Eheschließung vorträgt, muss ein Wahldomizil am Eheschließungsort bestimmen) und Art. 63 C.P.C.Q. (Fiktion der Domizilwahl beim Prozessvertreter, wenn ein anwaltlich vertretener Beklagter Québec verlassen hat oder in Québec weder Domizil noch Residenz noch Geschäftssitz besitzt).

270 Zum Zusammenhang beider Zuständigkeitsbegründungen siehe unten Einleitung zu I B 3 b (2) aa.

271 C.A. Paris, 18.2.1994, D. 1994.Somm.351.

272 Durch dieses zeitliche Element unterscheidet sich die *résidence* vom einfachen Aufenthalt (*habitation* oder *simple demeure*), der z.B. bei einem Hotelbesuch begründet wird.

273 *Voirin/Goubeaux*, Droit civil I, no. 123.

274 Siehe I B 1 c (2).

275 Dafür *Batiffol/Lagarde*, D.i.p.[7] II, no. 673-1.

276 Dafür entschieden *Huet*, Jurisclasseur Droit international, Fasc. 581-20, no. 19.

277 Siehe oben I A 1 b (1) aa (iii).

Darüber hinaus hat die Rechtsprechung für die Bestimmung der örtlichen Zuständigkeit bereits im 19. Jahrhundert die sog. „Theorie der Hauptbahnhöfe" *(„theorie des gares principales")* entwickelt. Ausgangspunkt war das Entstehen großer Gesellschaften mit Filialen an vielen Orten, insbesondere in den Branchen Transport, Versicherung und Kreditwesen. Wurden solche Unternehmen verklagt, zeigten sich die Nachteile der zentralisierten Anknüpfung an den Gesellschaftssitz: Da nahezu alle großen Gesellschaften in Paris ansässig waren, waren regelmäßig die Gerichte der Hauptstadt zuständig. Dadurch entstanden Klägern aus der Provinz nicht unerhebliche Reisekosten, den Pariser Gerichten drohte eine chronische Überlastung und die (vor allem bei Transportschäden wichtige) Sachnähe des Gerichts war nicht mehr gewährleistet. Beginnend mit Prozessen gegen Eisenbahngesellschaften[278] ließ die Rechtsprechung es deshalb zu, große Gesellschaften an jedem Ort zu verklagen, an dem sie einen „Hauptbahnhof" bzw. eine „Hauptniederlassung" – d.h. eine Niederlassung, die im Namen der Gesellschaft wirksam mit Dritten kontrahieren kann[279] – besaßen.[280] Die „Theorie der Hauptbahnhöfe" wird auch auf die internationale Zuständigkeit angewendet.[281]

Diese Zuständigkeit wird von der Rechtsprechung auf Streitigkeiten begrenzt, die in einem bestimmten Zusammenhang mit der Aktivität der Hauptniederlassung stehen.[282] Da derartige Streitigkeiten regelmäßig in den sachlichen Anwendungsbereich des EuGVÜ bzw. der EuGVO fallen, welche in Art. 5 Nr. 5 jeweils eine eigene Zweigniederlassungszuständigkeit enthalten, ist die „Theorie der Hauptbahnhöfe" heute in erster Linie gegenüber Beklagten aus Drittstaaten relevant.

Ist der Kläger Franzose (oder nach Art. 4 II EuGVO gleichgestellt), die Beklagte eine außerhalb der EU etablierte Gesellschaft, führt regelmäßig auch Art. 14 C.civ. zur Zuständigkeit der französischen Gerichte. Allerdings hat der Kläger ein

---

278 Siehe Cass.civ. 4.3.1857, DP 1857.1.124; Cass.req. 19.6.1876, DP 1877.1.135.

279 *Vincent/Guinchard*, Procédure civile, no. 340.

280 Z.B. Cass.civ.[2] 24.1.1958, Bull.civ. II, no. 77; Cass.civ.[1] 15.11.1983, Bull.civ. I, no. 269; Cass.com. 12.1.1988, Bull.civ. IV, no. 13. In Cass.soc. 14.2.2001, D.2001.904 wurde – allerdings hinsichtlich der Anwendung französischer Sachvorschriften über die Arbeitnehmervertretung (Artt. L.421-1 C.trav. ff.) – das französische *établissement* einer ausländischen Gesellschaft bejaht, die in Frankreich eine Niederlassung mit 30 Angestellten besaß.

281 Cass.req. 10.8.1875, S.1876.1.121; C.A. Douai 24.3.1904, RCDIP 1907.226; Cass. civ.[1] 12.11.1957, JDI 1960.164 mit Anmerkung Sialelli; bezüglich der Anerkennungszuständigkeit auch Cass.civ.[1] 15.11.1983, Bull.civ. I, no. 269.

282 Die Definition dieses Zusammenhanges variiert: So spricht Cass.civ.[2] 24.1.1958, Bull.civ. II, no. 77 von Streitigkeiten über *„affaires engagées par la succursale"*; Cass.civ.[1] 15.11.1983, Bull.civ. I, no. 269 von Streitigkeiten über *„opérations de cette succursale"*; Cass.com. 12.1.1988, Bull.civ. IV, no. 13 von Streitigkeiten über *„rapports (...) situés exclusivement dans la circonscription de l'agence"*.

Interesse daran, dieses exorbitante Zuständigkeitsprivileg[283] nicht geltend zu machen und sich stattdessen auf die „Theorie der Hauptbahnhöfe“ zu berufen. Denn dadurch steigen die Chancen, dass die erstrittene Entscheidung im außereuropäischen Ausland als anerkennungsfähig angesehen werden wird.

(2) Belgien

Vor der Kodifizierung des belgischen IZVR wurde die allgemeine internationale Zuständigkeit an Hand der Artt. 635 no. 2, 638 C.jud. bestimmt. Diese knüpften alternativ an Domizil und Residenz des Beklagten, subsidiär dazu an Domizil und Residenz des Klägers an. Das Domizil war in Artt. 102 ff. C.civ.belge definiert, welche mit den entsprechenden Bestimmungen des französischen *Code civil* nahezu identisch sind. Das Domizil wurde also wie in Frankreich bestimmt.[284] Auch die Residenz fasste man nach französischem Vorbild auf.[285] Die „Theorie der Hauptbahnhöfe“ hatte die belgische Rechtsprechung dagegen nie übernommen.

Im Zuge der Kodifizierung wurde die hilfsweise Anknüpfung an Domizil und Residenz des Klägers aufgegeben, Art. 5 § 1 CDIP knüpft die allgemeine internationale Zuständigkeit alternativ an *domicile* und *résidence habituelle* des Beklagten. Auch die Definition dieser beiden Begriffe wurde nicht weiterhin dem innerstaatlich geltenden Recht überlassen. Vielmehr enthält Art. 4 CDIP eigenständige Definitionen für den internationalprivatrechtlichen Bereich.

aa) Natürliche Personen

(i) Domicile

Gemäß Art. 4 § 1 no. 1 CDIP ist eine natürliche Person in Belgien domiziliert, wenn sie dort in ein Melderegister oder in ein vergleichbares Register eingetragen ist. Abhängige Legaldomizile bestehen nicht. Das von Art. 111 C.civ. belge vorgesehene und von Art. 635 no. 2 C.jud.[286] noch aufgeführte *domicile élu* wurde ebenfalls nicht in die Domizildefinition des Art. 4 CDIP übernommen. Der Gesetzgeber war der Meinung, die mit einer Domizilwahl einhergehende Be-

---

283 Näher dazu unten I B 8 a (2) aa.

284 Siehe *De Page/Masson*, Traité élémentaire II, no. 160 ff.

285 Siehe *De Page/Masson*, Traité élémentaire II, no. 156 ff.

286 ***Art. 635 C.jud.*** *Les étrangers peuvent être assignés devant les tribunaux du royaume, soit par un belge, soit par un étranger, dans les cas suivants:*
(...)
2° s'ils ont en Belgique un domicile ou une résidence, ou s'ils y ont fait élection de domicile;(...)

gründung der belgischen Zuständigkeit könne ebenso gut durch eine Prorogation der belgischen Gerichte verwirklicht werden, sodass eine Berücksichtigung des *domicile élu* entbehrlich sei.[287]

(ii) Résidence habituelle

Im Gegensatz zum Domizil ist die *résidence habituelle* nicht von einer Registrierung abhängig. Vielmehr liegt sie an dem Ort, an dem sich die Person schwerpunktartig niedergelassen hat. Entscheidend dafür sind insbesondere persönliche und berufliche Umstände, die auf eine dauerhafte Verbindung mit einem Ort schließen lassen, sowie der Wille, eine solche Verbindung aufzubauen. Ob eine Aufenthaltsgenehmigung besteht, ist unerheblich. Der Verzicht auf jedes formelle Element hat nach den Gesetzesmaterialien folgenden Grund: Anders als das *domicile* dient die *résidence habituelle* nach dem System des CDIP nicht nur der Bestimmung der internationalen Zuständigkeit, sondern in vielen Fällen auch der Bestimmung des anwendbaren Rechts. Die Zuständigkeitsvorschriften des CDIP sind einseitig, die Vorschriften über das anwendbare Recht hingegen allseitig ausgestaltet. Bei allseitigen Normen kann das Erfordernis einer Registereintragung aber zu Anpassungs- und Substitutionsproblemen führen, wenn das Recht des betreffenden ausländischen Staates keine oder andere Formen der Registrierung kennt. Derartige Schwierigkeiten wollte der Gesetzgeber von vornherein vermeiden.[288]

bb) Juristische Personen: Résidence habituelle

Das Domizil einer juristischen Person befindet sich nach Art. 4 § 1 no. 2 CDIP an ihrem statutarischen Sitz. Ihre *résidence habituelle* wird dagegen gemäß Art. 4 § 2 no. 2 und § 3 CDIP durch ihr *principal établissement* bestimmt. Wie bereits erläutert,[289] wird dieses primär am Ort der Geschäftsführung lokalisiert, es werden aber auch das Zentrum der Aktivitätsentfaltung und subsidiär der statutarische Sitz berücksichtigt.

Gemäß Art. 5 § 2 CDIP besteht überdies eine Zuständigkeit belgischer Gerichte für Klagen gegen juristische Personen, die zwar weder *domicile* noch *résidence habituelle* in Belgien besitzen, dort bei Klageeinreichung aber eine Zweigniederlassung besaßen. Diese Bestimmung orientiert sich an Art. 5 Nr. 5 EuGVO. Aus dem Passus „für Streitigkeiten aus dem Betrieb der Zweigniederlassung“ und aus

---

287 Siehe *Proposition de loi, Commentaire* – Art. 5 CDIP.
288 Siehe *Proposition de loi, Commentaire* – Art. 4 CDIP.
289 Siehe oben I A 1 b (1) aa (iv).

der speziellen Zuständigkeitsvorschrift des Art. 109 CDIP ergibt sich, dass die Zweigniederlassungszuständigkeit nicht Streitigkeiten über Gründung, Funktion oder Auflösung der juristischen Person, sondern nur Streitigkeiten bezüglich ihrer zivil- oder handelsrechtlichen Betätigung, insbesondere Klagen wegen vertraglicher und deliktischer Haftung, betrifft. Art. 5 § 2 CDIP kommt angesichts des Vorranges des Art. 5 Nr. 5 EuGVO regelmäßig nur bei Beklagten aus Drittstaaten zur Anwendung. Häufig dürfte sich die Zuständigkeit belgischer Gerichte dann allerdings schon aus Art. 96 CDIP ergeben, der für vertragliche Verpflichtungen alternativ an deren Entstehungs- und Erfüllungsort, für deliktische Verpflichtungen alternativ an den Ort des schädigenden Ereignisses und den Ort des Schadenseintritts und für quasivertragliche Verpflichtungen an den Ort des Eintritts des haftungsauslösenden Ereignisses anknüpft.

(3) Québec

Der allgemeine Gerichtsstand befindet sich nach Art. 3134 C.C.Q. allein am *domicile* des Beklagten, seine *résidence* ist mithin kein primäres Kriterium. Allerdings knüpfen viele besondere Zuständigkeiten alternativ an *domicile* und *résidence* des Beklagten (persönliche vermögensrechtliche Streitigkeiten[290]) oder einer der Parteien (bestimmte familienrechtliche Angelegenheiten,[291] eheliches Güterrecht,[292] Verbraucher- und Arbeits-[293] sowie Versicherungsverträge[294]) an. Im Ergebnis ist die Residenz des Beklagten daher nur für die Zuständigkeiten in dinglichen,[295] erbrechtlichen[296] sowie einigen familienrechtlichen[297] Streitigkeiten kein primäres Anknüpfungskriterium. Auch zeigt sich, dass die Residenz bei der Ermittlung des Domizils eine maßgebende Rolle spielt.

---

290 Art. 3148 al. 1 no. 1 C.C.Q.

291 Siehe Artt. 3143 C.C.Q. (Unterhaltsverpflichtungen), 3144 C.C.Q. (Ehenichtigkeitsfeststellung), 3145 C.C.Q. (Ehewirkungen), 3146 C.C.Q. (Trennung).

292 Siehe Art. 3154 C.C.Q., dem zu Folge subsidiär zu speziellen Annexzuständigkeiten an *domicile* und *résidence* anzuknüpfen ist.

293 Siehe Art. 3139 C.C.Q.

294 Siehe Art. 3150 C.C.Q.

295 Nach Art. 3152 C.C.Q. sind die Quebecer Gerichte für dingliche Klagen zuständig, wenn sich die im Streit befangene (bewegliche oder unbewegliche) Sache in Québec befindet.

296 Siehe Art. 3153 C.C.Q.

297 Siehe Art. 3142 C.C.Q. (Sorgerecht für Minderjährige), Art. 3147 (Abstammung), Art. 3141 C.C.Q. (Auffangzuständigkeit in familienrechtlichen Angelegenheiten).

aa) Natürliche Personen: Domicile

Das zehnte Buch des C.C.Q. definiert das Domizil einer natürlichen Person nicht gesondert. Eine Definition von Domizil und Residenz liefern allerdings Artt. 75 ff. C.C.Q., die zum Québecer Sachrecht zählen: Sofern kein Legaldomizil besteht,[298] liegt das Domizil an dem Ort, an welchem sich die Person hauptsächlich niedergelassen hat.[299] Dies setzt objektiv eine Residenz im Sinne eines dauerhaften Aufenthaltsortes, der sich anhand einer Vielzahl faktischer Gegebenheiten bestimmt,[300] subjektiv den Willen, sich dort niederzulassen, voraus.[301] Eine Person kann mehrere Residenzen besitzen, sie hat jedoch nur ein einziges Domizil. Anders als in Frankreich gilt dies auch für Einzelkaufleute, ein gesondertes *domicile commercial principal* ist dem Quebecer Recht unbekannt. Kann das Domizil nach diesen Kriterien nicht mit Sicherheit ermittelt werden, wird es gemäß Artt. 77, 78 C.C.Q.[302] am Ort der Hauptresidenz vermutet. Sofern auch diese nicht festzustellen ist, besteht eine Vermutung zu Gunsten des einfachen Aufenthalts, und wenn dieser unbekannt ist, eine Vermutung zu Gunsten des letzten bekannten Domizils.[303]

Nicht eindeutig geklärt ist, ob ein *domicile élu* die internationale Zuständigkeit der Quebecer Gerichte begründet. Zwar kennt das Quebecer Sachrecht gemäß

---

298 Das Quebecer Recht enthält das aus dem französischen Recht bekannte Legaldomizil Minderjähriger am Domizil der Eltern (Art. 80 C.c.Q.) und das Legaldomizil unter Betreuung stehender Volljähriger am Domizil des Betreuers (Art. 81 C.c.Q.). Zu einer abweichenden Lesart, nach der sich das Domizil an der Residenz der Eltern bzw. des Betreuers befinden soll, siehe *Goldstein/Groffier*, D.i.p. I, no. 37.
Für Lebenszeitbeamte und Hausangestellte ist – anders als in Frankreich – kein Legaldomizil vorgesehen. Insoweit gilt die allgemeine Regel.

299 ***Art. 75 C.C.Q.*** *Le domicile d'une personne, quant à l'exercice de ses droits civils, est au lieu de son principal établissement.*

300 Nach der Quebecer Rechtsprechung sind u.a. familiäre Beziehungen, die Belegenheit von Eigentum des Beklagten sowie berufliche Interessen ausschlaggebend: „Bonilla c. Dame Lefebvre", [1964] B.R. 102, 105 (C.A.); Cour supérieure 19.10.1990 „Feltrinelli c. Barzini", [1992] R.J.Q. 1525, 1531 (C.S.).

301 ***Art. 76 C.C.Q.*** *Le changement de domicile s'opère par le fait d'établir sa résidence dans un autre lieu, avec l'intention d'en faire son principal établissement.*
La preuve de l'intention résulte des déclarations de la personne et des circonstances.

302 ***Art. 77 C.C.Q.*** *La résidence d'une personne est le lieu où elle demeure de facon habituelle; en cas de pluralité de résidences, on considère, pour l'établissement du domicile, celle qui a le caractère principal.*
Art. 78 C.C.Q. *La personne dont on ne peut établir le domicile avec certitude est réputée domiciliée au lieu de sa résidence.*
À défaut de résidence, elle est réputée domiciliée au lieu où elle se trouve ou, s'il est inconnu, au lieu de son dernier domicile connu.

303 Kritik an dieser Anknüpfungsleiter bei *Emanuelli*, D.i.p. québecois, no. 103, der contra legem das letzte bekannte Domizil als primäres Auffangkriterium propagiert.

Art. 83 C.C.Q. ein Wahldomizil. Von Art. 3134 C.C.Q. wird dieses aber – anders als von Art. 68 C.P.C.Q. – nicht ausdrücklich aufgegriffen. Die Rechtsprechung hat die Frage unter neuem Recht noch nicht explizit beantwortet. Eine Entscheidung der Cour supérieure aus dem Jahr 2002 spricht gleichwohl dafür, dass der Domizilwahl zuständigkeitsbegründende Wirkung zukommt. In dieser Entscheidung wurde das Wahldomizil einer Stiftung bei einer Anwaltssozietät in Montréal implizit als Zuständigkeitsbegründung zugelassen.[304] Vor dem Hintergrund des belgischen Rechts könnte man zwar annehmen, eine Zuständigkeitsbegründung kraft Domizilwahl sei angesichts der Möglichkeit einer internationalen Gerichtsstandsvereinbarung auch in Québec entbehrlich. Dies ließe aber außer Acht, dass internationale Gerichtsstandsvereinbarungen nach Québecer Recht nur in vermögensrechtlichen Streitigkeiten zulässig sind,[305] eine Domizilwahl hingegen auch in nichtvermögensrechtlichen Streitigkeiten getroffen werden kann. Überdies macht die Domizilwahl eine Auslandszustellung entbehrlich, nicht so dagegen eine Gerichtsstandsvereinbarung. Mangels eindeutiger gegenteiliger Bekundungen des Quebecer Gesetzgebers kann daher kaum davon ausgegangen werden, dass das *domicile élu* für den Bereich der internationalen Zuständigkeit irrelevant ist.

bb) Juristische Personen: Domicile

Auch das Domizil einer juristischen Person bestimmt sich – mangels gesonderter Regelung im zehnten Buch des C.C.Q. – anhand des Quebecer Sachrechts. Gemäß Art. 307 C.C.Q. befindet es sich am „Ort und an der Adresse ihres Sitzes", womit der tatsächliche Verwaltungssitz gemeint ist.[306]

Seit der Kodifizierung des IZVR existiert für persönliche vermögensrechtliche Klagen gegen eine juristische Person auch eine dem altem Recht noch unbekannte[307] Zweigniederlassungszuständigkeit, Art. 3148 al. 1 no. 2 C.C.Q. Diese knüpft an die Niederlassung *(établissement)* an,[308] die nach der Rechtsprechung eine Parallele zur Residenz einer natürlichen Person darstellt.[309]

---

304 Cour supérieure 29.8.2002 „MacDonald Oil Exploration Ltd. c. M.F.C. Bancorp Ltd.", J.E. 2002-1704 (online: www.jugements.qc.ca, no. 500-05-064128-018), Punkt 19.

305 Siehe dazu unten I B 3 b (4) aa (i).

306 Siehe oben I A 1 b (1) bb (vi).

307 Cour supérieure 17.12.2003 „Royal & Sun Alliance Insurance c. Despec Supplies Inc. et autres", www.jugements.qc.ca, no. 500-17-016412-036, Punkt 51 ff.

308 Cour supérieure 17.12.2003 „Royal & Sun Alliance Insurance c. Despec Supplies Inc. et autres", www.jugements.qc.ca, no. 500-17-016412-036, Punkt 51 ff.

309 Siehe die in Cour supérieure „Royal & Sun Alliance Insurance c. Despec Supplies Inc. et autres", 17.12.2003, www.jugements.qc.ca, no. 500-17-016412-036, unter Punkt 57 zitierte Äußerung des Richters *Gomery*: *„[Article 1348 no. 2 C.C.Q.] equates the residence of a physical person with the establishment of an enterprise. It*

Auch in Québec ist diese Zuständigkeit auf bestimmte Streitigkeiten begrenzt. Die genauen Konturen sind allerdings umstritten, da der wenig präzise Wortlaut des Art. 3148 al. 1 no. 2 C.C.Q. verschiedenen Interpretationen zugänglich ist. Die Vorschrift eröffnet eine Zuständigkeit, *„[si] le défendeur est une personne morale qui n'est pas domiciliée au Québec mais y a un établissement et la contestation est relative à son activité au Québec"*.[310] Nun kann sich der Passus „ihre Aktivität" auf „die beklagte Person", aber auch auf „die Niederlassung" beziehen. Die Cour supérieure neigte in einer Entscheidung von 1994 der ersten Auslegung zu und setzte dementsprechend nur voraus, dass der Beklagte einerseits eine Zweigniederlassung in Québec hat und der Streit andererseits um eine Aktivität des Beklagten in Québec geht.[311] Nicht erforderlich ist danach, dass die streitige Aktivität gerade über diese Zweigniederlassung entfaltet wird. Während *Glenn* diesem Ansatz zustimmte,[312] erfuhr er Kritik von Seiten *Goldsteins* und *Groffiers*, die nach europäischem Vorbild eine Beschränkung auf Streitigkeiten aus dem Betrieb der in Frage stehenden Zweigniederlassung verfechten.[313] Dieselbe Position bezieht auch *Emanuelli*.[314] Die neuere Rechtsprechung vermeidet jedoch eine klare Stellungnahme.[315] Auch

---

implies that an enterprise has a residence at the place where it maintains an establishment.(...). The confusion that has heretofore existed between the domicile and the residence of a legal person operating an enterprise is eliminated. It is now clear a legal person has only one domicile, at the place and adress of its head office, but may have as many residences as it has establishments."

310 Hervorhebungen durch den Verfasser.

311 Cour supérieure 28.10.1994 „Rosdev Investments Inc. c. Allstate Ins. Co. of Canada", [1994] R.J.Q. 2966 (C.S.).

312 *Glenn*, D.i.p., no. 89.

313 *Goldstein/Groffier*, D.i.p. I, no. 144, S. 349.

314 *Emanuelli*, D.i.p. québecois, no. 180 S. 90.

315 Cour supérieure 28.9.1998 „Barré c. J.J. MacKay Canada ltée", J.E. 99-27: *„De plus l'article 3148 C.C.Q. précise que les autorités québécoises sont compétentes lorsque le défendeur a son domicile ou sa résidence au Québec, ou lorsque c'est une personne morale qui n'est pas domiciliée au Québec mais a un établissement au Québec et que la contestation est relative à son activité au Québec. (...). Or la défenderesse a une place d'affaires à Brossard, district judiciaire de Longueuil, au Québec. Ses clients étaient situés au Québec et des employés sous sa responsabilité étaient également domiciliés au Québec."*
Cour supérieure 13.11.2002 „Perez c. Bank of Nova Scotia", www.jugements.qc.ca, no. 500-17-016336-037, Punkt 5, 6: *„The Bank of Nova Scotia, Scotia Capital Inc. et Scotia McLeod Corporation (...) ont un établissement au Québec, mais n'y ont pas poursuivi des activités relatives au dépôt de 100 000 $ dont il est question dans les conclusions ci-dessus relatées. (...) Par ailleurs, aucun des paragraphes 9, 11 et 13 n'indique que la contestation entre les demandeurs et les défenderesses n'est relative à son activité au Québec."* Die Entscheidung wurde durch Cour d'appel du Québec 7.5.2004 „Perez c. Bank of Nova Scotia", www.jugements.qc.ca, no. 500-09-014038-038 mit der wenig erhellenden Begründung bestätigt, das Berufungsgericht habe kei-

in Art. 3168 no. 2 C.C.Q., der die Anerkennungszuständigkeit (für persönliche, vermögensrechtliche Streitigkeiten) kraft Zweigniederlassung im Erststaat vorsieht, hat der Gesetzgeber eine vergleichbar unklare Formulierung gewählt.

(4) Deutschland

Im deutschen Recht wird die internationale Allgemeinzuständigkeit vornehmlich anhand des (Wohn-)Sitzes des Beklagten bestimmt:

aa) Natürliche Personen

(i) Wohnsitz

Gemäß § 13 ZPO (in doppelfunktionaler Anwendung) i.V.m. §§ 7-11 BGB ist die allgemeine Zuständigkeit deutscher Gerichte eröffnet, wenn der Beklagte nach den deutschen Sachvorschriften einen Wohnsitz in Deutschland hat.[316] Dieser liegt grundsätzlich dort, wo sich die Person ständig niedergelassen hat. Ein starkes Indiz für eine ständige Niederlassung stellt die polizeiliche Anmeldung dar. Hinreichend ist dieses Indiz jedoch nicht,[317] vielmehr müssen weitere objektive Anhaltspunkte, insbesondere eine Unterkunft,[318] hinzukommen. Von Gesetzes wegen haben Berufssoldaten ihren Wohnsitz gemäß § 9 I BGB am Standort, Kinder den ihren gemäß § 11 BGB am Wohnsitz der Eltern oder des sorgeberechtigten Elternteils. Eine dem *domicile élu* vergleichbare Konstruktion kennt das deutsche Recht ebenso wenig wie das gesonderte *domicile commercial principal* eines Einzelkaufmannes.

(ii) Aufenthalt

Hat der Beklagte weder im In- noch im Ausland[319] einen Wohnsitz oder lässt sich dieser nicht feststellen, kommt es nach § 16 ZPO auf den (nicht notwendig

---

nen Fehler in der Anwendung des Art. 3148 al. 1 no. 2 C.C.Q. durch die erste Instanz feststellen können.

316 Nach welchem Recht der Begriff des Wohnsitzes auszulegen ist, ist zwar umstritten; während manche den Begriff stets lege fori, also gemäß §§ 7-11 BGB auslegen wollen (siehe *Schack*, IZVR, Rn. 244 m.w.N.), ist die Wohnsitzfrage nach anderer Ansicht nach dem Recht des präsumptiven Wohnsitzes zu beurteilen (siehe *Geimer*, IZPR, Rn. 1269 m.w.N.). Beide Ansichten stimmen aber jedenfalls insoweit überein, als es um die hier entscheidende Ermittlung des deutschen Wohnsitzes geht.

317 BGH 21.12.1994, NJW-RR 1995, 507.

318 Siehe MüKo-*Schmitt*, BGB, § 7 Rn. 20 ff.

319 Hier wird der in Fn. 319 angesprochene Streit über das auf die Ermittlung des Wohnsitzes anwendbare Recht erheblich.

gewöhnlichen) Aufenthalt im Inland und mangels eines solchen auf den letzten inländischen Wohnsitz an. Der gewöhnliche Aufenthalt wird demgegenüber nur in manchen besonderen oder ausschließlichen Zuständigkeitsvorschriften verwendet, etwa in § 29c ZPO, § 640a ZPO (jeweils subsidiär zum Wohnsitzkriterium) oder in § 606a ZPO.

bb) Juristische Personen: Sitz

Gemäß § 17 ZPO in doppelfunktionaler Anwendung ist die deutsche Allgemeinzuständigkeit eröffnet, wenn die beklagte juristische Person in Deutschland ihren Sitz hat. Maßgeblich ist nach Absatz 1 Satz 1 der Vorschrift in erster Linie der durch Verleihung, durch Gesetz oder in der Satzung festgelegte Sitz. Nur wenn es an einem solchen fehlt, kommt es auf den Ort der Hauptverwaltung an.[320]

§ 21 ZPO sieht auch eine Zweigniederlassungszuständigkeit vor.[321] Sie ist nur für Streitigkeiten eröffnet, die sich auf den Geschäftsbetrieb der Niederlassung beziehen.

b) Vergleich

(1) Subsidiäre oder alternative Anwendung des allgemeinen Gerichtsstands

§ 12 ZPO ist stets anwendbar, wenn im konkreten Fall keine ausschließliche internationale Zuständigkeit gegeben ist. Die allgemeine Zuständigkeit steht somit als Alternative zu den besonderen Zuständigkeiten zur Verfügung.

Ebenso liegt es in Frankreich. Nach Art. 42 NCPC ist die französische allgemeine Zuständigkeit „mangels gegenteiliger Bestimmung" *(„sauf disposition contraire")* gegeben. Eine gegenteilige Bestimmung findet sich etwa in Art. 44 NCPC, welcher vorsieht, dass für dingliche Streitigkeiten das Gericht am Ort der Belegenheit der Sache ausschließlich zuständig *(„seul compétent")* ist. Dass Art. 46 NCPC den Anknüpfungspunkt des allgemeinen Gerichtsstands für den großen Bereich der vertragsrechtlichen, deliktsrechtlichen, gemischten[322] und un-

320 Zöller-*Vollkommer*, ZPO, § 17 Rn. 9 f.

321 Eine für den Kläger noch günstigere Sonderregelung enthält § 48 VVG (Gerichtsstand der inländischen Versicherungsagentur). Zu weiteren besonderen Fällen siehe *Geimer*, IZPR, Rn. 1453–1461.

322 D.h. Streitigkeiten, die untrennbar verbundene dingliche und schuldrechtliche Fragestellungen aufwerfen. Darunter fällt z.B. die Klage auf Auflösung eines Kaufvertrages, da mangels Abstraktionsprinzips im französischen Recht mit Vertragsauflösung auch der Eigentumsübergang rückgängig gemacht wird.

terhaltsrechtlichen Streitigkeiten wieder aufnimmt, hat daher eher deklaratorische Bedeutung.

Art. 5 § 1 CDIP enthält eine der französischen Formulierung ähnelnde Passage, der zu Folge die Allgemeinzuständigkeit „außer in den Fällen, in denen das vorliegende Gesetz anderweitig verfügt", eröffnet ist. Gemeint sind die Artt. 66, 77, 109, 118 CDIP, die jeweils „unter Ausschluss des Art. 5 CDIP" bzw. „unter Ausschluss der allgemeinen Zuständigkeitsregeln" Anwendung finden. Im Übrigen ist die allgemeine Zuständigkeit alternativ anwendbar.

Die allgemeine Quebecer Zuständigkeit ist dagegen gemäß Art. 3134 C.C.Q. nur „mangels spezieller Bestimmung", d.h. subsidiär eröffnet. Viele der besonderen Zuständigkeitsvorschriften greifen das Beklagtendomizil jedoch als Anknüpfungspunkt wieder auf.[323] Insoweit ist zwar die allgemeine Zuständigkeit als solche nicht eröffnet, gleichwohl kommt aber ihr Anknüpfungspunkt zur Anwendung. Und diejenigen Zuständigkeitsregeln, welche den Anknüpfungspunkt der allgemeinen Zuständigkeit nicht aufgreifen, betreffen teilweise Bereiche, in denen andere Rechtsordnungen eine ausschließliche Zuständigkeit anordnen, etwa den der dinglichen Streitigkeiten (Art. 3152 C.C.Q.).

Es zeigt sich also, dass keine Rechtsordnung den allgemeinen Gerichtsstand stets als Alternative zur Verfügung stellt. Während das Quebecer Recht die allgemeine Zuständigkeit subsidiär eröffnet, dies aber durch häufige Wiederaufnahme ihres Anknüpfungspunktes in den besonderen Zuständigkeitsvorschriften durchbricht, eröffnen das deutsche, französische und belgische Recht die allgemeine Zuständigkeit grundsätzlich alternativ, schränken dies aber durch ausschließliche Zuständigkeiten ein. Bei funktionaler Betrachtung führen beide Gesetzestechniken im Wesentlichen zu vergleichbaren Ergebnissen.

(2) Verhältnis von domicile und résidence natürlicher Personen

Überall stellt die Residenz bzw. der gewöhnliche Aufenthalt des Beklagten den primären Anknüpfungspunkt für die Zuständigkeit in familienrechtlichen Angele-

323 Eine direkte Wiederaufnahme des Beklagtendomizils enthält Art. 3148 al. 1 no. 1 C.C.Q. für alle vermögensrechtlichen, persönlichen Streitigkeiten. Auch gemäß Art. 3141 C.C.Q. wirkt es zuständigkeitsbegründend, wenn der Beklagte in Québec domiziliert ist: Die Vorschrift eröffnet eine Quebecer Auffangzuständigkeit für persönliche nichtvermögensrechtliche und persönliche familienrechtliche Streitigkeiten, sofern „eine der betroffenen Personen" (etwa der Beklagte) in Québec domiziliert ist. Im Anwendungsbereich speziellerer Zuständigkeiten (wie Art. 3142 C.C.Q. für Sorgerechtsstreitigkeiten) kommt Art. 3141 C.C.Q. nicht zur Anwendung, siehe Cour supérieure du Québec 27.5.2005 „B.G.R.Y. c. Be.Re.O.", www.jugements.qc.ca, no. 500-04-036664-044.

genheiten dar.[324] Das belgische Recht räumt der *résidence habituelle* darüber hinaus den Rang eines gleichwertigen Alternativkriteriums bei der Bestimmung der allgemeinen Zuständigkeit ein. Dadurch sollte Einheitlichkeit zwischen dem autonomen und dem supranational geregelten IPR, das häufig auf den gewöhnlichen Aufenthalt rekurriert, hergestellt werden.[325] Die Alternativanknüpfung bewirkt, dass belgische Gerichte immer dann allgemein zuständig sind, wenn der Beklagte Domizil oder gewöhnlichen Aufenthalt in Belgien hat – unabhängig davon, ob der Anwendungsbereich von EuGVÜ/EuGVO[326] oder EheVO II[327] eröffnet ist oder autonomes Recht zur Anwendung gelangt.

In Deutschland, Frankreich und Québec ist die Residenz dagegen nicht primärer Anknüpfungspunkt der allgemeinen Zuständigkeit. Gleichwohl spielt sie auch dort eine bedeutende Rolle bei deren Bestimmung.

In Deutschland kommt es bei der Ermittlung des Wohnsitzes nach insoweit anwendbarem deutschem Sachrecht[328] auf die „ständige Niederlassung" an.

Nach französischem Recht bildet die Residenz den wichtigsten objektiven Faktor der Domizildefinition. Und kann mangels belegbaren Aufenthaltswillens weder ein in- noch ein ausländisches Domizil festgestellt werden, wird sie sogar zum alleinigen Anknüpfungspunkt der allgemeinen Zuständigkeit.

Entsprechend liegt es Québec. Das zehnte Buch des C.C.Q. überlässt die Definition des Domizils dem Quebecer Sachrecht und nach diesem stellt die Residenz das objektive Element der Domizildefinition dar. Kann das Domizil nicht mit Sicherheit festgestellt werden, wird es unwiderleglich am Ort der Residenz vermutet, sodass letztere wie in Frankreich zum allein maßgeblichen Kriterium wird.

(3) Allgemeine Gerichtspflichtigkeit natürlicher Personen ohne Domizil und Residenz im Inland?

Nach deutschem und Quebecer Recht kann auch eine Person, die weder ein Domizil noch eine Residenz im Inland besitzt, allgemein gerichtspflichtig sein, sofern auch nicht festgestellt werden kann, dass der Beklagte im Ausland domiziliert ist oder sich dort gewöhnlich aufhält. Die in diesem Fall maßgeblichen, subsidiären

---

324 Deutschland: Art. 606a ZPO; Frankreich: Art. 1070 NCPC; Québec: Siehe oben Einleitung zu I B 2 a (3); Belgien: Artt. 42 (Ehe), 59 (eheähnliche Lebensgemeinschaft), 61 (Abstammung), 66 (Adoption), 73 (Unterhalt) CDIP.

325 Siehe *Proposition de loi, Commentaire* – Art. 4 CDIP, wo ausdrücklich auf die Haager Konventionen Bezug genommen wird.

326 Vgl. Art. 2 I, wonach das Domizil den allgemeinen Gerichtsstand begründet.

327 Vgl. Art. 3 I a) dritter Spiegelstrich, wonach der gewöhnliche Aufenthalt des Antragsgegners zuständigkeitsbegründend wirkt.

328 Siehe oben I B 2 a (4) aa.

Anknüpfungspunkte des deutschen IZVR (schlichter Aufenthalt; letzter Wohnsitz) nennt § 13 ZPO. In Québec resultiert eine vergleichbare Anknüpfung aus der materiellrechtlichen Domizilvermutung des Art. 78 al. 2 C.C.Q.

Das französische Recht kennt zwar keine subsidiäre Anknüpfung an den schlichten Aufenthalt oder den letzten Wohnsitz. Sind aber weder im In- noch im Ausland Domizil oder Residenz des Beklagten feststellbar, wird zumindest teilweise die Anwendung des Klägergerichtsstands des Art. 42 al. 3 NCPC in Betracht gezogen.[329]

Das belgische Recht enthält dagegen keinerlei Auffangregel. Hat der Beklagte weder Domizil noch Residenz in Belgien, sind belgische Gerichte nicht allgemein zuständig.

(4) Gerichtspflichtigkeit der Hausangestellten am Domizil des Hausherrn?

Das französische Recht sichert die Gerichtspflichtigkeit des Hauspersonals am Domizil des Hausherrn durch ein Legaldomizil, das deutsche Recht durch den besonderen Gerichtsstand des § 20 ZPO, dessen Anwendungsbereich freilich weit über die hier erörterte Konstellation der Hausangestellten hinausgeht. Belgischem und Quebecer Recht ist eine solche, überkommene Beklagtenlokalisierung fremd. Wohnen Hausangestellte allerdings am selben Ort wie die Herrschaft, führen die allgemeinen Regelungen i.d.R. zu einem identischen Ergebnis.

(5) Zweigniederlassungszuständigkeiten

1. Die doppelfunktionale Anwendung der *theorie des gares principales* gleicht aus, dass die sonstigen Anknüpfungen des autonomen französischen IZVR oft keine Zuständigkeit am Ort der Zweigniederlassung eröffnen. Heute gelangt die autonome „Theorie der Hauptbahnhöfe" wegen des Anwendungsvorranges von EuGVÜ/EuGVO seltener zur Anwendung als früher. Für Fälle mit Drittstaatenbezug bleibt sie aber weiterhin relevant.

Schließt etwa ein in Singapur ansässiges Transportunternehmen mit einer Zweigniederlassung in Frankreich durch diese Niederlassung einen in Übersee zu erfüllenden Transportvertrag mit einem kanadischen Kunden ab und kommt es zu einem Streit über die vertraglichen Pflichten des Transportunternehmens, ist Art. 5 Nr. 5 EuGVO mangels Sitzes des Beklagten in einem Mitgliedsstaat der EU nicht anwendbar. Französische Gerichte sind auch weder nach Art. 14 C.civ. (da der Kläger Kanadier ist, auch nicht i.V.m. Art. 4 Nr. 2 EuGVO) noch nach Artt. 42, 43 NCPC zuständig. Auch Art. 46 NCPC begründet keine französische

329 Siehe oben I B 2 a (1) aa (ii).

Zuständigkeit, da die Vorschrift die Zuständigkeit für vertragliche Haftung nicht an den Entstehungsort der Verpflichtung, sondern an ihren Erfüllungsort knüpft. Allein die „Theorie der Hauptbahnhöfe" führt zur Eröffnung der französischen Zuständigkeit.

Die belgische Rechtsprechung hatte diese Theorie nie übernommen, weil sie davon ausging, dass eine belgische Zuständigkeit in diesen Fällen aufgrund des vergleichsweise dicht gewebten Netzes belgischer Zuständigkeiten i.d.R bereits anderweitig begründet sei. Insbesondere hielten die Gerichte die vertragsrechtliche Zuständigkeit am Ort, an dem die Verpflichtung entstanden war, erfüllt worden ist oder zu erfüllen war (624 no. 2 C.jud.), für ausreichend. Im Zuge der Kodifizierung des IPR wurde dann doch eine Zweigniederlassungszuständigkeit eingeführt. Offenbar sollte Übereinstimmung mit dem europäischen Zivilverfahrensrecht hergestellt werden. Unabhängig von der Anwendbarkeit von EuGVÜ und EuGVO steht nunmehr stets ein Forum an der belgischen Zweigniederlassung der beklagten juristischen Person zur Verfügung.

2. Sowohl nach der französischen „Theorie der Hauptbahnhöfe" als auch nach ihren Pendants im deutschen, belgischen und Quebecer IZVR ist ein gewisser Bezug der Streitigkeit zur Zweigniederlassung erforderlich. Insofern unterscheidet sich diese Zuständigkeit von der in den US-amerikanischen Staaten bekannten *doing business jurisdiction*, die keinen solchen Bezug voraussetzt.[330]

§ 21 ZPO und Art. 5 § 2 CDIP beschränken die Zuständigkeit wie Art. 5 Nr. 5 EuGVO schon nach ihrem Wortlaut auf Streitigkeiten, die „auf den Geschäftsbetrieb Bezug haben" bzw. „aus dem Betrieb" der Zweigniederlassung herrühren. Eine ganz ähnliche Begrenzung nimmt auch die französische Rechtsprechung vor. Ob in Québec eine vergleichbare Eingrenzung gilt, ist dagegen derzeit noch nicht abschließend geklärt.[331]

3) Internationale Gerichtsstandsvereinbarungen

a) Grundsätzliche Zulässigkeit internationaler Gerichtsstandsvereinbarungen

Eine internationale Gerichtsstandsvereinbarung, insbesondere eine ausschließliche, steigert die Vorhersehbarkeit des zuständigen Gerichts und damit in gewissem Maß auch des anwendbaren Rechts. Darüber hinaus minimiert eine einvernehmliche Zuständigkeitsregelung die Wahrscheinlichkeit eines *„forum running"*, bei

330 Zu dieser *Schack*, IZVR, Rn. 409; *Müller*, Die Gerichtspflichtigkeit wegen „doing business", S. 14, 22 ff. (26).

331 Siehe oben I B 2 a (3) bb.

dem eine Partei möglichst schnell ein ihr günstig erscheinendes Gericht mit dem Ziel anruft, dass dieses sich für zuständig erklärt und ein später von der anderen Partei angerufenes anderes Gericht das Verfahren wegen anderweitiger Rechtshängigkeit aussetzt oder einstellt. Schließlich bietet eine Gerichtsstandsvereinbarung die Möglichkeit, ein neutrales, staatliches Forum zu schaffen, welches wegen der besonderen Sachkunde eines bestimmten Gerichts, einer kürzeren Verfahrensdauer oder der regelmäßig geringeren Kosten eines staatlichen Gerichtsverfahrens vorteilhafter sein kann als der Rekurs auf ein schiedsrichterliches Verfahren.

Dementsprechend ist mittlerweile[332] in sämtlichen verglichenen Rechtsordnungen sowohl eine Vereinbarung, welche die internationale Zuständigkeit des Inlands begründet (Prorogation), als auch eine Vereinbarung, welche die inländische Zuständigkeit abbedingt (Derogation), grundsätzlich zulässig.

Da es andererseits zu verhindern gilt, dass eine strukturell „starke" einer strukturell „schwachen" Partei (etwa in allgemeinen Geschäftsbedingungen) einen benachteiligenden Gerichtsstand aufdrängt oder sie zum Verzicht auf einen ihr günstigen Gerichtsstand bewegt, unterliegen Gerichtsstandsvereinbarungen gewissen Zulässigkeits- und Wirksamkeitsvoraussetzungen. Diese unterscheiden sich.

b) Zulässigkeits- und Wirksamkeitsvoraussetzungen

In Deutschland, Frankreich und Belgien ist der Anwendungsbereich des autonomen Rechts der internationalen Gerichtsstandsvereinbarung schmal. Zwar sind bislang weder die Haager Konvention über Gerichtsstandsvereinbarungen vom 25.11.1965 noch die Haager Konvention über ausschließliche Gerichtsstandsvereinbarungen vom 30.6.2005 in Kraft getreten.[333] Bei einem Verfahren vor Gerichten eines EU-Mitgliedsstaates genießen aber die Regeln des europäischen Zivilverfahrensrechts, insbesondere Art. 23 EuGVO bzw. Art. 17 EuGVÜ, Anwendungsvorrang. Angesichts der Artt. 3 I, 4 I EuGVO/EuGVÜ und der Artt. 7 I, 14 EheVO II kommt das autonome Recht der internationalen Gerichtsstandsvereinbarung nur dann zur Anwendung, wenn die Streitigkeit nicht vom materiellen Anwendungsbereich der EuGVO bzw. des EuGVÜ erfasst wird oder keine Partei ihren Wohnsitz in einem Mitgliedsstaat der EU hat. Darüber hinaus darf keine ausschließliche Zuständigkeit nach Art. 22 EuGVO bzw. Art. 16 EuGVÜ bestehen und sich auch aus der EheVO II keine mitgliedsstaatliche Zuständigkeit ergeben.

---

332 Vor der Reform des Quebecer IZVR war die Derogation der Quebecer Gerichte hingegen unzulässig siehe Cour supérieure „171486 Canada inc. c. Rogers Cantel inc.", [1995] R.D.J. 91; Cour supérieure 5.4.2004, „MFI Export Finance Inc. c. Rother International S.A. de C.V. Inc. et autres", no. 500-17-016993-035, Punkte 17, 18.

333 Zum aktuellen Ratifikationsstand siehe die Seite der Haager Konferenz (www.hcch.net).

(1) Deutschland

aa) Zulässigkeitsvoraussetzungen

Die Zulässigkeit einer Vereinbarung über die internationale Zuständigkeit deutscher Gerichte beurteilt sich nach der deutschen lex fori[334] und unterliegt somit gemäß §§ 38, 40 ZPO in doppelfunktionaler Anwendung[335] folgenden Voraussetzungen:

(i) Vermögensrechtliche Streitigkeit

Nach § 40 II 1 Nr. 1 ZPO sind Gerichtsstandsvereinbarungen im nichtvermögensrechtlichen Bereich insoweit unzulässig, als der Streit den Amtsgerichten ohne Rücksicht auf den Streitwert zugewiesen ist. Unter Hinweis darauf schließt die h.M. Gerichtsstandsvereinbarungen in nichtvermögensrechtlichen Streitigkeiten aus.[336] Anderer Ansicht ist *Geimer*, der Einschränkungen der Zulässigkeit nur in Ehe-, Kindschafts- und Lebenspartnerschaftssachen für vertretbar hält. Selbst in diesem Bereich geht *Geimer* jedoch von der Derogierbarkeit der auf die deutsche Staatsangehörigkeit zum Zeitpunkt der Eheschließung abstellenden Zuständigkeit nach § 606a I 1 Nr. 1 2. Var. ZPO aus. Eine Derogationsmöglichkeit erwägt *Geimer* auch dann, wenn die Zuständigkeit auf dem gewöhnlichen Aufenthalt in Deutschland beruht.[337] Einen dritten Ansatz, wonach eine Prorogation, nicht aber eine Derogation in nichtvermögensrechtlichen Angelegenheiten zulässig sein soll, vertritt *Kim*.[338]

Die Arbeitsgerichtsbarkeit macht sogar Einschränkungen innerhalb des vermögensrechtlichen Bereichs. Eine Derogation soll unzulässig sein, wenn „es im Einzelfall zum Schutz des Arbeitnehmers geboten ist, dass der Rechtsstreit vor deutschen Gerichten geführt wird."[339]

---

334 Siehe nur *Geimer*, IZPR, Rn. 1748; Reithmann/Martiny-*Hausmann*, Internationales Vertragsrecht, Rn. 2943, 3103 ff., 3147.

335 BGH 26.1.1979 NJW 1979, 1104; Stein/Jonas-*Bork*, ZPO, § 38 Rn. 1. Für analoge Anwendung auf die Derogation der deutschen Gerichte: *Schack*, IZVR, Rn. 447 ff. (449).

336 *Kropholler* in: Hb. IZVR I, Kap. III, Rn. 527; Reithmann/Martiny-*Hausmann*, Internationales Vertragsrecht, 1996, Rn. 3150; Musielak-*Heinrich*, ZPO, § 40 Rn. 6. Weitere Nachweise bei *Kim*, Internationale Gerichtsstandsvereinbarungen, S. 111 Fn. 54.

337 Siehe *Geimer*, IZPR, Rn. 1634 f., 1751.

338 *Kim*, Internationale Gerichtsstandsvereinbarungen, S. 113 f.

339 BAG 20.7.1970, NJW 1970, 2180; implizit ArbG Hamburg 8.6.1983, RIW 1984, 405.

(ii) Keine Abbedingung ausschließlicher internationaler Zuständigkeiten

Teilweise erklärt das Gesetz spezielle Gerichtsstände für derogationsfeindlich, so etwa in § 48 VVG oder § 53 III KWG. Unter Hinweis auf § 40 II Nr. 2 ZPO hält die h.M. zudem ausschließliche deutsche Zuständigkeiten, welche u.a. für dingliche Streitigkeiten, für Streitigkeiten in Wohnraummietsachen oder für Mahnverfahren angenommen werden, für nicht derogierbar.[340] Auch eine Prorogation entgegen bestimmter ausschließlicher ausländischer Zuständigkeiten wird als unzulässig angesehen.[341]

(iii) Keine Vorzeitigkeit

Ist eine der Parteien weder Kaufmann, noch juristische Person des öffentlichen Rechts oder öffentlich-rechtliches Sondervermögen, so ist eine Gerichtsstandsvereinbarung nach § 38 I ZPO grundsätzlich nur nach Entstehen der Streitigkeit zulässig.[342] Anders ist es gemäß § 38 III ZPO nur, wenn die Vereinbarung für den Fall getroffen wurde, dass die beklagte Partei ihren Wohnsitz oder gewöhnlichen Aufenthalt ins Ausland verlegt oder ihr Wohnsitz oder gewöhnlicher Aufenthalt im Zeitpunkt der Klageerhebung nicht bekannt ist.

(iv) Bezug zu einem bestimmten Rechtsverhältnis

Gemäß § 40 I ZPO muss sich die Vereinbarung auf Streitigkeiten beziehen, die aus einem bestimmten Rechtsverhältnis entspringen. Nach h.M. ist eine vor Schadenseintritt getroffene Gerichtsstandsvereinbarung in rein deliktsrechtlichen Streitigkeiten daher unwirksam.[343] Der Schädiger kann die Klagemöglichkeiten des Ge-

---

340 BGH 13.12.1967, BGHZ 49, 124, 127 (obiter); *Kropholler* in: Hb. IZVR I, Kap. III, Rn. 537; *Kim*, Internationale Gerichtsstandsvereinbarungen, S. 114 m.w.N.; a.A. *Schack*, IZVR, Rn. 450 mit der Begründung, dass es dann, wenn man in der Dispositionsmaxime die Rechtfertigung für die Zulässigkeit der Derogation sehe, nicht auf die Voraussetzungen des vermögensrechtlichen Anspruches und des Nichtbestehens einer ausschließlichen Zuständigkeit ankommen könne.

341 Siehe dazu unten I B 3 c (2).

342 Dies setzt nicht voraus, dass ein Prozess angedroht oder eine Klage eingereicht wurde. Ausreichend ist bereits eine außergerichtliche Meinungsverschiedenheit über ein bestimmtes Recht oder Rechtsverhältnis, Stein/Jonas-*Bork*, ZPO, § 38 Rn. 35.

343 Stein/Jonas-*Bork*, ZPO, § 40 Rn. 1; OLG Köln 9.9.1996, RIW 1997, 233, 234 (Verstoß gegen § 242 BGB); *Geimer*, IZPR, Rn. 1771 hingegen hält in deliktischen Streitigkeiten nur die Derogation deutscher Gerichte, nicht aber ihre Prorogation für unwirksam.

schädigten wegen rein deliktischer Schadenszufügung somit nicht im Vorhinein beeinträchtigen.[344]

(v) Internationaler Sachverhalt?

Ob der streitige Sachverhalt „international" sein, also Bezug zu mehr als einer Rechtsordnung aufweisen muss, oder ob auch bei nur mit einem Staat verbundenen Streitigkeiten eine internationale Gerichtsstandsvereinbarung getroffen werden kann, ist umstritten.[345]

(vi) Unerhebliche Faktoren

Keine Rolle spielt es nach h.M. für die Derogation der deutschen Gerichte, ob die im ausländischen forum prorogatum ergehende Entscheidung in Deutschland anerkennungsfähig ist.[346] Auch die Frage, ob das ausländische forum prorogatum die Prorogation annimmt, ist für die Zulässigkeit einer derartigen Vereinbarung nicht entscheidend. Die h.L. geht jedoch davon aus, dass eine ausschließliche Prorogation des Auslands i.d.R. unter der stillschweigenden Bedingung steht, dass das forum prorogatum diese annimmt und zu effektiver Justizgewährung in der Lage ist.[347] Die Rechtsprechung befürwortet eine solche Auslegung jedenfalls dann,

---

344 Ist der Geschädigte kein Kaufmann, wird er überdies durch § 38 I ZPO geschützt, der an den dem Schadenseintritt häufig nachgelagerten Zeitpunkt des Entstehens der Streitigkeit anknüpft.

345 Für die Erforderlichkeit eines internationalen Sachverhalts *Jung*, Vereinbarungen über die internationale Zuständigkeit, S. 89 ff. und *Kropholler* in: Hb. IZVR I, Kap. III Rn. 543, die eine Parallele zur Frage der Zulässigkeit einer Rechtswahl bei reinem Inlandssachverhalt ziehen und ein anerkennenswertes vernünftiges Interesse für eine Zuständigkeitsvereinbarung ablehnen. Dagegen *Geimer*, IZPR, Rn. 1748, der die Parallelenziehung zur Frage der Zulässigkeit einer Rechtswahl für verfehlt hält, und Reithmann/Martiny-*Hausmann*, Internationales Vertragsrecht, Rn. 3158 m.w.N. der darauf hinweist, dass Art. 27 III EGBGB von der Zulässigkeit einer Zuständigkeitsvereinbarung auch in solchen Fällen ausgehe, die ausschließlich Bezüge zu einem bestimmten ausländischen Staat hätten.

346 BGH 13.12.1967, BGHZ 49, 124, 129; BGH 8.2.1971, NJW 1971, 985; OLG Saarbrücken 21.9.1988, NJW-RR 1989, 828, 830. Anders soll es nach OLG Köln 9.9.1996, IPRax 1998, 472, 473 f. liegen, wenn der Beklagte den Kläger vorsätzlich sittenwidrig geschädigt hat; kritisch dazu *Geimer*, IZPR, Rn. 1766.

347 *Geimer*, IZPR, Rn. 1763 m.w.N.; *Schack*, IZVR, Rn. 448 m.w.N.; Reithmann/Martiny-*Hausmann*, Internationales Vertragsrecht, Rn. 3176 ff. A.A. *Linke*, IZPR, Rn. 187, der die Vereinbarung nur dann für unwirksam hält, wenn sich das Festhalten einer Partei am daraus resultierenden Rechtsschutzverzicht unter Berücksichtigung der gegnerischen Interessen als rechtsmissbräuchlich darstellt.

wenn das forum prorogatum aus faktischen Gründen nicht zur Justizgewährung im Stande ist.[348]

bb) Wirksamkeitsvoraussetzungen

(i) Formelle Wirksamkeit

Die lex causae des Hauptvertrages ist für die Form der Gerichtsstandsklausel ohne Bedeutung, Art. 11 EGBGB ist insoweit unanwendbar.[349] Vielmehr gilt die lex fori, welche in § 38 ZPO drei Fälle unterscheidet: Zuständigkeitsvereinbarungen unter Vollkaufleuten, juristischen Personen des öffentlichen Rechts und öffentlich-rechtlichen Sondervermögen sind formlos möglich, § 38 I ZPO. Hat mindestens eine Partei keinen allgemeinen Gerichtsstand im Inland, bedarf die Vereinbarung gemäß § 38 II ZPO wenigstens der halben Schriftlichkeit, d.h. der schriftlichen Bestätigung durch eine Partei, im Übrigen ist gemäß § 38 III ZPO volle Schriftlichkeit, d.h. eine ausdrückliche schriftliche Vereinbarung erforderlich.

(ii) Materielle Wirksamkeit

Die Anknüpfung der materiellen Wirksamkeitsvoraussetzungen ist umstritten. Der BGH und ein Teil der Literatur, die von einem „materiellrechtlichen Vertrag über prozessrechtliche Beziehungen" ausgehen, unterstellen Einigung und Willensmängel der lex causae.[350] Nach Ansicht *Geimers*, dem zu Folge eine Gerichtsstandsvereinbarung einen „Prozessvertrag" darstellt, ist grundsätzlich auf die lex fori abzustellen, welche aber gleichwohl in bestimmten Fällen zugunsten der An-

---

348 OLG Frankfurt 1.10.1998, IPRax 1999, 247, 250 (Irakische Gerichte konnten keinen effektiven Rechtsschutz bei Klagen gegen den irakischen Staat gewährleisten); LG Köln 19.4.2000, IPRspr. 2000 Nr. 122 (Die Einzahlung der Gerichtskosten im Irak war auf Grund eines UN-Embargos untersagt, sodass das Verfahren nicht eröffnet werden konnte). Weitere Nachweise bei *Geimer*, IZPR, Rn. 1763 Fn. 1131 und 1132. Nur das OLG Bremen 18.7.1985, IPRspr. 1985 Nr. 142 scheint die Wirksamkeit einer Gerichtsstandsvereinbarung mit der h.L. auch davon abhängig zu machen, dass das forum prorogatum die Prorogation annimmt.

349 *Schack*, IZVR, Rn. 444, 447; *Geimer*, IZPR, Rn. 1624 m.w.N.

350 Grundlegend BGH 29.2.1968, BGHZ 49, 384, 387 ff.; *Kropholler* in: Hb. IZVR I, Kap. III, Rn. 482 m.w.N.; *Schack*, IZVR, Rn. 444, der darauf hinweist, dass zwar regelmäßig die lex causae des Hauptvertrages maßgeblich sei, die Parteien aber wegen der rechtlichen Selbständigkeit der Gerichtsstandsvereinbarung eine abweichende Rechtswahlvereinbarung bezüglich der Gerichtsstandsvereinbarung treffen könnten.

wendung ausländischen Rechts zurücktreten soll.[351] Andere wiederum vertreten die strikte Maßgeblichkeit der lex fori.[352]

Fraglich ist, inwiefern es sich auswirkt, wenn die Parteien zwar die Zuständigkeit deutscher Gerichte vereinbaren, jedoch auf die Bezeichnung des örtlich zuständigen Gerichts verzichten. Während ein Teil des älteren Schrifttums meint, eine solche Vereinbarung gehe „ins Leere“, [353] ist sie nach heute wohl h.M. wirksam, sofern die örtliche Zuständigkeit wenigstens bestimmbar ist.[354]

(2) Frankreich

aa) Zulässigkeitsvoraussetzungen

Nach der h.L.[355] und Rechtsprechung[356] entscheidet die französische lex fori über die Zulässigkeit internationaler Gerichtsstandsvereinbarungen.[357] Vor der Reform des französischen Zivilprozessrechts hatte die Rechtsprechung die Regelung über die Vereinbarung einer bestimmten örtlichen Zuständigkeit – welche insoweit zu-

---

351 *Geimer*, IZPR, Rn. 1677.

352 *Kim*, Internationale Gerichtsstandsvereinbarungen, S. 81 f. (m.w.N. auf S. 66 in Fn. 56).

353 *Neuner*, Internationale Zuständigkeit, S. 37; *Matthies*, Die deutsche internationale Zuständigkeit, S. 54 f.; *Reu*, Die staatliche Zuständigkeit im IPR, S. 100; *Jung*, Vereinbarungen über die internationale Zuständigkeit, S. 115 m.w.N.; *Schack*, IZVR, Rn. 443.

354 *Pagenstecher* RabelsZ 11 (1937), 381 Fn. 2 a.E.; *Kropholler* in: Hb. IZVR I, Kap. III Rn. 523 f.; *Geimer*, IZPR, Rn. 1753; OLG Hamburg, 26.4.1973, IPRspr. 1973, Nr. 132, S. 380; wohl auch BGH (8.2.1968, IPRspr. 1968, Nr. 198, S. 502).
Auch Reithmann/Martiny-*Hausmann*, Internationales Vertragsrecht, Rn. 3156 und Stein/Jonas-*Bork*, ZPO, § 38 Rn. 65 lassen Bestimmbarkeit grundsätzlich ausreichen, verlangen die Bezeichnung des örtlich zuständigen Gerichts aber im Bereich des § 38 III ZPO wegen dessen Bestimmtheitserfordernisses.

355 Ausführliche Nachweise bei *Huet*, Jurisclasseur Droit international, Fasc. 581-41, no. 10.

356 So ausdrücklich Tribunal commercial Paris 19.6.1974, Dr.mar.fr. 1975.542; C.A. Paris 14.6.1995, D.1996.Somm.169 mit Anmerkung Audit.
Anders noch Cass.req. 23.1.1923, JDI 1924.161 bezüglich einer in einem Transportvertrag enthaltenen Gerichtsstandsklausel: Das auf den Vertrag anwendbare Recht entschied auch über die Zulässigkeit der Derogation, die in casu allerdings abgelehnt wurde, da eine nach dem anwendbaren spanischen Recht erforderliche Klauselgenehmigung *(homologation)* durch die Regierung fehlte.

357 Anders nur *Gaudemet-Tallon* die vorschlägt, kumulativ das Recht des prorogierten Staates und das Recht des aus dessen Sicht „normalerweise zuständigen“ Staates zu befragen; siehe dazu unten I B 3 b (2) aa (iv). *Bartin*, Principes de droit international privé I, § 147 wollte noch das Gesellschaftsstatut über die Zulässigkeit einer im Gesellschaftsvertrag enthaltenen Gerichtsstandsvereinbarung entscheiden lassen.

lässig war, als die Parteien über ihre Rechte disponieren konnten – doppelfunktional auf internationale Gerichtsstandsvereinbarungen angewendet. Mit Inkrafttreten des NCPC im Jahr 1975[358] wurde der strenger gefasste Art. 48 NCPC eingeführt, dem zu Folge „jede Vereinbarung, die direkt oder indirekt die örtliche Zuständigkeit verändert, ungültig ist, sofern sie nicht zwischen Personen geschlossen wurde, die sämtlich in Kaufmannseigenschaft kontrahiert haben und sofern sie von der Partei, gegen welche sie geltend gemacht wird, nicht offensichtlich angenommen wurde.“

Das Schrifttum sprach sich jedoch mit verschiedenen Begründungen gegen die doppelfunktionale Anwendung dieser Vorschrift aus[359] und auch die Cour de cassation entschied sich gegen die Übernahme dieser strengen Vorgaben. Sie lässt internationale Gerichtsstandsvereinbarungen seit der „Sorelec“-Entscheidung[360] zu, soweit „der Streit international ist und die Vereinbarung keiner imperativen örtlichen Zuständigkeit eines französischen Gerichts zuwider läuft.“

(i) Keine Missachtung „imperativer“ Zuständigkeiten

Aus dieser Formulierung ergibt sich, dass eine Gerichtsstandsvereinbarung keiner imperativen, d.h. zwingenden, örtlichen Zuständigkeit eines französischen Gerichts zuwiderlaufen darf. Welche Zuständigkeiten als imperativ zu betrachten sind, hat die Cour de cassation allerdings nicht präzisiert.

Artt. 14, 15 C.civ., auf deren Anwendung verzichtet werden kann,[361] werden jedenfalls nicht als imperativ angesehen. Angenommen wird eine imperative Zuständigkeit französischer Gerichte dagegen für Klagen gegen die französische

358 Mit Wirkung zum 5.12.1975 wurde der alte Code de procédure civile durch den reformierten Nouveau Code de procédure civile ersetzt.

359 Angeführt wurde, die internationale Zuständigkeit sei keine örtliche, sondern eine sachliche Zuständigkeit; Art. 92 NCPC spreche gegen die Zulässigkeit von Vereinbarungen über die internationale Zuständigkeit (siehe zu beiden Argumenten auch I B 9 a (2)); die für die Anwendung des Art. 48 NCPC notwendige Unterscheidung zwischen Zivil- und Handelsrecht sei etlichen Staaten unbekannt; viele ausländische Rechtsordnungen ließen derartige Vereinbarungen mittlerweile großzügig zu; eine strenge Handhabung der Gerichtsstandsvereinbarungen sei angesichts der liberalen Zulassung von internationalen Schiedsvereinbarungen kaum zu rechtfertigen. Zusammenfassend *Ancel/Lequette*, GAJDIP, S. 662-665.

360 Cass.civ.[1] 17.12.1985 „Cie. de signaux et d'entreprise électriques c. Soc. Sorelec“, RCDIP 1986.537 mit Anmerkung Gaudemet-Tallon, GAJDIP no. 72, bestätigt durch Cass.civ.[1] 25.11.1986, RCDIP 1987.396 mit Anmerkung Gaudemet-Tallon. Siehe auch aus jüngerer Zeit Cass.civ.[1] 13.4.1999, RCDIP 2000.219 mit Anmerkung Ancel.

361 Zu den Modalitäten eines solchen Verzichts unten I B 8 a (2) aa.

Leistungsverwaltung[362] sowie in dinglichen Immobiliarstreitigkeiten (Art. 44 NCPC). Auch die Zuständigkeiten in Personenstandssachen (Art. 1070 NCPC) sind nach überwiegender Ansicht zwingend.[363] Gleichwohl scheint es u.U. zulässig, dass Ehegatten derselben Nationalität die Zuständigkeit eines ausländischen Gerichts für die Scheidung ihrer Ehe vereinbaren.[364] Mangels aussagekräftiger neuerer Rechtsprechung[365] diskutiert das Schrifttum, ob die französischen Zuständigkeiten im Bereich des ehelichen Güterrechts und des Erbrechts imperativ sind.[366] Die Zuständigkeiten in vertragsrechtlichen Streitigkeiten werden grundsätzlich als disponibel angesehen,[367] in den Unterbereichen der arbeits-, versicherungs- und verbrauchervertraglichen Streitigkeiten scheint die Rechtslage allerdings noch nicht abschließend geklärt:

1. Was arbeitsrechtliche Streitigkeiten anbelangt, bestimmen Artt. L.121-3 und R.517-1 al. 4 C.trav., dass Vereinbarungen, welche (direkt oder indirekt) die Zuständigkeit für arbeitsvertragliche Streitigkeiten verändern, unzulässig sind. Dies spricht für die Annahme der Imperativität arbeitsrechtlicher Zuständigkeiten. Inwieweit dieses Rogationsverbot in internationalen Streitigkeiten zum Zug kommt, ist fraglich. Verschiedene Kammern der Cour de cassation haben Entscheidungen gefällt, deren Zusammenspiel nur schwer abzuschätzen ist.

Im Jahr 1967 erklärte die *chambre sociale* der Cour de cassation die Prorogation ausländischer Gerichte für unzulässig.[368] Die *première chambre civile* bejahte die Zulässigkeit einer solchen Vereinbarung dagegen in einem ähnlich gelagerten,

---

362 Das betrifft etwa Klagen auf Aufhebung oder Berichtigung des Personenstands, auf Aufhebung einer französischen Marke oder eines französischen Patents oder die Beantragung einer Vollstreckungsmaßnahme auf französischem Territorium.

363 Siehe *Ancel/Lequette*, GAJDIP, S. 670; *Gaudemet-Tallon*, Anmerkung zu Cass.civ.[1] 17.12.1985 RCDIP 1986.540 (545); *Loussouarn/Bourel/De Vareilles-Sommières*, D.i.p., no. 454-1, S. 612 Fn. 4; *Mayer/Heuzé*, D.i.p., no. 304; Cass.civ.[1] 1.4.1981, JDI 1981.812.

364 So *Audit*, D.i.p., no. 388. Auch C.A. Paris 12.3.1996, D.1998.Somm.282 mit Anmerkung Audit scheint diese Möglichkeit implizit zu bejahen.

365 Es existieren lediglich erstinstanzliche Entscheidungen aus der Zeit vor Ende des zweiten Weltkriegs, siehe *Droz/Revillard*, Jurisclasseur Droit international, Fasc. 557-15, no. 35 ff.

366 Dagegen *Huet*, Jurisclasseur Droit international, Fasc. 581-41, no. 22 sowie *Sinay-Cytermann*, L'ordre public en matière de compétence judiciaire internationale, no. 134 ff. Dafür *Droz/Revillard*, Jurisclasseur Droit international, Fasc. 557-15, no. 36 ff.

367 Zu imperativen Zuständigkeitsvorschriften in Sonderbereichen wie der Hilfe auf hoher See u.ä. siehe *Huet*, Jurisclasseur Droit international, Fasc. 581-41, no. 26.

368 Cass.soc. 19.10.1967, JDI 1968.342 mit Anmerkung Simon-Depitre; RCDIP 1968.490, 2e ésp., mit Anmerkung Gaudemet-Tallon.

im Jahr 1968 entschiedenen Fall.[369] Die den Entscheidungen zu Grunde liegenden Sachverhalte unterschieden sich insofern, als die französische Zuständigkeit im ersten Fall auf die doppelfunktional angewendeten arbeitsrechtlichen Zuständigkeitsvorschriften, im zweiten Fall auf Art. 14 C.civ.[370] gestützt wurde. Das Schrifttum schloss aus den beiden Entscheidungen, dass die arbeitsrechtlichen Zuständigkeiten als imperativ betrachtet werden müssten. Gerichtsstandsvereinbarungen seien folglich immer dann unzulässig, wenn die arbeitsrechtlichen Zuständigkeiten gegeben seien. Zulässig seien Gerichtsstandsvereinbarungen dagegen, wenn die arbeitsrechtlichen französischen Zuständigkeiten nicht griffen. Diese Position machte sich 1974 auch die *chambre mixte* zu eigen.[371] Allerdings sind Fälle, in denen französische Gerichte in arbeitsrechtlichen Streitigkeiten keine Zuständigkeit beanspruchen können, selten, da Art. R.517-1 al. 1-3 C.trav. neben dem Ort der anstellenden Niederlassung und dem Sitz des Arbeitgebers alternativ auch auf den Ort der Arbeitsleistung sowie den Vertragsabschlussort abhebt und einem Arbeiter, der seine Arbeit ausschließlich im Außendienst oder zu Hause erbringt, die Möglichkeit einräumt, den Arbeitgeber an seinem (d.h. des Arbeitsnehmers) Domizil zu verklagen.

Später sprachen sich Teile der Literatur dafür aus, Gerichtsstandsvereinbarungen auch dann zulassen, wenn nur die als „schwach" erachteten Anknüpfungspunkte Vertragsabschlussort, Sitz des Arbeitgebers oder des Domizil des Arbeitnehmers die französische Zuständigkeit begründeten. Im Jahr 1985 hatte die *chambre sociale* in einem derartigen Fall (Vertragsabschluss in Frankreich) zu entscheiden. Das Gericht erklärte die Vereinbarung der ausschließlichen Zuständigkeit kolumbianischer Gerichte mit der lakonischen Begründung für zulässig, die Parteien könnten die Zuständigkeit nach Art. R.517 C.trav. derogieren, „da es sich um einen Arbeitsvertrag internationalen Charakters" handele.[372]

Die Tragweite dieser letzten Entscheidung ist ungewiss: Denkbar scheint, dass die *chambre sociale* sich die Position der *première chambre civile* von 1968 zu eigen gemacht hat, wonach Gerichtsstandsvereinbarungen in internationalen Arbeitsverträgen stets zulässig sind. Ebenso könnte sie aber auch die vom Schrifttum vorgeschlagene Differenzierung nach „schwachen" und „starken" Zuständigkeitsbegründungen übernommen haben. Spätere Entscheidungen zeigen, dass die Kammern wohl noch immer nicht zu einer einheitlichen Linie gefunden haben:

---

369 Cass.civ.[1] 9.1.1968, JDI 1968.717 mit Anmerkung Simon-Depitre, RCDIP 1968.490, 3e ésp., mit Anmerkung Gaudemet-Tallon.

370 Dieser begründete im Ergebnis keine französische Zuständigkeit, da die Derogation als konkludenter Verzicht auf das Jurisdiktionsprivileg gewertet wurde.

371 Cass.ch.mixte 28.6.1974, RCDIP 1975.110, 1ère ésp., mit Anmerkung P.L., JDI 1975.82 mit Anmerkung Holleaux.

372 Cass.soc. 8.7.1985, RCDIP 1986.113 mit Anmerkung Gaudemet-Tallon.

Manche Entscheidungen erklären eine arbeitsvertragliche Gerichtsstandsklausel für unzulässig, obwohl nur ein schwaches Anknüpfungselement verwirklicht ist,[373] andere Entscheidungen erklären sie unter denselben Umständen für zulässig.[374]

2. Im Bereich versicherungsvertraglicher Streitigkeiten ist mangels einschlägiger Rechtsprechung ungewiss, ob die von Art. R.114-1 al. 1 C.ass. vorgesehene und in innerstaatlichen Streitigkeiten nicht derogierbare Zuständigkeit am Domizil des Versicherten stets als imperativ im Sinne der „Sorelec"-Entscheidung anzusehen ist, oder ob sie zumindest nach Entstehen der Streitigkeit zugunsten eines ausländischen Gerichts abbedungen werden kann.[375]

3. Was Verbraucherverträge angeht, bestimmt Art. L.121-24 al. 2 C.cons.[376], dass ein Haustürgeschäft keine Gerichtsstandsvereinbarung enthalten darf. Dies dürfte auch für internationale Sachverhalte gelten. In Umsetzung der EU-Teilzeitwohnrechterichtlinie verbietet Art. L.121-73 C.cons.[377] unter bestimmten Umständen die Vereinbarung der Zuständigkeit der Gerichte eines Staates, der nicht Mitglied des EuGVÜ[378] oder des LugÜ ist.

Im Allgemeinen werden mit Verbrauchern getroffene Gerichtsstandsvereinbarungen jedoch in keiner gesetzlichen Bestimmung für unzulässig erklärt. Ins-

---

373 Siehe z.B. Cass.soc. 7.5.1987, RCDIP 1988.78 mit Anmerkung Gaudemet-Tallon: Der Arbeitgeber hatte seinen Sitz in Niger, wo auch der Arbeitsvertrag abgeschlossen worden war und der in Frankreich domizilierte Kläger seine Arbeitsleistung (außerhalb einer festen Niederlassung) erbrachte.

374 Siehe z.B. Cass.civ.[1] 16.6.1987, RCDIP 1988.78 mit Anmerkung Gaudemet-Tallon: In Frankreich domizilierte Piloten erfüllten ihren Arbeitsvertrag in Flugzeugen der Air-Afrique, was als Erfüllung außerhalb einer festen Arbeitsstätte und außerhalb Frankreichs angesehen wurde.

375 Im letzteren Sinne *Gaudemet-Tallon,* Rép.dr.int., Compétence civile et commerciale, no. 83 unter Berufung auf die Lösung des Art. 12 EuGVÜ. Zweifel an der Imperativität des Art. R.114-1 C.ass. bereits bei *derselben*, Anmerkung zu 17.12.1985, RCDIP 1986.540 (546).

376 ***Art. L.121-24 C.cons.*** *Le contrat visé à l'article L. 121-23 doit comprendre un formulaire détachable destiné à faciliter l'exercice de la faculté de renonciation dans les conditions prévues à l'article L. 121-25. Un décret en Conseil d'Etat précisera les mentions devant figurer sur ce formulaire.*
Ce contrat ne peut comporter aucune clause attributive de compétence.
Tous les exemplaires du contrat doivent être signés et datés de la main même du client.

377 ***Art. L.121-73 C.cons.*** *Est réputée non écrite toute clause qui attribue compétence à une juridiction d'un Etat non partie à la convention de Bruxelles du 27 septembre 1968 et à la convention de Lugano du 16 septembre 1988 concernant la compétence judiciaire et l'exécution des décisions en matière civile et commerciale, lorsque le consommateur a son domicile ou sa résidence habituelle en France ou lorsque le bien ou l'un des biens est situé sur le territoire d'un Etat partie à ces conventions.*

378 Die 1998 erlassene Vorschrift wurde nach Inkrafttreten der EuGVO nicht angepasst.

besondere enthält das innerstaatliche Zivilprozessrecht keine allgemeine, einer doppelfunktionalen Anwendung zugängliche, örtliche Zuständigkeitsregelung bezüglich verbrauchervertraglicher Streitigkeiten. Auch die Annahme einer imperativen französischen Zuständigkeit kraft Anwendbarkeit französischen Eingriffsrechts wird abgelehnt.[379] Dem entspricht es, dass auch die Rechtsprechung die Frage bislang nicht entschieden hat.[380]

(ii) Bezug zu einem bestimmten Rechtsverhältnis?

Ob nach französischem autonomen Recht ein Bezug zu einem bestimmten Rechtsverhältnis erforderlich ist, wurde in der „Sorelec"-Entscheidung nicht explizit geklärt. Eine ausdrückliche Gerichtsstandswahl wird allerdings häufig in Form einer Vertragsklausel getroffen, die sich auf den Gegenstand des (Haupt-)Vertrags, mithin auf ein bestimmtes Rechtsverhältnis, bezieht. Und sofern aus dem Verhalten vor Gericht eine stillschweigende Gerichtsstandswahl gefolgert wird, bezieht sich diese auf das streitige Rechtsverhältnis. Im Vorhinein getroffene, gesonderte Gerichtsstandsvereinbarungen sind selten, weshalb sich die französische Rechtsprechung noch nicht mit der Frage befassen musste. Es ist jedoch davon auszugehen, dass auch insoweit eine Begrenzung auf ein bestimmtes Rechtsverhältnis vorausgesetzt würde.

(iii) Internationaler Sachverhalt

Nach der „Sorelec"-Formel muss der Streit international sein, d.h. Bezugspunkte zu mindestens zwei Rechtsordnungen aufweisen. Bestehen ausschließlich Beziehungen zu Frankreich, wird der Sachverhalt nach h.M. nicht schon dadurch international, dass die Zuständigkeit eines ausländischen Gerichts prorogiert wird.[381] Anderenfalls wäre diese Voraussetzung stets erfüllt und mithin sinnlos.

(iv) Unerhebliche Faktoren

Die „Sorelec"-Entscheidung bindet die Zulässigkeit einer Derogation der französischen Gerichte nicht daran, dass der prorogierte Staat die Prorogation zulässt. Daher entstünde ein negativer Kompetenzkonflikt, wenn das französische Gericht die ausschließliche Berufung eines ausländischen Gerichts für zulässig, das prorogierte Gericht sie hingegen für unzulässig hielte. Dem möchte *Gaudemet-Tallon*

---

379 *Pataut*, Clauses attributives de juridiction et clauses abusives, S. 812 ff.

380 *Pataut*, Clauses attributives de juridiction et clauses abusives, S. 811.

381 *Gaudemet-Tallon*, Anmerkung zu Cass.civ.[1] 17.12.1985 RCDIP 1986.540 (543), *Ancel/Lequette*, GAJDIP, S. 668.

durch kumulative Anwendung des französischen und des ausländischen Rechts vorbeugen.[382] Mehrheitlich wird stattdessen die Eröffnung der französischen Notzuständigkeit befürwortet.[383]

Unerheblich ist auch, ob die im prorogierten ausländischen Forum ergehende Entscheidung in Frankreich anerkennbar ist. Auch in zeitlicher Hinsicht scheint es keine Einschränkung zu geben, eine Gerichtsstandswahl kann anscheinend sowohl vor als auch nach Entstehen der Streitigkeit getroffen werden.

bb) Wirksamkeitsvoraussetzungen

Nach welchem Recht die Wirksamkeit einer Gerichtsstandsvereinbarung zu beurteilen ist, ist in Frankreich umstritten.[384] Wie in Deutschland sind diese Differenzen auf die Zwitterstellung einer solchen Vereinbarung zwischen Vertrags- und Prozessrecht zurückzuführen.

(i) Herrschende Lehre

Ein großer Teil der französischen Doktrin befürwortet ein kollisionsrechtliches Vorgehen. Formell soll das rechtsgeschäftliche Formstatut[385], materiell das Vertragsstatut[386] entscheiden.[387]

Dabei ist zu berücksichtigen, dass das französische Recht eine eingriffsrechtliche Regelung enthält, die auch bezüglich internationaler Gerichtsstandsvereinbarungen zum Tragen kommen könnte: Art. 135-1 C.cons.[388] erhebt das in Artt. 132-1 ff. C.cons. verankerte Verbot missbräuchlicher Klauseln zu Eingriffsrecht, wenn

---

382 *Gaudemet-Tallon*, La prorogation volontaire de juridiction en droit international privé, no. 61 ff. et 104 ff.; *dieselbe*, Anmerkung zu Cass.civ.[1] 9.1.1968, RCDIP 1968.494 (502).

383 *Mayer*, RCDIP 1979.378-379; *Mayer/Heuzé*, D.i.p., no. 301; *Huet*, Jurisclasseur Droit international, Fasc. 581-41, no.12 m.w.N.

384 Ausführlich zum Meinungsstand Gerichtsstandsvereinbarung *Guez*, L'élection de for en droit international privé, no. 273 ff. bzw. 349 ff.

385 Vertragsformstatut ist grundsätzlich die „lex loci actus", siehe *Loussouarn/Bourel/De Vareilles-Sommières*, D.i.p., no. 363 ff. Zu deren Anwendungsbereich siehe *Barnich*, Les actes juridiques en droit international privé, no. 312 ff.

386 Grundsätzlich gilt das von den Parteien gewählte Recht. Mangels Rechtswahl wird das anwendbare Recht anhand objektiver Kriterien ermittelt: Cass.civ. 6.7.1959, RCDIP 1959.708 mit Anmerkung Batiffol.

387 *Mayer/Heuzé*, D.i.p., no. 302; *Holleaux/Foyer/De Geouffre de La Pradelle,* D.i.p., no. 795; *Loussouarn/Bourel/De Vareilles-Sommières*, D.i.p., no. 454-2.

388 ***Art. L.135-1 C.cons.*** *Nonobstant toute stipulation contraire, les dispositions de l'article L.132-1 sont applicables lorsque la loi qui régit le contrat est celle d'un État n'appartenant pas à l'Union européenne, que le consommateur ou le non-professio-*

der „Verbraucher oder die nicht gewerblich tätige Vertragspartei in einem Mitgliedsstaat der EU domiziliert ist und der Vertrag dort angebahnt, abgeschlossen oder erfüllt wurde“. Die im Anhang zu Art. 132-1 C.cons. enthaltene Liste stets verbotener Klauseln nennt Gerichtsstandsklauseln zwar nicht. Zumindest solche Gerichtsstandsklauseln, die eine ausschließliche Zuständigkeit am Sitz des Gewerbetreibenden vorsehen, dürften aber ein „eindeutiges Missverhältnis“ *(„déséquilibre significatif“)* zwischen den Pflichten der Parteien im Sinne des Art. 132-1 al. 1 C.cons.[389] begründen und aus diesem Grund unwirksam sein. Dafür spricht auch die „Océano“-Entscheidung des EuGH[390], wonach eine gegenüber einem Verbraucher verwendete Gerichtsstandsklausel, die die ausschließliche Zuständigkeit der Gerichte am Sitz des Gewerbetreibenden vorsieht, eine missbräuchliche und damit unwirksame Klausel i.S.d. Umsetzungsvorschriften der Richtlinie 93/13/EWG über missbräuchliche Klauseln in Verbraucherverträgen[391] darstellt.[392] Art. 135-1 C.cons. dürfte allerdings nur dann eine eingenständige Rolle spielen, wenn der Verbraucher einen außerhalb der EU ansässigen Gewerbetreibenden verklagt. Ist die beklagte Partei nämlich in der EU wohnhaft bzw. ansässig, findet die EuGVO Anwendung, die in Art. 17 EuGVO schon die Zulässigkeit von Gerichtsstandsvereinbarungen mit Verbrauchern beschränkt.

(ii) Rechtsprechung

Die Rechtsprechung[393] hat sich zur Frage des anwendbaren Rechts bislang nicht eindeutig positioniert. Sie postuliert stattdessen schlicht, dass eine Gerichtsstandsvereinbarung „der anderen Partei nur entgegengehalten werden kann, wenn diese sie zum Zeitpunkt des Vertragsschlusses zu Kenntnis genommen und angenommen hat“.[394]

---

nel a son domicile sur le territoire de l'un des États membres de l'Union européenne et que le contrat y est proposé, conclu ou exécuté.

389 ***Art. L.132-1 C.cons.*** *Dans les contrats conclus entre professionels et non-professionels ou consommateurs, sont abusives les clauses qui ont pour objet ou pour effet de créer, au détriment du non-professionel ou du consommateur, un déséquilibre significatif entre les droits et obligations des parties au contrat.*

390 EuGH 27.6.2000, Rs. C-240/98 „Océano“, Slg. 2000, S. I-4941, Rn. 21-24.

391 Richtlinie 93/13/EWG des Rates vom 5. April 1993 über missbräuchliche Klauseln in Verbraucherverträgen, Amtsblatt Nr. L 95, S. 29.

392 Siehe dazu *Pataut*, Clauses attributives de juridiction et clauses abusives, S. 815.

393 Cass.com 10.1.1989 „Cie. Naviera Garcia Minaur“, JCP 1989.IV.95; Cass.com. 26.5.1992 „Cie. Royal Nederland Verzekeringen“, RCDIP 1992.703 mit Anmerkung Gaudemet-Tallon; Cass.com „Navire Köln-Atlantic“ 15.10.1996, Dr.mar.fr. 1997.705 mit Anmerkung Nicolas; C.A. Paris „Navire Algarmi“, 12.5.1986, Dr.mar.fr. 1988.257; C.A. Paris 12.3.1996, D.1998.Somm.282 mit Anmerkung Audit.

394 *Huet*, Jurisclasseur droit international, Fasc. 581-41 no. 38.

aaa) Kenntnisnahme von der Gerichtsstandsvereinbarung

Bei der Beurteilung der Frage, ob eine Gerichtsstandsvereinbarung bei Vertragsschluss zur Kenntnis genommen wurde, sind nach der Rechtsprechung unter anderem die Schriftgröße, die Lesbarkeit und die Hervorhebung der entsprechenden Klausel im Vertrag entscheidend. Berücksichtigung findet auch, ob die Vertragsparteien im internationalen Handel tätig sind und dementsprechend mit internationalen Gerichtsstandsvereinbarungen zu rechnen haben.

Weiter muss die Vereinbarung klar und eindeutig *(clause claire et précise)* sein. Dies ist jedenfalls dann gegeben, wenn das örtlich zuständige Gericht bezeichnet wird. Aber auch eine Vereinbarung, die lediglich die Gerichte eines bestimmten Staates für zuständig erklärt, ist entgegen der früheren Rechtsprechung[395] nicht unwirksam, sofern das Prozessrecht des prorogierten Staates eine Ermittlung des örtlich und sachlich zuständigen Gerichts ermöglicht.[396]

bbb) Annahme der Gerichtsstandsvereinbarung

Früher forderte die Rechtsprechung stets eine schriftliche und ausdrückliche Annahme der Gerichtsstandsvereinbarung.[397] Heute scheint sie zumindest in Fällen, in denen ausschließlich gewerblich tätige Parteien agieren, weniger streng zu sein. So hält sie bei vorausgehender Geschäftsbeziehung u.U. schon eine konkludente Annahme für ausreichend.[398] Die Anforderungen an die Annahme einer Gerichtsstandsvereinbarung durch eine Privatpartei dürften aber weiterhin hoch sein, insbesondere wenn es sich um eine in allgemeinen Geschäftsbedingungen enthaltene Gerichtsstandsklausel handelt. Hierbei setzt die Rechtsprechung in der Regel voraus, dass die Gerichtsstandsklausel bereits im ursprünglichen Vertragsdokument und nicht etwa erst im Klauselwerk eines vertragsändernden Dokuments enthalten ist.[399] Zu berücksichtigen ist, dass die französischen Vorschriften über missbräuch-

---

395 Z.B. Cass.soc. 23.5.1973, RCDIP 1974.354, 2e ésp. mit Anmerkung Lagarde. Weitere Nachweise bei *Huet*, Jurisclasseur Droit international, Fasc. 581-41, no. 57.

396 Cass.civ.[1] 17.12.1985 „Cie. de signaux et d'entreprise électriques c. Soc. Sorelec", RCDIP 1986.537 mit Anmerkung Gaudemet-Tallon, GAJDIP no. 72; Cass.civ.[1] 13.4.1999, RCDIP 2000.219 mit Anmerkung Ancel.

397 Siehe etwa Cass.com. 28.2.1983, Dr.mar.fr. 1983.720 mit Anmerkung Achard: Keine Annahme einer Klausel, die auf der Rückseite eines nicht unterschriebenen Konossements abgedruckt ist.

398 Cass.com. 5.1.1991, Bull.civ.IV, no. 96. Dazu, dass diese Rechtsprechung trotz späterer zurückhaltender Urteile weiterhin gilt: *Huet*, Relations habituelles d'affaires et acceptation tacite d'une clause attributive de juridiction en d.i.p., S. 507 ff.

399 Anders kann es bei einer nachträglichen Vereinbarung liegen, die eindeutig die Bestimmung des Gerichtsstandes zum Gegenstand hat: Cass.com. 30.1.1990, JCP 1990.IV.120.

liche Klauseln (Art. L.132-1 ff. C.cons.), anders als die deutschen Vorschriften über allgemeine Geschäftsbedingungen, nur die Ungültigkeit bestimmter vertraglicher Klauseln vorsehen, nicht aber über die wirksame Einbeziehung allgemeiner Geschäftsbedingungen in den Vertrag befinden.

Darüber, welche Anforderungen im Fall eines Wechsels der Vertragsparteien an die Annahme einer Gerichtsstandsklausel durch den neuen Vertragspartner zu stellen sind, bestehen zwischen der *première chambre civile* und der *chambre commerciale* der Cour de cassation Meinungsverschiedenheiten.[400]

(3) Belgien

aa) Zulässigkeitsvoraussetzungen

Die Voraussetzungen für die Zulässigkeit einer Pro- bzw. Derogation ergeben sich aus Art. 6 CDIP bzw. Art. 7 CDIP.

(i) Disponibilität der Rechte

Gemäß Art. 6 § 1 al. 1 CDIP sind Gerichtsstandsvereinbarungen wie in Frankreich vor 1975 in allen Bereichen zulässig, in denen die Parteien nach belgischem Recht frei über ihre Rechte verfügen können *(„en une matière où les parties disposent librement de leurs droits en vertu du droit belge“)*. Den Gesetzesmaterialien zu Folge ist es eine Frage der Auslegung des belgischen Sachrechts, welche Rechtsbereiche als indisponibel anzusehen sind.[401] Ausschlaggebend sollen insbesondere die „Natur der in Frage stehenden Rechtsbeziehung“ sowie das „Bestehen von Regelungen, die eine Partei schützen“, sein.[402] Allerdings werden Schutzvorschriften nur dann als Indiz für Indisponibilität verstanden, wenn sie international anwendbar sind. Dies trifft auf Eingriffsnormen i.S.d. Art. 20 CDIP stets zu,[403] andere Schutzvorschriften dürften der Zulässigkeit einer Gerichtsstandsvereinbarung

---

400 Die *première chambre civile* geht von einem Vertragsakzessorium aus und knüpft den Übergang der Klausel daher an den wirksamen Übergang des Hauptvertrages. Entsprechend entscheidet sie zur Schiedsgerichtsklausel. Die *chambre commerciale* trennt dagegen Hauptvertrag und Gerichtsstandsklausel und verlangt eine ausdrückliche Annahme der Zuständigkeitsvereinbarung durch den neuen Vertragspartner selbst dann, wenn der Übergang des Hauptvertrages von diesem ausdrücklich konsentiert wurde. Zum Ganzen *Dorandeu*, La transmission des clauses attributives de compétence en droit international privé, JDI 2002.1001 (1112 ff.) unter Hinweis auf die aus dieser Kontroverse resultierende Rechtsunsicherheit.

401 *Proposition de loi, Commentaire* – Art. 6 CDIP.

402 *Proposition de loi, Commentaire* – Art. 6 CDIP.

403 *Proposition de loi, Commentaire* – Art. 6 CDIP.

hingegen nur dann entgegenstehen, wenn sie im konkreten Fall nach belgischem Kollisionsrecht anwendbar wären.

Eine Sonderregelung enthält Art. 97 § 3 CDIP, wonach die Zuständigkeiten in arbeits- und verbrauchervertraglichen Streitigkeiten nicht durch eine vor Entstehen der Streitigkeit getroffene Gerichtsstandsvereinbarung abbedungen werden können. Ausweislich der Gesetzesbegründung sind diese Rechtsbereiche insoweit als indisponibel im Sinne des Art. 6 § 1 al. 1 CDIP anzusehen.[404] Wie sich daran zeigt, kann das Disponibilitätskriterium nicht nur eine sachliche, sondern auch eine zeitliche Dimension besitzen. Verdeutlichen lässt sich dies auch an einem in der Gesetzesbegründung erwähnten Auslegungsbeispiel: Ein Exklusivvertriebsvertrag gehört dem grundsätzlich disponiblen Vertragsrecht an. Jedoch bestimmt Art. 6 eines belgischen Gesetzes vom 27.7.1961 über die Auflösung von unbefristeten Exklusivvertriebsverträgen,[405] dass eine vor Entstehen der Streitigkeit getroffene Gerichtsstandsvereinbarung dem Konzessionär gegenüber nicht geltend gemacht werden kann, wenn der konzedierte Vertrieb zumindest teilweise in Belgien erfolgt. Vielmehr kann der Konzessionär gemäß Art. 4 des Gesetzes an seinem belgischen Domizil oder am belgischen Domizil bzw. Sitz des Konzedenten gegen die Vertragsauflösung klagen. Diese Regelung wird als Eingriffsrecht angesehen. Folglich sind die Rechte des Konzessionärs vor Vertragsauflösung indisponibel, eine Gerichtsstandsvereinbarung in dieser Phase mithin unzulässig.

Die Konkretisierung der indisponiblen Rechtsbereiche obliegt der kommenden Rechtsprechung. Zur Zeit sind nur wenige Rückschlüsse möglich: In Bezug auf Art. 18 CDIP (Gesetzesumgehung), welcher ebenfalls das Indisponibiliätskriterium verwendet, stellt ein Runderlass von 2004 fest, dass der Bereich des Personenstands als indisponibel anzusehen ist.[406] Dies dürfte auch im Rahmen der Artt. 6, 7 CDIP gelten. Die belgischen Bestimmungen aus dem Bereich des Familienrechts müssen dagegen einzeln auf ihre Disponibilität untersucht werden, grundsätzlich ausgenommen ist dieser Bereich nicht.[407] Unter altem Recht hatte die Rechtsprechung Gerichtsstandsklauseln in Arbeitsverträgen, die die ausschließliche Zuständigkeit ausländischer Gerichte bestimmten, für unzulässig gehalten, wenn der Sachverhalt enge Beziehungen zu Belgien aufwies, was insbesondere dann ange-

---

404 *Proposition de loi, Commentaire* – Art. 6 CDIP.

405 M.B. 29.12.1961 (Originalfassung). M.B. 9.12.1999, S. 45896 (Konsolidierte Version in deutscher Sprache).

406 *Circulaire du 23 septembre 2004 relative aux aspects de la loi du 16. juillet 2004 portant le Code de droit international privé concernant le statut personnel)*, M.B. 28.9.2004, S. 69594 ff. (S. 69597).

407 Siehe *Proposition de loi, Commentaire* – Art. 6 CDIP. *Barbé*, J.T. 2005, S. 188 no. 138 hält das Ehe- und Scheidungsrechts für indisponibel, das Verlobungsrecht dagegen für disponibel.

nommen wurde, wenn die Arbeitsleistung in Belgien erbracht worden war.[408] Ob dies unter neuem Recht fortgilt, ist fraglich.

Vor der Kodifikation des IPR wurden Gerichtsstandsvereinbarungen in einem an sich indisponiblen Rechtsbereich gleichwohl für zulässig erachtet, wenn das ausländische forum prorogatum beim Streitentscheid Schutzvorschriften anwendete, die mit belgischen Schutznormen vergleichbar waren.[409] Diese Rechtsprechung wird von der Gesetzesbegründung ausdrücklich bestätigt. Unter der genannten Voraussetzung ist der betreffende Rechtsbereich mithin als disponibel anzusehen.[410]

(ii) Kein déni de justice

Gemäß Art. 7 S. 1 CDIP kommt eine Aussetzung oder Einstellung des belgischen Verfahrens nicht in Betracht, wenn die belgischen Gerichte auf Grund von Art. 11 CDIP (internationale Notzuständigkeit)[411] zuständig sind. Zulässig ist die Gerichtsstandsvereinbarung also nur, wenn sich das forum prorogatum oder zumindest ein dritter Staat für zuständig hält und zur Justizgewährung bereit und im Stande ist.

(iii) Anerkennbarkeit der ausländischen Entscheidung

Nach Art. 7 S. 1 CDIP hat ein zugunsten eines ausländischen Gerichts derogiertes belgisches Gericht eine Anerkennungsprognose anzustellen. Fällt diese positiv aus, ist das Verfahren auszusetzen. Nach Ergehen der ausländischen Entscheidung hat das belgische Gericht eine Anerkennbarkeitsprüfung vorzunehmen. Fällt auch diese positiv aus, ist das belgische Verfahren endgültig einzustellen.

(iv) Bezug zu einem „Rechtsverhältnis“

Nach dem Gesetzeswortlaut muss die Vereinbarung ein „Rechtsverhältnis“ *(„rapport de droit“)* betreffen. Dieser Passus orientiert sich an Art. 23 EuGVO. Die leicht abweichende Formulierung – Art. 23 EuGVO spricht von einem „bestimmten Rechtsverhältnis“ *(„rapport de droit déterminé“)* – dürfte kaum einen sachlichen Unterschied begründen, da der EuGH diese Voraussetzung weit auslegt.[412]

---

408 Siehe beispielsweise C.T. Liège, 8.11.1996, J.T.T. 1997, S. 150 (151).

409 Cass.belg. 2.2.1979 „Bibby Line“, *Pas.* 1979, I, S. 634. Ferner Cass.belg. 28.6.1979 „Audi-N.S.U.“, *Pas.* 1979, I, S. 1260 (zur Exequaturfähigkeit eines Schiedsspruches).

410 Siehe *Proposition de loi, Commentaire* – Art. 6 CDIP.

411 Dazu unten I B 7 b.

412 Siehe EuGH 10.3.1992 „Powell Duffryn plc./Petereit“, Rs. C-214/89, Slg. 1992, S. I-1745 (Hinreichende Bestimmheit einer Vereinbarung, die sich auf „die Rechtsstreitigkeiten zwischen der Gesellschaft und ihren Aktionären als solchen“ bezieht).

(v) Internationaler Sachverhalt?

Weder das alte belgische IZVR[413] noch der Wortlaut der Art. 6, 7 CDIP oder die Gesetzesmaterialien weisen ausdrücklich darauf hin, dass ein internationaler Sachverhalt vorauszusetzen ist. Dennoch ist die Zulässigkeit einer internationalen Gerichtsstandswahl stark begrenzt, wenn der Sachverhalt ausschließlich Beziehungen zu einem Staat aufweist. Denn hat der Sachverhalt ausschließlich Verbindungen zu Belgien, impliziert dies, dass der Beklagte in Belgien domiziliert ist und sich dort auch gewöhnlich aufhält. Dann wird Art. 6 CDIP aber im sachlichen Anwendungsbereich des europäischen Zuständigkeitsrechts vollständig verdrängt. Und ist der Sachverhalt ausschließlich mit einem ausländischen Staat verbunden, kann ein prorogiertes belgisches Gericht die Ausübung seiner Zuständigkeit gemäß Art. 6 § 2 CDIP mangels ausreichenden Inlandsbezugs ablehnen.[414]

bb) Wirksamkeitsvoraussetzungen

Nach den Gesetzesmaterialien bemisst sich die formelle wie die materielle Wirksamkeit von Gerichtsstandsvereinbarungen nach der lex contractus.[415] Diese richtet sich nach Art. 98 CDIP, welcher wiederum auf das EVÜ verweist. Art. 98 § 1 al. 2 CDIP erklärt Artt. 3 bis 14 EVÜ auch für den von Art. 1 II EVÜ ausgeschlossenen Bereich der Gerichtsstandsvereinbarungen für anwendbar. Anders als das europäische Zuständigkeitsrecht stellt das belgische IZVR keine besonderen Formerfordernisse auf, sondern überlässt auch die Formvoraussetzungen dem – manchmal recht permissiven – Vertragsformstatut des Art. 9 EVÜ.

(4) Québec

aa) Zulässigkeitsvoraussetzungen

Der Quebecer Gesetzgeber hat die vorkodifikatorische Rechtsprechung, die eine Prorogation im Ergebnis zuließ[416] (dies rechtstechnisch allerdings auf eine *„élection de domicile"* stützte[417]), bestätigt und ergänzt: Art. 3148 C.C.Q. sieht nunmehr die Möglichkeit von Pro- und Derogation vor. Ausdrücklich enthält die Vorschrift nur eine Zulässigkeitsvoraussetzung, nämlich die Bezeichnung einer „bestimmten

---

413 Siehe dazu *Rigaux/Fallon*, D.i.p. II, no. 821.

414 Eingehender dazu unten I B 3 c (4).

415 *Proposition de loi, Commentaire* – Art. 6 CDIP.

416 Cour suprême du Canada 5.5.1976 „Alimport c. Victoria Transport Ltd.", [1977] 2 R.C.S. 858.

417 Siehe dazu oben I B 2 a (3) aa.

Rechtsbeziehung". Aus der Stellung des Art. 3148 C.C.Q. und den anschließenden Normen ergeben sich aber weitere Voraussetzungen.

(i) Persönliche, vermögensrechtliche Streitigkeit

Prorogation und Derogation sind nicht im allgemeinen Teil der Vorschriften über die internationale Zuständigkeit, sondern in Art. 3148 C.C.Q., der Eingangsnorm des Abschnitts über die „Zuständigkeit der Quebecer Behörden in persönlichen, vermögensrechtlichen Streitigkeiten" geregelt. In nichtvermögensrechtlichen, dinglichen und gemischten Streitigkeiten sind Gerichtsstandsvereinbarungen somit unzulässig.

Aber auch innerhalb des Bereichs persönlicher, vermögensrechtlicher Streitigkeiten gelten Einschränkungen. Der zweite Halbsatz des Art. 3149 C.C.Q. bestimmt, dass die Quebecer Zuständigkeit zum Schutz eines in Québec domizilierten oder residierenden Arbeitnehmers oder Verbrauchers von diesem nicht zu seinem Nachteil derogiert werden kann.[418] Der ganz ähnlich ausgestaltete Versicherungsgerichtsstand des 3150 C.C.Q. enthält hingegen keinen entsprechenden Passus. In Versicherungssachen muss eine Derogation daher wohl als zulässig angesehen werden.[419] Gerichtlich bestätigt wurde diese Auslegung bislang allerdings nicht. Im Schrifttum wird teilweise eine Derogationsfeindlichkeit der versicherungsvertraglichen Zuständigkeit vertreten.[420] Aus der Ausschließlichkeit der Zuständigkeit nach Art. 3151 C.C.Q. für Streitigkeiten über die Haftung für Schäden, die durch einen aus Québec stammenden Rohstoff hervorgerufen worden sind, ist ebenfalls ein Derogationsverbot zu folgern.

(ii) Bezug zu einem bestimmten Rechtsverhältnis

Nach Art. 3148 al. 1 no. 4 C.C.Q. sind auch die Quebecer Gerichte nur zuständig, wenn die Parteien ihnen durch Vertrag eine „bestimmte Rechtsbeziehung" unterstellt haben. Nach Art. 3148 al. 2 C.C.Q. gilt Entsprechendes für die Derogation der Quebecer Gerichte.

(iii) Unerhebliche Faktoren

Ob das forum prorogatum die Prorogation annimmt, ist nicht zu prüfen. Einer Rechtsschutzverweigerung muss wohl wie in Frankreich durch Eröffnung der internationalen Notzuständigkeit abgeholfen werden. Des Weiteren ist keine

418 Siehe etwa Cour supérieure 14.6.2004 „Yunes c. Garland Canada inc.", www.jugements.qc.ca, no. 505-17-001484-031, Punkt 9.
419 So auch *Talpis/Castel*, Le Code civil du Québec, no. 454.
420 *Goldstein/Groffier*, D.i.p. II, no. 418 S. 667 f.

Anerkennungsprognose vorzunehmen. Unerheblich ist es überdies, ob die Vereinbarung vor oder nach Entstehen der Streitigkeit getroffen wurde. Schließlich setzt Art. 3148 C.C.Q. auch keinen internationalen Sachverhalt voraus. Auch aus Art. 3111 C.C.Q. ergibt sich nichts anderes.[421]

bb) Wirksamkeitsvoraussetzungen

Art. 3148 C.C.Q. gibt kaum Hinweise auf die formellen oder materiellen Voraussetzungen für die Wirksamkeit einer Gerichtsstandsvereinbarung. Die Rechtsprechung entnimmt Art. 3148 al. 2 C.C.Q., dass eine Zuständigkeitsvereinbarung „imperativ" gefasst sein muss, d.h. stets Anwendung finden soll.[422] Klauseln, die nur dann anwendbar sein sollen, wenn eine Partei sich auf ihre Anwendung beruft, sind unwirksam. Zudem muss eine Gerichtsstandsvereinbarung zugunsten ausländischer Gerichte die ausländische Zuständigkeit in klarer und präziser Form bestimmen.[423] So wurde etwa entschieden, dass eine Gerichtsstandsklausel, die nur die Rechtsverfolgung *„in equity"* betrifft, nicht als klarer Wille dahingehend aufgefasst werden kann, auch die Rechtsverfolgung *„in law"* ausländischen Gerichten zu überantworten.[424]

Ob die Wirksamkeit der Gerichtsstandsvereinbarung im Übrigen nach den allgemeinen Kollisionsregeln – d.h. formell nach Art. 3109 al. 1 C.C.Q. und materiell nach Artt. 3111–3113 C.C.Q. – oder nach der lex fori zu beurteilen ist, hatte die Rechtsprechung lange Zeit nicht ausdrücklich geklärt. In zwei Entscheidungen der Cour supérieure, „HSBC Bank Canada c. Nytschyk" aus dem Jahr 2002[425] und „Duchesneau c. Duplessis" aus dem Jahr 2005[426] wurde allerdings eine Schutzvorschrift des materiellen Quebecer Rechts angewendet, obgleich das Quebecer Recht nicht Wirksamkeitsstatut war. In beiden Fällen wurde die Gerichtsstands-

---

421 Die Vorschrift erklärt eine Rechtswahl ausdrücklich auch dann für zulässig, wenn der Sachverhalt keinen Auslandsbezug aufweist. Ein Rückschluss der Gestalt, mangels entsprechender Präzisierung in Art. 3148 C.C.Q. sei Gerichtsstandsvereinbarungen nur in internationalen Streitigkeiten zulässig, wird aber abgelehnt, siehe *Guillemard*, Liberté contractuelle et rattachement juridictionnel, EJCL Vol. 8.2 (online: www.ejcl.org/82), Art. 82-1, S. 13 ff.

422 Cour supérieure 6.5.1999 „Eagle River International Ltd. (Syndic de)", [1999] R.J.Q. 1497 (C.S.), S. 1501-1502.

423 Cour suprême du Canada 22.7.2005 „GreCon Dimter inc. c. J.R. Normand inc.", a.a.O.: *„La clause doit avoir un caractère impératif et conférer une compétence exclusive de manière claire et précise à l'autorité étrangère."*

424 Cour supérieure 14.11.1997 „Intergaz inc. c. Atlas Copco Canada inc.", J.E. 98-52.

425 Cour supérieure 14.1.2002 „HSBC Bank Canada c. Nytschyk", www.jugements.qc.ca, no. 500-17-011554-014.

426 Cour supérieure 26.1.2005 „Duchesneau c. Duplessis", www.jugements.qc.ca, no. 500-17-014699-030.

vereinbarung unter Berufung auf Art. 1437 C.C.Q.[427] für missbräuchlich *(abusive)* und damit für ungültig erklärt, weil sie sich in einem Formvertrag *(contrat d'adhesion)* befand und dem Verfasser die Wahl des Forum freistellte, während sie den anderen Vertragspartner *(adhérant)* auf die Inanspruchnahme eines bestimmten Forums verwies. Begründet wurde die Anwendung dieser sachrechtlichen Schutzvorschrift nicht. Naheliegend erschien es, dass die Gerichte davon ausgingen, die Wirksamkeit einer Gerichtsstandsvereinbarung sei als Voraussetzung einer dem Prozessrecht entstammenden Zuständigkeitsvorschrift nach der lex fori zu beurteilen. In Betracht kam aber auch eine Auslegung der Entscheidungen, der zu Folge die Gerichte zwar grundsätzlich von der Maßgeblichkeit des Wirksamkeitsstatuts ausgingen, die Regelung zum Schutz desjenigen, der einen Formvertrag unterzeichnet, aber als Ausprägung des zum internationalen Ordre public Québecs zählenden Rechtsmissbrauchsverbotes (Art. 7 C.C.Q.), mithin als Eingriffsnorm i.S.d. Art. 3076 C.C.Q., auffassten. In der 2006 ergangenen Entscheidung über die Berufung in der Sache „Duchesneau c. Duplessis"[428] hat die Cour d'appel die Rechtslage schließlich geklärt. Das Gericht stellte zum einen fest, dass sich die Wirksamkeit einer Gerichtsstandsvereinbarung grundsätzlich nach dem kollisionsrechtlich zu bestimmenden Wirkungsstatut richtet. Zum anderen hielt es fest, dass die sachrechtlichen Regelungen über den *contrat d'adhésion* nicht über Art. 3076 C.C.Q. durchgesetzt werden können. Begründet wurde dies damit, dass Art. 1437 C.C.Q. gleichermaßen für Verbraucherverträge wie für Formverträge gelte, Art. 3149 C.C.Q. hingegen allein in verbrauchervertraglichen Streitigkeiten ein Derogationsverbot anordne. Diese bewusste gesetzgeberische Unterscheidung würde durch eine Qualifikation des Art. 1437 C.C.Q. als Eingriffsrecht unterlaufen.

---

427 ***Art. 1437 C.C.Q.*** *La clause abusive d'un contrat de consommation ou d'adhésion est nulle ou l'obligation qui en découle, réductible.*
Est abusive toute clause qui désavantage le consommateur ou l'adhérent d'une manière excessive et déraisonnable, allant ainsi à l'encontre de ce qu'exige la bonne foi; est abusive, notamment, la clause si éloignée des obligations essentielles qui découlent des règles gouvernant habituellement le contrat qu'elle dénature celui-ci.

428 Cour d'appel 8.5.2006 „United European Bank and Trust Nassau Ltd. c. Duchesneau", www.jugements.qc.ca, no. 500-09-015385-057.

c) Vergleich

(1) Zulässigkeitsschranken

aa) Allgemein

In Québec sowie nach h.M. auch in Deutschland sind Gerichtsstandsvereinbarungen zunächst auf den vermögensrechtlichen Bereich beschränkt. Innerhalb desselben ist dann zu differenzieren:

In Québec resultieren weitere Zulässigkeitsschranken aus der Herausnahme der dinglichen und gemischten Streitigkeiten, aus der Derogationsfestigkeit der zum Schutz strukturell „schwacher" Parteien geschaffenen Zuständigkeiten des Art. 3149 C.C.Q. sowie aus der ausschließlichen Zuständigkeit des Art. 3151 C.C.Q. Versicherungsnehmer werden als solche wohl nicht gesondert geschützt.

In Deutschland folgen weitere Einschränkungen aus spezialgesetzlichen Bestimmungen und aus der Annahme ausschließlicher Zuständigkeiten, insbesondere in dinglichen Streitigkeiten sowie in Streitigkeiten über Wohnraummietverträge. In Streitigkeiten, die einen Verbraucher oder Versicherungsnehmer involvieren, sind Gerichtsstandsvereinbarungen nicht vollständig ausgeschlossen, diese Personengruppen werden vielmehr nur in ihrer Eigenschaft als Nicht-Kaufleute und nur vor im Vorhinein getroffenen Gerichtsstandsvereinbarungen geschützt. Dies gilt auch für Arbeitnehmer. Nach der Rechtsprechung der Arbeitsgerichte kann dessen Schutzbedürftigkeit allerdings weitergehende Einschränkungen bedingen.

Das französische Recht richtet sich zwar terminologisch nicht an der Unterscheidung zwischen vermögens- und nichtvermögensrechtlichen Streitigkeiten aus. Vielmehr wird die Grenze entlang des Begriffs der imperativen Zuständigkeit gezogen. Allerdings werden etliche nichtvermögensrechtliche Zuständigkeiten, insbesondere die Zuständigkeiten im Bereich des Familienrechts und des Personenstands von der überwiegenden Ansicht als imperativ angesehen, während im vermögensrechtlichen Bereich deutlich weniger imperative Zuständigkeiten angenommen werden. Wie weit der Schutz von Arbeitnehmern, Verbrauchern und Versicherten im Einzelnen geht, ist nicht abschließend geklärt. Eine generelles Derogationsverbot scheint insoweit nicht zu bestehen.

Auch in Belgien ist nicht entscheidend, ob die Streitigkeit dem vermögens- oder nichtvermögensrechtlichen Bereich entstammt, sondern, ob die im Streit stehenden Rechte disponibel sind. Anders als im französischen Recht wurde der Schutz strukturell „schwacher" Parteien gegen eine (im Vorhinein vereinbarte) Derogation gesetzlich verankert. Im Gegensatz zu Québec gilt dieser Schutz auch für Versicherungsnehmer. Ergänzend besteht auch sondergesetzlicher Schutz, etwa zugunsten bestimmter Exklusivvertriebskonzessionäre. Diese gesetzliche Fixierung verhindert, dass wie in Frankreich eine ausufernde Kontroverse in Rechtsprechung und Doktrin entsteht.

Im Übrigen bleibt die Konkretisierung der indisponiblen Rechtsbereiche der kommenden Rechtsprechung überlassen. Das betrifft auch die Frage, inwieweit dingliche Rechte als disponibel angesehen werden; da Art. 85 CDIP kein ausdrückliches Rogationsverbot enthält, scheint eine Derogation in dinglichen Streitigkeiten nicht von vornherein ausgeschlossen.

Einzigartig ist die vom Gesetzgeber bestätigte Rechtsprechung, wonach an sich indisponible Rechtsbereiche als disponibel anzusehen sind, wenn das ausländische forum prorogatum Schutznormen anwendet, die den belgischen entsprechen. Dadurch wird dem Parteiwillen Respekt gezollt, ohne dass die Durchsetzung zwingender inländischer Vorstellungen im Ergebnis auf der Strecke bleibt.

bb) Verbraucherschutz

Was den persönlichen Schutzbereich in Verbrauchersachen angeht, weist das deutsche Recht die Besonderheit auf, als einziges den Nichtkaufmann vor den Wirkungen einer (vorzeitigen) Gerichtsstandsvereinbarung zu schützen. Das IZVR des französischen Rechtskreises stellt dagegen in Art. 3149 C.C.Q., Art. 97 CDIP, Artt. L.121-24 al. 2, L.121-73 C.cons. und Artt. L.132-1 ff. C.cons.[429] auf das Verbraucherkriterium ab und stimmt insoweit mit Artt. 15-17 EuGVO überein. Letzterer Weg ist vorzugswürdig, denn die Einteilung in Kaufleute und Nichtkaufleute korrespondiert nicht unbedingt mit Erfahrenheit oder Unerfahrenheit in dem in Rede stehenden Geschäftsbereich. Auch Kaufleute können in einem ihnen fremden Betätigungsfeld unerfahren sein. Diese Erwägung steht hinter dem Anwendungsbereich des französischen Rechts der missbräuchlichen Klauseln, das den Begriff der „Person, die nicht in beruflicher Eigenschaft handelt" verwendet. Ähnlich ist der Schutz des Verbrauchers im belgischen[430] und deutschen Sachrecht[431] ausgestaltet. Für den deutschen Sonderweg auf internationalverfahrensrechtlicher Ebene ist kein sachlicher Grund ersichtlich.

---

429 Der auf der Kaufmannseigenschaft aufbauende Art. 48 NCPC wird nicht auf internationale Gerichtsstandsvereinbarungen angewendet, siehe oben Einleitung zu I B 3 b (2) aa.

430 Vgl. die Definition in Art. 1 no. 7 des belgischen Gesetzes vom 14.7.1991 über Handelspraktiken und die Information und den Schutz des Verbrauchers: *„Pour l'application de la présente loi, il faut entendre par consommateur: toute personne physique ou morale qui acquiert ou utilise à des fins excluant tout caractère professionnel des produits ou des services mis sur le marché"*.

431 Vgl. § 13 BGB.

Das französische IZVR hebt sich in anderer Hinsicht ab. Geht man vom derzeitigen Stand der Rechtsprechung aus, sind Gerichtsstandsvereinbarungen mit Verbrauchern nur in den Bereichen des Haustürgeschäfts und des Teilzeitwohnrechtevertrags unzulässig. Nach deutschem, belgischem und Quebecer Recht ist die Zulässigkeitsschranke in sachlicher Hinsicht ausdrücklich generalisiert, sie gilt also bei allen Arten von Rechtsgeschäften. Dennoch gelangt auch das französische Recht zu einem umfangreichen Schutz des Verbrauchers, allerdings erst auf Ebene der materiellen Wirksamkeit der Gerichtsstandsvereinbarung. Fälle, in denen eine Gerichtsstandsklausel in einem Vertrag zwischen einer in beruflicher und einer in nicht beruflicher Eigenschaft handelnden Partei zulässig und gültig ist, sind nach französischem Recht zwar denkbar, dürften aber im Ergebnis sehr selten vorkommen.[432]

Ein letzter Unterschied zeigt sich im Umfang der Rogationsverbote: Während § 38 ZPO und Art. 121-24 al. 2 C.cons. auch eine (i.d.R. zugunsten der „schwachen" Partei wirkende) Prorogation der inländischen Gerichte verbieten, ist nach belgischem und Quebecer IZVR wie auch nach europäischem Zivilverfahrensrecht[433] nur eine (i.d.R. zu Lasten der „schwachen" Partei wirkende) Derogation des Inlands unzulässig.

(3) Rücksichtnahme auf ausländische Derogationsverbote?

Nach der Formulierung der Cour de cassation in der „Sorelec"-Entscheidung sind nur solche Gerichtsstandsvereinbarungen unzulässig, die einer imperativen französischen Zuständigkeit zuwiderlaufen. Dennoch meint ein Großteil der Lehre, dass der Parteiwille auch keine imperative Zuständigkeit fremder Staaten vereiteln dürfe, sofern diese einen Sachbereich betreffe, in dem auch Frankreich eine imperative Zuständigkeit für sich in Anspruch nehme.[434] Denn hinter imperativen französischen Zuständigkeiten ständen materielle Schutzerwägungen, die auch in

---

432 *Pataut*, Clauses attributives de juridiction et clauses abusives, S. 816.

433 Siehe Artt. 13 Nr. 2, 17 Nr. 2, 21 Nr. 2 EuGVO.

434 Allgemein *Audit*, D.i.p., no. 390: Ein prorogiertes französisches Gericht solle „*...ne pas se saisir au détriment d'une compétence étrangère qui se voulait également impérative.*"; *derselbe*, Anmerkung zu C.A. Paris 14.6.1995, D.1996.Somm.170; *Mayer/Heuzé*, D.i.p., no. 304; wohl auch *Holleaux/Foyer/De Geouffre de La Pradelle*, D.i.p., no. 800; zumindest für personenstandsrechtliche und Immobiliarstreitigkeiten sowie Streitigkeiten über die Tätigkeit der öffentlichen Hand *Huet*, Jurisclasseur droit international, Fasc. 581-41, no. 35: Eine Gerichtsstandsklausel könne insoweit nicht zulässig sein, „*...si cette clause méconnaît la compétence impérative que possède un tribunal étranger (...).*".
Anders offenbar *Lagarde*, Anmerkung zu Cass.soc. 8.11.1973, RCDIP 1974.360 und 361.

diesem Fall zu beachten seien. Die Cour de cassation hat die Frage bislang nicht entschieden. In einer Entscheidung von 1975[435] umging sie die Problematik, indem sie auf eine Interpretation des Parteiwillens zurückgriff: Ein französischer Arbeitnehmer hatte mit seinem französischen Arbeitgeber die Zuständigkeit französischer Gerichte für Streitigkeiten über den im Senegal zu erfüllenden Arbeitsvertrag vereinbart, obwohl das senegalesische Recht die ausschließliche Zuständigkeit der senegalesischen Gerichte vorsah. Nach mehreren Jahren klagte der Arbeitnehmer wegen nicht gezahlter Zulagen erfolgreich in Dakar und beantragte anschließend die Erteilung des Exequaturs in Frankreich. Der Erfolg des Antrags setzte die Unbeachtlichkeit der Gerichtsstandsvereinbarung voraus. Die Cour de cassation folgerte aus der Tatsache, dass der Arbeitnehmer den Arbeitgeber über die Rechtslage im Senegal informiert hatte und der Vertrag anschließend über Jahre hinweg durchgeführt worden war, dass die Zuweisung des Streits an die französischen Gerichte konkludent aufgehoben worden sei. Dadurch wurde eine Stellungnahme zur Frage der möglichen Unzulässigkeit der Gerichtsstandsvereinbarung wegen Unvereinbarkeit mit dem senegalesischen Recht entbehrlich.

Die heute in Deutschland h.L. ist der Meinung, nur solche ausschließlichen ausländischen Zuständigkeiten, die sich durch die Spiegelung der deutschen Zuständigkeitsvorschriften ergäben, könnten zur Unzulässigkeit einer ausschließlichen Prorogation deutscher Gerichte führen.[436] Das entspricht im Ergebnis der Position der überwiegenden französischen Doktrin. Auch der BGH, der ausländische Ausschließlichkeitsvorstellungen zunächst für völlig irrelevant hielt,[437] scheint diese mittlerweile für beachtlich zu halten.[438]

Art. 6 § 1 al. 1 CDIP zu Folge ist eine Prorogation der belgischen Gerichte nur zulässig, soweit um Rechte gestritten wird, die nach belgischer Vorstellung disponibel sind. Darauf, ob das Ausland in diesem Bereich eine derogationsfeindliche Zuständigkeit annimmt, kommt es mithin nicht an.

Nach der Quebecer Regelung sind Gerichtsstandsvereinbarungen nur dann unzulässig, wenn sie die Zuständigkeiten der Artt. 3149, 3151 C.C.Q. vereiteln würden. Wie es sich auswirkt, wenn eine Zuständigkeitsvereinbarung eine ausschließliche ausländische Zuständigkeit missachtet, ist gesetzlich nicht geregelt. Auch

---

435 Cass.civ.[1] 29.1.1975, RCDIP 1976.338 mit Anmerkung Batiffol, JDI 1976.144 mit Anmerkung Tillhet-Pretnar.

436 *Kropholler* in: Hb. IZVR I, Kap. III, Rn. 533 ff.; Stein/Jonas-*Bork*, ZPO, § 40 Rn. 11; *Schack*, IZVR, Rn. 441; *Kim*, Internationale Gerichtsstandsvereinbarungen, S. 114 m.w.N.

437 BGH 30.1.1969, IPRspr. 1968/69, Nr. 202.

438 BGH 1.4.1974, IPRspr. 1974, Nr. 150 (bezüglich der Begründung der Zuständigkeit der deutschen Gerichte kraft rügeloser Einlassung des Beklagten). Siehe auch OLG München 4.4.1974, IPRspr. 1974, Nr. 151 (Überprüfung der Prorogation deutscher Gerichte auf einen Verstoß gegen ein italienisches Derogationsverbot).

Rechtsprechung und Doktrin haben sich mit der Frage noch nicht beschäftigt. Sofern die Derogationsfestigkeit einer ausländischen Zuständigkeitsregelung der Wahrung der Interessen einer Partei dient, kann die zu Grunde liegende Schutzerwägung zumindest die Annahme von „forum non conveniens“ begünstigen, da die Interessen der Parteien ein dabei zu berücksichtigendes Abwägungselement darstellen.[439]

Soweit ausländische Derogationsverbote gar nicht oder nur dann berücksichtigt werden, wenn sie mit inländischen Derogationsverboten übereinstimmen, kann dies bei unterschiedlichen Derogierbarkeitsvorstellungen folgende Konsequenz haben: Ist die im (prorogierten) Inland ergehende Entscheidung sinnvollerweise nur in einem bestimmten anderen Staat vollstreckbar, hält (nur) dieser ausländische Staat die zu beurteilende Materie für derogationsfeindlich und würde er deshalb der inländischen Entscheidung die Anerkennung versagen, so erhält der Kläger vom inländischen Gericht eine im Ergebnis nicht vollstreckbare Entscheidung. Er muss dann im betreffenden Vollstreckungsstaat erneut ein Verfahren anstrengen. Diese Doppelbelastung von Justiz und Parteien ließe sich durch die konsequente Berücksichtigung der Derogationsverbote des in Frage stehenden ausländischen Vollstreckungsstaates vermeiden. Daher scheint ein solches Vorgehen zumindest dann sinnvoll, wenn die Beurteilung der Vollstreckungsmöglichkeiten im Ausland keine größeren Schwierigkeiten bereitet. Der BGH argumentiert zwar (im Bezug auf den umgekehrten Fall einer ausschließlichen Prorogation des Auslands), dass derjenige, welcher aus freien Stücken die Zuständigkeit der Gerichte eines Staates abbedinge, auf die Vorteile der Entscheidung dieser Gerichte verzichte.[440] Dies kann jedoch jedenfalls dann nicht überzeugen, wenn die Gerichtsstandsvereinbarung gerade getroffen wurde, um eine Entscheidung im Vollstreckungsstaat zu ermöglichen und sich das vollstreckungsfähige Vermögen anschließend vom prorogierten in den derogierten Staat verlagert hat.

---

439 Siehe unten I C 4 b (2).
440 BGH 13.12.1967, BGHZ 49, 124, 128.

(4) Wahl eines „neutralen" Forums?

Die Vereinbarung eines neutralen Forums, mit dem der Sachverhalt keine Berührungspunkte hat, ist nach in Deutschland,[441] Frankreich,[442] und Québec[443] h.M. grundsätzlich zulässig.

Um exzessives *forum shopping* zu vermeiden, befürworten Teile des deutschen und französischen Schrifttums allerdings, die Wahl eines neutralen Forums ausnahmsweise für unzulässig zu erklären, wenn sie missbräuchlich erscheint.[444]

Die Quebecer Gerichte können ihre Berufung als neutrale Instanz u.U. durch die Annahme von „forum non conveniens"[445] abwenden und dies selbst, wenn die Gerichtsstandsvereinbarung nicht rechtsmissbräuchlich erscheint. Dem stehen jedoch zwei Überlegungen entgegen. Zum einen dürften sich die Parteien bei einer entsprechenden gerichtlichen Praxis gründlich überlegen, ob sie im Rahmen ihres vom Quebecer Gesetzgeber grundsätzlich geförderten *forum planning* auf ein Forum rekurrieren möchten, das nicht die sichere Gewähr bietet, ihre Wahl im Streitfall zu akzeptieren. Zum anderen setzt die Feststellung von „forum non conveniens" in Québec die Geltendmachung durch eine Partei voraus.[446] Gerade dies erschiene aber angesichts der zuvor getroffenen Zuständigkeitsvereinbarung als „venire contra factum proprium". Konsequenterweise wenden die Quebecer Gerichte die Forum-non-conveniens-Doktrin bei wirksamer Prorogation des Inlands nur sehr zurückhaltend an.[447]

---

441 Nachweise bei *Sandrock*, Die Vereinbarung eines „neutralen" internationalen Gerichtsstandes, S. 89 ff.

442 Cass.com. 19.12.1979, D.1979.Inf.rap.341 mit Anmerkung Audit, RCDIP 1979.617 mit Anmerkung Huet; C.A. Paris 10.10.1990, RCDIP 1991.605 mit Anmerkung Gaudemet-Tallon. Zur früheren, teilweise entgegengesetzten Rechtsprechung siehe *Sandrock*, Die Vereinbarung eines „neutralen" internationalen Gerichtsstandes, S. 141-146.
Erforderlich ist aber stets, dass der Sachverhalt mit mindestens zwei weiteren Staaten Berührungspunkte aufweist, da es anderenfalls an der erforderlichen Internationalität des Sachverhalts fehlt, siehe oben I B 3 b (2) aa (iii).

443 Art. 3148 no. 4 C.C.Q. setzt keinen Mindestbezug zu Québec voraus. Für die Möglichkeit der Vereinbarung eines neutralen Quebecer Gerichtsstandes auch *Goldstein/ Groffier*, D.i.p. I, no. 147.

444 Für Deutschland: *Kropholler* in: Hb. IZVR I, Kap. III, Rn. 545 („selten"); *Roth*, ZZP 93 (1980) 156 (174) („in Extremfällen"); Ohne explizit den Fall der neutralen Forumwahl anzusprechen, bejaht auch Stein/Jonas-*Bork*, ZPO, § 38 Rn. 59, Gerichtsstandsvereinbarungen eine Rechtsmissbrauchsgrenze zu setzen.
Für Frankreich: *Gaudemet-Tallon*, Anmerkung zu C.A. Paris 10.10.1990, RCDIP 1991, 608 (609).

445 Dazu unten I C 4 b.

446 Siehe unten I C 4 b (2).

447 *Goldstein/Groffier*, D.i.p. I, no. 147; Cour d'appel 4.12.1996 „Lamborghini (Canada) inc. c. Automobili Lamborghini S.P.A.", J.E. 97-156, [1997] R.J.Q. 58.; Cour supérieure

Das belgische Schrifttum stand der Berufung der inländischen Gerichte zum neutralen Forum bereits vor Inkrafttreten des CDIP skeptisch gegenüber.[448] Das neue Recht enthält mit Art. 6 § 2 CDIP sogar eine explizite Abwehrregelung, der zu Folge ein prorogiertes belgisches Gericht die Beurteilung des Falles verweigern kann, wenn „der Sachverhalt keinerlei signifikante Verbindung zu Belgien aufweist". Der Anwendungsbereich dieser Vorschrift ist demnach nicht auf Fälle einer rechtsmissbräuchlichen Gerichtsstandswahl beschränkt. In welchem Umfang die belgischen Gerichte von der Klageabweisungsmöglichkeit nach Art. 6 § 2 CDIP Gebrauch machen werden, wird sich in den nächsten Jahren noch erweisen müssen. Aus der Gesetzesbegründung ergibt sich zumindest, dass die Anwendung des Art. 6 § 2 CDIP auf Ausnahmefälle beschränkt bleiben soll sowie, dass schon die belgische Residenz einer Partei oder die Anwendbarkeit des belgischen Rechts[449] eine „signifikante Verbindung" mit Belgien begründet.[450]

Beschränkungen der Bestimmung des Inlands zum neutralen Forum werden in Deutschland und Frankreich nur von Teilen des Schrifttums und nur bei Verdacht eines Rechtsmissbrauchs erwogen. In der Rechtsprechung hat sich diese Ansicht bislang nicht niedergeschlagen. In Belgien und Québec räumt das Gesetz dagegen eine Klageabweisungsmöglichkeit ein. Diese erscheint insofern problematisch, als sowohl das belgische als auch das Quebecer Recht unbestimmte Rechtsbegriffe – „signifikante Verbindung" zum einen, „besser geeignetes ausländisches Gericht" zum anderen – verwenden und die Rechtsfolge in das Ermessen des Gerichts stellen. Dadurch verringert sich die Vorhersehbarkeit der Zuständigkeitsentscheidung beträchtlich. Ist diese den Parteien wichtig, werden sie faktisch dazu gedrängt, die Zuständigkeit eines neutralen Schiedsgerichts zu vereinbaren. Berechtigte Interessen an der Inanspruchnahme der staatlichen Gerichtsbarkeit (besondere Sachkunde eines bestimmten Gerichts, kürzere Verfahrensdauer, geringere Kosten) müssen dann zurücktreten. Die Entscheidung des belgischen Reformgesetzgebers, den in Europa beargwöhnten Forum-non-conveniens-Gedanken gerade im Bereich der Gerichtsstandswahl einzuführen, ist angesichts dessen nicht zu begrüßen. Soll die Rechtssicherheit nicht übermäßig beeinträchtigt werden, ist zumindest eine äußerst behutsame Handhabung dieser Klageabweisungsmöglichkeit, wie sie auch in Québec praktiziert wird, geboten.

15.9.2004 „Arontec inc. c. Société commerciale anonyme de construction technique et touristique ‚Poseidon'", J.E. 2004-1947, www.jugements.qc.ca, no. 700-05-009589-007.

448 Siehe auch *Rigaux/Fallon*, D.i.p. II, no. 821, welche die Prorogation belgischer Gerichte als neutrales Forum schon unter altem Recht nur „mangels eines geeigneteren ausländischen Forums" zulassen wollten.

449 Ähnlich Art. 5 III CH-IPRG, allerdings im Bezug auf die Unbeachtlichkeit der missbräuchlichen Abbedingung eines inländischen Gerichtsstands.

450 *Proposition de loi, Commentaire* – Art. 6 CDIP.

(5) Rechtsfolgen einer Derogation der inländischen Gerichte

Haben die Parteien wirksam die ausschließliche Zuständigkeit ausländischer Gerichte vereinbart, hat das angerufene belgische Gericht das Verfahren gemäß Art. 7 CDIP grundsätzlich auszusetzen. Anders liegt es nur in zwei Fällen: Ist vorhersehbar, dass die Entscheidung des prorogierten Gerichts in Belgien nicht anerkannt oder für vollstreckbar erklärt werden würde, haben belgische Gerichte die Vereinbarung nicht zu beachten und unverzüglich zur Sache zu entscheiden. Es ist also eine Anerkennungsprognose zu treffen. Problematisch ist in dieser Hinsicht Art. 25 § 1 no. 6 CDIP, dem zu Folge die Anerkennung bei vorheriger inländischer Rechtshängigkeit zu versagen ist. Da diese stets gegeben ist, wenn ein belgisches Gericht sich bereits mit der Frage der Wirksamkeit der Derogation beschäftigt, fiele die Anerkennungsprognose immer negativ aus. Art. 25 § 1 no. 6 CDIP muss daher wohl im Wege teleologischer Reduktion ungeprüft bleiben.[451] Unbeachtlich ist die Derogation des Inlands nach dem Wortlaut des Art. 7 CDIP auch dann, wenn das belgische Gericht die belgische internationale Notzuständigkeit[452] für gegeben hält. Dies betrifft wohl die Fälle, in denen das ausländische forum prorogatum keinen effektiven Rechtsschutz bietet.

Erst wenn sich das ausländische Gericht für zuständig erklärt und eine (anerkennbare) Entscheidung gefällt hat, ist das belgische Verfahren einzustellen. Erklärt sich das prorogierte ausländische Gericht für unzuständig, hat das belgische Gericht das Verfahren hingegen wieder aufzunehmen. Das Gesetz selbst sieht die Wiederaufnahme zwar nicht ausdrücklich vor. Die Gesetzesbegründung zu Art. 7 CDIP zieht jedoch eine deutliche Parallele zur Litispendenzregelung (Art. 14 CDIP),[453] die eine Wiederaufnahme vorsieht sobald die Litispendenzsituation entfällt.

Eine derartige Wiederaufnahmemöglichkeit ist weder im französischen noch im Quebecer IZVR ausdrücklich vorgesehen. Sofern keine Regelung des innerstaatlichen Prozessrechts eine Verfahrensaussetzung ermöglicht, kommt daher nur eine Einstellung des Verfahrens in Betracht, mit der Folge, dass der Kläger erneut im Inland klagen muss.

In Deutschland bietet sich folgende Möglichkeit, zu einem mit der belgischen Rechtslage vergleichbaren Ergebnis zu gelangen: Geht man davon aus, dass die

---

451 Ungenau *Nuyts*, J.T. 2005, S. 178, no. 37, der die Aussetzung des Verfahrens durch den belgischen Richter (die zu diesem Zeitpunkt ja noch gar nicht stattgefunden hat!) als Ende der belgischen Rechtshängigkeit ansehen möchte und diese Ansicht auf einen zweifelhaften Vergleich mit der englischen Rechtsprechung zur Litispendenz im Rahmen des EuGVÜ stützt.

452 Dazu unten I B 7 b.

453 *Proposition de loi, Commentaire* – Art. 7 CDIP.

Vereinbarung der ausschließlichen Zuständigkeit ausländischer Gerichte wegen Ausfalls der stillschweigend vereinbarten Bedingung der Justizgewährung am forum prorogatum unwirksam ist, wenn dieses die Prorogation nicht annimmt oder oder aus anderen Gründen keinen effektiven Rechtsschutz bietet,[454] könnte, bis dies geklärt ist, das inländische Verfahren analog § 148 ZPO ausgesetzt werden, zumindest wenn die Sache im Ausland bereits anhängig ist.

4) Unterwerfung des Beklagten unter die inländische Gerichtsgewalt

In allen verglichenen Rechtsordnungen herrscht der Grundsatz, dass ein Verhalten des Beklagten, welches darauf schließen lässt, er akzeptiere die internationale Zuständigkeit des erkennenden Gerichts, diese Zuständigkeit begründet, selbst wenn sie an sich nicht bestünde. Das ergibt sich im Ergebnis aus einer doppelfunktionalen Anwendung von § 39 ZPO, aus Art. 74 NCPC[455], aus Art. 6 CDIP § 1 al. 2 bzw. aus Art. 3148 al. 1 no. 5 C.C.Q. Unterschiede zeigen sich allerdings in der rechtstechnischen Konstruktion der Zuständigkeitsbegründung (a), ihren Grenzen (b) sowie hinsichtlich der Fragen, ob eine sachliche Einlassung nach Zuständigkeitsrüge als Unterwerfung angesehen werden kann (c), und ob eine Unterwerfung im „neutralen" Inland möglich ist (d).

a) Rechtstechnik

Das deutsche sowie seit ihrer Kodifizierung[456] auch das belgische und das Quebecer IZVR sehen eine positive Zuständigkeitsbegründung kraft Unterwerfung des Beklagten vor. Die Unterwerfung kann expressis verbis erfolgen, aber auch aus dem

---

454 Siehe dazu oben I B 3 b (1) aa (vi).

455 ***Art. 74 NCPC*** *Les exceptions doivent, à peine d'irrecevabilité, être soulevées simultanément et avant toute défense au fond ou fin de non-recevoir. Il en est ainsi alors même que les règles invoquées au soutien de l'exception seraient d'ordre public.*
La demande de communication de pièces ne constitue pas une cause d'irrecevabilité des exceptions.
Les dispositions de l'alinéa premier ne font pas non plus obstacle à l'application des articles 103, 111, 112 et 118.
Für eine Anwendung der Vorschrift auf die internationale Zuständigkeit siehe Cass. civ.[1] 9.7.1991, Bull.civ. I, no.231; C.A. Metz 19.1.1999, JDI 2003.115 mit Anmerkung Bigot.

456 Vor den Kodifikationen war die Situation in Belgien und Québec hingegen mit der in Frankreich vergleichbar. In Belgien ergab sich dies aus Art. 854 C.jud. Zur früheren Rechtslage in Québec siehe Cour suprême du Canada 5.5.1976 „Alimport c. Victoria Transport", [1977] 2 R.C.S. 858 sowie Cour Supérieure du Québec 4.9.1997 „International Image Services Inc. c. Ellipse Fiction/Ellipse Programme", [1997] R.J.Q. 2808 (bestätigt durch Cour d'appel du Québec 15.12.1997 „Ellipse Fiction/Ellipse Pro-

Verhalten des Beklagten abgeleitet werden. Letzteres gilt auch in Québec,[457] obwohl Art. 3148 al. 1 no. 5 C.C.Q. hinsichtlich der Form der Unterwerfung nicht so präzise gefasst ist wie die am Beginn der Kodifikationsüberlegungen stehende Variante[458].

Das französische IZVR kennt hingegen keine derartige positive Zuständigkeitsbegründung. Sofern sich das Erscheinen des Beklagten vor Gericht nicht bereits als Annahme einer durch den Kläger mit Klageeinreichung konkludent angebotenen Prorogation der französischen Gerichte analysieren lässt, greift der Präklusionsmechanismus des Art. 74 NCPC, dem zu Folge vor französischen Gerichten „alle Einwendungen gleichzeitig und vor jeder Verteidigung in der Sache[459] oder Geltendmachung einer *fin de non-recevoir*“[460] erhoben werden müssen. In Folge dessen wird der Beklagte mit der Einwendung der internationalen Unzuständigkeit nicht mehr gehört, sobald er sich zur Sache einlässt, aber auch, wenn er zunächst ein anderes prozessuales Verteidigungsmittel vorbringt, etwa allein die örtliche Zuständigkeit bestreitet.[461] Auch die vorangehende Erhebung einer Garantieklage gegen einen Dritten kann präkludierend wirken.[462] Besonders früh muss die Unzuständigkeit in Scheidungs- oder Trennungsverfahren geltend gemacht werden, nämlich schon zu Beginn der im Vorfeld stattfindenden Güteverhandlung.[463] In der Praxis hat die Rechtsprechung die Rigidität des Art. 74

gramme c. International Image Services Inc.“ J.E. 98-210) (Geltendmachung der internationalen Unzuständigkeit fünf Monate nach erstmaliger sachlicher Einlassung).

457 Siehe Cour supérieure 5.4.2004, „MFI Export Finance Inc. c. Rother International S.A. de C.V. Inc. et autres“, no. 500-17-016993-035, Punkte 68 ff. (74).

458 Nach Art. 48 Nr. 4 des Kodifikationsprojekts war die Quebecer Zuständigkeit begründet, wenn *„le défendeur s'est soumis à [la] compétence, soit expressement, soit en s'expliquant sur le fond sans réserve touchant à la compétence“*, siehe *Office de révision du Code civil*, Rapport sur le Code civil: Projet de codification du droit international privé québecois, Vol. 1, 1978, S. 607.

459 Zur Abgrenzung einer „Verteidigung in der Sache“ von folgenlosen „allgemeinen Äußerungen“ siehe C.A. Paris 3.12.1964, Gaz. Pal. 1965.1.127.

460 Eine *fin de non-recevoir* ist ein von der Einwendung *(exception)* zu unterscheidendes Verteidigungsmittel gegen die Zulässigkeit des Verfahrens, das im Gegensatz zu letzterer jederzeit geltend gemacht werden kann.

461 Cass.civ.[2] 2.4.1979, D.1979.Inf.rap.478 mit Anmerkung Julien.

462 Die Erhebung der Garantieklage stellt zwar als solche keine Verteidigung in der Sache dar, kann aber, wenn sie bestimmte materiellrechtliche Zwecke verfolgt, gleichwohl mit einer solchen gleichgesetzt werden, siehe beispielsweise Cass.civ.[2] 6.5.1999, JCP 2000.II.10291 (die Erhebung der Garantieklage sollte eine doppelte Zahlungspflicht vermeiden). Siehe ferner Cass.civ.[2] 12.6.2003, D.2003.Inf.rap.1806 (Rückverweisung an die Cour d'appel, da das Berufungsgericht die präkludierende Wirkung der Garantieklageerhebung nicht in Betracht gezogen hatte).

463 Cass.civ. 6.5.1929, JDI 1930.368; kürzlich wieder C.A. Metz 19.1.1999, JDI 2003.115 mit Anmerkung Bigot. Das liegt daran, dass das Gericht in solchen Verfahren gemäß

NCPC allerdings erheblich abgemildert. I.d.R. äußert sich der Beklagte erstmalig in einem Schriftsatz. Erhebt er darin neben anderen Einwendungen auch die der internationalen Unzuständigkeit, soll es auf die genaue Reihenfolge nicht ankommen.[464] Auch Art. 92 al. 2 NCPC bewirkt eine Abmilderung. Die Vorschrift erlaubt es dem Gericht nämlich unter bestimmten Umständen, die internationale Unzuständigkeit von Amts wegen festzustellen.[465] Wird von dieser Möglichkeit Gebrauch gemacht, kommt es nicht mehr darauf an, ob die Einwendung der Unzuständigkeit präkludiert war. Unter Berufung auf Art. 92 al. 2 NCPC hält die Cour de cassation teilweise sogar Entscheidungen der Untergerichte aufrecht, in denen diese eine präkludierte Unzuständigkeitseinwendung beachtet hatten; hierzu legt die Cour de Cassation die Beachtung der präkludierten Unzuständigkeitseinwendung als konkludente Unzuständigkeitsfeststellung von Amts wegen aus.[466]

Auch Art. 75 NCPC,[467] dem zu Folge der Beklagte mit der Unzuständigkeitsrüge das seiner Meinung nach zuständige Gericht zu bezeichnen hat, wird in Fällen mit Auslandsbezug modifiziert angewendet. Soweit die internationale Unzuständigkeit gerügt wird, reicht es nach der Rechtsprechung aus, wenn der Beklagte derart klare Ausführungen macht, dass die Bestimmbarkeit des zuständigen Gerichts gesichert ist. Für ausreichend gehalten wurde etwa die Berufung auf eine Gerichtsstandsvereinbarung zugunsten des Domizils des Beklagten in Kombination mit der Angabe des ausländischen Beklagtendomizils[468] sowie der Hinweis auf den „natürlichen Richter, zuständig auf Grund des im Ausland liegenden Domizils des Beklagten“.[469]

Art. 1110 NCPC bereits zu Beginn der Güteverhandlung über die Zuständigkeitsfrage entscheidet. Zu einer kritischen Einschätzung dieser Rechtslage siehe *Huet*, Jurisclasseur Droit international, Fasc. 581-42, no. 10.
Anders liegt es bei sonstigen Güteverhandlungen, die eine Zuständigkeitsprüfung nicht voraussetzen. Dann kann die Unzuständigkeitsrüge noch bis zum Beginn der gerichtlichen Verhandlung erhoben werden.

464 Cass.civ.[1] 18.11.1986, Bull.civ.I, no.269.

465 Näher dazu unten I B 9 a (2).

466 Cass.civ.[1] 2.2.1982, D. 1983.Inf.rap.149 mit Anmerkung Audit. Alternativ dazu hätte die Cour de cassation die Unzuständigkeitsfeststellung kraft Art. 92 al. 2 NCPC auch selbst treffen können.

467 ***Art. 75 NCPC*** *S'il est prétendu que la juridiction saisie est incompétente, la partie qui soulève cette exception doit, à peine d'irrecevabilité, la motiver et faire connaître dans tous les cas devant quelle juridiction elle demande que l'affaire soit portée.*

468 Cass.civ.[1] 31.1.1990, JCP 1990.IV.120.

469 C.A. Rouen 18.2.1965, D. 1966.somm.43. Weitere Nachweise bei *Huet*, Jurisclasseur Droit international, Fasc. 581-42 no. 18.

b) Zulässigkeitsschranken

Nach Art. 3148 al. 1 no. 5 C.C.Q. begründet die Unterwerfung des Beklagten die Quebecer Zuständigkeit nur in persönlichen, vermögensrechtlichen Streitigkeiten. Auch nach in Deutschland h.M. kommt eine Unterwerfung wegen Art. 40 II 1 Nr. 1 ZPO in nichtvermögensrechtlichen Streitigkeiten nicht in Betracht. Insofern gilt dasselbe wie für eine Prorogation der deutschen Gerichte.[470]

In Frankreich scheint es dagegen keine Einschränkungen zu geben. Insbesondere ist die Präklusion der Zuständigkeitsrüge auch in Scheidungs- oder Trennungsverfahren möglich.[471] Wie bereits dargelegt,[472] muss die Rüge in diesen Fällen sogar bereits zu Beginn der vorangehenden Güteverhandlung erhoben werden.

Vor belgischen Gerichten ist eine Unterwerfung gemäß Art. 6 § 1 CDIP nicht möglich, sofern „das vorliegende Gesetz [...] das Gegenteil [bestimmt]“. Gemeint sind die Fälle der Artt. 86 II (Zuständigkeit für Entscheidungen über den Status ausländischer juristischer Personen), 109 (Zuständigkeit für den Schutz geistigen Eigentums im Ausland), und 118 CDIP (Zuständigkeit für die Eröffnung ausländischer Insolvenzverfahren), die jeweils *„[p]ar dérogation aux dispositions générales de la présente loi“* gelten. Eine Einschränkung hinsichtlich familienrechtlicher Streitigkeiten existiert folglich ebenso wenig wie in Frankreich.

c) Unterwerfung durch sachliche Einlassung nach Zuständigkeitsrüge?

In Deutschland wird eine Unterwerfung angenommen, wenn sich der Beklagte zur Sache einlässt, auch wenn er zuvor die internationale Zuständigkeit deutscher Gerichte bestritten hat. Anders ist es nur, wenn er sich lediglich eventualiter zur Sache einlässt. Wie im Rahmen des europäischen Zivilverfahrensrechts[473] braucht er sich also nicht einer Stellungnahme zur Sache zu enthalten, nur um sich die Einwendung der internationalen Unzuständigkeit zu erhalten.[474]

Nach dem Wortlaut des Art. 6 § 1 al. 2 CDIP ist eine Unterwerfung bei Einlassung vor dem belgischen Gericht anzunehmen, es sei denn, die Einlassung hat zum „Hauptgegenstand“ *(„objet principal“)*, die Zuständigkeit zu bestreiten. Dieser Passus ist zweideutig. Er könnte so aufgefasst werden, dass der Beklagte folgenlos Ausführungen zur Sache machen darf, sofern sie im Umfang hinter den

---

470 Dazu oben I B 3 b (1) aa (i).

471 Z.B. Cass.civ.[1] 2.2.1982, D.1983.Inf.rap.149 mit Anmerkung Audit.

472 Siehe oben I B 4 a.

473 EuGH 24.6.1981 „Elefanten Schuh“, Rs. 150/80, Slg. 1981, S. 1671; EuGH 22.10.1981 „Rohr“, Rs. 27/81, Slg. 1981, S. 2431. Siehe näher *Geimer/Schütze*, EZVR, Art. 24 A.1 Rn. 47.

474 *Geimer*, IZPR, Rn. 1408.

Ausführungen zur Zuständigkeitsfrage zurückbleiben, mithin das *„objet secondaire"* der Einlassung darstellen. *„Objet principal"* kann aber auch als Gegenbegriff zu *„objet subsidiaire"* aufgefasst werden. Legt man dies zu Grunde, darf sich der Beklagte auch in Belgien in vollem Umfang hilfsweise zur Sache einlassen, ohne dadurch die belgische Zuständigkeit zu begründen. Dies entspräche der Interpretation der Artt. 18 EuGVÜ bzw. 24 EuGVO durch den EuGH. Da die Gesetzesmaterialien in diesem Punkt das europäische Zuständigkeitsrecht in Bezug nehmen,[475] ist davon auszugehen, dass der Gesetzgeber die letztere Auslegung im Auge hatte.

In Frankreich ist es entsprechend der rechtstechnischen Ausgestaltung der Unterwerfung von vornherein unerheblich, ob sich der Beklagte nach einer wirksamen Unzuständigkeitsrüge zur Sache äußert, da keine Norm existiert, die aus einem solchen Verhalten eine Zuständigkeit folgert.[476] Auch in Québec wird eine Unterwerfung durch sachliche Einlassung nach Zuständigkeitsrüge von der h.L.[477] und von der Rechtsprechung[478] abgelehnt. Eine Kenntlichmachung der sachlichen Einlassung als hilfsweise scheint nicht erforderlich.

d) Unterwerfung im „neutralen" Inland?

Führt keine sonstige Regelung zur Zuständigkeit des Inlands, kann die Unterwerfung des Beklagten eine Zuständigkeit generieren, obgleich nahezu keine oder zumindest keine signifikante Verbindung zum Sachverhalt besteht. Fraglich ist (analog zum bereits erörterten Fall der Vereinbarung eines „neutralen" Gerichts-

---

475 *Proposition de loi, Commentaire* – Art. 6 CDIP.

476 So ausdrücklich Cass.civ.³, 8.3.1977, D. 1977.Inf.rap.389 mit Anmerkung Julien.

477 *Goldstein/Groffier*, D.i.p. I, no. 148 (bezüglich der Unterwerfung unter die Quebecer Gerichtsgewalt), 183 (bezüglich der Unterwerfung im Ausland; dagegen *Emanuelli*, D.i.p. québecois, no. 276, S. 122); *Talpis/Castel*, Le Code civil du Québec, no. 448.

478 Cour supérieure du Québec 12.11.2002 „Mary Blake Enterprises Inc. c. La Coupe (Montréal) Ltd.", www.jugements.qc.ca, no. 500-05-051526-992, Punkte 17-21: Die Beklagte hatte sich mehrfach zur Sache eingelassen, jedes mal aber zunächst die Zuständigkeitsrüge erhoben. Dies wurde nicht als Unterwerfung angesehen, da eine solche „offensichtlich" sein müsse.
Siehe ferner Cour d'appel du Québec 21.6.2001 „S.P.A. et al. c. Paesana Import-export Inc. et al.", www.jugements.qc.ca, no. 500-09-010652-014, Punkt 11: Die schlichte Geltendmachung von „forum non conveniens" nach Bestreiten der internationalen Zuständigkeit stellt keine Unterwerfung dar. Dies versteht sich allerdings schon deshalb, weil diese Einwendung trotz der dabei notwendigen Ausführungen zur materiellen Sachlage eine prozessuale ist.
Zur Unterwerfung unter die Gerichtsgewalt ausländischer (in casu: der New Yorker) Gerichte: Cour supérieure du Québec 4.2.2003 „Worthington Corporation c. Atlas Turner Inc. et autre", www.jugements.qc.ca, no. 235-05-000074-006, Punkte 131 ff.

standes), ob das angerufene Gericht die Möglichkeit besitzt, eine Beurteilung in der Sache abzulehnen.
Sind deutsche oder französische Gerichte auf Grund wirksamer Unterwerfung des Beklagten international zuständig, haben sie keine Möglichkeit, das Verfahren allein deshalb für unzulässig zu erklären, weil lediglich marginale Inlandskontakte bestehen.

Art. 6 § 2 CDIP bietet dagegen die Möglichkeit, die belgische Zuständigkeit kraft Unterwerfung des Beklagten bei Fehlen jedweder Beziehung des Sachverhalts zu Belgien zu verneinen. Diese vom ausdrücklichen Vorbild des Art. 24 EuGVO abweichende, am Forum-non-conveniens-Gedanken ausgerichtete Beschränkung wurde bereits erläutert.[479]

In Québec könnte die Forum-non-conveniens-Doktrin Ähnliches bewirken. Auch dies wurde bereits dargelegt.[480] Zu beachten ist allerdings, dass Art. 3135 C.C.Q. nur auf Antrag einer Partei angewendet wird.[481] Während es ohne Weiteres vorstellbar ist, dass der Beklagte seine durch eine einmal getroffene Gerichtsstandsvereinbarung begründete Gerichtspflichtigkeit im Streitfall mit Hilfe der Forum-non-conveniens-Einrede zu verhindern versucht, wird derjenige, welcher sich ausdrücklich der Quebecer Gerichtsgewalt unterwirft, nicht gleichzeitig auf „forum non conveniens" plädieren. Daher kommt die Anwendung des Art. 3135 C.C.Q. in erster Linie dann in Betracht, wenn das Gericht eine konkludente Unterwerfung annimmt, die der Beklagte jedoch nicht beabsichtigt hat, etwa wenn verspätete Geltendmachung der internationalen Unzuständigkeit als Unterwerfung gewertet wurde. Gerichtliche Entscheidungen, die „forum non conveniens" in dieser Konstellation ansprechen, sind allerdings bislang nicht ergangen.

5) Ausschluss der internationalen Zuständigkeit durch Schiedsvereinbarung

Die Parteien können ein Interesse daran haben, eventuelle oder bereits entstandene Streitigkeiten durch einen nichtstaatlichen Richter beurteilen zu lassen, der besonders neutral oder sachkundig sein mag. Ebenso können sie daran interessiert sein, die Beilegung ihrer Streitigkeit Regeln zu unterstellen, welche kein staatliches Gericht anwenden würde oder die staatlichen Gerichtsverfahren i.d.R. immanente Öffentlichkeit der Streitbeilegung zu vermeiden. Daher lassen es alle verglichenen Rechtsordnungen grundsätzlich zu, statt der staatlichen Gerichte die internationale Schiedsgerichtsbarkeit in Anspruch zu nehmen. Soweit keine staatsvertragliche

479 Siehe oben I B 3 c (4).
480 Siehe oben I B 3 c (4).
481 Siehe oben I B 3 c (4).

Regelung[482] zur Anwendung gelangt, richten sich die Voraussetzungen für den Ausschluss der staatlichen Gerichtsgewalt überall nach dem autonomen IZVR, insbesondere fällt diese Frage nicht in den Anwendungsbereich des europäischen Zivilverfahrensrechts.[483] Auch das UNCITRAL-Modellgesetz zur internationalen Handelsschiedsgerichtsbarkeit vom 21.6.1985 findet keine unmittelbare Anwendung, sondern stellt lediglich ein Vorbild für autonome Regelungen dar.

Schiedsvereinbarungen können in doppelter Hinsicht kategorisiert werden. Zum einen lässt sich die im Vorhinein getroffene Schiedsvereinbarung von der nach Entstehen der Streitigkeit getroffenen Schiedsvereinbarung unterscheiden. Erstere wird im französischen Rechtskreis als *„clause compromissoire"*, letztere als *„compromis d'arbitrage"* bezeichnet. Zum anderen kann die Zuweisung der Streitigkeit an eine Schiedsstelle ausschließlich oder als Alternative zur staatlichen Streitschlichtung vereinbart werden.

Der Ausschluss der staatlichen Gerichtsgewalt setzt voraus, dass die Schiedsvereinbarung gültig ist. Hierbei besteht Einigkeit darüber, dass die Gültigkeit einer Schiedsklausel unabhängig von der Wirksamkeit des Hauptvertrages zu beurteilen ist.[484] Im Übrigen lassen alle verglichenen Rechtsordnungen eine Unterteilung der Gültigkeitsvoraussetzungen in Zulässigkeits- und Wirksamkeitsvoraussetzungen erkennen.[485]

a) Zulässigkeits- und Wirksamkeitsvoraussetzungen

(1) Deutschland

Das deutsche Recht kennt keine gesonderte gesetzliche Regelung der internationalen Schiedsvereinbarung. Die h.M. wendet daher grundsätzlich die §§ 1029 ff. ZPO an, folgt aber in einigen Punkten einem kollisionsrechtlichen Ansatz.

---

482 Etwa das das Genfer Europäische Übereinkommen über die internationale Handelsschiedsgerichtsbarkeit vom 21.4.1961.

483 Siehe *Geimer/Schütze*, EZVR, A.1 Art. 1 Rn. 144 ff.

484 Für Deutschland: Art. 1040 I 2 ZPO (dazu *Schwab/Walter*, Schiedsgerichtsbarkeit, S. 35); für Frankreich: Cass.civ.[1] 20.12.1993 „Comité populaire de la municipalité de Khoms c. Soc. Dalico Contractors", RCDIP 1994.663 mit Anmerkung Mayer und kürzlich wieder Cass.civ. 4./9.4.2002, JCP 2003.I.105 mit Anmerkung Seraglini; für Belgien: *De Leval*, Éléments de procédure civile, no. 358; für Québec ergibt sich das daraus, dass der Schiedsvereinbarung eine gesonderte Kollisionsnorm (Art. 3121 C.C.Q.) gewidmet ist.

485 Anders aber *Coipel-Cordonnier*, Les conventions d'arbitrage et d'élection de for en droit international privé, S. 220-232, die im Bezug auf das französische Recht fünf „Inarbitrabilitätsgründe" unterscheidet, ohne diese in Zulässigkeits- und Wirksamkeitsvoraussetzungen einzuteilen.

aa) Zulässigkeitsvoraussetzungen

Nach deutschem Recht wird subjektive und objektive Schiedsfähigkeit vorausgesetzt. Die subjektive Schiedsfähigkeit ergibt sich in der Regel aus der (vollen) Geschäftsfähigkeit, welche sich bei Ausländern nach Art. 7 EGBGB bemisst.[486]

Was die objektive Schiedsfähigkeit angeht, hält die h.M. die deutsche lex fori für maßgeblich.[487] Objektiv schiedsfähig sind dem zu Folge gemäß § 1030 I ZPO alle vermögensrechtlichen Ansprüche sowie nichtvermögensrechtliche Ansprüche, wenn die Parteien berechtigt sind, über den Gegenstand des Streites einen Vergleich zu schließen. Daher sind Streitigkeiten in Ehe- und Kindschaftssachen, Betreuungsangelegenheiten und viele Angelegenheiten der freiwilligen Gerichtsbarkeit nicht schiedsfähig.[488] Nach § 1030 II ZPO sind zudem Streitigkeiten über den Bestand eines Mietverhältnisses betreffend inländischen Wohnraum ausgenommen. § 1030 III ZPO stellt klar, dass andere Gesetze weitere Einschränkungen vorsehen können. In Streitigkeiten mit einem Verbraucher sind Schiedsvereinbarungen jedoch nicht von vornherein ausgeschlossen.

bb) Wirksamkeitsvoraussetzungen

Seit der Reform des deutschen Schiedsrechts von 1997 ist umstritten, nach welchem Recht sich die Wirksamkeit internationaler Schiedsvereinbarungen bemisst. Die formelle Wirksamkeit soll nach einer Ansicht dem Vertragsformstatut des Art. 11 EGBGB unterliegen.[489] Nach anderer Ansicht ist bei inländischem Schiedsort das deutsche, bei ausländischem Schiedsort das betreffende ausländische Recht, d.h. die lex fori, anzuwenden.[490] Soweit § 1031 ZPO direkt oder aufgrund kollisionsrechtlicher Berufung anwendbar ist, ist stets eine schriftliche Vereinbarung erforderlich. Gesteigert werden die Anforderungen nach § 1031 V ZPO für Schiedsvereinbarungen mit einem Verbraucher.

Was das auf die materielle Wirksamkeit anwendbare Recht anlangt, ist umstritten, ob es sich gemäß Artt. 27 ff. EGBGB oder gemäß § 1059 I Nr. 1 lit. a ZPO

486 *Schütze*, Schiedsgericht und Schiedsverfahren, Rn. 73.

487 Siehe *Schütze*, Schiedsgericht und Schiedsverfahren, Rn. 97, der die objektive Schiedsfähigkeit davon abweichend der lex causae unterstellen möchte.

488 Echte Parteistreitigkeiten sollen einer schiedsrichterlichen Beurteilung zugänglich sein, siehe *Schütze*, Schiedsgericht und Schiedsverfahren, Rn. 95 Fn. 21 m.w.N.

489 *Schütze*, Schiedsgericht und Schiedsverfahren, Rn. 108; *Schwab/Walter*, Schiedsgerichtsbarkeit, S. 393 Rn. 17; beide m.w.N.

490 Reithmann/Martiny-*Hausmann*, Internationales Vertragsrecht, Rn. 3427, 3433.

analog bemisst.[491] Im Ergebnis besteht insoweit Übereinstimmung, dass vorrangig das von den Parteien gewählte Recht maßgeblich ist.[492]

(2) Frankreich

Nach innerstaatlichem Recht ist ein *compromis d'arbitrage* gemäß Artt. 2059, 2060 C.civ. im Bezug auf Rechte zulässig, über welche die Parteien verfügen können. Unzulässig ist eine solche Vereinbarung folglich insbesondere im Bereich des Personenstandes und allgemein, sobald der interne Ordre public berührt ist.[493] Die Zulässigkeit einer *clause compromissoire* resultiert seit einer Gesetzesnovelle im Jahr 2001 aus Art. 2061 C.civ.,[494] dem zu Folge sie nur „in Verträgen, die zu beruflichen Zwecken abgeschlossen wurden“, zulässig ist.[495] Damit sollen Verbraucher gegen einen vorzeitigen Verzicht auf die Inanspruchnahme der staatlichen Gerichtsgewalt geschützt werden. Art. 1442-1459 NCPC enthalten die formellen und materiellen Wirksamkeitsvoraussetzungen für *clause compromissoire* und *compromis*. Die Rechtsprechung verzichtet allerdings darauf, diese Vorschriften auf internationale Schiedsvereinbarungen anzuwenden.[496] Wann eine internationale Schiedsvereinbarung vorliegt, bestimmt Art. 1492 NCPC, dem zu Folge Voraussetzung ist, dass „Interessen des internationalen Handels berührt sind“. Die nachfolgenden Artt. 1493 ff. NCPC regeln lediglich verfahrensrechtliche Fragen, geben jedoch keinen weiteren Aufschluss über die Zulässigkeits- und Wirksamkeitsvoraussetzungen internationaler Schiedsvereinbarungen. Diese wurden vielmehr richterrechtlich entwickelt.

Im Jahr 1993 entschied die Cour de cassation in der später kontinuierlich bestätigten[497] „Dalico“-Entscheidung,[498] dass „die internationale Schiedsklausel

---

491 Siehe dazu *Epping*, Die Schiedsvereinbarung, S. 45 ff.

492 Siehe Reithmann/Martiny-*Hausmann*, Internationales Vertragsrecht, Rn. 3390 ff.

493 C.A. Paris 15.6.1956, D. 1957.587 mit Anmerkung Robert.

494 Davor war die *clause compromissoire* unzulässig, soweit kein anderweitiges Gesetz das Gegenteil bestimmte.

495 ***Art. 2061 C.civ.*** *Sous réserve des dispositions législatives particulières, la clause compromissoire est valable dans les contrats conclus à raison d'une activité professionelle.*

496 Siehe etwa Cass.civ.[1] 5.1.1999, RCDIP 1999.546 mit Anmerkung Bureau, wonach Art. 2061 C.civ. auf internationale Sachverhalte nicht anwendbar ist. Selbige Vorschrift steht daher einer Schiedsklausel in einem Vertrag zwischen einem französischen Kaufmann und einer französischen Privatpartei nicht entgegen, wenn der Vertragsinhalt der Streitigkeit grenzüberschreitenden Charakter verleiht, siehe Cass.civ.[1] 28.1.2003, Bull.civ.I, no. 21.

497 Siehe nur Cass.civ.[1] 30.3.2004, Bull.civ. I, no. 95.

498 Cass.civ.[1] 20.12.1993 „Comité populaire de la municipalité de Khoms c. Soc. Dalico Contractors“, RCDIP 1994.663 mit Anmerkung Mayer, JDI 1994.432 mit Anmerkung Gaillard, Rev. de l'arb. 1994.116 mit Anmerkung Gaudemet-Tallon.

vom Hauptvertrag juristisch unabhängig ist[499] und sich ihr Bestehen sowie ihre Wirksamkeit ohne Rücksicht auf ein bestimmtes staatliches Recht gemäß einer materiellen Regel des internationalen Schiedsrechts nach dem Willen der Parteien richten, dem allein imperative Vorschriften des französischen Rechts sowie der internationale Ordre public Grenzen setzen".[500]

Diese Entscheidung hat nicht nur terminologisch Verwirrung gestiftet,[501] sondern auch eine Reihe bislang ungeklärter Fragen hinterlassen. So hat die nachfolgende Rechtsprechung bislang nur fragmentarisch konkretisiert, in welchen Bereichen die Zulässigkeit oder Wirksamkeit einer internationalen Schiedsvereinbarung an den genannten Schranken scheitert: Nach einer Entscheidung von 1997 scheinen Schiedsvereinbarungen in internationalen Verbraucherverträgen grundsätzlich zulässig.[502] Auch hier dürfte sich aber die Regelung der Artt. L.132-1 ff. C.cons. wie gegenüber einer internationalen Gerichtsstandsvereinbarung[503] auswirken.[504] Eine arbeitsvertragliche Schiedsklausel kann dem Arbeitnehmer gemäß einer Entscheidung von 1999 nicht entgegengehalten werden, wenn französische Gerichte

---

499 Durch die juristische Entkoppelung der Wirksamkeit von Hauptvertrag und Schiedsklausel sollte insbesondere ermöglicht werden, die Unwirksamkeit des Hauptvertrages von einer Schiedsstelle beurteilen zu lassen. Folge der Unabhängigkeit ist aber auch, dass eine Schiedsklausel in einem „intuitu personae" geschlossenen Vertrag bei dessen – unwirksamer – Zession dennoch übergeht und den Zessionar bindet. Denn die Schiedsvereinbarung selbst wird nach Ansicht der Cour de cassation nicht unter Ansehen der Person geschlossen und soll daher zedierbar sein: Cass.civ.[1] 28.5.2002, RCDIP 2002.758 mit Anmerkung Coipel-Cordonnier.

500 *„Mais attendu qu'en vertu d'une règle matérielle du droit international de l'arbitrage, la clause compromissoire est indépendante juridiquement du contrat principal qui la contient directement ou par référence et que son existence et son efficacité s'apprécient, sous réserve des règles impératives du droit francais et de l'ordre public international, d'après la commune volonté des parties, sans qu'il soit nécessaire de se référer à une loi étatique; (...)"*

501 Siehe die Kritik am Ausdruck *„règle matérielle du droit international de l'arbitrage"* in den Urteilsanmerkungen von *Mayer*, RCDIP 1994.664 (667 bzw. 669), *Gaillard*, JDI 1994.433 (439) und *Gaudemet-Tallon*, Rev. de l'arb. 1994.118 (119 bzw. 125).

502 Cass.civ.[1] 21.5.1997 „Jaguar", RCDIP 1998.87 mit Anmerkung Heuzé, JDI 1998.969 mit Anmerkung Poillot-Peruzzetto.

503 Dazu oben I B 3 b (2) bb (ii).

504 Siehe dazu *Heuzé*, RCDIP 1998.88 (96): *„Or on sait que, parmi les clauses visées par l'article L.132-1 C.cons., qui prohibe les clauses abusives, figurent les stipulations ayant pour objet ou pour effet de supprimer ou d'entraver l'exercice d'actions en justice ou des voies de recours par le consommateur, notamment en obligeant le consommateur à saisir exclusivement une juridiction d'arbitrage non couverte par des dispositions légales."*

zuständig sind.[505] Dem Arbeitgeber dürfte sie hingegen weiterhin entgegengesetzt werden können.

Nicht eindeutig geklärt ist auch, ob die formelle Wirksamkeit einer internationalen Schiedsvereinbarung von einer Schrift- oder Textform abhängt[506] und welche materiellen Wirksamkeitsvoraussetzungen gelten.[507]

(3) Belgien

Wie sich an Art. 2 CDIP (der den Anwendungsbereich des Gesetzes auf die Bestimmung der Zuständigkeit der *„juridictions belges"* beschränkt) und an Art. 22 § 3 no. 2 CDIP (der die Anerkennung der Entscheidung einer ausländischen *„autorité exerçant un pouvoir de juridiction"* regelt) ablesen lässt, regelt der CDIP nicht das internationale Schiedsrecht und insbesondere nicht die Zulässigkeits- oder Wirksamkeitsvoraussetzungen internationaler Schiedsvereinbarungen.[508] In Folge dessen bleibt es insoweit bei der Anwendung der entsprechenden Vorschriften des *Code judiciaire* (Artt. 1676 bis 1723 C.jud.).

aa) Zulässigkeitsvoraussetzung

Voraussetzung für die Zulässigkeit einer Schiedsvereinbarung ist wie in Deutschland die objektive und subjektive Schiedsfähigkeit der Streitigkeit *(„arbitrabilité")*.

---

505 Cass.soc. 16.2. und 4.5. 1999, RCDIP 1999.745 mit Anmerkung Jault-Seseke: *„(...) la clause n'est pas opposable au salarié qui a saisi régulièrement la juridiction francaise compétente en vertu des règles applicables, (...)"*.

506 Vgl. *Mayer*, RCDIP 1994.671, der die Anwendung der französischen lex fori in Betracht zieht, allerdings nicht ohne Bedenken. Folgte man dem, bedürfte die internationale Schiedvereinbarung gemäß Art. 1443 al. 1 NCPC bzw. Art. 1449 NCPC der Schriftform.
In einer kurz vor der „Dalico"-Entscheidung ergangenen Entscheidung (Cass.civ.[1] 9.11.1993 „Bomar II", Rev. de l'arb. 1994.108 mit Anmerkung Kessedjian) wurde eine Schiedsvereinbarung für wirksam gehalten, die sich in einem getrennten, nicht unterschriebenen Dokument befand, auf dessen Geltung aber im schriftlichen Hauptvertrag hingewiesen wurde.
Zur Entwicklung der Rechtsprechung im Bezug auf die Einbeziehung einer Schiedsklausel durch Verweis auf externe Dokumente siehe *Moreau*, Arbitrage international, no. 36.

507 *Gaillard*, JDI 1994.445 hält die Ableitung einer international zwingenden Regel nach dem Vorbild des Art. 1305 C.civ. (Vertragsanfechtung benachteiligender Verträge durch Minderjährige) für möglich. Demnach könnten minderjährige oder in ihren geistigen Fähigkeiten eingeschränkte Personen eine zu ihren Lasten getroffene internationale Schiedsvereinbarung anfechten.

508 *Proposition de loi, Commentaire* – Art. 2 CDIP.

Die Grundregel über die objektive Schiedsfähigkeit findet sich in Art. 1676 al. 1 C.jud.[509], dem zu Folge sowohl nachträgliche als auch vorzeitige Schiedsvereinbarungen im Bezug auf eine bestimmte Rechtsbeziehung zulässig sind, wenn die Parteien „über das streitige Rechtsverhältnis einen Vergleich schließen können". Das Gesetz verwendet hier ein Kriterium, das demjenigen, welches über die Zulässigkeit internationaler Gerichtsstandsvereinbarungen entscheidet (dafür ist ausschlaggebend, ob die Parteien „im betroffenen Bereich über ihre Rechte frei verfügen können")[510], entspricht. Infolgedessen sind Streitigkeiten, die keiner internationalen Gerichtsstandsvereinbarung zugänglich sind, i.d.R. auch keiner Schiedsvereinbarung zugänglich. Allerdings gelten folgende besondere Regelungen:

Eine Schiedsvereinbarung, welche vor Ablauf eines unter Art. 4 des Gesetzes vom 27.7.1961 fallenden Exklusivvertriebsvertrages abgeschlossen wurde, ist gemäß Art. 6 desselben Gesetzes unzulässig; anders liegt es kraft einer bereits dargestellten[511] Ausnahme dann, wenn auch das Schiedsgericht ebendieses Gesetz oder vergleichbare Schutzvorschriften anwendet.[512]

„Absolut nichtig" ist gemäß Art. 1678 C.jud. eine vor dem Entstehen der Streitigkeit getroffene Vereinbarung in arbeitsrechtlichen Angelegenheiten, für die nach Art. 578 bis 583 C.jud. die Arbeitsgerichte zuständig sind; dies entspricht der Rechtslage bei internationalen Gerichtsstandsvereinbarungen, die in arbeitsrechtlichen Angelegenheiten gemäß Art. 97 § 3 CDIP ebenfalls nur nach Entstehen der Streitigkeit zulässig sind.[513] Schiedsklauseln in Verbraucherverträgen untersagt der *Code judiciaire* dagegen nicht. Insoweit besteht also keine Übereinstimmung mit Art. 97 § 3 CDIP. Sofern allerdings das Gesetz vom 14.7.1991 über Handelspraktiken und den Schutz des Verbrauchers[514] Anwendung findet, kann eine Schiedsklausel in einem Verbrauchervertrag u.U. eine missbräuchliche Klausel i.S.d. Art. 31 ebendieses Gesetzes darstellen und dementsprechend nach Art. 33 § 1 vom Gericht annuliert werden.[515]

---

509 ***Art. 1676 al. 1 C.jud.*** *Tout différend déjà né ou qui pourrait naître d'un rapport de droit déterminé et sur lequel il est permis de transiger, peut faire l'objet d'une convention d'arbitrage.*

510 Siehe oben I B 3 b (3) aa (i).

511 Siehe oben I B 3 b (3) aa (i).

512 Cass.belge 28.6.1979 „Audi-NSU c. S.A. Adelin Petit", Pas. 1979.1260.

513 Siehe dazu oben I B 3 b (3) aa (i).

514 ***Art. 31 L. 14.7.1991*** *Pour l'application de la présente loi, il faut entendre par clause abusive, toute clause ou condition qui, à elle seule ou combinée avec une ou plusieurs autres clauses ou conditions, crée un déséquilibre manifeste entre les droits et les obligations des parties.*

515 *DeLeval*, Éléments de procédure civile, no. 353.

Die subjektive Schiedsfähigkeit ist in Art. 1676 al. 2 C.jud.[516] geregelt und knüpft grundsätzlich an die in Art. 2045 C.civ.belge geregelte Fähigkeit, einen Vergleich zu schließen, an.

bb) Wirksamkeitsvoraussetzungen

Die formelle Wirksamkeit einer Schiedsvereinbarung hängt nicht von einer ausdrücklichen schriftlichen Vereinbarung ab. Diese ist zwar ein möglicher Modus, Art. 1677 C.jud. genügt es aber schon, wenn „sich der Wille zur schiedsrichterlichen Beurteilung offensichtlich aus sonstigen Dokumenten, welche die Parteien binden, ergibt".[517]

Die materiellen Wirksamkeitsvoraussetzungen sind im *Code judiciaire* nicht gesondert geregelt und müssen daher wohl dem allgemeinen Vertrags(kollisions)recht entnommen werden.

(4) Québec

Kanada war der erste Staat, in dem Gesetze, die auf dem UNCITRAL-Modellgesetz zur internationalen Handelsschiedsgerichtsbarkeit vom 21.6.1985 basierten, ergingen. Während die kanadischen Common-law-Provinzen gesonderte Gesetze schufen, wurden die Vorgaben des Modellgesetzes in Québec in den C.P.C.Q. (Artt. 940 ff.) und den C.C.Q. (Artt. 2638 ff.) integriert.[518] Diese Vorschriften gelten jedoch nicht für internationale Schiedsvereinbarungen, die vielmehr im zehnten Buch des C.C.Q. geregelt wurden.

---

516 ***Art. 1676 al. 2 C.jud.*** *Quiconque a la capacité ou le pouvoir de transiger peut conclure une convention d'arbitrage.*
Sans préjudice des lois particulières, les personnes morales de droit public ne peuvent toutefois conclure une convention d'arbitrage que lorsque celle-ci a pour objet le règlement de différends relatifs à l'élaboration ou l'exécution d'une convention. Une telle convention d'arbitrage est soumise aux mêmes conditions quant à sa conclusion que la convention dont l'exécution est l'objet de l'arbitrage. En outre, les personnes morales de droit public peuvent conclure une convention d'arbitrage en toutes matières déterminées par la loi ou par arrêté royal délibéré en Conseil des Ministres. Cet arrêté peut également fixer les conditions et les règles à respecter relatives à la conclusion de la convention.

517 ***Art. 1677 C.jud.*** *Toute convention d'arbitrage doit faire l'objet d'un écrit signé des parties ou d'autres documents qui engagent les parties et manifestent leur volonté de recourir à l'arbritrage.*

518 Deshalb muss die Auslegung dieser Bestimmungen im Licht des Modellgesetzes erfolgen, Art. 940.6 C.P.C.Q.; siehe dazu *Bachand*, L'intervention du juge canadien avant et durant un arbitrage commercial international, S. 192 ff.

aa) Zulässigkeitsvoraussetzung

Internationale Schiedsvereinbarungen sind – parallel zu internationalen Gerichtsstandsvereinbarungen – in Art. 3148 al. 2 C.C.Q. geregelt. Eine Schiedsvereinbarung ist danach zulässig, wenn sie in Bezug auf eine „bestimmte Rechtsbeziehung" im vermögensrechtlichen Bereich getroffen wird und eine ausschließliche[519] Zuständigkeit der Schiedsstelle vorsieht.

Art. 3149 C.C.Q. schließt eine Schiedsvereinbarung in seinem Anwendungsbereich nicht ausdrücklich aus. Man könnte daher annehmen, dass eine Schiedsvereinbarung in verbraucher- und arbeitsvertraglichen Streitigkeiten (im Gegensatz zur ausdrücklich ausgeschlossenen Derogation der Quebecer Gerichte) zulässig ist. Die Cour supérieure scheint auf Grund gesetzessystematischer Erwägungen allerdings von einer parallelen Regelung auszugehen und hält daher auch eine Schiedsvereinbarung für unzulässig.[520] Diese Lösung überzeugt: Art. 3148 C.C.Q. enthält den Grundsatz der Zulässigkeit von Gerichtsstands- und Schiedsvereinbarungen, von dem Artt. 3149-3151 C.C.Q. Ausnahmen vorsehen. Betrifft die Grundregel aber Derogation und Schiedsklausel gleichermaßen, liegt es nahe, dass auch die Ausnahmeregelung beide betrifft, zumal sich der Wortlaut des Art. 3149 C.C.Q. nicht auf das Verbot einer Gerichtsstandsvereinbarung beschränkt, sondern den offenen Begriff des Verzichts *(„renonciation")* auf die verbraucher- und arbeitsvertraglichen Zuständigkeiten verwendet. Darunter kann auch der mittels einer Schiedsvereinbarung geübte Verzicht verstanden werden.

Für den Bereich der arbeitsrechtlichen Streitigkeiten hatte auch die Cour d'appel (in der Sache „Dominion Bridge Corp. c. Knai"[521]) in diesem Sinne entschieden. Fraglich ist allerdings, ob eine neuere Entscheidung der Cour d'appel („Dell Computer Corporation c. Union des consommateurs"[522]) diesen Ansatz wieder in Frage stellt. Dort erachtete das Gericht eine Schiedsklausel in einem Verbrauchervertrag für zulässig. Der Fall hatte allerdings keinen Auslandsbezug, sodass Art. 2639 C.C.Q.[523] zur Anwendung kam, dem zu Folge Schiedsvereinba-

---

519 *Emanuelli*, D.i.p. québecois, no. 181.

520 Siehe Cour supérieure 6.3.2002 „Simbol Test Systems Inc. c. Gnubi Communications Inc.", www.jugements.qc.ca, no. 550-17-000632-016, Punkt 35.

521 Cour d'appel du Québec 5.12.1997 „Dominion Bridge Corp. c. Knai", [1998] R.J.Q. 321, J.E. 98-235.

522 Cour d'appel du Québec 30.5.2005 „Dell Computer Corporation c. Union des consommateurs", www.jugements.qc.ca, no. 500-09-014209-043.

523 ***Art. 2639 C.C.Q.*** *Ne peut être soumis à l'arbitrage, le différend portant sur l'état et la capacité des personnes, sur les matières familiales ou sur les autres questions qui intéressent l'ordre public.*
Toutefois, il ne peut être fait obstacle à la convention d'arbitrage au motif que les règles applicables pour trancher le différend présentent un caractère d'ordre public.

rungen „in Streitigkeiten über den Personenstand, in familienrechtlichen Angelegenheiten und in sonstigen, den Ordre public betreffenden Fragen" unzulässig sind. Die Cour d'appel argumentierte, die Bestimmung erkläre den Bereich des Verbraucherschutzrechts nicht ausdrücklich für inarbitrabel.[524] Dieses Argument träfe ebenso auf Artt. 3149, 3151 C.C.Q. zu. Die Entscheidung der Cour d'appel ist vor dem Hintergrund einer Entscheidung der kanadischen Cour suprême in der Sache „Desputeaux c. Éditions Chouette (1987) Inc." zu sehen, in der festgehalten wurde, die Zulässigkeit internationaler Schiedsvereinbarungen dürfe angesichts der im civil law wie im common law starken Tendenz, diesen Modus der Streitschlichtung zu favorisieren, nicht zu weit eingeschränkt werden. Sowohl der Quebecer als auch der kanadische Gesetzgeber ständen Schiedsvereinbarungen wohlwollend gegenüber.[525] Angesichts der Tatsache, dass sowohl die „Dell"- als auch die „Desputeaux"-Entscheidung keinen internationalen Sachverhalt betrafen, ist allerdings zu bezweifeln, dass ihnen Bedeutung für die Zulässigkeit internationaler Schiedsvereinbarungen zukommt. Insbesondere legte die kanadische Cour suprême lediglich den in Art. 2639 C.C.Q. verwendeten Begriff des internen Ordre public aus, der in den Artt. 3148 ff. C.C.Q. nicht verwendet wird. Gegen eine Neuorientierung der Rechtsprechung im internationalen Verbraucherrecht spricht auch, dass die „Dominion Bridge"-Entscheidung der Cour d'appel in der „Desputeaux"-Entscheidung nicht einmal erwähnte wurde. Mithin ist auch nach der „Dell"-Entscheidung davon auszugehen, dass beide in Art. 3149 C.C.Q. genannten Bereiche nicht schiedsfähig sind.

bb) Wirksamkeitsvoraussetzungen

Die formellen Voraussetzungen für die Wirksamkeit einer Schiedsklausel sind nicht gesondert geregelt, sodass wie bei einer Gerichtsstandsvereinbarung die Kollisionsregel des Art. 3109 C.C.Q. zum Tragen kommt. Die materiellen Wirk-

524 Cour d'appel du Québec 30.5.2005 „Dell Computer Corporation c. Union des consommateurs", www.jugements.qc.ca, no. 500-09-014209-043, Punkte 49-52.

525 Cour supérieure du Canada 6.11.2003 / 21.3.2003 „Desputeaux c. Éditions Chouette (1987) inc.", [2003] 1 R.C.S. 178 (www.canlii.org/ca/jug/csc/2003/2003csc17.html), insbesondere Punkt 40.
Dies ergebe sich aus dem zweiten Absatz des Art. 2639 al. 2 C.C.Q. (der den Begriff des Ordre public i.S.d. Art. 2639 al. 1 C.C.Q. restriktiv interpretiert) bzw. aus der Verabschiedung der *Loi sur l'arbitrage commercial* (L.R.C. 1985, chapitre 17 (2ième supplément). Mit letzterem Gesetz wurde der auf dem UNCITRAL-Modellgesetz über die internationale Handelsschiedsbarkeit vom 21.6.1985 (online: www.uncitral.org/uncitral/fr/uncitral_texts/arbitration/1985Model_arbitration.html; siehe dazu aus kanadischer Sicht: *Bachand*, L'intervention du juge canadien avant et durant un arbitrage commercial international, S. 21-209) basierende *Code d'arbitrage commercial* geschaffen.

samkeitsvoraussetzungen bemessen sich gemäß Art. 3121 C.C.Q. nach dem von den Parteien vereinbarten Recht, ansonsten nach dem Statut des Hauptvertrages, und falls die Vereinbarung danach nichtig ist, nach dem (innerstaatlichen)[526] Recht des Staates, in dem das Schiedsverfahren stattfinden soll.

Ist nach diesen Regeln das Quebecer Recht anwendbar, so gelten Artt. 2638-2643 C.C.Q. Formell hängt die Wirksamkeit der Vereinbarung dann gemäß Art. 2640 C.C.Q. von der Einhaltung der Schriftform ab.[527] Was die materielle Wirksamkeit angeht, wird im Hinblick auf Art. 2638 C.C.Q.[528] eine *„clause compromissoire parfaite"* vorausgesetzt. Dies erfordert zum einen, dass die Vereinbarung ausdrücklich eine „Verpflichtung" der Parteien vorsieht, ein Schiedsgericht anzurufen, und zum anderen, dass der Schiedsspruch als „endgültige" Lösung des Konflikts und nicht (wie etwa eine Mediation) lediglich als Vorstufe zu einem anderen Prozess angesehen wird.[529] Gemäß Art. 2641 C.C.Q. ist die Vereinbarung materiell unwirksam, wenn sie einer Partei bei der Bestimmung der Schiedsrichter eine bevorzugte Position gewährt.

b) Vergleich

(1) Systemvergleich

Die französische Rechtsprechung hat mit der „Dalico"-Generalklausel ein vom innerstaatlichen Schiedsrecht methodisch losgelöstes Recht der internationalen Schiedsvereinbarung entwickelt. Dennoch sind gewisse Parallelen erkennbar, etwa die Art. 2060 C.civ. entlehnte Ordre-public-Schranke.

Auch das Quebecer Recht unterscheidet grundsätzlich zwischen Schiedsvereinbarungen mit grenzüberschreitendem und ohne grenzüberschreitenden Bezug.

---

526 Ein Renvoi ist nach Art. 3080 C.C.Q. ausgeschlossen.

527 Siehe Cour supérieure du Québec 12.11.2002 „Mary Blake Enterprises Inc. c. La Coupe (Montréal) Ltd.", www.jugements.qc.ca, no. 500-05-051526-992, Punkt 7. So auch schon Cour suprême du Canada „Zodiak International Productions Inc. v. The Polish People's Republic", [1983] 1 R.C.S. 529 unter Hinweis auf Art. 951 C.P.C.Q., da Artt. 2638 bis 2643 C.C.Q. zum damaligen Zeitpunkt noch nicht in der aktuellen Fassung in Kraft waren.

528 ***Art. 2638 C.C.Q.*** *La convention d'arbitrage est le contrat par lequel les parties s'engagent à soumettre un différend né ou éventuel à la décision d'un ou de plusieurs arbitres, à l'exclusion des tribunaux.*

529 Grundlegend (unter altem Recht) Supreme Court of Canada 17.5.1983 „Zodiak International Productions Inc. v. The Polish People's Republic", [1983] 1 R.C.S. 529, 543. Nunmehr auch Cour supérieure du Québec 6.3.2002 „Simbol Test Systems Inc. c. Gnubi Communications Inc.", www.jugements.qc.ca no. 550-17-000632-016, Punkte 30-32; Cour supérieure du Québec 12.11.2002 „Mary Blake Enterprises Inc. c. La Coupe (Montréal) Ltd.", www.jugements.qc.ca, no. 500-05-051526-992, Punkt 16.

Das zehnte Buch des C.C.Q. regelt sowohl die Zulässigkeitsvoraussetzungen als auch die Wirksamkeit einer internationalen Schiedsvereinbarung, letztere allerdings nicht direkt, sondern in kollisionsrechtlicher Form. Die innerstaatlichen Wirksamkeitsvoraussetzungen kommen nur insoweit zur Anwendung, als nach den entsprechenden Kollisionsnormen Quebecer Sachrecht berufen ist.

Das deutsche IZVR kennt keine gesonderte Regelung internationaler Schiedsvereinbarungen. Großteils kommt daher die innerstaatliche Regelung zur Anwendung. Zumindest die subjektive Schiedsfähigkeit und die Formerfordernisse werden allerdings nach h.M. unter Rückgriff auf die allgemeinen Kollisionsregeln ermittelt. Auch im CDIP sind Zulässigkeit und Wirksamkeit internationaler Schiedsvereinbarungen weder direkt geregelt, noch spezielle Kollisionsregeln vorgesehen. Die Gesetzesmaterialien verweisen vielmehr ausdrücklich auf die Vorschriften des *Code judiciaire*, die mithin für innerstaatliche wie internationale Schiedsvereinbarungen gelten.

Die „Dalico"-Generalklausel des französischen Rechts drückt Wohlwollen gegenüber schiedsrichterlicher Streitschlichtung aus. Der einvernehmliche Rekurs auf ein Schiedsverfahren soll nicht an der Anwendbarkeit eines bestimmten, möglicherweise besonders strengen ausländischen Rechts scheitern. Solange die Gerichte die in der „Dalico"-Entscheidung formulierte „materielle Regel des internationalen Schiedsrechts" aber nicht im erforderlichen Umfang konkretisiert haben, wird sie ein Quell hoher Rechtsunsicherheit bleiben und widerspricht somit dem legitimen Interesse der Parteien an einem zuverlässigen *forum planning*. Das Quebecer Recht zeigt, dass die Wirksamkeit von Schiedsvereinbarungen auch auf eine andere, die Rechtssicherheit weniger beeinträchtigende Weise gefördert werden kann, nämlich mit Hilfe des Günstigkeitsprinzips, das in Québec nicht nur hinsichtlich der formellen (Art. 3109 C.C.Q.), sondern auch bezüglich der materiellen Wirksamkeitsvoraussetzungen (Art. 3121 C.C.Q.) gilt.

(2) Zulässigkeitsschranken

Während die Vergleichsfähigkeit des betroffenen Rechtsverhältnisses in Belgien das alleinige Kriterium für die Zulässigkeit einer internationalen Schiedsvereinbarung bildet, zieht das französische Recht die Grenze entlang imperativer französischer Bestimmungen und des internationalen Ordre public. Im Ergebnis dürfte dies trotz unterschiedlicher Formulierung häufig auf identische Ergebnisse hinauslaufen.

In Deutschland kommt das Kriterium der Vergleichsfähigkeit seit der Schiedsrechtsreform im Jahr 1998 nur noch zum Tragen, soweit es um Streitigkeiten aus dem nichtvermögensrechtlichen Bereich geht. Im vermögensrechtlichen Bereich bestehen dagegen – abgesehen von bestimmten mietrechtlichen Streitigkeiten – keine Einschränkungen. Das Quebecer Recht unterscheidet wie das deutsche Recht zwischen vermögensrechtlichen und nichtvermögensrechtlichen Streitigkeiten. Allerdings wird die Schiedsfähigkeit nicht über den vermögensrechtlichen Bereich hinaus ausgedehnt, sondern vielmehr innerhalb desselben durch ausschließliche Quebecer Zuständigkeiten eingeschränkt. Angesichts der vollständigen Ausklammerung des nichtvermögensrechtlichen Bereichs ist ein Rekurs auf das Kriterium der Disponibilität der im Streit stehenden Rechte in Québec entbehrlich.

(3) Schutz der schwächeren Partei

Eine Schiedsvereinbarung, die einer strukturell unterlegenen Partei aufgezwungen wird, kann für diese noch nachteiliger sein als eine aufgezwungene Gerichtsstandsvereinbarung. Denn das internationale Schiedsverfahrensrecht ist eine spezielle und komplizierte Materie, in der kompetente Rechtsberatung schwieriger zu erlangen ist als im Bereich der staatlichen Gerichtsbarkeit. Auch ist ein Schiedsverfahren häufig teurer als staatliche Streitschlichtung.[530]

Daher werden strukturell schwächere Parteien überall mehr oder minder stark vor Schiedsvereinbarungen geschützt. Insbesondere das Quebecer IZVR erreicht hier durch die konsequente Unzulässigkeit von Schiedsvereinbarungen mit Arbeitnehmern und Verbrauchern ein beachtliches Schutzniveau. In Deutschland, Belgien und Frankreich sind Schiedsvereinbarungen mit Verbrauchern dagegen nicht unzulässig. Dort obliegt der Schutz des Verbrauchers dem auf die formelle und materielle Wirksamkeit anwendbaren Recht.

Den Mieter inländischen Wohnraums schützt allein das deutsche Recht durch eine ausdrückliche Zulässigkeitsschranke. In Frankreich und Belgien ließe sich aber bei entsprechender Anwendung der jeweiligen Schiedsfähigkeitskriterien wohl ein vergleichbares Ergebnis erreichen. Im Übrigen hängt auch hier alles vom auf die Wirksamkeit der Vereinbarung anwendbaren Recht ab.

6) Derivative internationale Zuständigkeiten

Derivative Zuständigkeiten verleihen einem Gericht die Befugnis, einen Sachverhalt, für dessen Beurteilung es an sich nicht zuständig wäre, dennoch zu beurtei-

530 *Heuzé*, RCDIP 1998.89 fasst dies in die treffenden Worte: *„[Q]uel acquéreur d'une machine à laver, d'un micro-ordinateur ou d'une automobile de modèle courant qui, informé du montant de la provision exigée pour la constitution du tribunal arbitral, ou déjà seulement par l'avocat très spécialisé aux services duquel les multiples chausse-trappes d'une procédure d'arbitrage internationale oblige à recourir, ne déciderait pas de renoncer à toute prétention contre son cocontractant?"*

len, weil dieser mit einem anderen Sachverhalt zusammenhängt, für dessen Beurteilung das Gericht zuständig ist. Vor der Erörterung der einzelnen derivativen Zuständigkeiten (b) erscheint eine kurze Begriffserläuterung angebracht (a).

a) Begriffe

(1) Zuständigkeit für konnexe Klagen

Konnex sind zwei Klagen, wenn sie so eng mit einander zusammenhängen, dass ein Interesse daran besteht, sie gemeinsam in einem einzigen Verfahren abzuhandeln. Die folgenden Zuständigkeitsbegründungen sind spezielle Ausprägungen des Konnexitätsgedankens.

(2) Widerklagezuständigkeit

Mit der Widerklage erhebt der Beklagte selbst eine Klage gegen den Kläger, die sich nicht in der reinen Negation der Hauptklage erschöpft.[531] Auch die Widerklage muss eine gewisse Beziehung zur Hauptklage aufweisen. So muss der Gegenanspruch in Deutschland mit dem in der Klage geltend gemachten Anspruch oder mit den gegen ihn vorgebrachten Verteidigungsmitteln im Zusammenhang stehen.[532] In Frankreich ist eine „hinreichende Verbindung" zwischen der Widerklage und dem klägerischen Vorbringen erforderlich.[533] In Québec wird vorausgesetzt, dass der mit der Widerklage geltend gemachte Anspruch „dieselbe oder eine konnexe Quelle" hat wie der mit der Hauptklage geltend gemachte.[534] Das belgische Gesetz setzt allein die Identität von Hauptbeklagtem und Widerkläger voraus.[535] Eine sachliche Konnexität ist entgegen der früher h.M.[536] nicht erforderlich.[537]

531 Deutschland: Zöller-*Vollkommer*, ZPO § 33 Rn. 6; Frankreich: Art. 64 NCPC, dem zu Folge der Beklagte einen *„avantage autre que le simple rejet de la prétention de son adversaire"* verlangen muss.

532 Dies ergibt sich aus der doppelfunktionalen Anwendung des § 33 I ZPO, siehe etwa BGH 8.5.1992, IPRspr. 1992 Nr. 1.

533 ***Art. 70 NCPC*** *Les demandes reconventionelles (...) ne sont recevables que si elles se rattachent aux prétentions originaires par un lien suffisant.*

534 ***Art. 172 al. 2 C.P.C.Q.*** *(...) toute réclamation lui résultant de la même source que la demande principale, ou d'une source connexe.*

535 ***Art. 14 C.jud.*** *La demande reconventionelle est la demande incidente formée par le défendeur et qui tend à faire prononcer une condamnation à charge du demandeur.*

536 Siehe *Fettweis*, Éléments de la compétence et de la procédure civile II, S. 378; *Delnoy*, RCJB 1967, S. 84, beide m.w.N.

537 Dazu *Fettweis*, Précis de droit judiciaire II, no. 136.

(3) Interventionszuständigkeit

Die Interventionszuständigkeit erlaubt es, einen am Rechtsstreit unbeteiligten Dritten in diesen hineinzuziehen, sei es mit *(intervention volontaire)* oder ohne seinen Willen *(intervention forcée)*. So kann ein Dritter mittels *intervention volontaire* geltend machen, das streitige Recht stehe ihm zu. Er kann auch auf den Schutz seiner Rechte dringen, sofern diese durch das Prozessergebnis beeinträchtigt werden können. Die *intervention forcée* verfolgt das Ziel, die Wirkungen der Entscheidung auf einen Dritten zu erstrecken bzw. diesem die Möglichkeit des Drittwiderspruchs *(„tierce opposition“)* zu nehmen.

(4) Gewährleistungszuständigkeit

Die Gewährleistungsklage *(appel en garantie)* ist ein Unterfall der *intervention forcée*, durch die der Beklagte seinen Garanten in den Streit hineinzieht, statt nach dessen Beendigung eine eigenständige Garantieklage zu erheben.

(5) Mitbeklagtenzuständigkeit

Diese Zuständigkeitsbegründung erlaubt einem Kläger, der gleichzeitig gegen mehrere Personen vorgeht, unter bestimmten Voraussetzungen am allgemeinen Gerichtsstand eines der Beklagten auch die Mitbeklagten *(co-défendeurs)* zu verklagen.

b) Rechtslage

Derivative Zuständigkeiten sind den verglichenen Rechtsordnungen in unterschiedlichem Umfang bekannt.

(1) Deutschland

Das deutsche Recht kennt neben vereinzelten speziellen Annexzuständigkeiten[538] die allgemein gehaltene Widerklagezuständigkeit, § 33 ZPO. Ob und inwieweit diese Vorschrift die Zuständigkeit deutscher Gerichte gegenüber einem Drittwiderbeklagten begründet, ist angesichts eines neueren Beschlusses des OLG Dresden[539], der dies zumindest für die örtliche Zuständigkeit unter bestimmten

538 Z.B. für Gebührenklagen (§ 34 ZPO), für Unterhaltsklagen (§§ 621 I Nr. 4-9 i.V.m. 623 ZPO und § 653 ZPO) oder für Scheidungsfolgesachen (§ 621 II 1 ZPO).

539 OLG Dresden 17.4.2002, OLGR 2003, 65, 66.

Umständen bejaht, fraglich.[540] Der BGH hat es bisher abgelehnt, die örtliche Zuständigkeit im Fall der Drittwiderklage gemäß § 33 ZPO zu konzentrieren.[541] Was bezüglich der internationalen Zuständigkeit gilt, ist bislang noch gar nicht entschieden worden.

Eine allgemeine Konnexitätszuständigkeit ist dem deutschen IZVR jedenfalls fremd. Interventionszuständigkeiten existieren ebenfalls nicht, was aber teilweise durch die Vorschriften über die Streitverkündung kompensiert wird.[542] Mitbeklagtenzuständigkeiten existieren in Form der ausnahmsweisen Streitgenossenzuständigkeiten nach §§ 35a, 603 II (i.V.m. 605a) ZPO, § 440 II HGB, § 56 II 2 Luftverkehrsgesetz usw. Eine allgemeine Mitbeklagtenzuständigkeit kennt das deutsche IZVR hingegen nicht. Daher muss die Zuständigkeit deutscher Gerichte im Übrigen für jeden Streitgenossen selbständig geprüft werden. Eine Zuständigkeitskonzentrierung nach § 36 Nr. 3 ZPO kommt nur bezüglich der örtlichen Zuständigkeit in Betracht.[543]

(2) Frankreich

Anders stellt sich die Lage in Frankreich dar. Auch dort besteht zunächst eine Widerklagemöglichkeit.[544]

Daneben kann ein freiwillig intervenierender ausländischer[545] Dritter gemäß Art. 325 NCPC[546] in seiner doppelfunktionalen Anwendung eine Verfahrenskonzentration in Frankreich erreichen.[547] Unter Berufung auf Art. 325 NCPC stellt die

540 Voraussetzung soll sein, dass es die materiell-rechtlichen Rechtsbeziehungen im Verhältnis zum Dritten, insbesondere die mit der Klage oder Verteidigungsmitteln in rechtlichem Zusammenhang stehenden Gegenansprüche mi sich bringen, dass dem Dritten die Prozessführung am Ort der Klage zugemutet werden kann. Dies soll u.a. für die Geltendmachung des eingeklagten Rechts in gewillkürter Prozessstandschaft gelten.

541 BGH 28.2.1991, NJW 1991, 2838.

542 *Geimer*, IZPR, Rn. 1580 (im Bezug auf die Gewährleistungsklage).

543 *Geimer*, IZPR, Rn. 1161.

544 C.A. Lyon, 2.7.1931, Gaz.Pal. 1931.2.502, (zur *compétence indirecte* eines italienischen Gerichts im Rahmen eines Anerkennungsverfahrens in Frankreich): *„... que la demande reconventionelle se trouvant incluse dans la demande reconventionnelle, il suffira, pour que le juge saisi de cette dernière puisse statuer sur la demande reconventionelle, que celle-ci rentre dans sa compétence ratione materiae, règle de droit international comme de droit interne;...“*

545 Besitzt der Dritte die französische Nationalität, sind französische Gerichte bereits gemäß Art. 14 C.civ. zuständig.

546 ***Art. 325 NCPC*** *L'intervention n'est recevable que si elle se rattache aux prétentions des parties par un lien suffisant.*

547 Cass.civ. 7.7.1845, DP 1845.1.334.

Rechtsprechung das französische Forum der Hauptklage auch für die Gewährleistungsklage und andere Fälle der *intervention forcée* zur Verfügung.[548] Ist zwischen dem Haupt- und dem Garantiebeklagten eine Gerichtsstandsvereinbarung zugunsten ausländischer Gerichte getroffen worden, dürfte der Garantiebeklagte diese Vereinbarung gemäß Art. 333 NCPC[549] nicht gegen die Garantieklage einwenden. Gerade die vom Garanten mit einer Gerichtsstandsvereinbarung angestrebte Gewissheit über das zuständige Gericht würde allerdings nicht unerheblich erschüttert, müsste er sich ihrer ungeachtet vor einem Gericht verantworten, über dessen Zuständigkeit der ihm fremde Streit zwischen den Parteien des Hauptprozesses entscheidet. Daher wendet die Rechtsprechung Art. 333 NCPC nicht doppelfunktional an.[550] Dieses Ergebnis stimmt mit dem in Deutschland herrschenden Verständnis des Verhältnisses von Art. 23 und Art. 6 Nr. 2 EuGVO[551] überein.

Des Weiteren kennt das französische Recht eine allgemeine Zuständigkeitsbegründung kraft internationaler Konnexität,[552] welche nicht auf eine doppelfunktionale Anwendung innerstaatlicher Prozessrechtsvorschriften zurückzuführen ist; Art. 101 NCPC ermöglicht nur eine – im weiteren Verlauf der Arbeit noch zu erörternde[553] – Klageabweisung wegen Konnexität. Werden verschiedene Verfahren gegen ein und denselben Beklagten als konnex angesehen, kann der Kläger sie in Frankreich konzentrieren, sofern französische Gerichte für eine der Streitigkeiten zuständig sind.[554] Aber auch konnexe Klagen zweier unterschiedlicher Kläger gegen ein und denselben Beklagten[555] sowie gegenseitige Klagen von Kläger und Beklagtem (die nicht die Voraussetzungen für eine Widerklage erfüllen)[556] können

548 Cass.civ. 19.10.1959 „Pelassa", D.1960.37 mit Anmerkung Holleaux, RCDIP 1960.215 mit Anmerkung Loussouarn, JDI 1960.486 mit Anmerkung Sialelli.

549 ***Art. 333 NCPC*** *Le tiers mis en cause est tenu de procéder devant la juridiction saisie de la demande originaire, sans qu'il puisse décliner la compétence territoriale de cette juridiction, même en invoquant une clause attributive de compétence.*

550 Cass.com. 30.3.1993, RCDIP 1993.680 mit Anmerkung Gaudemet-Tallon. Ebenso entscheidet sie im Übrigen bezüglich einer Schiedsklausel zwischen Haupt- und Garantiebeklagtem: Cass.com. 8.11.1982, JDI 1984.151 mit Anmerkung Buhard. Letzteres dürfte sich allerdings schon daraus ableiten lassen, dass bei wirksamer Schiedsvereinbarung staatliche Gerichte überhaupt nicht mehr zuständig sind.

551 MüKo-*Gottwald*, ZPO III, Art. 17 EuGVÜ Rn. 75; Reithmann/Martiny-*Hausmann*, Internationales Vertragsrecht, Rn. 3092; *Geimer/Schütze*, EZVR, A.1 Art. 23, Rn. 197 m.w.N.

552 Cass.req. 15.6.1909, RCDIP 11.339; C.A. Lyon 8.6.1978, RCDIP 1979.116.

553 Siehe unten I C 3 b.

554 C.A. Lyon 8.6.1978, RCDIP 1979.116.

555 So implizit C.A. Paris 23.3.1936, RCDIP 1938.491 (493).

556 So implizit Cass.civ.[1] 18.4.1972, RCDIP 1972.672.

wohl auf diese Weise verbunden werden. Bei der Annahme von Konnexität haben die Gerichte angesichts der Flexibilität des Begriffs[557] einen weiten Spielraum.[558]

Schließlich kennt das französische IZVR auch die Mitbeklagtenzuständigkeit, welche in doppelfunktionaler Anwendung des Art. 42 al. 2 NCPC gewonnen wird.[559] Im Gegensatz zu den bislang genannten französischen Derivativzuständigkeiten, für die unerheblich ist, worauf die Zuständigkeit für die Hauptsache gründet, knüpft Art. 42 al. 2 NCPC entsprechend seiner Stellung im Gesetz an den allgemeinen Gerichtsstand des Hauptbeklagten an. Nur wenn dieser in Frankreich liegt, ist eine Verfahrenskonzentrierung möglich. Beruht die französische Gerichtspflichtigkeit des Hauptbeklagten nicht auf dem allgemeinen Gerichtsstand des Art. 42 al. 1 NCPC, sondern auf einer anderen Zuständigkeitsbegründung, kommt die Mitbeklagtenzuständigkeit nach der Rechtsprechung nicht in Betracht.[560]

Im Übrigen setzt die Rechtsprechung einen *„défendeur réel et sérieux"* voraus.[561] Nicht ausreichend ist daher etwa, wenn der Hauptbeklagte lediglich marginal mit dem Rechtsstreit zwischen dem Mitbeklagten und dem Kläger verbunden ist oder wenn der Kläger nur deshalb gegen den Hauptbeklagten vorgeht, um den *co-défendeur* statt an dessen allgemeinem Gerichtsstand in Frankreich gerichts-

---

557 *Vincent/Guinchard*, Procédure civile, no. 464, bemerken treffend: *„La connexité est une notion fondamentale et cependant assez imprécise, abandonnée à la prudence des magistrats en l'absence de toute définition légale"*.

558 Die Cour de cassation prüft die Annahme von Konnexität durch die Untergerichte nicht nach, sondern überlässt diese der *„appréciation souveraine des juges du fond"*: Cass.civ.[1] 18.4.1972, RCDIP 1972.672 mit Anmerkung Lagarde.

559 Cass.com. 29.11.1948, JCP 1949.I.4862 mit Anmerkung Sarraute und Tager; Cass. civ.[1] 17.6.1958, RCDIP 1958.704 mit Anmerkung Francescakis.

560 C.A. Paris 26.9.1996, D. 1998.Somm.285. Anders *Audit*, D.i.p., no. 365 ff., der aber zumindest im Fall des Art. 14 C.civ. sowie in weiteren speziellen Fällen auf die Anwendung von Art. 42 al. 2 NCPC verzichten möchte.

561 So bereits Cass.civ.[2] 15.3.1968, RCDIP 1969.509 mit Anmerkung Normand. Weitere Nachweise bei *Batiffol/Lagarde*, D.i.p.[7] II, no. 673-1 note 2.

pflichtig zu machen.[562] Erst recht besteht keine Mitbeklagtenzuständigkeit, wenn der Hauptbeklagte eine fiktive Person ist oder mit dem Kläger konspiriert.[563]

Während die Rechtsprechung früher die „Identität der abzuurteilenden Sachen" verlangte,[564] begnügt sie sich mittlerweile mit der Existenz einer „engen konnexen Verbindung zwischen beiden Klagen".[565] Damit hat sie sich der Rechtsprechung des EuGH zu Art. 6 Nr. 1 EuGVÜ[566], die sich im Wortlaut des Art. 6 Nr. 1 EuGVO widerspiegelt, angenähert.

Hat der Mitbeklagte selbst mit dem Kläger[567] eine Gerichtsstandswahl zugunsten eines ausländischen Gerichts getroffen, so lässt die Rechtsprechung eine Klagekonzentration in Frankreich in der Regel zu, wenn sie die Klagen als untrenn-

---

562 C.A. Aix-en-Provence 22.2.1994, Dr.mar.fr. 1994.572 (574) mit Anmerkung Tassel: Ein Autohändler (COGEDIS) hatte einen Schweizer Verfrachter (Keller Line) mit dem Transport von Automobilen über See betraut. Als diese verloren gingen, verklagte der Händler sowohl den in Frankreich ansässigen Verwahrer (SFSCM), bei dem die Wagen vor dem Verschiffen im Auftrag des Verfrachters gelagert wurden als auch den Verfrachter selbst in Marseille. Im Berufungsverfahren stellte die Cour d'appel fest, dass die Klage gegen den Verwahrer nur zu dem Zweck initiiert wurde, den Verfrachter außerhalb der Schweiz verklagen zu können. Begründet wurde dies damit, dass eine vertragliche Haftung der SFSCM gegenüber COGEDIS von vornherein ausschied (da erstere nur Keller Line vertraglich verpflichtet war) und dass eine eventuelle deliktische Haftung der SFSCM, für die überdies keine Anhaltspunkte vorlagen, von COGEDIS nicht in die Klageschrift aufgenommen wurde.
Ähnlich bereits C.A. Rouen 21.11.1963, D. 1965.395 mit Anmerkung Marin.

563 *Audit*, D.i.p., no. 365.

564 Cass.com. 23.12.1957, RCDIP 1958.385 mit Anmerkung Mezger. Diese Voraussetzung ergab sich aus dem damals noch geltenden Art. 59 al. 4 C.p.c. Die Rechtsprechung verlangte allerdings nicht, dass die Klagen auf derselben *cause* (z.B. auf ein und demselben Vertrag) aufbauten, sondern lediglich, dass sie dasselbe *objet* betrafen.

565 Siehe Cass.civ.[1] 24.2.1998 „Société Intertour", RCDIP 1999.309, 1ère ésp., mit Anmerkung Sinay-Cytermann: *„Mais attendu que (...) l'article 42 al.2 NCPC suppose que les diverses demandes dirigées contre des défendeurs différents, soient dans un lien étroit de connexité;...*"

566 EuGH 27.9.1988 „Kalfelis", RCDIP 1989.112 mit Anmerkung Gaudemet-Tallon. Der EuGH setzt allerdings keine „enge" Konnexität voraus, ausreichend ist vielmehr, dass zwischen den beiden Verfahrend eine „Beziehung [besteht], die eine gemeinsame Entscheidung erfordert, um Entscheidungen zu vermeiden, die miteinander unvereinbar sein könnten."
Dem folgt die Cour de cassation: Cass.com. 31.1.1995, JDI 1996.137 mit Anmerkung Huet; Cass.civ.[1] 9.12.1997, RCDIP 1998.117.

567 Eine Prorogation ausländischer Gerichte, die die Mitbeklagten untereinander vereinbart haben, bindet den insoweit vertragsfremden Kläger nicht, sodass die Mitbeklagtenzuständigkeit eröffnet bleibt: Cass.civ.[1] 24.2.1998 „Radifain Bank", RCDIP 1999.309, 2ème ésp.

bar („*indivisibles*") betrachtet.[568] Damit wird der Parteiwille nicht so konsequent beachtet wie im europäischen Zivilverfahrensrecht. Der EuGH räumt der (wirksamen) Gerichtsstandsvereinbarung unabhängig von der (Un-)Teilbarkeit der Klagen regelmäßig Vorrang vor der Mitbeklagtenzuständigkeit ein.[569]

Liegt eine wirksame Schiedsvereinbarung vor, ist Art. 42 al. 2 NCPC hingegen selbst bei *indivisibilité* der Klagen nicht anwendbar.[570] Das liegt daran, dass staatliche Gerichte für diese Streitigkeit nicht zuständig sind, mag sie auch in einem untrennbaren Zusammenhang mit einer der französischen Gerichtsbarkeit unterstehenden Streitigkeit stehen.

(3) Belgien

Bereits vor der Reform eröffnete das belgische IZVR gemäß Artt. 635 no. 6 und 9 C.jud.[571] eine belgische Zuständigkeit für konnexe Klagen, Interventions- und Widerklagen, sofern der Beklagte Ausländer war. Mit dieser Ungleichbehandlung hat der Reformgesetzgeber gebrochen. Artt. 8 und 9 CDIP enthalten alle auch in Frankreich bestehenden Derivativzuständigkeiten einschließlich der allgemeinen Konnexitätszuständigkeit,[572] die von der Staatsangehörigkeit der Parteien unabhängig sind. Obgleich der Wortlaut des Art. 8 al. 1 CDIP dies nicht ausdrücklich vorsieht, ist wohl auch für die Interventions- und Gewährleistungsklage eine ge-

---

568 Cass.civ.[1] 9.1.1933, S. 1933.1.145; Cass.civ.[1] 23.10.1990, Bull.civ.II, no. 219, S. 156. In einer jüngeren Entscheidung lehnte die Cour de cassation eine Klagekonzentration zwar ohne Prüfung der „*indivisibilité*" ab: Cass.civ.[1] 24.2.1998 „Radifain Bank", RCDIP 1999.309, 2ème ésp. Das lag aber wohl an den Besonderheiten des Falls und lässt nicht auf eine allgemeine Rechtsprechungsänderung schließen, siehe *Sinay-Cytermann,* Anmerkung zu Cass.civ.[1] 24.2.1998, RCDIP 1999.309 ff. (316). Zu den Meinungsverschiedenheiten über die Definition der „*indivisibilité*" siehe *Jault-Seseke*, Anmerkung zu Cass.civ.[1] 16.10.2001, RCDIP 2002.555 (561).

569 *Gaudemet-Tallon*, Les Conventions de Bruxelles et de Lugano, 2e édition, Paris 1996, no. 232 ff. m.w.N.

570 Cass.civ.[1] 16.10.2001, RCDIP 2002.555 mit Anmerkung Jault-Seseke, der auf Seite 558, Fußnoten 8-10 auch den vorherigen, uneinheitlichen Stand der Rechtsprechung darstellt.

571 ***Art. 635 C. jud.*** *Les étrangers peuvent être assignés devant les tribunaux du royaume, soit par un belge, soit par un étranger, dans les cas suivants: (...)*
6° si la demande est connexe à un procès déjà pendant devant un tribunal belge; (...)
9° s'il s'agit d'une demande en intervention ou d'une demande reconventionelle quand la demande originaire est pendante devant un tribunal belge; (...).

572 Eine spezielle Konnexitätszuständigkeit stellt die internationale Verbundzuständigkeit des Art. 33 CDIP dar. Ihr zu Folge zieht die Zuständigkeit für eine Scheidung, Trennung oder Ehenichtigkeitserklärung die Zuständigkeit für sämtliche Gesuche betreffend die Ausübung der elterlichen Sorge und des Umgangsrechts mit den minderjährigen Kindern nach sich.

wisse Konnexität zur Hauptklage zu verlangen. Für die Widerklage ergibt sich dieses Erfordernis bereits aus nach Art. 8 al. 2 CDIP, der auf „denselben Sachverhalt oder dasselbe Rechtsgeschäft, auf dem die Hauptklage gründet," abstellt.

Art. 5 § 1 al. 2 CDIP sieht eine der französischen Variante ganz ähnliche Mitbeklagtenzuständigkeit vor. Wie ihr französisches Pendant setzt diese voraus, dass der allgemeine Gerichtsstand des Hauptbeklagten in Belgien liegt. Da die belgische Allgemeinzuständigkeit nicht wie die französische subsidiär, sondern alternativ an *domicile* und *résidence habituelle* anknüpft,[573] hat die belgische Mitbeklagtenzuständigkeit einen geringfügig weiteren Anwendungsbereich als die französische. Die von der französischen Rechtsprechung entwickelten Einschränkungen zur Verhinderung eines Missbrauchs haben sich im letzten Halbsatz der belgischen Bestimmung niedergeschlagen, dem zu Folge die Mitbeklagtenzuständigkeit nicht eröffnet ist, wenn die Klage gegen den einen Beklagten nur deshalb angestrengt wurde, um den anderen Beklagten statt an seinem allgemeinen Gerichtsstand im Ausland in Belgien verklagen zu können. Anders als in Frankreich ist nach dem Wortlaut der Vorschrift nicht erforderlich, dass die Klagen im Verhältnis enger Konnexität stehen. Zumindest ein gewisses Maß an Konnexität wird dennoch verlangt werden müssen, da diese sowohl unter Geltung des früheren Art. 635 no. 10 C.jud. als auch im Rahmen des Art. 6 Nr. 1 EuGVO – an dem sich Art. 5 § 1 al. 2 CDIP orientiert – erforderlich war bzw. ist.[574]

(4) Québec

Art. 3139 C.C.Q. nennt ausdrücklich nur die Fälle der Inzident- und der Widerklagezuständigkeit. Da aber auch die Garantieklage eine Inzidentklage darstellt,[575] wird sie ebenfalls erfasst. Zwar präzisiert Art. 3139 C.C.Q. nicht, in welcher Beziehung die beiden Klagen zueinander stehen. Im Quebecer Schrifttum ist man sich aber einig, dass sie „derart auf derselben Rechtsbeziehung basieren müssen, dass die Entscheidung der einen Klage auch die der anderen erfordert".[576]

Eine Zuständigkeitskonzentration zu Lasten von Mitbeklagten sowie eine allgemeine Konnexitätszuständigkeit sieht das Quebecer Recht nicht ausdrücklich vor. Im Hinblick auf das Ziel, internationale Parallelverfahren zu verhindern, könnte zwar eine extensive Interpretation des Art. 3139 C.C.Q. erwogen werden. Dagegen sprechen aber die besonderen Zuständigkeitsregelungen des C.C.Q.,

---

573 Siehe oben Einleitung zu I B 2 a (2).

574 So auch *Nuyts*, J.T. 2005, S. 177, no. 33.

575 Siehe Art. ***71 C.P.C.Q.*** *La demande incidente en garantie doit être portée devant le tribunal où la demande principale est pendante.*

576 Siehe *Talpis/Castel*, Le Code civil du Québec, no. 437; *Goldstein/Groffier*, D.i.p. I, no. 140, S. 338.

die teilweise Klagekonzentrationen bei spezieller Konnexität[577] oder Mitbeklagten[578] ermöglichen. Darauf hätte der Gesetzgeber verzichten können, wäre er vom Bestehen einer allgemeinen Regelung ausgegangen. Folglich lehnen sowohl das Schrifttum[579] als auch die Rechtsprechung[580] es ab, aus Art. 3139 C.C.Q. eine Mitbeklagtenzuständigkeit zu gewinnen.

Eine kürzlich in einem anderen Zusammenhang ergangene Entscheidung („GreCon Dimter c. Normand")[581] spricht gegen eine Ausdehnung des Anwendungsbereichs des Art. 3139 C.C.Q. Im zu entscheidenden Fall war ein deutscher Fabrikant seiner Verpflichtung, Waren an einen Quebecer Händler zu liefern, nicht nachgekommen. Daraufhin konnte der Händler die eigenen Lieferpflichten nicht erfüllen. In Folge dessen klagte einer seiner Abnehmer in Québec gegen den Händler, welcher daraufhin seinerseits – vor demselben Gericht – Garantieklage gegen den deutschen Fabrikanten erhob. Letzterer berief sich gegenüber der Garantieklage auf die mit dem Händler vereinbarte Prorogation deutscher Gerichte. Die Cour supérieure ließ die Garantieklage mit der Begründung zu, Art. 3139 C.C.Q. sei erfüllt und gehe Art. 3148 al. 1 no. 2 C.C.Q. vor. Die Cour d'appel sah ebenfalls eine Quebecer Zuständigkeit als gegeben, stützte dies aber auf eine andere Argumentation. Zwischen den beiden Normen bestehe ein Konflikt, den es mit Hilfe des Forum-non-conveniens-Prinzips zu lösen gälte. Nach Art. 3139 C.C.Q. sei eine Zuständigkeit gegeben; ausreichende Anhaltspunkte dafür, dass Québec nicht das geeignete Forum darstelle, seien nicht ersichtlich. Die Cour suprême kassierte das Urteil der Cour d'appel mit folgenden Erwägungen: Der Gesetzgeber habe sich mit der Einführung des Art. 3148 al. 1 no. 2 C.C.Q., der mit der zuvor bestehenden Kontroverse über die Zulässigkeit von Gerichtsstandsvereinbarungen aufräumte, klar für die Beachtung des Parteiwillens ausgesprochen. Art. 3139 C.C.Q. sei im Übrigen *restriktiv* zu interpretieren, da er eine zum Zweck der Verfahrensökonomie eingeführte Ausnahme zu dem Prinzip darstelle, dem zu Folge das Gericht

---

577 So sieht Art. 3154 no. 1 C.C.Q. in Ehe- oder Partnerschaftssachen bei Tod eines (Ehe-)Partners eine Zuständigkeit des Gerichts vor, das auch für die Erbschaftsangelegenheiten zuständig ist.

578 Art. 3153 C.C.Q. bestimmt eine Zuständigkeit der Quebecer Gerichte in Erbschaftsangelegenheiten u.a. dann, wenn einer der Beklagten sein Domizil in Québec hat.

579 Siehe *Talpis/Castel*, Le Code civil du Québec, no. 437 sowie *Goldstein/Groffier*, D.i.p. I, no. 140, S. 338, die sämtlich auf die Gefahr einer übermäßigen Ausdehnung der Quebecer Zuständigkeiten verweisen.

580 Cour supérieure 26.2.2001 „Sorel-Tracy Terminal maritime c. F.S.L. Ltd.", J.E. 2001-641.

581 Cour suprême du Canada 22.7.2005 „GreCon Dimter inc. c. J.R. Normand inc.", [2005] CSC 46 (online: www.canlii.org/ca/jug/csc/2005/2005csc46.html).

seine Zuständigkeit für jeden Streit gesondert feststellen müsse. [582] Das zweite Argument dürfte jeglicher, auch der oben in Betracht gezogenen, Ausdehnung des Art. 3139 C.C.Q. entgegenstehen.

c) Vergleich

Derivative Zuständigkeiten haben durchaus anerkennenswerte Vorteile. Sie ermöglichen eine Verfahrenskonzentration, verhindern damit widersprüchliche Entscheidungen und fördern eine effektive Rechtspflege. Darüber hinaus dienen sie auch dem Interesse mindestens einer der Prozessparteien. So erleichtert die allgemeine Konnexitäts- wie die Mitbeklagtenzuständigkeit dem Kläger die Erreichung seines prozessualen Ziels. Die Widerklage- und die Gewährleistungszuständigkeit entlasten den Beklagten, der sich ansonsten nach verlorenem Prozess erneut mit dem Kläger bzw. mit seinem Garanten auseinandersetzen müsste. Die Gewährleistungsklagezuständigkeit dient zusätzlich dem (Haupt-)Kläger, da ihr Erfolg i.d.R. die Solvenz des (Haupt-)Beklagten steigert.

Gleichwohl sind Derivativzuständigkeiten nicht unproblematisch. Sie können den abhängig Beklagten unangemessen belasten, da sie es ermöglichen, ihn vor ein Forum zu zitieren, mit dem ihn selbst nichts verbindet. Hat etwa ein in Québec ansässiger Vermächtnisnehmer einen Vermächtnisanspruch gegen einen ebenfalls in Québec domizilierten Erben und bürgt ein gleichfalls in Québec wohnender Dritter für die Erfüllung dieses Anspruchs, so kann der Vermächtnisnehmer den Bürgen unter Berufung auf Art. 42 al. 1 bzw. 2 NCPC in Frankreich verklagen, wenn dieser seinen Sitz vor Klageerhebung nach Frankreich verlegt. Eine derartige Belastung des Beklagten kann auch entstehen, koppelt man derivative Zuständigkeiten mit der internationalen Notzuständigkeit.[583] Ein abhängig Beklagter kann u.U. sogar gegen den erklärten Willen der Parteien in einem Staat gerichtspflichtig werden, mit dem ihn nichts verbindet. So setzt die französische Rechtsprechung eine Verfahrenskonzentration in Frankreich entgegen einer zwischen dem Mitbeklagten und dem Kläger vereinbarten Prorogation ausländischer Gerichte durch, wenn sie die Klagen für untrennbar hält.[584]

---

582 *„L'article 3139 (...) vise plutôt l'économie des ressources judiciaires et relève de considérations procédurales d'ordre interne; en tant qu'exception au principe selon lequel le tribunal doit déterminer sa compétence au cas par cas, il doit être interprété de façon restrictive.*"

583 So hält *Nuyts*, J.T. 2005, S. 179 no. 40 etwa eine Kombination von belgischer Not- und Konnexitätszuständigkeit für denkbar.

584 Siehe bereits oben I B 6 b (2). Weitere Nachweise bei *Huet*, Jurisclasseur Droit international, Fasc. 581-40, no. 10; siehe ferner *Jault-Seseke*, Anmerkung zu Cass.civ.[1] 16.10.2001, RCDIP 2002.555 (558).

Besitzt der abhängig Beklagte auch kein vollstreckungsfähiges Vermögen im Gerichtsstaat, ist die Inanspruchnahme der derivativen Zuständigkeit geeignet, eine nicht vollstreckbare Entscheidung hervorzurufen. Folgt das Recht des Staates, in dem sich vollstreckungsfähiges Vermögen befindet, nämlich dem Spiegelbildprinzip, und kennt es überhaupt keine oder nur in geringerem Umfang derivative Zuständigkeiten, so mangelt es aus Sicht des Vollstreckungsstaates häufig an der Anerkennungszuständigkeit des Gerichtsstaates. Dasselbe gilt, wenn der Vollstreckungsstaat die Anerkennungszuständigkeit (zusätzlich) davon abhängig macht, dass eine bestimmte Verbindung zum Erststaat besteht. So würde im eben erörterten Vermächtnisbürgschaftsfall die Anerkennung der französischen Entscheidung in Québec mit einiger Wahrscheinlichkeit wegen der geringen Verbundenheit des beurteilten Sachverhalts zu Frankreich an Art. 3164 C.C.Q. scheitern.[585] Will der Kläger sein Recht in solchen Fällen weiter verfolgen, muss er im Vollstreckungsstaat ein weiteres Mal klagen. Dies stellt sowohl für die Parteien als auch für die Justiz eine Doppelbelastung dar. Angesichts dieser Gefahren werden derivativen Zuständigkeiten überall – auf unterschiedliche Weise – Grenzen gesetzt.

(1) Begrenzung derivativer Zuständigkeiten

Das deutsche IZVR eröffnet derivative Zuständigkeiten nur in speziellen Fällen und bindet sie darüber hinaus an enge Voraussetzungen. Die eben beschriebenen Gefahren werden dadurch großteils von vornherein verhindert.

Die Mitbeklagtenzuständigkeit des französischen und belgischen Rechts ist an den allgemeinen Gerichtsstand des Hauptbeklagten im Forumstaat gekoppelt. Folglich sind Mitbeklagte nur im allgemeinen Gerichtsstand des Hauptbeklagten gerichtspflichtig. Besondere Zuständigkeiten werden auf sie nicht ausgedehnt. Schließt beispielsweise ein belgischer Unternehmer mit einem in Taiwan ansässigen Händler einen in Belgien zu erfüllenden Kaufvertrag und verursacht die mangelhafte Kaufsache dem Unternehmer einen in Deutschland eintretenden Schaden, so kann der Unternehmer in Belgien gegen den Händler vorgehen. Den in Japan ansässigen Hersteller der Kaufsache, gegen den der Unternehmer gleichzeitig wegen deliktischer Schädigung vorgehen möchte, kann der Unternehmer dagegen nicht in Belgien belangen: Die EuGVO, insbesondere Art. 6 Nr. 1 EuGVO, ist mangels (Wohn-)Sitzes eines der Beklagten nicht anwendbar. Gemäß Art. 96 CDIP sind belgische Gerichte zwar für die Klage gegen den Händler zuständig, nicht aber für die Klage gegen den Hersteller. Denn Art. 96 CDIP eröffnet die belgische Zuständigkeit in vertraglichen Streitigkeiten, wenn die Verpflichtung in

585 Zur Anerkennungszuständigkeit nach der Konzeption des Quebecer Anerkennungsrecht siehe unten II B 3 a (3).

Belgien entstanden oder dort zu erfüllen ist; in deliktischen Streitigkeiten ist die belgische Zuständigkeit hingegen nur eröffnet, wenn das haftungsbegründende Ereignis in Belgien stattgefunden hat oder wenn und soweit der Schaden in Belgien eingetreten ist. Da der Taiwaner Händler weder Domizil noch gewöhnlichen Aufenthalt in Belgien hat, muss der japanische Hersteller sich selbst dann nicht in Belgien verantworten, wenn er als Mitbeklagter anzusehen ist.

Im Bezug auf die Garantieklagezuständigkeit sieht das belgische Recht eine ausdrückliche Missbrauchssperre vor. Art. 8 al. 2 CDIP enthält einen mit Art. 6 Nr. 2 EuGVÜ/EuGVO wortgleichen Passus, dem zu Folge die Zuständigkeit nicht eröffnet ist, wenn die Hauptklage nur aus dem Grund erhoben wird, den Garanten „dem normalerweise zuständigen Gericht zu entziehen".

Eine entsprechende Einschränkung enthielt auch der französische Art. 181 CPC. Die Nachfolgevorschrift, Art. 325 NCPC, verzichtet zwar auf diese ausdrückliche Einschränkung, gleichwohl scheint sie weiterhin zu gelten.[586]

In Québec obliegt es dem Gericht, eine im Einzelfall zu weit greifende derivative Zuständigkeit mit Hilfe des Forum-non-conveniens-Prinzips zu begrenzen.[587] Dies setzt allerdings voraus, dass ein deutlich geeigneteres ausländisches Forum für die abhängige Klage existiert.[588]

(2) Bedeutung der autonomen Derivativzuständigkeiten

Das europäische Zuständigkeitsrecht verengt den Anwendungsbereich der autonomen Derivativzuständigkeiten der europäischen Vergleichsrechtsordnungen. Folgt man der Ansicht, der zu Folge Art. 6 Nr. 1 EuGVO schon dann anwendbar ist, wenn bloß einer der Beklagten seinen Wohnsitz/Sitz in der EU hat,[589] hat die autonome Mitbeklagtenzuständigkeit, die ja den allgemeinen Gerichtsstand eines Beklagten im Inland voraussetzt, praktisch keine Bedeutung. Folgt man der Gegenmeinung, die Art. 6 Nr. 1 EuGVO nur für anwendbar hält, wenn beide Beklagten ihren allgemeinen Gerichtsstand innerhalb der EU haben, ist die auto-

586 *Audit*, D.i.p., no. 367 Fn. 3.

587 Siehe Cour d'appel du Québec 12.1.2004 „GreCon Dimter Inc. c. J.R. Normand Inc. et Scierie Tomas-Louis Tremblay Inc.", www.jugements.qc.ca, no. 200-09-004398-035. Im Revisionsverfahren (22.7.2005 „GreCon Dimter inc. c. J.R. Normand inc.", [2005] CSC 46; online: www.canlii.org/ca/jug/csc/2005/2005csc46.html) wurde die grundsätzliche Anwendung des Forum-non-conveniens-Prinzips zur Begrenzung des Art. 3139 C.C.Q. nicht in Frage gestellt; vielmehr verwarf die Cour suprême lediglich die konkrete Anwendung des Art. 3135 C.C.Q. durch die Cour d'appel.

588 Siehe dazu unten I C 4 b.

589 MüKo-*Gottwald*, ZPO III, Art. 6 EuGVÜ Rn. 3; *Nagel/Gottwald*, IZPR, § 3 Rn. 90; Geimer/Schütze-*Auer*, Internationaler Rechtsverkehr, B Vor I 10b Art. 6 Rn. 16, jeweils m.w.N.

nome Mitbeklagtenzuständigkeit nur anwendbar, wenn der Mitbeklagte in einem Drittstaat sitzt.[590] Auch im Anwendungsbereich der EheVO II wird die autonome Mitbeklagtenzuständigkeit nach Maßgabe der Artt. 7 I, 14 verdrängt. Uneingeschränkt kann sie vor allem im Erbrecht, das bisher von keiner europäischen Verordnung erfasst ist,[591] zum Tragen kommen. Allerdings gilt dies nur in Frankreich. In Belgien ist die Anwendung des Art. 5 § 1 al. 2 CDIP nämlich gemäß Art. 77 CDIP in erbrechtlichen Streitigkeiten ausgeschlossen.

Der Rückgriff auf andere autonome Derivativzuständigkeiten der europäischen Vergleichsrechtordnungen ist im Anwendungsbereich des europäischen Zivilverfahrensrechts nach Maßgabe der Artt. 3 I EuGVO, Artt. 7 I, 14 EheVO II gesperrt.

7) Internationale Dringlichkeits- und Notzuständigkeit

a) Dringlichkeitszuständigkeit

Den Gerichten sämtlicher Vergleichsstaaten kommt, unabhängig davon, ob sie für die Beurteilung der Hauptsache dem Grunde nach zuständig sind, eine internationale Zuständigkeit für die Anordnung von dringlichen Maßnahmen, Sicherungsmaßnahmen und Vollstreckungsmaßnahmen zu, sofern die betroffenen Personen oder Sachen sich im Inland befinden.[592]

b) Notzuständigkeit

Darüber hinaus sehen alle verglichenen Rechtsordnungen eine internationale Notzuständigkeit *(for de necessité)* vor, die es den inländischen Gerichten, die an sich nicht zuständig wären, ermöglicht, einen Fall zu beurteilen, wenn der Kläger ansonsten nirgends effektiven Rechtsschutz erlangen könnte. Hintergrund ist die Pflicht zur Gewährung effektiven Rechtsschutzes. Diese ergibt sich in Deutschland, Frankreich und Belgien aus Art. 6 I EMRK und Art. 47 II EUV, in Québec

---

590 Wieczorek/Schütze-*Hausmann*, ZPO, Art. 6 Rn. 4; Staudinger-*Hausmann*, BGB, Anhang II zu Art. 27-37 EGBGB, Rn. 140; *Grolimund*, Drittstaatenproblematik, Rn. 415, 423.

591 Siehe Art. 1 Nr. 2 a) EuGVO, Art. 1 III f) EheVO II.

592 Deutschland: § 919 ZPO in doppelfunktionaler Anwendung, siehe dazu *Geimer*, IZPR, Rn. 1203 ff. Frankreich: Siehe *Huet*, Jurisclasseur droit international, Fasc. 581-21, no. 78 ff. Belgien: Art. 10 CDIP. Québec: Artt. 3138, 3140 C.C.Q.

lässt sie aus Art. 6 der *Charte québecoise des droits et libertés de la personne*[593] und Art. 7 der kanadischen Verfassung[594] ableiten.[595]

Eine Rechtsschutzversagung kann aus zwei Gründen drohen. Zum einen kann ein negativer Kompetenzkonflikt entstehen. So können sich die Gerichte aller Staaten für unzuständig halten (rechtlicher negativer Kompetenzkonflikt).[596] Aber auch ein Stillstand der Rechtspflege oder die Rechtlosstellung von Aus- oder Inländern im einzigen in Frage kommenden Gerichtsstaat kann die Gewährung effektiven Rechtsschutzes verhindern (faktischer negativer Kompetenzkonflikt). Zum anderen droht eine Rechtsschutzversagung auch dann, wenn der Staat, der als einziger für die Vollstreckung einer ausländischen Entscheidung in Betracht kommt, diese Entscheidung nicht anerkennt und seine Zuständigkeitsregeln auch keine nochmalige Beurteilung durch die inländischen Gerichte zulassen.[597]

Im Fall eines negativen Kompetenzkonflikts wird überall eine Notzuständigkeit angenommen (1). Kaum geklärt ist dagegen, wie es sich im Fall der versagten Anerkennung ausländischer Entscheidungen verhält (2). Die Bedeutung der Notzuständigkeit ist heutzutage geringer als früher (3).

---

593 L.R.Q. chapitre C-12 (online: www.canlii.org/qc/legis/loi/c-12/20050809/tout.html).

594 Online: www.canlii.org/ca/const_fr/const1982.html.

595 ***Art. 6 Charte québecoise*** *Toute personne a droit à la jouissance paisible et à la libre disposition de ses biens, sauf dans la mesure prévue par la loi.*
Art. 7 Charte canadienne *Chacun a droit à la vie, à la liberté et à la sécurité de sa personne; il ne peut être porté atteinte à ce droit qu'en conformité avec les principes de justice fondamentale.*

596 Zu den verschiedenen Gründen siehe *Kropholler* in: Hb. IZVR I, Kap. III Rn. 183.

597 Dies gilt auch im Rahmen der EuGVO. Da diese keine bindende Verweisung an das Gericht eines anderen Mitgliedsstaates ermöglicht, können negative Kompetenzkonflikte entstehen, etwa wenn die Gerichte zweier Mitgliedsstaaten aufgrund verschiedener Wertung der entscheidungserheblichen Tatsachen den Wohnsitz i.S.d. Art. 59 EuGVO im jeweils anderen Vertragsstaat annehmen. Auch der Fall der versagten Urteilsanerkennung kann vorkommen, etwa wenn das Anerkennungsgericht von einem Verstoß gegen den internationalen Ordre public i.S.d. Art. 34 Nr. 1 EuGVO ausgeht. Ausdrücklich sieht die EuGVO keine Notzuständigkeit vor. Eine starke Ansicht im deutschen Schrifttum (für den Fall der versagten Anerkennung *Geimer/Schütze*, EZVR, Art. 3 A.1 Rn. 7 ff.; für den Fall des negativen Kompetenzkonflikts *Schack*, IZVR, Rn. 248 sowie *Basedow* in: Hb. IZVR I, Kap. II, Rn. 29) sowie ein Teil des französischen Schrifttums (*Muir Watt*, Droit international et procédure civile, no. 19; *Corbion*, Le déni de justice en droit international privé, no. 226, S. 224; *Corbion,* Le déni de justice en droit international privé, no. 219, S. 216; entschieden dagegen *Sinay-Cytermann*, L'ordre public en matière de compétence judiciaire internationale, no. 344 m.w.N.) halten daher die Annahme einer ergänzenden verordnungsimmanenten Notzuständigkeit für erforderlich.

(1) Allgemeine Anerkennung der internationalen Notzuständigkeit bei negativem Kompetenzkonflikt

Die in Deutschland h.M. bejaht eine Notzuständigkeit, wenn vor keinem ausländischen Gericht in zumutbarer Weise ein Prozess geführt werden kann.[598] Auch die französische Rechtsprechung erkennt in diesem Fall eine internationale Zuständigkeit französischer Gerichte an.[599] Steht ein ausländisches Gericht zur Verfügung, das lediglich nicht im vom Kläger beantragten Sinn zu urteilen vermag, ist eine Notzuständigkeit dagegen ausgeschlossen.[600] Eine Einschränkung der Notzuständigkeit gilt nach der Rechtsprechung der Cour de cassation für Streitigkeiten, die im Ausland belegene Immobilien betreffen.[601]

Unter altem belgischen IZVR wurde eine internationale Notzuständigkeit nur ganz ausnahmsweise angenommen. Ausgangspunkt waren Personenstandssachen im fernen Ausland lebender Belgier. Konnten diese im ausländischen Aufenthaltsstaat – beispielsweise wegen der politischen Umstände – keine Entscheidung erlangen, wollte man ihnen einen Gerichtsstand in Belgien eröffnen. Während ein Franzose in derselben Lage gemäß Art. 14 C.civ. ohne Weiteres französische Gerichte anrufen konnte, bestand nach Abschaffung der entsprechenden belgischen Parallelvorschrift im Jahr 1948 dort eine Rechtsschutzlücke. Soweit diese nicht mit dem bis zur Reform von 2004 in Kraft gebliebenen Art. 15 C.civ.belge[602] zu schließen war,[603] bejahte die Rechtsprechung die belgische Zuständigkeit in familienrechtlichen Angelegenheiten, wenn beide Parteien die belgische Nationalität besaßen.[604] Mit Art. 11 CDIP ist die internationale Notzuständigkeit bei negativem Kompetenzkonflikt nunmehr gesetzlich fixiert.

Auch in Québec ist die Notzuständigkeit gesetzlich geregelt, Art. 3136 C.C.Q. Der Gesetzesentwurf von 1988 verzichtete noch auf eine Darlegung der Unmög-

---

598 *Geimer*, IZPR, Rn. 1030; *Schack*, IZVR, Rn. 397 m.w.N.

599 Erstmals in Cass.req. 29.7.1912, Gaz.Pal. 1912.2.410, JDI 1914.207.
Z.B. Cass.req. 30.12.1930, RCDIP 1932.111 (französische Zuständigkeit, wenn kein ausländisches Gericht sich für zuständig erklären würde); ebenso (implizit) Cass.civ.[1] 13.1.1981, JDI 1981.1.360 mit Anmerkung Huet, RCDIP 1981.331 mit Anmerkung Gaudemet-Tallon.

600 C.A. Paris 10.11.1959 „Dawn Addams", RCDIP 1960.218 (221), wo das zuständige italienische Gericht nach anwendbarem italienischen Recht keine Scheidung, sondern lediglich eine Trennung von Tisch und Bett aussprechen konnte.

601 Cass.civ.[1] 7.1.1982, RCDIP 1983.87 mit Anmerkung Ancel (Keine französische Notzuständigkeit für die erbrechtliche Auseinandersetzung an einer im Ausland belegenen Immobilie).

602 Die Vorschrift war inhaltsgleich mit Art. 15 C.civ.

603 *Rigaux/Fallon*, D.i.p. II, no. 818, S. 201 m.N. aus der Rechtsprechung.

604 Z.B. Bruxelles 22.5.1985, J.T. 1986, 252, und 20.1.1990, Rev.not.belge 1990.402; Anvers 25.3.1997, Tijdschrift voor Notarissen 1997, 538.

lichkeit oder Unzumutbarkeit einer Rechtsverfolgung im Ausland, enthielt also das Forum-conveniens-Prinzip, welches allein darauf abhebt, ob das inländische Gericht besser geeignet erscheint den Rechtsstreit zu entscheiden als jedes ausländische. Dieser Ansatz wurde jedoch, anders als sein dogmatischer Gegenpart, die Forum-non-conveniens-Doktrin,[605] nicht in die Kodifikation übernommen.

Im Gegensatz zu Art. 3 CH-IPRG[606] regelt weder Art. 11 CDIP noch Art. 3136 C.C.Q. die örtliche Zuständigkeit. Vielmehr kommen insoweit die gewöhnlichen Zuständigkeitsregeln zur Anwendung. Sofern danach eine Zuständigkeitslücke besteht, ist diese nach den bereits erörterten Grundsätzen zu schließen.[607]

Da fora necessitatis besonderes Potential für ein unerwünschtes *forum shopping* bieten – angesichts der Tatsache, dass die meisten Staaten eine Notzuständigkeit eröffnen, hat der Kläger a priori die Auswahl unter einer Vielzahl von Foren –, setzen alle verglichenen Rechtsordnungen einen gewissen Inlandsbezug der Streitigkeit voraus:[608]

Nach der in Deutschland h.M. setzt die Notzuständigkeit ein „Rechtsschutzbedürfnis im Inland" bzw. eine „Binnenbeziehung" des Rechtsstreits voraus.[609] Nach belgischem IZVR sind „enge Verbindungen mit Belgien" erforderlich. Nach Quebecer IZVR reicht eine nach den Umständen des Einzelfalls zu beurteilende[610] „hinreichende Verbindung mit Québec" aus. Die französische Rechtsprechung entscheidet von Fall zu Fall, ob die erforderliche Verbindung zu Frankreich besteht. Geht es um eine Änderung oder Bestätigung des Personenstands, fordert die Rechtsprechung in der Regel einen „stabilen Aufenthalt (der betreffenden Per-

---

605 Hinter beiden Instituten stehen trotz entgegengesetzter Rechtsfolgen dieselben Erwägungen, siehe dazu *North/Fawcett*, P.I.L., S. 314.

606 **Art. 3 CH-IPRG** Sieht dieses Gesetz keine Zuständigkeit in der Schweiz vor und ist ein Verfahren im Ausland nicht möglich oder unzumutbar, so sind die schweizerischen Gerichte oder Behörden am Ort zuständig, mit dem der Sachverhalt einen genügenden Zusammenhang aufweist.

607 Siehe oben I B 1 c.

608 Für Deutschland: *Schack*, IZVR, Rn. 397 m.w.N.; für Frankreich Cass.req. 29.7.1912, Gaz.Pal. 1912.2.410, JDI 1914.207, T.g.i. Paris 1.10.1976, JDI 1977.879; für Belgien Art. 11 CDIP; für Québec Art. 3136 C.C.Q.

609 *Geimer*, IZPR, Rn. 1030, der dies u.a. bei in Deutschland belegenem Vermögen oder Anwendbarkeit deutschen Rechts bejaht; *Schack*, IZVR, Rn. 397; *Schütze*, Deutsches IZPR^2, Rn. 130, der je nach Rechtsschutzziel differenziert; auch *Milleker*, Der negative Kompetenzkonflikt, S. 73, weist auf die Gefahr eines *forum shopping* hin, wenn keine irgendwie geartete Verbindung zum Urteilsstaat verlangt wird.
Anders *Neuhaus*, RabelsZ 29 (1955), 265, der auf einen Inlandsbezug verzichtet, da der Kläger in jedem Staat ein Rechtschutzinteresse vorweisen müsse. Dies reiche aus, dem Belieben des Klägers bei der Wahl des Gerichtsstands Einhalt zu gebieten.

610 Cour supérieure du Québec, „Droit de la famille – 2669", [1997] R.D.F. 331, 335 und 336 (C.S.); *Emanuelli*, D.i.p. québecois, no. 154.

son) in Frankreich". *Mayer* und *Heuzé* verneinen eine hinreichende Verbindung jedenfalls dann, wenn die zu treffende Entscheidung in Frankreich nicht einmal teilweise vollstreckbar wäre.[611]

Eine differenzierte oder gar abschließende Ausformulierung des erforderlichen Inlandsbezuges erscheint auch kaum sinnvoll. Zur effektiven Vermeidung eines *déni de justice* ist vielmehr eine flexible Regelung erforderlich. Soweit anderenfalls Rechtsschutzverweigerung droht, hat das Bedürfnis nach Rechtssicherheit zurückzustehen.

(2) Notzuständigkeit bei Nichtanerkennung ausländischer Entscheidungen?

Weniger eindeutig ist, ob die Notzuständigkeit eröffnet wird, wenn zwar ein zuständiges ausländisches Gericht existiert, die von diesem zu fällende Entscheidung aber im einzig vollstreckungsgeeigneten Inland nicht anerkannt und folglich auch nicht vollstreckt werden kann.

aa) Rechtslage

Die überwiegende deutsche Rechtslehre befürwortet auch in diesem Fall die Eröffnung einer Notzuständigkeit.[612]

In Frankreich ist die Frage umstritten. Eine ältere untergerichtliche Entscheidung sowie Teile des Schrifttums wollen die französische Notzuständigkeit mit dem Argument eröffnen, anderenfalls werde kein effektiver Rechtsschutz gewährt.[613] Andere verneinen die Zuständigkeit mit dem Argument, dass das Gebot effektiven Rechtschutzes allein einen zuständigen Richter garantiere, nicht jedoch, dass dieser eine positive oder gar eine andernorts vollstreckbare Entscheidung fälle.[614] Schließlich wird auch eine vermittelnde Ansicht vertreten, der zu Folge

---

611 *Mayer/Heuzé*, D.i.p., no. 288.

612 *Geimer*, IZPR, Rn. 1030, der eine Pflicht der Bundesrepublik Deutschland zur Eröffnung einer Notzuständigkeit aus „vorangegangenem Tun" (nämlich: der Nichtanerkennung ausländischer Urteile) folgert; *Kropholler* in: Hb. IZVR I, Kap. III Rn. 186.

613 Trib.civ. Seine 1.12.1932, JDI 1933.88 mit Schlussfolgerung Picard und Anmerkung Tager; *Bauer,* Compétence judiciaire internationale des tribunaux civils francais et allemands, no. 134; *Ponsard,* Anmerkung zu Cass.civ.[1] 20.11.1974, JDI 1975.101; *Holleaux*, JDI 1975.98 und JDI 1976.149 und *Droz*, La compétence judiciaire et l'effet des jugements dans la communauté économique européenne selon la convention de Bruxelles du 27.9.1968, no. 52 und 450, welche dies sogar bejahen, wenn die Anerkennung nach dem EuGVÜ fehlschlägt.

614 *Bischoff*, RCDIP 1975.678; *Huet*, JDI 1988.138; *Sinay-Cytermann*, L'ordre public en matière de compétence judiciaire internationale, no. 340 und 343 ff. m.w.N. in Fn. 2 unter no. 344.

die Notzuständigkeit auf Fälle beschränkt bleiben soll, in denen die ausländische Entscheidung nicht anerkannt werden kann, „weil sie nicht die „essentiellen Charakteristiken einer gerichtlichen Entscheidung“ aufweist.[615]

Die Rechtsprechung hat zu dieser Frage bislang nicht ausdrücklich Stellung genommen. Allerdings hielt die Cour de cassation in einer Entscheidung von 1974 fest, die Unmöglichkeit der Vollstreckung im Erststaat selbst stelle keinen Grund für die Eröffnung einer französischen Notzuständigkeit dar, „da dieses faktische Hindernis die Anerkennung und Vollstreckbarerklärung des Urteils in Frankreich nicht hinder[e]“.[616] Diese Formulierung lässt Raum für die Annahme, dass die Notzuständigkeit eröffnet würde, sollte die Anerkennung und Vollstreckung der ausländischen Entscheidung in Frankreich ausgeschlossen sein.

Auch das belgische Recht erwähnt den Fall der Nichtanerkennung einer ausländischen Entscheidung nicht ausdrücklich. Gemäß Art. 11 CDIP in seiner zweiten Variante ist die belgische Notzuständigkeit allerdings dann gegeben, „wenn man vernünftigerweise nicht verlangen kann, dass ein Verfahren im Ausland angestrengt wird“. Geht man davon aus, dass die Anstrengung eines ausländischen Verfahrens, dessen Ergebnis nirgendwo vollstreckbar wäre, vernünftigerweise nicht verlangt werden kann, bietet dieser Passus die Möglichkeit, die Notzuständigkeit zu eröffnen. Andererseits dürfte die Problematik dem belgischen Gesetzgeber auf Grund der in Frankreich schon seit den 1970er Jahren geführten Diskussion hinlänglich bekannt gewesen sein. Da die Gesetzgebungsmaterialien auf die hier besprochene Fallkonstellation nicht eingehen,[617] ist davon auszugehen, dass der Gesetzgeber keine derartig weite Ausdehnung der Notzuständigkeit beabsichtigte. Endgültige Klarheit wird aber erst die gerichtliche Praxis bringen.

Art. 3136 C.C.Q. enthält ebenso wenig wie Art. 11 CDIP einen ausdrücklichen Hinweis auf die Eröffnung der Notzuständigkeit im Fall der versagten Urteilsanerkennung. Auch die Quebecer Rechtsprechung und Lehre haben die Frage bislang nicht explizit erörtert. Zwar wäre Art. 3136 C.C.Q., insbesondere in der etwas weiter gefassten englischen Version,[618] einer extensiven Auslegung ebenso zugänglich wie die belgische Parallelbestimmung. Allerdings hat die Cour d'appel in einer Entscheidung von 1996 ausführlich zu denkbaren Fällen der Notzustän-

---

615 *Corbion*, Le déni de justice en droit international privé, no. 226.

616 Cass.civ.[1] 20.11.1974, RCDIP 1975.668 mit Anmerkung Bischoff, JDI 1975.99 mit Anmerkung Ponsard.

617 Der *Rapport Sénat*, S. 31 nennt als Anwendungsbeispiel lediglich den bereits von der Rechtsprechung erarbeiteten Fall, in dem ein im Ausland residierender Belgier an seiner Residenz keine Änderung seines Personenstandes erreichen kann.

618 ***Art. 3136 C.C.Q.*** *Even though a Québec authority has no jurisdiction to hear a dispute, it may hear it, if the dispute has a sufficient connection with Québec, where proceedings cannot possibly be instituted outside Québec or where the institution of such proceedings outside Québec cannot reasonably be required.*

digkeit Stellung genommen. Den Fall der versagten Urteilsanerkennung erwähnt die Entscheidung nicht. In allen erläuterten Varianten ging es vielmehr darum, dass der Kläger keinen Zugang zu ausländischen Gerichten hat, ausländische Verfahren grundlegende Mängel aufweisen würden oder dem Kläger bei einer Verfahrenseinleitung im Ausland eine Gefahr für Leib, Leben oder sonstige Rechtsgüter drohte.[619] Auch Art. 3 CH-IPRG, dem Art. 3136 C.C.Q. nachgebildet wurde,[620] wird auf die hier besprochene Fallgestaltung nicht angewendet.[621] Dies spricht dafür, dass der Quebecer Gesetzgeber die Notzuständigkeit insoweit nicht eröffnen wollte.

bb) Stellungnahme

Da ein faktisch nicht vollstreckbarer ausländischer Titel keinen effektiven Rechtsschutz bietet,[622] ist die großzügige Position der in Deutschland h.L., die auch von Teilen des französischen Schrifttums vertreten wird, grundsätzlich zu begrüßen.

Demgegenüber spricht nach Ansicht eines Teils der französischen Literatur gegen die Eröffnung einer Notzuständigkeit in den Fällen der versagten Anerkennung, dass im Zeitpunkt der Zuständigkeitsentscheidung noch nicht einmal sicher sei, welche Entscheidung der ausländische Richter überhaupt fällen werde, die Prognose setze folglich zu früh an. Zunächst sei die ausländische Entscheidung abzuwarten und die Notzuständigkeit nur dann zu eröffnen, wenn diese Entscheidung tatsächlich in keinem Staat, in dem sich vollstreckungsfähiges Vermögen befinde, anerkennungsfähig sei. Den Kläger auf die Beendigung des ausländischen Verfahrens zu verweisen, kann aber zumindest dann kaum überzeugen, wenn die Anerkennbarkeit des Verfahrensergebnisses bereits mit Sicherheit ausgeschlossen werden muss, etwa weil dem ausländischen Gericht keinesfalls Anerkennungszuständigkeit zukommt. Im Übrigen rekurriert das französische IZVR auch an anderer Stelle, namentlich in der Litispendenzfrage auf eine Anerkennungsprognose,[623] ohne dass dies bislang erhebliche Probleme gezeitigt hätte. Schließlich kann die endgültige Anerkennbarkeit deklarativer Urteile in vermögensrechtlichen Angelegenheiten in Frankreich wohl noch immer nur durch das Exequaturgericht, nicht

619 Cour d'appel 4.12.1996 „Lamborghini (Canada) inc. c. Automobili Lamborghini S.P.A.“, J.E. 97-156, [1997] R.J.Q. 58.

620 Cour d'appel 4.12.1996 „Lamborghini (Canada) inc. c. Automobili Lamborghini S.P.A.“, J.E. 97-156, [1997] R.J.Q. 58.

621 Siehe *Honsell/Vogt/Schnyder*, IPR, Art. 3 Rn. 5-12.

622 Siehe *Guinchard*, Procès équitable et droit international privé, no. 31 ff., der (unter Bezugnahme auf das Urteil „Hornsby c. Grèce“ des europäischen Gerichtshofs für Menschenrechte vom 19.3.1997) für einen „fairen Prozes“ i.S.d. Art. 6 I EMRK auch die Vollstreckbarkeit der Entscheidung für erforderlich hält.

623 Siehe unten I C 1 b (4).

inzident durch ein anderes Gericht festgestellt werden.[624] Dieses obligatorische „Vorverfahren" verzögert die Entscheidung über die Eröffnung einer Notzuständigkeit zusätzlich. Aus den genannten Gründen erscheint das Abwarten auf den Ausgang des ausländischen Verfahrens als übermäßig streng.

Sofern allerdings eine Vollstreckung in Drittstaaten in Betracht kommt, wäre daran zu denken, die Notzuständigkeit nicht vor der drittstaatlichen Anerkennbarkeitsentscheidung zu eröffnen. Anderenfalls hätte das inländische Gericht eine Anerkennungsprognose an Hand der Anerkennungsregeln der betreffenden Drittstaaten vorzunehmen. Eine fehlerhafte Anwendung des ausländischen Anerkennungsrechts ist nicht auszuschließen, sodass es zu einem – möglicherweise lösbaren, gleichwohl aber unerwünschten – positiven Kompetenzkonflikt im Vollstreckungsstaat kommen könnte.

(3) Bedeutung der internationalen Notzuständigkeit

Da negative Kompetenzkonflikte angesichts des mittlerweile eng geknüpften Netzes internationaler Zuständigkeiten in allen verglichenen Rechtsordnungen heute deutlich weniger häufig auftreten als früher, hat die internationale Notzuständigkeit an Bedeutung verloren.

Die in Belgien früher mit Hilfe der Notzuständigkeit gelösten Fälle erfordern heute keinen Rekurs auf diese mehr. Denn Belgier (sowie Personen mit gewöhnlichem Aufenthalt in Belgien) haben heute bereits kraft der besonderen Zuständigkeit des Art. 32 CDIP die Möglichkeit, belgische Gerichte in Personenstandssachen anzurufen. Ein neuer Anwendungsbereich könnte im Bereich der Verschollenheitserklärung liegen. Insoweit sind belgische Gerichte gemäß Art. 40 CDIP zuständig, wenn der Verschollene Belgier ist, in Belgien residierte oder dort Güter besitzt. Lebt ein Belgier mit seinem ausländischen Ehegatten im Ausland, sind belgische Gerichte nach dieser Vorschrift nicht für die Erklärung der Verschollenheit des ausländischen Ehegatten zuständig. Gleichwohl kann es unzumutbar sein, die Verschollenheitserklärung im ausländischen Residenzstaat zu beantragen – etwa wenn dort ein blutiger Bürgerkrieg herrscht, auf den auch das Verschwinden des Ehegatten zurückzuführen ist.[625]

Auch in Frankreich hat die Notzuständigkeit nur noch geringe Bedeutung für negative Kompetenzkonflikte. Kam es früher noch vor, dass Ausländer, die sich in Frankreich aufhielten und nach dem Recht ihres Ursprungslandes in diesem kein Domizil mehr besaßen, nirgendwo einen Gerichtsstand besaßen,[626] sind solche

---

624 Siehe unten II A 1 b.

625 So *Carlier*, RCDIP 2005.11 (23) unter Bezugnahme auf den Genozid in Ruanda.

626 Siehe *Audit*, D.i.p., no. 348.

Fälle heute selten, da die französischen Zuständigkeitsregeln mittlerweile nicht mehr primär auf die Nationalität der Parteien abstellen. In einer kürzlich ergangenen Entscheidung eröffnete die Cour de cassation die französische Notzuständigkeit allerdings in einem neuartigen Zusammenhang, nämlich um eine durch die Immunität der beklagten afrikanischen Entwicklungsbank drohende Rechtsschutzversagung zu überwinden.[627]

In Québec wird die Notzuständigkeit heute ebenfalls restriktiv gehandhabt.[628]

8) Exorbitante internationale Zuständigkeiten

Als exorbitant werden Zuständigkeiten bezeichnet, die den Kreis der „normalen" oder „legitimen" Kompetenzen überschreiten, also weiter als erforderlich oder sinnvoll reichen. Kennzeichnend ist, dass sie nicht durchgängig hinreichende Beziehungen persönlicher oder sachlicher Art zum Forumstaat gewährleisten.[629] Vielmehr können sie ein inländisches Verfahren auch in Fällen ermöglichen, in denen nur minimale Berührungspunkte mit dem Inland bestehen. Indizwirkung haben Anhang I der EuGVO oder Art. 4 des Zusatzprotokolls zum Haager Abkommen vom 26.4.1966 über die Anerkennung und Vollstreckung ausländischer Entscheidungen in Zivil- und Handelssachen.[630] Mit dem Ausdruck „exorbitant" ist regelmäßig auch eine rechtspolitische Missbilligung der betroffenen Zuständigkeit verbunden.[631] Die verglichenen Rechtsordnungen sehen exorbitante Zuständigkeiten in unterschiedlichem Umfang und unterschiedlicher Ausprägung vor (a). Aus den bestehenden Unterschieden lassen sich Argumente für die Debatte um die Existenzberechtigung exorbitanter Zuständigkeiten gewinnen (b).

a) Rechtslage

(1) Deutschland

Das deutsche IZVR enthält mit dem allgemeinen Vermögensgerichtsstand des § 23 ZPO eine potentiell exorbitante Zuständigkeit. Wendet man diese Vorschrift – wie teilweise die deutsche Rechtsprechung vor 1991 – wortlautgetreu an, so reicht bereits die Belegenheit geringstwertigen Vermögens des Beklagten auf deutschem Boden,

---

627 Cass.soc. 25.1.2005, JDI 2005.1142 mit Anmerkung Corbion.

628 *Goldstein/Groffier*, D.i.p. I, no. 135, S. 320: *„(...) les cas où [Art. 3136 C.C.Q.] pourra être invoquée ne peuvent être que très rares."*

629 *Grothe*, RabelsZ 58 (1994), S. 686 ff. (689).

630 *Pfeiffer*, Internationale Zuständigkeit und prozessuale Gerechtigkeit, S. 523 f.

631 *Pfeiffer*, Internationale Zuständigkeit und prozessuale Gerechtigkeit, S. 523.

um die Zuständigkeit deutscher Gerichte in vermögensrechtlichen Angelegenheiten zu begründen.[632] Unerheblich ist nach dem Wortlaut der Vorschrift auch, auf welche Weise der Vermögensgegenstand ins Inland gelangt ist, sodass selbst die vom Kläger arglistig herbeigeführte inländische Vermögensbelegenheit die deutsche Zuständigkeit begründet. Ob das Vermögen pfändbar oder übertragbar ist, spielt nach dem Wortlaut ebenfalls keine Rolle. Diese extrem weite Auslegung trieb einige bizarre Blüten[633] und wurde in Folge dessen heftig kritisiert.[634] Seit einer Entscheidung von 1991[635] verlangt der BGH einen über die inländische Vermögensbelegenheit hinausgehenden Inlandsbezug, ließ allerdings offen, was diesen auszeichnet. Im Anschluss an diese Entscheidung wurden diverse Vorschläge für einen hinreichenden Inlandsbezug gemacht. Vorausgesetzt wird etwa der (Wohn-)Sitz des Beklagten in Deutschland, eine gewisse Proportionalität von Vermögenswert und Streitgegenstand oder eine Beschränkung der Klage auf das pfändbare inländische Vermögen.[636] Darüber hinaus werden anderweitige Einschränkungen vertreten, etwa die bloß subsidiäre Anwendung des § 23 ZPO gegenüber den anderen Zuständigkeitsbegründungen[637] oder eine teleologische Reduzierung des Vermögensbegriffs.[638]

(2) Frankreich

In der „Nassibian"-Entscheidung von 1979[639] stellte die Cour de cassation eine Zuständigkeitsregel auf, die ebenfalls an die inländische Belegenheit von Vermö-

632 Unter Verweis darauf, dass nach dem Wortlaut bereits ein in Deutschland vergessener Regenschirm die Zuständigkeit deutscher Gerichte begründen könne, wird § 23 ZPO bisweilen als *„umbrella rule"* betitelt.

633 Siehe insbesondere die zwei vom Reichsgericht entschiedenen Fälle, in denen vier in Deutschland zurückgelassene Obstkörbe im Wert von 2 Kronen die Zuständigkeit für eine Klage über 3611,99 Kronen (RG 19.1.1911, RGZ 75, 147, 152) bzw. die Belegenheit eines nach § 811 Nr. 11 ZPO unpfändbaren Handelsbuches in Deutschland die deutsche Zuständigkeit für eine Klage über 10000 Reichsmark (RG 7.4.1902, RGZ 51, 163, 165 f.) begründeten.

634 Bereits *Frankenstein* (IPR III, S. 539) bemängelte, dass nach der Vorschrift „Pfennigwerte die Zuständigkeit für Millionenprozesse" schaffen könnten. Später wurde § 23 ZPO unter anderem als „internationales catch-as-catch-can", „international unerwünscht" und „international verwerflich" bezeichnet, vgl. *Doser*, Gegenseitigkeit, S. 125.

635 BGH 2.7.1991, BGHZ 115, 90 ff. Dem BGH folgend OLG München 7.10.1992, IPRax 1993, 237, 239.

636 Übersicht bei *Doser*, Gegenseitigkeit, S.137 ff.

637 *Kropholler* in Hb. IZVR I, Kap. III Rn. 304.

638 *Geimer*, IZPR, Rn. 1371.

639 Cass.civ.[1] 6.11.1979 „Nassibian", JDI 1980.95, RCDIP 1980.88 mit Anmerkung Couchez, GAJDIP no. 59; ebenso Cass.civ.[1] 18.11.1986, RCDIP 1987.773.

gen des Beklagten anknüpfte: Wenn ein französisches Gericht für die Pfändung in dritter Hand zuständig war, konnte es auch über die zu Grunde liegende Forderung entscheiden, soweit die Gültigkeit der Pfändung davon abhing. Ebenso hatte ein französisches Gericht, das die provisorische Eintragung einer Hypothek über ein französisches Grundstück vornahm, auch über die zu sichernde Forderung zu entscheiden. Dies hing mit der damaligen Regelung der Zwangsvollstreckung zusammen. Nach einer Änderung des Zwangsvollstreckungsrechts erfolgte dann jedoch 1995 ein – teilweise heftig kritisierter[640] – Rechtsprechungsumschwung. Seither begründet die alleinige Belegenheit des von der Vollstreckung betroffenen Vermögens in Frankreich auch in diesen Fällen keine französische Zuständigkeit mehr; vielmehr muss das französische Gericht nach den sonstigen Regeln für eine Entscheidung über die zu Grunde liegende Forderung zuständig sein.[641] Sind französische Gerichte danach nicht zuständig, muss der Kläger nunmehr zunächst einen ausländischen Titel erwirken und diesen sodann in Frankreich für vollstreckbar erklären lassen, bevor er in das Vermögen vollstrecken kann. Selbst die „Nassibian"-Rechtsprechung hatte aber kein forum patrimonii, sondern nur ein forum arresti geschaffen, da die französische Zuständigkeit für die Beurteilung des Bestehens der gesicherten Forderung nur bei beschlagnahmten, in Frankreich belegenen Sachen angenommen wurde.[642]

Das französische Recht enthält allerdings zwei anderweitige exorbitante Zuständigkeitsbegründungen.

aa) Art. 14 C.civ.

Das französische Recht sieht mit Art. 14 C.civ. ein auf der französischen Nationalität aufbauendes exorbitantes Gerichtsstandsprivileg vor, das es französischen Staatsangehörigen erlaubt, Ausländer in Frankreich zu verklagen. Nach der Rechtsprechung gilt dies entgegen dem Wortlaut der Vorschrift nicht nur im Bezug auf Streitigkeiten über vertragliche Rechte und Pflichten,[643] sondern für alle

640 Siehe *Ancel/Lequette*, GAJDIP, S. 572, die die Abschaffung dieser Zuständigkeit beklagen, da dadurch die Gefahr eines *déni de justice* steige.

641 Cass.civ.[1] 17.1.1995 „Societé COBENAM", JCP 1996.II.2430 mit Anmerkung Muir Watt, RCDIP 1996.133 mit Anmerkung Lequette. Siehe ferner Cass.civ.[1] 11.2.1997 „Societé Strojexport", D.97.Inf.rap.62, Bull.civ. I no. 147, GAJDIP no. 60 (dazu näher unten I B 8 b).

642 Das historische Vorbild des § 23 ZPO, § 34 des Anhangs zur Preußischen Allgemeinen Gerichtsordnung, setzte ebenfalls einen Arrestschlag voraus.

643 Vgl. die Formulierung *„obligations contractées"*.

Rechtsbereiche,[644] insbesondere auch im Bezug auf deliktische und mobiliarsachenrechtliche[645] sowie familienrechtliche[646] Streitigkeiten.

Wie bereits erwähnt wurde,[647] wird Art. 14 C.civ. als Auffangzuständigkeit angesehen und tritt somit zurück, wenn die französische Zuständigkeit sich bereits aus einer anderweitigen Regelung ergibt. Auf das Nationalitätsprivileg kann außerdem ausdrücklich oder konkludent verzichtet werden. Ein konkludenter Verzicht auf Art. 14 C.civ. wird i.d.R. dann vermutet, wenn der französische Kläger ein ausländisches Gericht anruft.[648] Diese Vermutung ist allerdings widerleglich.[649]

Entscheidend für die Anwendung des Art. 14 ist allein die Nationalität der Prozessparteien. Welche Nationalität die Parteien des ursprünglichen materiellen Rechtsverhältnisses besitzen, ist nach der Rechtsprechung unerheblich.[650] Daher begründet eine kurz vor Prozessbeginn erfolgende persönliche Surrogation (*su-*

644 Cass.civ. 27.5.1970 „Weiss c. Societé Atlantic Electric et autres", RCDIP 1971.113 mit Anmerkung Batiffol, GAJDIP no. 49: M.Weiss, Geschäftsführer einer französischen Gesellschaft, hatte Schadensersatz für eine vorgeblich mißbräuchliche Abberufung aus seinem Amt von der Gesellschaft sowie von zwei die Gesellschaft beherrschenden ausländischen Gesellschaften gefordert. Die C.A. Paris hatte ihre Zuständigkeit mit der Begründung verneint, es gehe dabei um deliktische Ansprüche. Dafür wurde das Urteil wegen Verletzung des Art. 14 C.civ. kassiert.
Bereits zuvor war der Anwendungsbereich durch die Rechtsprechung auf deliktische Streitigkeiten ausgedehnt worden, siehe C.A. Poitiers mit Urteil vom 8.Prairial an XIII (1808) sowie Cass.req. 13.12.1842 „Companie du Britannia" S.1843.1.14

645 Für Streitigkeiten über im Ausland belegene Immobilien folgt aus Art. 14 C.civ. hingegen keine französische Zuständigkeit, siehe oben I B 1 b (3) bb.

646 Siehe etwa Cass.civ.[1] 28.3.2006, www.courdecassation.fr/agenda/agenda_new/default.htm.

647 Siehe oben I B 1 b (3) bb.

648 Cass.req. 15.11.1827, D.P. 1828.1.23.; Cass.civ.[1] 30.6.1992, D.1994.169 mit Anmerkung Guez.

649 Cass.civ.[1] 20.11.1990, Bull.civ. I, no. 248: Die Klägerin hatte einige Tage nach Erhebung der Klage im Ausland, die verhindern sollte, dass eine nach dem anwendbaren Recht bestehende Frist abläuft, in Frankreich geklagt und sich dabei ausdrücklich auf Art. 14 C.civ. berufen. Die Verzichtsvermutung wurde als widerlegt angesehen.
Kein konkludenter Verzicht auch in Cass.civ.[1] 27.1.1993, D.1993.602 mit Anmerkung Massip, wo der französische Kläger nach Klagerücknahme im Ausland in Frankreich klagte.
Nach Cass.civ.[1] 30.6.1992, D.1994.169 kann die Verzichtsvermutung durch den Beweis widerlegt werden, dass die Anrufung des ausländischen Gerichts nicht freiwillig geschah.

650 Siehe Cass.civ.[1] 21.3.1966, D.1966.429 mit Anmerkung Malaurie, RCDIP 1966.670 mit Anmerkung Ponsard.
Ein bloßer (französischer) Prozessbeauftragter, der Klagen für Rechnung ausländischer Gesellschaften einreicht, kann sich hingegen nicht auf Art. 14 C.civ. berufen, siehe Cass.civ.[1] 7.4.1998, RCDIP 1998.459 mit Anmerkung Muir Watt.

brogation personelle[651]), eine Zession, die Ausübung einer *action oblique*[652], das Eintreten des Erbschaftsfalles auf Gläubigerseite oder das Eintreten des Insolvenzverwalters in die Rechte des in Liquidation befindlichen Gläubigerunternehmens die französische Zuständigkeit, wenn die Person, welche nunmehr die Rechte auf Gläubigerseite ausübt, französischer Nationalität ist. Der Vertragspartner kann sich dagegen allerdings mit einer ausschließlichen Gerichtsstands- oder Schiedsvereinbarung schützen. In einer solchen soll nämlich ein konkludenter Verzicht auf das Gerichtsstandsprivileg des Art. 14 C.civ. liegen, der auch für den später Eintretenden (Zessionar, Erben, *subrogé* oder Insolvenzverwalter) wirkt.[653] Hat der ursprüngliche Vertragspartner die Klage bereits vor dem Eintritt des Dritten bei einem ausländischen Gericht eingereicht, ist der Eintretende auch an den damit von seinem Vorgänger konkludent erklärten Verzicht auf das Gerichtsstandsprivileg gebunden.[654] Ein ausdrücklicher vertraglicher Verzicht wirkt für den im Wege der persönlichen Surrogation Eintretenden schon nach dem Grundsatz „nemo plus iuris quam ipse habere transferre potest“.[655]

bb) Art. 2 des Gesetzes von 1819

Art. 2 eines Gesetzes vom 14.7.1819 über das erbrechtliche Vorwegnahmerecht *(droit de prélèvement successoral)* französischer Staatsangehöriger sieht vor, dass ein französischer Miterbe[656], dessen Erbteil kraft ausländischen Erbstatuts hinter

651 Das französische Recht kennt nicht nur die dingliche, sondern auch die persönliche Surrogation, siehe Art. 2049 ff. C.civ. Sie deckt teilweise Fälle ab, in denen das deutsche Recht eine Legalzession vorsieht, z.B. bei der Zahlung durch einen Bürgen gem. Art. 2029 C.civ. Rechtstechnisch tritt dabei eine Person (der *subrogé*) in die Rechte einer anderen (des *subrogeant*) ein.

652 Mit Hilfe der *action oblique* (Art. 1166 C.civ.) kann der Gläubiger diejenigen Rechte seines Schuldners ausüben, die nicht ausschließlich an dessen Person geknüpft sind. Er kann also insbesondere zur Wahrung seiner eigenen Forderung die Forderungen des Schuldners bei Dritten einklagen. Damit macht das französische Recht eine Ausnahme von der in Art. 1165 C.civ. postulierten Relativität der Schuldverhältnisse zum Schutz der Gläubiger. Dieser Schutz wird durch die *action paulienne* (Art. 1167 al. 1 C.civ.) verstärkt, die es erlaubt, Geschäfte anzufechten, welche die Rechte des Gläubigers vereiteln sollen. Näher zu beiden Rechtsbehelfen *Francois*, Les Obligations, no. 278 bzw. 297.

653 Cass.civ.[1] 25.11.1986, RCDIP 1987.396 mit Anmerkung Gaudemet-Tallon.

654 Cass.civ.[1] 24.11.1987, RCDIP 1988.364 mit Anmerkung Droz.

655 Cass.civ.[1] 20.11.1974, JCP 1975.IV.7.

656 Das Gesetz wird von der Rechtsprechung einschränkend ausgelegt und insbesondere nicht auf bloße Vermächtnisnehmer angewendet. Unschädlich ist es allerdings, wenn ein Miterbe zugleich Vermächtnisnehmer ist, siehe Cass.civ.[1]7.12.2005, www.courdecassation.fr, no. 03-10.316.

dem zurückbleibt, was er nach französischem Erbrecht erhielte, den Ausfall durch Zugriff auf in Frankreich belegene Erbschaftsgegenstände ausgleichen darf.[657] Diese Protektion französischer Staatsangehöriger stört den Kollisionsrechtsmechanismus und wird daher von der herrschenden französischen Lehre heftig kritisiert.[658] Dies hindert die Rechtsprechung gleichwohl nicht, die Vorschrift weiterhin anzuwenden und aus ihr sogar eine Zuständigkeitsregel abzuleiten, der zu Folge französische Gerichte für eine Klage auf Entnahme aus der Erbmasse zuständig sind, soweit sie die Entnahme sichern können. Bei körperlichen Mobilien ist das der Fall, wenn sie sich in Frankreich befinden,[659] unabhängig davon, ob sie bereits bei Eröffnung der Erbfolge dort belegen waren.[660] Bei unkörperlichen Mobilien reicht aus, dass sie in Frankreich verwertet werden können.[661]

Zwar folgt die französische Zuständigkeit häufig schon aus Art. 14 C.civ. Ist dessen Anwendung jedoch auf Grund eines Staatsvertrages ausgeschlossen, wurde auf seine Anwendung verzichtet, oder hat der Miterbe die französische Staatsangehörigkeit zwischen Eröffnung der Erbfolge und Prozessbeginn verloren, kommt Art. 2 des Gesetzes von 1819 zur Anwendung. Die so begründete Gerichtspflichtigkeit in Frankreich kann beim derzeitigen Stand der Dinge auch Beklagten aus Mitgliedsstaaten der EU drohen. Denn gemäß Art. 1 II a) regelt die EuGVO nicht die Zuständigkeit in erbrechtlichen Streitigkeiten, weshalb Anhang I der EuGVO nur die Anwendung des Art. 14 C.civ., nicht aber die des Art. 2 des Gesetzes von 1819 ausschließt.

(3) Belgien

Das belgische Recht sah mit Art. 14 C.civ.belge ein dem französischen Art. 14 C.civ. nachgebildetes Nationalitätsprivileg vor, das allerdings im Jahr 1948 abgeschafft wurde. An die Stelle des Art. 14 C.civ.belge trat die exorbitante[662] Zustän-

---

657 ***Art. 2 Loi du 14 juillet 1819*** *Dans le cas de partage d'une même succession entre des cohéritiers étrangers et francais, ceux-ci prélèveront sur les biens situés en France une portion égale à la valeur des biens situés en pays étranger dont ils seraient exclus, à quelque titre que ce soit, en vertu des lois et coutumes locales.*

658 Siehe *Mayer/Heuzé*, D.i.p., no. 813 S. 547; *Audit*, D.i.p., no. 875; *Loussouarn/Bourel/De Vareilles-Sommières*, D.i.p., no. 433 S. 576; *Batiffol/Lagarde*, D.i.p.[7] II, no. 649; *Droz*, RCDIP 1973.322. A.M. *Lequette*, RCDIP 1985.525.

659 Siehe *Mayer/Heuzé*, D.i.p., no. 813 S. 547.

660 Nach T.g.i. Paris mit Urteil vom 24.11.1983, RCDIP 1985.514, 1ère ésp. mit Anmerkung Lequette scheidet die Zuständigkeit allerdings aus, wenn die Gegenstände von einem ausländischen Gericht zugeteilt wurden.

661 Cass.civ. 27.8.1850, D.P. 1850.1.127, S. 1850.1.647; Cass.req. 21.3.1855, D.P. 1856.1.137.

662 Vgl. Anhang I der EuGVO, der auch Art. 638 C.jud. aufführt.

digkeit des Art. 638 C.jud.[663], welche nicht mehr Kläger belgischer Nationalität, sondern Kläger mit belgischem Domizil oder belgischer Residenz privilegierte. Immerhin bestimmte aber Art. 636 C.jud., dass ein ausländischer Beklagter die auf Art. 638 C.jud. beruhende Zuständigkeit belgischer Gerichte wirksam anfechten konnte, wenn einem belgischen Beklagten dieses Recht im betreffenden Ausland ebenfalls zugebilligt wurde. Mit Inkrafttreten des CDIP trat aber auch Art. 638 C.jud. außer Kraft.

Der CDIP enthält keine exorbitanten Zuständigkeitsbegründungen. Überdies hat der belgische Gesetzgeber durch Art. 25 § 1 no. 8 CDIP, dem zu Folge ausländische Entscheidungen, die auf bestimmten exorbitanten Zuständigkeiten beruhen, nicht anerkennbar sind,[664] seiner Abneigung gegenüber diesen exorbitanten Zuständigkeiten Ausdruck verliehen.

Auch die sondergesetzliche Zuständigkeit aus Artt. 4, 6 des Gesetzes über Exklusivvertriebskonzessionen vom 27.7.1961[665] kann wohl nicht als exorbitant qualifiziert werden. Denn sie setzt einen auf belgischem Boden stattfindenden Exklusivvertrieb sowie das belgische Domizil des Konzessionärs oder das belgische Domizil bzw. den belgischen Sitz des Konzedenten voraus und besteht zudem nur für Klagen gegen die Auflösung der Vertriebskonzession. Dies gewährleistet eine hinreichende Verbindung zu Belgien.

(4) Québec

Vor 1994 enthielt das Quebecer Recht mit Artt. 27, 28 C.c.B.C[666] den Art. 14, 15 C.civ. nahezu wortgleich nachgebildete Vorschriften. Ihre Interpretation durch Rechtsprechung und Lehre nahm jedoch einen gänzlich anderen Verlauf als in Frankreich. In Art. 27 C.c.B.C. wurde lediglich die Bestätigung gesehen, dass die Zuständigkeit der Quebecer Gerichte nicht allein an der ausländischen Nationalität des Beklagten scheiterte.[667] Eine Zuständigkeit wurde aus der Vorschrift nicht

663 ***Art. 638 C.jud.*** *Lorsque les différentes bases indiquées au présent titre sont insuffisantes pour déterminer la compétence des tribunaux belges à l'égard des étrangers, le demandeur peut porter la cause devant le juge du lieu où il a lui-même son domicile ou sa résidence.*

664 Siehe dazu unten II B 3 a (4).

665 Siehe dazu bereits oben I B 3 b (3) aa (i).

666 ***Art. 27 C.c.B.C.*** *L'étranger quoique non résidant dans le Bas Canada, peut y être poursuivi pour l'exécution des obligations qu'il a contractées même en pays étranger.*
Art. 28 C.c.B.C. *Tout habitant du Bas Canada peut y être poursuivi pour les obligations par lui contractées hors de son territoire, même envers un étranger.*

667 Aus der Rechtsprechung: Cour d'appel du Québec „Kondylis c. Greyhound Lines of Canada Ltd.", [1973] C.A. 692; Cour d'appel du Québec „Cornwall Chrysler Plymouth c. Lapolla", [1974] C.A. 490; Cour supérieure du Québec „Ferme Bergeron

abgeleitet. Art. 28 C.c.B.C. bekräftigte nach herrschender Auffassung nur, dass die Zuständigkeit am Domizil des Quebecer Beklagten auch gegeben war, wenn dieser die streitigen Handlungen im Ausland vorgenommen hatte. Beide Vorschriften wurden im Zuge der Kodifizierung des IZVR abgeschafft.

Auch einen allgemeinen Vermögensgerichtsstand kennt das neue Quebecer IZVR nicht mehr. Zwar findet sich in Art. 68.1 S. 2 C.P.C.Q. eine auf der Belegenheit von Beklagtenvermögen in Québec basierende Zuständigkeitsregelung, der zu Folge für persönliche Streitigkeiten dasjenige Quebecer Gericht zuständig ist, in dessen Bezirk sich Vermögen des Beklagten befindet, sofern der Beklagte kein Quebecer Domizil besitzt. Jedoch wurde dieser Passus im Gegensatz zum Rest der Vorschrift im Zuge der Reform nicht in Art. 3148 C.C.Q. übernommen. Angesichts der abschließenden Regelung der internationalen Zuständigkeit im zehnten Buch des C.C.Q. kommt eine doppelfunktionale Anwendung der Vorschrift nicht mehr in Betracht.[668]

aa) Art. 3151 C.C.Q.

Art. 3151 C.C.Q. ordnet an, dass die Quebecer Gerichte für Klagen auf Grund von Art. 3129 C.C.Q., d.h. für Klagen wegen eines Schadens, der durch Nutzung oder Berührung eines aus Québec stammenden Rohstoffes entstanden ist, ausschließlich[669] zuständig sind. Hinter dieser neutralen Formulierung steht in erster Linie das Bestreben, die Quebecer Asbestindustrie davor zu schützen, sich in anderen Staaten, insbesondere in den USA verantworten zu müssen.[670] Das alleinige Abstellen auf die Ausbeutung von Quebecer Rohstoffressourcen ohne Rücksicht auf sonstige, wahre Sachnähe garantierende Kriterien stellt einen unangemessenen Protektionismus dar, der auch nicht durch den Schutz einer strukturell „schwächeren" Partei gerechtfertigt ist. Im Gegenteil privilegiert diese Zuständigkeit gerade die strukturell „starke" asbestverarbeitende Industrie zu Lasten der strukturell

---

Inc. c. Société coopérative agricole de Laurierville", [1975] C.S. 837; Cour suprême du Canada 5.5.1976 „Alimport c. Victoria Transport Ltd.", [1977] 2 R.C.S. 858. Aus der Literatur: *Johnson*, Conflict of Laws, S. 122; *Castel*, D.i.p. québécois, S. 669; *Lafleur*, Conflict of Laws, S. 210; *Trudel*, Traité de droit civil, S. 133.

668 *Glenn*, IPRax 1994, S. 308 (310); *Goldstein/Groffier*, D.i.p. I, no. 125 S. 298; *Emanuelli*, D.i.p. québecois, no. 148.

669 Die deutsche internationale Zuständigkeit für Klagen gegen den Inhaber einer im Anhang 1 des Umwelthaftungsgesetzes genannten Anlage nach § 32a ZPO wird hingegen überwiegend nicht als ausschließlich angesehen, siehe *Musielak*, ZPO, § 32a Rn. 9 m.w.N..

670 Zur Vorgängernorm (Art. 180.1 C.P.C.Q.): Cour d'appel du Québec 21.11.1996 „Mutual Trust c. St-Cyr", [1996] R.D.J. 623. Ausführlich zum Ganzen *Glenn*, RCDIP 1991.41 ff.

„schwachen“ Geschädigten. Die Cour d'appel du Québec hält die Bestimmung gleichwohl für verfassungsgemäß.[671]

bb) Art. 3148 al. 1 no. 3 C.C.Q.

Gemäß Art. 3148 al. 1 C.C.Q. sind die Quebecer Gerichte in persönlichen, vermögensrechtlichen Streitigkeiten zuständig, „wenn eine Pflichtverletzung deliktischer oder vertraglicher Art *(faute)* in Québec begangen wurde, ein Schaden in Québec erlitten wurde, das schadensstiftende Ereignis *(fait dommageable)* in Québec eingetreten ist, oder wenn eine auf einem Vertrag beruhende Verpflichtung in Québec zu erfüllen war. Zwei dieser Anknüpfungen können exorbitant wirken.

Die Formulierung der zweiten Variante der Vorschrift ermöglicht es, die Quebecer Zuständigkeit bezüglich des gesamten Schadens anzunehmen, selbst wenn nur ein völlig untergeordneter Teil des Schadens in Québec eingetreten ist. Der Quebecer Gesetzgeber hielt diese Zuständigkeitsbegründung offenbar selbst für sehr weit, wie sich daran zeigt, dass die Anerkennungszuständigkeit eines ausländischen Gerichts nicht allein auf den Schadenseintritt im betreffenden ausländischen Staat gestützt werden kann. Vielmehr setzt Art. 3168 no. 3 C.C.Q.[672] kumulativ voraus, dass dieser aus einer im Erststaat begangenen Pflichtverletzung oder aus einem dort verwirklichten schadensstiftenden Ereignis herrührt.

Überdies ist die Zuständigkeit kraft Schadenseintritts in Québec nicht auf deliktische Streitigkeiten beschränkt. Daher ist die Quebecer Zuständigkeit in einer Streitigkeit über Schadensersatz wegen Vertragsverletzung bei wortlautgetreuer Auslegung auch dann anzunehmen, wenn zwar der Vertrag im Ausland geschlossen und erfüllt wurde und auch weder die Verletzung der vertraglichen Pflichtverletzung noch das schadensstiftende Ereignis in Québec verwirklicht wurden, aber der Kläger in Québec domiziliert ist und einen Vermögensschaden erlitten hat. Denn das Vermögen und damit auch der Eintritt des Vermögensschadens wird im Allgemeinen am Domizil des Geschädigten lokalisiert. Während die Untergerichte[673] eine solche wortlautgetreue Auslegung vornehmen, lehnt die Cour d'appel eine solche ab.[674]

---

671 Cour d'appel du Québec 1.9.2004 „Worthington Corporation c. Atlas Turner“, www.jugements.qc.ca, no. 200-09-004379-035, Punkte 23 ff.

672 Zur Bedeutung des Art. 3168 C.C.Q. für die Ermittlung der Anerkennungszuständigkeit siehe unten II B 3 a (3) cc.

673 Siehe z.B. Cour supérieure 14.10.1998 „Larwex Entreprises Inc. c. Daniel“, www.jugements.qc.ca, no. 500-17-003544-981; Cour supérieure 4.2.2002 „Delmondi Import Export Inc. c. Decoexsa Cargo S.A.“, www.jugements.qc.ca, no. 500-05-046869-986.

674 Siehe unten I C 4 c (2).

Ähnlich liegt es bei der letzten Variante der Vorschrift, der zu Folge die Quebecer Zuständigkeit selbst dann gegeben ist, wenn nur eine völlig untergeordnete vertragliche Verpflichtung in Québec erfüllt werden sollte. Bei wortlautgetreuer Anwendung, wie sie die Quebecer Rechtsprechung teilweise vornimmt, ist die Quebecer Zuständigkeit auch dann eröffnet, wenn allein die Zahlungspflicht in Québec, alle vertragstypischen Pflichten dagegen im Ausland zu erfüllen waren.[675] Ausländischen Gerichten gesteht der Quebecer Gesetzgeber auch die Inanspruchnahme dieser Zuständigkeit nicht zu. Gemäß Art. 3168 no. 4 C.C.Q. wird die Anerkennungszuständigkeit des Erstgerichts in vermögensrechtlichen Streitigkeiten angenommen, wenn „die auf einem Vertrag beruhenden Verbindlichkeiten in diesem Staat zu erfüllen waren". Gemeint sind damit sämtliche vertraglichen Verbindlichkeiten; eine einzelne im Erststaat zu erfüllende Verbindlichkeit begründet nicht dessen Anerkennungszuständigkeit.

cc) Art. 3149 C.C.Q.

Aus europäischer Perspektive erscheint auch die Zuständigkeit nach Art. 3149 Var. 1 C.C.Q. in verbrauchervertraglichen Streitigkeiten exorbitant. Sie setzt lediglich voraus, dass der Verbraucher Domizil oder Residenz in Québec hat. Die Quebecer Gerichte sind dementsprechend stets zuständig, wenn ein Quebecer Verbraucher auf einer Auslandsreise oder via Internet einen Vertrag mit im Ausland ansässigen Unternehmern schließt. Einschränkungen nach Art des Art. 15 I c) EuGVO bestehen nicht.

b) Exorbitante Zuständigkeiten als Mittel zur Sicherung effektiven Rechtsschutzes?

Teilweise wird exorbitanten Zuständigkeiten zu Gute gehalten, sie trügen dazu bei, Rechtsschutzlücken zu verhindern. In der Tat können sie sich dazu eignen. Dies zeigt sich etwa an den Rechtsschutzlücken im Bereich personenstandsrechtlicher Angelegenheiten im Ausland lebender Belgier, die durch die Abschaffung des Art. 14 C.civ.belge entstanden.

Auch eine „Strojexport"-Entscheidung der Cour de cassation von 1997[676] belegt dies: Ein syrisches öffentliches Energieunternehmen hatte die Klägerin Strojexport, eine tschechoslowakische Gesellschaft, mit der Lieferung von Material und Werkarbeiten betraut. Die syrische Zentralbank gab für das Energieunternehmen eine Bürgschaft auf erstes Anfordern. Als das syrische Unternehmen nicht

---

675 Siehe etwa Cour supérieure 17.3.2006 „Sustema Inc. c. Symtech innovations Ltd.", www.jugements.qc.ca, no. 500-17-028760-059.

676 Cass.civ.[1] 11.2.1997 „Societé Strojexport", D.97.Inf.rap.62, Bull.civ. I no. 147, GAJDIP no. 60.

zahlte, obwohl Strojexport sämtliche vertraglichen Verpflichtungen erfüllt hatte, ließ Strojexport Teile des in Frankreich belegenen Vermögens der bürgenden Zentralbank beschlagnahmen und verklagte diese in Paris auf Zahlung. Die Klage wurde wegen internationaler Unzuständigkeit abgewiesen. Damit war die Klägerin auf ein Verfahren in Syrien und damit letztlich auf die Hilfe der Gerichte eines Staates angewiesen, mit dem die Beklagte auf das Engste verwoben war und in dem die richterliche Unabhängigkeit Anlass zu Zweifeln geben konnte.[677] Würde das französische IZVR einen allgemeinen Vermögensgerichtsstand kennen, hätte sich dies vermeiden lassen.

Allerdings steht mit der internationalen Notzuständigkeit ein probates Mittel zur Verfügung, bei Unmöglichkeit oder Unzumutbarkeit eines Auslandsverfahrens Rechtsschutz zu gewähren. Letzterer Weg ist auch methodenehrlicher, da sämtliche Fälle (rechtlicher wie faktischer) negativer Kompetenzkonflikte einheitlich behandelt werden, nicht in bestimmten Fällen die Notzuständigkeit, in anderen eine international schwer vermittelbare exorbitante Zuständigkeitsbegründung zur Anwendung gelangt. Daher ist die Entscheidung des Quebecer bzw. des belgischen Gesetzgebers, unter gleichzeitiger Kodifizierung der Notzuständigkeit den allgemeinen Vermögensgerichtsstand bzw. Nationalitätsprivilegien abzuschaffen, zu begrüßen.

9) Die Feststellung der internationalen Unzuständigkeit

Besteht keine internationale Zuständigkeit des Inlands, kann es für die Zulässigkeit des Verfahrens entscheidend sein, ob die Unzuständigkeit nur auf Parteirüge oder auch von Amts wegen festgestellt werden kann und bejahendenfalls, ob das Gericht zu dieser Feststellung verpflichtet ist (a). Soweit eine Rüge durch den Beklagten erforderlich ist, ist diese an eine bestimmte Frist gebunden (b). Überlagert wird die gesamte Thematik durch die Möglichkeit der Unterwerfung unter die inländische Gerichtsgewalt.

a) Amtsfeststellung?

Ob das angerufene Gericht berechtigt oder sogar verpflichtet ist, eine Unzuständigkeitsfeststellung von Amts wegen zu treffen, wenn der Beklagte die internationale Unzuständigkeit des Gerichts nicht geltend macht, ist unterschiedlich geregelt.

677 *Ancel/Lequette*, GAJDIP, S. 572.

(1) Deutschland

Während das Gericht im Rahmen von EuGVÜ und EuGVO nur in bestimmten Fällen eine Amtsfeststellungspflicht trifft,[678] ist die internationale Zuständigkeit nach autonomem deutschen IZVR wie nach Art. 17 EheVO II stets von Amts wegen zu prüfen.[679]

Dieses Prinzip wird allerdings dadurch verwässert, dass eine rügelose Einlassung zur Sache gemäß § 39 ZPO zuständigkeitsbegründend wirkt.[680] Ist dies der Fall, kommt eine Unzuständigkeitsfeststellung nicht mehr in Betracht. Folglich ist eine Amtsfeststellung nur in zwei Fällen relevant, nämlich zum einen dann, wenn eine Unterwerfung ausgeschlossen ist,[681] und zum anderen dann, wenn der Beklagte säumig bleibt. Im letztgenannten Fall ist allerdings streitig, ob die Geständnisfiktion des § 331 I 1 ZPO auch bezüglich der zuständigkeitsbegründenden Tatsachen greift. Bejaht man dies,[682] kommt es auf die Amtsfeststellungsmöglichkeit selbst bei Säumnis des Beklagten nicht an, wenn der Kläger substanziiert Tatsachen behauptet, die die Zuständigkeit der deutschen Gerichte begründen.

(2) Frankreich

Die Rechtslage in Frankreich ist verworren. Erwähnt ist die internationale Unzuständigkeit heute in Art. 92 NCPC. Über die Auslegung der Vorschrift herrscht aber in vielen Punkten Streit. Da diese Kontroverse den Ausgangspunkt für die Reaktionen des belgischen und Quebecer Rechts bildet, wird sie im Folgenden eingehend erläutert:

Bevor die internationale Unzuständigkeit gesetzliche Erwähnung fand, wurden die Regeln über die Feststellung der innerstaatlichen Unzuständigkeit doppelfunktional auf die internationale Zuständigkeit angewandt. Vor 1958 unterschied das französische Zivilprozessrecht nicht nach Zuständigkeitsarten. Ein französisches Gericht konnte seine Unzuständigkeit nur dann von Amts wegen feststellen, wenn

678 Siehe Artt. 19, 20 I EuGVÜ bzw. Artt. 25, 26 I EuGVO;

679 *Schack*, IZVR, Rn. 385 m.w.N.

680 Dazu bereits oben I B 4; Gleiches gilt nach Art. 20 EuGVÜ/ 24 EuGVO / EheVO II (dazu *Geimer*/Schütze, EZVR, Art. 24 A.1 Rn. 18 ff.).

681 Siehe dazu oben I B 4 b.

682 So *Schack*, IZVR, Rn. 386. Dagegen mit überzeugenden Argumenten *Kropholler*, IPR, S. 598 und *Geimer*, IZPR, Rn. 1822.
Das europäische Zivilverfahrensrecht sieht keine Geständnisfiktion bei Säumnis vor. Innerhalb seines Anwendungsbereichs kommt es daher bei Säumigkeit des Beklagten daher unstreitig auf die Frage der Amtsprüfungspflicht an, siehe *Schack*, IZVR, Rn. 386; *Geimer*/Schütze, EZVR, Art. 24 A.1 Rn. 50.

die verkannte Zuständigkeitsregelung zwingend *(d'ordre public)* war. Dies wurde für die internationale Zuständigkeit regelmäßig verneint.[683]

Durch ein Dekret vom 22.12.1958 wurde die Unterscheidung zwischen Attributivzuständigkeit[684] (*compétence d'attribution* oder *compétence ratione materiae*) und örtlicher Zuständigkeit (*compétence territoriale* oder *compétence ratione personae*) eingeführt. Fortan durften französische Gerichte gemäß Art. 171 al. 1-4 CPC von Amts wegen feststellen, wenn es an der Attributivzuständigkeit fehlte, vorausgesetzt diese war zwingend. Der Mangel der örtlichen Zuständigkeit konnte dagegen gemäß Art. 171 al. 5 CPC grundsätzlich nicht von Amts wegen festgestellt werden, außer in Angelegenheiten der freiwilligen Gerichtsbarkeit und in Rechtsbereichen, in denen die Parteien nicht frei über ihre Rechte verfügen konnten. Die internationale Zuständigkeit war weiterhin nicht explizit geregelt und wurde folglich auch nicht als Tertium angesehen. Vielmehr entspann sich eine heftige Diskussion darüber, welcher der beiden Zuständigkeitsarten die internationale Zuständigkeit zuzuordnen sei. Die Rechtsprechung ging i.d.R. davon aus, es handele sich um eine *compétence territoriale*.[685]

Dieser Einordnung widersprach allerdings der Gesetzgeber. Seit der Ablösung des alten CPC durch den NCPC im Jahr 1975 ist die internationale Zuständigkeit gesetzlich verankert, und zwar nicht in der Vorschrift über die *incompétence territoriale* (Art. 93 NCPC), sondern im zweiten Absatz der Bestimmung, welche die *incompétence d'attribution* zum Gegenstand hat (Art. 92 NCPC). Gemäß Art. 92 al. 1 NCPC kann das Gericht seine mangelnde Attributivzuständigkeit von Amts wegen feststellen, „wenn diese Zuständigkeit zwingend oder der Beklagte säumig geblieben ist". Gemäß Art. 92 al. 2 NCPC „kann der Mangel der Attributivzuständigkeit vor der Cour d'appel und vor der Cour de cassation nur dann von Amts wegen festgestellt werden, wenn die Beurteilung der Sache in die Zuständigkeit der Straf- oder Verwaltungsgerichtsbarkeit fällt oder nicht der französischen Jurisdiktion unterliegt". Seither wird in der Lehre diskutiert, wie die Kombination der beiden Absätze aufzufassen ist. Ein Teil der Lehre ist der Meinung, der zweite Absatz nehme dergestalt Bezug auf den ersten, dass dessen Anforderungen auch für die internationale Zuständigkeit gälten; dementsprechend sei eine Differenzierung nach Sachbereichen vorzunehmen.[686] Der überwiegende Teil des Schrift-

683 *Huet*, Jurisclasseur Droit international, Fasc. 581-42, no. 23.

684 Sie entspricht der sachlichen, funktionellen und instanziellen Zuständigkeit.

685 Z.B. C.A. Paris 10.11.1959, JDI 1960.792 mit Anmerkung Ponsard (bezüglich der französischen Scheidungszuständigkeit).

686 *Sinay-Cytermann*, L'ordre public en matière de compétence judiciaire internationale, no. 15, 108 ff., der zu Folge z.B. die Zuständigkeiten im Bereich des Personenstandes sowie die Zuständigkeiten für arbeits-, versicherungs- und verbrauchervertragliche Streitigkeiten zwingend sein sollen. Andere, insbesondere allein privaten Interessen

tums ist dagegen der Auffassung, die Absätze dürften nicht zusammen gelesen werden. Vielmehr sei die Feststellung der internationalen Unzuständigkeit allein nach Absatz zwei zu beurteilen und daher stets von Amts wegen möglich.[687] Auch die Rechtsprechung entscheidet nicht einheitlich. Während manche untergerichtlichen Entscheidungen die jeweils in Frage stehende Zuständigkeit anfangs auf ihren zwingenden Charakter untersuchten, hat die Cour de cassation eine Amtsfeststellung zunächst generell zugelassen.[688] 1986 scheint sie aber eine Kehrtwende vollzogen zu haben und wieder eine zwingende internationale Zuständigkeit vorauszusetzen.[689] Wann ein französisches Gericht die internationale Unzuständigkeit von Amts wegen feststellen darf, scheint mithin nicht abschließend geklärt.

Ebenso ist umstritten, ob die Amtsfeststellung entsprechend dem Wortlaut des Art. 92 al. 2 NCPC im Ermessen des Gerichts steht oder ob bezüglich der internationalen Zuständigkeit eine Feststellungspflicht anzunehmen ist.[690] Auf diese Frage kommt es selbstverständlich wiederum nur dann an, wenn keine konkludente Unterwerfung unter die französische Gerichtsgewalt anzunehmen ist.

(3) Belgien und Québec

In Belgien muss die Unzuständigkeit des erkennenden Gerichts gemäß Art. 854 C.jud. geltend gemacht werden, sofern keine zwingende Zuständigkeit in Rede steht. Das entspricht der französischen Rechtslage vor 1958. Bezüglich der inter-

---

dienende Zuständigkeiten sollen dagegen nur dann von Amts wegen zu beachten sein, wenn der Beklagte säumig ist.

687 *Théry*, Pouvoir juridictionnel et compétence, no. 527 ff.; *Mayer/Heuzé*, D.i.p., no. 308; *Huet*, Jurisclasseur Droit international, Fasc. 581-42, no. 27 (anders noch in JDI 1976.342 ff. (363)); *Cadiet*, Droit judiciaire privé, no. 705; wohl auch *Loussourn/Bourel/De Vareilles-Sommières*, D.i.p., no. 456.

688 Cass.civ.[1] 7.7.1981, Bull.civ. I, no.252. Cass.civ.[1] 2.2.1982, Bull.civ. I, no.56.

689 Cass.civ.[1] 16.12.1986, RCDIP 1987.401, wo das Gericht den Gesetzestext unter Einschlusses des Passus' „wenn die Zuständigkeitsregelung zwingend ist" zitierte, dann aber nicht weiter darauf einging, weil die französische Entscheidungszuständigkeit in casu gegeben war.

690 Für eine Verpflichtung in Teilbereichen *Francescakis*, Anmerkung zu Cass.civ.[1] 30.10.1962 „Scheffel", RCDIP 1963.387 (393) (v.a. für Ehescheidung); *Bauer*, Compétence judiciaire internationale des tribunaux civils français et allemands, no. 165 (v.a. für Personenstandsangelegenheiten); *Sinay-Cytermann*, L'ordre public en matière de compétence judiciaire internationale, no. 108 ff. (für Arbeitsverträge), no. 157 (für Ehescheidung)
Für eine generelle Verpflichtung *Gaudemet-Tallon*, RCDIP 1977.1 (45).
Gegen jede Verpflichtung *Bellet*, Anmerkung zu C.A. Paris 23.12.1960, RCDIP 1962.349; *Holleaux*, Anmerkung zu Cass.civ.[1] 30.10. 1962, D. 1963.111; *Audit*, Anmerkung zu Cass.civ.[1] 2.2.1982, D. 1983.Inf.rap.150.

nationalen Zuständigkeit kommt die Vorschrift allerdings nicht mehr zur Anwendung. Denn insofern gilt Art. 12 CDIP, dem zu Folge die internationale Zuständigkeit stets von Amts wegen zu prüfen ist. Dies hindert belgische Gerichte allerdings nicht daran, die Nichtgeltendmachung oder die verspätete Geltendmachung der Unzuständigkeit durch den Beklagten gegebenenfalls als zuständigkeitsbegründende konkludente Unterwerfung unter die belgische Gerichtsgewalt anzusehen.

Der Quebecer Gesetzgeber hat in der Frage der Feststellung der internationalen Unzuständigkeit keine vergleichbar klare Entscheidung getroffen wie der belgische. Das Quebecer Schrifttum setzt sich seit Längerem dafür ein, die internationale Zuständigkeit als eine Zuständigkeit sui generis zu betrachten und die Assimilierungsversuche mit anderen Zuständigkeitsarten aufzugeben.[691] Teilweise haben die Gerichte diesen Ansatz übernommen.[692] Meistens wenden sie aber nach wie vor die einschlägigen Bestimmungen des C.P.C.Q. an und müssen dafür zwischen Attributivzuständigkeit und territorialer Zuständigkeit unterscheiden. Nach Art. 164 C.P.C.Q. kann die mangelnde Attributivzuständigkeit von Amts wegen festgestellt werden, das Fehlen der örtlichen Zuständigkeit im Gegenschluss dazu nur auf Parteiantrag. Insoweit ähnelt die Regelung strukturell derjenigen in Artt. 92, 93 NCPC. Während das französische Gesetz die internationale Zuständigkeit aber inzwischen als Attributivzuständigkeit anzusehen scheint, enthält die Quebecer Bestimmung keine derartige Gleichsetzung. Folglich entscheidet die Qualifikation der jeweils in Frage stehenden internationalen Zuständigkeit darüber, ob ihr Mangel von Amts wegen festgestellt werden kann.[693] Auch eine mit

---

691 *Glenn*, [1977] 23 McGill L.J. 125 (131); *Goldstein/Groffier*, D.i.p. I, no. 126, S. 300; *Castel*, D.i.p. québecois, S. 660.

692 Etwa Cour du Québec 5.7.1999 „Behaviour Communications Inc. c. Virtual Image Productions“, J.E. 99-1518 (obiter dictum).

693 Cour d'appel du Québec 8.11.2002 „V.L. c. B.S.“, www.jugements.qc.ca, no. 200-09-004139-025, Punkt 16 f.: *„La compétence ratione personae (compétence personnelle ou territoriale) est d'ordre privé. Les règles qui la régissent sont établies dans l'intérêt privé du justiciable poursuivi en justice. Il lui est donc possible d'y renoncer en ne soulevant pas de moyen déclinatoire dans le délai impératif fixé par la loi (art. 161 et 163 C.p.c.). Ce défaut de compétence ne peut être soulevé d'office. La compétence ratione materiae (compétence d'attribution ou matérielle) est cependant d'ordre public. Ces règles sont établies dans l'intérêt supérieur de l'administration de la justice. C'est pourquoi l'art 164 du Code de procédure civile permet au tribunal de soulever d'office le défaut de compétence. Cet article permet aussi de soulever en tout état de cause l'incompétence du tribunal saisi.“* A.a.O. unter Punkt 20 stellt das Gericht fest, die mangelnde Zuständigkeit für die Entscheidung über das elterliche Sorgerecht (Art. 3142 C.C.Q.) sei eine Attributivzuständigkeit. Ebenso scheint Cour d'appel du Québec 17.1.2001 „K.T. c. L.F.“, www.jugements.qc.ca, no. 500-09-008831-992 zu qualifizieren.

der französischen vergleichbare Ausnahmeregelung bei Säumnis des Beklagten enthält Art. 164 C.P.C.Q. nicht.

Eine Verpflichtung, die Unzuständigkeit von Amts wegen festzustellen, trifft die Quebecer Gerichte gemäß dem Wortlaut des Art. 164 C.P.C.Q. nicht. Rügt der Beklagte die mangelnde Attributivzuständigkeit nicht (rechtzeitig), kann das Verfahren daher selbst dann durchgeführt werden, wenn keine konkludente Unterwerfung des Beklagten unter die Quebecer Gerichtsgewalt gegeben ist.

(4) Vergleich

Der belgische Gesetzgeber hat die Feststellung der internationalen Unzuständigkeit weitgehend aus dem Korsett der Begrifflichkeiten des innerstaatlichen Prozessrechts befreit und ihr im Zuge der Kodifizierung des IZVR eine eigenständige Regelung gewidmet. In Belgien herrscht nunmehr eine ebenso eindeutige Rechtslage wie in Deutschland. Die Quebecer Kodifikation behandelt diesen Punkt dagegen nicht. Folge dessen ist, dass die Quebecer Rechtsprechung trotz Opposition aus dem Schrifttum häufig noch immer der aus dem früheren französischen Recht bekannten, veralteten Unterscheidung der internationalen Zuständigkeiten in territoriale und Attributivzuständigkeiten verhaftet ist. In Frankreich zeichnet sich mittlerweile eine Tendenz dahingehend ab, die Unzuständigkeitsfeststellung wie in Deutschland und Belgien stets von Amts wegen zuzulassen. Aufgrund der nicht eindeutigen Rechtsprechung der Cour de cassation kann dies jedoch nicht als vollkommen gesichert gelten.

Auch die Diskussion um die Frage, ob das erkennende Gericht zur Feststellung der internationalen Unzuständigkeit verpflichtet oder nur dazu berechtigt ist, scheint in Frankreich noch nicht abgeschlossen. Für ausländische Beklagte wäre es, insbesondere wenn sie unbedarft oder schlecht beraten sind, von Vorteil, wenn wie in Deutschland und Belgien stets die Pflicht bestünde, die internationale Unzuständigkeit von Amts wegen festzustellen; sollten sie ein Interesse an einem Verfahren in Frankreich haben, bleibt es ihnen unbenommen, auf den Abschluss einer entsprechenden Gerichtsstandsvereinbarung hinzuwirken. Dass die Quebecer Gerichte nicht zur Unzuständigkeitsfeststellung von Amts verpflichtet sind, lässt sich wohl dem Einfluss des common law zuschreiben, welches dem Gedanken folgt, dass die Anwälte der Parteien für die Beibringung des zu verhandelnden Materi-

---

Cour d'appel du Québec 12.11.2002 „Mary Blake Enterprises Inc. c. La Coupe (Montréal) Ltd.“, www.jugements.qc.ca, no. 500-05-051526-992 sieht die internationale Unzuständigkeit wegen wirksamer Schiedsgerichtsklausel (Art. 3148 al. 2 C.C.Q.) als *incompétence ratione materiae* an; a.A. *Emanuelli*, D.i.p. québecois, no. 183.

als sowie für die Geltendmachung sämtlicher Einwendungen verantwortlich sind, während der Richter lediglich über das Vorgebrachte zu entscheiden hat.[694]

b) Rügefrist

Soweit die internationale Unzuständigkeit nur auf Antrag zu berücksichtigen ist, stellt sich die Frage, welche Rügefrist der Beklagte einzuhalten ist.

In Deutschland ist die internationale Unzuständigkeit stets von Amts wegen festzustellen, so dass es einer Regelung über die Rügefrist nicht bedarf. Äußert sich der Beklagte nicht zur Sache und verletzt das Gericht seine Prüfungspflicht, kann der Beklagte Rechtsmittel gegen die ergangene Entscheidung einlegen. Der Mangel der internationalen Zuständigkeit wird erst mit Rechtskraft der zuständigkeitswidrig erlassenen Entscheidung geheilt.[695] Wendet man die Geständnisfiktion des § 331 I 1 ZPO auch auf zuständigkeitsbegründende Tatsachen an, bildet allerdings der Zeitpunkt, zu dem der Kläger diese substanziiert behauptet, eine faktische zeitliche Grenze.[696]

In Belgien statuiert Art. 12 CDIP ebenfalls eine Amtsprüfungspflicht. Zudem weist der Gesetzgeber in den Gesetzesmaterialien nochmals darauf hin, dass die internationale Zuständigkeit keine örtliche Zuständigkeit darstelle, sondern mit derselben Strenge wie eine Attributivzuständigkeit, also von Amts wegen,[697] zu prüfen sei. Dem könnte man entnehmen, eine fristgerechte Rüge sei wie in Deutschland entbehrlich. Gleichwohl weist die Gesetzesbegründung darauf hin, dass eine Zuständigkeitsrüge erforderlich ist, wenn das Gericht die Zuständigkeitsprüfung vernachlässigt; die Rügefrist soll sich dann nach dem innerstaatlichen belgischen Prozessrecht, genauer nach Art. 854 C.jud. richten,[698] dem zu Folge die Unzuständigkeit des Gerichts nur dann vor Geltendmachung anderer Einwendungen und Verteidigungsmittel geltend gemacht werden muss, wenn kei-

694 Allgemein zum Einfluss des common law auf das Quebecer Zivilprozessrecht *Glenn*, [2001] R. du B. can. 151 (160 ff.).

695 *Geimer*, IZPR, Rn. 1011 m.w.N. Nach BGH 14.6.1965, BGHZ 44, 46, 51 kann auf die fälschliche Bejahung der internationalen Zuständigkeit eine Revision gestützt werden.

696 *Schack*, IZVR, Rn. 386.

697 Alle Attributivzuständigkeiten (hingegen nur sehr wenige territoriale Zuständigkeiten) werden als Bestandteil des Ordre public i.S.d. Art. 854 C.jud. angesehen (siehe *Fettweis*, Précis de droit judiciaire II, no. 5) und sind folglich von Amts wegen zu prüfen.

698 *Proposition de loi, Commentaire* – Art. 12 CDIP: „*La faculté pour les parties de soulever le déclinatoire de juridiction lorsque le juge omet de vérifier d'office sa compétence, obéit aux dispositions pertinentes du Code judiciaire, notamment quant au moment où le déclinatoire doit être soulevé.*“

ne zwingende Zuständigkeit in Rede steht. Im Gegenschluss dazu kann die Unzuständigkeit in allen anderen Fällen noch bis zum Ende des Verfahrens geltend gemacht werden.

In Frankreich muss die Unzuständigkeitseinwendung, wie bereits dargelegt wurde,[699] grundsätzlich gleichzeitig mit den anderen Einwendungen und vor jeder Verteidigung in der Sache sowie vor der Geltendmachung einer *fin de non-recevoir* erhoben werden. Da umstritten ist, ob das Gericht eine Pflicht zur Amtsfeststellung der internationalen Unzuständigkeit trifft, muss der Beklagte diese entsprechend rügen, um ein Verfahren in Frankreich sicher zu vermeiden.

Auch vor Quebecer Gerichten kommt es mangels Verpflichtung zur Amtsfeststellung auf eine fristgerechte Rüge an. Bis zu einer Reform des Zivilprozessrechts im Jahr 2002 hing die Frist davon ab, ob es um eine Attributivzuständigkeit oder um eine territoriale Zuständigkeit ging.

Im ersten Fall konnte die Unzuständigkeitseinwendung gemäß Art. 164 C.P.C.Q. jederzeit während des Verfahrens geltend gemacht werden. Im zweiten Fall galt die Fünf-Tages-Frist des seither abgeschafften Art. 161 C.P.C.Q., die mit Ablauf der Klageerwiderungsfrist zu laufen begann. Nach neuem Recht müssen alle Einwände zusammen und mündlich geltend gemacht sowie innerhalb von 180 Tagen nach Zustellung der Klage verhandelt werden.[700] Einzelne Fristen bestehen nicht mehr. Daraus folgt:

Wird eine territoriale Unzuständigkeit nicht innerhalb dieses Zeitraums und zusammen mit den anderen Einwendungen geltend gemacht, so wird der Beklagte damit nicht mehr gehört. Insoweit ähnelt die Lösung der des französischen Rechts.

Der Mangel einer Attributivzuständigkeit kann dagegen gemäß Art. 164 N.C.P.C. jederzeit während des Verfahrens geltend gemacht werden. Angesichts dieser ausdrücklich eingeräumten Möglichkeit kann wohl selbst eine extrem zögerliche Zuständigkeitsrüge nicht als Unterwerfung unter die Quebecer Gerichtsgewalt i.S.d. Art. 3148 al. 1 no. 5 C.C.Q. angesehen werden.

C Verfahrenshindernisse

Ist das angerufene Gericht international zuständig, können Gründe dafür vorliegen, das Verfahren vorläufig auszusetzen oder endgültig einzustellen. Eine Zusammenschau der verglichenen Rechtsordnungen ergibt vier mögliche Gründe für ein Verfahrenshindernis, nämlich die frühere ausländische Rechtshängigkeit der-

699 Siehe oben I B 4 a.
700 Artt. 110.1, 151.5 N.C.P.C.

selben Sache (internationale Litispendenz), die entgegenstehende Rechtskraft einer in derselben Sache bereits gefällten ausländischen Entscheidung (res iudicata), die Rechtshängigkeit einer konnexen Sache (internationale Konnexität) sowie die Ungeeignetheit des angerufenen Gerichts („forum non conveniens"). Die letzten beiden Verfahrenshindernisse sind allerdings nicht allen verglichenen Rechtsordnungen bekannt.

1) Internationale Litispendenz

Die häufig bestehende und genutzte Freiheit der Parteien, in verschiedenen Staaten Rechtsschutz zu suchen,[701] birgt die Gefahr, dass die jeweils angegangenen Gerichte einander widersprechende Entscheidungen erlassen. Widersprüche können einerseits daher rühren, dass das jeweils angewendete IPR zu einem anderen Sachrecht und damit auch zu einem anderen materiellen Ergebnis führen kann. Andererseits können Unterschiede zwischen den für das Verfahrensrecht maßgeblichen leges fori dazu führen, dass derselbe Sachverhalt unterschiedlich gewürdigt wird. Darüber hinaus ist es ökonomisch nicht sinnvoll, die Gerichte mehrerer Staaten mit derselben Sache zu beschäftigen. Des Weiteren stellt es auch für den Kläger und den Beklagten eine Belastung dar, parallel in mehreren Ländern vor Gericht auftreten zu müssen. Zudem widerspricht es dem Ziel der internationalen justiziellen Zusammenarbeit, wenn ausländische Verfahren schlicht ignoriert werden. Da die Rechtskraft eines anerkennungsfähigen Urteils unter bestimmten Voraussetzungen[702] einem weiteren Prozess entgegensteht, besteht schließlich auch die Gefahr eines Wettlaufs um eine Entscheidung, die dann als res iudicata im „langsameren" Prozess eingewendet werden soll.

Den genannten Gefahren kann vorgebeugt werden, indem das inländische Verfahren bis zur Beendigung des ausländischen Verfahrens ausgesetzt oder sofort endgültig eingestellt wird. Ebenso wie manche völkerrechtlichen Verträge und das europäische Zuständigkeitsrecht[703] geht das autonome IZVR aller verglichenen Rechtsordnungen heute von der Beachtlichkeit der ausländischen Rechtshängigkeit aus (a), wobei Übereinstimmung darüber herrscht, dass es hierbei um eine von der internationalen Zuständigkeit zu unterscheidende Zulässigkeitsvoraussetzung geht.[704] Hinsichtlich der Voraussetzungen und der Rechtsfolgen der internationa-

---

701 Zu den Motiven, die zur Einleitung paralleler Verfahren führen können siehe *Hau*, Positive Kompetenzkonflikte, S. 34 ff.

702 Näher dazu unten I C 2.

703 Siehe Art. 21 I EuGVÜ / LugÜ, Art. 27 I EuGVO, Art. 19 EheVO II.

704 Dasselbe gilt im common law, wo „lis alibi pendens" im Rahmen des Forum-non-conveniens-Prinzips berücksichtigt wird, welches seinerseits keinen Wegfall der

len Litispendenz zeigen sich im Einzelnen gleichwohl Unterschiede. Wegen der Wechselwirkungen zwischen den Voraussetzungen und den Rechtsfolgen ausländischer Rechtshängigkeit werden sie nachfolgend zusammenfassend dargestellt (b).

a) Beachtlichkeit der internationalen Litispendenz als gemeinsamer Grundsatz

(1) Deutschland

§ 261 III Nr. 1 ZPO bestimmt die Beachtlichkeit der anderweitigen inländischen Rechtshängigkeit. Zur internationalen Litispendenz fehlt, abgesehen von § 738a HGB, der Havariestreitigkeiten betrifft, eine gesetzliche Regelung. Die Rechtsprechung[705] und im Anschluss daran auch die ganz herrschende Lehre[706] wenden § 261 III Nr. 1 ZPO[707] jedoch seit langem analog auch auf die anderweitige ausländische Rechtshängigkeit an und stellen diese damit der anderweitigen inländischen Rechtshängigkeit gleich.[708]

(2) Frankreich

Die französische Rechtsprechung hat die im innerstaatlichen Prozessrecht in Art. 100 NCPC verankerte Litispendenzeinwendung lange nicht auf den internationalen Kontext ausgeweitet.[709] So wurde die Berücksichtigung der ausländischen

---

jurisdiction bewirken kann („Forum non conveniens“ bedeutet nicht „forum non competens“, vgl. *Beaumont*, „Great Britain“, in *Fawcett*, Declining jurisdiction in P.I.L., S. 207 f.).

705 So bereits RG 13.4.1901, RGZ 49, 340, 344; seitdem ständige Rechtsprechung, siehe RG 25.8.1938, RGZ 158, 145, 147; BGH 20.3.1964, WM 1964, 617; BGH 16.6.1982, FamRZ 1982, 917; BGH 12.2.1992, NJW-RR 1992, 642; OLG Karlsruhe 21.12.1990, IPRax 1992, 171, 172; OLG Hamburg 3.7.1990, IPRax 1992, 38, 39.

706 Siehe beispielsweise *Habscheid*, RabelsZ 31 (1967), 254-274; *Schumann*, FS Kralik, 301-316; *Kegel/Schurig*, IPR, S. 1084; *Schack*, RabelsZ 58 (1994), 40, 51; *v.Hoffmann*, IPR, § 3 Rn. 64-67; *Geimer*, IZPR, Rn. 2688.

707 Insoweit a.A. *Dohm*, Die Einrede ausländischer Rechtshängigkeit, S. 251 ff. (271), der eine Analogie zu § 148 ZPO befürwortet.

708 Anders *Schütze*, der sich lange gegen die Gleichsetzung der ausländischen mit der inländischen Litispendenz aussprach, siehe etwa *ebendieser*, RabelsZ 31 (1967), 233-253. Mittlerweile zieht er sie auf Basis einer analogen Anwendung des § 328 ZPO zumindest in Betracht, allerdings nur, sofern der ausländische Staat die deutsche Rechtshängigkeit ebenfalls berücksichtigen würde, siehe *derselbe*, Deutsches IZPR, Rn. 396 ff.

709 Cass.req. 11.12.1860, S. 1861.1.331; Cass.req. 6.2.1878, S. 1880.1.79; Cass.civ. 21.3.1950, RCDIP 1951.666; C.A. Paris 29.4.1958, Gaz.Pal. 1958.2.27. Weitere

Rechtshängigkeit – nach einer angedeuteten Kehrtwende 1962[710] – noch 1969 verworfen.[711] Auch im Schrifttum teilte man diese Ansicht.[712] Dahinter dürfte das Bestreben gestanden haben, dem französischen Kläger keinesfalls die heimatliche Gerichtsgewalt zu entziehen.[713] Die Begründungen für diese Position waren allerdings schwach:

Ein erstes Argument, das zwischen der Zulässigkeit der *révision au fond* und der Tatsache, einem ausländischen Verfahren Sperrwirkung gegenüber dem inländischen Verfahren zuzubilligen, einen Widerspruch sah,[714] hatte sich bereits mit Abschaffung der *révision au fond* im Jahr 1964[715] erledigt.

Ein zweites Argument baute darauf auf, dass die Anwendung der Litispendenzregelung im Berufungsfall von der Cour d'appel überprüft wird. Geltend gemacht wurde, angesichts dessen bestimme das Berufungsgericht faktisch, welches der konkurrierend angerufenen Gerichte zuständig sei. Eine solche Kontrolle *(règlement des juges)* sei aber im internationalen Kontext gerade nicht möglich, da ein französisches Gericht keine Autorität gegenüber einem ausländischen Gericht habe. Dies ist zwar richtig, hindert aber ein französisches Gericht keineswegs daran, das inländische Verfahren zumindest auszusetzen und die Entscheidung des ausländischen Gerichts abzuwarten.

Ein letztes Argument ging dahin, die Beachtung ausländischer Verfahren laufe letztlich darauf hinaus, einer ausländischen Entscheidung Wirkungen zuzubilligen, ohne dass diese das dafür grundsätzlich erforderliche Exequaturverfahren[716] durchlaufen habe.[717] Demgegenüber konnte man aber einwenden, dass die französische Rechtsprechung bereits damals dazu tendierte, ein gesondertes

---

Nachweise aus der Rechtsprechung bei *Batiffol/Lagarde*, D.i.p.[7] II, no. 676.

710 Cass.civ.[1], 5.5.1962 „Zins", D. 1962.718 mit Anmerkung Holleaux. In casu waren nicht alle Voraussetzungen der Litispendenz erfüllt, sodass es nicht zu einer Änderung der Rechtsprechung im eigentlichen Sinn kommen konnte.

711 Cass.civ.[1] 1.12.1969, JDI 1970.707 mit Anmerkung Huet, RCDIP 1972.85 mit Anmerkung Lucas: „*Il est de principe que l'exception de litispendance n'est pas recue en France à raison d'une instance introduite à l'étranger*".

712 *Niboyet*, Traité de D.i.p. francais VI, no. 1844; *Valéry*, Manuel de d.i.p., no. 514; *Despagnet*, Précis de D.i.p., no. 200; *Lerebours-Pigonnière*, D.i.p., no. 399.
Des Öfteren wird auch *Batiffol* als Verfechter dieser Ansicht genannt. Er sprach sich aber bereits 1959 entschieden gegen eine solch rigorose Lösung und für eine fakultative Beachtung der internationalen Litispendenz aus, siehe D.i.p.[4], no. 701.

713 *Bäumer*, Die ausländische Rechtshängigkeit, S. 37.

714 Zu diesem Argument *Schütze*, RabelsZ 31 (1967), 234, 235 f.

715 Cass.civ.[1] 7.1.1964 „Munzer", JDI 1964.302 mit Anmerkung Goldman, RCDIP 1964.344 mit Anmerkung Batiffol, JCP 1964.II.13590 mit Anmerkung Ancel, GAJDIP no. 41. Siehe dazu unten II B 2 f.

716 Näher zur Notwendigkeit eines Anerkennungsverfahrens in Frankreich unten II A 1 b.

717 *Mayer*, D.i.p.[2], no. 430 (im Bezug auf vermögensrechtliche Streitigkeiten).

Anerkennungsverfahren in immer weniger Bereichen zu verlangen,[718] sodass das Argument nur noch für Teilbereiche tragfähig war.[719] Zudem geht es bei der Beachtung ausländischer Rechtshängigkeit lediglich um die Beachtung der Tatsache, dass ein weiterer Richter mit derselben Sache befasst ist, nicht hingegen um die Anerkennung der zu erwartenden ausländischen Entscheidung. Für die bloße Berücksichtigung einer ausländischen Entscheidung als Faktum *(effet de fait)* wurde aber auch nach französischem Recht nie eine formelle Anerkennung oder gar eine Vollstreckbarerklärung vorausgesetzt.

Die Entscheidung „Soc. Miniera di Fragne" aus dem Jahr 1974 brachte schließlich den fälligen Rechtsprechungsumschwung.[720] Seither vertritt die Cour de cassation die damals auch schon von etlichen französischen Autoren vertretene Ansicht,[721] die internationale Litispendenz dürfe beachtet werden.

(3) Belgien

Vor Inkrafttreten des CDIP wurde die ausländische Rechtshängigkeit auch in Belgien nur bei entsprechender staatsvertraglicher Regelung berücksichtigt.[722] Die französische Kehrtwende hat das belgische Recht erst im Zuge der Kodifizierung nachvollzogen. Der nach dem Vorbild des Art. 9 CH-IPRG und des Art. 7 des italienischen IPRG gestaltete[723] Art. 14 CDIP schreibt nunmehr die Berücksichtigung der ausländischen Rechtshängigkeit vor.

Diese Wende ist möglicherweise auch dadurch befördert worden, dass das frühere belgische IZVR eine bestimmte Variante des *forum shopping* förderte. Da die frühere Einleitung eines ausländischen Verfahrens kein Hindernis für die Einleitung eines Verfahrens in Belgien darstellte, war eine Partei, die nur im Ausland

---

718 Näher dazu unten II A 1 b.

719 Mit Bezug darauf zog *Mayer* seine Kritik an der Beachtung der internationalen Litispendenz dann auch ganz zurück, siehe *ebendieser*, D.i.p.[3], no. 435.

720 Cass.civ. 26.11.1974 „Soc. Miniera di Fragne", JDI 1975.108, mit Anmerkung Ponsard, RCDIP 1975.491 mit Anmerkung Holleaux.

721 Siehe *Droz*, La compétence judiciaire et l'effet des jugements dans la communauté économique européenne selon la convention de Bruxelles du 27.9.1968, no. 296 m.w.N.

722 Tribunal de Bruxelles 14.7.1930, Belgique Judiciare 1931, S. 218: *„La litispendance et la connexité ne sont concevables qu'entre les causes pendantes devant les tribunaux belges"*; kürzlich noch Tribunal de Bruxelles 20.6.2000, J.T. 2001, S. 678.
Die überwiegende Literatur stimmte dem zu: *Braas*, Précis de procédure civile I, no. 718; *Fettweis*, Précis du droit judiciaire II, no. 164; *Cambier*, Droit judiciare civil II, S. 108 Fn. 60 m.w.N. aus der Rechtsprechung.
Für eine Beachtung der Litispendenz de lege ferenda bereits vor der Reform *Rigaux/ Fallon*, D.i.p. II, no. 826.

723 Siehe *Proposition de loi, Commentaire* – Art. 14 CDIP.

klagen konnte, faktisch gehalten, in einem Staat mit kürzeren Verfahrensdauern als in Belgien zu klagen, wollte sie vermeiden, dass die Anerkennung der erstrebten ausländischen Entscheidung durch die nachträgliche Einleitung eines belgischen Verfahrens vereitelt werden konnte.[724] Unter nunmehr geltendem Recht ist dies nicht mehr erforderlich.

(4) Québec

Vor der Reform des Quebecer *Code civil* wurde die internationale Litispendenz auch in Québec nicht beachtet.[725] Begründet wurde dies insbesondere mit dem schon aus Frankreich bekannten Argument der gemäß Art. 178 C.P.C.Q. zulässigen *révision au fond*.[726] Dementsprechend wurde die Rechtshängigkeit derselben Sache in einer kanadischen Schwesterprovinz beachtet, da die *révision au fond* insoweit gemäß Artt. 179, 180 C.P.C.Q. ausgeschlossen war. Mit der generellen Abschaffung der *révision au fond* durch Art. 3158 C.C.Q. ist auch in Québec das entscheidende Argument entfallen. Gemäß Art. 3137 C.C.Q. ist die internationale Litispendenz nunmehr stets zu beachten. Bei intraföderaler Litispendenz von Scheidungsverfahren gilt die Sonderregelung des Art. 3 der *Loi sur le divorce*[727].

Art. 3137 C.C.Q. setzt kein ausländisches Gerichtsverfahren voraus, sondern verwendet den Ausdruck der „ausländischen Behörde“ *(autorité étrangère)*. Auf den ersten Blick ließe sich darunter eventuell auch eine ausländische Schiedsstelle fassen, mit der Folge, dass die Litispendenzeinwendung auch dann griffe, wenn vor Einleitung des Quebecer Gerichtsverfahrens ein ausländisches Schiedsverfahren eingeleitet worden ist.[728] Angesichts der Tatsache, dass im Fall einer wirksamen Schiedsvereinbarung nach Art. 3148 al. 2 C.C.Q. bereits die Quebecer Zuständigkeit ausgeschlossen ist, eine wirksame Schiedsvereinbarung jedoch Voraussetzung für die nach Art. 3137 C.C.Q. erforderliche Anerkennbarkeit der ausländischen Entscheidung ist, verbliebe der Litispendenzeinwendung im hier besprochenen Fall allerdings kein eigenständiger Anwendungsbereich. Bei genau-

724 *Fallon*, „Belgium“, in: *Fawcett*, Declining jurisdiction in P.I.L., S. 109 f.

725 „Toulon Construction Inc. c. Rusco Industries Inc.“, [1973] R.P. 138 (C.A.); „Unger c. Rosenfeld“, [1972] C.S. 673; „York Hannover Development Ltd. c. Commonwealth Insurance Co.“ (1992), 44 Q.A.C. 307, J.E. 92-207.

726 Siehe *Goldstein*, „Canada (Quebec)“, in: *Fawcett*, Declining jurisdiction in P.I.L., S. 158.

727 L.R.C. (1985), chapitre 3 (2e supplément), online: www.canlii.org/ca/loi/d-3.4.

728 So wohl (implizit) Cour supérieure du Québec 30.4.1997 „Lac d’amiante du Québec Ltée c. 2858-0702 Québec Inc.“, J.E. 97-1167 (C.S.).
In Deutschland begründet die Hängigkeit der Streitsache bei einem Schiedsgericht kein Verfahrenshindernis, siehe *Schack*, IZVR, Rn. 747 (unter Hinweis auf BGH 11.4.1958, NJW 1958, 950).

erem Hinsehen verträgt sich eine solch weite Interpretation auch nicht mit dem Wortlaut des Gesetzes. Art. 3148 al. 2 C.C.Q., dem zu Folge die „Quebecer Behörden nicht zuständig sind, wenn die Parteien die Streitigkeit einer ausländischen Behörde oder einem Schiedsgericht *(à une autorité étrangère ou à un arbitre)* unterstellt haben", stellt beide Begriffe erkennbar in ein Alternativverhältnis. und Art. 3137 C.C.Q. führt den Begriff „ausländische Behörde" gleichberechtigt neben dem auch an anderer Stelle im Gesetz auftauchenden dem Begriff „Quebecer Behörde" auf, der Schiedsstellen eindeutig nicht umfasst.

b) Voraussetzungen und Rechtsfolgen der internationalen Litispendenz

Die Rechtsfolgen der internationalen Litispendenz sind durchweg unterschiedlich geregelt. So ist die Annahme des Verfahrenshindernisses nicht in allen Vergleichsstaaten obligatorisch und definitiv (1) und auch nicht überall von Amts wegen anzunehmen (2).

Hinsichtlich der Voraussetzungen zeigen sich dagegen Gemeinsamkeiten. So setzen alle verglichenen Rechtsordnungen eine gewisse Identität von Rechtsstreit und Parteien voraus (3), da nur dann die Gefahr einander widersprechender Entscheidungen besteht. Wann eine derartige Verfahrensidentität vorliegt, wird, da es insoweit um die Auslegung einer prozessualen Regelung des Forums geht, übereinstimmend nach der inländischen lex fori beurteilt.[729] Einigkeit herrscht auch insoweit, als die prognostische Anerkennbarkeit der zu erwartenden ausländischen Entscheidung vorausgesetzt wird (4). Schließlich wird nur ein prioritäres ausländisches Verfahren als Verfahrenshindernis angesehen (5). Die für die Prioritätsprüfung erforderliche Ermittlung der Rechtshängigkeitszeitpunktes wird allerdings auf unterschiedliche Weise durchgeführt (6). Allein das französische Recht setzt die Prüfung der Entscheidungszuständigkeit des ausländischen Gerichts voraus (7).

Da die letzten beiden Voraussetzungen eng mit den Rechtsfolgen der internationalen Litispendenz zusammenhängen und die Kenntnis der letzteren das Verständnis der ersteren bedeutend erleichtert, werden die Rechtsfolgen der internationalen Litispendenz als erstes erläutert.

(1) Fakultatives oder obligatorisches, temporäres oder definitives Verfahrenshindernis

Unterschiedlich beantworten die verglichenen Rechtsordnungen die Frage, ob die ausländische Rechtshängigkeit eine endgültige Klageabweisung oder nur eine

729 OLG Frankfurt/M 8.2.2000, WM 2001, 1108, 1109; *Huet*, Jurisclasseur Droit international, Fasc. 581-43, no. 3; für Québec ergibt sich dies aus Art. 3132 C.C.Q.

Verfahrensaussetzung rechtfertigt sowie die Frage, ob diese Rechtsfolge zwingend ist oder im Ermessen des Gerichts steht.

aa) Deutschland

§ 261 III Nr. 1 ZPO gibt dem Richter keinen Ermessensspielraum. In Deutschland ist das Verfahrenshindernis bei internationaler Litispendenz daher bei doppelfunktionaler Anwendung dieser Vorschrift ebenso zwingend wie im Falle anderweitiger inländischer Rechtshängigkeit.

Der Wortlaut der Vorschrift legt grundsätzlich auch eine endgültige Verfahrenseinstellung nahe. Nach überwiegender Ansicht hat das Gericht das Verfahren jedoch in analoger Anwendung des § 148 ZPO zunächst solange auszusetzen, bis sich herausstellt, dass eine Sachentscheidung des ausländischen Gerichts zu erwarten ist.[730] Erst anschließend soll eine endgültige Verfahrenseinstellung erfolgen können. Diese Analogie scheint allerdings insofern bedenklich, als die Vorschrift gerade nicht von dem in § 261 III Nr. 1 ZPO geregelten Fall eines Verfahrens in derselben Sache ausgeht, sondern ein zwar entscheidungserhebliches, aber in einer anderen Sache angestrengtes Verfahren voraussetzt.[731]

bb) Frankreich

Die anderweitige Pendenz derselben Streitsache im Inland hat auf Parteiantrag obligatorisch eine Einstellung des Verfahrens zur Folge. Fakultativ ist die Verfahrenseinstellung dagegen, wenn der Beklagte das Verfahrenshindernis nicht geltend macht. Bei internationaler Litispendenz trifft das Gericht nach dem Wortlaut der Entscheidung „Soc. Miniera di Fragne" dagegen keine Verpflichtung, ein Verfahrenshindernis anzunehmen.[732] Eine neuere Entscheidung scheint zwar anzudeu-

---

730 *Linke*, IZPR, Rn. 201; *Geimer*, IZPR, Rn. 2712; *Neuhaus/Kropholler*, RabelsZ 44 (1980), 326 (340); *Dohm*, Die Einrede ausländischer Rechtshängigkeit, S. 275 ff.; *Hau*, Positive Kompetenzkonflikte, S.160; *Kropholler*, IPR, S. 638 f. Auch der BGH erwähnte diese Möglichkeit in seinem Urteil vom 10.10.1985 (NJW 1986, 2195), überlies die endgültige Entscheidung darüber aber dem Berufungsgericht, an das er zurückverwies. OLG Karlsruhe 15.12.1969, FamRZ 1970, 410, 412 geht davon aus, dass eine bloße Aussetzung des Verfahrens nur in besonders gelagerten Ausnahmefällen und insbesondere dann in Betracht kommt, wenn der Kläger ein schutzwürdiges Interesse daran hat, die materiellrechtlichen Wirkungen der Rechtshängigkeit (in casu: Unterbrechung der Verjährungsfrist) herbeizuführen.

731 OLG Frankfurt 12.11.1985, NJW 1986, 1443 erkennt diese Problematik, ohne allerdings die von der h.M. gezogene Analogie zu verwerfen.

732 *„(...);que l'exception de litispendance peut cependant être recue devant le juge francais (...)."*

ten, dass die Cour de cassation mittlerweile auch insoweit von einer zwingenden Rechtsfolge ausgeht.[733] Der überwiegende Teil des Schrifttums sieht in dieser Entscheidung aber keinen Rechtsprechungswandel, sondern geht weiter von einem gerichtlichen Ermessensspielraum aus.[734] Es wird also Wert auf eine flexible Rechtsfolgenanordnung gelegt. Dies trägt auch zur Lösung eines noch zu erörternden Problems, der „Torpedierung" des inländischen Verfahrens,[735] bei.

Teile des Schrifttums[736] wollen den französischen Gerichten die Möglichkeit einräumen, das Verfahren lediglich auszusetzen, statt es endgültig einzustellen. Ins Feld geführt wird, dass dadurch ausgeglichen werden könne, dass die erforderliche Anerkennbarkeitsprognose[737] nach französischer Konzeption auch unsichere Elemente (insbesondere die Ordre-public-Konformität der zu erwartenden Entscheidung) umfasst: Legt der bisherige ausländische Verfahrensgang nahe, dass die zu erwartende Entscheidung anerkennbar sein wird, ist dies jedoch nicht zweifelsfrei absehbar, erlaubt eine Verfahrensaussetzung dem französischen Gericht, die ausländische Entscheidung abzuwarten und sich Gewissheit zu verschaffen.[738] In der Rechtsprechung scheint dieser Ansatz bislang jedoch keinen Widerhall gefunden zu haben.

cc) Belgien

Die Rechtsfolge des Art. 14 CDIP ist grundsätzlich fakultativ wie temporär. Das Gericht „kann [...] das inländische Verfahren bis zum Ergehen der ausländischen Entscheidung aussetzen." Der belgische Gesetzgeber war der Meinung, eine bloße Aussetzungsmöglichkeit sei vorzuziehen, soweit kein internationaler Vertrag zur Verfahrensaussetzung zwinge.[739] Bei der Aussetzungsentscheidung hat das Gericht die „Erfordernisse einer guten Justizverwaltung" zu beachten. Dieser Zusatz soll einerseits den dem Richter eingeräumten Beurteilungsspielraum verdeutlichen,[740]

---

733 Cass.civ.[1] 3.6./17.6.1997, 3e esp., RCDIP 1998.454: *„(...) l'état de litispendance internationale imposant le dessaisissement de la juridiction francaise....*

734 Siehe *Audit*, D.i.p., no. 381; *Ancel*, Anmerkung zu Cass.civ.[1] 3.6. et 17.6. 1997, 3e esp., RCDIP 1998.458; *Ancel/Lequette*, GAJDIP, S. 530.

735 Siehe dazu unten I C 1 b (6) bb.

736 *Holleaux*, La litispendance internationale, S. 218; *Audit*, D.i.p., no. 381; *Ancel/Lequette*, GAJDIP, S. 530; *Mayer/Heuzé*, D.i.p., no. 446; *Loussouarn/Bourel/De Vareilles-Sommières*, D.i.p., no. 490-8.

737 Dazu unten I C 1 b (4).

738 *Mayer/Heuzé*, D.i.p., no. 445; *Loussouarn/Bourel/De Vareilles-Sommières*, D.i.p., no. 490-8.

739 Siehe *Proposition de loi, Commentaire* – Art. 14 CDIP.

740 Siehe *Proposition de loi, Commentaire* – Art. 14 CDIP.

kann andererseits aber auch fruchtbar gemacht werden, um eine „Torpedierung" des belgischen Verfahrens abzuwehren.[741]

Obwohl Art. 14 CDIP dies nicht ausdrücklich vorsieht, entspricht es der gesetzgeberischen Intention, dass das belgische Gericht das Verfahren wieder aufzunehmen hat, sobald das ausländische Gericht seine Zuständigkeit verneint.[742] Bejaht das ausländische Gericht dagegen seine Zuständigkeit und erlässt eine Sachentscheidung, ist das inländische Verfahren gemäß Art. 14 al. 3 CDIP einzustellen, sofern die ausländische Entscheidung anerkennbar ist. In diesem Stadium ist eine zwingende Klageabweisung einer fakultativen vorzuziehen, da anderenfalls ein Konflikt zwischen der belgischen und der anzuerkennenden ausländischen Entscheidung drohte, wenn das belgische Gericht von der ermessensabhängigen Möglichkeit der Verfahrenseinstellung keinen Gebrauch machte.

dd) Québec

In der Litispendenzfrage macht sich die Mischrechtseigenschaft der Quebecer Rechtsordnung bemerkbar. Trotz der Einführung der Lehre vom „forum non conveniens" (Art. 3135 C.C.Q.)[743], im Rahmen derer nach der Konzeption des common law auch die ausländische Rechtshängigkeit derselben Sache zu berücksichtigen ist, hat der Gesetzgeber die internationale Litispendenz gesondert geregelt (Art. 3137 C.C.Q.). Auf den ersten Blick mag dies verwundern. Denn wie noch darzulegen ist, stellt das Forum-non-conveniens-Prinzip in der Litispendenzfrage eine Alternative zum Prioritätsprinzip dar.[744] Ein Widerspruch ist die Aufnahme beider Mechanismen in eine Kodifikation allerdings schon deshalb nicht, weil das Forum-non-conveniens-Prinzip einen die Litispendenzsituation weit überschreitenden Anwendungsbereich hat.

Rechtsfolge des Art. 3137 C.C.Q. ist eine fakultative Verfahrensaussetzung. Die Ausübung des Aussetzungsermessens wird u.a. dadurch beeinflusst, ob auch das ausländische Verfahren von der in Québec klagenden Partei eingeleitet wurde, oder ob die Parteien sich wechselseitig verklagen. Im ersteren Fall ist eine Aussetzung wahrscheinlicher als im zweiten.[745] Wie in Belgien ist explizit der Fall geregelt, dass das ausländische Gericht während des in Québec laufenden Verfah-

741 Siehe unten I C 1 b (6) bb.

742 Siehe *Proposition de loi, Commentaire* – Art. 14 CDIP.

743 Siehe dazu unten I C 4 b.

744 Siehe unten I C 1 b (5).

745 Siehe Cour suprême du Canada 16.8.1990 „Rocois Construction Inc. c. Québec Ready Mix Inc." [1990] 2 R.C.S. 440 (455): *„Cependant, s'il [le demandeur au Québec] est demandeur devant les deux tribunaux, le tribunal québécois devrait se sentir plus libre de surseoir à statuer."*

rens eine anerkennbare Entscheidung fällt. Anders als nach Art. 14 al. 3 CDIP ist das Gericht jedoch in dieser Situation nicht zu einer Einstellung des Verfahrens verpflichtet, vielmehr räumt Art. 3137 C.C.Q auch insoweit Einstellungsermessen ein. Dies verwundert, denn sobald eine anerkennungsfähige ausländische Entscheidung vorliegt, ist ein Ermessensspielraum kaum mehr sinnvoll, will man einander widersprechende Entscheidungen sicher vermeiden. Diese Unstimmigkeit ist wohl dem Einfluss des common law zuzuschreiben, das keinen Aussetzungszwang in Litispendenzsituationen kennt, sondern deren Lösung stets dem Ermessensinstrument des „forum non conveniens" überlässt.[746] Zwingend einzustellen ist gemäß Art. 3 der *Loi sur le divorce*[747] allerdings ein Quebecer Scheidungsverfahren im Fall der Rechtshängigkeit eines identischen Scheidungsverfahrens in einer anderen kanadischen Provinz.

Nach dem Wortlaut des Gesetzes bestehen bei internationaler Litispendenz also zwei verschiedene Möglichkeiten, die Zulässigkeit des Verfahrens abzulehnen. In Frage kommt eine endgültige Verfahrenseinstellung gemäß Art. 3135 C.C.Q. sowie eine vorübergehende Verfahrensaussetzung gemäß Art. 3137 C.C.Q. Fraglich ist jedoch, ob dem nicht gesetzessystematische Erwägungen entgegenstehen. In allen von Art. 3137 C.C.Q. erfassten Fällen kommt die Anwendung von „forum non conveniens" in Betracht, nicht aber vice versa. Aus diesem Umstand könnte ein Spezialitätsverhältnis abgeleitet werden, kraft dessen „forum non conveniens" im Fall ausländischer Rechtshängigkeit nicht anwendbar wäre.[748] Eine solche Auslegung würde allerdings die unterschiedliche Stoßrichtung der beiden Vorschriften (Art. 3137 C.C.Q.: Verhinderung widersprüchlicher Entscheidungen; Art. 3135 C.C.Q.: Verhinderung eines Verfahrens im ungeeigneteren Forum) außer Acht lassen. Zudem unterscheiden sich die beiden Mechanismen in folgendem Punkt: Während die Annahme von „forum non conveniens" nur in ausführlich zu begründenden Ausnahmefällen möglich ist, ist die Verfahrensaussetzung wegen internationaler Litispendenz nicht auf Ausnahmefälle beschränkt.[749] Gerichtliche Entscheidungen, die „forum non conveniens" in Fällen internationaler Litispendenz nicht geprüft hätten, sind folglich auch nicht ersichtlich. Beide Mechanismen werden vielmehr regelmäßig gleichberechtigt geprüft.[750]

---

746 Dazu unten I C 1 b (5).

747 L.R.C. (1985), chapitre 3 (2e supplément), online: www.canlii.org/ca/loi/d-3.4.

748 *Groffier*, Précis de d.i.p. québecois[4], no. 249 S. 246 hielt die Einführung von „forum non conveniens" im Bezug auf Fälle ausländischer Rechtshängigkeit angesichts der Kodifizierung der internationalen Litispendenz zumindest für „überflüssig".

749 Siehe Cour supérieure „2493136 Canada Inc. c. Sunburst Products", J.E. 96-1062 (C.S.), wo ausdrücklich klargestellt wurde, die Aussetzung bei Litispendenz habe – obgleich in das Ermessen des Gerichts gestellt – *„rien d'exceptionel"*.

750 Siehe etwa Cour du Québec 5.7.1999 „Behaviour Communications Inc. c. Virtual Image Productions", J.E. 99-1518 oder Cour supérieure 11.2.1999 „Opron Inc. v.

Sind die Voraussetzungen des Art. 3137 C.C.Q. nicht erfüllt, stehen beide Verfahren aber dennoch miteinander im Zusammenhang, kommt von vornherein allein die Anwendung des Forum-non-conveniens-Prinzips in Betracht. So hatte die Cour supérieure im Jahr 1994 über die Zulässigkeit eines Ehetrennungsantrags zu entscheiden, der erst nach Rechtshängigkeit eines Ehescheidungsverfahren in Belgien eingereicht wurde.[751] Art. 3137 C.C.Q. griff angesichts unterschiedlicher Verfahrensgegenstände nicht durch,[752] das Verfahren wurde auf Grund von „forum non conveniens" ausgesetzt. Auch wenn es an der Parteiidentität[753] fehlt, kommt es allein darauf an, ob Québec ein „forum non conveniens" darstellt.[754] Gleiches gilt, wie eine Entscheidung aus dem Jahr 2003[755] verdeutlicht, wenn es an der Priorität des ausländischen Verfahrens[756] mangelt.

Zu einem gewissen Grad lassen sich die Gerichte bei der Ausübung des von Art. 3137 C.C.Q. eingeräumten Ermessens von den selben Erwägungen leiten, die auch für Anwendung des Art. 3135 C.C.Q. ausschlaggebend sind: Erscheint ihnen das zuerst angerufene ausländische Forum als „ungeeignet", sinkt die Wahrscheinlichkeit, dass von der Aussetzungsmöglichkeit Gebrauch gemacht wird.[757]

Aero Systems Engineering", [1999] R.J.Q. 757 (C.S.); zu einem anderen Aspekt der letzteren Entscheidung unten I D 5.

751 „Droit de la famille – 2032", [1994] R.J.Q. 2218 (C.S.).

752 Dazu unten I C 1 b (3) bb.

753 Dazu unten I C 1 b (3) aa.

754 So in Cour supérieure 12.7.2002 „Nationale du Canada, compagnie d'assurance-vie c. Travailleurs unis des transports", www.jugements.qc.ca, no. 500-05-068872-017, wo eine Verfahrenseinstellung nach ausführlicher Diskussion verneint wurde.

755 Cour supérieure 14.5.2003 „North American Woodwork Corporation c. Phenix, 220 Architectural Woodworks S.A.", www.jugements.qc.ca, no. 415-17-000197-032, wo nach Zustellung der Klageschrift eine Gegenklage in Massachusets eingereicht wurde, die zudem einen anderen Verfahrensgegenstand betraf.

756 Dazu unten I C 1 b (5).

757 Siehe Cour supérieure 11.2.1999 „Opron Inc. v. Aero Systems Engineering", [1999] R.J.Q. 757 (C.S.) unter Bezugnahme auf *Talpis/Castel*, Le Code civil du Québec, no. 432 S. 904 *(„Le pouvoir du tribunal est discrétionnaire même si les conditions posées par l'article 3137 sont remplies. Le défendeur doit prouver que le tribunal étranger est le for naturel ou le for le plus approprié dans les circonstances. Les mêmes critères s'appliquent que ceux qui sont utilisés pour mettre en oeuvre la doctrine du forum non conveniens, car chaque cas d'espèce doit être examiné à la lumière des circonstances.")* und *Glenn*, D.i.p., no. 75 *(„Il faut souligner cependant le caractère discrétionnaire de l'exception de litispendance sur le plan international. Même en cas de litispendance, l'autorité québécoise peut permettre la poursuite de l'action au Québec si elle juge, par exemple. que le for étranger est un forum non conveniens."*

ee) *Fazit*

In Belgien und Québec ist die Annahme eines Verfahrenshindernisses bei internationaler Litispendenz grundsätzlich ermessensabhängig. Parallele Verfahren werden also nicht kategorisch ausgeschlossen. Wie die Rechtslage in Frankreich ist, ist nicht vollständig klar. Auch dort scheint aber weiterhin richterliches Ermessen zu bestehen. Die zwingende Rechtsfolge des doppelfunktional angewendeten § 261 III Nr. 1 ZPO vermeidet parallele Prozesse dagegen vollständig. Dafür muss der Kläger dann, wenn das ausländische Gericht das vom ihm eingeleitete Verfahren entgegen der im Inland getroffenen Anerkennungsprognose dennoch durch eine nicht anerkennbare Entscheidung beendet, ein zweites Erkenntnisverfahren in Deutschland anstrengen. Nach h.M. steht es allerdings im Ermessen deutscher Gerichte, das Verfahren analog § 148 ZPO solange zu suspendieren, bis sich abzeichnet, ob eine ausländischen Sachentscheidung zu erwarten ist.

Belgische und Quebecer Gerichte haben dagegen die Möglichkeit, das Verfahren solange auszusetzen, bis das ausländische Gericht tatsächlich eine anerkennbare Entscheidung fällt. Eine Fortsetzung des inländischen Verfahrens ist folglich auch dann möglich, wenn die ausländische Rechtshängigkeit erst nach der Entscheidung über die Zulässigkeit (etwa wegen später erklärter Klagerücknahme) endet und sogar noch dann, wenn bereits eine (nicht anerkennbare) Sachentscheidung gefallen ist. Während ein belgisches Gericht das Verfahren aber zwingend einzustellen hat, wenn das ausländische Verfahren in eine anerkennbare Entscheidung mündet, besteht diese Verpflichtung nach Quebecer Recht nicht. Die französischen Gerichte haben bislang – ungeachtet entsprechender Forderungen aus dem Schrifttum – keine bloße Verfahrensaussetzung angeordnet, die Rechtsfolge besteht vielmehr in der Einstellung des Verfahrens. In Folge dessen muss der Kläger stets ein erneutes Erkenntnisverfahren in Frankreich anstrengen, wenn das ausländische Verfahren ohne eine anerkennbare Entscheidung in der Sache endet.

(2) Amtsfeststellung?

In Deutschland ist die anderweitige Rechtshängigkeit ungeachtet der gelegentlichen Bezeichnung als „Einrede der anderweitigen Rechtshängigkeit" stets von Amts wegen zu berücksichtigen.[758] Dies gilt auch bei ausländischer Rechtshängigkeit,[759] wodurch sich die Wahrscheinlichkeit paralleler Verfahren in unterschiedlichen Staaten zusätzlich verringert. Auch Art. 14 CDIP setzt, wie

758 RG 17.5.1939, RGZ 160, 338, 345 f.

759 *Geimer*, IZPR Rn. 2707 f.; *Dohm*, Die Einrede ausländischer Rechtshängigkeit, S. 185, 229, 306; *Linke*, IZPR, Rn. 201.

sein Pendant im innerstaatlichen belgischen Prozessrecht (Art. 29 C.jud.), keinen Parteiantrag voraus, sodass auch ein belgisches Gericht die Möglichkeit hat, das Verfahren von Amts wegen auszusetzen.

Die Formulierungen in den Entscheidungen der französischen Cour de cassation[760] sowie die Ausgestaltung der anderweitigen Rechtshängigkeit im innerstaatlichen französischen Prozessrecht[761] sprechen dagegen dafür, dass die ausländische Rechtshängigkeit in Frankreich nur auf Antrag berücksichtigt wird. Art. 3137 C.C.Q. setzt eindeutig eine Rüge voraus. Dies dürfte einmal mehr am Einfluss des common law liegen, das den Parteien eine stärkere Verantwortung für den Verfahrensgang auferlegt als das civil law.

(3) Verfahrensidentität

aa) Parteiidentität

Alle verglichenen Rechtsordnungen setzen voraus, dass sich in den in Rede stehenden beiden Verfahren dieselben Parteien gegenüberstehen.[762] In welcher Parteirolle sie dabei auftreten, ist unerheblich.[763] Eine Litispendenzsituation kommt also nicht nur zu Stande, wenn ein Kläger sein Recht in mehreren Staaten parallel

760 So wird beispielsweise im Grundsatzurteil „Soc. Miniera di Fragne" (Cass.civ.[1] 26.11.1974, RCDIP 1975.491) vom Erheben der Litispendenzeinrede gesprochen: *„...que, sur l'exception de litispendance soulevée par la Societé Miniera di Fragne, l'arrêt attaqué a décidé..."*

761 Die Litispendenzeinrede muss vor der Einlassung zur Sache zusammen mit den anderen *exceptions de procédure* geltend gemacht werden, siehe *Héron/Le Bars*, Droit judiciaire privé, no. 1029.

762 Für Deutschland BGH 17.5.2001, NJW 2001, 3713, 3714; *Dohm*, die Einrede der ausländischen Rechtshängigkeit, S. 287. Für Frankreich *Audit*, D.i.p., no. 379. In Belgien und Québec ergibt sich dies bereits aus dem Wortlaut von Art. 14 al. 1 CDIP bzw. Art. 3137 C.C.Q.

763 Für Deutschland: BGH 17.5.2001, NJW 2001, 3713, 3714. Für Frankreich: *Audit*, D.i.p., no. 379; *Gaudemet-Tallon*, La litispendance internationale, S. 132. Belgien: Art. 29 C.jud. setzt (im Bezug auf die Einwendung der innerstaatlichen anderweitigen Rechtshängigkeit) zwar dieselbe *„qualité des parties"* voraus; dabei geht es aber nicht um die Parteirolle, sondern darum, ob die Parteien im eigenen Namen oder als Prozessvertreter Dritter agieren, siehe *Cambier*, Droit judiciaire civil, S. 105 Fn. 52; Art. 14 CDIP setzt nicht einmal dieselbe „Parteiqualität", geschweige denn dieselbe Parteirolle voraus. Für Québec: Cour supérieure 2.2.1996 „Societé Toon Boom Technologies c. Societé 2001 SA", J.E. 96-630, L.P.J. 96-5589 unter Bezugnahme auf Cour suprême du Canada 16.8.1990 „Rocois Construction Inc. c. Québec Ready Mix Inc." [1990] 2 R.C.S. 440 (455) *(„Pourvu que les parties soient les mêmes dans les deux instances, il n'est pas nécessaire que le demandeur au Québec soit aussi, ou ait été, le demandeur à l'étranger.")*.

verfolgt, sondern auch wenn sich die Parteien in derselben Sache gegenseitig in verschiedenen Staaten verklagen.

bb) Identität der Streitsache

Auch die beiden Streitsachen selbst müssen identisch sein. In Deutschland wird dieses Erfordernis vom Begriff des Streitgegenstandes beherrscht. Nach dem herrschenden zweigliedrigen Begriff des Streitgegenstandes liegt Streitgegenstandsidentität vor, wenn Klageantrag und Klagegrund übereinstimmen.[764] Im autonomen deutschen IZVR wird der Begriff der identischen Streitsache mithin enger aufgefasst als in Artt. 21 EuGVÜ, 27 EuGVO, im Rahmen derer nach der Rechtsprechung des EuGH entscheidend ist, ob es im Kernpunkt beider Rechtsstreitigkeiten um dieselbe Frage geht.[765]

In Frankreich ist die Identität von *objet* und *cause de l'action* entscheidend. Das *objet* bezeichnet das vom Kläger angestrebte ökonomische oder soziale Ziel der Klage und ist somit mit dem Antrag des deutschen Rechts vergleichbar.[766] Was unter der *cause* zu verstehen ist, ist in der französischen Prozessrechtsliteratur höchst umstritten.[767] In etwa entspricht der Begriff dem des Klagegrundes nach deutschem Recht.[768] Die französischen Gerichte legen beide Begriffe tendenziell eng aus. So soll keine identische *cause* gegeben sein, wenn der Ehemann einen in Schweden eingereichten Scheidungsantrag auf einen anderen Scheidungsgrund stützt als die Ehefrau ihr in Frankreich eingereichtes Scheidungsbegehren.[769] Identität wird auch abgelehnt bei Scheidungsbegehren, die auf verschiedenen Scheidungsgründen basieren,[770] sowie bei einem Scheidungsbegehren auf der einen und einer Klage auf Umwandlung der Trennung in eine Scheidung auf der anderen Seite.[771] Im Schrifttum wird angesichts der unterschiedlichen Konzeptionen der

---

764 Musielak-*Foerste*, ZPO, § 261 Rn 10.

765 Näher dazu *Geimer*, IZPR, Rn. 2693 ff.

766 Siehe *Vincent/Guinchard*, procédure civile, no. 515.

767 Siehe *Vincent/Guinchard* no. 518: *„[La cause de l'action est] un concept des plus délicats à définir dans le droit procédural.*"

768 Siehe *Isenburg-Epple*, Die Berücksichtigung ausländischer Rechtshängigkeit nach dem EuGVÜ vom 27.9.1968, 1992, S. 177; *Wernecke*, Die Einheitlichkeit des europäischen und des nationalen Begriffs vom Streitgegenstand, S. 118.

769 C.A. Paris 24.11.1977 „Hernod-Johnsson c. Hernod", RCDIP 1978.527.

770 C.A. Colmar 19.2.1974, D.1974.Somm.134. In C.A. Paris 16.11.1989 „Louvet", JDI 1990.127 mit Anmerkung Huet gab das Gericht der Litispendenzeinwendung dagegen statt, ohne die potentiell unterschiedlichen Scheidungsgründe darzulegen (kassiert, allerdings aus anderen Gründen, durch Cass.civ.[1] 21.1.1992, Bull.civ.I, no. 18).

771 T.g.i. Créteil 16.5.1974, Gaz.Pal.1975.1.140.

nationalen Sachrechte eine großzügigere Handhabung der *identité de cause* angemahnt.[772]

Wie die belgische Rechtsprechung mit der als Übereinstimmung von *parties*, *objet* und *cause* definierten Identität des Rechtsstreits umgehen wird, wird die künftige Rechtspraxis zeigen müssen. Die Deckungsgleichheit des Wortlauts von Art. 14 CDIP und Art. 27 EuGVO (in der französischen Fassung) legt nahe, dass die belgischen Gerichte sich an der Auslegung der letzteren Vorschrift durch den EuGH orientieren werden. Allerdings kennen sowohl das französische IZVR wie die EuGVO das Verfahrenshindernis der internationalen Konnexität, das dem autonomen belgischen IZVR unbekannt ist. Es kann daher nicht ausgeschlossen werden, dass die Identität des Rechtsstreits in Art. 14 CDIP weiter aufgefasst werden wird, um auch in den Fällen eine Aussetzung zu ermöglichen, in denen nach französischem IZVR bzw. europäischem Zivilverfahrensrecht das Verfahrenshindernis der internationalen Konnexität greift.

Art. 3137 C.C.Q. verwendet ebenfalls den Ausdruck *même objet.* Hingegen setzt die Vorschrift keine *même cause* voraus, sondern lässt statt dessen eine *„action fondée sur les mêmes faits"*, also eine auf identischer Tatsachengrundlage gründende Klage, genügen. Dieser Begriff ist insofern weiter, als sich aus ein und derselben Tatsachengrundlage unterschiedliche *causes* gewinnen lassen.[773] Die Formulierung des Art. 3137 C.C.Q. weicht damit von den Litispendenzvorschriften des innerstaatlichen Quebecer Zivilprozessrechts ab, welche eine identische *„cause d'action"* voraussetzen. Diese abweichende Formulierung wurde gewählt, weil die Verwendung des Ausdrucks *cause d'action* im internationalen Bereich problematisch erschien.[774] Seit einer Entscheidung der kanadischen Cour suprême in der Sache „Rocois Construction Inc. c. Québec Ready Mix Inc."[775] wird dieser Terminus nämlich restriktiv ausgelegt und setzt voraus, dass die Grundprinzipien der Anspruchsgrundlagen sowie ihre Rechtsfolge übereinstimmen. Der Gesetzge-

---

772 *Loussouarn/Bourel/De Vareilles-Sommières*, D.i.p., no. 490-4.

773 Richter *Gonthier* in Cour suprême du Canada 16.8.1990 „Rocois Construction c. Québec Ready Mix" [1990] 2 R.C.S. 440, S. 448: *„(...) il est clair qu'un ensemble de faits ne saurait en soi constituer une cause d'action. C'est la qualification juridique qu'on lui donne qui le transforme, le cas échéant, en un fait générateur d'obligations. Le fait détaché du domaine des obligations juridiques n'est pas significatif en soi et ne saurait constituer une cause; il ne devient fait juridique qu'en vertu d'une qualification qu'on lui attribue à la lumière d'une règle de droit. Le même ensemble de faits peut très bien se voir attribuer plusieurs qualifications donnant lieu à des causes parfaitement distinctes. Par exemple, le même geste peut être qualifié de meurtre dans une affaire et de faute civile dans une autre. (...)".*

774 *Goldstein*, „Canada (Quebec)", in: *Fawcett*, Declining jurisdiction in P.I.L., S. 159.

775 Cour suprême du Canada 16.8.1990 „Rocois Construction Inc. c. Québec Ready Mix Inc." [1990] 2 R.C.S. 440.

ber befürchtete, dass diese Übereinstimmung angesichts der Verschiedenheit der Zivilrechtsordnungen im internationalen Bereich zu selten angenommen würde.[776] Insbesondere eine Übereinstimmung in den Rechtsfolgen ist in Litispendenzfällen rar, da das zweite Verfahren häufig gerade deswegen angestrengt wird, um ein anderes Ergebnis zu erhalten als das im ersten Verfahren zu erwartende. Einen noch konsequenteren Weg geht Art. 9 CH-IPRG, der allein die Identität von Parteien und Gegenstand, also weder einen übereinstimmenden Klagegrund noch eine identische Tatsachengrundlage voraussetzt. Das Bestreben des Quebecer Gesetzgebers, der Litispendenzeinwendung im internationalen Bereich einen größeren Anwendungsbereich zuzugestehen, hängt wohl auch damit zusammen, dass der C.C.Q. auf ein Verfahrenshindernis bei internationaler Konnexität verzichtet,[777] welches bei auf unterschiedliche *causes* gestützter Parallelverfahren eingreifen könnte.

Die relativ weite Fassung des Gesetzes wird allerdings von der Rechtsprechung konterkariert:

Zum einen üben die Gerichte ihr Aussetzungsermessen in Fällen, in denen keine identische *cause d'action* i.S.d. innerstaatlichen Prozessrechts vorliegt, häufig zurückhaltend aus. So wurde eine Verfahrensaussetzung etwa in einem Fall abgelehnt, in dem für beide Verfahren das Eigentum an einer Software entscheidend war, eine Partei ihr Eigentum aber aus dem Eintritt einer auflösenden Bedingung des Kaufvertrages herleitete, die andere zum Beweis ihres Eigentums die Wirksamkeit des Vertrags geltend machte.[778]

Zum anderen zeigt sich die Rechtsprechung auch bei der Annahme gleicher Verfahrensobjekte zurückhaltend. So soll das Verfahren des ehemaligen Arbeitgebers gegen den ehemaligen Arbeitnehmer, der entgegen eines vertraglichen Konkurrenzverbotes direkt nach seinem Ausscheiden bei einem Konkurrenzunternehmen arbeitete, nicht denselben Gegenstand haben wie das in derselben Angelegenheit angestrengte Verfahren des ehemaligen gegen den neuen Arbeitgeber.[779] Eine Schadensersatzklage und die dagegen gerichtete negative Feststellungsklage sollen ebenfalls kein identisches Objekt betreffen, da „die eine Klage auf Geldzahlung, die andere auf Feststellung geht."[780] In einer jüngeren anerkennungsrechtli-

---

776 Siehe *Goldstein/Groffier*, D.i.p. I, no. 137 S. 325 ff.

777 Siehe unten I C 3 a.

778 Cour supérieure 2.2.1996 „Societé Toon Boom Technologies c. Societé 2001 SA", J.E. 96-630, L.P.J. 96-5589.

779 Cour supérieure 8.12.1994 „Malden Mills Industries c. Huntingdon Mills Canada Ltd.", [1994] R.J.Q. 2227.

780 Cour d'appel du Québec 8.8.1995 „La Garantie, compagnie d'assurances de l'Amérique du Nord c. Gordon Capital Corp." J.E. 95-1631, [1995] R.D.J. 537. Das Gericht hielt sich in casu allerdings für „forum non conveniens", was ebenfalls zur Aussetzung des Verfahrens führte.

chen Entscheidung scheint die Cour supérieure einen weniger strengen Maßstab anzulegen.[781] Aus dieser Entscheidung allein kann aber noch nicht auf eine Trendwende geschlossen werden.

Schließlich wird eine Übereinstimmung der Verfahrensobjekte manchmal auch abgelehnt, wenn es wegen des geringen Fortschritts des zuerst angestrengten Verfahrens oder wegen der Komplexität der Begehren schwierig ist, die Verfahrensobjekte klar zu definieren und eine vollständige Übereinstimmung festzustellen. So wurde der Litispendenzeinwand in der Entscheidung „Duchesneau c. Duplessis" aus dem Jahr 2005 abgelehnt, weil im ausländischen Verfahren weder der genaue Haftungsgrund benannt noch die geltend gemachte Forderung beziffert worden war.[782] In der „Stageline"-Entscheidung von 1999[783] erklärte die Cour d'appel, dass die Klage bei Unsicherheiten über das Verfahrensobjekt nicht abgewiesen werden dürfe, weil eine unberechtigte Abweisung die Rechte des Rechtsuchenden endgültig und ohne Prüfung in der Sache negiere. In Zweifelsfällen sprächen diese schwerwiegenden Konsequenzen daher gegen die Beachtung der ausländischen Litispendenz. Denn für den Beklagten bestehe immerhin die Möglichkeit, ein ihm günstiges ausländisches Urteil im Wege des Res-iudicata-Einwandes geltend zu machen. Diese Argumentation hatte die Cour d'appel aus der Entscheidung „Rocois Construction c. Québec Ready Mix" der kanadischen Cour suprême übernommen, welche allerdings zur innerstaatlichen anderweitigen Rechtshängigkeit ergangen war.[784] Bei internationaler Litispendenz erscheint dieses Raisonnement aber aus mehreren Gründen nicht überzeugend: Zunächst erlaubt Art. 3137 C.C.Q.

Zur entgegengesetzten Ansicht des EuGH bezüglich des Begriffs des *„même objet"* i.S.d. Art. 21 EuGVÜ (französische Fassung): EuGH 6.12.1994 „The Tatry", C-406/92, Slg. 1994, S. I-05439

781 Cour supérieure du Québec 26.5.2004 „Dent Wizard International Corporation c. Mariano/Dorion", www.jugements.qc.ca, no. 500-17-014919-032 bzw. 500-17-014918-034, Punkt 45. In Frage stand die Anerkennbarkeit einer Entscheidung aus Missouri. Die Cour supérieure hatte zu entscheiden, ob die dem Erlass der missourischen Entscheidung vorangegangene Anrufung eines Quebecer Gerichts das Anerkennungshindernis der früheren inländische Litispendenz (siehe dazu II B 3 d (4)) bewirkte. Unter Berufung auf die noch zum alten Recht ergangene Entscheidung der Cour suprême du Canada in der Affäre „Rocois Construction" hielt das Gericht fest: *„ (...) l'identité de ce qui est réclamé dans l'une et l'autre des actions n'a pas à être absolue pour que l'on puisse conclure à la présence d'une identité d'objet. Il suffit que l'objet de la deuxième action soit implicitement compris dans la première. "*

782 Cour supérieure 26.1.2005 „Duchesneau c. Duplessis", www.jugements.qc.ca, no. 500-17-014699-030, Punkte 17 und 43.

783 Cour d'appel du Québec 19.5.1999 „Stageline Mobile Stage Inc. v. In Any Event Inc.", 89 A.C.W.S. (3d) 249.

784 Cour suprême du Canada 16.8.1990 „Rocois Construction Inc. c. Québec Ready Mix Inc.", [1990] 2 R.C.S. 440, 465.

nur eine Verfahrensaussetzung, nicht aber eine endgültige Abweisung der Klage. Angesichts der Wiederaufnahmemöglichkeit kann daher von einer endgültigen Negierung der Klägerrechte keine Rede sein. Zudem kann der in Québec Beklagte den Res-iudicata-Einwand nur dann geltend machen, wenn die ausländische Entscheidung ergeht, bevor das Quebecer Gericht entschieden hat. Überdies verfügte die Cour d'appel in der „Stageline"-Entscheidung am Ende doch eine definitive Klageabweisung, indem sie sich zum „forum non conveniens" erklärte; damit beeinträchtigte sie die Position des Klägers sogar stärker als durch eine bloße Verfahrensaussetzung nach Art. 3137 C.C.Q.

Die soeben dargestellte Rechtsprechung zeigt, dass die ausländische Rechtshängigkeit trotz der weiteren Formulierung des Art. 3137 C.C.Q. im Ergebnis kaum andere Wirkungen zeitigt als in Frankreich und Belgien.[785] Die restriktive Annahme identischer Verfahrensobjekte ersetzt oftmals die Enge des nicht verwendeten Begriffs der *„même cause de l'action"* und dämmt die Zahl der Verfahrensaussetzungen ein. Mithin bestehen in der Frage der Identität der Streitsache im Ergebnis keine nennenswerten Abweichungen zwischen den verglichenen Rechtsordnungen.

(4) Prognostische Anerkennbarkeit der ausländischen Entscheidung

Einigkeit besteht auch darüber, dass ein ausländisches Verfahren, dessen Ergebnis im Inland nicht anerkannt werden wird, ein inländisches Verfahren nicht sperren kann.

In Deutschland wird die prognostische Anerkennbarkeit entsprechend dem Telos des § 261 III Nr. 1 ZPO vorausgesetzt.[786] Die erforderliche Anerkennungsprognose kann im Bezug auf manche Anerkennungsvoraussetzungen allerdings mit erheblichen Unsicherheitsfaktoren belastet sein,[787] insbesondere was einen eventuellen Verstoß gegen den Ordre public i.S.d. § 328 I Nr. 4 ZPO angeht. Wegen der Ergebnisbezogenheit der Ordre-public-Kontrolle ist umstritten, ob insoweit überhaupt eine Prognose angestellt werden kann, solange die ausländische Ent-

---

785 In der bereits angesprochenen „Stageline"-Entscheidung spricht die Cour d'appel bezeichnenderweise sogar von der Schwierigkeit, die *cause de l'action* zu ermitteln, obwohl diese nach Art. 3137 C.C.Q. nicht relevant ist.

786 BGH 10.10.1985, NJW 1986, 2195; BGH 24.10.2000, NJW 2001, 524, 525; *Dohm*, die Einrede ausländischer Rechtshängigkeit, S. 252; *Hau*, Positive Kompetenzkonflikte, 114, 153; *Geimer*, IZPR, Rn. 2688 m.w.N.
Kritisch *Schütze*, Deutsches IZPR[1], S. 177 („reines Ratespiel") sowie Deutsches IZPR[2], Rn. 396 („hellseherische Fähigkeiten erforderlich").

787 Ausführlich dazu *Dohm*, Die Einrede ausländischer Rechtshängigkeit, S. 256 ff.

scheidung noch aussteht oder im Rechtsmittelweg noch abgeändert werden kann; die wohl h.L. spricht sich dagegen aus.[788]

Auch in Frankreich, Belgien und Québec wird die prognostische Anerkennbarkeit der zu erwartenden ausländischen Entscheidung vorausgesetzt.[789] Eine Prüfung von Anerkennungsvoraussetzungen, die noch nicht sicher beurteilt werden können, insbesondere der Ordre-public-Konformität der ausländischen Entscheidung, scheint dort nicht ausgeschlossen.[790]

(5) Prioritäre Verfahrenseinleitung im Ausland

Ein ausländisches Verfahren ist nur dann beachtlich, wenn es vor dem inländischen Verfahren eingeleitet wurde. Explizit setzen dies § 261 III Nr. 1 ZPO, Art. 14 CDIP sowie die französische Cour de Cassation in der „Soc. Miniera di Fragne"-Entscheidung voraus. Auch Art. 3137 C.C.Q. lässt durch die Formulierung *„si une autre action (...) est déjà pendante"* erkennen, dass es in Québec nicht anders liegt. Dementsprechend weist die Quebecer Rechtsprechung die Litispendenzeinwendung zurück, wenn sie auf ein später eingeleitetes paralleles Verfahren gestützt wurde.[791]

Wie bei gleichzeitig eintretender ausländischer Rechtshängigkeit zu verfahren ist, thematisiert allein das deutsche Schrifttum. In diesem Fall soll kein Verfahrenshindernis vorliegen.[792] In Frankreich, Belgien und Québec wird diese (recht unwahrscheinliche) Konstellation nicht erörtert. Die Veröffentlichungen zum innerstaatlichen französischen Zivilprozessrecht lassen allerdings darauf schließen, dass es auch in Frankreich nicht ausreicht, wenn die Rechtshängigkeit der ausländischen Klage gleichzeitig eintritt.[793] Der Wortlaut der Artt. 14 CDIP und 3137 C.C.Q. spricht für derselbe Lage in Belgien und Québec.

---

788 *Schütze*, RabelsZ 31 (1967), 233, 246; *Schack*, IZVR, Rn. 755; *Dohm*, Die Einrede ausländischer Rechtshängigkeit, S. 262 f.

789 Für Frankreich: *Bauer*, RabelsZ 30 (1969), 483, 502; so verhinderten Artt. 14, 15 C.civ. die Beachtung der ausländischen Litispendenz in C.A. Paris 25.10.2001, D.2002.Inf.rap.41. Für Belgien: Art. 14 CDIP. Für Québec: Art. 3137 C.C.Q.

790 Für Frankreich: *Ancel*, Anmerkung zu Cass.civ.[1] 3.6.1997 und 17.6.1997, 3e esp., RCDIP 1998.458; *Gaudemet-Tallon,* La litispendance internationale, S. 123 und *Audit,* D.i.p., no. 381 (beide explizit zur prognostischen Ordre-public-Kontrolle). Auch im belgischen und Quebecer Schrifttum wird keine Einschränkung der Anerkennbarkeitsprüfung vertreten.

791 Siehe Cour supérieure 30.5.1997 „Lac d'amiante du Québec ltée c. 2858-0702 Québec Inc.", J.E. 97-1167 (no. 500-05-027806-965 und 500-05-015073-925).

792 *Geimer*, IZPR, Rn. 2697; *Dohm*, Die Einrede der ausländischen Rechtshängigkeit, S. 136, 302; *Hau*, Positive Kompetenzkonflikte, S. 131, 143.

793 Siehe etwa *Héron/Le Bars*, Droit judiciaire privé, no. 1027: *„Il y a litispendance lorsque la demande formée en second aurait été déclarée irrecevable, en raison de*

Auf internationale Litispendenz muss nicht mit dem Prioritätsprinzip geantwortet werden. Unter common law wird die ausländische Rechtshängigkeit lediglich als Faktor bei der Feststellung von „forum non conveniens" berücksichtigt.[794] Dieser Ansatz ist flexibler: Die Tatsache allein, dass ein Gericht zuerst angerufen wurde, macht es nicht automatisch zum geeigneteren Forum. Vielmehr ist die vorangegangene Befassung eines ausländischen Gerichts nur eines von vielen Indizien für die Ungeeignetheit des nachfolgend angegangenen inländischen Gerichts.[795] Zwar werden parallele Verfahren auch unter common law als problematisch angesehen,[796] gleichwohl wird die Gefahr widersprüchlicher Entscheidungen gegen andere Faktoren abgewogen.[797] Umgekehrt ermöglicht dieser Ansatz, auch wegen eines später im Ausland eingeleiteten Verfahrens eine Sachentscheidung im Inland zu verweigern.[798] Das Quebecer Recht, das wie bereits dargelegt[799] den Prioritäts- und den Forum-non-conveniens-Gedanken kombiniert, geht insoweit einen Mittelweg.

(6) Ermittlung der Priorität

Das Prioritätsprinzip erfordert eine Ermittlung der Zeitpunkte, zu denen die beiden Verfahren als eingeleitet anzusehen sind. Hierfür sind mehrere Methoden denkbar. Eine Möglichkeit ist, stets das inländische Verfahrensrecht heranzuziehen (einheitliche Ermittlung lege fori). Eine zweite Möglichkeit besteht darin, die inländische Verfahrenseinleitung nach inländischem Recht, die ausländische Verfahrenseinleitung nach ausländischem Recht zu beurteilen (distributive Ermittlung legibus fororum). Es können auch beide Verfahrensrechte verglichen und bei einem Auseinanderfallen auf den früheren oder den späteren Verfahrenseinleitungszeitpunkt abgestellt werden (kumulative Ermittlung legibus fororum). Schließlich kommt

---

l'autorité de la chose jugée, si la demande formée en premier avait déjà fait l'objet d'un jugement."

794 Für Common-Law-Kanada: *Goldstein/Groffier*, D.i.p. I, no. 136, S. 321; *Castel/Walker*, Canadian conflict of Laws, nr. 13.6. Für England: *Lord Goff* in: „De Dampierre v. De Dampierre" (1987) 2 All E.R. 1 (10); *Dicey/Morris,* Conflict of Laws, Vol.1, nr. 12-030.

795 *Huber*, Die englische forum-non-conveniens-Doktrin, S. 99.

796 Siehe Court of Appeal 19.7.1989 „First National Bank of Boston v. Union Bank of Switzerland an Others" [1990] 1 Lloyd's Rep. 32, 35 (C.A.): *„(...) as a general rule, concurrent proceedings in different jurisdictions are not to be encouraged."*

797 Daher führte die ausländische Rechtshängigkeit in Cour supérieure „Banque Toronto-Dominion v. Arsenault", [1994] R.J.Q. 2253 (C.S.) zur Klageabweisung, während die Klage in Cour supérieure „Banque Toronto-Dominion v. Cloutier, [1994] R.J.Q. 386 (C.S.) trotz ausländischer Rechtshängigkeit zugelassen wurde.

798 Siehe *Hau*, Positive Kompetenzkonflikte, S. 142.

799 Siehe oben I C 1 b (1) dd.

eine von den Definitionen der leges fororum vollkommen losgelöste Bestimmung des Zeitpunktes der Verfahrenseinleitung in Betracht.

aa) Die „deutsche" Diskussion

i) Streitstand

Welche der genannten Methoden zu bevorzugen ist, ist umstritten. Die überwiegende Rechtsprechung rekurriert auf eine distributive Anwendung der leges fororum, d.h. auf einen Vergleich der nach dem jeweiligen nationalen Verfahrensrecht zu beurteilenden Rechtshängigkeitszeitpunkte.[800]

Nach einer starken Gegenansicht ist dies verfehlt, da diese Konzeption eine Benachteiligung der in Deutschland klagenden Partei bewirken könne. In anderen Rechtsordnungen trete die Rechtshängigkeit nämlich häufig früher als nach deutschem Recht – oft schon mit Klageeinreichung – ein. Erfahre der Beklagte von der Anhängigkeit des Verfahrens in Deutschland, könne er dieses „torpedieren", indem er eine negative Feststellungsklage in einem Staat anstrenge, in dem die Rechtshängigkeit nicht erst mit Zustellung der Klageschrift, sondern bereits mit Einreichung der Klage bei Gericht eintrete. Folge man der distributiven Ermittlung legibus fororum, habe dieses Verhalten eine Klagesperre in Deutschland zu Folge. Daher müsse vielmehr, losgelöst von den nationalen Verfahrensrechten, auf einen „vergleichbaren Entwicklungsstand" beider Verfahren abgestellt werden.[801] Dabei soll es insbesondere darauf ankommen, ob dem Beklagten das verfahrenseinleitende Schriftstück bereits zugestellt wurde.[802]

Auch die derart kritisierte Rechtsprechung hat das Problem „ausländischer Prozesstorpedos" allerdings erkannt und schafft Abhilfe durch Rekurs auf den Fair-trial-Grundsatz des Art. 6 I EMRK: Erscheint ein Zuwarten auf den Ausgang des ausländischen Verfahrens als unzumutbar, was insbesondere bei langer ausländischer Verfahrensdauer gegeben sein kann, lässt sie den Litispendenzeinwand nicht durchschlagen.[803] Dies entspricht in etwa der ausdrücklichen Schweizeri-

---

800 BGH 9.10.1985, NJW 1986, 662, 663; BGH 18.3.1987, NJW 1987, 3083 f.; OLG Bamberg 5.1.1999, FamRZ 2000, 1289.

801 Siehe OLG Hamm 6.7.1988, NJW 1988, 3102, 3103; *Geimer*, IZPR, Rn. 2701; *Heiderhoff*, Die Berücksichtigung ausländischer Rechtshängigkeit in Ehescheidungsverfahren, S. 196; *dieselbe*, IPRax 1999, 392, 394; *Linke*, IZPR, Rn. 204; *Schack*, IZVR, 1996, Rn. 758; Zöller/*Geimer*, ZPO, § 606a Rn. 33.

802 Siehe *Schack*, IZVR, Rn. 756-758.

803 Z.B. BGH 26.1.1983, MDR 1983, 565: Nach vierjähriger Rechtshängigkeit eines Scheidungsverfahrens in Italien wurde ein Verfahren in Deutschland zugelassen. Allerdings reicht die bloße Verfahrensdauer nicht aus, es müssen besondere Umstände hinzutreten, die die Sperrwirkung des ausländischen Verfahrens als eine unzumutba-

schen Lösung des Problems durch Art. 9 I CH-IPRG.[804] In Extremfällen soll auch ein Rückgriff auf die exceptio doli in Betracht kommen.[805]

Einen dritten Weg vertritt *Spellenberg*, der vorschlägt, die inländische Rechtshängigkeit in diesem Zusammenhang abweichend vom innerstaatlichen Zivilprozessrecht schon mit Klageanhängigkeit anzunehmen.[806]

ii) Stellungnahme

Es ist grundsätzlich hinzunehmen, dass der Justizapparat in anderen Staaten langsamer arbeitet als in Deutschland. Ein Verstoß gegen den Fair-trial-Grundsatz kommt daher erst bei recht langen ausländischen Verfahrensdauern in Betracht. Insofern ist zu bezweifeln, dass die Rechtsprechung den in Deutschland Klagenden auf diesem Weg ausreichend gegen eine „Torpedierung" des Verfahrens aus dem Ausland schützen kann. Insoweit erscheint der Ansatz, auf einen „vergleichbaren Entwicklungsstand beider Verfahren" abzustellen, geeigneter. Unter dem Gesichtspunkt der Rechtssicherheit ist der Rekurs auf ein derart vages Kriterium jedoch nicht zu befürworten.

Soweit *Heiderhoff* geltend macht, die distributive Ermittlung legibus fororum werfe in der Praxis Probleme auf, da die Ermittlung des Rechtshängigkeitszeitpunktes nach der ausländischen lex fori „zeitraubend" wenn nicht gar „unlösbar" sein könne,[807] ist dem nicht zu folgen. Sie geht davon aus, den meisten ausländischen Prozessrechten sei ein solch klarer Begriff wie der der Rechtshängigkeit unbekannt, sodass diese schwer zu ermitteln sei. Dass derartige Schwierigkeiten auftauchen können, ist kaum zu leugnen. So existierte etwa in England lange Zeit keine Rechtsprechung zum Eintritt der Rechtshängigkeit. Mittlerweile hat sich dies zwar geändert,[808] die betreffenden Entscheidungen ergingen jedoch zu

---

re Beeinträchtigung des Rechtsschutzes erscheinen lassen: BGH 10.10.1985, NJW 1986, 2195 f.

804 **Art. 9 I CH-IPRG** Ist eine Klage über denselben Gegenstand zwischen denselben Parteien zuerst im Ausland hängig gemacht worden, so setzt das schweizerische Gericht das Verfahren aus, wenn zu erwarten ist, dass das ausländische Gericht in angemessener Frist eine Entscheidung fällt, die in der Schweiz anerkennbar ist.

805 Vgl. BGH 18.3.1987, NJW 1987, 3083, 3084, wo aber kein arglistiges Verhalten festgestellt werden konnte.

806 Staudinger-*Spellenberg*, IntVerfR Ehe, Anhang zu § 606a ZPO, Rn. 16 m.w.N.

807 *Heiderhoff*, IPRax 1999, 392, 393.

808 Zunächst wurde auf die Klageeinreichung *(issue of writ)* abgestellt, siehe „Kloeckner & Co Ag v. Gatoil Overseas Inc." [1990] 1 Lloyd's Rep. 177. Eine Wende brachte die Entscheidung des Court of Appeal "Dresser U.K. Ltd. and Others v. Falcongate Freight Management Ltd. and Others" [1992] 2 WLR 319, 337, der zu Folge die Zustellung *(service of writ)* entscheidend ist. Eine in dieser Entscheidung noch zugelassene ausnahmsweise Vorverlagerung auf den Zeitpunkt des *issue of writ* schaffte der Court of

Art. 21 f. EuGVÜ, und ob diese Rechtsprechung auch im Rahmen des autonomen IZVR herangezogen werden kann, ist fraglich.[809] Jedoch ist die regelmäßig auftretende Mühsal der Ermittlung ausländischen Rechts kein Grund dafür, auf dessen Anwendung von vornherein zu verzichten. Im Notfall kann auf die Grundsätze über die Unermittelbarkeit des ausländischen Rechts[810] zurückgegriffen werden.

De lege lata scheint auch der Weg *Spellenbergs*, die Rechtshängigkeit für die Zwecke des internationalen Rechtsverkehrs schon mit Anhängigkeit anzunehmen, gangbar. Denn angesichts der Besonderheiten des IZVR ist es nicht zwingend, auf einem einheitlichen Prioritätskriterium im innerstaatlichen und internationalen Zivilverfahren zu beharren.

De lege ferenda kommt jedoch überdies der Weg in Betracht, den der französische Rechtskreis vorzeichnet.

bb) Eingeschränkte Relevanz des Zeitpunktes der Verfahrenseinleitung im französischen Rechtskreis

Die Kodifikationen Québecs und Belgiens enthalten keine Leitlinie für die Bestimmung des Zeitpunktes der Verfahrenseinleitung. Die Frage des insoweit anzuwendenden Rechts wird kaum diskutiert.[811] In Frankreich wird grundsätzlich legibus fororum angeknüpft,[812] eine Diskussion über die Folgen dieser Methode ist allerdings nicht ersichtlich. Das mangelnde Interesse an dieser Frage leuchtete unmittelbar ein, wenn das innerstaatliche Prozessrecht jener Staaten einen frühen Verfahrenseinleitungszeitpunkt vorsähe. Dann nämlich könnten inländische Verfahren kaum durch eine frühere ausländische Verfahrenseinleitung überrundet werden.

In der Tat werden Zivilverfahren in Québec bereits mit der Einreichung der Klage bei Gericht eingeleitet.[813] Dies ist wohl dem Einfluss des US-amerikani-

---

Appeal aus Rechtssicherheitserwägungen alsbald ab, siehe „Neste Chemicals SA and others v. DK Line SA and another (The Sargasso)“ [1994] 3 All ER 180.

809 *Huber*, IPRax 1995, 332, 333 hält dies zumindest für möglich.

810 Dazu *v.Hoffmann*, IPR, Rn. 141 ff.

811 In der Entscheidung 6.5.1998 „Droit de la famille – 2054“, J.E. 98-1237 hatte die Quebecer Cour d'appel implizit auf die Regeln des innerstaatlichen Quebecer Prozessrechts abgestellt. Danach war die ausländische Rechtshängigkeit zuerst eingetreten. Durch recht eigenwillige Interpretation der in Frage stehenden (Serie von) ausländischen Entscheidungen gelangte das Gericht dennoch zu dem Ergebnis, diese müsse nicht berücksichtigt werden.

812 Nachweise bei *Huet,* Jurisclasseur Droit international, Fasc. 581-43, no. 4.

813 Cour d'appel du Québec 19.2.1992 „Tomaz-Young c. Miller“, J.E. 92-373, [1992] R.D.J. 434; Cour supérieure 3.10.1994 „Les Èquipements Eustache Lamontagne Ltée c. Les Équipment Belarus du Canada Ltée“, J.E. 94-1684, [1994] R.D.J. 599.

schen Rechts, das ebenfalls früh von einer Verfahrenseinleitung ausgeht,[814] zuzuschreiben. Die Gefahr einer „Prozesstorpedierung“ aus dem Ausland besteht folglich kaum, sodass es unproblematisch erscheint, dass für den Vergleich die in beiden Gerichtsstaaten jeweils geltenden leges fororum herangezogen werden.[815]

Dagegen wird das Verfahren in Frankreich – in Abwendung von der früheren Rechtsprechung, die auf die Zustellung der Klageschrift durch den Gerichtsdiener *(assignation signifiée à l'adversaire)* abstellte[816] – seit einer Entscheidung der Cour de cassation von 1984[817] grundsätzlich[818] mit der Übergabe des Zustellungsnachweises und Eintragung in das gerichtliche Generalregister *(mise au rôle)*, mithin relativ spät, eingeleitet.[819] Aus einer späteren Entscheidung der Cour de cassation ergibt sich, dass dieser Zeitpunkt auch für den Prioritätstest bei internationaler Litispendenz entscheidend ist.[820] Ob dies angesichts einer im Jahr 2006 erfolgten Änderung des innerstaatlichen Prozessrechts[821] weiterhin gilt, muss sich allerdings erst noch zeigen. In Belgien setzt die Verfahrenseinleitung gemäß Artt. 12, 700, 716 al. 1 und 717 C.jud.[822] grundsätzlich[823] voraus, dass die Klageschrift an den Beklagten zugestellt *(signification de la citation)* und die Sache vor dem in der

---

814 Rule 3, Federal Rules of Civil Procedure.

815 *Talpis/Kath*, If I am from Grand-Mère, Why am I being sued in Texas, S. 53.

816 Cass.civ.[2] 15.6.1967, Gaz.Pal. 1967.2.206, RTD 1967.877 mit Anmerkung Hébraud; Cass.civ.[2] 24.1.1981, Gaz.Pal. 1981.601 mit Anmerkung Viatte.

817 Cass.com. 18.12.1984, RTD 1985.445 mit Anmerkung Perrot; Cass.civ.[3] 10.12.1985, D.1986.Inf.rap.225 mit Anmerkung Julien.

818 Zu abweichenden Modi der Verfahrenseinleitung wie der *requête*, der *requête conjointe*, der *déclaration au greffe* etc. siehe *Buschmann*, Rechtshängigkeit im Ausland als Verfahrenshindernis, S. 134 ff.

819 Zu dieser Entwicklung und ihren Hintergründen *Rüßmann,* IPRax 1995, 76, 77; *Buschmann*, Rechtshängigkeit im Ausland als Verfahrenshindernis, S. 131 ff.

820 Cass.com. 4.10.1994, Bull.civ. IV, no. 270.

821 Am 1.3.2006 ist Art. 54 NCPC n.F. in Kraft getreten, dem zu Folge das Verfahren grundsätzlich bereits mit der *assignation signifiée à l'adversaire* eingeleitet wird.

822 ***Art. 12 C.jud.*** *La demande en justice est introductive d'instance ou incidente. La demande introductive d'instance ouvre le procès.*
Art. 700 C.jud. *Les demandes principales sont portées devant le juge au moyen d'une citation, sans préjudice des règles particulières applicables aux comparutions volontaires et aux procédures sur requête.*
Art. 716 al. 1 C.jud. *Les causes sont inscrites au rôle général, au plus tard la veille du jour de l'audience pour laquelle la citation a été donnée.*
Art. 717 C.jud. *Si la cause n'a pas été inscrite au rôle général pour l'audience indiquée dans la citation, celle-ci est de nul d'effet.*

823 Zu Ausnahmen von dieser Regel und zu den verschiedenen Zustellungsmöglichkeiten *Fettweis*, Droit judiciaire privé I, no. 207 ff.; *De Leval*, Éléments de procédure civile, no. 70 ff.

Klageschrift angegebenen ersten Prozesstermin ins gerichtliche Generalregister eingetragen wird[824].

Festzuhalten bleibt somit, dass die mögliche Überrundung des im Inland Klagenden durch ein früher eingeleitetes ausländisches Verfahren in Belgien und möglicherweise auch weiterhin in Frankreich ein Problem darstellen kann.

Diese zumindest bislang bestehende „Torpedierungsgefahr“ wird in Frankreich zwar erkannt, allerdings auf ganz andere Weise gelöst als in Deutschland. Es wurde bereits dargelegt, dass die Beachtung ausländischer Rechtshängigkeit nach bisheriger Rechtsprechung wohl nach wie vor im Ermessen des Gerichts steht.[825] Ist das Gericht der Meinung, der Kläger handele rechtsmissbräuchlich, so kann es die Einstellung des Verfahrens ablehnen und den Fall beurteilen. Die Aussicht darauf mindert von vornherein den Anreiz, das französische Verfahren durch eine „schnellere“ Gegenklage zu „torpedieren“.[826] Dass eine umsichtige Ermessensausübung ein probates Mittel gegen ausländische „Prozesstorpedos“ darstellt, verdeutlicht eine Entscheidung des T.g.i. Paris zu Art. 22 EuGVÜ.[827] Das Gericht hatte von der nach dieser Vorschrift fakultativen Verfahrensaussetzung bei Konnexität keinen Gebrauch gemacht, weil es die „Verfahrenseinleitung in Italien für einen missbräuchlichen Einsatz des europäischen Zivilverfahrensrechts zum Zweck der Blockade des französischen Verfahrens“ hielt.[828]

Eine entsprechende Möglichkeit haben belgische Gerichte nach Art. 14 al. 1 CDIP. Auch in Belgien hat sich die französische Konzeption (fakultative Rechtsfolge) gegen die der EuGVO und der EheVO II (obligatorische Rechtsfolge) durchgesetzt. Eine Abwehr der „Torpedierung“ des belgischen Verfahrens durch gezielte Ermessensausübung entspricht wohl auch dem ermessensleitenden Grundsatz einer „guten Justizverwaltung“ (Art. 14 al. 2 CDIP). Wird das Verfahren ausgesetzt und ergeht daraufhin eine anerkennbare ausländische Entscheidung, ist das belgische Gericht zwar nach Art. 14 al. 3 CDIP verpflichtet, das Verfahren einzustellen, hat also keinen Ermessensspielraum mehr. Die Abwehr des ausländischen „Prozesstorpedos“ ist dann aber auch nicht mehr erforderlich, denn die Problematik an torpedierenden Verfahren besteht ja darin, dass der Rechtsgewähranspruch des Klägers auf Grund einer langen ausländischen Verfahrensdauer beeinträchtigt

---

824 Siehe Cass.belge[3] 9.12.1996, J.T. 1997, S. 780; Cass.belge[3] 31.10.1994, Pas. I, S. 882; *De Leval*, Éléments de procédure civile, no. 29. Wird die Eintragung nicht rechtzeitig bewirkt, ist die Zustellung gemäß Art. 717 C.jud. Zustellung wirkungslos.

825 Siehe oben I C 1 b (1) bb.

826 *Audit*, D.i.p., no. 381.

827 T.g.i. Paris 28.4.2000, D.2002.som.1193 mit Anmerkung Raynard, S. 1194.

828 *„(...) l'assignation signifiée par les défenderesses devant le Tribunal de Milan révèle qu'en recourant aux règles européennes de procédure civile, elles ont voulu bloquer l'action en contrefacon exercée contre elles en France (...).“*

wird. Ist das ausländische Verfahren bereits beendet, droht diese Beeinträchtigung aber gerade nicht mehr.

Soweit man sich in Belgien dennoch Gedanken über den Vergleich der Rechtshängigkeitszeitpunkte macht, werden eine distributive Anknüpfung legibus fororum, eine einheitliche Anwendung des belgischen Rechts sowie die Anwendung der Kriterien aus Art. 30 EuGVO bzw. Art. 16 EheVO II erwogen.[829] Letztere Variante dürfte allerdings nur schwer mit Art. 14 CDIP zu vereinbaren sein, da der Gesetzgeber die Lösung des europäischen Zivilverfahrensrechts kannte, sie aber nicht ausdrücklich übernommen hat. Zudem ist die autonome Bestimmung des Verfahrenseinleitungszeitpunktes in den beiden Verordnungen Korrelat der dort verankerten Aussetzungspflicht, während sich der belgische Gesetzgeber gerade gegen eine obligatorische und für eine fakultative Aussetzung entschieden hat.

(7) Entscheidungszuständigkeit des ausländischen Gerichts?

Nach der Formulierung der französischen Cour de cassation in der „Soc. Miniera di Fragne"-Entscheidung ist die Zuständigkeit des ausländischen Gerichts Voraussetzung der Litispendenzeinwendung.[830] Nach h.L.[831] meint dies die nach der ausländischen lex fori zu beurteilende Entscheidungszuständigkeit. In der Tat wäre es nur schwer verständlich, warum ein französisches Gericht, das nach der bisherigen Rechtsprechung keine Aussetzungsmöglichkeit hat, das Verfahren ohne Rücksicht darauf einstellen sollte, ob das ausländische Gericht selbst zuständig ist. Denn würde im Laufe des ausländischen Verfahrens berechtigterweise die Einrede der internationalen Unzuständigkeit erhoben, so entschiede vorerst kein Gericht den Fall. Der Kläger müsste erneut in Frankreich Klage erheben. Wird die ausländische Entscheidungszuständigkeit vorausgesetzt, bleibt dies allen Beteiligten erspart. Die Rechtsprechung hat eine solche Prüfung allerdings nur selten ausdrücklich vorgenommen[832] und eine neue, wenngleich in dieser Hinsicht nicht

---

829 Siehe *Nuyts*, J.T. 2005, S. 179, no. 44, der sich selbst für eine einheitliche Anwendung des belgischen Prozessrechts einsetzt, dies aber insoweit abschwächst, als auch eine der belgischen *signification de la citation* äquivalente ausländische Zustellungsart ausreichen soll. Auch *Francq*, RabelsZ 2006, 235, 272 Fn. 133 geht von der Maßgeblichkeit des belgischen Prozessrechts aus.

830 *„(...); que l'exception de litispendance peut cependant être reçue devant le juge français, en vertu du droit commun français, en raison d'une instance engagée devant un tribunal étranger <u>également compétent</u>, mais ne saurait être accueillie, lorque la décision à intervenir à l'étranger n'est pas susceptible d'être reconnue en France; (...)".*

831 Nachweise bei *Huet*, Jurisclasseur Droit international, Fasc. 581-43, no. 13.

832 So wohl zuletzt in C.A. Paris 25.6.1993, D.1993.Inf.rap.218. Weitere Nachweise bei *Huet*, Jurisclasseur Droit international, Fasc. 581-43, no. 13.

völlig eindeutige Entscheidung der Cour de cassation spricht dafür, dass lediglich die Anerkennungszuständigkeit zu prüfen ist.[833]

Nach deutschem, belgischem und Quebecer Recht ist nur die Anerkennungszuständigkeit des ausländischen Gerichts (als Teil der Anerkennungsprognose) zu prüfen. Ob ihm nach der ausländischen lex fori Entscheidungszuständigkeit zukommt, ist für die Litispendenzeinwendung irrelevant. Trotzdem droht keine unnötige Belastung von Parteien und Gerichten. Denn wie bereits erörtert,[834] hat ein deutsches Gericht nach h.M. das Verfahren analog § 148 ZPO zumindest bis zur ausländischen Zuständigkeitsentscheidung auszusetzen. Und die belgischen und Quebecer Gerichte sind bei internationaler Litispendenz ohnehin nur zu einer Aussetzung des Verfahrens befugt. Stellt sich heraus, dass das ausländische Gericht sich nicht für zuständig hält, wird das inländische Verfahren also wieder aufgenommen, ohne dass eine erneute Verfahrenseinleitung erforderlich ist.

2) Res iudicata

Konsens herrscht darüber, dass ein (erneutes) Erkenntnisverfahren ausgeschlossen ist, wenn ein ausländisches Gericht zuvor in derselben Sache eine anerkennbare Entscheidung gefällt hat und diese bereits für vollstreckbar erklärt wurde. Unterschiedlich wird lediglich beurteilt, ob auch schon vor Vollstreckbarerklärung ein entsprechendes Verfahrenshindernis vorliegt.

Was das autonome deutsche IZVR angeht,[835] teilen sich die Meinungen im Bezug auf die Berücksichtigung einer anerkennbaren, aber noch nicht für vollstreckbar erklärten ausländischen Entscheidung. Nach einer Ansicht in der Literatur[836] ist ein erneutes Erkenntnisverfahren unzulässig. Zur Begründung wird ins-

---

833 In Cass.civ.[1] 8.6.1999, RCDIP 2000.35 wurde die Kassation der Berufungsentscheidung damit begründet, die Cour d'appel habe die Prüfung der ausländischen *compétence indirecte* unterlassen. Ob sich dies auf die in der „Soc. Miniera die Fragne"-Entscheidung aufgestellte Voraussetzung eines *„tribunal étranger également compétent"* oder auf die im Rahmen der Anerkennungsprognose zu prüfende Anerkennungszuständigkeit bezog, geht aus der Entscheidung allerdings nicht hervor.

834 Siehe oben I C 1 b (1) aa.

835 Steht eine Entscheidung in Frage, die auf Grundlage des europäischen Zuständigkeitsrechts erlassen wurde, sperrt eine anerkennbare Entscheidung aus einem anderen Mitgliedsstaat der EU in Deutschland – wie auch in Frankreich und Belgien – automatisch die Aufnahme eines erneuten Erkenntnisverfahrens, siehe *Kropholler*, EZPR, vor Art. 33 Rn. 12.

836 *Schütze*, DB 1967, 497; *derselbe*, DB 1977, 2129, 2130; *derselbe*, Deutsches Internationales Zivilprozessrecht, S. 134; *Linke*, FS Schütze, S. 427 ff.; *Geimer*, IZPR, Rn. 2807; *v.Bar/Mankowski*, IPR I, § 5 Rn. 140; LG Hamburg 11.7.1991, IPRax 1992, 251, 254 f. (zum deutsch-österreichischen Anerkennungs- und Vollstreckungs-

besondere geltend gemacht, eine ausländische, anerkennungsfähige Entscheidung in derselben Sache stelle in gleichem Maß wie eine inländische rechtskräftige Entscheidung eine res iudicata dar, die nach dem Grundsatz „ne bis in idem" ein weiteres Verfahren ausschließe.[837] Die vorherrschende Rechtsprechung und Teile des Schrifttums lassen dagegen ein zweites Erkenntnisverfahren in Deutschland zu, allerdings soll, soweit die ausländische Entscheidung anerkennungsfähig ist, nur eine inhaltlich übereinstimmende Entscheidung getroffen werden können.[838] Begründet wird die Zulässigkeit des Zweitverfahrens damit, dass eine ausländische Entscheidung nicht ohne Weiteres Wirkungen im Inland zeitige und das erforderliche Vollstreckbarerklärungsverfahren in der Regel weder schneller, einfacher noch kostengünstiger sei als ein Zweitverfahren in der Sache.

Nach autonomem französischem IZVR fand die Anerkennung ausländischer Entscheidungen früher grundsätzlich im Exequaturverfahren statt.[839] Etliche Entscheidungen sahen folglich in dem bloßen Erlass einer (anerkennungsfähigen) ausländischen Entscheidung in derselben Sache kein Hindernis, ein erneutes Erkenntnisverfahren in Frankreich anzustrengen.[840] Der ausländischen Entscheidung wurde Rechtskraft (*autorité de la chose jugée*)[841] nur zugebilligt, wenn sie

---

vertrag vom 6.6.1959); kritisch zu letzterer Entscheidung, im Übrigen aber derselben Meinung *Bungert*, IPRax 1992, 225, 232.

837 Weitere Argumente sind: Eine zweite Klage in Deutschland passe nicht zur automatisch erfolgenden Inzidentanerkennung; der deutsche Richter liefe anderenfalls Gefahr, einen Titel mit Wirkungen produzieren zu müssen, dessen Wirkungen dem deutschen Recht fremd seien; der Schuldner könne durch den deutschen Zweittitel schlechter gestellt werden, falls dieser, nicht aber die ursprüngliche Entscheidung in einem dritten Staat anerkannt werde. Zusammenfassend *v.Bar/Mankowski*, IPR I, § 5 Rn. 140.

838 BGH 20.3.1964, NJW 1964, 1626; BGH 26.11.1986, NJW 1987, 1146; OLG Zweibrücken 10.6.1974, IPRspr. 1974, Nr. 185 S. 500; OLG Nürnberg 24.19.1978, FamRZ 1980, 925, 926; OLG Stuttgart 18.8.1988, IPRax 1990, 49; OLG Hamm 10.5.1989, FamRZ 1989, 1332, 1333 sowie 19.9.1990, FamRZ 1991, 718; LG Düsseldorf 29.3.1974, IPRspr. 1974, Nr. 172, S. 454; LG München II 20.12.1977, IPRspr. 1977, Nr. 164, S. 492.
Habscheid, ZZP (1962), 164, 166-168; *Schack*, IZVR, Rn. 887; *Wolff* in: Hb. IZVR III/1, Kap. IV Rn. 175; *Martiny* in: Hb. IZVR III/1, Kap. I Rn. 1627; *Baumann*, IPRax 1990, 28, 29; nur für den Fall, dass die Anerkennung der ausländischen Entscheidung unsicher ist, im Übrigen gegen ein Wahlrecht des Klägers zwischen Anerkennungs- und Erkenntnisverfahren: Stein/Jonas-*Roth* § 328 Rn. 37.

839 Dazu unten II A 1 b.

840 Grundlegend Cass.civ. 10.3.1914 „Negrotto" RCDIP 1914.449. Ebenso Cass.civ.[1] 5.4.1960, JDI 1960.1070 mit Anmerkung Sialelli; C.A. Lyon 29.4.1964 „Vitapointe", JDI 1965.131 mit Anmerkung Sialelli, RCDIP 1965.379 mit Anmerkung Simon-Depitre.

841 Siehe Artt. 1350 no. 3, 1351 C.civ.; im französischen Prozessrecht ist die Rechtskraft nicht geregelt.

dieses Verfahren durchlaufen hatte. Hatte der Kläger im Ausland eine günstige Entscheidung erstritten, konnte er sich folglich entscheiden, ob er das Exequatur beantragen oder ein zweites Erkenntnisverfahren in Frankreich anstrengen wollte, im Rahmen dessen er die ausländische Entscheidung zum Beleg der von ihm vorgetragenen Fakten verwenden konnte. Umgekehrt hatte ein im Ausland obsiegender Beklagter ein hohes Interesse daran, möglichst schnell ein französisches Exequaturурteil zu erlangen, um sich den Res-iudicata-Einwand gegen eine eventuelle erneute Klage in Frankreich zu verschaffen.

Heute setzt die Anerkennung ausländischer Entscheidungen in großen Bereichen kein gesondertes Exequaturverfahren mehr voraus.[842] In diesen Bereichen hindert bereits die Existenz einer bestandskräftigen, anerkennungsfähigen ausländischen Entscheidung ein französisches Zweitverfahren. Eine jüngere Entscheidung der Cour de cassation deutet aber darauf hin, dass die Rechtskraft dort, wo ein Exequaturverfahren noch immer erforderlich ist, weiterhin erst mit Beendigung dieses Verfahrens eintritt.[843]

Gegen diesen Ansatz wird im Schrifttum geltend gemacht, dass die internationale Litispendenz heute durchweg berücksichtigt werde;[844] könne aber schon ein noch laufendes ausländisches Verfahren zur Aussetzung des inländischen Verfahrens führen, sei es widersprüchlich, wenn die am Ende des ausländischen Verfahrens stehende Entscheidung für den Verfahrensgang in Frankreich irrelevant sein solle.[845] Dem ist allerdings zu entgegnen, dass die Annahme eines Verfahrenshindernisses bei internationaler Litispendenz nach französischer Konzeption noch immer im gerichtlichen Ermessen stehen dürfte.[846] Dementsprechend kann aus dem Litispendenzargument zumindest keine Verpflichtung des Gerichts hergeleitet werden, einer ausländischen Entscheidung vor Durchlaufen des Exequaturverfahrens negative Rechtskraft beizulegen.

Sofern französische Gerichte allein auf Grund des Art. 14 C.civ. zuständig sind, haben sie eine weitere Möglichkeit, ein Zweitverfahren in Frankreich zu verhindern, auch wenn die ausländische Erstentscheidung mangels Exequatur noch keine Rechtskraft in Frankreich entfaltet: Aus der Erschöpfung des ausländi-

842 Dazu unten II A 1 b.

843 Cass.civ.[1] 11.3.1997, Bull.civ. I, no. 82. Die ausländische Entscheidung war bereits anerkannt und für vollstreckbar erklärt worden. Dies erwähnte die Cour de cassation nochmals ausdrücklich, ohne sich jedoch dazu zu äußern, ob das Durchlaufen des Exequaturverfahrens notwendige Bedingung der Rechtskraftwirkung ist.

844 Dazu oben I C 1 a (2).

845 Siehe *Loussouarn/Bourel/De Vareilles-Sommières*, D.i.p., no. 503-2 S. 755; *Muir Watt*, Jurisclasseur Droit international, Fasc. 584-6 no. 101 m.w.N.

846 Siehe oben I C 1 b (1) bb.

schen Rechtsweges durch den französischen Kläger kann ein Verzicht auf Art. 14 C.civ. gefolgert werden.[847]

Der CDIP regelt das aus dem Vorliegen einer res iudicata resultierende Verfahrenshindernis nicht ausdrücklich. Gemäß Art. 14 al. 3 CDIP ist das inländische Verfahren im Fall internationaler Litispendenz allerdings zwingend einzustellen, wenn das ausländische Verfahren mittlerweile in eine anerkennbare Entscheidung gemündet hat. Erst recht dürfte eine bereits zu Beginn des belgischen Verfahrens vorliegende anerkennungsfähige (und damit automatisch anzuerkennende) ausländische Entscheidung ein belgisches Zweitverfahren sperren.

Die Litispendenzregelung in Art. 3137 Var. 2 C.C.Q. eröffnet dem Quebecer Gericht auch dann noch die Möglichkeit, das Erkenntnisverfahren auszusetzen, wenn die ausländische Rechtshängigkeit zwischenzeitlich zu einer anerkennungsfähigen ausländischen Entscheidung geführt hat. Eine endgültige Einstellung des Verfahrens ist im Gegensatz zum innerstaatlichen Prozessrecht (Art. 165 no. 1 C.P.C.Q.)[848] nicht vorgesehen.[849] Diese fortdauernde Aussetzungsbefugnis wäre allerdings uninteressant, wenn bereits die bloße Existenz einer ausländischen anerkennungsfähigen Entscheidung zur Unzulässigkeit des Erkenntnisverfahrens führte. Daher ist davon auszugehen, dass eine ausländische Entscheidung erst dann ein endgültiges Verfahrenshindernis darstellt, wenn ihre Anerkennbarkeit durch das dafür zuständige Gericht[850] festgestellt worden ist. Bis dahin kann das Quebecer Erkenntnisverfahren ausgesetzt werden. Eine Vollstreckbarerklärung setzt die Res-iudicata-Wirkung dagegen nicht voraus.

---

847 Dazu oben I B 8 a (2) aa.

848 ***Art. 165 C.P.C.Q.*** *Le défendeur peut opposer l'irrecevabilité de la demande et conclure à son rejet:*
1. S'il y a litispendance ou chose jugée;
2. Si l'une ou l'autre des parties est incapable ou n'a pas qualité;
3. Si le demandeur n'a manifestement pas d'intérêt;
4. Si la demande n'est pas fondée en droit, supposé même que les faits allégués soient vrais.

849 Art. 165 no. 1 C.P.C.Q. gilt nur gegenüber Entscheidungen eines anderen Quebecer Gerichts, siehe *Reid/Carrier*, Code de procédure civile du Québec, Art. 165/14, 165/71; Cour du Québec 5.7.1999 „Behaviour Communications Inc. c. Virtual Image Productions", J.E. 99-1518 (Unanwendbarkeit des Art. 165 C.P.C.Q. in internationalen Verfahren).

850 Dazu unten II A 1 d.

3) Internationale Konnexität

Auch ein ausländisches Verfahren, dessen Gegenstand nicht identisch mit dem des inländischen Verfahrens ist, das aber mit diesem in einem engen Zusammenhang steht, kann ein Verfahrenshindernis darstellen.

a) Deutschland, Belgien, Québec

Das autonome deutsche IZVR kennt das Rechtsinstitut der allgemeinen Konnexität in seiner zulässigkeitshindernden Funktion ebenso wenig wie in seiner zuständigkeitsbegründenden[851] Funktion.

Nach dem vorkodifikatorischen belgischen IZVR entfaltete die internationale Konnexität ebenfalls keine verfahrenshindernde Wirkung. Auch Art. 9 CDIP sieht unter der Überschrift *„connexité internationale"* lediglich eine Zuständigkeitsbegründung vor. Aus der Gesetzesbegründung ergibt sich, dass diese Formulierung abschließend gemeint ist.[852] Ein auf internationaler Konnexität gründendes Verfahrenshindernis existiert folglich nicht.

Die Quebecer Rechtsprechung ließ unter altem Recht eine Verfahrensaussetzung wegen internationaler Konnexität zu.[853] Die gesetzliche Stütze dafür bildeten Artt. 20, 46 C.P.C.Q. Abgesehen von den bereits dargelegten allgemeinen Bedenken[854] gegen deren Anwendung unter neuem Recht, findet sich diese Aussetzungsmöglichkeit im kodifizierten Recht nicht wieder.[855] Art. 3139 C.C.Q. regelt mit Inzident- und Widerklage zwar spezielle Ausprägungen der zuständigkeitsbegründenden,[856] nicht aber die zulässigkeitshindernde Konnexität. Die Quebecer Gerichte können ein konnexes Auslandsverfahren allerdings bei der Entscheidung über den Forum-non-conveniens-Einwand berücksichtigen.[857]

Auffällig ist, dass die allgemeine internationale Konnexität gerade in den drei Rechtsordnungen, die ihr keine zulässigkeitsbegründende Wirkung beilegen, auch keine zulässigkeitshindernde Wirkung hat. Hierin zeigt sich, dass beide Fragen letztlich Ausprägungen eines einheitlichen Prinzips sind. Durchbrochen wird

---

851 Dazu oben I B 6 b (1).

852 *Proposition de loi, Commentaire* – Art. 9 CDIP.

853 Cour d'appel du Québec 22.1.1992 „York-Hannover Developmentsd Ltd. c. Commonwealth Insurance Co.", J.E. 92-297 (C.A.).

854 Dazu oben I B 1 a (4).

855 Auch *Goldstein* und *Groffier*, die eine subsidiäre Anwendung der Artt. 20, 46 C.P.C.Q. nicht ausschließen (siehe oben I B 1 a (4)), erwägen nicht, diese heranzuziehen, um Verfahrenshindernisse, die im zehnten Buch des C.C.Q. nicht vorgesehen sind, zu schaffen.

856 Siehe oben I B 6 b (4).

857 Siehe unten I C 4 b (2).

dieser Zusammenhang dagegen in EuGVÜ und EuGVO, in deren Rahmen die internationale Konnexität nicht zuständigkeitsbegründend, aber zulässigkeitshindernd[858] wirkt.

b) Frankreich

Auch das französische IZVR geht von einem einheitlichen Prinzip aus und akzeptiert den Gedanken der allgemeinen Konnexität nicht nur in seiner zuständigkeitsbegründenden, sondern auch in seiner zulässigkeitshindernden Wirkung. Von der Cour de cassation in der „Cressot"-Entscheidung[859] von 1987 zunächst nur implizit zugelassen, wurde das Verfahrenshindernis der internationalen Konnexität in der „Benichou"-Entscheidung[860] von 1999 eindeutig bestätigt.[861] Nach dieser Entscheidung kann die Konnexitätseinwendung – in doppelfunktionaler Anwendung des Art. 101 NCPC – zugelassen werden, „wenn in- und ausländische Jurisdiktion gleichzeitig und zuständigerweise mit der Sache befasst sind und wenn zwischen den beiden Verfahren eine Verbindung besteht, die einen Widerspruch hervorzurufen droht".[862]

(1) Voraussetzungen

Konnexität bedeutet in diesem Zusammenhang also – restriktiver als im innerstaatlichen französischen Prozessrecht[863] – Gefahr unvereinbarer Urteile. Der tragende Gedanke ist mithin derselbe, der auch die Beachtung der internationalen Litispendenz rechtfertigt.

Voraussetzung für den Erfolg der Konnexitätseinwendung ist, dass das ausländische Gericht nach der ausländischen lex fori auf für den Gegenstand des französischen Verfahrens zuständig ist. Denn stellte das französische Gericht das

---

858 Siehe Artt. 22 EuGVÜ, 28 EuGVO.

859 Cass.civ.[1] 20.10.1987 „Cressot", JDI 1988.447 mit Anmerkung Huet.

860 Cass.civ.[1] 22.6.1999 „Benichou", RCDIP 2000.42 mit Anmerkung Cuniberti.

861 Den Grund für diese im Vergleich mit der zuständigkeitsbegründenden Funktion der allgemeinen Konnexität späte Entwicklung vermutet *Audit* (D.i.p., no. 382) darin, dass es *„psychologiquement plus facile au juge d'un pays donné"* sei, *„de faire jouer la concentration des actions en sa faveur qu'à son détriment"*. Ob dies angesichts der stetig zunehmenden Belastung der französischen Justiz zutrifft, sei dahingestellt.

862 *„(...); Mais attendu que l'exception de connexité internationale peut être admise aux seules conditions que deux juridictions relevant de deux États différents soient également et compétemment saisies de deux instances, en cours, faisant ressortir entre elles un lien de nature à créer une contrariété; (...)"*

863 Art. 101 NCPC lässt ein *„lien tel qu'il soit de l'interêt d'une bonne justice de les faire instruire et juger ensemble"* ausreichen.

inländische Verfahren ein und wäre auch das ausländische Gericht nicht für die Beurteilung der Angelegenheit zuständig, riefe dies eine zumindest zeitweilige Rechtsschutzverweigerung hervor, die erst durch ein erneutes Verfahren in Frankreich behoben werden könnte.

Im Gegensatz zur Litispendenzeinwendung, die eine vollständige Anerkennbarkeitsprognose hinsichtlich der zu erwartenden ausländischen Entscheidung zu erfordern scheint, setzt die Konnexitätseinwendung nach dem Wortlaut der „Benichou“-Entscheidung lediglich voraus, dass dem ausländischen Gericht Anerkennungszuständigkeit zukommt.

Die Konnexitätseinwendung setzt desweiteren nicht voraus, dass das ausländische Verfahren als erstes eingeleitet wurde. Vielmehr kann die Fortführung eines französischen Verfahrens auch an der späteren Einleitung einer konnexen Sache im Ausland scheitern.

(2) Rechtsfolgen

Die Annahme des Verfahrenshindernisses steht gemäß Art. 101 NCPC im Ermessen des Gerichts.[864] Welche Erwägungen dessen Ausübung leiten sollen, ist der bisherigen Rechtsprechung nicht zu entnehmen. *Cuniberti* schlägt in seiner Anmerkung zur „Benichou“-Entscheidung konkrete Kriterien vor, die denen ähneln, welche über die Feststellung von „forum non conveniens“ entscheiden.[865] Insbesondere sollen danach die Gerichtskosten, die Zugänglichkeit der Beweismittel, eventuelle Schwierigkeiten bei der Anwendung des anzuwendenden Rechts sowie die Vollstreckungsaussichten abgewogen werden. Ob dieser Vorschlag von den Gerichten übernommen werden wird, bleibt abzuwarten. Diese Kriterien sind jedenfalls nicht mit denjenigen identisch, die in Bezug auf die Ausfüllung des Aussetzungsermessens in Art. 28 EuGVO vorgeschlagen wurden. Insoweit führte Generalanwalt *Lenz* in seinen Schlussanträgen zur EuGH-Entscheidung „Owens Bank c. Bracco“[866] die drei folgenden – als nicht alleinmaßgeblich bezeichneten – Erwägungen auf: Der Grad der Konnexität und des Risikos widersprechender Entscheidungen, der Fortschritt der beiden Verfahren sowie die Sachverhaltsnähe der jeweiligen Gerichte.

Im Gegensatz zum europäischen Zivilverfahrensrecht bewirkt die Konnexitätseinwendung nach autonomem französischem IZVR – ebenso wie die Litispen-

---

864 Cass.civ.[1] 20.10.1987 „Cressot“, JDI 1988.447 mit Anmerkung Huet.

865 *Cuniberti*, Anmerkung zu Cass.civ.[1] 22.6.1999, RCDIP 2000.42 (46 f.). Näher zu den in Common-law-Staaten und in Québec verwendeten Kriterien für „forum non conveniens“ unten I C 4 a bzw. c (2).

866 EuGH 20.1.1994 „Owens Bank c. Bracco“ (C-129/92, Slg. 1994, S. I-117), Punkt 76 der Schlussanträge.

denzeinwendung[867] – keine Verfahrensaussetzung, sondern eine Verfahrenseinstellung.

(3) Stellungnahme

Angesichts der Parallelität der Verfahrenshindernisse der internationalen Konnexität und der internationalen Litispendenz erstaunt es, dass die Cour de cassation nicht ausdrücklich klargestellt hat, dass auch der Konnexitätseinwand eine vollständige Anerkennungsprognose voraussetzt, sondern in der „Benichou"-Entscheidung vielmehr auf die Anerkennungszuständigkeit des ausländischen Gerichts abhob. Im Schrifttum wird die Entscheidung dafür kritisiert.[868] In der Tat ist eine auf die Anerkennungszuständigkeit beschränkte Prüfung kaum zu rechtfertigen. Denn ist die Anerkennung aus einem anderen Grund als der mangelnden Anerkennungszuständigkeit ausgeschlossen, so müsste der Kläger nach Einstellung des französischen Verfahrens ein erneutes Erkenntnisverfahren anstrengen. Mangels Anerkennbarkeit der ausländischen Entscheidung stünde dem französischen Zweitverfahrens zwar nicht der Einwand der res iudicata entgegen. Den Kläger zu einer erneuten Verfahrenseinleitung zu zwingen, ist aber zumindest dann, wenn die Anerkennbarkeit – etwa wegen offensichtlichen Verstoßes gegen den prozessualen Ordre public – von vornherein ausgeschlossen scheint, nicht interessengerecht. Insoweit würde es auch nicht helfen, den Gerichten (wie von Teilen des Schrifttums gefordert) die Möglichkeit zuzubilligen, das französische Erkenntnisverfahren bloß auszusetzen. Dies erlaubte zwar eine Wiederaufnahme des Verfahrens, führte jedoch zu einer (bei langer ausländischer Verfahrensdauer erheblichen) Verzögerung, die dem Kläger unter den genannten Umständen ebenso wenig zuzumuten ist. Zwar gibt es auch noch einen anderen Weg, dem Kläger die aufgezeigten Belastungen zu ersparen: Ein umsichtiges Gericht kann von dem durch Art. 101 NCPC eingeräumten Ermessensspielraum Gebrauch machen und bei prospektiver Nichtanerkennbarkeit der ausländischen Entscheidung die Verfahrenseinstellung verweigern. Der Kläger hat allerdings keinerlei Garantie dafür, dass das Gericht tatsächlich so handeln wird. Eine einheitliche Behandlung der Litispendenz- und der Konnexitätseinwendung wäre im Übrigen auch schon deshalb angezeigt, weil die Unterscheidung zwischen konnexen und identischen Verfahren schwierig sein kann.

867 Dazu oben I C 1 b (1) bb.

868 *Loussouarn/Bourel/De Vareilles-Sommières*, D.i.p., no. 490-13 Fn. 2; *Cuniberti*, Anmerkung zu Cass.civ.[1] 22.6.1999, RCDIP 2000.42 (45).

4) „Forum non conveniens"

Die ursprünglich wohl in Schottland entwickelte,[869] mittlerweile im gesamten angelsächsischen Rechtsraum verbreitete Lehre vom „forum non conveniens" besagt, dass ein international zuständiges Gericht die Beurteilung des Rechtsstreits ablehnen kann, wenn es darlegt, dass es selbst dafür ungeeignet („forum non conveniens"), ein anderes Gericht hingegen dafür geeignet („forum conveniens") erscheint. Dabei wird die Eignung der in Frage kommenden Fora wird durch Abwägung verschiedener Faktoren *(interest factors)*[870] ermittelt.

Dieses „zuständigkeitsrechtliche Ermessensinstrument"[871] bildet ein Gegengewicht dazu, dass das common law häufig nur wenige, dafür aber weit ausgreifende Zuständigkeitsbegründungen kennt, die oft schon geringe Kontakte zwischen Sachverhalt und Forumstaat ausreichen lassen. „Forum non conveniens" bietet dort die Möglichkeit, eine Belastung der inländischen Gerichte mit Verfahren, die nur wenig Inlandsbezug aufweisen, zu vermeiden. In gewissem Maß dient dieser Mechanismus auch der Vereitelung unerwünschten klägerischen Prozessverhaltens. In Deutschland, Frankreich und Belgien hat sich das Forum-non-conveniens-Prinzip als solches – wie in den meisten Civil-Law-Staaten – nicht durchgesetzt (a). Anders liegt es in Québec, wo es im Zuge der Kodifizierung des IZVR übernommen wurde (b). Ob es dort erforderlich ist, erscheint allerdings fraglich (c).

a) Grundsätzliche Ablehnung des Forum-non-conveniens-Prinzips in Deutschland, Frankreich und Belgien

Nach der Rechtsprechung des EuGH hat die Forum-non-conveniens-Doktrin keinen Platz im europäischen Zuständigkeitsrecht.[872] Das autonome deutsche wie das autonome französische IZVR bieten zwar gewisse Möglichkeiten, die Zulässigkeit eines inländischen Verfahrens bei besserer Eignung ausländischer Gerichte zu verneinen. Jedoch folgen diese Ansätze in nicht denselben Vorgaben wie die

869 *Anton*, P.I.L., S. 148-154; *Dorsel*, Forum non conveniens, S. 41 f. Ausführlich zur Genese des Forum-non-conveniens-Prinzips *Nuyts*, L'exception de forum non conveniens, S. 76.

870 US-amerikanische Gerichte unterscheiden insofern in *private interest factors* (z.B. die Nationalität der Parteien, ihr Wohnsitz, die Verfügbarkeit von Beweismitteln, die Möglichkeit einer Verfahrenskonzentration, die Durchsetzbarkeit der beantragten Entscheidung, das Bestehen von Gerichtsstandsvereinbarungen, etc.) und *public interest factors* (z.B die Belastung des jeweiligen Justizapparates oder die Vertrautheit des Gerichts mit dem anwendbaren fremden Recht). Eine detailreiche Übersicht über die einzelnen Faktoren bietet *Dorsel*, Forum non conveniens, S. 70 ff.

871 *Schnyder*, Wirtschaftskollisionsrecht, S. 213, Rn. 264.

872 EuGH 1.3.2005 „Owusu", Rs. C-281/02, Slg. 2005, S. I-1383.

Forum-non-conveniens-Lehre (1, 2). Auch in Belgien konnte sich das Forum-non-conveniens-Prinzip nur bereichsspezifisch, nicht aber allgemein durchsetzen (3).

(1) Deutschland

Das autonome deutsche IZVR weist Ansätze des Forum-non-conveniens-Gedankens auf.[873]

So sind deutsche Gerichte, folgt man der von der Rechtsprechung in Erbschaftsangelegenheiten angewendeten Gleichlauftheorie,[874] unzuständig, wenn ausländisches Recht Erbstatut ist. Hinter der Gleichlauftheorie steht die Erwägung, den deutschen Gerichten stünden aufgrund der in Erbschaftsangelegenheiten engen Verknüpfung von prozessualem und materiellem Recht keine geeigneten Mittel zur Verfügung, das ausländische materielle Recht angemessen zu verwirklichen. Im Grunde wird hierdurch die mangelnde Eignung des inländischen Forums honoriert.

Ferner wird teilweise vertreten, die deutsche internationale Zuständigkeit sei unter bestimmten Umständen wegen der „Eigenart des Streitgegenstandes“[875] ausgeschlossen. Darunter sollen Streitigkeiten über ausländische Grundstücke, ausländische gewerbliche Schutzrechte (wie Patente oder Warenzeichen), ausländische öffentlich-rechtliche Ansprüche sowie dem deutschen Recht völlig unbekannte („wesensfremde“) Rechtsinstitute fallen.[876] Auch hierbei wird in gewissem Maß der besseren Eignung der ausländischen Gerichte Rechnung getragen.

Erwähnung darf hier auch die durch den BGH im Jahr 1991 vorgenommene Beschränkung der Zuständigkeit nach § 23 ZPO auf Fälle mit „hinreichendem Inlandsbezug“ finden.[877] Diese Rechtsprechung läuft darauf hinaus, aus der gesetzlich vorgesehenen Zuständigkeit Fälle herauszunehmen, in denen der Sachverhalt einen stärkeren Bezug zu anderen Staaten aufweist.

All diesen Ansätzen fehlt jedoch ein für die Lehre vom „forum non conveniens“ entscheidendes Element, nämlich die Ermessensabhängigkeit der Klageabweisung.

Umgekehrt liegt es bei § 47 FGG. Die Vorschrift befugt das Vormundschaftsgericht gerade, unter bestimmten Voraussetzungen die Anordnung der Vormundschaft nach seinem Ermessen einem ausländischen Gericht zu überlassen. Hinge-

---

873 Siehe hierzu auch *Schack*, „Germany“, in: *Fawcett*, Declining jurisdiction in P.I.L., S. 190 ff.

874 Siehe z.B. OLG Zweibrücken 10.7.1985, IPRax 1987, 108; BayObLG 3.8.2001, FamRZ 2002, 274; für weitere Nachweise *Kegel/Schurig*, IPR, S. 1019 Fn. 132.

875 *Riezler*, Internationales Zivilprozessrecht, S. 230.

876 Siehe *Geimer*, IZPR, Rn. 995.

877 Dazu oben I B 8 a (1).

gen sieht § 47 FGG keine dem common law geläufige Abwägung verschiedener, richterrechtlich erarbeiteter Faktoren vor. Maßgeblich ist allein, ob die Nichtausübung der inländischen Gerichtsgewalt im Interesse des Mündels liegt.

Im Übrigen wird nur vereinzelt eine allgemeine Auflockerung der gesetzlichen Zuständigkeitsregeln vertreten.[878] Nach ganz herrschender Auffassung hat „forum non conveniens“ hingegen im deutschen Zuständigkeitsgefüge keinen Platz.[879] Begründet wird dies u.a. mit dem Recht auf einen gesetzlichen Richter und der Bindung des Richters an Recht und Gesetz[880], dem Anspruch auf Justizgewährung,[881] sowie der Gefahr mangelnder Voraussehbarkeit der Zulässigkeitsentscheidung.

(2) Frankreich

Auch das französische Recht weist einige Anleihen beim Forum-non-conveniens-Prinzip auf. Auch insoweit fehlt es jedoch jeweils an einem der dieses Prinzip kennzeichnenden Momente. Wie bereits dargelegt,[882] besteht keine französische Zuständigkeit für erbrechtliche Klagen bezüglich ausländischer Grundstücke. Dem liegt der Gedanke zu Grunde, das ausländische Gericht sei „geeigneter“. Ein richterlicher Ermessensspielraum besteht insoweit aber nicht.

Ebenfalls bereits erläutert wurde, dass die Cour de cassation französischen Gerichten mittlerweile zugesteht, das Verfahren im Fall internationaler Konnexität nach pflichtgemäßem Ermessen einzustellen.[883] Wird von dieser Möglichkeit Gebrauch gemacht, liegt es nahe zu vermuten, dass das ausländische Forum für

878 *Wahl*, Die verfehlte internationale Zuständigkeit, S. 126 will „forum non conveniens“ im Rahmen des Rechtsschutzbedürfnisses berücksichtigen; ihm folgend *Jayme*, StAZ 1975, 91, 94.

879 Siehe *Geimer*, IZPR, Rn. 1075-1080 m.w.N.; *Schack*, „Germany“, in: *Fawcett*, Declining jurisdiction in P.I.L., S. 193 m.w.N.

880 *Geimer*, IZPR, Rn. 1075, der betont, bei Anwendung der Forum-non-conveniens-Doktrin übernähmen Gerichte die Aufgabe des Gesetzgebers; *Schack*, „Germany“ in: *Fawcett*, Declining jurisdiction in P.I.L., S. 194 *(„The binding force of ‚statute and law‘ cannot be overcome by the ‚law‘.“)*.

881 Voraussetzung für die Annahme von „forum non conveniens“ ist die Benennung eines geeigneteren ausländischen Forums. Ob dieses die Einschätzung des inländischen Gerichts teilt wird, ist jedoch ungewiss. Verneint auch das alternative Forum seine Eignung, könnte die Gefahr eines negativen Kompetenzkonflikts entstehen. Dies gilt freilich nur, wenn das inländische Verfahren nicht zunächst nur ausgesetzt und erst dann definitiv eingestellt wird, wenn sich das ausländische Gericht sich für zuständig erklärt hat.

882 Siehe oben I B 1 a (2).

883 Siehe oben I C 3 b.

die Beurteilung der verbundenen Verfahren als geeigneter angesehen wird.[884] So ist ein ausländisches, eng mit dem inländischen Verfahren zusammenhängendes Verfahren auch im Rahmen des Forum-non-conveniens-Prinzips zu berücksichtigen. Allerdings findet bei der Entscheidung über die Konnexitätseinwendung nach französischem Recht keine detaillierte Abwägung verschiedener Faktoren statt. Vielmehr dient dieser Mechanismus allein der Förderung der Verfahrensökonomie.

Nur auf den ersten Blick erinnert eine vereinzelt gebliebene Entscheidung der Pariser Cour d'appel von 1978 an die Forum-non-conveniens-Doktrin. Das Gericht hatte eine Verfahrensaussetzung kraft internationaler Litispendenz wegen des damit verbundenen „drohenden rechtlichen Nachteils für die Klägerin" abgelehnt,[885] eine Erwägung, die einen im Rahmen des Forum-non-conveniens-Prinzips zu berücksichtigenden *interest factor* darstellt. Abgesehen davon, dass diese Erwägung nicht gegen andere abgewogen wurde, führte sie zur Zulässigkeit des französischen Verfahrens, während die Feststellung von „forum non conveniens" gerade das Gegenteil, die Unzulässigkeit des Verfahrens, bewirkt.

Im Übrigen wird das Forum-non-conveniens-Prinzip auch in Frankreich durchweg abgelehnt.[886] Im Bereich der Artt. 14 und 15 C.civ. hat sich die Cour de cassation klar gegen Geeignetheitserwägungen ausgesprochen. Nach der „Intercomi"-Entscheidung von 1990 sind diese Nationalitätsprivilegien zwingend, sodass der Richter die daraus resultierende französische Zuständigkeit nicht mit dem Hin-

---

884 Siehe *Beaumont*, „Great Britain", in *Fawcett*, Declining jurisdiction in P.I.L., S. 219.

885 C.A. Paris 21.11.1978, D.1979.Inf.rap.165 und 341: Sowohl in Frankreich als auch in Algerien waren Scheidungsverfahren zwischen den Ehegatten rechtshängig. Im algerischen Verfahren konnte sich die Ehefrau nicht ordentlich verteidigen. Die Cour d'appel argumentierte, dass das französische Verfahren trotz ausländischer Rechtshängigkeit für zulässig erklärt werden könne, da die ausländische Entscheidung der Klägerin nicht den gleichen rechtlichen Schutz gewähren würde wie die französische Entscheidung: *„(...) le juge francais est fondé à refuser son dessaisissement lorsque la décision francaise est de nature à apporter à la demanderesse une protection juridique que ne lui assurerait pas le jugement étranger (...)."*. Kritisch dazu *Audit*, D.1979.Inf.rap.341 sowie *Gaudemet-Tallon*, La litispendance internationale, S. 133, die geltend machen, dass die Nichtbeachtung der internationalen Litispendenz im vorliegenden Fall unproblematisch mit der Ordre-public-Widrigkeit der ausländischen Entscheidung, genauer gesagt, der darauf fußenden negativen Anerkennungsprognose hätte begründet werden können. Siehe ferner die ähnliche Entscheidung C.A. Paris 24.11.1977 „Hernod-Johnsson c. Hernod", RCDIP 1978.527.

886 *Gaudemet-Tallon*, „France", in: *Fawcett*, Declining jurisdiction in P.I.L., S. 178; *Huet*, Jurisclasseur Droit international, Fasc. 581-42, no. 36 m.w.N.

weis verneinen darf, ein ausländisches Gericht sei besser geeignet, den Fall zu beurteilen.[887]

Auch im Bereich anderer Zuständigkeitsvorschriften ist die Cour de cassation eingeschritten. Einige Regelungen setzen keine besonders enge Verbindung zu Frankreich voraus. So eröffnet etwa Art. R.517-1 al. 2 C.trav. in doppelfunktionaler Anwendung schon dann eine französische Zuständigkeit für arbeitsvertragliche Streitigkeiten, wenn allein der Arbeitsvertrag in Frankreich abgeschlossen wurde. Angesichts dessen haben manche Untergerichte Zurückhaltung bei der Annahme ihrer internationalen Zuständigkeit gezeigt, wenn fremdes Recht Arbeitsvertragsstatut war. Die Cour de cassation setzte dem unter dem nachdrücklichen Hinweis darauf ein Ende, dass die internationale Zuständigkeit vom anwendbaren Recht unabhängig sei.[888]

(3) Belgien

Dem vorkodifikatorischen belgischen IZVR war das Forum-non-conveniens-Prinzip ebenfalls gänzlich fremd.[889]

Seit Inkrafttreten des CDIP existiert jedoch eine Regelung, die dem Forum-non-conveniens-Prinzip nahe steht: Gemäß Art. 6 § 2 CDIP „kann ein belgisches Gericht die Beurteilung der Sache ablehnen, wenn sich aus den Umständen ergibt, dass die Streitigkeit keine signifikante Beziehung zu Belgien aufweist". Diese Bestimmung hat dieselbe Wirkung wie die Forum-non-conveniens-Doktrin, denn sie vermeidet, dass belgische Gerichte mit Streitigkeiten überhäuft werden, die keinen ausreichenden Bezug zu Belgien aufweisen. Zudem setzt Art. 6 § 2 CDIP eine Abwägung der Umstände des Einzelfalles voraus, was an die Abwägung der verschiedenen *interest factors* im Rahmen der Prüfung von „forum non conveniens" erinnert. Der Anwendungsbereich der Vorschrift beschränkt sich allerdings auf Fälle, in denen die internationale Zuständigkeit belgischer Gerichte aus einer wirksamen Prorogation (Art. 6 § 1 al. 1 CDIP) oder der rügelosen Einlassung (Art. 6 § 1 al. 2 CDIP) des Beklagten resultiert. Ein weiterer Unterschied besteht darin, dass das belgische Gericht nach dem Wortlaut der Norm kein geeigneteres Forum ermitteln muss. Gleichwohl erscheint es nicht ausgeschlossen, dass die belgischen Gerichte das Bestehen eines alternativen geeigneten Forums voraussetzen werden. Andernfalls drohte nämlich eine vollständige Rechtsschutzverweigerung, wenn sich auch kein anderer Staat für zuständig hielte. Die internationale belgische Notzuständigkeit käme in diesem Fall nicht zum Tragen. Denn Art. 11 CDIP setzt eine

887 Cass.civ.[1] 18.12.1990 „Société Intercomi", RCDIP 1991.759 mit Anmerkung Ancel; Cass.civ.[1] 27.1.1993, D.1993.602 mit Anmerkung Massip.

888 Cass.soc. 3.12.1987, RCDIP 1989.521.

889 *Fallon*, „Belgium", in: *Fawcett*, Declining jurisdiction in P.I.L., S. 118 f.

enge Verbindung zwischen dem Sachverhalt und Belgien voraus. Dies ist aber undenkbar, wenn die Voraussetzungen des Art. 6 § 2 CDIP erfüllt sind.

b) Das Forum-non-conveniens-Prinzip in Québec

(1) Gesetzliche Verankerung

Québec ist durch eine gemeinsame Grenze mit den Vereinigten Staaten von Amerika verbunden, in denen das Forum-non-conveniens-Prinzip gilt. Darüber hinaus ist Québec mit seinen Schwesterprovinzen, in denen dieses Prinzip ebenfalls gilt,[890] durch die kanadische Verfassung und ein gemeinsames oberstes Gericht, die kanadische Cour suprême, verbunden. Angesichts dieser Besonderheit wurde das Quebecer IZVR schon vor 1994 durch die Forum-non-conveniens-Doktrin beeinflusst.[891] Seit der „Capricorne"-Entscheidung[892] der kanadischen Cour suprême von 1977 ist das Forum-non-conveniens-Prinzip in den Common-Law-Provinzen Kanadas anerkannt. In der „Amchem"-Entscheidung[893] von 1993 klärte das oberste Gericht nochmals die eng an das englische Recht angelehnten[894] Konturen der britisch-kanadischen Version dieses Prinzips. Die höchstrichterliche Rechtsprechung blieb nicht ohne Folgen für das Quebecer Recht. Bereits vor der Reform sah ein Teil des Schrifttums das Forum-non-conveniens-Prinzip als Bestandteil des Quebecer IZVR an.[895] Ein anderer Teil des Schrifttums war gegenteiliger Ansicht[896] und begründete dies insbesondere mit dem Argument, die Allgemeinzuständigkeit nach Art. 68 C.P.C.Q. stelle zwingendes Recht dar und räume kein Ermessen ein – eine Argumentation, derer sich in letzter Zeit auch der

890 Siehe *Goldstein/Groffier*, D.i.p. I, no. 134, S. 313; *Blom*, „Canada (common law jurisdictions)", in: *Fawcett*, Declining jurisdiction in P.I.L., S. 124.

891 Zum Einfluss des common law auf das Recht von Québec im Allgemeinen: *Goldstein*, L'experience canadienne en matiere d'uniformisation, d'harmonisation et de coordination des droits, [1998] 32 R.J.T. 235.

892 „Antares Shipping Corp. v. the ‚Capricorne' ", [1977] 2 R.C.S. 422.

893 Cour suprême du Canada 25.5.1992 / 25.3.1993 „Amchem Products Inc. c. British Columbia (Workers' Compensation Board)", [1993] 1 R.C.S. 897.

894 *Blom*, „Canada (common law jurisdictions)", in: *Fawcett*, Declining jurisdiction in P.I.L., S. 127.

895 *Normandin*, Les pouvoirs inhérents de la Cour supérieure et la doctrine ‚forum non conveniens', [1987] 47 R. du B. 469, 486; *Peacock*, Doctrine of ‚forum non conveniens' in Ontario and Québec: The Two Solitudes, [1987] 47 R. du B. 111, 124; *Meyer*, The jurisdiction of the courts as affected by the Doctrine of „Forum non conveniens", (1964) 24 R. du B. 565, 595 f.

896 Siehe *Groffier*, Précis de d.i.p. québecois[4], no. 250, S. 246; *Goldstein*, „Canada (Québec)", in: *Fawcett*, Declining jurisdiction in P.I.L., S. 148 ff.

EuGH bedient.[897] Die Rechtsprechung war ebenfalls nicht einheitlich.[898] Während sich die Cour supérieure dem Forum-non-conveniens-Prinzip mehrfach zugeneigt zeigte,[899] nahm die Cour d'appel eine deutlich ablehnende Haltung ein.[900]

Im Zuge der Kodifizierung der Materie wurde diese Kontroverse beigelegt. Gemäß Art. 3135 C.C.Q. ist das Forum-non-conveniens-Prinzip nunmehr unzweifelhaft Bestandteil des Quebecer IZVR. Dieser Vorschrift zu Folge, kann eine „international zuständige Quebecer Behörde die Ausübung ihrer Zuständigkeit ausnahmsweise verweigern, wenn sie der Meinung ist, dass eine ausländische Behörde besser geeignet ist, den Streit zu entscheiden".

(2) Voraussetzungen

Übereinstimmung mit den im common law geläufigen Varianten besteht insoweit, als ein Quebecer Gericht die Klage nur dann abweisen darf, wenn die Gerichte eines anderen Staates zur Beurteilung des Streits „besser geeignet" erscheinen. Die Quebecer Variante zeichnet sich jedoch durch zwei einschränkende Abweichungen aus:

Zum einen ist die Feststellung von „forum non conveniens" nur auf Antrag einer Partei möglich,[901] in den USA hingegen auch von Amts wegen. Insoweit stimmt die Quebecer Regelung mit der in etlichen anderen Common-Law-Staaten, insbesondere Australien und England,[902] geltenden Version des Forum-non-conveniens-Prinzips überein. Der Unterschied macht sich in der gerichtlichen Praxis allerdings selten bemerkbar, da die Forum-non-conveniens-Einwendung i.d.R. systematisch erhoben wird.

---

897 Siehe EuGH 1.3.2005 „Owusu", Rs. C-281/02, Slg. 2005, S. I-1383, wonach die Anwendung des Forum-non-conveniens-Prinzips im Bereich des EuGVÜ unter anderem deshalb ausgeschlossen sei, weil dessen Art. 2 zwingendes Recht darstelle. Kritisch zu diesem Rekurs auf Art. 2 EuGVÜ *Cuniberti/Winkler*, JDI 2005.1183.

898 Siehe *Castel*, D.i.p. québecois, S. 714.

899 Cour supérieure „Dominion Jubilee Corporation c. Canadian Javelin Ltd.", [1977] C.S. 786; Cour supèrieure 25.5.1979 „Re Canadian Javelin Ltd.: Plam c. Sparling", [1979] C.S. 465.

900 Siehe die aussagekräftige Stellungnahme von Richter Kaufman in Cour d'appel du Québec 3.7.1986 „Aberman c. Solomon", [1986] R.D.J. 385, 391 (C.A.): *„(...) With the greatest respect to those who differ, I have come to the conclusion that, as the law now stands, the doctrine of forum non conveniens has no application in the law of Québec. (...)"*. Ablehnend gegenüber „forum non conveniens" auch schon Cour d'appel „Southern Pacific Co. c. Botner&Sons Inc.", [1973] R.P. 97 und Cour d'appel 19.2.1975 „Olympia and York Development Ltd. c. Peerless Rug Ltd.", [1975] C.A. 445.

901 Siehe Cour suprême du Canda 6.12.2002 „Spar Aerospace Ltée c. American Mobile Satellite Corp.", [2002] 4 R.C.S. 205.

902 Dazu *Nuyts*, L'exception de forum non conveniens, S. 294 m.w.N..

Zum anderen ist die Feststellung von „forum non conveniens“ nur im Ausnahmefall *(„exceptionnellement“)* zulässig.

Wann ein Ausnahmefall vorliegt, versuchte das Quebecer Justizministerium zu präzisieren, indem es „die Verfügbarkeit von Zeugen, mangelnde Vertrautheit des erkennenden Gerichts mit dem anwendbaren Recht, die Stärke der Verbindung des Sachverhaltes mit dem Gericht und eine wesentlich engere Verbindung des Streits mit den Behörden eines anderen Staates“ zu den maßgeblichen Gesichtspunkten erklärte.[903] Eine nennenswerte Präzisierung der Ausnahmefälle resultierte daraus jedoch nicht, vielmehr formuliert diese Kommentierung nur Beispiele dafür, wann die Gerichte anderer Staaten ein geeigneteres Forum darstellen; sie enthält lediglich eine grobe Zusammenfassung der Kriterien, die auch Common-Law-Gerichte bei der Annahme von „forum non conveniens“ leiten.[904] Auch geht aus der Kommentierung weder hervor, ob die Liste der anzustellenden Erwägungen abschließend ist, noch, wie die Gewichtung vorgenommen werden soll. Von den vier aufgezählten Kriterien sind die letzten beiden so weit gefasst, dass sie ein Einfallstor für richterliche Erwägungen unterschiedlichster Art darstellen. Dies nutzen die Quebecer Gerichte aus und stellen bisweilen in der Kommentierung nicht ausdrücklich aufgeführte Erwägungen in den Abwägungsprozess ein, etwa die „Interessen der Justizverwaltung“.[905]

In der gerichtlichen Praxis werden hauptsächlich folgende Kriterien gegeneinander abgewogen: Das Domizil und die Residenz der beklagten Partei, die Residenz von Zeugen, sofern ein Vertrag geschlossen wurde dessen Abschluss- und Erfüllungsort, die Belegenheit von Vermögen des Beklagten, die ausländische Rechtshängigkeit derselben oder einer eng verwandten Streitsache sowie der Fortschritt des auswärtigen Verfahrens, das anwendbare Recht, der eventuelle Verlust rechtlicher Vorteile für den Kläger, die Interessen der Justizverwaltung, die Interessen der Parteien, die Erforderlichkeit eines Vollstreckbarerklärungsverfahrens im Ausland.[906] Untergeordnet spielen aber auch das Domizil und die Residenz der Prozessvertreter und manchmal auch des Klägers, die eventuelle Missbräuchlich-

---

903 *Ministère de la Justice du Québec*, Commentaires, S. 1999, 2000: *„Pourraient donner ouverture à ces cas exceptionnels, les considérations suivantes : la disponibilité des témoins, l'absence de familiarité de l'autorité appelée à trancher le litige avec le droit applicable, la faiblesse du rattachement du litige à cette autorité, le litige se trouvant en relation beaucoup plus étroite avec les autorités d'un autre État.“*

904 *Guillemard/Prujiner/Sabourin*, Les difficultés de l'introduction du forum non conveniens en droit québecois, S. 933.

905 Siehe etwa Cour supérieure „Banque Toronto-Dominion c. Arsenault“, [1994] R.J.Q. 2253, 2256.

906 Zusammenfassend Cour d'appel du Québec 9.7.1998, „Oppenheim Forfait GmbH c. Lexus Maritime inc.“ J.E. 98-1592 sowie Cour suprême du Canada 6.12.2002 „Spar Aerospace Ltée c. American Mobile Satellite Corp.“, [2002] 4 R.C.S. 205.

keit der Klageerhebung, die eventuelle Anwendbarkeit international zwingender Vorschriften, die eventuelle Erhebung einer Inzident- oder Rückgriffsklage in einem anderen Staat und etliche andere Kriterien[907] eine Rolle.

Zwei dieser Abwägungsgesichtspunkte erscheinen erörterungswürdig. Die Relevanz des Vertragsabschlussortes verwundert insofern, als der Gesetzgeber die darauf basierende Zuständigkeitsbegründung im Zuge der Kodifizierung abgeschafft und die Berücksichtigung dieses Faktors dadurch desavouiert hat. Auch die Tatsache, dass die Anwendbarkeit fremden Rechts zur Verfahrenseinstellung beitragen kann,[908] erstaunt, da die Anwendung ausländischen Rechts das Grundprinzip des auch in Québec geltenden internationalen Privatrechts kontinentalen Zuschnitts darstellt. Die Berücksichtigung dieses Faktors ist um so bemerkenswerter, als in vielen der Entscheidungen, die auf diesen Umstand abstellen, die Anwendung eines ausländischen, den Quebecer Gerichten aber gleichwohl nicht unbekannten Rechts, in Frage stand. So führte etwa die Anwendbarkeit des Rechts von Ontario,[909] British-Columbia,[910] New-Brunswick,[911] Florida[912] oder des mit dem Quebecer Zivilrecht verwandten belgischen Zivilrechts[913] (jeweils im Zusammentreffen mit weiteren Faktoren) dazu, dass der Forum-non-conveniens-Einwendung stattgegeben wurde.

Im Ergebnis hat die Kommentierung des Justizministeriums die regelmäßige Anwendung des Art. 3135 C.C.Q. nicht verhindert, sondern ihr eher Auftrieb gegeben. In den ersten Jahren nach Inkrafttreten des neuen IZVR wurde von der durch Art. 3135 C.C.Q. eingeräumten Möglichkeit in beträchtlichem Umfang Gebrauch gemacht. Von 1994 bis 2000 haben Quebecer Gerichte ungefähr ein Drittel der angestrengten internationalen Zivilverfahren gemäß Art. 3135 C.C.Q. eingestellt.[914] Häufig beriefen sie sich dabei pauschal auf die ministerielle Kommentierung und prüften sodann „das Bestehen eines Ausnahmefalls", indem sie

---

907 Zu diesen im Einzelnen *Talpis/Kath*, (2000) 34 R.J.T. 761, S. 810 ff.

908 Dieser Umstand war z.B. ein entscheidender Gesichtspunkt in Cour supérieure 2.2.1996 „Société Toon Boom Technologies c. Société 2001 SA", J.E. 96-630.

909 Cour supérieure 2.6.1995 „United Color & Chemicals International Inc. c. Carmichael Ltd.", J.E. 95-1374; Cour supérieure 21.2.1995 "Czajka c. Life Investors Insurance Co. of America", J.E. 95-765; Cour supérieure 17.11.1993 „Gordon Capital Corp. c. Garantie (La), compagnie d'assurances de l'Amérique du Nord", J.E. 94-110 (zum alten Recht).

910 Cour supérieure du Canada 13.12.1994 „H.L. Boulton & Co. S.A.C.A. c. Banque Royale du Canada", [1995] R.J.Q. 213.

911 Cour du Québec 7.9.1995 „Lumbermen's Mutual Casualty Co. c. Midland Transport Ltd.", J.E. 95-1794.

912 Cour du Québec 15.12.1994 „Carrier c. Frigon", J.E. 95-309.

913 Cour supérieure 16.8.1994 „Droit de la famille 2032", [1994] R.J.Q. 2218.

914 Siehe *Talpis/Kath*, [2000] 34 R.J.T. 761, 795 Fn. 119; *dieselben*, If I am from Grand-Mère, Why Am I Being Sued in Texas, S. 46.

eine Abwägung der vom Justizministerium aufgezählten sowie anderer Faktoren vornahmen.[915] Dieses Vorgehen wurde heftig kritisiert.[916] In Reaktion auf diese Kritik betonen die Gerichte seither stets den Ausnahmecharakter des Art. 3135 C.C.Q. Eine Zusammenschau der Entscheidungen aus den Jahren 2001 bis 2005, in welchen „forum non conveniens" eine entscheidende Rolle gespielt hat, zeigt jedoch, dass sich die Tendenz, rund ein Drittel der Verfahren unter Berufung auf „forum non conveniens" einzustellen, fortgesetzt hat.[917]

---

915 Siehe z.B. Cour d'appel du Québec 3.9.2003, www.jugements.qc.ca, no. 500-09-013174-032, Punkt 51 f.

916 *Talpis/Kath*, [2000] 34 R.J.T. 761ff.

917 „Forum non conveniens" wurde in folgenden Entscheidungen festgestellt:
1) Cour supérieure 19.5.2005 „Ménassa c. Financière Banque Nationale Corp.", J.E. 2005-1281 (online: www.jugements.qc.ca, no. 500-17-023507-042), sogar ohne Diskussion über die (vorrangige) Frage, aus welchem Grund das Gericht international zuständig war;
2) Cour supérieure 14.5.2003 „North American Woodwork Corp. c. Phenix, 220 Architectural Woodwork S.A", www.jugements.qc.ca, no. 415-17-000197-032 bestätigt durch Cour d'appel 5.12.2003 „North American Woodwork Corp. c. Phenix 220 Architectural Woodwork S.A.", J.E. 2004-183, (online: www.jugements.qc.ca, no. 200-09-004511-033);
3) Cour supérieure 8.4.2003 „Seryx inc. c. Market Development Group (M.D.G.)", J.E. 2003-1117, (online: www.jugements.qc.ca, no. 500-05-075512-028);
4) Cour supérieure 29.8.2002 „MacDonald Oil Exploration Ltd. c. M.F.C. Bancorp Ltd.", J.E. 2002-1704 (online: www.jugements.qc.ca, no. 500-05-064128-018);
5) Cour supérieure 19.2.2002 „Clément c. Marchese", J.E. 2002-689, (online: www.jugements.qc.ca, no. 500-05-066297-019).
Verworfen wurde die Forum-non-conveniens-Einwendung dagegen in folgenden Entscheidungen:
1) Cour supérieure 18.3.2005 „Takvorian c. Bae Systems Australia", J.E. 2005-788 (online: www.jugements.qc.ca, no. 500-17-022760-048);
2) Cour supérieure 15.9.2004 „Arontec inc. c. Société commerciale anonyme de construction technique et touristique ‚Poseidon'", J.E. 2004-1947 (online: www.jugements.qc.ca, no. 700-05-009589-007);
3) Cour d'appel du Québec 30.3.2004 „Republic Bank Ltd. c. FireCash Ltd.", J.E. 2004-818 (online: www.jugements.qc.ca, no. 500-09-013735-030);
4) Cour supérieure 17.12.2003 „Royal & Sun Alliance Insurance c. Despec Supplies Inc.", J.E. 2004-288 (online: www.jugements.qc.ca, no. 500-17-016412-036): *„(...) Venant d'Angleterre, [l'expert] monsieur Boden n'a pas plus d'intérêt à se rendre en Floride qu'à Montréal...sauf une question de climat; (...)"* (!);
5) Cour d'appel 5.6.2003 „K.L.J. Computer Solutions Inc. c. Voxco inc.", www.jugements.qc.ca, no. 500-09-013278-031;
6) Cour d'appel 3.9.2003 „G.M. c. M.A.F.", [2003] R.J.Q. 2516, J.E. 2003-1715 (online: www.jugements.qc.ca, no. 500-09-013174-032);
7) Cour supérieure 12.7.2002 „Nationale du Canada, Cie. d'assurance-vie c. Travailleurs unis des transports", www.jugements.qc.ca, no. 500-05-068872-017;

Auf Grenzen stoßen dürfte die Anwendung des Art. 3135 C.C.Q. allerdings gegenüber Zuständigkeiten, hinter denen besonders starke Interessen an einer Zuständigkeit der Quebecer Gerichte bestehen. So wird es kaum möglich sein, einem Quebecer Gericht, das nach Art. 3140 C.C.Q. für eine dringende Maßnahme zum Schutz der Person oder des Vermögens zuständig ist, plausibel darzulegen, dass ein anderes Forum dafür geeigneter erscheint. In Verfahren wegen eines durch Quebecer Rohstoffe verursachten Schadens i.S.d. Artt. 3129, 3151 C.C.Q. spricht schon die Ausschließlichkeit der Zuständigkeit gegen die Anwendbarkeit des Art. 3135 C.C.Q. Unumstritten ist dies gleichwohl nicht.[918]

(3) Rechtsfolge

Hinsichtlich der Rechtsfolge lässt der Wortlaut des Art. 3135 C.C.Q. allein eine endgültige Einstellung des Verfahrens (*dismissal / désaisissement*), jedoch keine bloße Aussetzung des Verfahrens (*stay of action / suspension de l'action*) zu. Angesichts der Unsicherheitsfaktoren, die die Anerkennungsprognose belasten, ist dies problematisch. Ist die ausländische Entscheidung nämlich trotz positiver Anerkennungsprognose letztlich nicht anerkennbar, und besteht allein in Québec die Möglichkeit zur Vollstreckung, droht ein *déni de justice*. In den USA wird dies durch eine bedingte Verfahrenseinstellung (*conditional dismissal)* verhindert.[919] Auch die Quebecer Gerichte bejahen im Ergebnis die Möglichkeit einer bloßen Verfahrensaussetzung.[920] Angesichts des eindeutigen Wortlauts des Art. 3135

---

8) Cour du Québec 2.8.2002 „Soltron Realty Inc. c. Sun International Resorts Inc.", www.jugements.qc.ca, no. 500-22-067144-025;

9) Cour d'appel du Québec 22.7.2002 „Amiel Distributions Ltd. c. Amana Co., L.P.", J.E. 2002-1384, (online: www.jugements.qc.ca, no. 500-09-010423-002);

10) Cour supérieure 12.3.2002 „Eastern Casualty Insurance Co. c. Brodeur", www.jugements.qc.ca, no. 500-17-010777-012.

918 Gegen die Anwendbarkeit des Art. 3135 C.C.Q., wenn die Quebecer Zuständigkeit auf Art. 3151 C.C.Q. beruht *Emanuelli*, D.i.p. québecois, no. 190 und *Talpis*, If I am from Grand-Mère, why am I being sued in Texas?, S. 110 sowie Cour d'appel 1.9.2004 „Worthington Corporation c. Atlas Turner Inc.", www.jugements.qc.ca, no. 200-09-004379-035, Punkte 21, 22. Dafür anscheinend *Glenn*, D.i.p., no. 116-120.

919 US-amerikanische Gerichte können das Verfahren nach pflichtgemäßem Ermessen unter Bedingungen einstellen, bei deren Nichteintritt das Verfahren wieder aufgenommen wird, siehe *Dorsel*, Forum non conveniens, S. 112 ff.

920 Cour d'appel 8.8.1995 „La Garantie, compagnie d'assurances de l'Amérique du Nord c. Gordon Capital Corp.", J.E. 95-1631, [1995] R.D.J. 537; Cour supérieure 2.6.1995 „United Color & Chemicals International Inc. c. Carmichael Ltd.", J.E. 95-1374; Cour supérieure 21.2.1995 „Czaijka c. Life Investors Insurance Co. of America", J.E.

C.C.Q. stützt die Rechtsprechung diese Lösung auf Art. 46 C.P.C.Q.[921] oder auf Art. 3138 C.C.Q., obgleich diese Vorschriften einen ganz anderen Kontext betreffen, nämlich die Befugnis, Maßnahmen zur Sicherung der Rechte der Parteien oder von Personen zu ergreifen. Ihre Heranziehung stößt daher im Schrifttum auf Widerstand.[922]

c) Erforderlichkeit des Forum-non-conveniens-Prinzips in Québec?

Ungeachtet der Mischrechtseigenschaft der Quebecer Rechtsordnung insgesamt ist das Quebecer IZVR eindeutig am Ansatz des civil law ausgerichtet. Angesichts der überwiegenden Ablehnung des Forum-non-conveniens-Prinzips im kontinentaleuropäischen IZVR stellt sich die Frage, ob für seine Einführung in Québec eine funktionelle Notwendigkeit existiert.

(1) Entlastung der Gerichte?

Das Forum-non-conveniens-Prinzip dient maßgeblich der Entlastung der Gerichte. Im Gegensatz zu vielen Common-Law-Jurisdiktionen ist die internationale Zuständigkeit Québecs jedoch weder durch weitausgreifende *long arm statutes* noch durch die *minimal contact doctrine* geprägt. Vielmehr ist sie in einem sorgsam ausgearbeiteten Regelungskomplex festgehalten, der die Zahl der Verfahren, für die Québec als Forum zur Verfügung steht, auf ein erträgliches Maß reduziert. Insbesondere wurde in Québec sowohl die im common law verbreitete, weitreichende *transient rule*[923] bereits 1965 und mit Inkrafttreten des neuen C.C.Q. auch die internationale Zuständigkeit für persönliche Klagen kraft Belegenheit von Beklagtenvermögen in Québec[924] abgeschafft. Hinzu kommt, dass die Zahl der Verfahren

---

95-765; Cour supérieure „Banque Toronto-Dominion c. Arsenault“, [1994] R.J.Q. 2253; Cour supérieure „Droit de la famille – 2032“, [1994] R.J.Q. 2218.

921 Gegen die Anwendbarkeit der Vorschrift allerdings Cour supérieure 1.3.2002 „Gardner c. Janssen-Ortho inc.“, www.jugements.qc.ca, no. 500-06-000137-014, Punkt 18.

922 *Talpis/Kath*, (2000) 34 R.J.T. 761, 850 befürworten eine Rückführung der gerichtlichen Praxis auf den Wortlaut der Vorschrift, sprechen sich aber dafür aus, in bestimmten Fällen nur einen *conditional dismissal* des Verfahrens anzuordnen. Das widerspräche allerdings in gleicher Weise dem Wortlaut des Art. 3135 C.C.Q. wie die derzeitige Praxis. *Goldstein/Groffier*, D.i.p. I, no. 134, S. 313 zumindest die Heranziehung des Art. 3138 C.C.Q. für zulässig.

923 Dieser Regel zu Folge waren Quebecer Gerichte bei bloßer Anwesenheit des Beklagten auf dem Quebecer Territorium international zuständig, siehe *Groffier*, Précis de d.i.p. québecois^{3}, no. 273. Zur *transcient jurisdiction* nach US-amerikanischem Recht: *Grothe*, Exorbitante Gerichtszuständigkeiten, S. 211-219.

924 Art. 68.1 S. 2 C.P.C.Q.; dazu oben Einleitung zu I B 8 a (4).

mit Auslandsbezug mit der zunehmenden weltwirtschaftlichen Verflechtung zwar auch in Québec steigt, jedoch in absehbarer Zeit kaum eine Größenordnung erreichen dürfte, die einen Justizkollaps befürchten ließe.[925] So waren bis zum Jahr 1995 jährlich ca. 20 internationale Zivilverfahren in Québec anhängig. Um eine Überlastung des Quebecer Justizapparates zu verhindern, bedarf es des Forum-non-conveniens-Prinzips daher wohl kaum.

(2) Begrenzung weiter Zuständigkeiten im Einzelfall?

Das Forum-non-conveniens-Prinzip kann dazu dienen, bestimmte, weite ausgefallene Zuständigkeiten im Einzelfall zu begrenzen.[926]

Wie bereits dargelegt,[927] enthält Art. 3148 al. 1 no. 3 C.C.Q. zwei potentiell exorbitante und damit korrekturbedürftige Zuständigkeitsbegründungen. Art. 3148 al. 1 no. 3 Var. 2 C.C.Q. eröffnet die Zuständigkeit der Québecer Gerichte für persönliche, vermögensrechtliche Streitigkeiten nach seinem Wortlaut schon dann, wenn ein Schaden in Québec eingetreten ist; auf die Umfang des Schadens kommt es danach nicht an. Und Art. 3148 al. 1 no. 3 C.C.Q. lässt bereits die Erfüllung irgendeiner, auch einer völlig untergeordneten Vertragspflicht in Québec für die Zuständigkeitsbegründung ausreichen.

Ob hier eine Begrenzung durch das Forum-non-conveniens-Prinzip erforderlich ist, ist gleichwohl zu bezweifeln. Denn die Anknüpfung an den Schadenseintrittsort ist, wenngleich nicht im deutschen,[928] so doch im französischen[929], belgischen[930] und europäischen[931] Zuständigkeitsrecht zu finden, wo ihrer Weite durch eine restriktive Interpretation des Wortlautes begegnet wird. So werden die Gerichte des Staates, in welchem – wie bei Distanzdelikten – nur ein Teil des Schadens eingetreten ist, allein für den auf ihrem Territorium eingetretenen Teil des Schadens für zuständig erachtet.[932] In Québec käme dementsprechend etwa eine Auslegung in Betracht, der zu Folge nur das Eintreten eines <u>signifikanten</u> Schadens in Québec die

---

925 *Goldstein*, „Canada (Québec)", in: *Fawcett*, Declining jurisdiction in P.I.L., S. 152.

926 *Goldstein*, Canada (Québec) in: *Fawcett*, Declining jurisdiction in P.I.L., S. 152.

927 Siehe oben I B 8 a (4) bb.

928 Im Rahmen des § 32 ZPO ist der Ort des Schadenseintritts irrelevant, siehe BGH 3.5.1977, NJW 1977, 1590.

929 Art. 46 NCPC zweiter Spiegelstrich.

930 Art. 96 no. 2 CDIP.

931 Art. 5 Nr. 3 EuGVO in seiner Auslegung durch EuGH 30.11.1976 „Bier et Reinwater c. Mines de Potasse d'Alsace", Rs. 21/76, Slg. 1976, S. II-1735.

932 Art. 5 Nr. 3 EuGVO in seiner Auslegung durch EuGH 7.3.1995 „Fiona Shevill", Rs. C-68/93, Slg. 1995, S. I-0415; ausdrücklich Art. 96 no. 2 b) CDIP; für das französische autonome IZVR ist das nicht unumstritten, wird aber zumindest von Teilen der Literatur und Rechtsprechung angenommen, siehe *Audit*, D.i.p., no. 337.

Quebecer Zuständigkeit eröffnet. Auch der Weite der letzten Variante des Art. 3148 al. 1 no. 3 C.C.Q. könnte durch eine Auslegung begegnet werden, der zu Folge nicht schon jede untergeordnete Pflichtverletzung, sondern nur die Verletzung einer signifikanten Vertragspflicht zuständigkeitsbegründend wirkt.[933]

In der Entscheidung „Québecor Printing Memphis Inc. c. Regenair Inc." von 2001,[934] die eine Schadensersatzklage wegen Vertragsverletzung betraf, betonte die Cour d'appel ausdrücklich, dass eine vernünftige Auslegung des Art. 3148 al. 1 no. 3 C.C.Q. erforderlich sei und das Forum-non-conveniens-Prinzip nur insoweit zur Anwendung komme, als die Quebecer Zuständigkeit bei vernünftiger Handhabung der Vorschrift eröffnet sei. Als zu weitgehend verwarf die Cour d'appel insbesondere eine Auslegung, der zu Folge allein das Quebecer Domizil des Klägers zuständigkeitsbegründend wirkt, weil ein Vermögensschaden regelmäßig am Domizil des Geschädigten zu lokalisieren ist. Derselben Ansicht war auch die Cour supérieure in einer Entscheidung von 2002,[935] die eine Schadensersatzklage wegen deliktischer Schädigung betraf.

Eine Begrenzung der Quebecer Zuständigkeit auf Fälle, in denen ein signifikanter Schaden in Québec eingetreten ist, ist gleichwohl nicht anzunehmen. Denn kurz darauf sprach sich die kanadische Cour suprême in der Entscheidung „Spar Aerospace Ltée c. American Mobile Satellite Corp." von 2002[936] gegen eine immanente Beschränkung des Art. 3148 al. 1 no. 3 C.C.Q. aus und hielt eine Begrenzung mit Hilfe des Forum-non-conveniens-Prinzips für vorzugswürdig. Nach Ansicht der Cour suprême haben die Gerichte im Rahmen des Art. 3148 al. 1 no. 3 Var. 2 C.C.Q. weder die Schadenshöhe noch das Vorliegen sonstiger enger Verbindungen des Sachverhalts zu Québec zu erörtern. Begründet wurde dies damit, dass die Regeln des zehnten Buches des C.C.Q. bereits Ausformulierungen einer hinreichenden Verbindung darstellten. Diese Argumentation ist offensichtlich vom Bestreben geprägt, die Verständlichkeit des kodifizierten Zuständigkeitssystems nicht durch Hineinlesen ungeschriebener Voraussetzungen zu beeinträchtigen. Die eigentliche Problematik wird dadurch allerdings lediglich verlagert. Denn auch bei der Ermittlung der Eignung Québecs als Forum ist ein besonders niedriger Schadensumfang sowie die Intensität des sonstigen Bezugs des Sachverhalts zu Québec mitentscheidend.

---

933 Für eine restriktive Auslegung dieser Zuständigkeitsbegründung etwa *Glenn*, D.i.p., no. 90.

934 Cour d'appel 30.4.2001 „Québecor Printing Memphis Inc. c. Regenair Inc.", www.jugements.qc.ca, no. 500-09-010270-007.

935 Cour supérieure 29.4.2002 „Ace/Clear Defense Québec Inc. c. Clear Defense Inc.", www.jugements.qc.ca, no 760-05-003080-999, Punkt 17 ff.

936 Cour suprême du Canada 6.12.2002 „Spar Aerospace Ltée c. American Mobile Satellite Corp.", J.E. 2003-59, [2002] 4 R.C.S. 205.

Wie ebenfalls bereits dargelegt wurde,[937] können auch derivative Zuständigkeiten unangemessen weit greifen. Festzuhalten gilt es allerdings, dass das Quebecer IZVR weder ein allgemeine Mitbeklagten- noch eine Konnexitätszuständigkeit, sondern nur die speziellere Inzident-, Widerklage- und Garantieklagezuständigkeit kennt. In einer Entscheidung von 2004 hat die Quebecer Cour d'appel das Forum-non-conveniens-Prinzip herangezogen, um die Gerichtspflichtigkeit eines Garantiebeklagten in Québec zu verneinen.[938] Gerade die Garantieklagezuständigkeit ließe sich allerdings wie in Frankreich und Belgien durch eine Missbrauchskontrolle[939] auf ein vernünftiges Maß begrenzen. Hier stieße die Auslegung allerdings an ihre Grenzen. Mangels eines entsprechenden auslegungsfähigen Passus' in Art. 3139 C.C.Q. wäre allerdings der Rückgriff auf den allgemeinen Rechtsmissbrauchsgedanken aus Art. 7 C.C.Q. erforderlich.

Anderweitige mit Hilfe des Art. 3135 C.C.Q. zu korrigierende Quebecer Zuständigkeiten sind nicht ersichtlich. Zwar existieren Zuständigkeitsregelungen, die eine Reihe alternativer Anknüpfungspunkte verwenden. Zu nennen sind insofern insbesondere die exorbitante[940] verbrauchervertragliche Zuständigkeit des Art. 3149 C.C.Q. sowie die versicherungsvertragliche Zuständigkeit des Art. 3150 C.C.Q., welche alternativ an das Domizil oder die Residenz von Versicherungsnehmer oder Versichertem, an die Belegenheit des Versicherungsgegenstandes, sowie an den Schadenseintrittsort anknüpft. Die Weite dieser Zuständigkeiten ist jedoch intendiert, um die strukturell „schwächere" Partei zu schützen. Die Feststellung von „forum non conveniens" würde daher der gesetzgeberischen Wertung widersprechen. Auch eine Begrenzung der exorbitanten Zuständigkeit des Art. 3151 C.C.Q. scheidet angesichts des eindeutigen Gesetzgeberwillens, die Quebecer Gerichte mit Streitigkeiten, welche in den Anwendungsbereich dieser Vorschrift fallen, umfassend zu befassen, aus.

Nach allem ist das Forum-non-conveniens-Prinzip zwar geeignet, weite Zuständigkeiten im Einzelfall zu korrigieren. Eine angemessene Korrektur ließe sich aber auch in Québec in vielen Fällen durch eine restriktive Auslegung oder den Rückgriff auf allgemeine Rechtsgedanken erreichen.

(3) Prozessuales Gegenstück zu Art. 3082 C.C.Q.?

Das reformierte Quebecer IPR enthält mit Art. 3082 C.C.Q. eine allgemeine kollisionsrechtliche Ausweichklausel, der zu Folge die Anwendung eines anderen als

937 Siehe oben I B 6 c (1).

938 Cour d'appel du Québec 12.1.2004 „GreCon Dimter Inc. c. J.R. Normand Inc. et Scierie Tomas-Louis Tremblay Inc.", www.jugements.qc.ca, no. 200-09-004398-035.

939 Siehe dazu oben I B 6 c (1).

940 Siehe dazu oben I B 8 a (4) cc.

des „an sich“ anwendbaren Rechts ausnahmsweise zulässig ist, wenn nur eine schwache Verbindung zu diesem und zugleich eine sehr viel engere Verbindung zu einem anderen Recht besteht. Diese Vorschrift bietet für den Bereich des anwendbaren Rechts die generalisierte Möglichkeit einer Flexibilisierung. Art. 3135 C.C.Q. kann als deren prozessuale Entsprechung aufgefasst werden.

Ein notwendiger Zusammenhang zwischen der Flexibilisierung des anwendbaren Rechts und der Flexibilisierung des Zuständigkeitsgefüges besteht allerdings nicht. Dies zeigt sich etwa am schweizerischen und belgischen Recht. Art. 15 CH-IPRG bzw. Art. 19 CDIP enthalten eine allgemeine kollisionsrechtliche Ausweichklausel, der keine allgemeine zuständigkeitsrechtliche Ausweichklausel entspricht.

(4) Verhindern eines exzessiven forum shopping ?

Mit Hilfe des Forum-non-conveniens-Prinzips lässt sich exzessives *forum shopping* begrenzen. Québec mag als Forum interessant sein, weil sein IPR im Gegensatz zu manch anderer Rechtsordnung recht flexible Regelungen wie eine allgemeine kollisionsrechtliche Ausweichklausel (Art. 3082 C.C.Q.) oder die Möglichkeit der Berücksichtigung ausländischer Eingriffsnormen (Art. 3079 C.C.Q.) vorsieht und daher die Anwendung einer dem Kläger günstigen Rechtsordnung ermöglichen kann.[941] Die Begrenzung des *forum shopping* ist allerdings kein Selbstzweck. Vielmehr dient sie zum einen der Entlastung der inländischen Gerichte vor einer Flut internationaler Verfahren; insoweit ist auf die obigen Ausführungen[942] zu verweisen. Zum anderen dient sie dem Schutz des Beklagten. Dieser wird in Québec allerdings bereits in einem befriedigendem Maß dadurch gewährleistet, dass auf weit greifende Zuständigkeitsbegründungen verzichtet wurde und einer zuständigkeitsrechtlichen Benachteiligung der „schwächeren“ Partei etliche Hürden entgegenstehen, die insbesondere benachteiligende Gerichtsstandsvereinbarungen verhindern. Angesichts dessen stellt das Forum-non-conveniens-Prinzip insoweit nur eine Ergänzung dar.

---

941 *Goldstein*, „Canada (Québec)“, in *Fawcett*, Declining jurisdiction in P.I.L., S. 152.
942 Siehe oben I C 4 c (1).

(5) Ergebnis

Die Übernahme des Forum-non-conveniens-Prinzips in Québec ist wohl eher dem starken Einfluss des common law als seiner funktionalen Erforderlichkeit zuzurechnen. Zwar war sich der Quebecer Gesetzgeber der Gefahren der Rechtsfigur des „forum non conveniens“ offenbar bewusst und hat in Folge dessen versucht, die Klageabweisungsmöglichkeit im Gegensatz zum common law auf Ausnahmefälle zu beschränken. Dieser Versuch darf allerdings als gescheitert gelten. Die bisherige Rechtsprechung, die Art. 3135 C.C.Q. – entgegen deutlicher Kritik aus dem Quebecer Schrifttum[943] – extensiv anwendet, erscheint aus folgenden Gesichtspunkten problematisch:

1. Angesichts der in das gerichtliche Ermessen gestellten fallbezogenen Abwägung verschiedenartigster Kriterien, die kaum systematisch durchdrungen werden kann, führt die häufige Annahme von „forum non conveniens“ dazu, dass die Zulässigkeitsentscheidung schwer vorhersehbar ist.[944]

2. Zudem weicht die derzeitig praktizierte Handhabung des Forum-non-conveniens-Prinzips das ausdifferenzierte Zuständigkeitsgefüge des zehnten Buches des C.C.Q. auf.

2.1. So nimmt der Wortlaut des Art. 3135 C.C.Q. keine Rücksicht auf die im Interesse der schwächeren Partei bestehenden Zuständigkeiten für verbraucher-, arbeits- und versicherungsrechtlichen Streitigkeiten. Bei der Ermittlung der „besseren Eignung“ des ausländischen Gerichts wird zwar nach dem Vorbild des common law berücksichtigt, ob der Kläger durch die Verfahrenseinstellung Vorteile verlöre, die er bei einem Verfahren in Québec genösse. Da dies aber nur einen unter mehreren Abwägungsposten darstellt, kann selbst der Verlust von Vorteilen, die einer strukturell unterlegenen Partei vom Gesetz eingeräumt werden, von anderen Erwägungen überwogen werden.

---

943 *Talpis/Kath,* (2000) 34 R.J.T. 761, 823 ff., die vorschlagen, eine Klageabweisungsmöglichkeit auszuschließen, wenn das Urteil des alternativen Forums in Québec nicht exequaturfähig wäre, wenn eine Quebecer Zuständigkeit die schwächere Partei schützt, wenn eine Notfallentscheidung zu treffen und wenn eine wirksame Prorogation zugunsten der Quebecer Gerichte vereinbart wurde; *Guillemard/Prujiner/Sabourin*, Les difficultés de l'introduction du forum non conveniens en droit québecois, S. 951, die de lege ferenda gar die Wiederabschaffung des Forum-non-conveniens-Prinzips erwägen.

944 *Talpis/Kath*, If I am from Grand-Mère, Why Am I Being Sued in Texas?, S. 50, 51 formulieren treffend: *„Unfortunately, the enormous discretion afforded to courts facing forum non conveniens applications, combined with the frequent judicial practice of straying from the specific requirements of the provision results in few guidelines that can assist litigators in predicting whether a Quebec court will, at the end of the day, choose or refuse to decline its jurisdiction over a case when requested to do so.“*

So sah sich die Cour supérieure in der Entscheidung „Czajka c. Life Investors Insurance Co. of America“[945] nicht gehindert, Québec zum „forum non conveniens“ zu erklären und damit die Ausübung der Zuständigkeit nach Artt. 3149, 3150 C.C.Q. abzulehnen: Der Kläger war Begünstigter einer Lebensversicherung. Nach dem Tod des Versicherungsnehmers verklagte er die Versicherungsgesellschaft in Québec auf Auszahlung der Versicherungssumme, die diese angesichts der obskuren Todesumstände verweigert hatte. Insbesondere berief sich die Versicherung darauf, der Tod sei nicht durch Dritteinwirkung, sondern durch Selbstschädigung verursacht worden. Fallentscheidend war in erster Linie diese rein faktische Frage. Die Cour supérieure stellte zunächst fest, das Domizil des Klägers in Québec, sowie die Quebecer Zuständigkeit in Versicherungssachen sprächen gegen die Annahme von „forum non conveniens“. Zudem verlöre der Kläger bei einem Auslandsprozess etliche Vorteile, die ihm ein Verfahren in Québec böte. Insbesondere müsse er (gegen höheres Honorar) Anwälte aus Toronto engagieren und sich auf eigene Kosten nach Toronto begeben. Gleichwohl kam die Cour supérieure zum Ergebnis, die Gerichte von Toronto seien besser geeignet, den Fall zu beurteilen. Denn der Versicherte habe sein Domizil in Toronto gehabt, dort sei auch der Tod eingetreten, mindestens sechs Zeugen – darunter zwei Sachverständige – residierten in Ontario, der Versicherungsvertrag sei in Ontario geschlossen worden und unterliege dem Recht von Ontario, die Anwälte des Beklagten residierten in Toronto, ein dort durchgeführtes Verfahren erspare dem Beklagten, die Reisekosten seiner Zeugen zu übernehmen, und schließlich sei die Zuständigkeitsanknüpfung in Art. 3150 C.C.Q. dem Quebecer Recht erst seit 1994 bekannt. Die Argumente des Klägers, die für kanadische Verhältnisse geringe Wegstrecke von Toronto nach Montréal (ca. 350 Kilometer) sei zu vernachlässigen, in Ontario müsse er möglicherweise Sicherheit leisten und die Anwendung des Rechts von Ontario dürfe angesichts des in erster Linie faktischen Streitpunktes kaum Probleme aufwerfen, überzeugten die Cour supérieure nicht. Sie kam zu dem Ergebnis, es sei nicht ersichtlich *„that this personal disadvantage to plaintiff would amount to an injustice.“* Dieses Ergebnis widerspricht der Ratio des Art. 3150 C.C.Q., da die diesem zu Grunde liegende abstrakte Schutzerwägung auf diesem Weg durch eine konkrete Prüfung der Schutzwürdigkeit des Klägers verdrängt wird. Wenigstens im Bezug auf Art. 3149 al. 1 C.C.Q. in seiner zweiten Variante (Zuständigkeit für arbeitsrechtliche Streitigkeiten) hat die Cour supérieure in einer neueren Entscheidung hohe Anforderungen an die Darlegung von „forum non conveniens“ gestellt, „um die gesetzgeberische Zielsetzung zu respektieren und die Wirkung

945 Cour supérieure 21.2.1995 "Czajka c. Life Investors Insurance Co. of America", J.E. 95-765.

des Art. 3149 C.C.Q. nicht zu beschneiden."[946] Kurz zuvor sah dasselbe Gericht allerdings noch keinen Anlass zu solcher Strenge.[947]

2.2. Auch die „Stageline"-Entscheidung[948] der Quebecer Cour d'appel zeigt die Gefahr einer Aushöhlung der Zuständigkeitsvorschriften. Unter Berufung auf Art. 3135 C.C.Q. wies das Gericht eine Regressklage trotz bestehender Annexzuständigkeit für Rückgriffsklagen (Art. 3139 C.C.Q.) ab. Der von Art. 3139 C.C.Q. verfolgte Zweck einer Verfahrenskonzentration wurde mit der Begründung geopfert, *„malgré les inconvenients de la scission du recours en garantie, il semble toutefois beaucoup plus facile de mener ce procès devant les tribunaux americains"*.

2.3. Selbst das universell anerkannte Prinzip „actor sequitur forum rei" wird von der Quebecer Rechtsprechung mit Hilfe des Forum-non-conveniens-Prinzips relativiert.

In der Entscheidung „H.L. Boulton & Co. S.A.C.A. c. Banque Royale du Canada"[949] sah die Cour supérieure das Domizil der beklagten Gesellschaft in Québec als nur sekundären Abwägungsfaktor an. Begründet wurde dies damit, die Beklagte sei in ganz Kanada geschäftlich tätig und das Beklagtendomizil stelle zwar im innerstaatlichen, nicht jedoch im internationalen Zivilverfahrensrecht das grundlegende Zuständigkeitsprinzip dar.

In der Entscheidung „Clément c. Marchese" erklärte die Cour supèrieure Québec zum „forum non conveniens", diesmal mit dem Argument, nur eine der fünf beklagten (natürlichen) Personen habe ihr Domizil in Québec.[950] In diesem Fall hatte die Verfahrensabweisung noch drastischere Folgen als im vorherigen: Einer natürlichen Person, die keine geschäftliche Aktivität in anderen Staaten oder Pro-

---

946 Cour supérieure 18.3.2005 „Takvorian c. Bae Systems Australia", J.E. 2005-788 (online: www.jugements.qc.ca, 500-17-022760-048), Punkt 34: *„En conséquence, dans le contexte où l'autorité québécoise a compétence en vertu de cet article, un défendeur, qui l'invite à décliner compétence pour le motif de forum non conveniens, doit prouver que l'application du mécanisme prévu à l'article 3135 C.c.Q. établit, par rapport à une situation vraisemblablement déjà envisagée par le législateur lorsqu'il en adopte l'article 3149 C.c.Q., des circonstances exceptionnelles tendant nettement à favoriser un forum étranger. Ce fardeau paraît nécessaire afin de respecter l'objectif du législateur et éviter de réduire la portée de l'article 3149 C.c.Q."*

947 Cour supérieure 4.2.2005 „Gill c. Home Depot Canada Inc.", J.E. 2005-789 (online: www.jugements.qc.ca, no. 540-17-001554-046), Punkte 31-32.

948 Cour d'appel du Québec 19.5.1999 „Stageline Mobile Stage Inc. v. In Any Event Inc.", 89 A.C.W.S. (3d) 249.

949 Cour supérieure du Canada 13.12.1994 „H.L. Boulton & Co. S.A.C.A. c. Banque Royale du Canada", [1995] R.J.Q. 213.

950 Cour supérieure 19.2.2002 „Clément c. Marchese", J.E. 2002-689 (online: www.jugements.qc.ca, no. 500-05-066297-019).

vinzen entfaltete, wurde der Vorteil des Heimatgerichtsstandes im Hinblick auf das Domizil der anderen Beklagten entzogen.

2.4. Wie bereits dargelegt wurde,[951] weicht die Rechtsprechung schließlich zu einem gewissen Grad auch die Grenzen des Art. 3137 C.C.Q. auf, indem sie Art. 3135 C.C.Q. heranzieht, obgleich die Voraussetzungen des Litispendenzeinwandes nicht erfüllt sind.

d) Stellungnahme

Im kontinentaleuropäischen internationalprivatrechtlichen Schrifttum sind immer wieder Stimmen zu vernehmen, die dem Forum-non-conveniens-Prinzip wohlwollend gegenüberstehen.[952] Daher scheint es angebracht, zu erörtern, welche Lehren aus dem Quebecer und dem belgischen Recht zu ziehen sind.

Auch ein stark differenziertes Zuständigkeitssystem kann nicht jeden Einzelfall berücksichtigen. Daher ist es grundsätzlich erforderlich, das Zuständigkeitsgefüge in einem bestimmten Maß zu flexibilisieren. Dies kann durch die Auslegung der bestehenden Vorschriften im Licht des Verfassungs- und Völkerrechts oder im Licht allgemeiner Rechtsgrundsätze, durch die Einräumung punktueller richterlicher Spielräume in einzelnen Vorschriften oder aber durch das Forum-non-conveniens-Prinzip gewährleistet werden.

Der Quebecer Gesetzgeber ging offenbar von der grundsätzlichen Vereinbarkeit des Forum-non-conveniens-Prinzips mit einem differenzierten Zuständigkeitssystem aus. An der Entwicklung der Quebecer Rechtsprechung zeigt sich hingegen eindrücklich die Gefahr einer Aufweichung des Zuständigkeitsgefüges, wenn dem nicht durch effiziente Sicherungen vorgebeugt wird. In Reaktion auf die Kritik aus dem Quebecer Schrifttum zeigen etliche Quebecer Gerichtsentscheidungen zwar Zurückhaltung bei der Anwendung des Art. 3135 C.C.Q.[953] Dennoch bleibt abzuwarten, ob sich die bisher überwiegende Tendenz, „forum non conveniens" in breitem Maß anzunehmen, auf Dauer umkehrt. Derzeit ist dies nicht erkennbar.

Die – sehr moderate – Berücksichtigung des Forum-non-conveniens-Gedankens im belgischen IZVR überzeugt dagegen schon konzeptionell nicht. Einem Gericht, das kraft ausdrücklicher, wirksamer und ausschließlicher Prorogation zuständig ist, die Möglichkeit zu geben, eine Beurteilung des Falles unter Verweis

---

951 Siehe oben I C 1 b (1) dd.

952 Kürzlich wieder *Nuyts*, L'exception de forum non conveniens, S. 903 ff.

953 Cour d'appel du Québec 21.6.2001 „S.P.A. et al. c. Paesana Import-export Inc. et al.", www.jugements.qc.ca, no. 500-09-010652-014, Punkte 23-25; deutlicher Cour supérieure 18.3.2005 „Takvorian c. Bae Systems Australia", www.jugements.qc.ca, no. 500-17-022760-048 unter Bezugnahme auf *Talpis/Castel*, Le Code civil du Québec, no. 421.

auf die Ungeeignetheit des Inlands abzulehnen, beeinträchtigt die Vorhersehbarkeit der Zuständigkeitsentscheidung gerade dort, wo die Parteien auf diese ersichtlich Wert legen. Selbstverständlich bleibt es dem Gesetzgeber unbenommen, die inländischen Gerichte nicht als neutrales Forum zur Verfügung zu stellen. Ein Ermessensspielraum ist hier jedoch fehl am Platz.

D Ergebnis zum ersten Teil

1. Im Bereich der Zulässigkeit eines internationalen Zivilverfahrens weist das Recht des französischen Rechtskreises weiterhin etliche Übereinstimmungen auf. Hervorzuheben ist insbesondere die Einführung des Verfahrenshindernisses der internationalen Litispendenz, mit der das belgische und Quebecer Recht den Wandel der französischen Rechtsprechung nachvollzogen haben. Auch die gemeinsame Tendenz zur großzügigen Einräumung richterlichen Ermessens bei der Annahme von Verfahrenshindernissen verdient Erwähnung. So sind die Verfahrenshindernisse im Fall internationaler Litispendenz (Frankreich, Belgien, Québec), im Fall internationaler Konnexität (Frankreich), im Fall von „forum non conveniens“ (Québec) sowie im Fall der neutralen Forumwahl i.S.d. Art. 6 § 2 CDIP (Belgien) sämtlich ermessensabhängig.

2. In vielen Punkten hat der französische Rechtskreis jedoch deutlich an Geschlossenheit eingebüßt.

2.1 So weist das französische Recht einige unzeitgemäße Eigenheiten auf, die weder im belgischen noch im Quebecer IZVR eine Entsprechung finden. Zu nennen ist zunächst die nach dem Buchstaben des Gesetzes von 1857 noch immer geltende Einschränkung der Parteifähigkeit bestimmter ausländischer Kapitalgesellschaften. Auch die zuständigkeitsrechtliche Privilegierung der eigenen Staatsangehörigen ist nunmehr eine singuläre Erscheinung des französischen IZVR. Nach belgischem wie Quebecer IZVR stellt die Nationalität der Parteien kein Kriterium für die inländische Entscheidungszuständigkeit da. Auch der Doppelfunktionslehre folgt nur noch das französische Recht. In Belgien und Quebec ist die internationale Zuständigkeit nunmehr gesondert gesetzlich geregelt. Darüber hinaus verfolgt die französische Rechtsprechung bezüglich der Wirksamkeitsvoraussetzungen internationaler Gerichtsstandsklauseln einen dem belgischen und Quebecer Recht entgegengesetzten, vom Kollisionsrecht losgelösten Ansatz. Und schließlich erkennt allein das französische Recht ein Verfahrenshindernis bei internationaler Konnexität an.

2.2 Das Quebecer IZVR setzt eigene Akzente, indem es der Gründungstheorie folgt, deutlich weniger derivative Zuständigkeitsbegründungen als das französische und belgische Zuständigkeitsrecht enthält, eine Zuständigkeit kraft Gerichtsstandsvereinbarung oder Unterwerfung sowie eine internationale Schiedsvereinbarungen im nichtvermögensrechtlichen Bereich konsequent ausschließt und mit Art. 3151 C.C.Q. eine neuartige, exorbitante Zuständigkeitsbegründung enthält. Am deutlichsten hebt es sich allerdings durch die dem französischen Recht unbekannte Lehre vom „forum non conveniens“ ab, deren Grundgedanke sich auch in Belgien lediglich in Form eines bereichsspezifischen Korrektivs manifestiert hat.

2.3 Das belgische IZVR sticht insofern hervor, als es keine allgemeine Gerichtspflichtigkeit von Personen ohne Domizil oder Residenz in Belgien vorsieht, dem „ins Ausland weisenden“ dinglichen Gerichtsstand keine ausschließende Wirkung gegenüber anderen belgischen Zuständigkeiten zumisst, eine ausdrückliche Auffangregel für die Bestimmung der innerstaatlichen Zuständigkeit enthält, die Rechtsfolge einer Derogation des Inlands differenziert regelt und konsequent auf exorbitante Zuständigkeitsbegründungen verzichtet.

2.4 Die in Frankreich nicht eindeutig geregelte Frage, ob es im Ermessen des erkennenden Gerichts steht, seine internationale Unzuständigkeit von Amts wegen festzustellen, wurde in Belgien und Québec jeweils einer eindeutigen Lösung zugeführt. Während in Québec ein Ermessensspielraum besteht, trifft belgische Gerichte eine Feststellungspflicht.

II. Anerkennung und Vollstreckbarerklärung ausländischer Entscheidungen

Der zweite Teil der vorliegenden Arbeit befasst sich mit den Prinzipien, nach denen sich die Anerkennung und die Vollstreckbarerklärung ausländischer Gerichtsentscheidungen[954] richtet. Das französische Recht weist diesbezüglich eine terminologische Besonderheit auf:

Im deutschen autonomen IZVR sowie im europäischen Zivilverfahrensrecht werden die Begriffe Anerkennung und Vollstreckbarerklärung terminologisch klar voneinander getrennt.[955] Anerkennung bezeichnet die Erstreckung aller prozes-

---

954 Die Anerkennung und Vollstreckbarerklärung ausländischer öffentlicher Urkunden folgt großteils ähnlichen Grundsätzen: In Deutschland werden ausländische öffentliche Urkunden wie ausländische Entscheidungen nach Maßgabe des § 328 ZPO (und, sofern es sich um vollstreckbare Urkunden handelt, auch gemäß § 722 ZPO für vollstreckbar erklärt). Auch in Frankreich werden an ausländische öffentliche Urkunden ähnliche Maßstäbe angelegt wie an ausländische Entscheidungen, allerdings mit Abweichungen im Hinblick auf die Kontrolle der *compétence législative* und der Ordnungsmäßigkeit des Verfahrens, siehe *Mayer/Heuzé*, D.i.p., no. 470 ff.
Der belgische CDIP regelt die Anerkennung ausländischer Urkunden explizit in Art. 27, der sich an Art. 57 EuGVO orientiert. Art. 27 § 1 CDIP erklärt jede staatliche belgische Behörde für befugt, eine ausländische Urkunde anzuerkennen, sofern sie die im Erststaat für die Sicherung ihrer Echtheit aufgestellten Voraussetzungen erfüllt und in Übereinstimmung mit dem nach belgischem IPR anwendbaren Recht aufgesetzt wurde; hierbei sind insbesondere die Bestimmungen über die kollisionsrechtliche *fraude à la loi*, die allgemeine kollisionsrechtliche Ausweichklausel, eventuelles Eingriffsrecht sowie der kollisionsrechtliche internationale Ordre public zu beachten. Das Vollstreckbarerklärungsverfahren regelt Art. 27 § 2 CDIP, der großteils auf das bei der Vollstreckbarerklärung von ausländischen Entscheidungen zu beachtende Verfahren verweist. Art. 28 CDIP bestimmt unter welchen Voraussetzungen eine ausländische öffentliche Urkunde Beweis ihres Inhalts erbringt.
Art. 3163 C.C.Q. zu Folge werden ausländische, im Ursprungsstaat vollstreckbare Vergleiche nach denselben Regeln anerkannt und für vollstreckbar erklärt wie ausländische Gerichtsentscheidungen. Die Anerkennung öffentlicher Urkunden ist im zehnten Buch des C.C.Q. hingegen nicht geregelt. Letztere erbringen, wenn sie von einer zuständigen Behörde ausgestellt wurden, gemäß Art. 2822 C.C.Q. den vollen Beweis ihres Inhalts, ohne dass es einer weitergehenden Überprüfung bedarf (näher dazu *Emanuelli*, D.i.p. québecois, no. 414 ff.; *Goldstein/Groffier*, D.i.p. I, no. 105 ff.).

955 Dies drückt sich schon in ihrer getrennten gesetzlichen Regelung in § 328 ZPO bzw. §§ 722, 723 ZPO aus. Eine entsprechende Trennung weisen Artt. 38 ff. und Artt. 33 ff. EuGVO bzw. Artt. 28 ff. und Artt. 21 ff. EheVO II auf.

sualen[956] Wirkungen auf das Inland, mit Ausnahme der Vollstreckungswirkung, deren Erstreckung ein Vollstreckbarerklärungs- oder Exequaturverfahren voraussetzt. Diese Unterscheidung ist schon deshalb angebracht, weil nicht alle anerkennungsfähigen Entscheidungen vollstreckbar und nicht alle vollstreckbaren Entscheidungen anerkennungsfähig sind.

Im französischen Recht wurden Anerkennung und Vollstreckbarerklärung hingegen lange Zeit nicht von einander unterschieden. Historisch erklärt sich dies aus den bloß fragmentarischen gesetzlichen Regelung der Materie. Mangels ander Anhaltspunkte im Gesetz nahm die Rechtsprechung die Artt. 2123 C.civ.[957] und 509 NCPC[958] zum Ausgangspunkt, denen zu Folge ohne „Exequaturverfahren" aus einem ausländischen Urteil nicht vollstreckt werden kann.[959] Zur Anerkennung schweigen beide Bestimmungen. Daraus wurde die Folgerung gezogen, es gäbe bestimmte – in etwa den in Deutschland „Tatbestandswirkungen" genannten Wirkungen entsprechende – Wirkungen einer ausländischen Entscheidung, die von deren Wirksamkeit auf französischem Staatsgebiet unabhängig seien;[960] im Übrigen aber entfalteten ausländische Entscheidungen ohne ein darüber befindendes Exequaturuteil keinerlei Wirkungen in Frankreich. Insbesondere die Wirkung der negativen Rechtskraft *(autorité de la chose jugée)* und die Vollstreckungswirkung *(force executoire)* einer fremden Entscheidung auf französischem Boden setzten

956 Ob eine ausländische Entscheidung oder ihre faktische Befolgung materiellrechtliche Wirkungen (sog. Tatbestandswirkungen) hat, ist dagegen eine Frage des anwendbaren materiellen Rechts und als solche unabhängig von der Anerkennung der ausländischen Entscheidung, siehe *Geimer*, IZPR Rn. 2786; *Schack*, IZVR, Rn. 780.

957 Die Vorschrift bestimmt, dass eine ausländischen Entscheidung, die von einem französischen Gericht für vollstreckbar erklärt wurde, Grundlage der Eintragung einer Hypothek bilden kann.

958 Die Vorschrift löste Art. 546 C.p.c. ab. Während die alte Bestimmung vorsah, dass ausländische Urteile in Frankreich „auf die Weise und in den Fällen des Art. 2123 C.civ." für vollstreckbar erklärt werden, bestimmt Art. 509 NCPC nun, dass die Vollstreckbarerklärung „auf die Weise und in den Fällen der gesetzlichen Vorschriften" stattfindet.

959 Das gilt kraft Anwendungsvorranges des Art. 5 EuVTVO selbstverständlich nicht für Entscheidungen, die als europäischer Vollstreckungstitel bestätigt worden sind.

960 Nämlich *l'effet de titre, la juste cause, la force probante, l'effet de fait.* So kann eine ausländische Entscheidung zum Beleg der Dringlichkeit einer im Eilverfahren angestrebten Maßnahme verwendet werden. Ebenso kann sie die *cause* (d.h. den Rechtsgrund) eines Vertrages, der zum Zweck des Vollzugs der Entscheidung geschlossen wurde, darstellen und damit dessen Gültigkeit i.S.d. Art. 1108 C.civ. begründen. Weiterhin haben die Tatsachenfeststellungen, die in einer ausländischen Entscheidung getroffen wurden, den Wert einer Zeugenaussage, eines Indizes bzw. einer einfachen Vermutung; über die exakte Beweiskraft entscheidet der Richter nach seiner Überzeugung. Auch als reines Faktum wird die ausländische Entscheidung ohne Weiteres berücksichtigt. Ausführlich dazu *Muir Watt*, Jurisclasseur droit international, Fasc. 584-6, no. 3-19.

ein Exequaturverfahren voraus. Nichtsdestoweniger sind die Begriffe der Sache nach trennbar und werden im Schrifttum heute auch zunehmend getrennt behandelt.[961] Die Rechtsprechung hält bislang gleichwohl an der einheitlichen Terminologie der „Exequatur"-Erteilung fest.

Damit eng verbunden ist eine anerkennungsrechtliche Besonderheit des französischen Rechts, die zunächst zu erörtern sein wird (A). Im Anschluss daran werden die Anerkennungsvoraussetzungen erläutert werden (B). Anschließend wird dargestellt werden, in welchem inhaltlichen und zeitlichen Umfang anerkennungsfähige Entscheidungen Wirkungen im Zweitstaat zeitigen (C). Schließlich wird ein eng mit dem Anerkennungsrecht zusammenhängendes Problem, die Zulässigkeit von *anti-suit injunctions* (D), und endlich das Vollstreckbarerklärungsverfahren (E) zu behandeln sein.

A Das Anerkennungsverfahren

Die Anerkennung einer ausländischen Entscheidung kann sowohl in einem gesonderten Verfahren als auch inzident im Rahmen eines anderen Verfahrens, für dessen Ausgang sie erheblich ist, erfolgen. Im Folgenden soll untersucht werden, inwieweit ein prinzipales Anerkennungsverfahren erforderlich oder möglich ist und inwieweit eine inzidente Anerkennung in Betracht kommt.

1) Rechtslage

a) Deutschland

Nach deutschem Recht bedarf die Anerkennung ausländischer Entscheidungen grundsätzlich keines Delibationsverfahrens. Jede Behörde, der sich die Frage der Anerkennbarkeit der ausländischen Entscheidung stellt, kann inzident über diese entscheiden. Das ergibt sich schon aus dem Gesetz, das in § 722 II ZPO ein gesondertes Verfahren nur für die Vollstreckbarerklärung, nicht aber für die Anerkennung verlangt. Etwa anderes gilt gemäß Art. 7 § 1 I 1 FamRÄndG nur für die Anerkennung von Entscheidungen in Ehesachen, die ein Anerkennungsverfahren vor der Landesjustizverwaltung voraussetzt. Eine Gegenausnahme gilt nach Satz 2 der Vorschrift für Entscheidungen von Behörden eines Staates, dem beide Ehegatten zur Zeit der Entscheidung angehört haben. Das Anerkennungsverfahren nach § 2 AdWirkG ist lediglich fakultativ.

961 Siehe etwa *Holleaux/Foyer/De Geouffre de La Pradelle*, D.i.p., no. 925 ff.

Soweit ein Anerkennungsverfahren nicht erforderlich ist, kann gleichwohl regelmäßig eine prinzipale Anerkennungsfeststellung beantragt werden. Außerhalb des Anwendungsbereichs von § 2 AdWirkG ergibt sich diese Möglichkeit aus § 256 ZPO.[962] Die örtliche und sachliche Zuständigkeit ergibt sich aus Art. 7 § 1 II FamRÄndG, sonst aus den allgemeinen Regeln.

b) Frankreich

Wie bereits dargelegt,[963] war die Anerkennung eine Zeit lang in gleichem Maße wie die Vollstreckbarerklärung an das Durchlaufen eines Exequaturverfahrens gebunden. Mitte des 19. Jahrhunderts begann die Rechtsprechung allerdings, Ausnahmen im Bereich des Personenstandsrechts zu machen. Zunächst entschied die Cour de cassation in der „Bulkley“-Entscheidung[964], dass eine Ausländerin, die in ihrem Heimatland „wirksam geschieden“ *(„régulièrement divorcée“)* war, in Frankreich erneut heiraten könne, ohne dass das ausländische Scheidungsurteil zuvor mit dem Exequatur versehen werden müsse. Einige Jahrzehnte später stellte die Cour de cassation in der „De Wrede“-Entscheidung[965] fest, dass die von einem ausländischen (in casu: deutschen) Gericht ausgesprochene, „wirksame und endgültige Aufhebung einer Ehe“ *(„annulation d'un mariage légalement et définitivement prononcée“)* nicht mehr in Frage gestellt werden dürfe. Begründet wurde dies damit, dass Unsicherheiten über den Personenstand schwerwiegende Probleme für die betroffenen Familien hervorriefen und eine starke Beeinträchtigung der gesellschaftlichen Ordnung darstellten, insbesondere wenn die Betroffenen im guten Glauben an die Annulierung der Ehe eine neue Verbindung eingegangen seien.

In der Folgezeit ergingen vergleichbare Entscheidungen in den Bereichen des Namensrechts, des Rechts der Geschäftsfähigkeit, der Abstammung und der Adoption.[966] Häufig vermied die Rechtsprechung einen offenen Widerspruch zum Erfordernis eines Exequaturverfahrens allerdings, indem sie die ausländische Entscheidung lediglich als Beweismittel auffasste und ihre eigene Entscheidung auf die exequaturunabhängige Beweiskraftwirkung *(force probante)* stützte.[967] Erst

---

962 Siehe *Kropholler*, IPR, S. 643; Zöller-*Greger*, ZPO, § 256 Rn. 4.

963 Siehe oben Einleitung zu II.

964 Cass.civ. 28.2.1860, S.1861.1.210 mit Anmerkung Dupin, D. 1860.1.57, GAJDIP no. 4.

965 Cass.civ. 9.5.1900, JDI 1900.613, GAJDIP no. 10.

966 Nachweise bei *Muir Watt*, Jurisclasseur droit international, Fasc. 584-6 no. 40-59.

967 So gründete die „Bulkley“-Entscheidung auf dem Argument, dass die ausländische Entscheidung „den Beweis der Scheidung der ersten Ehe erbringe“. Ähnlich Cass.civ. 30.1.1912, RCDIP 1913.131, S.1916.1.113 mit Anmerkung Audinet, wo eine auslän-

1930 erklärte die Cour de cassation der „Hainard“-Entscheidung, dass „ausländische Entscheidungen über den Personenstand und die Rechts- bzw. Geschäftsfähigkeit ihre Wirkungen in Frankreich unabhängig von der Exequaturerteilung entfalten, solange sie keinen Anlass zu materieller Vollstreckung oder zur Ausübung von Zwang gegenüber Personen geben“.[968]

Die Trennlinie verläuft danach dort, wo die angestrebte Anerkennung Vollzugsakte nach sich zieht. So kann eine zweite Ehe in Frankreich ohne vorangehende Exequierung des ausländischen Scheidungsurteils geschlossen werden, für eine stattgebende französische Entscheidung über das elterliche Sorgerecht[969] oder über nachehelichen Unterhalt[970] muss das ausländische Scheidungsurteil dagegen zunächst des Exequaturverfahren durchlaufen. Dabei ist die Ansicht darüber, was unter den Begriff des „Vollzugsaktes“ fällt, Veränderungen unterworfen. So wurde die Eintragung einer ausländischen Scheidung in das französische Personenstandsregister früher als Vollzugsakt angesehen.[971] Heute sieht die Rechtsprechung darin nur mehr einen Publizitätsakt und verzichtet dementsprechend auf ein vorangehendes Exequaturverfahren.[972]

Auch der französische Gesetzgeber scheint die Entwicklung hin zur automatischen Anerkennung in Personenstandssachen zu befürworten. Im Jahr 2001[973] schuf er mit Art. 370-5 C.civ.[974] eine Bestimmung über die Anerkennung ausländischer Adoptionen, die kein Exequaturverfahren voraussetzt.

Nach 1930 wurden auch etliche ausländische Entscheidungen, die nicht den Personenstand bzw. die Rechts- oder Geschäftsfähigkeit betrafen, ohne Exequa-

---

dische Entscheidung über die Verteilung der Insolvenzmasse als „Beweiselement für den Forderungsübergang“ berücksichtigt wurde.

968 Cass.req. 3.3.1930, S.1930.1.377, RCDIP 1931.329 jeweils mit Anmerkung Niboyet, JDI 1930.981: *„(...) Les jugements rendus par un tribunal étranger, relativement à l'état et à la capacité des personnes, produisent leurs effets en France indépendamment de toute déclaration d'exequatur sauf les cas où ces jugements doivent donner lieu à des actes d'exécution matérielle sur les biens ou de coercition sur les personnes. (...).“*

969 Siehe *Audit*, D.i.p., no. 471 a.E.

970 C.A. Colmar 16.12.1953, JDI 1954.110.

971 Siehe Cass.civ. 9.1.1951, RCDIP 1951.313.

972 Siehe C.A. Paris, 10.3.1967, RCDIP 1968.317.

973 Durch Gesetz vom 6.2.2001 wurde der *Code civil* mit Artt. 370-3 bis 370-5 um ein neues Kapitel mit dem Titel *„Du conflit des lois relatives à la filiation adoptive et de l'effet en France des adoptions prononcées à l'étranger“* erweitert.

974 ***Art. 370-5 C.civ.*** *L'adoption régulièrement prononcée à l'étranger produit en France les effets de l'adoption plénière si elle rompt de manière complète et irrévocable le lien de filiation préexistant. A défaut, elle produit les effets de l'adoption simple. Elle peut être convertie en adoption plénière si les consentements requis ont été donnés expressément en connaissance de cause.*

turverfahren anerkannt, so z.B. Entscheidungen über die Bestellung eines Minderjährigenbetreuers[975], des Liquidators einer Gesellschaft[976], eines Nachlass-[977] oder Konkursverwalters[978] oder Entscheidungen über die Änderung des ehelichen Güterstandes. Zu beachten gilt es dabei, dass all diese Entscheidungen konstitutiver Natur waren.

Für die Anerkennung deklarativer[979] Entscheidungen aus dem vermögensrechtlichen Bereich scheint die Rechtsprechung dagegen weiterhin ein Exequaturverfahren vorauszusetzen.[980] Der Grund für diese Unterscheidung dürfte darin liegen, dass sich ein Kläger auf eine deklarative Entscheidung in Regel nur dann beruft, wenn er in Frankreich gegen seinen Schuldner vollstrecken will, wofür aber ohnehin ein Exequaturverfahren erforderlich ist.[981] Große Teile des Schrifttums fordern zwar eine stete klare Trennung von Anerkennung und Vollstreckbarerklärung,[982] zu einem eindeutigen Umschwung hat sich die Rechtsprechung jedoch bisher nicht bewegen lassen.[983] Folge dieser Zweiteilung ist, dass über die Anerkennung einer de plano anerkennbaren Entscheidung jedes französische Gericht inzident

---

975 Cass.civ.[1] 25.6.1991, D.1992.51 mit Anmerkung Massip.

976 C.A. Paris 29.5.1963, RTD com. 1963.897 mit Anmerkung Houin.

977 Cass.civ.[1] 6.6.1967 „Schapiro“, JDI 1967.890 mit Anmerkung Bredin, RCDIP 1969.75 mit Anmerkung Déprez; Cass.civ.[1] 3.11.1983, RCDIP 1984.336 mit Anmerkung Révillard.

978 C.A. Poitiers 20.12.1972, RTD com. 1973.679 mit Anmerkung Loussouarn.

979 Nach französischer Auffassung betrifft dies etwa Entscheidungen über die Nichtigkeit eines Vertrages oder über eine Vertragskündigung sowie Entscheidungen, die eine vertragliche oder außervertragliche Haftung feststellen.

980 Dies wird daraus abgeleitet, dass die Rechtsprechung insoweit nie ausdrücklich von der früheren Rechtsprechung – zitiert werden insbesondere Cass.civ. 10.3.1914 „Negrotto“, RCDIP 1914.449 sowie C.A. Lyon 15.10.1920, RCDIP 1921.522 – abgerückt ist.

981 *Audit*, D.i.p., no. 473.

982 *Audit*, D.i.p., no. 473; *Muir Watt*, Jurisclasseur droit international, Fasc. 584-6, no. 27-36; *Mayer/Heuzé*, D.i.p., no. 401; *Holleaux/Foyer/Geouffre de La Pradelle*, D.i.p., no. 1014; *Lagarde*, RCDIP 1970.482; *Loussouarn/Bourel/De Vareilles-Sommières*, D.i.p., no. 503-1.

983 In Cass.civ.[1] 9.12.1974 „Sté Locautra“, JDI 1975.534 mit Anmerkung Ponsard wurde ein deutsches Urteil, welches die Nichtigkeit eines Kaufvertrages feststellte, für *„efficace“* gehalten. Angesichts dieser zweideutigen Wortwahl lässt sich aber nicht ausschließen, dass das Gericht lediglich die Beweiswirkung des Auslandsurteil berücksichtigte. In Cass.civ.[1], 25.2.1986, RCDIP 1987.589 mit Anmerkung Synvet wurde die Sperrwirkung des Konkurseröffnungsbeschlusses eines Kopenhagener Gerichts gegenüber der Eintragung einer provisorischen Hypothek durch einen Gläubiger anerkannt, und zwar auch für die dem Exequaturuteil vorangehende Periode. Kurz darauf versagte allerdings C.A. Paris 8.7.1992, D.1992.476 mit Anmerkung Vasseur der Eröffnung eines (provisorischen) Liquidationsverfahrens über eine französische Bank durch ein Gericht der Caiman Islands die negative Rechtskraft – mangels Exequaturerteilung.

entscheiden kann, während dies bei einer exequaturbedürftigen Entscheidung höchstens dann in Frage kommt, wenn das angerufene Gericht zufällig sowohl für das Haupt- als auch für das Exequaturverfahren zuständig ist.[984]

Möchte eine Partei die Anerkennbarkeit einer ausländischen Entscheidung feststellen lassen, ohne dass sich die Frage in einem anderen Verfahren stellt, kann sie dies durch die Anstrengung eines prinzipalen Exequaturverfahrens (in diesem Fall als *action en opposabilité*[985] bezeichnet) ins Werk setzen.[986] Sachlich zuständig ist das *Tribunal de grande instance*. Auch der im Ausland unterlegene Kläger kann beantragen, die Nichtanerkennbarkeit der ausländischen Entscheidung festzustellen (sog. *action en inopposabilité*).[987]

c) Belgien

Vor Inkrafttreten des CDIP entschied die belgische Rechtsprechung ähnlich wie die französische. Beginnend mit einer Grundsatzentscheidung der belgischen Cour de cassation in der Angelegenheit „De Beauffremont"[988] wurden ausländische Entscheidungen aus dem Bereich des Personenstands, der Rechts- und Geschäftsfähigkeit automatisch *(de plein droit)* anerkannt.[989] Ein Exequaturverfahren war aber selbst in diesen Fällen erforderlich, wenn sich der Begünstigte auf die ausländische Entscheidung berief, um eine Zwangsvollstreckung in das Vermögen oder die Anwendung von Zwang gegen eine Person zu beantragen.[990] Die Anerkennung von Entscheidungen aus anderen Bereichen bedurften grundsätzlich stets eines Exequaturverfahrens.

Art. 22 § 1 II CDIP setzt nun ausdrücklich nur noch für die Vollstreckbarerklärung, nicht mehr dagegen für die Anerkennung ein Exequaturverfahren voraus.

---

984 *Holleaux/Foyer/De Geouffre de La Pradelle*, D.i.p., no. 1043.

985 Dieser Begriff wurde vom Schrifttum geprägt und schließlich auch von der Cour de cassation übernommen, siehe Cass.civ. 19.12.1995 „BCCI-Paris", RCDIP 1996.714 mit Anmerkung Gaudemet-Tallon.

986 Cass.civ.[1] 3.1.1980, RCDIP 1980.597 mit Anmerkung Holleaux, D. 1981.Inf.rap.161 mit Anmerkung Audit, wo dem Exequaturbegehren einer der im Ausland unterlegenen Parteien stattgegeben wurde, obwohl das marokkanische Urteil auf Grund einer bilateralen Konvention in Frankreich ohne Exequaturverfahren anerkannt worden wäre. Siehe ferner *Holleaux/Foyer/De Geouffre de la Pradelle*, D.i.p., no. 1017.

987 Diese Möglichkeit wurde von der Rechtsprechung erstmals in Cass.civ.[1] 22.1.1951 „Weiller", RCDIP 1951.167 mit Anmerkung Francescakis bejaht. Dem im Ausland obsiegenden Kläger steht diese Möglichkeit dagegen nicht offen, siehe Cass.civ.[1] 14.2.1990, RCDIP 1991.129 mit Anmerkung Poisson-Drocourt.

988 Cass.belge 19.1.1882 „De Beauffremont", Pas. 1882.I.36.

989 Rechtsprechungsnachweise bei *Rigaux*, D.i.p. II, no. 816.

990 Cass.belge.[1] 29.3.1973, Pas. 1973.I.725.

Mit dieser Lösung ist die Forderung des französischen Schrifttums in Belgien Gesetz geworden.

Gemäß Art. 22 § 1 III CDIP kann jedes Gericht, dem sich die Anerkennungsfrage inzident stellt, über diese entscheiden. Aus Art. 22 § 2 CDIP geht hervor, dass darüber hinaus jeder, der ein Interesse an der Feststellung der Anerkennbarkeit hat (bei personenstandsrechtlichen Entscheidungen auch der Vertreter des öffentlichen Interesses), eine solche Feststellung beantragen kann.

Die sachliche und die örtliche Zuständigkeit ergibt sich aus Art. 23 § 1 und 2 CDIP, wo auch eine Art. 13 CDIP[991] ähnelnde Auffangregelung für die örtliche Zuständigkeit vorgesehen ist.[992]

d) Québec

Der C.C.Q. selbst enthält keine Vorschriften über das Anerkennungsverfahren. Nach Art. 785 C.P.C.Q. ist auf Antrag sowohl ein prinzipales Anerkennungsverfahren als auch die inzidente Verhandlung eines Anerkennungsantrages zulässig. Eine inzidente Anerkennung ist nach dem Wortlaut der Norm jedoch nur zulässig, „sofern das angerufene Gericht für diesen Antrag zuständig ist". Wann dies der Fall ist, hat der Gesetzgeber nicht präzisiert. Allerdings bestimmt Art. 949.1 al. 1 C.P.C.Q.[993] die örtliche und sachliche Zuständigkeit für die Anerkennung ausländischer Schiedssprüche. Zuständig ist danach das Gericht, welches für die direkte Beurteilung der an die Schiedsstelle überwiesenen Sache zuständig gewesen wäre. Diese gesetzliche Wertung übertrug die Cour supérieure in einer Entscheidung von 1998 auf die Anerkennung ausländischer Gerichtsentscheidungen.[994]

Unter Berücksichtigung dieser Rechtsprechung ist eine Inzidentanerkennung nicht in allen Fällen möglich. Liegt der Streitwert der Hauptsache etwa über 70.000 CAD, der der anzuerkennenden Entscheidung hingegen darunter, ist für die Hauptsache kraft Art. 34 C.P.C.Q.[995] die Cour supérieure, für die Anerkennung hingegen die Cour du Québec zuständig. Ebenso entsteht eine Zuständigkeitsspaltung, wenn

---

991 Dazu oben I B 1 c (3) und (5) ee.

992 Subsidiär zum Domizil und gewöhnlichen Aufenthaltsort des Antragsgegners wird an den Vollstreckungsort, und wenn die anzuerkennende Entscheidung nicht in Belgien vollstreckbar ist, nach Wahl des Antragstellers an dessen Domizil oder gewöhnlichen Aufenthaltsort angeknüpft. Liegen auch die letzten beiden Anknüpfungspunkte im Ausland, sind die Brüsseler Gerichte zuständig.

993 ***Art. 949.1 al. 2 C.P.C.Q.*** *La demande de reconnaissance et d'exécution est présentée par voie de requête en homologation adressée au tribunal qui, au Québec, aurait été compétent à statuer sur l'objet du différend confié aux arbitres.*

994 Cour supérieure 8.9.1998 „Northern Wild Board c. Frenière", J.E. 98-2051.

995 ***Art. 34 C.P.C.Q.*** *Sauf lorsqu'un recours est exercé en vertu du Livre IX, la Cour du Québec connaît, à l'exclusion de la Cour supérieure, de toute demande:*

für das Hauptverfahren und die Anerkennung verschiedene Gerichtsdistrikte, etwa Montréal und Trois-Rivières, zuständig ist. Denn das innerstaatliche Quebecer Zivilverfahrensrecht kennt keine allgemeine Zuständigkeitskonzentration bei konnexen oder inzidenten Verfahren.[996]

Eine Sonderregelung gilt für die Anerkennung von Auslandsadoptionen. Diese setzt gemäß Art. 565 C.C.Q. ein Gerichtsverfahren voraus, sodass eine inzidente Anerkennung durch andere Behörden ausgeschlossen ist.

2) Vergleich

Während die bloße Möglichkeit, die Anerkennbarkeit einer ausländischen Entscheidung in einem gesonderten Verfahren gerichtlich feststellen zu lassen, in allen Vergleichsrechtsordnungen besteht, herrschen unterschiedliche Auffassungen über die Notwendigkeit eines Anerkennungsverfahrens.

Die Bindung der Anerkennung deklarativer vermögensrechtlicher Entscheidungen an das Exequaturverfahren, an der die französische Rechtsprechung noch immer festzuhalten scheint, ist nicht mehr zeitgemäß. Denn auch an der Anerkennung einer vermögensrechtlichen deklarativen Entscheidung, insbesondere an der Erstreckung ihrer Rechtskraft auf das Inland, kann ein vollstreckungsunabhängiges Interesse bestehen. Da die französische Rechtsprechung eine inzidente Exequaturerteilung nur in Ausnahmefällen zulässt,[997] müssen französische Gerichte das Hauptverfahren bis zur Entscheidung des zuständigen Exequaturrichters[998] aussetzen. Eine Reform dieser im Schrifttum einmütig kritisierten Rechtslage scheint allerdings, nachdem sie in Belgien und im Grundsatz auch in Québec bereits vollzogen wurde, nur noch eine Frage der Zeit zu sein.

---

1. dans laquelle la somme demandée ou la valeur de la chose réclamée est inférieure à 70 000 $, sauf les demandes de pension alimentaire et celles qui sont réservées à la Cour fédérale du Canada;

2. en exécution, en annulation, en résolution ou en résiliation de contrat ou en réduction des obligations qui en résultent, lorsque l'intérêt du demandeur dans l'objet du litige est d'une valeur inférieure à 70 000 $;

3. en résiliation de bail lorsque le montant réclamé pour loyer et dommages-intérêts n'atteint pas 70 000 $.

996 Gemäß Art. 71 C.P.C.Q. ist das Gericht der Hauptsache nur für eine inzidente Garantieklage zuständig.

997 Siehe unten II E 2.

998 Siehe zur Exequaturzuständigkeit unten II E 1 b.

B Anerkennungsvoraussetzungen

Soweit keine Anerkennung nach staatsvertraglichen Regeln[999] oder europäischem Zivilverfahrensrecht in Frage kommt, richten sich die Anerkennungsvoraussetzungen nach dem autonomen IZVR. Es zeigt sich, dass die verglichenen Rechtsordnungen hierbei in etlichen Punkten weitgehend übereinstimmen. Diese werden daher nur kursorisch abgehandelt (2). Dagegen sind bestimmte Anerkennungsvoraussetzungen bzw. -hindernisse allen verglichenen Rechtsordnungen zwar grundsätzlich bekannt, im Einzelnen jedoch so unterschiedlich ausgestaltet, dass sie Anlass zu einer eingehenderen Darstellung bieten (3). Schließlich existieren auch singuläre anerkennungsrechtliche Besonderheiten, auf die am Ende dieses Kapitels eingegangen werden wird (4). Vorab scheint es allerdings angebracht, eine einführende Übersicht über die jeweilige Regelung des Anerkennungsrechts zu geben (1).

1) Übersicht

a) Deutschland

Die Anerkennungsvoraussetzungen des deutschen Rechts finden sich in § 328 ZPO, für Ehesachen zusätzlich in Art. 7 § 1 FamRÄndG, und für Maßnahmen der freiwilligen Gerichtsbarkeit in § 16a FGG.[1000] Die Vorschriften sind weitgehend deckungsgleich. Die Anerkennbarkeit reiner Privatscheidungen beurteilt sich nach dem Scheidungsstatut (Art. 17 I EGBGB).[1001]

b) Frankreich

Da das autonome französische Recht nur vereinzelt gesetzliche Anhaltspunkte über das „Exequaturverfahren" enthält,[1002] sind die Anerkennungsvoraussetzun-

---

999 Zu den von Deutschland abgeschlossenen Anerkennungsverträgen siehe *Jayme/ Hausmann*, Internationales Privat- und Verfahrensrecht, Nrn. 180-182, 185, 186 sowie *Schack*, IZVR, Rn. 804. Zu den Konventionen mit französischer Beteiligung siehe Walter/Baumgartner-*Kessedjan*, Recognition and Enforcement of Foreign Judgments, S. 185 Fn. 1, woraus sich ergibt, dass Frankreich deutlich mehr bilaterale Verträge eingegangen ist als Deutschland. Zur belgischen Beteiligung an Anerkennungskonventionen siehe Walter/Baumgartner-*Fevery*, Recognition and Enforcement of Foreign Judgments, S. 81-83.

1000 §§ 1-5 AdWirkG betreffen nur Fragen des Anerkennungsverfahrens, enthalten mithin keine abweichenden Anerkennungsvoraussetzungen.

1001 Siehe nur *Geimer*, IZPR Rn. 2641a m.w.N.

1002 Siehe oben Einleitung zu II.

gen maßgeblich von der Rechtsprechung entwickelt worden. Sie ergeben sich aus zwei grundlegenden Urteilen der Cour de cassation und gelten unterschiedslos für streitige (*procédures contentieuses*) wie außerstreitige Verfahren (*procédures gracieuses*).[1003] Da die historische Entwicklung des französischen Anerkennungsrechts den Hintergrund der Reformen in Québec und Belgien bildet, wird sie im Folgenden kurz nachgezeichnet:

Vor der französischen Revolution herrschte theoretisch ein grundsätzlich sehr restriktives Anerkennungsrecht. Gemäß Art. 121 der *Ordonnance no. 162 de Michel de Marillac* von 1629 konnten ausländische Entscheidungen in Frankreich keine Wirkung entfalten. Waren sie allerdings zugunsten eines Franzosen ergangen, wurden sie in der Praxis gegen Zahlung einer Gebühr ohne weitere Prüfung für vollstreckbar erklärt.[1004] Zugleich hatten Franzosen aber die Möglichkeit, trotz der Existenz einer ausländischen Entscheidung über ihre Rechte und Pflichten in Frankreich erneut entscheiden zu lassen. Dies hing mit der damals herrschenden Theorie vom natürlichen Richter *(„théorie du juge naturel“)* zusammen, der zu Folge dem Souverän die ausschließliche Zuständigkeit für die Beurteilung von Fällen zukam, in denen einer seiner Untertanen verklagt wurde. Auch der „Nebeneffekt“, dass dem Souverän dadurch die Gerichtsgebühren gesichert wurden, mag eine Rolle gespielt haben.[1005] Seit der französischen Revolution ließen Regelungsfragmente in den neugeschaffenen napoleonischen Kodifikationen – *Code civil* und *Code de la procédure civile* – erahnen, dass nunmehr jegliche ausländische Entscheidung nach Durchlaufen einer Exequaturprozedur Wirkungen in Frankreich zeitigen konnte. Die genauen Voraussetzungen waren aber zunächst unklar.

Im Jahr 1819 kam mit der Entscheidung „Holker c. Parker“ das System der *révision au fond* auf: Der französische Richter verweigerte die Erteilung des Exequaturs, wenn er die Sach- oder Rechtslage anders beurteilt hätte als das ausländische Gericht.[1006] Diese strenge Kontrolle, die wohl mit der Schweigsamkeit der Kodifikationen zusammenhängt,[1007] wurde mit der „De Wrede“-Entscheidung von

---

1003 Siehe Walter/Baumgartner-*Kessedjian*, Recognition and Enforcement of Foreign Judgments, S. 188.

1004 Rechtstechnisch wurde dies auf eine Interpretation der genannten *ordonnance* gestützt, wonach diese nur für im Ausland gegen Franzosen ergangene Entscheidungen galt, siehe dazu *Gaudemet-Tallon*, Recherches sur les origines de l'article 14 du Code civil, S. 85.

1005 *Mayer/Heuzé*, D.i.p., no. 281.

1006 Siehe Cass.civ. 19.4.1819 „Holker c. Parker“, S.1819.I.62.

1007 Ohne gesetzliche Grundlage trauten sich die Gerichte offenbar nicht, einer anderen Rechtsordnung zuzubilligen, die französische zu „ersetzen“, siehe *Mayer/Heuzé*. D.i.p., no. 364.

1900[1008] zunächst für den Bereich des Personenstands, einige Zeit später, mit der „Munzer"-Entscheidung von 1964,[1009] dann generell aufgegeben. Durch diesen Rechtsprechungswandel wurde auch der Weg zur Anerkennung französischer Entscheidungen in Deutschland frei, die bis dahin wegen der französischen Befugnis zur *révision au fond* regelmäßig am Gegenseitigkeitserfordernis des § 328 I Nr. 5 ZPO gescheitert war.[1010]

In der „Munzer"-Entscheidung stellte die Cour de cassation auch die Voraussetzungen für die Wirksamkeit ausländischer Entscheidungen in Frankreich auf. Die Exequaturprüfung umfasste danach fünf Punkte, nämlich die internationale Zuständigkeit des ausländischen Gerichts *(compétence judiciare)*, die Einhaltung der ausländischen Verfahrensregeln, die Anwendung des „zuständigen" Rechts durch das ausländische Gericht *(compétence législative)*, die Konformität des Urteils mit dem internationalen Ordre public und das Fehlen einer Gesetzes- bzw. Urteilsumgehung.

Diese Liste wurde 1967 durch die „Bachir"-Entscheidung[1011] nochmals geringfügig modifiziert. Seither stellt die Einhaltung der ausländischen Verfahrensvorschriften keinen eigenen Prüfungspunkt mehr dar, vielmehr wirkt ihre Verletzung nur insoweit anerkennungshindernd, als „dadurch zugleich der prozessuale Ordre public oder die Verteidigungsrechte des Beklagten verletzt werden."

Eine letzte Voraussetzung wird von diesen beiden Entscheidungen nicht ausdrücklich genannt, ist jedoch allgemein anerkannt,[1012] nämlich das Fehlen entgegenstehender Rechtskraft einer französischen oder ausländischen Entscheidung.[1013]

c) Belgien

Vor der Kodifikation des IZVR fanden sich die Anerkennungvoraussetzungen in Art. 570 al. 2 C.jud. Nunmehr sind sie abschließend im CDIP geregelt.

Art. 22 § 3 no. 1 CDIP enthält die Definition dessen, was unter einer ausländischen Entscheidung zu verstehen ist; ein streitiges Verfahren setzt die Vor-

---

1008 Cass.civ. 9.5.1900 „De Wrède", JDI 1900.613, S.1901.1.185, D.1905.I.101, GAJDIP no. 10; dazu auch unten II B 2 f.

1009 Cass.civ.[1] 7.1.1964 „Munzer", JDI 1964.302 mit Anmerkung Goldman, RCDIP 1964.344 mit Anmerkung Batiffol, JCP 1964.II.13590 mit Anmerkung Ancel, GAJDIP no. 41.

1010 Siehe BGH 8.5.1968, BGHZ 50, 100, 101.

1011 Cass.civ.[1] 4.10.1967, D. 1968.95 mit Anmerkung Mezger, RCDIP 1968.98 mit Anmerkung Lagarde, GAJDIP no. 45.

1012 Walter/Baumgartner-*Kessedjian*, Recognition and Enforcement of Foreign Judgments, S. 192.

1013 Im Einzelnen dazu unten II B 3 d (2) bb.

schrift nicht voraus. Aus Art. 25 § 1 no. 1-8 CDIP ergeben sich die allgemeinen Anerkennungsvoraussetzungen. Art. 25 § 1 no. 9 CDIP verweist auf die Geltung zusätzlicher spezieller Voraussetzungen bei ausländischen Entscheidungen über Namensänderungen (Art. 39 CDIP), über die gerichtliche Bestätigung einseitiger Eheauflösungen durch den Ehemann (Art. 57 CDIP), über Adoptionen (Art. 72 CDIP), sowie bei Entscheidungen bezüglich registrierbaren geistigen Eigentums (Art. 95 CDIP), des Status juristischer Personen (Art. 115 CDIP), und eines Insolvenzverfahrens, das nicht in den Anwendungsbereich der InsolvenzVO fällt (Art. 121 CDIP), hin.

d) Québec

Vor der Kodifikation des Quebecer IZVR speisten sich die Anerkennungsregeln aus dem Einfluss des französischen Rechts und des common law. In Artt. 178-180 C.P.C.Q. war das Anerkennungsrecht zum Teil geregelt, im Übrigen galt Richterrecht.[1014] Seit 1994 finden sich die allgemeinen Anerkennungsregeln nun in Artt. 3155-3168 C.C.Q., sowie in Artt. 785, 786 C.P.C.Q. Hinweise darauf, dass außerstreitige Verfahren von diesen Regelungen ausgenommen sind, gibt das Gesetz nicht.[1015] Für die Anerkennung von Auslandsadoptionen gelten nach Artt. 563-565, 574 C.C.Q. zusätzliche Voraussetzungen.

Daneben bestehen etliche Sonderregeln. So gelten für Entscheidungen aus Rechtsbereichen, die der kanadischen Bundesgesetzgebung unterfallen, i.d.R. abweichende Anerkennungsvoraussetzungen, da die entsprechenden Bundesgesetze meistens auch eine Anerkennungsregelung – wie etwa Art. 268 *Loi sur la faillite et l'insolvabilité*[1016] – beinhalten. Zudem werden Entscheidungen, die auf Grundlage eines Bundesgesetzes in einer anderen kanadischen Provinz ergangen sind, i.d.R. nicht als „ausländische Entscheidungen" angesehen, sondern haben unmittelbare Geltung in der gesamten Föderation. Für kanadische Scheidungsurteile ergibt sich dies etwa aus Art. 13 *Loi sur le divorce*[1017]. Manchmal enthält ein Bundesgesetz aber auch spezielle Voraussetzungen für die intraföderale Entscheidungsanerkennung vor, so z.B. die *Loi sur l'exécution réciproque d'ordonnances alimentaires*.[1018]

1014 *Goldstein/Groffier*, D.i.p., no. 153 S. 369.

1015 Kritisch dazu *Goldstein/Talpis*, [1995] 74 R du B can. 641 (662), die de lege ferenda erleichterte Anerkennungsvoraussetzungen bei außerstreitigen Verfahren befürworten.

1016 L.R.C. (1985), chapitre B-3, online: www.canlii.org/ca/loi/b-3.

1017 L.R.C. (1985), chapitre 3 (2e supplément), online: www.canlii.org/ca/loi/d-3.4.

1018 L.R.Q., chapitre E-19, online: www.canlii.org/qc/legis/loi/e-19/20050616/tout.html.

Im Übrigen können vereinzelt auch Vorschriften aus anderen Gesetzen die Anerkennung beeinflussen, selbst wenn sie diese nicht explizit regeln. So sind etwa Entscheidungen, die zu einem Transfer von Unternehmensdokumenten aus Québec in einen anderen Staat (*„pre-trial discovery of corporate documents"*) verpflichten, wegen des Verbots eines solchen Transfers durch Art. 3 der *Loi sur les dossiers d'entreprises*[1019] nicht anerkennbar.

2) Übereinstimmende Anerkennungsprinzipien

In den folgenden Punkten stimmt das Anerkennungsrecht aller verglichenen Rechtsordnungen im Wesentlichen überein.

a) Bestandskraft des Ersturteils

Nach deutschem Recht sind nur wirksame, endgültige und formell rechtskräftige Entscheidungen anerkennungsfähig.[1020] Mangels Endgültigkeit werden einstweilige Maßnahmen im Grundsatz nicht anerkannt; teilweise wird diese Regel allerdings für Leistungsverfügungen, die den Rechtsstreit de facto beenden sowie für einstweilige Anordnungen, die während ihrer Geltungsdauer endgültig sind, durchbrochen.[1021]

Nach französischem Recht muss die Entscheidung wirksam und *definitive* (d.h. mit ordentlichen Rechtsmitteln nicht mehr angreifbar und vom Gericht nicht mehr abänderbar) sein. Rechtsbehelfe ohne suspensive Wirkung bleiben dabei außer Betracht,[1022] allerdings kann das französische Gericht das Exequaturverfahren in solchen Fällen zumindest aussetzen und den Ausgang des ausländischen Rechtsbehelfsverfahrens abwarten.[1023] Rückabwicklungsschwierigkeiten, die entstehen könnten, wenn die ausländische Entscheidung im Rechtsbehelfsverfahren aufgehoben würde, werden dann vermieden.

Ein ganz ähnliches Bild ergeben Artt. 3155 no. 2 C.C.Q., 786 C.P.C.Q., denen zu Folge vorläufige Maßnahmen in Québec ebenso wenig anerkennungsfähig sind

---

1019 L.R.Q., chapitre D-12, online: www.canlii.org/qc/legis/loi/d-12/20050809/tout.html. Die Vorschrift stellt eine materielle IPR-Regel dar, sodass die Anerkennung nicht erst an der Ordre-public-Hürde scheitert.

1020 *Schack*, IZVR, Rn. 821; Stein/Jonas-Roth, ZPO, § 328 Rn. 63f.

1021 Siehe *Schack*, IZVR, Rn. 823; *Martiny* in: Hb. IZVR III/1, Kap. I, Rn. 493; *Hausmann*, IPrax 1981, 80.

1022 Cass.civ.[1] 2.5.1990, RCDIP 1990.751 mit Anmerkung Kessedjian (Ausländisches Revisionsverfahren ohne aufschiebende Wirkung).

1023 Siehe C.A. Paris 25.3.1994, RCDIP 1996.119 mit Anmerkung Muir-Watt.

wie Entscheidungen, gegen die noch ordentliche Rechtsmittel eingelegt werden können.[1024]

Für Entscheidungen über periodisch zu leistenden Unterhalt gilt eine explizite Sonderregelung. Diese statuieren ja häufig nicht nur eine Leistungspflicht wegen in der Vergangenheit nicht geleisteten Unterhalts, sondern legen auch die Höhe der zukünftig zu leistenden Unterhaltsraten fest. Weil dieser Betrag abgeändert werden kann, könnten Zweifel daran aufkommen, ob die Unterhaltsentscheidung insoweit als endgültig anzusehen ist. Daher stellt Art. 3160 C.C.Q. die Anerkennbarkeit solcher Entscheidungen nochmals ausdrücklich fest.

Gemäß Art. 25 § 1 no. 4 CDIP ist eine Entscheidung in Belgien nicht anerkennungsfähig, wenn sie nach dem Recht des Erststaates noch mit ordentlichen Rechtsmitteln angegriffen werden kann. Die überwiegende Rechtsprechung und Literatur hatten die Vorgängervorschrift, Art. 570 al. 2 no. 4 C.jud., allerdings so ausgelegt, dass auch nicht rechtskräftige Entscheidungen anerkannt und vollstreckt werden konnten, sofern sie zumindest vorläufig vollstreckbar waren.[1025] Die Gesetzesmaterialien deuten darauf hin, dass die Autoren des CDIP diese Auslegung übersehen haben.[1026] Angesichts der klaren Worte in der Gesetzesbegründung scheint die Auslegung des alten Rechts auf das reformierte Recht dennoch kaum übertragbar.

Gemäß Art. 23 § 4 CDIP können nicht rechtskräftige ausländische Entscheidungen allerdings – erforderlichenfalls gegen Stellung einer Garantie – zu „vorläufigen Vollstreckungsmaßnahmen" führen. Dies dürfte allerdings lediglich bedeuten, dass die spätere Vollstreckung sichernde Maßnahmen bereits zulässig sind, bevor die ausländische Entscheidung Rechtskraft erlangt, um einer Verlagerung vollstreckungsfähigen Vermögens ins Ausland zu begegnen.[1027] An der Anerkennungsvoraussetzung der formellen Rechtskraft ändert sich dadurch nichts.

b) Beschränkung der Anerkennung auf Zivil- und Handelssachen

Nach dem autonomen IZVR werden grundsätzlich nur gerichtliche Entscheidungen auf dem Gebiet des Zivil- oder Handelsrechts anerkannt.[1028] Straf-, steuer-

---

1024 Cour supérieure „Bond Architects & Engineers Ltd. c. Cie de Cautionnement Alta", [1994] R.J.Q. 1603.

1025 Nachweise bei Walter/Baumgartner-*Fevery*, Recognition and Enforcement of Foreign Judgments, S. 97 Fn. 125 und *Boularbah*, J.T. 2005, S. 185 no. 100 Fn. 148.

1026 In *Proposition de loi, Commentaire* – Art. 25 CDIP wird unter Bezugnahme auf Art. 579 C.jud. festgehalten, die Anerkennungsvoraussetzung der formellen Rechtskraft müsse „aufrecht erhalten" werden.

1027 Eine derartige Auslegung entspräche der Regelung in Art. 46 EuGVO.

1028 Für Deutschland: *Schack*, IZVR, Rn. 817; für Frankreich: Walter/Baumgartner-Kessedjian, Recognition and Enforcement of Foreign Judgements, S. 187; für

und andere öffentlichrechtliche Entscheidungen können in Deutschland, Frankreich[1029] und Belgien nur nach Maßgabe von Staatsverträgen anerkannt werden. Das Quebecer Recht weist hier eine Besonderheit auf. Es proklamiert zwar ebenfalls den Grundsatz der Nichtanerkennung ausländischer steuerrechtlicher Entscheidungen (Art. 3155 no. 6 C.C.Q.), durchbricht diesen aber in Art. 3162 C.C.Q., wenn die Gegenseitigkeit verbürgt ist.[1030]

c) Kein Doppelexequatur

(1) Grundsatz

Ausländische Anerkennungsentscheidungen sind weder in Deutschland,[1031] noch in Frankreich[1032] taugliche Anerkennungsobjekte, *„exequatur sur exequatur ne vaut"*. In Belgien und Québec haben sich weder Rechtsprechung noch Doktrin explizit zur Frage der Unzulässigkeit der Doppelexequierung geäußert. Es ist jedoch auch nicht ersichtlich, dass dort Gegenteiliges gilt.

(2) Ausnahme bei intrakanadischer Anerkennung?

Allerdings könnte der der kanadischen Verfassung innewohnende Grundsatz interprovinziellen Vertrauens[1033] bedingen, dass die Anerkennungsentscheidungen aus einer kanadischen Provinz in den Schwesterprovinzen anerkannt werden müssen.[1034] In der Tat hat ein Gericht aus Manitoba diesen Weg eingeschlagen.[1035] Da

---

Belgien: Art. 2 CDIP; für Québec: Emanuelli, D.i.p. québecois, no. 262 Fn. 285 m.w.N..

1029 Siehe etwa die französisch-mauritanische (vom 19.6.1961 datierende) und die französisch-senegalesische (vom 29.3.1974 datierende) Konvention bezüglich der gegenseitigen Anerkennung verwaltungsrechtlicher Entscheidungen oder die französisch-tschechische Konvention vom 10.5.1984 bezüglich der Anerkennung strafrechtlicher Entscheidungen.

1030 Dazu unten II B 4 c.

1031 Siehe *Schack*, IZVR, Rn. 936.

1032 Trib.civ. Seine 6.12.1934, JDI 1935.106 mit Anmerkung P.T.; T.g.i. Paris 30.10.1968, JDI 1969.941 mit Anmerkung Malaurie; *Muir Watt*, Jurisclasseur Droit international, Fasc. 584-2, no. 58.

1033 Näher dazu unten II B 3 a (3) dd.

1034 So *Glenn*, Exequatur sur exequatur (Doppelexequatur) in Europe and North America, S. 710 f.

1035 „Girsberger v. Kresz", [1999] 135 Man.R. (2d) 34 (Man.Q.B.): Ein in Illinois erstrittenes Urteil war in Manitoba nicht anerkennungsfähig, da es der zu dieser Zeit dort noch zulässigen *révision au fond* nicht standhielt. Deshalb ließ der Kläger das Urteil aus Illinois zunächst im anerkennungsrechtlich permissiveren Ontario anerkennen.

der betreffende Verfassungsgrundsatz auch in Québec gilt, scheint es durchaus vorstellbar, dass ein Quebecer Gericht entsprechend entscheiden würde. Für die Zulässigkeit des Doppelexequaturs in solchen Fällen spricht nicht nur, dass eine erleichterte Zirkulation einmal in das Gebiet der kanadischen Föderation gelangter Entscheidungen dem obsiegenden Kläger die Rechtsverfolgung bedeutend erleichtert und zugleich den Anreiz mindert, vollstreckungsfähiges Vermögen in eine andere Provinz zu verbringen. Vielmehr drückt sich darin auch Vertrauen in die Ordnungsmäßigkeit richterlicher Entscheidungen aus den anderen Provinzen aus.

Gleichwohl ist die Doppelexequierung nicht unproblematisch. Denn sie führt de facto zu einer Absenkung der Anerkennungshürden auf das Niveau der anerkennungsrechtlich permissivsten Provinz. Überdies besteht die Gefahr, dass sich Anerkennungsgesuche in besonders anerkennungsfreundlichen Provinzen konzentrierten. Denn einmal anerkannt, könnte die drittstaatliche Entscheidung dann von dort in das eigentliche „Zielland" zirkulieren. Die Gerichte der anerkennungsfreundlichen Provinzen können dadurch überlastet werden.

(3) Übertragbarkeit des Gedankens auf die EU?

Aus den genannten Gründen ist für den Bereich der EU, in der bislang kein Grundsatz von Verfassungsrang zur Zulassung der Doppelexequierung zwingt, am Verbot des Doppelexequaturs festzuhalten. Insbesondere unterscheidet sich das autonome Anerkennungsrecht der Mitgliedsstaaten teilweise eklatant voneinander. Wie sich noch zeigen wird,[1036] verzichtet etwa das belgische Anerkennungsrecht grundsätzlich auf die positive Nachprüfung der internationalen Anerkennungszuständigkeit. Dieser liberale Ansatz würde bei Zulassung der Doppelexequierung indirekt auf sämtliche EU-Mitgliedsstaaten erstreckt. Eine Quebecer Entscheidung, welche unter Zugrundelegung der exorbitanten Zuständigkeit des Art. 3151 C.C.Q. ergangen ist, wäre über den Umweg einer belgischen Anerkennungsentscheidung in sämtlichen EU-Mitgliedsstaaten anzuerkennen, obwohl eine direkte Anerkennung häufig mangels Anerkennungszuständigkeit der Quebecer Gerichte scheitern dürfte.

Alsdann beantragte er die Anerkennung der Anerkennungsentscheidung aus Ontario in Manitoba. Dem Antrag wurde stattgegeben. Zur Begründung führte das Gericht in Manitoba aus, dass Anerkennungsgegenstand die Anerkennungsentscheidung aus Ontario, nicht das Ersturteil aus Illinois sei. Schon das Gericht in Ontario hatte diesen Weg in seiner Begründung vorgezeichnet und darauf hingewiesen, dass seine Entscheidung unter Zugrundelegung der „Morguard"-Rechtsprechung der Cour suprême du Canada in Manitoba anerkannt werden müsse.

1036 Siehe unten II B 3 a (4).

d) Gerichtsbarkeit des Erststaates

Das deutsche IZVR setzt voraus, dass der Erststaat facultas iuridictionis besitzt. Entscheidungen, die entgegen der aus deutscher Sicht bestehenden Immunität einer internationalen Organisation, eines ausländischen Staates oder einer natürlichen Person ergangen sind, werden nicht anerkannt. Das deutsche Gesetz sieht diese Anerkennungsvoraussetzung allerdings nicht ausdrücklich vor, vielmehr wird sie überwiegend aus einer Analogie zu § 328 I Nr. 1 ZPO gewonnen.[1037] Begründet wird dies damit, dass diese Vorschrift, die auf die internationale Zuständigkeit abstelle, die Gerichtsbarkeit des ausländischen Staates, wie sie sich aus der spiegelbildlichen Anwendung der deutschen Immunitätsregeln ergebe, denknotwendig voraussetze.[1038] Der BGH bemüht zusätzlich den anerkennungsrechtlichen Ordre public.[1039]

Im französischen Rechtskreis ist die Gerichtsbarkeit des Erststaates keine eigenständige Anerkennungsvoraussetzung. Insbesondere ist der Gedanke der spiegelbildlichen Anwendung inländischer Immunitätsregelungen dem französischen und dem belgischen Recht, die schon im Bezug auf die Anerkennungszuständigkeit nicht vom Spiegelbildprinzip ausgehen,[1040] fremd.

Angesichts der Tatsache, dass die Immunitätsregeln auch im französischen Rechtskreis zum internationalen Ordre public zählen,[1041] dürfte ihre Verletzung aber als Verstoß gegen den anerkennungsrechtlichen Ordre public begriffen werden. Von Teilen des Schrifttums wird das Problem allerdings anscheinend auf eine andere Weise gelöst. Insbesondere *Niboyet*[1042] und *Bourel*[1043] vertreten die These, die Missachtung inländischer Immunitätsregeln durch den Erststaat führe im Ergebnis dazu, dass das Exequatur angesichts der Vollstreckungsimmunität (*immunité d'execution)* in Frankreich nicht erteilt werden könne.[1044] Dahinter steht wohl der Gedanke, die Vollstreckbarerklärung sei als Vorstufe zur Vollstreckung nach denselben Regeln wie diese selbst zu beurteilen. Die Cour de cassation hat hingegen entschieden, dass die Durchführung eines Exequaturverfahrens nicht

1037 Z.B. BGH 26.6.2003, NJW 2003, 3488; OLG Frankfurt 21.10.1980, IPRax 1982, 71, 73; MüKo-*Gottwald*, ZPO II, § 328 Rn. 57; *Musielak*, ZPO, § 328 Rn. 8; Stein/Jonas-*Roth*, ZPO, § 328 Rn. 94.

1038 MüKo-*Gottwald*, ZPO II, § 328 Rn. 57; OLG Frankfurt 21.10.1980, IPRax 1982, 71, 73.

1039 BGH 26.6.2003, NJW 2003, 3488.

1040 Dazu unten II B 3 a (2) bzw. (4).

1041 Siehe *Loussouarn/Bourel/De Vareilles-Sommières*, D.i.p., no. 481, S. 640.

1042 *Niboyet*, Traité de D.i.p. francais VI, no. 1769, S. 362

1043 *Bourel*, Jurisclasseur Droit international, Fasc. 581-50, no. 223.

1044 So wohl auch C.A. Paris 5.12.1989 RCDIP 1991.121 mit Anmerkung Ziabé (bezüglich der Anerkennung eines Schiedsspruches)

mit der Vollstreckungsimmunität unvereinbar ist,[1045] woraus *Bourel* folgert, das Gericht sehe in der Durchführung eines solchen Verfahrens einen Verstoß gegen die Befreiung von der Gerichtsbarkeit *(immunité de juridiction)*.[1046] Träfe dies zu, handelte es sich hier um einen Ansatz, der auf eine systematische Verknüpfung mit der Vollstreckung der Entscheidung verzichtete und sich daher auch auf die Frage der Anerkennbarkeit ausländischer Entscheidungen übertragen ließe. Entsprechend könnte auch Art. 3[1047] der kanadischen *Loi sur l'immunité des Etats*[1048], der die Befreiung ausländischer Staaten von der kanadischen Gerichtsbarkeit regelt, ausgelegt werden. Da auch gerichtliche Anerkennungs- und Exequaturverfahren Ausübung von Gerichtsgewalt darstellen, könnte aus der Vorschrift ein Verbot abgeleitet werden, solche Verfahren durchzuführen, soweit der Anerkennungsgegner nach Quebecer Recht immun ist.

e) Keine Nachprüfung der Zuständigkeitsverteilung innerhalb des Erststaates

Die Überprüfung der Anerkennungszuständigkeit beschränkt sich auf die Kontrolle der internationalen Zuständigkeit *(compétence générale)* des Erststaates. Ob dem ausländischen Gericht nach Maßgabe des dort geltenden innerstaatlichen Verfahrensrechts Zuständigkeit *(compétence spéciale)* zukam, ist nicht Prüfungsgegenstand, die Verteilung der Gerichtszuständigkeiten innerhalb des Erststaates interessiert den Zweitstaat nicht.[1049] Teilen des französischen Schrifttums zu Folge soll allerdings ein besonders gravierender Verstoß gegen die innerstaatliche Zuständigkeitsverteilung oder die Anwendung einer untragbaren innerstaatlichen Zuständigkeitsverteilung u.U. als Verstoß gegen den verfahrensrechtlichen Ordre public gewertet werden können und aus diesem Grund die Anerkennung ausschließen.[1050]

1045 Cass.civ.[1] 11.6.1991, RCDIP 1992.331 mit Anmerkung P.L.: „*(...); que (...) l'exequatur (...) ne constitue pas, en lui-même, un acte d'exécution de nature à provoquer l'immunité d'exécution de l'État considéré; (...)*".

1046 Bourel, Jurisclasseur Droit international, Fasc. 581-50, no. 222.

1047 ***Art. 3 al. 1*** *Sauf exceptions prévues dans la présente loi, l'État étranger bénéficie de l'immunité de juridiction devant tout tribunal au Canada.*

1048 L.R.C. 1985, chapitre S-18 (online: www.canlii.org/ca/loi/s-18).

1049 Für Deutschland: RG 21.3.1902, RGZ 51, 135, 138; Geimer, Anerkennung, S. 116; für Frankreich: *Loussouarn/Bourel/De Vareilles-Sommières*, D.i.p., no. 495-2; für Québec: Glenn, [1997] 28 Can. Bus. L. J. 404 (406). Nach belgischem Recht wird nicht einmal die internationale Zuständigkeit des Erstgerichts positiv überprüft (siehe unten II B 3 a (4)), mithin erst recht nicht seine örtliche oder sachliche Zuständigkeit.

1050 *Loussouarn/Bourel/De Vareilles-Sommières*, D.i.p., no. 495-2.

f) Keine révision au fond

Nach keiner der verglichenen Rechtsordnungen ist heute noch eine *révision au fond* vorzunehmen. Die vollständige sachliche Nachprüfung ausländischer Entscheidungen gehört der Vergangenheit an.[1051] Selbstverständlich ist das allerdings nicht. Bis zum Inkrafttreten des zehnten Buches des C.C.Q. sah das Quebecer Recht noch eine umfangreiche sachliche Nachprüfung vor,[1052] das belgische Anerkennungsrecht kannte die *révision au fond* ebenfalls noch bis zum Inkrafttreten des CDIP.[1053]

g) Zulässigkeit teilweiser Anerkennung

Ist die ausländische Entscheidung teilbar, kann die Anerkennung auf ihre anerkennbaren Teile beschränkt werden. Die Nichtanerkennbarkeit eines Teils der Entscheidung hindert deren Anerkennbarkeit im Übrigen nicht.[1054]

3) Gemeinsame Anerkennungsvoraussetzungen

Einige Anerkennungsvoraussetzungen, nämlich die Anerkennungszuständigkeit des Erstgerichts (a), die Wahrung des internationalen Ordre public (b) und der Verteidungsrechte (c) sowie das Fehlen einer res iudicata und der anderweitigen Rechtshängigkeit der Streitsache (d), sind grundsätzlich allen verglichenen Rechtsordnungen bekannt, im Einzelnen jedoch unterschiedlich ausgestaltet.

a) Internationale Anerkennungszuständigkeit des Erstgerichts

Nach deutschem, französischen und Quebecer Anerkennungsrecht ist die internationale Zuständigkeit des Erststaates stets Anerkennungsvoraussetzung. Das belgische Recht verzichtet hingegen grundsätzlich auf eine positive Nachprüfung der Anerkennungszuständigkeit und nähert sich damit dem europäischen Aner-

---

1051 Für Deutschland: Geimer, IZPR, Rn. 2910 m.w.N.; für Frankreich: Cass.civ.[1] 7.1.1964 „Munzer", RCDIP 1964.344 mit Anmerkung Batiffol, JDI 1964.302 mit Anmerkung Goldman; für Belgien: Art. 25 § 2 CDIP; für Québec: Art. 3158 C.C.Q.

1052 Siehe Art. 178 C.P.C.Q. a.F.

1053 Siehe Art. 570 C.jud. a.F.

1054 Für Deutschland: Schack, IZVR, Rn. 1022 ff.; für Belgien: Art. 22 § 1 al. 1 CDIP; für Québec: Art. 3159 C.C.Q.; auch in Frankreich entspricht dies der allgemeinen Meinung.

kennungsrecht an, das keine oder nur eine sehr eingeschränkte Überprüfung der Anerkennungszuständigkeit vorsieht.[1055]

Die Anerkennungszuständigkeit kann auf verschiedene Weise geprüft werden. Zum einen können schlicht die Vorschriften über die Entscheidungszuständigkeit des Erstgerichts herangezogen werden. Zum anderen können die Regeln des Zweitstaates spiegelbildlich angewendet werden (sog. Spiegelbildprinzip). Letztlich können eigenständige Kriterien herangezogen werden, die sich nicht unmittelbar an einer existierenden Zuständigkeitsordnung orientieren. Die erstgenannte Variante hat sich in keinem der Vergleichsstaaten durchgesetzt, da sie keinerlei Kontrolle „inakzeptabler" ausländischer Zuständigkeitsbegründungen ermöglicht. In Frankreich herrscht der letztgenannte Ansatz, in Deutschland und im Grundsatz auch in Québec der zweitgenannte.

(1) Deutschland: Das Spiegelbildprinzip

In Deutschland gilt nach §§ 328 I Nr. 1 ZPO, 16a FGG das Spiegelbildprinzip. Dieses wird – neben richterrechtlichen Randkorrekturen[1056] – nur durchbrochen, soweit es um die Anerkennung von eherechtlichen Entscheidungen geht: Zum einen wird das Spiegelbildprinzip bei gewöhnlichem Aufenthalt eines Ehepartners im Gerichtsstaat insofern abgemildert, als die sonst nach § 606a I 1 Nr. 4 ZPO erforderliche (negative) Anerkennungsprognose gemäß § 606a II 1 ZPO entbehrlich ist. Zum anderen entfällt die Überprüfung der Anerkennungszuständigkeit gemäß § 606a II 2 ZPO vollständig, wenn die ausländische Entscheidung von den Staaten anerkannt wird, denen die Ehegatten angehören.

Aus dem Spiegelbildprinzip folgt nach h.L., dass ausländische Entscheidungen, die unter Missachtung einer ausschließlichen deutschen Zuständigkeit ergangen sind, nicht anerkannt werden.[1057] Gleiches soll gelten, wenn eine ausschließliche internationale Zuständigkeit in ihrer gespiegelten Anwendung drittstaatliche Gerichte zur Beurteilung beruft.[1058]

1055 Siehe Artt. 24 EheVO II; 27, 28 EuGVÜ / 34, 35 EuGVO.

1056 So besteht nach BGH 3.12.1992, IPRax 1994, 204, 205 m.w.N. keine Anerkennungszuständigkeit i.S.d. §§ 328 I Nr. 1 i.V.m. 39 ZPO, wenn der im Erststaat Beklagte dort nur deshalb keine Unzuständigkeitsrüge erhoben hat, weil eine solche nach dem erststaatlichen Recht aussichtslos gewesen wäre. Siehe dazu *Geimer*, Anerkennung, S. 120 f.

1057 Stein/Jonas-*Roth*, ZPO, § 328 Rn. 83; *Zimmermann*, ZPO, § 328 Rn. 15; Thomas/Putzo-*Hüßtege*, ZPO, § 328 Rn. 8a; Baumbach/Lauterbach/Albers/Hartmann, Zivilprozessordnung, § 328 Rn. 17.

1058 Stein/Jonas-Roth, ZPO, § 328 Rn. 84; *Zimmermann*, ZPO, § 328 Rn. 15; Thomas/Putzo-*Hüßtege*, ZPO, § 328 Rn. 8a. In beiderlei Hinsicht anderer Meinung (wie

(2) Frankreich: Die „Simitch"-Formel

Nach welchen Regeln die *compétence indirecte* ausländischer Gerichte zu beurteilen ist, war in Frankreich lange Zeit umstritten. Während manche Gerichte die Regeln des Erststaates über die internationale Entscheidungszuständigkeit heranzogen,[1059] gingen andere nach dem Spiegelbildprinzip vor.[1060] Schließlich legte sich die Rechtsprechung aber darauf fest, stattdessen eigenständige Regeln anzuwenden.[1061] Schließlich konstatierte die Cour de cassation in „Simitch"-Entscheidung von 1985[1062]: „Das ausländische Gericht ist in allen Fällen, in denen die französischen Regeln keine ausschließliche Zuständigkeit der französischen Gerichte vorsehen, als zuständig zu betrachten, wenn der streitige Sachverhalt deutlich mit dem Erststaat verbunden ist und die Wahl dieses Gerichtsstandes nicht fraudulös war".[1063]

Die Feststellung einer solchen „deutlichen Verbindung" *(rattachement caracterisé)* überlässt die Cour de cassation nicht dem Einschätzungsspielraum der Untergerichte, sondern behält sich eine Nachprüfung vor.[1064] Jedoch hat die Cour de cassation weder in der „Simitch"-Entscheidung noch im Anschluss an diese formelhaft konkretisiert, wann eine „deutliche Verbindung" anzunehmen ist. Ein Indiz scheint ein gesicherter Aufenthalt des Klägers von gewisser Dauer im Erststaat zu sein. So verneinte die Cour de cassation in einer Entscheidung von 1998 eine „deutliche Verbindung" aufgrund des nur provisorischen Aufenthalts des Klä-

---

schon im Bereich der Entscheidungszuständigkeit, siehe oben I B 1 b 3 aa) Zöller/Geimer, ZPO, § 328 Rn. 129a.

1059 So etwa C.A. Montpellier 17.3.1949, RCDIP 1950.228 sowie C.A. Paris 4.2.1958 „Lundwall", RCDIP 1958.389, JDI 1958.1016 mit Anmerkung Ponsard, JCP 1958. II.10612 mit Anmerkung Francescakis.

1060 So etwa C.A. Paris „de Gunzbourg", 18.6.1964, RCDIP 1967.340 mit Anmerkung Deprez, JDI 1964.810 mit Anmerkung Bredin. Ebenso C.A. Paris „Simitch" 5.11.1982, RCDIP 1985.370.

1061 C.A. Paris 10.11.1971 „Mack Trucks", RTD com. 1972.239 mit Anmerkung Loussouarn, JDI 1973.239 mit Anmerkung Huet (zum historischen und doktrinalen Kontext dieser Entscheidung *Fricke*, Anerkennungszuständigkeit, S. 47 ff.); C.A. Paris 5.3.1976 „Giroux", RCDIP 1978.149 mit Anmerkung Audit.

1062 Cass.civ.[1] 6.2.1985 „Simitch", JDI 1985.460 mit Anmerkung Huet, RCDIP 1985.369, D. 1985.Inf.rap.498; bestätigt durch: Cass.civ. 6.1.1987, Gaz.Pal. 1987.1.Somm.73.

1063 *„(...); – Attendu que toutes les fois que la règle francaise de solution des conflits de juridictions n'attribue pas compétence exclusive aux tribunaux francais, le tribunal étranger doit être reconnu compétent si le litige se rattache de manière caractérisée au pays dont le juge a été saisi et si le choix de la juridiction n'a pas été frauduleux; (...)"*

1064 Siehe Ponsard, Trav. com. fr. DIP 1985-1986, S. 60.

gers im Erststaat,[1065] während sie in einer Entscheidung aus dem Jahr 2000 dem Londoner High Court internationale Anerkennungszuständigkeit für die Erklärung der Insolvenz eines schwedischen Schuldners zubilligte, der sich während der vorangehenden drei Jahre in London aufgehalten und dort eine defizitäre gewerbliche Tätigkeit ausgeübt hatte.[1066] Besitzen beide Parteien die Nationalität des Erststaates, scheint dies, insbesondere in Streitigkeiten über den Personenstand, ein starkes Indiz für eine „deutliche Verbindung" zu sein. So erkannte die Cour de cassation im Jahr 2003 eine israelische Scheidung zweier in Israel domizilierter Ehegatten, die jeweils die israelisch-französische Staatsangehörigkeit besaßen, an.[1067] Im Jahr 2006 bejahte die Cour de cassation die für die begehrte Anerkennung einer Schweizer Eheannulierung erforderliche „deutliche Verbindung" mit der Schweiz, da die Parteien dort geboren waren, in der Schweiz geheiratet hatten, ihren Ehevertrag dem Schweizer Recht unterstellt hatten und überdies in der Schweiz residierten.[1068] Die gemeinsame Residenz (aus- oder inländischer) Ehegatten in Frankreich scheint hingegen gegen eine „deutliche Verbindung" mit einem ausländischen Staat zu sprechen.[1069]

Selbst bei Vorliegen einer „deutlichen Verbindung" kommt dem Erstgericht dann keine Anerkennungszuständigkeit zu, wenn französische Gerichte nach französischem Recht ausschließlich zuständig sind. Inwieweit dies der Fall ist, wird noch eingehend erläutert werden.[1070] *Mayer* und *Heuzé* befürworten, die Anerkennungszuständigkeit auch dann zu verneinen, wenn die ausländische Entscheidung entgegen einer drittstaatlichen ausschließlichen Zuständigkeit ergangen ist, insbesondere wenn diese auf der Involvierung des Staates in den Rechtsstreit fußt oder auf einer Gerichtsstandswahl beruht.[1071] Allerdings setzen sie eine Legitimitätsprüfung voraus, um nicht jedwede ausschließliche drittstaatliche Zuständigkeit berücksichtigen zu müssen.[1072] In diesem Zusammenhang halten sie insbesondere die ausschließliche Zuständigkeit gemäß Art. 3151 C.C.Q.[1073] für „illegitim". Dieser Ansatz dürfte im Ergebnis darauf hinauslaufen, die dem französischem Recht

---

1065 Cass.civ.[1] 5.5.1998, RCDIP 1998.662 mit Anmerkung Muir Watt.

1066 Cass.com. 24.2.2000, D. 2000.Act.105.

1067 Cass.civ.[1] 28.1.2003, RCDIP 2004.398 mit Anmerkung Muir Watt. Die Indizwirkung der gemeinsamen Nationalität bejahen auch *Gaudemet-Tallon*, La litispendance internationale, S. 128; Muir Watt, Anmerkung zu Cass.civ.[1] 5.5.1998, RCDIP 1998.662 (669).

1068 Civ.[1] 23.5.2006 (online: www.courdecassation.fr/agenda/agenda_new/I-2006-05-23-0412777-Decision-civ1.htm).

1069 Siehe *Barriere Brousse*, Anmerkung zu Cass.civ.[1] 30.3.2004, JDI 2005.791 (795).

1070 Siehe unten II B 3 a (5) aa (ii).

1071 *Mayer/Heuzé*, D.i.p., no. 379

1072 *Mayer/Heuzé*, D.i.p., no. 379.

1073 Dazu oben I B 8 a (4) cc sowie unten II B 3 a (5) aa iv.

bekannten ausschließlichen Zuständigkeiten auch ausländischen Staaten zuzubilligen, stellt also ein auf ausschließliche Zuständigkeiten begrenztes Funktionsäquivalent des Spiegelbildprinzips dar.

Die in der „Simitch"-Entscheidung in Bezug genommene fraudulöse Forumwahl wird in Abgrenzung zu den später noch zu erörternden Anerkennungshindernissen der *fraude à la loi* und der *fraude au jugement*[1074] als *fraude à la compétence* bezeichnet. Sie ist jedenfalls dann anzunehmen, wenn die Anrufung des erststaatlichen Gerichts den Zweck verfolgt, die Anwendung eines bestimmten Rechts zu umgehen. Insoweit deckt sie sich mit der *fraude à la loi*. Denkbar soll eine *fraude à la compétence* jedoch auch in Fällen sein, in denen keine *fraude à la loi* angenommen werden kann.[1075]

(3) Québec: Das modifizierte Spiegelbildprinzip

Unter altem Quebecer Recht wurde die Anerkennungszuständigkeit ausländischer Gerichte nur dann als gegeben angesehen, wenn sich das Domizil des Beklagten oder Teile seines Vermögens im Staat des Erstgerichts befanden, wenn der Beklagte sich der Gerichtsgewalt des Erstgerichts unterworfen hatte, oder wenn die *„cause d'action"* im Erststaat zu lokalisieren war und das verfahrenseinleitende Schriftstück dem Beklagten dort in persona zugestellt worden war.[1076]

Unter reformiertem Quebecer Recht wird die Anerkennungszuständigkeit nach Art. 3164 C.C.Q. auf eine Weise bestimmt, die zwischen der deutschen und der französischen Regelung anzusiedeln ist: Grundsätzlich gilt das Spiegelbildprinzip (aa), zusätzlich wird aber eine „wichtige Verbindung" zwischen Sachverhalt und Erststaat vorausgesetzt (bb). Dieses Grundgefüge wird allerdings für bestimmte Arten von Streitigkeiten nochmals verengt oder erweitert (cc). Die Anerkennungszuständigkeit der Gerichte anderer kanadischer Provinzen wird unter erleichterten Voraussetzungen angenommen (dd).

aa) Spiegelbildprinzip als Grundregel

Gespiegelt werden die besonderen Zuständigkeiten wie etwa die Zuständigkeit für dingliche Klagen nach Art. 3152 C.C.Q., aber auch der allgemeine Teil des Zuständigkeitsrechts. Dazu gehören insbesondere die internationale Notzuständigkeit (Art. 3136 C.C.Q.), die Zuständigkeit für dringliche Maßnahmen (Artt. 3138, 3140 C.C.Q.) und die Widerklage- bzw. Inzidentklagezuständigkeit (Art. 3139 C.C.Q.).

1074 Zu beiden unten II B 4 b (1) bb.

1075 *Loussouarn/Bourel/De Vareilles-Sommières*, D.i.p., no. 495-8.

1076 Siehe Cour d'appel du Québec „Fellen c. Barnett Bank of South Florida N.A." [1994] R.J.Q. 932.

Selbst das Forum-non-conveniens-Prinzip (Art. 3135 C.C.Q.) und die Verfahrenaussetzungsmöglichkeit wegen internationaler Litispendenz (Art. 3136 C.C.Q.) sollen spiegelbildlich zur Anwendung gelangen.[1077]

Ergänzt wird das Spiegelbildprinzip durch Art. 3165 C.C.Q. Nach no. 1 der Vorschrift ist die Anerkennungszuständigkeit ausgeschlossen, wenn das Quebecer Recht eine ausschließliche Quebecer Zuständigkeit vorsieht. Nach no. 2 und no. 3 der Vorschrift ist die Anerkennungszuständigkeit überdies ausgeschlossen, wenn das Quebecer Recht ausländischen Gerichten wegen der Art der Streitigkeit oder kraft einer Vereinbarung der Parteien eine ausschließliche Zuständigkeit zuweist oder wenn es eine ausschließliche Schiedsvereinbarung anerkennt. Die Regelung drückt somit klar aus, dass im Rahmen der internationalen Anerkennungszuständigkeit Ausschließlichkeitsüberlegungen anzustellen sind. Zweifel daran – wie sie *Geimer* angesichts der insoweit mangelnden Präzision des § 328 I Nr. 1 ZPO im Bezug auf das deutsche Recht hegt[1078] – sind somit ausgeschlossen. Entgegen der Formulierung der Cour de cassation in der „Simitch"-Entscheidung bezieht Art. 3165 C.C.Q. eindeutig auch ausländische ausschließliche Zuständigkeiten ein.

bb) „Wichtige Verbindung" mit dem Erststaat

Das Erfordernis einer „wichtigen Verbindung" zum Erststaat dient zum einen der Sicherung einer hinreichenden Beziehung, wo das (gespiegelte) Quebecer Zuständigkeitsrecht eine solche nicht selbst gewährleistet, wohl aber auch der angemessenen Behandlung atypischer Fälle, in denen die gesetzlich typisierte Verbindung zum Erststaat aufgrund der Umstände des Einzelfalls ausnahmsweise nicht gegeben ist.

cc) Verengungen, Erweiterungen

Das Spiegelbildprinzip des Art. 3164 C.C.Q. wird durch die speziellen Bestimmungen der Artt. 3166 ff. C.C.Q. verdrängt. Diese bestimmen die Anerkennungszuständigkeit direkt anhand von Kriterien, die großteils mit denjenigen übereinstimmen, welche auch über die Quebecer Entscheidungszuständigkeit bestimmen. Im Vergleich zum Spiegelbildprinzip wird die Anerkennungszuständigkeit jedoch teils verengt, teils erweitert:

1077 *Glenn*, D.i.p., no. 117; derselbe, [1997] 28 Can.Bus.L.J. 404 (412); *Goldstein/Groffier*, D.i.p., no. 175 S. 417; *Goldstein/Talpis*, [1995] 74 R du B can. 641 (647).

1078 Zöller/*Geimer*, ZPO § 328 Rn. 129a.

Artt. 3166, 3167 C.C.Q. erweitern die Anerkennungszuständigkeit. Während sich die Quebecer Entscheidungszuständigkeit nicht mit der Nationalität der Parteien begründen lässt, kommt Anerkennungszuständigkeit in Abstammungsangelegenheiten den Gerichten des Staates, dem eine der Parteien angehört, in Scheidungs- und Partnerschaftsauflösungssachen auch den Gerichten des ausländischen Staates, dem beide Ehegatten angehören, zu.

Art. 3168 C.C.Q. verengt die Anerkennungszuständigkeit. Während die allgemeine Quebecer Entscheidungszuständigkeit für persönliche, vermögensrechtliche Streitigkeiten *(actions personnelles à caractère patrimonial)* gemäß Art. 3148 al. 1 no. 1 C.C.Q. auch dann eröffnet ist, wenn der Beklagte eine Residenz in Québec besitzt, setzt die entsprechende Anerkennungszuständigkeit gemäß Art. 3168 no. 1 C.C.Q. das Domizil des Beklagten im Erststaat voraus.

Des Weiteren kommt dem Erstgericht in deliktischen Streitigkeiten gemäß Art. 3168 no. 3 C.C.Q. nur dann Anerkennungszuständigkeit zu, wenn sowohl der Schaden im Erststaat eingetreten ist als auch *faute* bzw. *fait dommageable* dort begangen worden sind (kumulative Anknüpfung). Dagegen ist die korrespondierende Entscheidungszuständigkeit der Quebecer Gerichte gemäß Art. 3148 al. 1 no. 3 C.C.Q. schon dann gegeben, wenn lediglich einer der drei genannten Anknüpfungspunkte in Québec zu verorten ist (alternative Anknüpfung).

Darüber hinaus setzt die Anerkennungszuständigkeit für vertragliche Streitigkeiten gemäß Art. 3168 no. 4 C.C.Q. voraus, dass sämtliche aus dem Vertrag resultierenden Verpflichtungen im Erststaat zu erfüllen waren, während die entsprechende Quebecer Entscheidungszuständigkeit gemäß Art. 3148 al. 1 no. 3 C.C.Q. bereits dann gegeben ist, wenn lediglich eine der vertraglichen Verpflichtungen dort zu erfüllen war.

Schließlich besteht auch keine den besonderen Entscheidungszuständigkeiten der Artt. 3149-3151 C.C.Q. entsprechende Anerkennungszuständigkeit der ausländischen Gerichte.

Gerichtlich nicht geklärt ist bislang, ob die allgemeinen Zuständigkeitsregeln auch in den Fällen der Art. 3166 ff. C.C.Q. spiegelbildlich anzuwenden sind und somit die Anerkennungszuständigkeit begründen können, wenn diese anderenfalls nicht gegeben wäre. Dagegen spricht, dass die speziellen Vorschriften der Artt. 3166 ff. C.C.Q. im Gegensatz zur Grundregel des Art. 3164 C.C.Q. gerade nicht dem Spiegelbildprinzip folgen, sondern einseitig ausgestaltet sind und durch präzise Anknüpfungen eine hinreichende Verbindung zwischen Sachverhalt und Gerichtsstaat sicherstellen. Diese gesetzgeberische Entscheidung könnte durch eine gespiegelte Anwendung der allgemeinen Prinzipien unterlaufen werden. Gleichwohl geht das Schrifttum auch insoweit von der spiegelbildlichen Anwendbarkeit der allgemeinen Regeln aus.[1079] Begründet wird dies u.a. mit der Streichung eines im Entwurf des Art. 3164 C.C.Q. vorgesehenen Passus, dem zu Folge das Spiegelbildprinzip nur *„en l'absence de disposition particulière"* gegolten hätte. Dies zeige, dass das Spiegelbildprinzip nicht in einem Subsidiaritätsverhältnis zu Artt. 3165 ff. C.C.Q. stehe, sondern vielmehr das Grundprinzip der Bestimmung der Anerkennungszuständigkeit bilde. Daher sei die Anerkennungszuständigkeit, unabhängig davon, ob sie kraft Art. 3164 C.C.Q. oder kraft Artt. 3165 ff. C.C.Q. bestehe, den Modifikationen durch die gespiegelten allgemeinen Regeln unterworfen.[1080]

Selbst wenn man letztere Interpretation zu Grunde legt, bleibt aber höchst zweifelhaft, ob eine Spiegelung der allgemeinen Regeln noch in Betracht kommt, wenn eine ausschließliche Quebecer Zuständigkeit gegeben ist. *Goldstein* und *Talpis* halten dies für möglich, solange eine ausschließliche Prorogation der Quebecer Gerichte in Frage steht.[1081] Beruht die ausschließliche Quebecer Zuständigkeit dagegen nicht auf dem Parteiwillen, sondern allein auf einer gesetzgeberischen Wertung, dürften die allgemeinen Regeln jedenfalls nicht spiegelbildlich anwendbar sein, da anderenfalls die durch die ausschließliche Wirkung geschützten Interessen gerichtlichen Ermessensinstrumenten unterworfen würden. Darauf deutet auch eine kürzlich ergangene Entscheidung der Cour d'appel hin, in der festgehalten wurde, dass die gespiegelte Anwendung des Forum-non-conveniens-Prinzips sowie die Annahme der (indirekten) Notzuständigkeit des Erststaates ausgeschlossen ist, wenn die ausschließliche Quebecer Umwelthaftungszuständigkeit nach Art. 3151 gegeben ist.[1082]

dd) Sonderfall: Interprovinzielle Anerkennung

Aus der Einbindung Québecs in die kanadische Föderation resultiert eine stark vereinfachte Anerkennung von Entscheidungen aus anderen kanadischen Provinzen. In der Entscheidung „Morguard Investments"[1083] stellte die kanadische Cour suprême fest, der föderalen Verfassung Kanadas wohne ein mit der US-amerika-

---

1079 *Goldstein/Groffier*, D.i.p. I, no. 175, S. 418; Glenn, D.i.p., no. 119; derselbe, [1997] 28 Can. Bus. L. J. 404 (411 f.);Goldstein/Talpis, [1995] 74 R du B can. 641 (647).

1080 *Glenn*, D.i.p., no. 117 Fn. 250.

1081 *Goldstein/Talpis*, (1995) 74 R. du B. can. 641, S. 651.

1082 Cour d'appel du Québec 1.9.2004 „Worthington Corporation c. Atlas Turner Inc. et autres", www.jugements.qc.ca, no. 200-09-004379-035, Punkt 20 unter Verweis auf *Talpis/Kath*, If I Am from Grand-Mère, Why Am I Being Sued in Texas?, S. 110; ebenso wohl *Glenn*, [1997] 28 Can. Bus. L. J. 404 (413 f.).

1083 Cour suprême du Canada 20.12.1990 „Morguard Investments Ltd. c. De Savoye", [1990] 3 R.C.S. 1077. Auf diese Rechtsprechung nehmen die Quebecer Gerichten seitdem stetig Bezug, siehe etwa Cour d'appel du Québec 21.11.1996 „The Mutual

nischen „*Full Faith and Credit*"-Klausel[1084] vergleichbarer Grundsatz inne, der eine vollständige Anerkennung *(„reconnaissance totale")* von Entscheidungen aus anderen Provinzen bedinge. Begründet wurde dies zum einen mit der Rechtseinheit schaffenden Tätigkeit der Cour suprême,[1085] zum anderen mit einem Vergleich Kanadas mit der EU und den USA, wo der gemeinsame Markt mittlerweile ebenfalls zu einer stark vereinfachten Urteilszirkulation geführt habe.[1086] Die totale interprovinzielle Entscheidungsanerkennung steht nach den Worten des Gerichtshofs nur unter der Bedingung, dass das Erstgericht seine „Zuständigkeit zutreffend und angemessen ausgeübt hat",[1087] was zumindest das Bestehen einer „wirklichen und wesentlichen Verbindung" *(„lien réel et substantiel")* zwischen

---

Trust Co. c. St-Cyr", [1996] R.D.J. 623 sowie Cour du Québec 3.11.1997 „Canadian Logistics Systems Ltd. c. 129726 Canada inc.", J.E. 97-2222.

1084 Art. IV Section 1 der Verfassung der Vereinigten Staaten bestimmt: *„Full faith and credit shall be given in each state to the public acts, records, and judicial proceedings of every other state. And the Congress may by general laws prescribe the manner in which such acts, records, and proceedings shall be proved, and the effect thereof."* Siehe dazu Voegele, Full Faith and Credit.

1085 Cour suprême 20.12.1990 „Morguard Investments Ltd. c. De Savoye", [1990] 3 R.C.S. 1077, 1079 ff.: *„Le système judiciaire canadien est organisé de telle manière que toute crainte de différence de qualité de justice d'une province à l'autre ne saurait être vraiment fondée. Tous les juges de cour supérieure – qui ont également un pouvoir de contrôle sur tous les tribunaux judiciaires et administratifs provinciaux – sont nommés et rémunérés par les autorités fédérales. Toutes les cours de justice sont sujettes à l'examen en dernier ressort de leurs décisions par la Cour suprême du Canada qui peut décider si les cours d'une province ont à bon droit exercé leur compétence dans une action et dans des circonstances où les cours d'une autre province devraient reconnaître ces jugements. En outre, les avocats canadiens observent tous le même code de déontologie."*

1086 Cour suprême a.a.O.: *„Le monde des affaires fonctionne dans une économie mondiale et on parle à juste titre de communauté internationale même si le pouvoir politique et juridique est décentralisé. Il est maintenant devenu impérieux de faciliter la circulation des richesses, des techniques et des personnes d'un pays à l'autre. Dans ces circonstances, il apparaît opportun de réexaminer nos règles relatives à la reconnaissance et à l'exécution des jugements étrangers. D'autres pays, notamment les États-Unis et les pays membres de la Communauté économique européenne ont certainement adopté des règles plus généreuses relativement à la reconnaissance et à l'exécution des jugements étrangers pour le plus grand bien des justiciables."*

1087 Cour suprême a.a.O.: *„Les tribunaux d'une province devraient „reconnaître totalement" les jugements rendus par un tribunal d'une autrc province ou territoire, pourvu que ce tribunal ait correctement et convenablement exercé sa compétence dans l'action."*

Sachverhalt und Erststaat voraussetzen soll.[1088] *Goldstein* und *Groffier* halten daneben auch eine Ordre-public-Kontrolle für zulässig.[1089]

(4) Belgien: Negative Prüfung der Anerkennungszuständigkeit

Bereits vor der Reform des belgischen IZVR wurde die internationale Anerkennungszuständigkeit nicht positiv nachgeprüft. Vielmehr war die Anerkennung gemäß Art. 570 al. 2 no. 3 C.jud. a.F. nur dann ausgeschlossen, wenn das Erstgericht seine Zuständigkeit allein auf die Nationalität des Klägers gestützt hatte. Angesichts der bis zum Inkrafttreten des CDIP noch vorzunehmenden *révision au fond* war eine positive Prüfung der Anerkennungszuständigkeit entbehrlich. An dem Ansatz, auf diese zu verzichten, hat der Reformgesetzgeber – trotz Abschaffung der *révision au fond* – festgehalten. Allerdings wurden die Gründe für den Ausschluss der Anerkennungszuständigkeit verändert.

1. Gemäß Art. 25 § 1 no. 7 CDIP kommt dem Erststaat keine Anerkennungszuständigkeit zu, wenn belgische Gerichte ausschließlich zuständig sind. Diese Formulierung entspricht derjenigen in der „Simitch"-Entscheidung der französischen Cour de cassation.

2. Gemäß Art. 25 § 1 no. 8 CDIP ist die Anerkennungszuständigkeit dann ausgeschlossen, wenn die Entscheidungszuständigkeit des Erstgerichts allein darauf gründete, dass der Beklagte selbst oder Teile seines Vermögens sich im Erststaat befanden.[1090] Beruhte die erststaatliche Zuständigkeit dagegen auf einem Staatsangehörigenprivileg, ist die Anerkennungszuständigkeit entgegen dem früheren Recht nicht per se ausgeschlossen. Der Gesetzgeber war der Meinung, es bestehe kein Grund, in diesem Fall die Anerkennung zu versagen, solange die begünstigte Partei ihr Nationalitätsprivileg nicht missbräuchlich ausnutze – dies führt ohnehin unter einem anderen Gesichtspunkt zur Anerkennungsversagung[1091] – und das Ergebnis zufriedenstellend sei.[1092]

Diese gesetzgeberische Entscheidung erlaubt es, ein in der Diskussion um die Berechtigung exorbitanter internationaler Zuständigkeiten geltend gemachtes Ar-

---

1088 Cour suprême a.a.O.: „*En adoptant la méthode qui permet de poursuivre à l'endroit qui a un lien réel et substantiel avec l'action, on établit un équilibre raisonnable entre les droits des parties. Cela fournit une certaine protection contre le danger d'être poursuivi dans des ressorts qui n'ont que peu ou pas de lien avec l'opération ou les parties.*"

1089 *Goldstein/Groffier,* D.i.p. I, no. 176 S. 420.

1090 Vgl. *Arroyo*, FS für Erik Jayme, S. 169, 186, der de lege ferenda auch in Deutschland ein spezielles Anerkennungshindernis bei Inanspruchnahme exorbitanter Zuständigkeiten durch den Erststaat befürwortet.

1091 Siehe dazu unten II B 4 b (3).

1092 *Proposition de loi, Commentaire* – Art. 25 CDIP.

gument zu präzisieren. Es wurde – im Hinblick auf Art. 14 C.civ.[1093] und Art. 23 ZPO[1094] – behauptet, die Vollstreckungsaussichten relativierten die Wirkung exorbitanter Zuständigkeiten regelmäßig. Der verständige Kläger sähe von der Ausnutzung solchen Zuständigkeiten ab, wenn die erstrebte Entscheidung nicht zumindest in erheblichem Umfang im Gerichtsstaat vollstreckbar sei. Dem liegt die Annahme zu Grunde, eine Vollstreckung im Ausland komme nicht in Betracht, da ausländische Staaten die Anerkennung von Entscheidungen, die auf einer exorbitanten Zuständigkeitsbegründung beruhen, regelmäßig verweigerten. Am neuen belgischen Anerkennungsrecht zeigt sich jedoch, dass diese Annahme nicht stets zutrifft. Beruht die ausländische Entscheidungszuständigkeit etwa auf einem Nationalitätsprivileg oder auf einer wirtschaftsprotektionistischen Zuständigkeitsregelung nach Art des Art. 3151 C.C.Q., ist ihre Anerkennung in Belgien nicht a priori ausgeschlossen. Es kann also durchaus lohnenswert erscheinen, auf Grundlage einer dieser Zuständigkeitsbegründungen im – unter Vollstreckungsgesichtspunkten uninteressanten – Ausland zu klagen, wenn sich in Belgien vollstreckungsfähiges Vermögen befindet, aber keine belgische Zuständigkeit besteht.

Besondere, von den eben geschilderten Regeln abweichende Anforderungen an die Anerkennungszuständigkeit enthalten Artt. 57 § 1 no. 1 (Anerkennung der gerichtlichen Bestätigung einer einseitigen Eheauflösung durch den Mann) und 121 CDIP (Anerkennung von Insolvenzentscheidungen außerhalb des Anwendungsbereichs der InsolvenzVO).

(5) Vergleich

aa) Umfang ausschließlicher Zuständigkeiten

Soweit eine ausschließliche inländische Zuständigkeit besteht, ist die Anerkennung ausländischer Entscheidungen übereinstimmend und ungeachtet der Unterschiede in der Prüfung der *compétence indirecte* ausgeschlossen. Im Folgenden wird dargelegt, in welchem Ausmaß die verglichenen Rechtsordnungen ausschließliche inländische Zuständigkeiten kennen.

i) Deutschland

Nach in Deutschland h.L.[1095] schließen ausschließliche Zuständigkeiten, insbesondere die Zuständigkeit für Klagen über inländischen Grundbesitz (§ 24 ZPO),

1093 *Locré*, Esprit du Code Napoléon, t. 1, S. 323.
1094 *Geimer*, IZPR, Rn. 1362.
1095 *Schack*, IZVR, Rn. 835, *Linke*, IZPR, Rn. 393; *Martiny* in: Hb. IZVR III/1, Kap. I, Rn. 776.

über Mietverhältnisse bezüglich inländischen Wohnraums (§ 29a ZPO), die Zuständigkeit für die Feststellung Vollstreckbarkeit ausländischer Entscheidungen in Deutschland (§§ 722 II i.V.m. 802 ZPO), die Zuständigkeit für Insolvenzverfahren, die nicht in den Anwendungsbereich der InsolvenzVO fallen, sowie eine ausschließliche Prorogation der deutschen Gerichte die Anerkennungszuständigkeit des Erststaates aus.

Ob auch die Rechtsprechung die ausländische Anerkennungszuständigkeit bei inländischer Sachbelegenheit verneinen würde, scheint fraglich. Dass neuere Gerichtsentscheidungen, wie bereits erwähnt,[1096] im Fall ausländischer Sachbelegenheit § 24 ZPO keine ausschließende Wirkung gegenüber anderweitigen Begründungen der deutschen Entscheidungszuständigkeit beilegen, lässt kaum einen Rückschluss auf diese Frage zu.

ii) Frankreich

Ausschließliche Zuständigkeiten französischer Gerichte werden weitreichend angenommen. Bis vor kurzem ließen sich vier Fallgruppen unterscheiden.

Zunächst wird die auf dem Parteiwillen beruhende inländische Zuständigkeit als ausschließlich angesehen. Eine Prorogation französischer Gerichte schließt die *compétence indirecte* ausländischer Gerichte stets aus. Dies gilt selbst dann, wenn die Parteien eine konkurrierende Zuständigkeit schaffen wollten.[1097]

Des Weiteren ist nach Auffassung der Rechtsprechung und der h.L. bei bestimmten Verfahren eine Koinzidenz von Zuständigkeit und anwendbarem Recht erforderlich. Deshalb wird eine französische Exklusivzuständigkeit z.B. angenommen für Streitigkeiten über in Frankreich belegene Immobilien[1098] oder den Mobiliarnachlass einer zuletzt in Frankreich domizilierten Person,[1099] für Klagen auf Richtigstellung von Personenstandsurkunden[1100] sowie für die Feststellung der französischen Nationalität[1101] oder der Gültigkeit französischer Patente[1102]. Ob die arbeitsrechtlichen Zuständigkeiten des Art. R.517-1 C.trav. international ausschließlich sind, ist nicht zweifelsfrei gesichert, aber wohl anzunehmen.[1103]

1096 Siehe oben I B 1 b 3 aa.

1097 *Audit*, D.i.p., no. 462.

1098 Siehe Cass.civ. 14.3.1961, RCDIP 1961.774 mit Anmerkung Batiffol.

1099 Siehe Cass.civ. 14.6.1983, RCDIP 1984.316 mit Anmerkung Ancel. Dadurch wird ein Gleichlauf mit dem auf die Mobiliarerbfolge anwendbaren Recht hergestellt, das dem Recht am Ort des letzten Domizils des Erblassers untersteht.

1100 Siehe Cass.civ. 20.2.1901, S.1902.1.281 mit Anmerkung Audinet.

1101 Siehe T.g.i. Seine 20.1.1967, JDI 1967.893 mit Anmerkung Aymond.

1102 Siehe Cass.civ. 5.4.1960, D.1960.717 mit Anmerkung Holleaux.

1103 Für Ausschließlichkeit T.g.i. Seine 7.2.1986, RCDIP 1986.547 mit Anmerkung Gaudemet-Tallon, JDI 1986.976 mit Anmerkung Mayer. In Cass.soc. 7.5.1996,

Den familienrechtlichen Zuständigkeiten des Art. 1070 NCPC legt die Cour de cassation in jüngerer Zeit keine ausschließliche Wirkung mehr bei.[1104]

Lange Zeit begründete auch die französische Nationalität des Beklagten[1105] eine ausschließliche Zuständigkeit. Ungeachtet der vehementen Kritik im französischen Schrifttum[1106] legte die Cour de cassation Art. 15 C.civ. entgegen seinem Wortlaut[1107] als ausschließliche französische Zuständigkeit aus. Noch im Jahr 2004 versagte die Cour de cassation die Anerkennung einer vom amerikanischen Ehemann in Florida erwirkten Scheidung in Frankreich unter Berufung auf die französische Nationalität seiner Ehefrau.[1108] Das Argument des Ehemannes, Art. 15 C.civ. sei mit Artt. 6, 14 EMRK unvereinbar, wurde mit folgender Begründung verworfen: Das ausländische Gericht habe sich allein aufgrund des zeitweiligen Aufenthalts des Ehemannes in Florida für zuständig erklärt, die ausländische Entscheidung baue also auf einer Zuständigkeitsbegründung auf, die nicht weniger exorbitant sei als Art. 15 C.civ.. Angesichts dessen stelle die anerkennungshindernde Anwendung des Art. 15 C.civ. weder eine Verletzung des Fairtrial-Grundsatzes noch eine Diskriminierung des Ehemannes dar. Die sich darin manifestierende Unnachgiebigkeit der Cour de cassation ließ sich damit erklären, dass eine Aufgabe der Ausschließlichkeit der Nationalitätsprivilegien einerseits den Gerichten ein Mittel genommen hätte, ungerecht erscheinenden ausländischen Entscheidungen ohne Begründungszwang die Anerkennung zu versagen, andererseits die Exekutive eines gewichtigen „Arguments“ bei Verhandlungen über bilaterale Anerkennungsvereinbarungen beraubt hätte.[1109]

Art. 15 C.civ. stand der Anerkennungszuständigkeit allerdings nicht entgegen, wenn der Privilegierte auf ihre Anwendung ausdrücklich oder konkludent verzichtet hatte.[1110] Von besonderem Interesse war hierbei, unter welchen Umständen ein

---

RCDIP 1997.77 mit Anmerkung Droz stellte die Cour de cassation fest, dass „die Berufung auf eine Ausschließlichkeit der Zuständigkeit nach Art. R.517-1 C.trav. wegen Verstoß gegen Treu und Glauben ausgeschlossen“ war, weil der Arbeitnehmer selbst das ausländische Gericht angerufen hatte.

1104 Cass.civ.[1] 6.2.1985 „Simitch“, RCDIP 1985.369; bestätigt durch Cass.civ.[1] 6.1.1987, D. 1987.467 mit Anmerkung Massip; ferner Civ.[1] 8.6.1999, RCDIP 2000.35 mit Anmerkung Rémy-Corlay. Zuvor war die Rechtsprechung uneinheitlich, häufig wurde die Ausschließlichkeit aber bejaht, siehe *Gaudemet-Tallon*, La litispendance internationale, S. 130.

1105 Dies galt auch bei Doppelstaatlern, siehe die Rechtsprechungsnachweise bei *Barriere Brousse*, Anmerkung zu Cass.civ.[1] 30.3.2004, JDI 2005.791 (794).

1106 Nachweise bei *Barriere Brousse*, Anmerkung zu Cass.civ.[1] 30.3.2004, JDI 2005.791 (796).

1107 Der Ausdruck *„pourra“* (kann) wurde wie *„devra“* (muss) gelesen.

1108 Cass.civ.[1] 30.3.2004, JDI 2005.790 mit Anmerkung Barriere Brousse.

1109 Siehe *Ponsard*, Le contrôle de la compétence des juridictions étrangères, S. 53.

1110 Dazu oben I B 8 a (2) aa.

konkludenter Verzicht auf Art. 15 C.civ. durch einen im Ausland beklagten Franzosen angenommen werden konnte. Bloße Säumigkeit vor dem ausländischen Gericht wurde i.d.R. nicht als Verzicht auf das Privileg des Art. 15 C.civ. angesehen.[1111] Auch wenn der französische Beklagte die Zuständigkeit des ausländischen Gerichts explizit bestritten hatte, wurde kein Verzicht angenommen, selbst wenn die Zuständigkeitsrüge nicht unter Berufung auf Art. 15 C.civ. sondern aus anderen Gründen erfolgt war.[1112]

Hatte sich der Franzose dagegen vor dem ausländischen Gericht sachlich eingelassen, ohne dessen Unzuständigkeit zu rügen, wurde u.U. ein Verzicht angenommen.[1113] Allerdings ließ die Rechtsprechung hierbei Vorsicht walten. Denn zum einen wäre die Geltendmachung von Art. 15 C.civ. im ausländischen Verfahren mangels Verbindlichkeit dieser Vorschrift im Ausland von vornherein aussichtslos gewesen. Zum anderen mochte sich der Beklagte allein deshalb zur Sache geäußert haben, weil er seine unmittelbar im Forumstaat bestehenden Interessen (d.h. insbesondere vollstreckungsfähige Güter) schützen und deshalb unbedingt eine in diesem Staat stattgebende, vollstreckbare Entscheidung vermeiden wollte. Schließlich konnte sich der Beklagte auch schlicht in Unkenntnis seines Privilegs befunden haben, insbesondere dann, wenn er von einem Anwalt aus dem ausländischen Forumstaat vertreten wurde, der mit dem französischen Recht nicht vertraut war. Die mangelnde Zuständigkeitsrüge vor dem ausländischen Gericht allein ließ daher nicht mit hinreichender Sicherheit auf einen Verzichtswillen schließen. Traten keine weiteren Umstände[1114] hinzu, blieb das Gerichtsstandsprivileg daher regelmäßig erhalten.

1111 Cass.civ.[1] 5.5.1976, RCDIP 1977.137, 1[ière] esp., mit Anmerkung Huet; C.A. Paris 12.11.1974, Gaz. Pal. 1975.1.50 mit Anmerkung Viatte, RCDIP 1975.484 mit Anmerkung Droz.

1112 Cass.civ.[1] 25.6.1974, JDI 1975.102 sowie Cass.civ.[1] 10.12.1974, RCDIP 1975.509, beide mit Anmerkung Huet.

1113 So etwa in Cass.civ.[1] 15.11.1994, Bull.civ.I.no.327, wo der französische Beklagte das Erstgericht in Norfolk zunächst auf seine französische Nationalität und die daraus resultierenden Schwierigkeiten in Frankreich hingewiesen hatte, sich dann aber ausdrücklich darauf einließ, sich vorbehaltlos zur Sache zu äußern: *„(...) que si M.X. avait fait état devant le juge américain de sa nationalité française pour évoquer, en termes généraux, des difficultés ultérieures en France, il avait expressément accepté de se défendre au fond sans réserve et selon les formes de la procédure locale; qu'elle [la Cour d'appel] a, ainsi, pu déduire de ce comportement la renonciation de M.X. à se prévaloir de la seule compétence du juge francais; (...).“*

1114 In Cass.civ.[1] 15.11.1983, RCDIP 1985.100 mit Anmerkung Batiffol, JDI 1984.887 mit Anmerkung Courbe wurde der Verzicht daraus abgeleitet, dass der Beklagte gegen das Urteil der Eingangsinstanz Berufung eingelegt, im Rahmen derselben aber die mangelnde Zuständigkeit nicht mehr gerügt hatte.

Angenommen wurde ein Verzicht auf Art. 15 C.civ. allerdings, wenn der Franzose eine Gerichtsstandsvereinbarung zugunsten eines ausländischen Gerichts getroffen hatte oder wenn er eine Widerklage *(demande reconventionelle)*[1115] oder eine Rückgriffsklage gegen Dritte *(appel en garantie)*[1116] bei einem ausländischen Gericht eingereicht hatte.

Uneinheitlich entschied die Rechtsprechung in der Frage, ob die erstmalige Berufung auf Art. 15 C.civ. noch in der Berufungsinstanz des Exequaturverfahrens möglich war.[1117] In der Tat war es schwer erklärbar, warum der im Ausland erfolgreich verklagte und im Exequaturverfahren regelmäßig durch einen französischen Anwalt vertretene Franzose ein solch Erfolg versprechendes Mittel gegen die Erteilung des Exequaturs erst in der Berufung vorbrachte. Einiges sprach unter diesen Umständen für die Annahme eines Verzichts in der ersten Instanz.

Seit einer Entscheidung der Cour de cassation vom 23.5.2006 ist all dies jedoch überholt. Ihr zu Folge begründet Art. 15 C.civ. keine ausschließliche französische Zuständigkeit.[1118] Diese Position kann nur begrüßt werden.

Fraglich ist schließlich, ob eine ausschließliche französische Zuständigkeit anzunehmen ist, wenn alle einschlägigen französischen Zuständigkeitsregeln nach Frankreich weisen, etwa wenn im Fall einer deliktischen Streitigkeit der Beklagte in Frankreich domiziliert ist, die besondere Deliktszuständigkeit gemäß Art. 46 NCPC ebenfalls allein nach Frankreich weist und auch keine Derogation der französischen Gerichte vereinbart wurde. In einigen älteren Entscheidungen ging die Rechtsprechung in diesem Fall von einer ausschließlichen französischen Zustän-

---

1115 Cass.req. 14.5.1935, RCDIP 1937.1.199; Cass.com. 13.2.1950, RCDIP 1950.642.

1116 C.A. Paris 21.9.1995, D.1996.Somm.168 mit Anmerkung Audit, JDI 1996.683 mit Anmerkung Kahn.

1117 Für einen Verzicht auf Art. 15 C.civ. durch Nichtgeltendmachung in der Erstinstanz des Exequaturverfahrens: Cass.civ.[1] 25.10.1966, D.1967.Somm.60; Cass.civ.[1] 4.10.1967 „Bachir“, D.1968.95; Cass.civ.[1] 2.5.1979 „Mac Donald“, D.1980.Inf. rap.331 mit Stellungnahme Audit; Cass.civ.[1] 15.3.1983, RCDIP 1985.100 mit Anmerkung Batiffol.
Für die Möglichkeit, Art. 15 C.civ. erstmalig im Berufungsverfahren geltend zu machen: Cass.civ.[1] 13.6.1978, D.1979.133 mit Anmerkung Santa-Croce, RCDIP 1979.611 mit Anmerkung Audit; C.A. Paris 26.3.1968, JDI 1969.394 mit Anmerkung Ponsard.

1118 Civ.[1] 23.5.2006 (online: www.courdecassation.fr/agenda/agenda_new/I-2006-05-23-0412777-Decision-civ1.htm): *„Mais attendu que l'article 15 du code civil ne consacre qu'une compétence facultative de la juridiction française, impropre à exclure la compétence indirecte d'un tribunal étranger, dès lors que le litige se rattache de manière caractérisée à l'Etat dont la juridiction est saisie et que le choix de la juridiction n'est pas frauduleux; (...).“*

digkeit aus.[1119] Folgt man diesem Ansatz, führt das französische Anerkennungsrecht dann, wenn tatsächlich alle Zuständigkeitsbegründungen ins Inland weisen, zum selben Ergebnis wie die deutsche Spiegelbildregel, nämlich zur Unzuständigkeit sämtlicher ausländischer Staaten. Weist hingegen mindestens eine Anknüpfung ins Ausland, besteht keine Übereinstimmung mehr. Während dem betreffenden Staat nach der Spiegelbildregel dann stets Anerkennungszuständigkeit zukommt, hängt sie nach französischem Anerkennungsrecht weiterhin davon ab, ob eine „deutliche Verbindung" mit diesem Staat gegeben ist. Mit der „Simitch"-Entscheidung dürfte der dargestellte, früher verfolgte Ansatz aufgegeben worden sein.[1120] Im ihr zu Grunde liegenden Fall wiesen sämtliche einschlägigen Zuständigkeitsbegründungen nach Frankreich, ohne dass dies zu einer ausschließlichen französischen Zuständigkeit führte.

iii) Belgien

Der mit dem französischen Art. 15 C.civ. identische Art. 15 C.civ.belge ist spätestens durch Art. 138 no. 1 CDIP abgeschafft worden.[1121] Die neue Kodifikation kennzeichnet nur eine Zuständigkeit als „ausschließlich" i.S.d. Art. 25 no. 7 CDIP: Gemäß Art. 6 § 1 al. 1 CDIP schließt eine Prorogation der belgischen Gerichte die ausländische Anerkennungszuständigkeit aus. Das gilt selbst dann, wenn die Parteien nur eine konkurrierende belgische Zuständigkeit schaffen wollten und entspricht insoweit dem französischen Recht.[1122]

Weitere Ausschließlichkeitsvorstellungen finden sich aber in zwei speziellen Anerkennungsregelungen. Gemäß Art. 95 CDIP werden ausländische Entscheidungen über die Eintragung oder die Gültigkeit eines hinterlegungs- oder registrierungsfähigen Schutzrechts über geistiges Eigentum nicht anerkannt, wenn die Hinterlegung bzw. die Registrierung in Belgien erfolgt ist oder als dort erfolgt fingiert wird. Und gemäß Art. 115 CDIP sind ausländische Entscheidungen über

1119 Cass.civ.[1] „Zins" 5.5.1962, D.1962.718 mit Anmerkung Holleaux, RCDIP 1963.99 mit Anmerkung Batiffol, JDI 1962.1024 mit Anmerkung Sialelli; Cass.civ.[1] 21.10.1981, Bull.civ. I, no. 304; weitere Nachweise bei Huet, JDI 1985.462 (472).

1120 *Loussouarn/Bourel/DeVareilles-Sommières,* D.i.p., no. 495-6.

1121 Vor der Reform von 2004 war streitig, ob Art. 15 C.civ. durch ein Gesetz vom 25.3.1876 implizit außer Kraft gesetzt worden war. Nachweise zum damaligen Diskussionsstand bei *Rigaux/Fallon,* D.i.p. II, no. 816.

1122 Dies gilt auch umgekehrt: Aus dem Wortlaut des Art. 7 CDIP, der die Prorogation ausländischer Gerichte ohne Begrenzung auf ausschließliche Gerichtsstandsvereinbarungen behandelt, in Verbindung mit seiner Überschrift *(„Dérogation volontaire à la compétence internationale")* ergibt, dass auch eine konkurrierend gemeinte Prorogation ausländischer Gerichte stets die Derogation der belgischen Gerichte zur Folge hat.

das Statut einer juristischen Person, welche ihre Hauptniederlassung bei Klageerhebung in Belgien hatte, nicht anerkennungsfähig.

Im Übrigen enthält der CDIP keine Bestimmung darüber, unter welchen Umständen weitere Zuständigkeiten als ausschließlich anzusehen sind. Angesichts dessen ist es äußerst fraglich, ob überhaupt eine Qualifizierung anderer belgischer Zuständigkeiten als ausschließlich in Betracht kommt.

iv) Québec

Unter altem Recht untersagte der 1989 eingeführte Art. 180.1 C.P.C.Q.[1123] die Anerkennung ausländischer Entscheidungen, wenn diese Rechtsbereiche betrafen, die durch Quebecer Eingriffsrecht geregelt waren. Der zeitgleich erlassene Art. 8.1 C.c.B.C. bestimmte, dass die Vorschriften des *Code civil* über die Haftung für Schäden, die durch aus Québec stammende Rohstoffe verursacht wurden, zwingend anzuwenden waren. Im Zuge der Reform wurde Art. 8.1 C.c.B.C. durch Art. 3129 C.C.Q. ersetzt und Art. 180.1 C.P.C.Q. aufgehoben. Art. 3151 C.C.Q. führt diesen Ansatz nur bezüglich eines eng umgrenzten Bereichs, nämlich bezüglich der in Art. 3129 C.C.Q. geregelten Umwelthaftung, fort.[1124] Eine generelle ausschließliche Zuständigkeit der Quebecer Gerichte für die Anwendung international zwingender Quebecer Vorschriften existiert hingegen nicht mehr.[1125]

Inwieweit im Übrigen ausschließliche Zuständigkeiten anzunehmen sind, bestimmt Art. 3165 C.C.Q.

Danach ist die Anerkennungszuständigkeit ausländischer Gerichte zum einen ausgeschlossen, „wenn das Quebecer Recht aufgrund einer Vereinbarung der Parteien eine exklusive Zuständigkeit der Quebecer Gerichte vorsieht". Ob dies jede Prorogation des Inlands oder nur solche Fälle betrifft, in denen die Parteien die ausschließliche Zuständigkeit der Quebecer Gerichte vereinbart haben, ist der insoweit nicht eindeutigen Formulierung der Vorschrift nicht zu entnehmen.

Zum anderen können sich anerkennungshindernde ausschließliche Zuständigkeiten des Inlands nach derselben Vorschrift aus der Art der Streitigkeit ergeben.

1123 ***Art. 180.1 C.P.C.Q.*** *Malgré les articles 178 à 180, la reconnaissance et l'exécution d'un jugement rendu hors du Québec sont refusées lorsque, en raison de la matière, le droit du Québec a attribué à ses tribunaux une juridiction exclusive pour connaître de la demande ou de l'action qui a donné lieu à ce jugement ou lorsqu'il est fondé sur des règles du droit étranger alors qu'il existait au Québec une règle de droit dont l'application est impérative.*

1124 Siehe oben I B 8 a (4) aa.

1125 Cour d'appel du Québec 21.11.1996 „Mutual Trust c. St-Cyr", [1996] R.D.J. 623; Cour d'appel du Québec 1.9.2004 „Worthington Corporation c. Atlas Turner Inc.", www.jugements.qc.ca, no. 200-09-004379-035; *Goldstein/Groffier*, D.i.p. I, no. 166, S. 399 f.

So hält die Cour supérieure die Quebecer Gerichte etwa für dingliche Streitigkeiten über in Québec belegene Sachen (Art. 3152 C.C.Q.) für ausschließlich zuständig.[1126] Bezüglich der Entscheidung über das Sorgerecht für einen Minderjährigen erwägen *Goldstein* und *Groffier* eine ausschließliche Zuständigkeit des Staates, auf dessen Territorium der Minderjährige domiziliert ist.[1127]

Wie bereits erwähnt wurde,[1128] werden neben ausschließlichen inländischen Zuständigkeiten auch ausschließliche Zuständigkeiten drittstaatlicher Gerichte – auf Grund Parteivereinbarung oder angesichts der Art der Streitigkeit – und eine ausschließliche Schiedsvereinbarung beachtet. Während eine wirksame Schiedsvereinbarung ohnehin voraussetzt, dass der Rekurs auf das Schiedsverfahren als ausschließlich vereinbart wird, ist eine „konkurrierende" Prorogation des Auslands, die mithin keinen Derogativeffekt entfaltet, zulässig. Daher ist eine solche Vereinbarung darauf zu untersuchen, ob sie ausschließlich wirken soll.[1129]

v) Fazit

Während im deutschen Recht eine Übertragung der Ausschließlichkeit der einschlägigen örtlichen Zuständigkeiten in Betracht kommt, legt der C.C.Q. die Ausschließlichkeit zweier Zuständigkeiten (Rohstoffhaftung, Prorogation) ausdrücklich fest und kombiniert dies mit der Öffnungsklausel des Art. 3165 no. 1, 1. Var. C.C.Q., wodurch die Annahme anderer ausschließlicher Zuständigkeiten durch Norminterpretation möglich wird. Bislang hat die Quebecer Rechtsprechung von dieser Möglichkeit allerdings nur in Bezug auf den dinglichen Gerichtsstand Gebrauch gemacht. Das belgische Recht legt nur drei Zuständigkeiten ausdrücklich ausschließende Wirkung bei und verzichtet darüber hinaus auf eine Öffnungsklausel. Am stärksten verengt die französische Rechtsprechung, die eine ganze Reihe französischer Zuständigkeiten als ausschließlich qualifiziert, die Anerkennungszuständigkeit.

Eine Berücksichtigung ausschließlicher drittstaatlicher Zuständigkeiten sieht allein das Quebecer Anerkennungsrecht ausdrücklich vor.

1126 Cour supérieure 13.4.2004 „Arab Monetary Fund c. 1954933 Nova Scotia Limited et autres", www.jugements.qc.ca no. 505-05-007376-012, Punkte 7-9.

1127 *Goldstein/Groffier*, D.i.p. I, no. 177, S. 423.

1128 Siehe oben I B 5 a (4) bb.

1129 Siehe Cour supérieure 5.4.2004, „MFI Export Finance Inc. c. Rother International S.A. de C.V. Inc. et autres", no. 500-17-016993-035, Punkte 18 ff., wo diverse Formulierungsvarianten auf den darin jeweils ausgedrückten Parteiwillen untersucht werden.

bb) Stellungnahme zu den verschiedenen Methoden der Ermittlung der Anerkennungszuständigkeit

Das französische Anerkennungsrecht geht ebenso wenig wie das belgische vom Spiegelbildprinzip aus. Stattdessen hängt die Anerkennungszuständigkeit schlicht von der Feststellung einer „deutlichen Verbindung" mit dem Erststaat ab. Nachdem die französische Cour de cassation nicht vorgegeben hat, welche Kriterien eine derartige Verbindung begründen können, ist der Rechtsanwender auf eine Analyse der Rechtsprechung angewiesen. Obwohl die „Simitch"-Entscheidung bereits zwei Dekaden zurückliegt, sind bislang nur wenige Entscheidungen zu dieser Frage ergangen, die in der Mehrzahl ausländische Ehescheidungen betrafen. Zumindest bislang gewährleistet diese Lösung daher kein ausreichendes Maß an Rechtssicherheit. Zu optimistisch ist daher wohl *Gaudemet-Tallon*, die das generalklauselgeprägte französische System für so vorbildhaft hält, dass sie es bei einer zukünftigen EU-weiten Regelung über die Anerkennung erbrechtlicher Entscheidungen grundsätzlich zum Maßstab machen möchte.[1130]

Unter Rechtssicherheitsaspekten ist das in Deutschland und im Grundsatz auch in Québec geltende Spiegelbildprinzip deutlich vorteilhafter – zumindest solange das Forum-non-conveniens-Prinzip von der spiegelbildlichen Anwendung ausgenommen bleibt.

Gegenüber dem belgischen Recht besteht die Stärke des Spiegelbildprinzips darin, dass es die Inanspruchnahme jedweder dem Inland unbekannter exorbitanter Zuständigkeitsbegründung durch das Erstgericht sanktioniert,[1131] diese Kontrolle mithin nicht auf bestimmte im Gesetz aufgezählte Fälle beschränkt.

Aber auch das Spiegelbildprinzip ist nicht unproblematisch. Die spiegelbildliche Anwendung inländischer exorbitanter Zuständigkeiten drückt, um es mit den Worten von *Ancel* und *Lequette* zu formulieren, einen *„esprit d'impérialisme peu adapté aux réalités du contentieux international"*[1132] aus. Denn sie pönalisiert exorbitante Zuständigkeiten nicht ihrer unangemessenen Weite wegen, sondern lediglich deshalb, weil das inländische Recht sie nicht kennt. Die Spiegelbildregel führt folglich auch dann zur Versagung der Anerkennung, wenn das Erstgericht sich auf Grund einer „vernünftigen", nicht exorbitanten Regelung für zuständig gehalten hat, die lediglich nicht mit der Regelung des Zweitstaates übereinstimmt. Das Quebecer Recht steigert diese Ungleichbehandlung sogar nochmals, denn Art. 3164 C.C.Q. setzt über das Vorliegen des gespiegelten Anknüpfungspunktes

---

1130 *Gaudemet-Tallon*, Quelques reflexions, S. 458.

1131 Dies gilt selbstverständlich nur, sofern das Erstgericht seine Zuständigkeit allein auf die betreffende exorbitante Zuständigkeitsbegründung und nicht zugleich auf eine dem inländischen IZVR bekannte Zuständigkeitsbegründung stützen kann.

1132 *Ancel/Lequette*, GAJDIP, S. 642.

im Ausland hinaus auch noch eine „wichtige Verbindung“ zwischen Erststaat und Sachverhalt voraus. Das Gesetz geht also offenbar nicht davon aus, dass die für die Quebecer Gerichte geltenden Zuständigkeitsregeln eine „wichtige Verbindung“ gewährleisten, fordert eine solche bei ausländischen Verfahren aber gleichwohl ein.

Der belgische Verzicht auf eine positive Nachprüfung der Anerkennungszuständigkeit vermeidet zwar jede Art der Ungleichbehandlung von In- und Ausland. Nicht außer Acht gelassen werden darf jedoch, dass die Inanspruchnahme einer exorbitanten Zuständigkeit für den Beklagten eine starke Belastung bedeuten kann. Das belgische Recht sanktioniert aber bestimmte exorbitante Zuständigkeiten (z.B. die Quebecer Zuständigkeit nach 3151 C.C.Q.) nicht unter dem Gesichtspunkt der Anerkennungszuständigkeit. Die Anerkennung scheitert allerdings am Anerkennungshindernis der *fraude à la loi*, sofern die exorbitante Zuständigkeitsbegründung vom Kläger bewusst missbräuchlich ausgenutzt wurde. Anerkennungsrechte wie das deutsche oder das Quebecer, die keine allgemeine Missbrauchskontrolle kennen, können demgegenüber nicht auf eine positive Prüfung der Anerkennungszuständigkeit verzichten, soll ein derartiger Missbrauch vermieden werden. Eine Missbrauchskontrolle kann allerdings nicht jede übermäßige Belastung des Beklagten verhindern, da sie nur die bewusste Ausnutzung einer exorbitanten Zuständigkeit sanktioniert. Der Verzicht des belgischen Rechts auf eine positive Nachprüfung der Anerkennungszuständigkeit drückt mithin ein weit gehendes Vertrauen in die angemessene Handhabung der ausländischen Zuständigkeitsordnung aus. Nur gegenüber den exorbitanten Zuständigkeitsbegründungen des allgemeinen Vermögensgerichtsstands und der *transient rule* schien der Gesetzgeber eine gesetzliche Abwehrklausel für erforderlich zu halten. Anderweitigen zuständigkeitsrechtlichen Protektionismus, etwa zugunsten der eigenen Staatsangehörigen oder zugunsten eines im Inland ansässigen Industriezweigs, verhindert der belgische Ansatz nicht. Die Gründe für diese Unterscheidung sind schwer nachzuvollziehen.

Festzuhalten ist, dass es angesichts der möglichen Belastungen für den Beklagten sinnvoll erscheint, abweichend von sämtlichen verglichenen Rechtsordnungen jegliche Inanspruchnahme einer exorbitanten Zuständigkeitsbegründung anerkennungsrechtlich zu sanktionieren. Fraglich ist allerdings, wie eine solche umfassende Abwehrregelung aussehen müsste. Eine generalisierende Formulierung zöge wiederum Rechtsunsicherheit nach sich. Vorzugswürdig wäre eine enumerative Auflistung nach belgischem Vorbild, die allerdings um alle geläufigen Exorbitanzkriterien erweitert werden müsste. Anhang I der EuGVO, der u.a. keine wirtschaftsprotektionistischen Zuständigkeiten nach Art des Art. 3151 C.C.Q. umfasst, könnte dabei lediglich als nicht abschließende Orientierungshilfe dienen. Gegenüber neu eingeführten exorbitanten Zuständigkeitsbegründungen gelangte allerdings auch diese Regelung an ihre Grenzen. Sofern man nicht darauf vertrauen möchte, dass der Gesetzgeber die weltweiten Entwicklungen beobachtet und die Liste bei Bedarf entsprechend erweitert, wäre an eine ergänzende („kleine") Generalklausel zu denken, mit deren Hilfe sich neue exorbitante Zuständigkeiten erfassen ließen. Letzterer Weg verwässerte zwar wieder die Vorhersehbarkeit der Anerkennungsentscheidung, allerdings längst nicht in dem Maß wie die „Simitch"-Formel. Denn diese „kleine" Generalklausel käme nicht stets zur Anwendung, vielmehr müsste lediglich in den seltenen Fällen eines neuartigen Exorbitanzverdachts geprüft werden, ob die in Frage stehende Zuständigkeitsbegründung eine mit den aufgezählten Exorbitanzkriterien vergleichbare unangemessene Belastung des Beklagten bewirkt.

b) Wahrung des internationalen Ordre public

Die Konformität der ausländischen Entscheidung mit dem internationalen Ordre public ist nach allen verglichenen Rechtsordnungen Anerkennungsvoraussetzung.[1133]

Der internationale Ordre public ist nicht deckungsgleich mit dem innerstaatlich zwingenden Recht *(ordre public interne)*[1134], sondern umfasst lediglich die elementaren, unverzichtbaren Prinzipien der jeweiligen Rechtsordnung.[1135] Es wird also nicht vorausgesetzt, dass das Erstgericht sämtliche zwingenden Regelungen des Zweitstaats beachtet. So verstößt etwa eine – nach belgischem Sachrecht zwingend unzulässige – posthume Eheschließung durch ein französisches Gericht nicht gegen den belgischen internationalen Ordre public.[1136]

Prüfungsgegenstand der anerkennungsrechtlichen Ordre-public-Kontrolle sind nicht die vom Erstgericht angewendeten Sach- oder Kollisionsregeln als solche.[1137] Vielmehr wird geprüft, ob die ausländische Entscheidung im Ergebnis mit dem internationalen Ordre public vereinbar ist.

1133 Deutschland: Art. 328 I Nr. 4 ZPO bzw. § 16 a Nr. 4 FGG; Frankreich: Cass.civ.[1] 7.1.1964 „Munzer"; Belgien: Art. 25 § 1 no. 1 CDIP; Québec: Art. 3155 no. 5 C.C.Q.

1134 Geregelt in Art. 6 C.civ. bzw. Art. 6 C.civ.belge bzw. Art. 9 C.C.Q.

1135 Siehe *Mayer/Heuzé*, D.i.p., no. 205.

1136 Cass.belge 2.4.1981 „Josi", Pas. 1981, I, S. 835.

1137 Siehe für Deutschland nur *Schack*, IZVR, Rn. 870. In Frankreich, Belgien und Québec wird ein solches Vorgehen, soweit ersichtlich, nicht einmal erwogen. Allerdings kann eine bewusste Umgehung des nach den inländischen Kollisionsregeln anwendbaren Rechts nach französischem und belgischem Anerkennungsrecht unter dem Gesichtspunkt des Rechtsmissbrauchs sanktioniert werden, siehe unten II B 4 b (1) bzw. (3).

Darüber hinaus entfaltet der anerkennungsrechtliche internationale Ordre public grundsätzlich[1138] nur abgeschwächte Wirkung (*effet attenué*), ist also weniger streng als der internationalprivatrechtliche Ordre-public-Vorbehalt[1139].[1140] In Deutschland wird dies mit der Achtung vor der ausländischen Rechtskraft begründet,[1141] im französischen Rechtskreis wird mit dem Respekt vor den „im Ausland wohlerworbenen Rechten" der Parteien (*droit acquis à l'étranger*) argumentiert.[1142]

Der Grad der Wirkungsabschwächung ist variabel und hängt davon ab, wie hoch der Inlandsbezug des beurteilten Sachverhalts ist. Besteht nur ein geringer Inlandsbezug, erscheint die Beachtung der im Inland als unabdingbar angesehenen Rechtsprinzipien weniger dringend als bei starkem Inlandsbezug.

Die Grundzüge dieser Anerkennungsvoraussetzung stimmen also im Wesentlichen überein. Gleichwohl bestehen in der gerichtlichen Praxis in den verglichenen Rechtsordnungen deutliche Unterschiede. Der Rahmen der vorliegenden Arbeit erlaubt allerdings keinen abschließenden Vergleich sämtlicher angenommener Ordre-public-Widrigkeiten, sondern lediglich eine Übersicht über die Handhabung dieser Anerkennungsvoraussetzung. Dennoch wird eine Fallgruppe eingehender dargestellt werden, der der belgische Gesetzgeber eine eigenständige Vorschrift gewidmet hat. Es handelt sich um die Frage der Anerkennbarkeit einer einseitigen Verstoßung eines Ehepartners durch den anderen.

(1) Deutschland

Der anerkennungsrechtliche Ordre public des § 328 I Nr. 4 ZPO umfasst sowohl eine Prüfung des Anerkennungsergebnisses auf Verstöße gegen fundamentale materiellrechtliche Prinzipien des deutschen Rechts (materiellrechtlicher Ordre public) als auch die Prüfung des ausländischen Verfahrens auf eine Verletzung fundamentaler deutscher Verfahrensprinzipien (prozessualer Ordre public). Zu beachten

1138 Eine Ausnahme gilt im französischen Anerkennungsrecht für den verfahrensrechtlichen Ordre public, der mit voller Wirkung *(plein effet)* zum Tragen kommt, siehe unten II B 3 b (2).

1139 Dieser ist in Art. 6 EGBGB, Art. 21 CDIP bzw. Art. 3081 C.C.Q. gesetzlich verankert.

1140 Für Deutschland: *Völker*, Zur Dogmatik des Ordre public, S. 51 ff.; für Frankreich: Cass.civ. 17.4.1953 „Rivière", RCDIP 1953.412 mit Anmerkung Batiffol, JDI 1953.860 mit Anmerkung Plaisant sowie Cass.civ.[1] 3.1.1980 „Dame Bendeddouche c. dame Boumaza", RCDIP 1980.331 mit Anmerkung Batiffol; für Belgien: Cass. belge 4.5.1950 „Vigouroux", Pas. 1950, I, S. 624; für Québec: *Emanuelli*, D.i.p. québecois, no. 435.

1141 *Martiny* in: Hb. IZVR III/1, Kap. I Rn. 1014.

1142 *Mayer/Heuzé*, D.i.p., no. 383-1.

sind auch zwingende Vorgaben aus dem Gemeinschaftsrecht und der EMRK *(ordre public européen)*.[1143]

Der materiellrechtliche Ordre public kann die Anerkennung zum einen in vermögensrechtlichen Angelegenheiten sperren. So ist eine Anerkennung etwa regelmäßig insoweit ausgeschlossen, als eine ausländische Entscheidung Strafschadensersatz *(punitive damages)* zuspricht. Auch die Anerkennung von Entscheidungen, die zur Zahlung eines quota litis vereinbarten Anwaltshonorars verpflichten, wurde bislang als Widerspruch zum materiellrechtlichen Ordre public angesehen.[1144] Zum anderen kann der materiellrechtliche Ordre public die Anerkennung auch im nichtvermögensrechtlichen Bereich hindern, etwa bei ausländischen Pro-forma-Ehescheidungen oder bei ausländischen Entscheidungen, wonach Kinder aus „Zufallsverbindungen" als solche keine Vaterschaftsfeststellung beantragen können.[1145]

Eine nach jüdischem Recht sowie im islamischen Rechtskreis teilweise zulässige einseitige Verstoßung der Ehefrau durch den Ehemann im Ausland kann gleich gegen beide Ausprägungen des anerkennungsrechtlichen Ordre public verstoßen. Insbesondere kann der Grundsatz des rechtlichen Gehörs[1146] (verfahrensrechtlicher Ordre public) sowie der Grundsatz der Gleichbehandlung von Mann und Frau[1147] (materiellrechtlicher Ordre public) verletzt sein. Eine völlig einheitliche Linie hat sich in der Rechtsprechung noch nicht herausgebildet. Teilweise werden Verstoßungen aber anerkannt, sofern die Frau ihr Einverständnis gegeben hat und/oder nach deutschem Recht ebenfalls eine Scheidung möglich gewesen wäre.[1148]

(2) Frankreich

In Frankreich wird seit der „Bachir"-Entscheidung neben dem materiellrechtlichen (*ordre public international substantiel*) auch der verfahrensrechtliche internatio-

---

1143 *Geimer*, IZPR, Rn. 2969a.

1144 Siehe BGH 4.6.1992, BGHZ 118, 312, 334; *Behr*, [2005] JLC 197, 203 ff.; weitere Nachweise bei *Schack*, IZVR, Rn. 869 Fn. 4. Mit Verabschiedung des Gesetzes zur Neuregelung des Verbots der Vereinbarung von Erfolgshonoraren dürfte sich dieser strenge Ansatz relativieren.

1145 Zu weiteren Problemfeldern siehe Stein/Jonas-*Roth*, ZPO, § 328 Rn. 133 ff.

1146 Gegen die Relevanz dieses Grundsatzes bei der „rechtsgeschäftlichen" Verstoßung (ohne konstitutive Mitwirkung einer Behörde) allerdings *Rauscher*, Talaq und deutscher Ordre public, IPRax 2000, 391 (392) mit dem Argument, es mangele an einem gerichtlichen „Verfahren".

1147 Staudinger-*Blumenwitz*, BGB, Art. 6 EGBGB Rn. 122.

1148 Staudinger-*Blumenwitz*, BGB, Art. 6 EGBGB Rn. 122 m.N. aus der Rechtsprechung.

nale Ordre public (*ordre public international de procédure*) geprüft, zu dem unter anderem Art. 6 I EMRK gezählt wird.[1149] Dabei greift der verfahrensrechtliche Ordre public allerdings nicht mit *effet atténué*, sondern mit *plein effet*, was damit begründet wird, dass im Fall eines nicht ordnungsgemäßen Verfahrens nicht mehr von „im Ausland wohlerworbenen Rechten" gesprochen werden könne.[1150]

Unter dem Gesichtspunkt des prozessualen Ordre public wird insbesondere geprüft, ob die Verteidigungsrechte des Beklagten gewahrt wurden. Darauf wird im weiteren Verlauf der Arbeit noch gesondert eingegangen werden.[1151] Ein Verstoß gegen den prozessualen Ordre public wird ferner angenommen, wenn ein den französischen Vorstellungen völlig widersprechendes Beweismittel verwendet wurde,[1152] das Gericht nicht unparteiisch war,[1153] oder das Gericht ultra petita geurteilt hat.[1154]

Das Hauptanwendungsfeld des materiellrechtlichen Ordre public liegt im Bereich der nichtvermögensrechtlichen Streitigkeiten. Allerdings hat hier eine deutliche Liberalisierung stattgefunden. So ist etwa die früher angenommene Ordre-public-Widrigkeit gleichgeschlechtlicher Verbindungen spätestens seit Inkrafttreten des Gesetzes über den sog. *pacte civil de solidarité*[1155] hinfällig geworden. Auch polygame Eheschließungen können mittlerweile anerkannt werden, sofern sie nicht in missbräuchlicher Absicht im Ausland vorgenommen wurden.[1156]

Hinsichtlich der Anerkennbarkeit einer im Ausland vorgenommenen einseitigen Verstoßung der Ehefrau durch den Ehemann zeigt sich die Rechtsprechung

---

1149 Siehe Cass.civ.[1] 31.1.2006 (online: www.courdecassation.fr/agenda/agenda_new/I-2006-01-31-0420689-Decision-civ1.htm).

1150 Walter/Baumgartner-*Kessedjian*, Recognition and Enforcement of Foreign Judgments, S. 196 f.; *Mayer/Heuzé*, D.i.p., no. 384.

1151 Siehe unten II B 3 c.

1152 Beispielsweise Cass.civ.[1] 10.3.1982, RCDIP 1982.724 mit Anmerkung Mezger, wo die Ordre-public-Widrigkeit eines deutschen Urteils (auf Vaterschaftsfeststellung und Kindesunterhalt), das auf der Geständnisfiktion bei Säumnis des Beklagten basierte, festgestellt wurde.

1153 Cass.civ.[1] 3.12.1996, RCDIP 1997.328 mit Anmerkung Muir Watt.

1154 T.g.i. Paris 24.11.1977, RCDIP 1980.337 mit Anmerkung Couchez (Algerisches Urteil gegen einen Beklagten, der in der Klageschrift zwar erwähnt, gegen den aber kein Anspruch geltend gemacht worden war).

1155 Artt. 515-1 bis 515-7 C.civ. Anders als in manchen anderen Rechtsordnungen kann diese Lebenspartnerschaft auch von Personen verschiedenen Geschlechts geschlossen werden.

1156 Siehe beispielsweise Cass.civ.[1] 3.1.1980 „Dame Bendeddouche c. dame Boumaza", RCDIP 1980.331 mit Anmerkung Batiffol, wo die (nach französischem Recht zu beurteilenden) erbrechtlichen Klagen zweier Ehefrauen des Verstorbenen zugelassen wurden.

sprunghaft. Seit einer Entscheidung der Cour de cassation von 1983[1157] sahen französische Gerichte den Ordre public als gewahrt an, wenn beide Ehepartner die Staatsangehörigkeit eines Staates besessen hatten, dessen Recht diese Form der Eheauflösung zuließ und die Frau finanziell hinreichend abgesichert worden war. Die Missbräuchlichkeit der Inanspruchnahme des ausländischen Forums und eine eventuelle Verletzung der Verteidigungsrechte der Frau stellten allerdings – bereits nach allgemeinen Regeln[1158] – zusätzliche Anerkennungshindernisse dar. Spätestens mit einer Entscheidung von 1997[1159] änderte sich dies. Fortan wurde die Anerkennung einseitiger Verstoßungen mit der Begründung versagt, dass eine allein auf dem Willen des Mannes beruhende Eheauflösung gegen Art. 5 des siebten Zusatzprotokolls zur EMRK verstoße, der die Gleichheit der Ehegatten bei der Scheidung postuliere; diese Garantie hätten französische Gerichte gegenüber jeder Person zu wahren, die ihrer Gerichtshoheit unterfalle.[1160] Einen erneuten Rechtsprechungswandel brachte jedoch eine weitere Entscheidung von 2001,[1161] der zu Folge der Ordre public der Anerkennung einer Verstoßung nicht mehr entgegenstehen sollte, sofern ein kontradiktorisches Verfahren stattgefunden hatte und die Frau finanziell hinreichend[1162] abgesichert worden war. Auch weiterhin durfte die Inanspruchnahme des ausländischen Forums nicht missbräuchlich erscheinen. In zwei Entscheidungen aus dem Jahr 2004[1163] gab die Cour de cassation diese Position schließlich zumindest für die (zahlreichen) Fälle wieder auf, in denen wenigstens die Ehefrau in Frankreich domiziliert ist. In beiden Entscheidungen wurde einer in Algerien vorgenommenen Verstoßung die Anerkennung versagt, obwohl beide Ehegatten algerischer Nationalität waren und in Algerien geheiratet hatten, die Frau finanziell hinreichend entschädigt worden war, ein kontradiktorisches Verfahren stattgefunden hatte, und auch die Wahl des ausländischen Forums

1157 Cass.civ.[1] 3.11.1983 „Rohbi“, RCDIP 1984.325, 1ère esp. mit Anmerkung Fadlallah.

1158 Dazu unten II B 3 c (1) bb bzw. II B 4 b (1).

1159 Cass.civ.[1] 11.3.1997, D. 1997.400 mit Anmerkung M.-L. Niboyet; angedeutet hatte dies bereits Cass.civ.[1] 1.6.1994, RCDIP 1995.103, 2e esp. mit Anmerkung Déprez.

1160 Eingehend zur Reaktion des französischen IPR auf die islamische Verstoßung vor 2001: *El-Husseini* Begdache, Le droit international privé français et la répudiation islamique.

1161 Cass.civ.[1] 3.7.2001 „Douibi“, RCDIP 2001.704 mit Anmerkung Gannagé. Vgl. dazu die opponierende Entscheidung der C.A. Paris vom 13.12.2001, RCDIP 2002.731 mit Anmerkung Gannagé.

1162 In der genannten Entscheidung wurde dies bejaht, obgleich die an die in Frankreich lebende Ehefrau zu zahlende Summe nur 40.000 Dinar (etwa 1330 Euro) betrug!

1163 Cass.civ.[1] 17.2.2004, Gaz.Pal.Rec.2004.Jur.567 mit Anmerkung M.L. Niboyet. Die Entscheidung erging im Rahmen des französisch-algerischen Anerkennungsabkommens, das wie das autonome Anerkennungsrecht eine Ordre-public-Kontrolle vorsieht. Allgemein zum Einfluss der EMRK auf bilaterale Anerkennungsabkommen mit den maghrebinischen Staaten *Guerchoun*, JDI 2005.695 ff.

nicht missbräuchlich erschien. Begründet wurden diese Entscheidungen wie die von 1997 mit dem Verstoß gegen Art. 5 des siebten Zusatzprotokolls zur EMRK.

Neuerdings steht die Ordre-public-Konformität von erbrechtlichen Entscheidungen, die außereheliche Kinder benachteiligen, in Frage. Diese Diskriminierung wurde nämlich in Frankreich durch Gesetz vom 3. Dezember 2001[1164] – mit dem die französische Legislative auf eine Verurteilung Frankreichs durch den Europäischen Gerichtshof für Menschenrechte reagierte – verboten.

In vermögensrechtlichen Angelegenheiten hat der materiellrechtliche Ordre public äußerst selten zur Anerkennungsversagung geführt.[1165] So wird etwa die Anerkennung einer Verurteilung zur Zahlung eines Rechtsanwaltshonorars quota litis nicht als Ordre-public-widrig angesehen, obwohl eine solche Vereinbarung nach französischem Recht unzulässig ist.[1166] Nicht anerkennbar sind immerhin ausländische Entscheidungen, die das Verbot der Einzelzwangsvollstreckung nach Insolvenzeröffnung missachtet haben.[1167]

Eine Diskussion über die Anerkennbarkeit von Entscheidungen, die Strafschadensersatz zusprechen, zeichnet sich weder in der französischen Rechtsprechung noch im französischen Schrifttum ab. Dies mag damit zusammenhängen, dass angesichts pönaler Elemente im französischen Zivilrecht sowie des recht weit greifenden Schadensersatzrechts geringere Bedenken gegenüber derartigen Entscheidungen bestehen mögen als in Deutschland. So stellt insbesondere das Rechtsinstitut der *astreinte*[1168] ein eindeutig pönales Element im Zivilrecht dar. Zudem sind nach französischem Recht auch immaterielle Schäden allgemein ersatzfähig und fallen Schadensersatzbeträge bei Körperverletzungen sowie Schmerzensgelder deutlich höher aus als in Deutschland. Ein weit greifendes Schadensersatzrecht

---

1164 Loi no. 2001-1135. Durch das Gesetz wurde u.a. Art. 760 C.civ. a.F. abgeschafft, dem zu Folge ein außereheliches Kind nur die Hälfte dessen erbte, was ihm zugestanden hätte, wären alle Kinder des Erblassers (es selbst eingeschlossen) ehelich. Nunmehr bestimmt der gleichzeitig reformierte Art. 735 C.civ.: *Les enfants ou leurs descendants succèdent à leurs père et mère ou autres ascendants, sans distinction de sexe, ni de primogéniture, même s'ils sont issus d'unions différentes.*

1165 Walter/Baumgartner-*Kessedjian*, Recognition and Enforcement of Foreign Judgments, S. 199.

1166 C.A. Paris 10.7.1992, D. 1992.459 mit Anmerkung Jarrosson.

1167 Walter/Baumgartner-*Kessedjian*, Recognition and Enforcement of Foreign Judgments, S. 199.

1168 Siehe Artt. 33 ff. der *Loi no. 91-650 du 9 juillet 1991 portant réforme des procédures civiles d'exécution.* Es handelt sich dabei um eine zur Sicherung der Vollstreckung gerichtlicher Entscheidungen angeordnete Privatstrafe, die i.d.R. vollständig dem Gläubiger zu Gute kommt (allerdings kann das Gericht nach Art. 36 al. 2 des genannten Gesetzes anordnen, dass ein Teil einem staatlichen Sozialfond zu Gute kommt) und nicht auf die Schadensersatzverpflichtung angerechnet wird, siehe *Chabas*, Astreintes, no. 64 ff.

allein spricht zwar nicht zwingend gegen die Ordre-public-Widrigkeit von *punitive damages*. Denn grundsätzlich richtet sich auch der Ersatz immaterieller Schäden an dem Schaden aus, der dem Kläger tatsächlich entstanden ist, wohingegen *punitive damages* zumindest auch präventive Wirkung entfalten sollen.[1169] Hinzu kommt aber, dass französische Gerichte ihren im Rechtsmittelverfahren nicht angreifbaren Einschätzungsspielraum *(pouvoir souverain des juges du fond)* bei der Bemessung der Höhe der *astreinte* und des immateriellen Schadens häufig nutzen, um die Höhe der zu zahlenden Summe besonderen Fallumständen anzupassen. Auch wenn dies in den Entscheidungsgründen nicht ausdrücklich erwähnt wird, lässt sich durchaus eine gewisse Beziehung zwischen Form bzw. Schwere des Fehlverhaltens, einer möglicherweise erforderlichen Abschreckungswirkung und der Höhe der zu zahlenden Summe feststellen. So verurteilte etwa das T.g.i. Paris im Jahr 1984 ein Presseunternehmen zu einer (bereits herabgesetzten) *astreinte* in Höhe von 480.000 Francs, um den Rückruf rechtswidriger Presseerzeugnisse sicherzustellen.[1170] Dort dürfte der Abschreckungseffekt in die Bemessung der Summe eingeflossen sein. Der Gedanke, dass *punitive damages* nur einen andere Art darstellen, die Höhe des zu zahlenden Betrages in Beziehung zur Form und Schwere des Schädigerverhaltens zu setzen, führte kürzlich auch in Spanien zur Anerkennung eines (texanischen) Strafschadensersatzurteils.[1171]

Neuere gesetzgeberische Aktivitäten stützen die Annahme der Ordre-public-Konformität ausländischer Strafschadensersatzurteile. Zum einen sieht der mit Gesetz vom 15.5.2001 *(Loi sur les nouvelles régulations économiques)* eingeführte dritte Absatz des Art. L.442-6 C.com.[1172] vor, dass französische Zivilgerichte bestimmte wettbewerbswidrige Verhaltensweisen auf Antrag durch eine Geldstrafe *(amende civile)* von bis zu zwei Millionen Euro sanktionieren können. Zum anderen liegt seit dem 22.9.2005 ein Reformvorschlag zum französischen Obligationen- und Verjährungsrecht vor, dem zu Folge Art. 1371 C.civ. neu gefasst werden soll.[1173] Fortan wären französische Gerichte befugt, im Fall vorsätzlicher

---

1169 So auch Corte d'appello di Venezia 15.10.2001, [2005] JLC 251, 259 ff., wo die Anerkennung einer *punitive damages* zugebilligenden Entscheidung aus Alabama versagt wurde.

1170 T.g.i. Paris 31.1.1984, D.1984.Jur.283 mit Anmerkung Lindon.

1171 Corte de casación 13.11.2001, [2005] JLC 231, 241 f.

1172 ***Art. L.442-6 al. 3 C.com.*** „*(...) Ils [Le ministre chargé de l'économie et le ministère public] peuvent aussi, pour toutes ces pratiques, faire constater la nullité des clauses ou contrats illicites, demander la répétition de l'indu et le prononcé d'une amende civile dont le montant ne peut excéder 2 millions d'euros. (...).*"

1173 Siehe das *Avant projet de réforme du droit des obligations et du droit de la prescription, Rapport à M. Pascal Clément, Garde des Sceaux, Ministre de la Justice,* 25.9.2005

fehlerhafter Schadenszufügung *(faute manifestement délibérée)*, insbesondere bei bewusst lukrativem Fehlverhalten *(faute lucrative)*[1174], Strafschadensersatz *(dommages-intérêts punitifs)* zuzusprechen. Daran zeigt sich, dass das in Frankreich bislang geltende Dogma, Schadensersatz diene ausschließlich dem Ausgleich tatsächlich entstandenen Schadens,[1175] ins Wanken gerät.

Sofern der Kläger die Zuständigkeit eines ausländischen Gerichts allerdings bewusst ausnutzt, um Schadensersatz in einer Höhe zu erlangen, die in einem französischen Verfahren undenkbar wäre, kommt gleichwohl die Annahme einer anerkennungshindernden *fraude au jugement* in Betracht.[1176]

(3) Belgien

In Belgien ist der anerkennungsrechtliche Ordre public in Art. 25 § 1 no. 1 CDIP geregelt. Eine Definition des Begriffs des Ordre public enthält die Vorschrift nicht. Einer Formulierung der belgischen Cour de cassation (im Bezug auf den kollisionrechtlichen Ordre-public-Vorbehalt des Art. 21 CDIP) zu Folge umfasst er die „für die moralische, politische und wirtschaftliche Ordnung essentiellen Prinzipien". Nach den Gesetzesmaterialien sind auch Vorgaben aus der EMRK und dem EGV zu berücksichtigen.[1177] Wie in Frankreich hat die Ordre-public-Hürde vor allem in nichtvermögensrechtlichen Angelegenheiten Bedeutung erlangt.

Die Anerkennbarkeit von ausländischen Entscheidungen, die Strafschadensersatz zusprechen, wird soweit ersichtlich wie in Frankreich kaum problematisiert. Auch in Belgien dürften die Bedenken gegen eine Anerkennung geringer ausfallen als in Deutschland. Denn abgesehen davon, dass das belgische Recht Schadensersatz und Schmerzensgeld entsprechend den Prinzipien des französischen

---

(online: www.justice.gouv.fr/publicat/rapport/RAPPORTCATALASEPTEMBRE2005.pdf). Der Entwurf des neugefassten Art. 1371 C.civ. findet sich auf S. 162 des Berichts.

1174 Gemeint sind Verhaltensweisen, deren wirtschaftlicher Nutzen so hoch ist, dass auch bei vollumfänglicher Begleichung des entstandenen Schadens noch ein positives Saldo zu Gunsten des Schädigers verbleibt, siehe *Court de Fontmichel*, Rev.dr.unif. 2005.337 sowie *Grynbaum*, D.2006.chr.655 (656). Unter den Begriff der *faute lucrative* fällt es etwa, wenn ein großer Automobilhersteller schadhafte Reifen nicht zurückruft, weil der drohende Imageverlust und der damit einhergehende Einbruch der Verkaufszahlen um ein vielfaches den Betrag überschreiten, der für die Reparation sämtlicher eintretender Schäden veranschlagt wird. In derartigen Fällen wird auch in Common-law-Jurisdiktionen Strafschadensersatz zugebilligt.

1175 *Viney/Jourdain*, Les effets de la responsabilité, no. 6; *Court de Fontmichel*, Rev. dr.univ. 2005.737 (741 f.).

1176 Dazu unten II B 4 b (1).

1177 *Proposition de loi, Commentaire* – Art. 21 CDIP.

Rechts bemisst, kennt es seit 1980 ebenfalls das Rechtsinstitut der *astreinte*[1178] (Artt. 1385bis-1385nonies C.jud.). Pönale Elemente sind also auch dem belgischen Zivilrecht nicht gänzlich fremd. In evidenten Missbrauchsfällen kommt im Übrigen wie in Frankreich die Annahme einer anerkennungshindernden *fraude à la loi*[1179] in Betracht.

Eine spezielle Ausprägung der Ordre-public-Hürde findet sich in Art. 57 CDIP. Vor der Reform des belgischen IZVR versagte die Rechtsprechung einer im Ausland vorgenommenen Verstoßung der Frau durch den Mann, die vice versa nicht möglich gewesen wäre, regelmäßig die Anerkennung unter Berufung auf eine Verletzung des zum belgischen internationalen Ordre public zählenden Gleichheitsgrundsatzes.[1180]

Art. 57 CDIP synthetisiert diese Rechtsprechung, ergänzt sie aber auch. Gemäß Art. 57 § 1 CDIP ist die Anerkennung einer Eheauflösung, die auf dem Willen des Ehemanns fußt,[1181] grundsätzlich unzulässig, wenn die Frau nicht über das gleiche Recht verfügt. In diesem Fall ist eine Anerkennung nur nach Maßgabe des Art. 57 § 2 CDIP möglich. Nach dieser Vorschrift müssen kumulativ zu den normalen Anerkennungsvoraussetzungen folgende weitere Anerkennungsvoraussetzungen erfüllt sein: Die Verstoßung muss von einer gerichtlichen Instanz des Staates, in dem sie vorgenommen wurde, bestätigt worden sein, weder Mann noch Frau dürfen zum Zeitpunkt der Bestätigung einem Staat angehört oder ihren gewöhnlichen Aufenthalt in einem Staat gehabt haben, in dem diese Form der Eheauflösung unbekannt war,[1182] und die Frau muss der Verstoßung nachweislich und freiwillig zugestimmt haben. Dabei muss die Zustimmung nicht beim Ausspruch der Verstoßung vorliegen, sondern kann auch noch im gerichtlichen Bestätigungsverfahren erfolgen. Ein dem Bestätigungsverfahren nachfolgendes Verhalten (z.B. die Anforderung einer Niederschrift der Entscheidung) kann dagegen keinesfalls als wirksame Zustimmung gewertet werden.[1183]

Diese Regelung gibt klare Anerkennungskriterien vor, die geeignet sind, diejenige Statussicherheit zu schaffen, die insbesondere die sprunghafte französische

---

1178 Siehe dazu *Fettweis*, Manuel de procédure civile, no. 950-952.

1179 Dazu unten II B 4 b (4).

1180 Walter/Baumgartner-*Kessedjian*, Recognition and Enforcement of Foreign Judgments, S. 96 m.N. aus der Rechtsprechung in Fn. 118.

1181 Darunter fällt nach den Gesetzesmaterialien nicht nur die einseitige Verstoßung *(talaq)*, sondern auch die Verstoßung gegen Entschädigung *(khol)*, bei der die Frau den Mann dazu auffordert, sie gegen eine von ihr zu zahlende Entschädigung zu verstoßen. Zur Anwendbarkeit des Art. 57 CDIP auf weitere Verstoßungsformen des marrokanischen *(Chiqaq, tamlik)* und tunesischen Rechts siehe Carlier, RCDIP 2005.33 Fn. 58.

1182 Dieser Passus orientiert sich an subsection 46 (2) des englischen *Family Law Act 1986.*

1183 Siehe *Proposition de loi, Commentaire* – Art. 57 CDIP.

Rechtsprechung vermissen lässt. Gegenläufig wirkt freilich, dass die Anerkennung – zumindest nach dem Wortlaut der Vorschrift – im Ermessen des Gerichts steht. Rechtspolitisch ist es sinnvoll, eine explizite Regelung zu schaffen, die eine Anerkennung nicht pauschal verbietet. Einseitigen Eheauflösungen, die auf Grund der ständig wachsenden Zahl in Belgien lebender Muslime immer häufiger vorkommen, stets jede Wirkung auf belgischem Territorium abzusprechen, ginge an den Bedürfnissen der Realität vorbei. Eine systematische Anerkennungsversagung führt auch in den Fällen zu hinkenden Rechtsverhältnissen, in denen eine Anerkennung vertretbar erscheint.[1184] Jedoch ist es angesichts des Gebotes eines fairen Verfahrens zweifellos erforderlich, strenge Voraussetzungen aufzustellen. Die belgische Regelung vereint etliche wichtige, bereits aus dem französischen und deutschen Anerkennungsrecht bekannte Elemente. Die kumulativen Voraussetzungen einer gerichtlichen Überprüfung (oder Bestätigung) der Verstoßung im Erststaat, des Einverständnisses der Ehefrau und eines starken Bezuges zu einem verstoßungsfreundlichen Staat sind geeignet, die Anerkennung auf die Fälle zu beschränken, in denen insgesamt von einem tragbaren Ergebnis ausgegangen werden darf. Das Erfordernis einer gerichtlichen Bestätigung der Verstoßung erscheint allerdings zu streng. Denn die Ehegatten werden zum Zeitpunkt der Auflösung ihrer Ehe im verstoßungsfreundlichen Aufenthaltsstaat häufig nicht daran denken, eine solche einzuholen. Möchte einer der Ehegatten – möglicherweise erst Jahre später – eine weitere Ehe eingehen, kann es äußerst schwierig sein, eine solche Bestätigung nachfertigen zu lassen.[1185] Auch die Anknüpfung an die Nationalität der Ehepartner kann in Grenzfällen problematisch sein. Zu denken ist hier etwa an einen Marokkaner, der eine marokkanisch-belgische Doppelstaatlerin heiratet und mit dieser nach Marokko zieht. Wird die Ehe nach Jahren auf seinen Willen hin aufgelöst, zieht die Ehefrau wiederum Jahre später nach Belgien und möchte dort erneut heiraten, ist äußerst fraglich, ob eine Anerkennungsversagung angebracht ist, obgleich zum Zeitpunkt der Eheauflösung ja nahezu keine Verbindungen zu Belgien bestanden.[1186]

(4) Québec

Gemäß Art. 3155 no. 5 C.C.Q. ist eine ausländische Entscheidung nicht anzuerkennen, wenn ihr Ergebnis offensichtlich mit dem internationalen Ordre public, der auch in Québec den prozessualen Ordre public umfasst, unvereinbar ist. Die Ergebnisbezogenheit der Ordre-public-Kontrolle hat sich allerdings nur mit Mühe

1184 Zu den teilweise bedenklichen Konsequenzen der Nichtanerkennung einseitiger Verstoßungen *Rauscher*, Talaq und deutscher Ordre public, IPRax 2000, 391 (394).

1185 Eindrückliche Beispiele liefert *Barnich*, Rev.not.belge, 6 ff. (45 f.).

1186 Siehe *Watté*, JDI 2006.851 (887).

durchgesetzt. Wie bereits erwähnt,[1187] wurden ausländische Entscheidungen, die eine Quebecer Eingriffsnorm nicht angewandt hatten, unter altem Recht gemäß 180.1 C.P.C.Q. nicht anerkannt – unabhängig vom konkreten Entscheidungsergebnis. Obwohl schon Art. 3520 des Reformprojekts von 1988 die Nachprüfung der ausländischen Entscheidung auf eine reine Ergebniskontrolle beschränkte, Art. 180.1 C.P.C.Q. im Zuge der Reform abgeschafft wurde und die Quebecer Cour d'appel 1996 nochmals ausdrücklich klarstellte, dass die generelle Anwendbarkeit einer Eingriffsnorm seither nicht mehr von Bedeutung sei, sondern allein das konkrete Entscheidungsergebnis seine Konformität mit dem Ordre public zu überprüfen sei,[1188] maßen manche der danach ergangenen Entscheidungen noch immer das angewandte Recht als solches, nicht das Ergebnis am Ordre public.[1189]

Die einseitige Verstoßung der Ehefrau wird in Québec als Verletzung des Prinzips der Gleichheit von Mann und Frau angesehen.[1190] Hinzukommt, dass das anwendbare Recht häufig von einer absoluten Gütertrennung ausgeht, wodurch ein weiteres fundamentales Prinzip des Quebecer Rechts, der Schutz des wirtschaftlich schwächeren Ehepartners, verletzt wird.[1191] Daher ist eine einseitige Verstoßung der Ehefrau kaum denkbar.[1192] Diese Rigorosität dürfte nicht zuletzt damit zusammenhängen, dass der Anteil der Muslime an der Gesamtbevölkerung Québecs bedeutend kleiner ist als in Frankreich oder Belgien,[1193] sodass auch die

---

1187 Siehe oben II B 3 a (5) aa iv.

1188 Cour d'appel 21.11.1996 „Mutual Trust c. St-Cyr, [1996] R.D.J. 623 (C.A.), S. 633.

1189 Etwa Cour supérieure 28.2.1997 „Droit de la famille – 2054, [1997] R.J.Q. 1124 (C.S.), wo ein algerisches Scheidungsurteil nicht anerkannt wurde, weil „das algerische Recht eine Scheidungsbegehren des Frau, nicht aber des Mannes, an die Angabe von Gründen knüpft." Kritisch dazu *Talpis/Kath*, If I am from Grand-Mère, Why Am I Being Sued in Texas, S. 167.

1190 Cour supérieure 20.12.2002 „L.P. c. F.B.", www.jugements.qc.ca, no. 750-12-011034-027, Punkt 53 (unter Verweis auf Cour supérieure 28.2.1997 „Droit de la famille – 2054, [1997] R.J.Q. 1124 (C.S.)): *„Le simple fait que le Code de la famille algérien permette à l'époux de répudier son épouse, que ceci se fasse sous contrôle judiciaire ou non, constitue un manquement fondamental à l'ordre public international."*

1191 Cour supérieure 20.12.2002 „L.P. c. F.B.", www.jugements.qc.ca, no. 750-12-011034-027, Punkt 54: *„Enfin, la preuve révèle que le droit marocain prône le régime de séparation absolue des biens, ce qui risque de heurter le fondement à la base de la législation familiale, au Canada, qui est axé sur la protection de l'époux économiquement faible."*

1192 Cour supérieure 20.12.2002 „L.P. c. F.B.", www.jugements.qc.ca, no. 750-12-011034-027, Punkt 55: *„En conséquence, l'application et le résultat de la loi marocaine seront rarement conformes à notre notion d'ordre public international."*

1193 Im Jahr 2001 waren 83% der Quebecer Bevölkerung römisch-katholischen, jedoch nur 1,4% muslimischen Glaubens. In Frankreich lag der Anteil der Muslime an der

Fälle von hinkenden Rechtsverhältnissen, die auf der versagten Anerkennung einer einseitigen Verstoßung beruhen, seltener sein dürften.

Die Anerkennung ausländischer Entscheidungen, die Strafschadensersatz zusprechen, scheitert dagegen nur selten an Ordre-public-Erwägungen. Zwar kennt das Quebecer Recht das Rechtsinstitut der *astreinte* nicht, enthält jedoch selbst Bestimmungen, die die Zubilligung von Strafschadensersatz durch Quebecer Gerichte zulassen. So autorisiert Art. 49 al. 2 der Charte québequoise, jede bewusste und schadensstiftende Verletzung eines der in dieser Charta verbürgten Rechte durch *punitive damages* zu sanktionieren. Angesichts der Vielzahl der darin verbürgten Rechte ist der Anwendungsbereich dieser Bestimmung sehr weit.[1194] Auch sondergesetzliche Bestimmungen autorisieren die Zubilligung von Strafschadensersatz, etwa Art. 272 der *Loi sur la protection du consommateur*[1195] oder Art. 54.10 der *Loi sur la régie du logement*[1196].

Folglich verstößt die Gewährung von Strafschadensersatz als solche nicht gegen den Quebecer Ordre public. Befinden sich Schädiger und Verletzter wirtschaftlich auf einer Augenhöhe, können selbst Verurteilungen zu sehr hohen Ersatzsummen anerkennbar sein. Die Zubilligung extremen, zum Schaden oder der Wirtschaftskraft des Schädigers außer Verhältnis stehenden Schadensersatzes kann aber gleichwohl gegen den Ordre public verstoßen. So hielt die Cour supérieure in einer Entscheidung von 1999 die dem Beklagten von einem texanischen Gericht auferlegte Verpflichtung zur Zahlung von neun Millionen US-Dollar bei einem bewiesenen Schaden von 96 US-Dollar für so extrem, dass sie einen Ordre-public-Verstoß nicht ausschließen konnte.[1197] Auch ein bislang nicht verabschiedeter Vorschlag einer *Loi uniforme sur l'exécution des jugements étrangers*[1198] sieht in Art. 6 eine betragsmäßige Begrenzung der Anerkennung auf die von kanadischen Gerichten in vergleichbaren Fällen zugesprochenen *punitive damages* vor.

(5) Zeitpunkt der Ordre-public-Widrigkeit

Die Anschauungen darüber, welche Rechtsgrundsätze zum internationalen Ordre public zählen, können sich im Lauf der Zeit wandeln. Tritt ein solcher Wandel

---

Gesamtbevölkerung bei etwa 8%. Allerdings ist der Islam auch in Québec die am stärksten wachsende und mittlerweile drittstärkste Glaubensrichtung.

1194 *Carval*, La responsabilité civile dans sa fonction de peine privée, no. 58 f., 61.

1195 L.R.Q., chapitre P-40.1 (online: www.canlii.org/qc/legis/loi/p-40.1/20050809/tout.html).

1196 L.R.Q., chapitre R-8.1 (online: www.canlii.org/qc/legis/loi/r-8.1).

1197 Cour supérieure 26.3.1999 „Cortas Canning and Refrigerating Co. c. Suidan Bros. Inc.“, [1999] R.J.Q. 1227 (1239 ff.), bestätigt durch Cour d'appel du Québec (J.E. 99-827, [1999] R.J.Q. 1227). Das Gericht befand allerdings nur obiter dictum über die Frage, da es bereits die Anerkennungszuständigkeit des Erstgerichts verneint hatte.

1198 Online: www.ulcc.ca/fr/us/index.cfm?sec=1&sub=1e5.

zwischen dem Erlass der ausländischen Entscheidung und dem Anerkennungsbegehren ein, stellt sich die Frage, ob der Ordre public zur Zeit des Ergehens der ausländischen Entscheidung oder der aktuelle Stand des Ordre public (d.h. im Zeitpunkt der Anerkennungsentscheidung) maßgeblich ist.

Die in Deutschland h.M. stellt auf den Zeitpunkt der inländischen Anerkennungsentscheidung ab.[1199] Ein Teil des Schrifttums hält hingegen den Zeitpunkt der Anerkennung, der mit dem Eintreten der Wirkungen der ausländischen Entscheidung im Erststaat gleichzusetzen ist,[1200] für ausschlaggebend.[1201] Die zweitgenannte Ansicht führt somit zu einer deutlichen Vorverlagerung. Sofern es um eine Vollstreckbarerklärung geht, wird aber einmütig auf den Zeitpunkt der Exequaturentscheidung abgestellt, da diese ex nunc wirkt.[1202]

Obwohl auch in Frankreich heute in vielen Bereichen kein gesondertes Anerkennungsverfahren mehr erforderlich ist[1203] und somit großteils von einer rückwirkenden Erstreckung der Urteilswirkungen ausgegangen wird,[1204] wird nicht erwogen, auf den Anerkennungszeitpunkt abzustellen. Die Cour de cassation hat sich in der „Marret"-Entscheidung von 1976 grundsätzlich für das „Aktualitätsprinzip" entschieden.[1205] Zu beurteilen war folgender Fall: Ein deutsches Gericht hatte die Vaterschaft des französischen Monsieur Marret gegenüber dessen nichtehelichem deutschen Kind festgestellt und ihn zur Leistung von Unterhalt verurteilt. Zum damaligen Zeitpunkt hatte die Vaterschaftsfeststellung gegenüber verheirateten Männern allerdings gegen den französischen internationalen Ordre public verstoßen. Als der Fall der Cour de cassation vorgelegt wurde, war ein derartiger Antrag auf Vaterschaftsfeststellung wegen einer Änderung des *Code civil* im Jahr 1972 hingegen auch nach französischem Recht zulässig. Der Gerichtshof stellte fest, dass der französische internationale Ordre public im Zeitpunkt der Exequaturentscheidung maßgeblich sei. Begründet wurde dies damit, dass ein französisches Gericht nicht entgegen der Rechtslage am Tag der Urteilsverkündung entscheiden dürfe. Im Schrifttum wird allerdings vorgeschlagen, bei einer Wandlung des Ordre public, der seinen Grund in der Änderung der Gesetzeslage (und nicht in einer

---

1199 BGH 23.4.1959, BGHZ 30, 89, 97; BGH 26.6.1969, BGHZ 52, 184, 192; BGH 11.4.1979, NJW 1980, 529, 531; BGH 21.4.1998, IPRax 1999, 466; *Fischer*, IPRax 1999, 450, 453; weitere Nachweise bei *Völker*, Zur Dogmatik des Ordre public, S. 246 ff. m.w.N.

1200 Siehe unten II C 2.

1201 *Geimer*, IZPR, Rn. 29a m.w.N.

1202 *Geimer*, IZPR, Rn. 29a.

1203 Siehe oben II A 1 b.

1204 Siehe dazu unten II C 2.

1205 Cass.civ.[1] 23.3.1976 „Marret", JDI 1977.504 mit Anmerkung Kahn, RCDIP 1977.746 mit Anmerkung Foyer; Cass.civ.[1] 13.11.1979, RCDIP 1980.753 mit Anmerkung Simon-Depitre.

Änderung der Rechtsprechung) hat, das Übergangsrecht zu berücksichtigen. Lasse dieses Situationen, die vor der Gesetzesänderung gemäß altem französischem Recht entstanden seien, unberührt, so sei zu vermuten, dass der Gesetzgeber auch die (Un-)Wirksamkeit derjenigen Situationen nicht antasten wollte, die vor der Gesetzesänderung nach ausländischem Recht entstanden waren.[1206]

Das Quebecer Schrifftum folgt diesem Ansatz. Nur sofern sich aus dem entsprechenden Übergangsrecht nichts Gegenteiliges ergebe, sei der aktuelle Bestand des internationalen Ordre public maßgeblich.[1207] Auch in Belgien scheint man dies nicht anders zu sehen.

c) Wahrung der Verteidigungsrechte im Erststaat

Wie nach europäischem Zivilverfahrensrecht[1208] setzt die Anerkennung nach autonomem Anerkennungsrecht voraus, dass der Beklagte die Möglichkeit hatte, sich ordnungsgemäß zu verteidigen. Die rechtstechnische Ausgestaltung im Einzelnen unterscheidet sich allerdings.

(1) Rechtslage

aa) Deutschland

In Deutschland werden die Verteidigungsrechte des Beklagten durch zwei Mechanismen geschützt.

1. Ein Versäumnisurteil wird gemäß § 328 I Nr. 2 ZPO nicht anerkannt, wenn dem Beklagten das verfahrenseinleitende Schriftstück nicht ordnungsgemäß oder nicht so rechtzeitig zugestellt wurde, dass er sich verteidigen konnte. Dasselbe gilt bei anderen einseitigen Verfahren[1209] sowie dann, wenn die Entscheidung nicht wegen Säumnis erging, weil vor Gericht ein angeblicher oder ein ohne die Mitwirkung des Beklagten vom Gericht bestellter Vertreter des Beklagten erschienen ist.[1210] Indem die Vorschrift voraussetzt, dass sich der Beklagte nicht auf das Verfahren eingelassen hat, schützt sie lediglich das rechtliche Gehör im Stadium der Verfahrenseröffnung. Dessen Verletzung wird im Gegensatz zum europäischen Zivilverfahrensrecht nur auf Antrag des Beklagten, nicht von Amts wegen berücksichtigt. Wird die Einrede des mangelnden rechtlichen Gehörs geltend gemacht,

---

1206 *Mayer/Heuzé,* D.i.p., no. 204; diesen folgend, zumindest soweit es um eine Verschärfung des Ordre public geht, *Ancel/Lequette*, GAJDIP S. 552 f. no. 6.

1207 *Emanuelli*, D.i.p. québecois, no. 284, *Goldstein/Groffier*, D.i.p. I, no. 166.

1208 Vgl. Art. 27 Nr. 2 EuGVÜ / Art. 34 Nr. 2 EuGVO / Art. 23 c) EheVO II.

1209 Stein/Jonas-*Roth*, ZPO, § 328 Rn. 105.

1210 Stein/Jonas-*Roth*, ZPO, § 328 Rn. 109, 112.

hat der Kläger die ordnungsgemäße Zustellung zu beweisen, wobei jedes Beweismittel zulässig ist.[1211] Ob die Zustellung ordnungsgemäß erfolgt ist, richtet sich nach der ausländischen lex fori. Dagegen lässt die Einhaltung der vom ausländischen Recht vorgesehenen Ladungsfristen nicht automatisch darauf schließen, dass der Beklagte auch ausreichend Zeit für die Vorbereitung seiner Verteidigung hatte; insofern sind die konkreten Umstände des Einzelfalls zu berücksichtigen.[1212] Aufgrund der nahezu identischen Formulierung von Art. 27 Nr. 2 EuGVÜ und § 328 I Nr. 2 ZPO hat sich die deutsche Rechtsprechung bei der Auslegung des letzteren an der Auslegung des ersteren durch den EuGH orientiert.[1213]

2. In den von § 328 I Nr. 2 ZPO nicht erfassten Fällen ist die Wahrung der Verteidigungsrechte unter dem Gesichtspunkt des prozessualen Ordre public zu prüfen.

bb) Frankreich

In Frankreich wird die ausländische Entscheidung nach der Formulierung der „Bachir"-Entscheidung in verfahrensrechtlicher Hinsicht auf die „Verletzung des Ordre public und der Verteidigungsrechte des Beklagten" geprüft. Trotz dieser bipolaren Ausdrucksweise wird der Verfahrensablauf nur unter einem Gesichtspunkt, nämlich dem des *ordre public international procédural* kontrolliert,[1214] der wie bereits erwähnt[1215] nicht mit *effet atténué*, sondern mit *plein effet* greift. Leitbild sind die Verfahrensgarantien des Art. 6 I EMRK, vor allem aber die Rechtsprechung zu Art. 27 Nr. 2 EuGVÜ.[1216] So versagt die Rechtsprechung ausländischen Verstoßungen häufig die Anerkennung, weil die Ehefrau im Erststaat nicht angehört worden ist.[1217] Obwohl es keine spezielle Regelung für Versäumnisurteile gibt, entscheiden über deren Anerkennung folglich ähnliche Kriterien wie in Deutschland. Die Ordnungsmäßigkeit der Zustellung des verfahrenseinleitenden

1211 Zöller-*Geimer*, ZPO, § 328 Rn. 145f.

1212 Stein/Jonas-*Roth*, ZPO, § 328 Rn. 115.

1213 BGH 2.12.1992, LM § 328 ZPO Nr. 42; Art. 34 Nr. 2 EuGVO enthält insofern eine Neuerung, als der Beklagte von der Möglichkeit Gebrauch gemacht haben muss, im Erststaat Rechtsmittel einzulegen.

1214 Dementsprechend hält *Gaudemet-Tallon*, Quelques réflexions, S. 456 eine gesonderte Prüfung der Wahrung der Verteidigungsrechte im Rahmen einer eventuellen EU-weiten Vereinheitlichung der Voraussetzungen für die Anerkennung von erbrechtlichen Urteilen für nicht notwendig.

1215 Siehe oben II B 3 b (2).

1216 Walter/Baumgartner-*Kessedjian*, Recognition and Enforcement of Foreign Judgments, S. 200.

1217 *Kahn*, JDI 1995.350 (353).

Schriftstücks wird einer Kombination aus den französischen und den erststaatlichen Zustellungsregeln beurteilt.[1218]

cc) Belgien

Das belgische enthält wie das deutsche und das europäische Anerkennungsrecht neben der allgemeinen Ordre-public-Kontrolle eine gesonderte Regelung zur Wahrung der Verteidigungsrechte, deren Anwendungsbereich sich allerdings nicht auf die Anerkennung von Versäumnisurteilen beschränkt, sondern weiter gefasst ist als der des § 328 I Nr. 2 ZPO und der einschlägigen Bestimmungen des europäischen Anerkennungsrechts. Gemäß Art. 25 § 1 no. 2 CDIP ist die Anerkennung einer ausländischen Entscheidung ausgeschlossen, „wenn die Verteidigungsrechte verletzt wurden“. Dies entspricht Art. 570 al. 2 no. 2 C.jud. a.F. Prüfungsmaßstab sind die vom innerstaatlichen belgischen Recht[1219] und Art. 6 I EMRK[1220] garantierten Verteidigungsrechte. Insbesondere wird geprüft, ob die Parteien ordnungsgemäß geladen und vertreten wurden und ob der Beklagte ausreichend Zeit hatte, seine Verteidigung vorzubereiten. Im Fall eines Versäumnisurteils wird zudem geprüft, ob die Säumnis der Parteien vorschriftsmäßig festgestellt wurde.[1221] Im Fall einer einseitigen Verstoßung im Ausland setzt Art. 25 § 1 no. 2 CDIP, auf den Art. 57 § 2 no. 5 CDIP verweist, nach dem Willen des Gesetzgebers voraus, dass die verstoßene Ehefrau die Möglichkeit gehabt hat, im Rahmen der gerichtlichen Bestätigung der Verstoßung die ihr nach dem angewandten materiellen sowie nach dem ausländischen Verfahrensrecht zustehenden Einwände geltend zu machen.[1222]

dd) Québec

Auch in Québec gewährleisten gleich zwei spezielle Regelungen den Schutz der Verteidigungsrechte des Beklagten:

1218 C.A. Reims, 24.11.1977, JDI 1979.382 f.: Das Gericht sah in der Tatsache, dass die Zustellung des holländischen Urteils keinen Hinweis auf mögliche Rechtsbehelfe enthielt, keine Verletzung der Verteidigungsrechte. Zwar sei diese Information nach französischem Recht erforderlich, nicht aber nach holländischem. Im Bezug auf die Angemessenheit der Ladungsfrist stellte es fest, diese entspreche trotz anderer Berechnungsweise den Anforderungen des französischen Rechts. Siehe auch *Holleaux*, JDI 1979.386 (389) m.w.N.

1219 Cass. belge 5.1.1995, Pas. 1995, I, 15.

1220 *Rapport Sénat*, S. 65.

1221 Walter-Baumgartner-*Fevery*, Recognition and Enforcement of Foreign Judgments, S. 96 Nr. 33.

1222 *Proposition de loi, Commentaire* – Art. 57 CDIP.

1. Bei der Anerkennung von Versäumisentscheidungen gilt gemäß Art. 3156 C.C.Q. eine den Beklagten privilegierende, spezielle Beweislastregel. Die Anerkennung hängt davon ab, dass „der Kläger beweisen kann, dass dem säumigen Beklagten das verfahrenseinleitende Schriftstück gemäß dem Recht des Gerichtsstaates zugestellt wurde". Bestehen nur Indizien für eine ordnungsgemäße Zustellung, wird das Anerkennungsbegehren folglich abgelehnt.[1223] Selbst wenn die ordnungsgemäße Zustellung des verfahrenseinleitenden Schriftstücks nachgewiesen wird, hat das Gericht nach der Vorschrift die Befugnis, die Anerkennung nach seinem Ermessen zu versagen, „wenn die säumige Partei beweist, dass sie auf Grund der konkreten Fallumstände von diesem keine Kenntnis nehmen konnte oder nicht ausreichend Zeit hatte, ihre Verteidigung vorzubereiten". Art. 3156 C.C.Q. wird durch Art. 786 C.P.C.Q. ergänzt, wonach dem Anerkennungsgesuch eine beglaubigte Kopie der Zustellungsbestätigung beizufügen ist. Auch diese Anforderung wird von der Rechtsprechung streng gehandhabt.[1224]

Im historischen Kontext stellt diese Regelung allerdings eine Abmilderung gegenüber dem inzwischen aufgehobenen Art. 178 C.P.C.Q. dar. Dieser Bestimmung zu Folge konnte der Beklagte, der in einem Verfahren außerhalb der kanadischen Föderation wegen Säumnis verurteilt wurde, im Anerkennungsverfahren vor Quebecer Gerichten sämtliche Einwendungen, die ihm im Ursprungsverfahren zugestanden hätten, auch gegen die Anerkennung des Auslandsurteils geltend machen.

2. Steht kein Versäumnisurteil in Rede, kommt Art. 3155 no. 3 C.C.Q. zur Anwendung, wonach die Anerkennung zu versagen ist, „wenn die ausländische Entscheidung unter Verletzung essentieller Verfahrensvorschriften erlassen wurde." Das Gesetz präzisiert den Begriff der essentiellen Verfahrensvorschriften nicht weiter, was wohl damit zusammenhängt, dass es vor der Reform wegen des eben erwähnten Beklagtenprivilegs aus Art. 178 C.P.C.Q. nicht auf eine derartige Definition ankam.[1225] Aus den Gesetzesmaterialien ergibt sich jedoch, dass anders als in Belgien weniger das innerstaatliche Verfahrensrecht, als vielmehr universell anerkannte Verfahrensprinzipien maßgeblich sein sollen.[1226] So soll es zwar nicht

1223 Siehe Cour supérieure 26.2.2003 „LS 1990 06 01 ApS c. Ultimate Technographics Inc.", www.jugements.qc.ca, no. 500-05-071083-024, Punkt 7, wo das Anerkennungsbegehrens trotz etlicher Indizien für eine ordnungsgemäße Zustellung abgelehnt wurde.

1224 Siehe Cour supérieure 9.6.2004 „Brinker, Ink. c. Quality Goods I.M.D. Inc.", www.jugements.qc.ca no. 500-05-070463-029, wo die Anerkennung eines Urteils aus Florida versagt wurde, weil der Kläger nur eine einfache Kopie des Zustellungsnachweises vorlegen konnte.

1225 *Goldstein/Groffier*, D.i.p. I, no. 167.

1226 *Talpis*, Le Code civil du Québec, no. 471; *Emanuelli*, D.i.p. québecois, no. 282; *Goldstein/Groffier*, D.i.p. I, no. 167.

anerkennungshindernd wirken, wenn Anwälte oder Richter im fremden Verfahrensrecht eine andere Rolle spielen als im Quebecer Verfahrensrecht.[1227] Hingegen führt ein Verstoß gegen den auch in Art. 5 C.P.C.Q.[1228] verankerten, universellen Grundsatz des rechtlichen Gehörs zur Versagung der Anerkennung.[1229] So verweigerte die Cour supérieure die Anerkennung eines haitianischen Scheidungsurteils, weil der Ehemann das verfahrenseinleitende Schriftstück wider besseren Wissens an eine nicht mehr aktuelle Adresse der Ehefrau zustellen ließ.[1230] Welche Verfahrensrechte bei der Verstoßung der Ehefrau durch ihren Mann gewährleistet sein müssen, wurde bislang nicht entschieden, ist aber insofern kaum relevant, als die Anerkennung einer einseitigen Verstoßung ohnehin regelmäßig am materiellen internationalen Ordre public scheitert.[1231]

Da Art. 3155 no. 3 C.C.Q. eine umfassende Sanktionierung schwerer Fehler in jedem Stadium des ausländischen Verfahrens ermöglicht, kommt es nicht darauf an, ob Art. 3155 no. 5 C.C.Q. auch die Prüfung des *ordre public procédural* umfasst. Rechtsprechung und Schrifttum scheinen die Kontrolle des ordnungsmäßigen Verfahrens eher in Art. 3155 no. 3 C.C.Q. zu verorten.[1232]

(2) Vergleich

In allen verglichenen Rechtsordnungen wird die Wahrung der Verteidigungsrechte als Anerkennungsvoraussetzung von besonderer Bedeutung angesehen. Allein die Hürde des mit *effet attenué* zupackenden Ordre public wird daher übereinstimmend für unzureichend angesehen. In Deutschland, Belgien und Québec wirkt sich dies in mehr oder minder eng umgrenzten Sonderregelungen aus. In Frankreich kommt hingegen keine Sonderregelung, sondern der prozessuale Ordre public mit *plein effet* zur Anwendung.

Als besonders sensibel wird überall die Phase der Verfahrenseinleitung betrachtet, wie sich an den nahezu identischen Anforderungen an die Zustellung des verfahrenseinleitenden Schriftstückes zeigt. Auch die Anerkennung von Versäumnisurteilen wird übereinstimmend als besonders problematisch aufgefasst. Allerdings haben nur das deutsche und das Quebecer Recht dieser Fallgruppe

1227 Siehe *Glenn*, D.i.p., no. 104.
1228 ***Art. 5 C.P.C.Q.*** *Un jugement ne peut être prononcé contre une partie à moins qu'elle ait été entendue ou dûment appelée.*
1229 Cour supérieure 2.8.2005 „S.F. c. R.J.-S.", www.jugements.qc.ca, no. 500-12-264526-025, Punkt 43.
1230 Cour supérieure 7.11.1997 „L.D. c. J.-Y.C.", L.P.J. 98-0959.
1231 Siehe oben II B 3 b (4).
1232 Siehe Cour supérieure 2.8.2005 „S.F. c. R.J.-S.", www.jugements.qc.ca, no. 500-12-264526-025, Punkt 43; *Goldstein/Groffier*, D.i.p. I, no. 167.

eine gesonderte gesetzliche Regelung gewidmet. Dabei ist die Quebecer Version hinsichtlich der Anforderungen an den Beweis der ordnungsgemäßen Zustellung strenger als die deutsche, denn sie lässt nicht jedes Beweismittel genügen, sondern setzt eine beglaubigte Kopie der Zustellungsbestätigung voraus.

Entsprechend einer durch den Europäische Gerichtshof für Menschenrechte im Jahr 2001 auferlegten Verpflichtung[1233] respektieren die Gerichte Deutschlands, Frankreichs und Belgiens die aus Art. 6 I EMRK resultierenden Vorgaben im Rahmen der Urteilsanerkennung. Obwohl die EMRK in Québec nicht unmittelbar gilt, finden vergleichbare Standards auch dort Beachtung, da in Québec nicht nur mit der EMRK vergleichbare Konventionen gelten,[1234] sondern bei der rechtsvergleichenden Ermittlung universeller Verfahrensgarantien auch das unter dem Einfluss der EMRK stehende Recht Frankreichs und Englands in Bezug genommen wird.

Bezüglich der Verfahrensgarantien bei einer ausländischen Verstoßung werden in Frankreich und Deutschland die allgemeinen Mechanismen des anerkennungsrechtlichen Ordre public bzw. des § 328 I Nr. 2 ZPO bemüht, während das belgische Recht mit Art. 57 CDIP eine Sonderregelung enthält, die die Verteidigungsrechte der Frau, folgt man der vom Gesetzgeber intendierten Auslegung, in bemerkenswerter Weise stärkt. Am strengsten ist das Quebecer Recht, dem zu Folge die Anerkennung unabhängig vom konkreten Verfahrensablauf regelmäßig am materiellrechtlichen Ordre public scheitert.

d) Fehlen anderweitig rechtshängiger Verfahren sowie entgegenstehender Rechtskraft anderer Entscheidungen

Die anderweitige Rechtshängigkeit der Streitsache sowie die entgegenstehende Rechtskraft einer anderen Entscheidung können nicht nur ein erneutes Erkenntnisverfahren ausschließen, sondern auch die Anerkennung einer ausländischen Entscheidung hindern. Untersucht wird im Folgenden, inwieweit die verglichenen Rechtsordnungen derartige Anerkennungshindernisse aufstellen.

(1) Deutschland

aa) Internationale Litispendenz

Die Rechtshängigkeit eines identischen Verfahrens vor einem deutschen Gericht wirkt gemäß § 328 I Nr. 3 ZPO anerkennungshindernd, wenn die inländische

1233 EGMR 20.7.2001 „Pellegrini c. Italie", RCDIP 2004.106 mit Anmerkung Christians.

1234 Nämlich die Quebecer *Charte des droits et libertés de la personne* und die *Charte canadienne des droits et libertés.*

Rechtshängigkeit früher eingetreten ist als die ausländische. Es gilt mithin das Prioritätsprinzip.

Eine eventuelle Rechtshängigkeit in einem dritten Staat ist nach dieser Regelung nicht von Belang. Das drittstaatliche Verfahren könnte daher nur dann berücksichtigt werden, wenn bei der Prüfung der Anerkennungszuständigkeit auch die Regelung über die Verfahrensaussetzung wegen ausländischer Rechtshängigkeit spiegelbildlich angewendet würde. Dann wäre die Anerkennungszuständigkeit zu verneinen, wenn das ausländische Gericht die drittstaatliche Litispendenz missachtet hätte. Das Spiegelbildprinzip des § 328 I Nr. 1 ZPO nimmt jedoch lediglich die deutschen Zuständigkeitsregeln in Bezug, zu denen das Litispendenz-Prinzip nicht zählt.[1235]

bb) Res iudicata

Den Fall der Unvereinbarkeit der ausländischen Entscheidung mit einer anderen Entscheidung regelt § 328 I Nr. 3 ZPO. Danach schließt jede mit der ausländischen Entscheidung unvereinbare deutsche Entscheidung deren Anerkennung ohne Rücksicht auf das Prioritätsprinzip aus. Es gilt das Nationalitätsprinzip. Ein Anerkennungshindernis besteht auch bei Unvereinbarkeit mit einem drittstaatlichen, früher erlassenen und anzuerkennenden Urteil. Unvereinbar sind Urteile in diesem Zusammenhang jedenfalls dann, wenn sie den selben Streitgegenstand betreffen.[1236] Die wohl überwiegende Meinung legt den Begriff der „unvereinbaren Entscheidungen“ aber nach dem Vorbild der zu § 34 Nr. 3, 4 EuGVO entwickelten Rechtsprechung des EuGH aus,[1237] der zu Folge Entscheidungen miteinander unvereinbar sind, wenn sie *Rechtsfolgen haben, die sich gegenseitig ausschließen.*[1238]

1235 Aus demselben Grund wird auch die Zulässigkeit des Rechtswegs nicht spiegelbildlich geprüft, siehe Stein/Jonas-*Roth*, ZPO, § 328 Rn. 87.

1236 Stein/Jonas-*Roth*, ZPO, § 328 Rn. 119.

1237 EuGH 4.2.1988 „Hoffmann/Krieg“, Rs. 145/86, Slg. 1988, S. I-645.

1238 OLG Hamm 30.10.2000, FamRZ 2001, 1015; Müko-*Gottwald*, ZPO II, § 328 Rn. 91; *Lenenbach*, Die Behandlung von Unvereinbarkeiten zwischen rechtskräftigen Zivilurteilen nach deutschem und europäischem Zivilprozessrecht, S. 204; Baumbach/Lauterbach/Albers/*Hartmann*, ZPO, § 328 Rn. 27; *Musielak*, ZPO, § 328 Rn. 20 m.w.N.; wohl auch *Geimer*, IZPR, Rn. 2891. Für eine restriktive Interpretation des autonomen Unvereinbarkeitsbegriffs dagegen *Schack*, IZVR, Rn. 858; Stein/Jonas-*Roth*, ZPO, § 328 Rn. 119; HK-ZPO-*Dörner*, § 328 Rn. 44.

(2) Frankreich

aa) Internationale Litispendenz

Die „Munzer"-Entscheidung führt kein Anerkennungshindernis bei voriger französischer oder drittstaatlicher Rechtshängigkeit auf und auch im Schrifttum wird der Frage wenig Aufmerksamkeit zu Teil.

Jedoch hatte die Cour de cassation bereits 1915 in der „Negrotto"-Entscheidung festgestellt, dass die Anerkennung einer ausländischen Entscheidung im Fall inländischer Rechtshängigkeit zu versagen sei.[1239] Welches Verfahren damals zuerst rechtshängig geworden war, geht aus der Entscheidung nicht hervor, war also offenbar nicht entscheidend. Später erblickte auch die Pariser Cour d'appel in der – im Wesentlichen auf vergleichbaren Tatsachen gründenden – „Rougeron"-Entscheidung in der inländischen Rechtshängigkeit ein Anerkennungshindernis; allerdings nur ein zeitlich begrenztes, das Exequaturverfahren wurde nämlich lediglich ausgesetzt.[1240] Das Gericht erwähnte in der Urteilsbegründung zwar nebenbei, dass das inländische Verfahren früher rechtshängig geworden war als das

1239 Cass.civ. 10.3.1914 „Negrotto", RCDIP 1914.449 (450): *„(...); – Attendu, par suite, que la partie contre laquelle le jugement étranger a été rendu conserve la faculté de porter devant une juridiction française le litige tranché par la juridiction étrangère, sans que l'autre partie puisse, soit s'opposer à un nouvel examen de l'affaire, en invoquant l'article 1351 C.civ., soit faire échec à la juridiction de la justice française, en introduisant, dans ce but, une demande d'exequatur de la sentence obtenue par elle hors de notre territoire; – Attendu que (...) les intérêts de l'ordre public français ne permettaient pas de rendre éxécutoire en France un jugement italien qui pourrait être contraire à celui que devait prononcer l'un de nos tribunaux déjà saisi de la même contestation; (...)"*

1240 C.A. Paris 27.6.1964 „Rougeron", RCDIP 1965.366 (373 f.), 2e esp. mit Anmerkung Loussouarn: *„(...); – Considérant, en effet, que, dès lors que sont pendantes en France deux instances dont l'une tend à la solution au fond d'un litige, et l'autre à l'exequatur d'une décision étrangère ayant statué au fond, entre les mêmes parties, sur le même litige, la juridiction saisie de l'exequatur ne peut, sous peine d'une éventuelle contrariété de décisions portant atteinte à l'ordre public, ni se prononcer sur les questions soumises aux juges du fond, ni accorder l'exequatur; – Considérant qu'en l'espèce, la Cour de cassation ayant renvoyé (...) la cause et les parties devant la Cour d'appel de Lyon, précisément parce qu'il n'avait pas été fait application de la loi de l'Etat de New York, une instance au fond, engagée, du reste antérieurement à l'instance poursuivie en Suisse, est toujours pendante en France, sans qu'il y ait lieu de retenir que Jules Rougeron n'a pas encore saisi ladite Cour d'appel; (...); – Sursoit à statuer sur la demande de Jules Rougeron tendant à ce que soit déclaré exécutoire en France l'arrêt rendu (...) par le Conseil d'Etat de la République et canton de Genève jusqu'à décision définitive de la juridiction francaise appelée à statuer sur le fond du litige (...) ou jusqu'à extinction de l'instance engagée devant cette juridiction."*

ausländische, die gewählte Formulierung lässt aber darauf schließen, dass dies nicht entscheidend war. Die Priorität der Einleitung des inländischen Verfahrens scheint für die Rechtsprechung also offenbar nicht erheblich zu sein, ausschlaggebend scheint vielmehr zu sein, dass die Anerkennung der ausländischen Entscheidung im Lauf des französischen Verfahrens einen potentiellen Urteilskonflikt heraufbeschwört.

Diese Befürchtung dürfte sich dadurch erklären lassen, dass die Aussetzung des französischen Erkenntnisverfahrens bei ausländischer Litispendenz nach französischem Recht – wohl nach wie vor – im Ermessen des französischen Gerichts steht.[1241] Wird nach Einleitung eines ausländischen Verfahrens ein französisches Gericht in derselben Sache angerufen und setzt dieses das inländische Verfahren gleichwohl nicht aus, so drohen zwei miteinander unvereinbare Entscheidungen zu ergehen, deren Widersprüchlichkeit sodann nur noch aufzulösen ist, indem selbst der später eingetretenen französischen Rechtshängigkeit anerkennungshindernde Wirkung beigelegt wird. In Rechtsordnungen wie der deutschen, in denen die frühere ausländische Rechtshängigkeit zur Aussetzung bzw. Einstellung des inländischen Erkenntnisverfahrens zwingt, kann ein mit Hilfe des Anerkennungsrechts zu behebender Urteilskonflikt dagegen nur bei späterer inländischer Rechtshängigkeit drohen.

Zu beachten gilt es allerdings, dass sowohl die „Negrotto"- wie die „Rougeron"-Entscheidung exequaturbedürftige ausländische Entscheidungen betrafen. Was im Bezug auf de plano anerkennbare ausländische Entscheidungen gilt, ist hingegen weitgehend ungeklärt. In einer Entscheidung von 1979 über die Anerkennung einer ausländischen Scheidung verwarf die Cour de cassation den Einwand der Ehefrau, das von ihr angestrengte, in Frankreich rechtshängige Scheidungsverfahren müsse zur Aussetzung des Anerkennungsverfahrens führen.[1242] Das inländische Parallelverfahren entfaltete dort also nicht einmal zeitlich begrenzte Sperrwirkung gegenüber der automatischen Anerkennung der ausländischen Entscheidung. *Ancel, Lequette* und *Muir Watt* gehen daher davon aus, dass das Anerkennungshindernis der inländischen Rechtshängigkeit nur noch bei exequaturbedürftigen, nicht mehr dagegen bei de plano anerkennbaren Entscheidungen gilt.[1243] *Holleaux, Foyer* und *Geouffre de La Pradelle* schlagen hingegen vor, die inländische Rechtshängigkeit gegenüber automatisch anerkennbaren ausländischen Entscheidungen zumindest

---

1241 Siehe oben I C 1 b (1) bb.

1242 Cass.civ.[1] 6.3.1979, Bull.civ. I, no. 80 S. 65: *„(...); Mais attendu que la demande en divorce formée en France par la femme n'interdisait pas à la Cour d'appel de statuer sur l'exequatur d'une décision étrangère prononçant le divorce sur demande du mari; (...)".*

1243 *Ancel/Lequette*, GAJDIP no. 38/39 § 5 a.E.; *Muir Watt*, Remarques sur les effets en France des jugements étrangers indépendamment de l'exequatur, no. 15.

dann anerkennungshinderned zu berücksichtigen, wenn das französische Verfahren früher rechtshängig geworden war als das ausländische.[1244] Der letztere Ansatz entspräche der Entwicklung im italienischen IZVR.[1245]

Die aufgezeigte Unsicherheit über die Rechtslage dürfte nicht zuletzt daran liegen, dass die Rechtsprechung wohl nur selten Gelegenheit hat, zu dieser Frage Stellung zu beziehen. Denn Voraussetzung dafür ist nicht nur, dass der Fall nicht in den Anwendungsbereich des europäischen oder sonstigen supranationalen Anerkennungsrechts fällt. Vielmehr ist schon der zeitliche Anwendungsbereich des Anerkennungshindernisses der inländischen Rechtshängigkeit recht eng; ausschlaggebend ist dieses nur dann, wenn die ausländische Entscheidung vor Beginn des inländischen Verfahrens noch nicht anerkannt wurde und über die Anerkennung noch vor Beendigung des inländischen Verfahrens, die den Einwand der inländischen Res iudicata zur Folge hat, entschieden wird.

Vorgreiflich sei erwähnt, dass die Einleitung eines ausländischen Verfahrens, das mit einem in Frankreich oder in einem Drittstaat rechtshängigen Verfahren unvereinbar ist, unter noch näher zu erläuternden Umständen[1246] als anerkennungshindernde Umgehung der zu erwartenden französischen oder drittstaatlichen Entscheidung angesehen werden kann. So geht die Cour de cassation von einer *fraude au jugement* aus, wenn ein Ehemann die in Frankreich eingereichte Klage seiner Ehefrau auf ehelichen Unterhalt oder ihren Antrag auf Ehetrennung dadurch erwidert, dass er sie im Ausland verstößt, und die Verstoßung bzw. ihre gerichtliche Bestätigung sodann in Frankreich anerkennen lassen will, bevor das französische Verfahren beendet ist.[1247]

bb) Res iudicata

Auch diese Voraussetzung wurde in der „Munzer"-Entscheidung nicht ausdrücklich genannt, was damit zusammenhängen dürfte, dass der Konflikt zwischen einer in- und einer ausländischen Entscheidung zu jener Zeit noch als Problem

1244 *Holleaux/Foyer/De Geouffre de la Pradelle*, D.i.p., no. 1001.

1245 Vor der Reform des italienischen IPR im Jahr 1996 sperrte die italienische Rechtshängigkeit die Anerkennung einer ausländischen Entscheidung auch dann, wenn das italienische Verfahren erst nach dem ausländischen Verfahren eingeleitet worden war, siehe *Bonomi*, Le nouveau système de la reconnaissance et de l'exécution des jugements étrangers en Italie, RCDIP 1997.372 (378). Heute gilt nach Art. 64 lit. f italienisches IPRG das Prioritätsprinzip.

1246 Dazu unten II B 4 b (1).

1247 Cass.civ.[1] 6.6.1990 „Akla", RCDIP 1991.593 mit Anmerkung Courbe (Klage auf Unterhalt); Cass.civ.[1] 13.12.1994, JDI 1995.343, 1ère esp., mit Anmerkung Kahn (Antrag auf Ehetrennung).

des *ordre public procédural* angesehen wurde.[1248] Jahre zuvor hatte die Cour de cassation allerdings bereits konstatiert, dass einer ausländischen Entscheidung u.U. die Anerkennung zu versagen ist, wenn sie mit einer französischen oder einer zuvor ergangenen, anerkennbaren drittstaatlichen Entscheidung unvereinbar ist.[1249] Als Grundlage dafür dienten die allgemeinen Grundsätze über die negative Rechtskraft,[1250] welche die Identität beider Entscheidungen bezüglich *objet, cause* und *parties* voraussetzen.[1251] Das Schrifttum hat diesen Gedanken weiterentwickelt:

Nach h.L. gilt bei der Kollision einer ausländischen mit einer inländischen Entscheidung das Nationalitätsprinzip. Der Vorrang einer früheren französischen Entscheidung wird von der aus dem römischen Recht übernommenen Maxime „prior tempore potior iure“ abgeleitet. Eine spätere französische Entscheidung soll stets vorgehen, da der Beklagte, der die Unvereinbarkeit mit der ausländischen Entscheidung im französischen Erkenntnisverfahren nicht geltend gemacht hat, dadurch auf die ausländische Entscheidung verzichte.[1252] Diesen Gedanken verfolgte auch der historische CPO-Gesetzgeber.[1253] Sei die Rechtskraft der ausländischen Entscheidung zwar geltend gemacht, vom französischen Gericht aber abgelehnt worden, so zeige schon dies, dass sie nicht anerkennbar sei.

Soweit es um eine automatisch anzuerkennende, frühere ausländische Entscheidung geht, halten *Holleaux, Foyer* und *De Geouffre de La Pradelle* es abweichend davon für erforderlich, die Unvereinbarkeit der beiden Entscheidungen durch ein

---

1248 Siehe *Holleaux/Foyer/De Geouffre de la Pradelle*, Di.p., no. 941.

1249 Cass.civ.[1] 15.5.1963 „Patino“, JDI 1963.1016 mit Anmerkung Malaurie, RCDIP 1964.532 mit Anmerkung Lagarde; fortgeführt von C.A. Paris 23.7.1979, RCDIP 1981.687 mit Anmerkung Santa-Crose (zur französisch-tunesischen Anerkennungskonvention vom 12.7.1979; siehe auch *Mayer/Heuzé*, D.i.p., no. 450 sowie *Loussouarn/Bourel/De Vareilles-Sommières*, D.i.p., no. 499-6.

1250 Cass.civ.[1] 15.5.1963 „Patino“, RCDIP 1964.532 mit Anmerkung Lagarde; Cass.civ.[1] 8.1.1963 „Hohenzollern“, RCDIP 1963.109 mit Anmerkung G.H.

1251 Vgl. ***Art. 1351 C.civ.*** *L'autorité de la chose jugée n'a lieu qu'à l'égard de ce qui a fait l'objet du jugement. Il faut que la chose demandée soit la même; que la demande soit fondée sur la même cause; que la demande soit entre les mêmes parties, et formée par elles et contre elles en même qualité.*

1252 Walter/Baumgartner-*Kessedjian*, Recognition and Enforcement of Foreign Judgments, S. 205; *Mayer/Heuzé*, D.i.p., no. 450, *Loussouarn/Bourel/De Vareilles-Sommières*, D.i.p., no. 499-5. Umgekehrt gilt nach Cass.civ. 9.1.1996, RCDIP 1996.719 mit Anmerkung Muir-Watt Folgendes: Wird nach Erlass eines französischen Sachurteils beantragt, einer früher ergangenen ausländischen Entscheidung das Exequatur zu erteilen und beruft sich der Antragsgegner nicht auf das französische Sachurteil, so steht dieses der Exequierung nicht entgegen.

1253 *Lenenbach*, Die Behandlung von Unvereinbarkeiten zwischen rechtskräftigen Zivilurteilen nach deutschem und europäischem Zivilprozessrecht, S. 33 f.

entsprechendes Rechtsmittel (*pourvoi en cassation* gemäß Art. 618 NCPC) geltend zu machen, das die Cour de cassation dann nach Wahl durch die Verwerfung einer der beiden oder beider Entscheidungen zu bescheiden habe.[1254]

Besteht ein Konflikt zwischen mehreren anerkennbaren ausländischen Entscheidungen, gilt nach allen Ansichten das Prioritätsprinzip. Auch diesbezüglich wirkt sich die Unterscheidung in exequaturbedürftige und automatisch anzuerkennende Entscheidungen aus. Das für die Prioritätsprüfung maßgebliche Datum ist bei einer exequaturbedürftigen Entscheidung der Tag des französischen Exequaturvurteils, bei einer de plano anerkennbaren Entscheidung der Tag ihres Erlasses im Erststaat.[1255]

Weisen die in Frage stehenden Entscheidungen nicht die dreifache Identität hinsichtlich *objet, cause* und *parties* auf, sind sie aber dennoch unvereinbar, liegt kein Rechtskraftproblem im eigentlichen Sinn vor. Die Rechtsprechung löst diesen Entscheidungskonflikt gleichwohl nach denselben Grundsätzen. Dabei werden Entscheidungen als unvereinbar angesehen, wenn sie ein in einer dritten Angelegenheit relevantes präjudizielles Rechtsverhältnis unterschiedlich beurteilen oder wenn die Wirkungen der ersten Entscheidung sich nicht mit der zweiten Entscheidung vereinbaren lassen. Dies entspricht in etwa der Kernpunktetheorie des EuGH. So nahm die Cour de cassation etwa in der „De Wrede"-Entscheidung[1256] die Unvereinbarkeit einer ersten, anerkennbaren ausländischen Entscheidung, welche die Nichtigkeit der ersten Eheschließung des Herrn De Wrede festgestellt hatte, und einer darauf ergehenden zweiten ausländischen Entscheidung, welches die Nichtigkeit seiner zweiten Ehe wegen Verstoßes gegen das Bigamieverbot konstatiert hatte, an.[1257]

(3) Belgien

Vor Inkrafttreten des CDIP wurden Konflikte zwischen in- und ausländischen Entscheidungen als Frage des prozessualen internationalen Ordre public aufgefasst.[1258] Nunmehr sind sie in Art. 25 § 1 no. 5, 6 CDIP ausdrücklich geregelt.

1254 *Holleaux/Foyer/De Geouffre de La Pradelle*, D.i.p., no. 996 f.

1255 Walter/Baumgartner-*Kessedjian*, Recognition and Enforcement of Foreign Judgments, S. 205; *Mayer/Heuzé*, D.i.p., no. 451, Fn. 167; *Holleaux/Foyer/De Geouffre de La Pradelle,* D.i.p., no. 998.

1256 Cass.civ. 9.5.1900, JDI 1900.613.

1257 Ähnlich auch Cass.civ. 8.1.1963 „Hohenzollern", RCDIP 1963.109 mit Anmerkung G.H.; JDI 1963.1032 mit Anmerkung Ponsard.

1258 Dieser Ansatz wird auch in den Gesetzesmaterialien noch erwähnt, siehe *Proposition de loi, Commentaire* – Art. 25 CDIP.

aa) Internationale Litispendenz

Die frühere belgische Pendenz eines nach *objet* und *parties* identischen[1259] Verfahrens wirkt gemäß Art. 25 § 1 no. 6 CDIP anerkennungshindernd, nicht dagegen die Litispendenz in einem Drittstaat. Erstaunlicherweise verwendet das Gesetz hier nicht derselben Kriterien wie für die Verfahrensidentität im Rahmen der zulässigkeitsrechtlichen Litispendenzeinwendung (Art. 14 CDIP), bei der zusätzlich eine identische *cause*[1260] vorausgesetzt wird. Das Anerkennungshindernis der belgischen Litispendenz reicht mithin weiter als das Verfahrenshindernis der ausländischen Litispendenz. Ein sachlicher Grund für diese Divergenz ist nicht ersichtlich. Angesichts der Probleme, die die Anwendung des Begriffs der *„même cause"* in internationalen Streitigkeiten aufwerfen kann,[1261] wäre eine Art. 25 § 1 no. 6 CDIP entsprechende Fassung des Art. 14 CDIP wohl sinnvoller gewesen.

bb) Res iudicata

Art. 25 § 1 no. 5 CDIP kombiniert Nationalitäts- und Prioritätsprinzip. Jedwede belgische Entscheidung geht der Anerkennung einer mit ihr unvereinbaren ausländischen Entscheidung vor, eine anerkennbare drittstaatliche Entscheidung hingegen nur dann, wenn sie früher ergangen war als die erststaatliche. Anders als in der Litispendenzfrage wird nicht die Identität der Parteien oder des Rechtsstreits vorausgesetzt. Damit ist die Vorschrift ihrem Wortlaut nach weiter gefasst als Art. 34 Nr. 3 bzw. 4 EuGVO. Angesichts des Bestrebens des belgischen Gesetzgebers, das autonome IZVR dem europäischen Zivilverfahrensrecht anzugleichen, ist jedoch davon auszugehen, dass sich eine Auslegung des Begriffs der „Unvereinbarkeit" durchsetzen wird, die der Auslegung des Art. 34 Nr. 3, 4 EuGVO durch den EuGH entspricht.

(4) Québec

Im alten Recht nicht geregelt, bildet nun gemäß Art. 3155 no. 4 C.C.Q. sowohl die frühere Litispendenz in Québec als auch das Vorliegen einer res iudicata ein Anerkennungshindernis. Vorausgesetzt werden beides mal identische Verfahren, die durch die Übereinstimmung von *parties* und *objet* sowie durch ein *„litige fondée sur les mêmes faits"* gekennzeichnet sind; auf die Übernahme des internrechtlichen Begriffs der *„même cause d'action"* wurde wie bei der zulässigkeits-

1259 Dazu oben I C 1 b (3).
1260 Zu deren Definition oben I C 1 b (3) bb.
1261 Siehe dazu oben I C 1 b (3) bb.

rechtlichen Litispendenzeinwendung aus den dazu bereits erläuterten Gründen[1262] verzichtet.

aa) Internationale Litispendenz

Wie in Deutschland, Frankreich und Belgien wirkt gemäß Art. 3155 no. 4 C.C.Q. auch in Québec die frühere inländische, nicht aber die drittstaatliche Litispendenz anerkennungshindernd.

Jedoch könnte die Missachtung einer früheren Litispendenz in einem Drittstaat von einem anderen Anerkennungshindernis erfasst werden. Wie gesehen, bestimmt sich die *compétence indirecte* des ausländischen Gerichts grundsätzlich nach dem Spiegelbildprinzip, das im Gegensatz zum deutschen Recht nicht nur auf die eigentlichen Zuständigkeitsbegründungen, sondern auch auf die sonstigen allgemeinen Zulässigkeitsmechanismen, darunter das Verfahrenshindernis der internationalen Litispendenz, bezogen wird.[1263] Hat das ausländische Gericht im Widerspruch zur gespiegelten Anwendung dieses Prinzips die drittstaatliche Litispendenz außer Acht gelassen, könnte ihm die Anerkennungszuständigkeit aberkannt werden.[1264] Zu beachten gilt es allerdings, dass die Verfahrensaussetzung wegen internationaler Litispendenz im Ermessen des erkennenden Gerichts steht. Die Missachtung der drittstaatlichen Rechtshängigkeit durch das Erstgericht kann somit nur dann als Anerkennungshindernis angesehen werden, wenn ein Quebecer Gericht das Rechtsfolgeermessen im konkreten Fall anders ausgeübt, die drittstaatliche Litispendenz also beachtet hätte.[1265] Im Bereich der Artt. 3168 ff. ist die spiegelbildliche Anwendbarkeit des Art. 3137 C.C.Q. ohnehin zweifelhaft.[1266]

bb) Res iudicata

Was die anerkennungshindernde Wirkung einer res iudicata angeht, gilt eine Kombination aus Nationalitäts- und Prioritätsprinzip, deren genaue Modalitäten allerdings angesichts des wenig präzisen Wortlauts des Art. 3155 no. 4 C.C.Q. umstritten sind:

Stehen sich zwei ausländische Entscheidungen gegenüber, gilt nach einhelliger Ansicht das Prioritätsprinzip und zwar dergestalt, dass die zuerst ergangene aus-

1262 Siehe oben I C 1 b (3) bb.
1263 Siehe oben II B 3 a (3) aa.
1264 Siehe *Glenn*, [1997] 28 Can.Bus.L.J. 404 (412).
1265 Siehe *Glenn*, [1997] 28 Can.Bus.L.J. 404 (412); *Goldstein/Groffier*, D.i.p., no. 175 (zur spiegelbildlichen Anwendung von „forum non conveniens“).
1266 Siehe oben II B 3 a (3) cc.

ländische Entscheidung, nicht die Entscheidung des zuerst angerufenen Gerichts, vorgeht.[1267] Der Wortlaut würde allerdings auch die letztere Auslegung tragen.

Stehen dagegen eine ausländische und eine Quebecer Entscheidung in Rede, teilen sich die Auffassungen. Während die einen stets der Quebecer Entscheidung Vorrang einräumen,[1268] wollen andere ihr dann keine anerkennungshindernde Wirkung zusprechen, wenn das ausländische Verfahren zuerst eingeleitet worden war und die ausländische Entscheidung zudem vor der Quebecer Entscheidung ergangen ist.[1269]

Ob die Quebecer Entscheidung bereits rechtskräftig geworden ist, ist nach Art. 3155 no. 4 C.C.Q. ausdrücklich ohne Belang. Mithin wird der Entscheidungskonflikt zugunsten der Quebecer Entscheidung gelöst, wenn über die Anerkennung zu entscheiden ist, während die Quebecer Rechtsmittelfristen noch laufen.

(5) Vergleich

Hinsichtlich der anerkennungshindernden Wirkung von internationaler Litispendenz und res iudicata stimmen die verglichenen Rechtsordnungen in vielerlei (aa), nicht jedoch in jeglicher Hinsicht (bb) überein. Die bestehenden Unterschiede bieten Anlass zu einer Stellungnahme (cc).

aa) Konkordanzen

1. Die entgegenstehende Rechtskraft einer inländischen Entscheidung bildet überall ohne Rücksicht auf das Prioritätsprinzip ein Anerkennungshindernis. Soweit es um die Sperrwirkung von Entscheidungen aus anderen ausländischen Staaten geht, setzt diese voraus, dass die betreffende ausländische Entscheidung anerkennbar ist.

Zudem wird überall Wert darauf gelegt, den Res-iudicata-Einwand nicht zu eng zu fassen, um Konflikte zwischen bereits gefällten Entscheidungen möglichst zu vermeiden. Das Quebecer Recht vermeidet eine zu enge Fassung dadurch, dass es statt des im innerstaatlichen französischen und Quebecer Recht verwendeten restriktiven Terminus' der *„même cause"* auf den des *„litige fondé sur les mêmes faits"* rekurriert. In Frankreich sperren ausländische Entscheidungen in Abkehr von der Definition der res iudicata nach innerstaatlichem Recht nicht nur dann

---

1267 *Goldstein/Groffier*, D.i.p., no. 164 S. 394; *Emanuelli*, D.i.p. québecois, no. 283 S. 126; *Glenn*, [1997] 28 Can.Bus.L.J. 404 (407).

1268 *Goldstein/Groffier*, D.i.p. I, no. 164; *Emanuelli*, D.i.p. québecois, no. 283, der angesichts des „zweideutigen" Wortlauts des Art. 3155 no. 4 C.C.Q. allerdings auch die Gegenmeinung für vertretbar hält.

1269 *Ministère de la Justice du Québec*, Commentaires, S. 2016; *Glenn*, D.i.p., no. 105.

die Anerkennung, wenn beide Urteile hinsichtlich *objet, cause* und *parties* identisch sind, sondern auch dann, wenn anderenfalls ein Urteilskonflikt drohte, weil gemeinsame (Vor-)Fragen in zwei Entscheidungen unterschiedlich beantwortet wurden oder sich ihre Wirkungen aus anderen Gründen nicht miteinander vereinbaren lassen. Auch nach in Deutschland wohl h.M. ist das Anerkennungshindernis der ausländischen res iudicata nicht auf den Fall identischer Streitgegenstände beschränkt, sondern wird nach dem Vorbild der Auslegung des Art. 34 Nr. 3, 4 EuGVO durch den EuGH weit aufgefasst. Ähnlich dürfte sich die Auslegung des Art. 25 § 1 no. 5 CDIP entwickeln.

2. Im Gegensatz zu Art. 34 Nr. 3, 4 EuGVO ist den autonomen Anerkennungsrechten grundsätzlich auch das Anerkennungshindernis der früheren inländischen Rechtshängigkeit bekannt. Allein in Frankreich scheint höchst zweifelhaft, ob dies auch auch im Fall einer de plano anerkennbaren ausländischen Entscheidung gilt.

bb) Divergenzen

1. Das Quebecer Gesetz beantwortet ausdrücklich die Frage, ob eine inländische Entscheidung schon vor Erlangung der Rechtskraft die Anerkennung ausländischer Entscheidungen hindert. Relevant wird dies, wenn sich das inländische Rechtsmittelverfahren lange Zeit hinzieht und schließlich erfolglos bleibt. Der Verzicht auf das Rechtskrafterfordernis in Art. 3155 no. 4 C.C.Q. bewirkt eine während der Dauer des Rechtsmittelverfahrens geltende Anerkennungssperre. Im deutschen, französischen und belgischen Recht ist diese Frage nicht explizit geregelt.[1270]

2. Die allein von der französischen Rechtsprechung vorgenommene Unterscheidung zwischen exequaturbedürftigen und automatisch anerkennbaren Entscheidungen bedingt sowohl in der Res-iudicata- als auch in der Litispendenzfrage Unterscheidungen, die den anderen Rechtsordnungen zu Recht unbekannt sind.

3. Das belgische Recht sticht insofern hervor, als es bezüglich des zulässigkeitsrechtlichen Litispendenzeinwands andere Anforderungen an die Identität der

---

1270 Die Bezugnahme der französischen Rechtsprechung auf die allgemeinen Rechtskraftgrundsätze deutet allerdings darauf hin, dass die Rechtskraft der inländischen Entscheidung in Frankreich vorausgesetzt wird. Auf das belgische Recht, welches ein explizites Anerkennungshindernis vorsieht, statt auf allgemeine Grundsätze zurückzugreifen, kann diese Vermutung wohl kaum übertragen werden. In Deutschland scheinen Staudinger-*Spellenberg*, IntVerfR Ehe, § 328 ZPO, Rn. 425 den Eintritt der Rechtskraft, *Musielak*, ZPO, § 328 Rn. 21 und Stein/Jonas-*Roth*, ZPO, § 328 Rn. 118 dagegen einen bloß rechtskraftfähigen Richterspruch vorauszusetzen (jeweils ohne weitere Begründung). *Lenenbach*, Unvereinbarkeiten, S. 207 hält die Rechtskraft mit dem Argument für regelmäßig erforderlich, dass die Entscheidung vorher keine Wirkungen entfalte, die mit denen ausländischer Entscheidungen in Konflikt geraten könnten.

Streitsache stellt als bezüglich des anerkennungsrechtlichen Litispendenzeinwandes – ohne dass dafür ein vernünftiger Grund ersichtlich wäre.

4. Schließlich wartet auch das Quebecer Recht mit einem anerkennungsrechtlichen Unikum auf, nämlich mit der Möglichkeit, u.U. selbst die Rechtshängigkeit in einem Drittstaat als Anerkennungshindernis zu berücksichtigen.

cc) Stellungnahme zum Anerkennungshindernis der inländischen Litispendenz

1. Die strikte anerkennungshindernde Wirkung der früheren inländischen Rechtshängigkeit erscheint nicht unproblematisch.

Zum einen haben insbesondere belgische wie Quebecer Gerichte die ausländische Rechtshängigkeit selbst bis vor Kurzem ignoriert. Es handelt sich hierbei also kaum um einen universell anerkannten, althergebrachten Grundsatz. Vor diesem Hintergrund mag es nicht angemessen erscheinen, Gerichten anderer Staaten eine Rücksichtnahme auf im Inland laufende Verfahren abzuverlangen.

Zum anderen drängt sich der Verdacht auf, dass zumindest in Belgien und Québec mit zweierlei Maß gemessen wird. Während die Annahme eines Verfahrenshindernisses bei ausländischer Rechtshängigkeit dort im Ermessen des Gerichts steht, wird dem Erstgericht ein derartiger Ermessensspielraum de facto abgesprochen; die Anerkennung der ausländischen Entscheidung wird im Fall früherer inländischer Rechtshängigkeit vielmehr stets versagt.

Darüber hinaus besteht durchaus die Möglichkeit, dass das Erstgericht die inländische Rechtshängigkeit allein deshalb nicht beachtet hat, weil es den Litispendenzeinwand nach eingehender Prüfung wegen Zweifeln an seinen Voraussetzungen ablehnen musste, etwa auf Grund einer negativen Anerkennungsprognose bezüglich der zu erwartenden zweitstaatlichen Entscheidung.

Schließlich mag das Erstgericht das Verfahren auch schlicht deshalb nicht ausgesetzt oder eingestellt haben, weil der Litispendenzeinwand nach dem Recht des Erststaats als Einrede ausgestaltet ist und der Beklagte es unterlassen hat, diese geltend zu machen.[1271]

2. Für die strikte Sperrwirkung eines früher eingeleiteten inländischen Verfahrens spricht aber, dass auf diesem Weg einem Urteilskonflikt effizient vorgebeugt wird. Zwar ließe sich ein solcher auch präventiv vermeiden, wenn den inländischen Gerichten die Befugnis eingeräumt würde, die Aussetzung bzw. Einstellung des inländischen Verfahrens auch wegen später eintretender ausländischer Litis-

---

1271 Nach *Geimer*, IZPR, Rn. 2891 soll die Anerkennung im letztgenannten Fall nicht an der inländischen Litispendenz scheitern (unter Berufung auf eine Entscheidung der Landesjustizverwaltung Nordrhein-Westfalen vom 11.7.1984, IPRspr. 1984, Nr. 185, die zur Anerkennung im Rahmen des deutsch-belgischen Anerkennungsabkommens von 1958 erging).

pendenz zu verfügen. Dann bestände nämlich schon im Vorfeld die Möglichkeit, das inländische Verfahren zunächst auszusetzen und im Fall einer positiven Anerkennungsprognose einzustellen. Ein Urteilskonflikt wäre dann ausgeschlossen. Jedoch würde eine derartige richterliche Befugnis die Rechtssicherheit in erheblichem Maß beeinträchtigen und dem *forum shopping* Tür und Tor öffnen, weshalb sie auch von keiner der verglichenen Rechtsordnungen eingeräumt wird.

3. Auch wenn das Anerkennungshindernis des früher eingeleiteten inländischen Verfahrens also legitim ist, erscheint die in Deutschland, Belgien und Québec vorgesehene Rechtsfolge (endgültige Anerkennungsversagung) gleichwohl zu starr, soweit das inländische Verfahren ohne Entscheidung in der Sache (etwa durch Klagerücknahme oder wegen Erledigterklärung) endet. Zwar mag in diesem Fall das Anerkennungshindernis der inländischen Rechtshängigkeit entfallen.[1272] Ergeht das inländische Prozessurteil aber erst nach der Anerkennungsentscheidung, ist die Einleitung eines erneuten (nunmehr aussichtsreichen) Anerkennungsverfahrens erforderlich. Diese unnötige Belastung für Parteien und Gerichte ließe sich vermeiden, wenn das Anerkennungsverfahren nicht eingestellt, sondern lediglich bis zur Entscheidung über die Zulässigkeit des inländischen Verfahrens ausgesetzt würde. Die Cour d'appel Paris hat diesen Weg in der „Rougeron"-Entscheidung von 1964 bereits eingeschlagen.[1273]

In Deutschland müsste dafür angesichts des eindeutigen Wortlautes des § 328 I Nr. 3 ZPO (in Fortschreibung der h.M. zum Litispendenzeinwand auf der Zulässigkeitsebene)[1274] eine Analogie zu § 148 ZPO gezogen werden. Schon unter dem Gesichtspunkt der Rechtsklarheit wäre ein solcher Analogieschluss allerdings bedenklich.[1275] Daher wäre eine entsprechende Gesetzesänderung zu erwägen. Auch in Belgien und Québec kommt eine Modifizierung der starren Rechtsfolge nur de lege ferenda in Betracht, sofern nicht von einer allgemeinen Aussetzungsregel (entsprechender) Gebrauch gemacht werden kann.

4) Divergierende Anerkennungsvoraussetzungen

Drei Anerkennungsvoraussetzungen finden sich nicht – auch nicht im Grundsatz – in allen verglichenen Rechtsordnungen wieder, nämlich die Gesetzeszuständigkeit (a), das Fehlen bestimmten rechtsmissbräuchlichen Verhaltens (b) sowie die Verbürgung der Gegenseitigkeit (c).

1272 So für das deutsche Recht OLG Frankfurt a.M. 29.5.1995, FamRZ 1997, 92.

1273 C.A. Paris 27.6.1964 „Rougeron", RCDIP 1965.366, 2^{e} esp. mit Anmerkung Loussouarn.

1274 Dazu oben I C 1 b (1) aa.

1275 Gegen diese Analogie auch Stein/Jonas-*Roth*, § 148, Rn. 60.

a) Gesetzeszuständigkeit

(1) Frankreich

aa) Entwicklung

In der „Munzer“-Entscheidung hat die Cour de cassation eine schon zuvor angenommene Anerkennungsvoraussetzung bestätigt, die in Abgrenzung zur gerichtlichen Zuständigkeit *(compétence judiciaire)* als Gesetzeszuständigkeit *(compétence législative)* bezeichnet wird. Danach setzt die Anerkennung einer ausländischen Entscheidung grundsätzlich voraus, dass das Erstgericht das materielle Recht angewendet hat, welches nach den französischen Kollisionsregeln (unter Einschluss des Renvoi)[1276] auf den entschiedenen Fall anzuwenden wäre. Dies gilt stets, wodurch sich das französische von manchen anderen Anerkennungsrechten abhebt, die eine solche Prüfung nur für den Fall vorsehen, dass nach dem inländischen IPR das eigene Sachrecht zur Anwendung berufen wäre.[1277]

Die Anerkennungsvoraussetzung der *compétence législative* wird allerdings durch die sog. Äquivalenztheorie *(théorie de l'équivalence)* abgemildert, der zu Folge die Gesetzeszuständigkeit auch dann gewahrt ist, wenn das angewendete und das nach französischem Kollisionsrecht anzuwendende Recht derart gleichwertig sind, dass sie im konkreten Fall zum selben Ergebnis führen.[1278] Äquivalenz wird etwa angenommen, wenn eine Ehe im Ausland unter Berufung auf einen bestimmten Scheidungsgrund des „an sich nicht zuständigen“ Recht geschieden wurde, ein (anderer) Scheidungsgrund des „an sich zuständigen“ Rechts die Scheidung aber ebenso ermöglicht hätte.[1279] Eventuelle Rechtsanwendungsfehler des Erstgerichts bleiben dabei angesichts des Verbots der *révision au fond* außer Betracht.[1280]

Die Kontrolle der *compétence législative* ist im Zusammenhang mit der Abschaffung der *révision au fond* zu sehen. Zwar erschien der Cour de cassation eine vollständige inhaltliche Überprüfung der ausländischen Entscheidung nicht mehr

1276 Trib.civ. Seine 20.10.1956, RCDIP 1958.117 mit Anmerkung H.B. (Anerkennung eines ägyptischen Scheidungsurteils, das auf der Anwendung yugoslawischen Sachrechts basierte, da das nach französischem IPR maßgebliche ägyptische Recht auf das yugoslawische Recht verwies und ebendieses die Verweisung annahm).

1277 So etwa in Polen, siehe dazu *Weyde*, Anerkennung und Vollstreckung deutscher Entscheidungen in Polen, S. 134.

1278 C.A. Paris 4.2.1958 „Lundwall“, RCDIP 1958.389.

1279 So in der grundlegenden Entscheidung C.A. Paris 4.2.1958 „Lundwall“, RCDIP 1958.389: Gleichwertigkeit von (anzuwendendem) österreichischem und (angewendetem) kubanischem Recht, da beide denselben in casu einschlägigen Scheidungsgrund kannten.

1280 Cass.civ.[1] 24.11.1965 „Loesch“, RCDIP 1966.289 mit Anmerkung Lagarde.

zeitgemäß, gleichwohl sollte den inländischen Gerichten aber wenigstens eine abgeschwächte inhaltliche Kontrollmöglichkeit vorbehalten werden.

bb) Kritik

Im französischen Schrifttum wird die Prüfung der *compétence législative* heftig kritisiert:

1. Zum einen wird angeführt, der nach der Äquivalenztheorie zu ziehenden Ergebnisvergleich bewege sich in der Nähe der abgeschafften *révision au fond.*[1281] Dies bedarf allerdings insofern einer Präzisierung, als zwischen beiden Mechanismen ein bedeutender Unterschied besteht. Während dem ausländischen Gericht nach der Äquivalenztheorie die selbständige Auslegung und Anwendung des anzuwendenden Sachrechts zugestanden wird, zielt die *révision au fond* darauf ab, die französischen Auslegungs- und Anwendungsvorstellungen durchzusetzen.

2. Zum anderen wird geltend gemacht, Fälle mangelnder Gesetzeszuständigkeit seien in der Regel ebenso gut durch andere Anerkennungsvoraussetzungen (Anerkennungszuständigkeit, Fehlender Missbrauch des Anerkennungsrechts[1282], Konformität mit dem internationalen Ordre public) zu erfassen, ein zusätzliches Anerkennungshindernis daher entbehrlich.[1283] Auch dieses Argument bedarf einer Erläuterung.

Nicht gemeint sein dürfte, dass eine vollständige Überschneidung mit den sonstigen Anerkennungsvoraussetzungen besteht. Dies ist keineswegs der Fall. Denn die Prüfung der Anerkennungs- und der Gesetzeszuständigkeit kommen schon deshalb nicht notwendig zum selben Ergebnis, weil die prozessualen Wertungen, die hinter dem Zuständigkeitsrecht stehen, sich nicht stets mit denjenigen decken, die das Kollisionsrecht tragen. Vielmehr kann es aus französischer Sicht prozessökonomisch und prozessual gerecht erscheinen, dass ein gegebener Fall durch bestimmtes ausländisches Gericht entschieden wurde, auch wenn das ausländische Gericht nicht das nach französischem Kollisionsrecht maßgebliche oder ein diesem äquivalentes Recht angewendet hat. Mit der Ordre-public-Kontrolle gibt es allenfalls insoweit Überschneidungen, als jeweils eine Ergebniskontrolle anzustellen ist. Während den Vergleichsmaßstab der Ordre-public-Kontrolle jedoch allein die Grundwertungen des französischen Rechts bilden, besteht dieser bei der Prüfung der Gesetzeszuständigkeit im gesamten anwendbaren (französischen oder sogar ausländischen) Sachrecht. Und mit der anerkennungsrechtlichen Missbrauchsprüfung besteht nur dann eine Überschneidung, wenn die Parteien

---

1281 *Gressot-Leger,* JDI 2003.767 (781 f.).

1282 Dazu unten II B 4 b (1).

1283 *Gressot-Leger,* JDI 2003.767 (787 ff.); *Audit,* D.i.p., no. 465.

in Umgehungsabsicht gehandelt haben, da die Gesetzeszuständigkeit unabhängig davon nachzuprüfen ist, ob die Parteien das nach französischem Kollisionsrecht anwendbare Sachrecht umgehen wollten.

Vielmehr dürfte die Kritik darauf abzielen, dass die Prüfung der Gesetzeszuständigkeit weder erforderlich noch sinnvoll ist. Die genannten anderen drei Anerkennungsvoraussetzungen bieten nämlich großzügigen Spielraum, den französischen Kollisionsrechtsmaßstab gegenüber ausländischen Entscheidungen durchzusetzen. Ein sachlicher Grund dafür, auf seine Einhaltung auch dann zu pochen, wenn die Anerkennung „vernünftiger" Entscheidungen (die weder unter Missachtung einer ausschließlichen französischen Zuständigkeit ergangen sind noch dem französischen internationalen Ordre public widersprechen noch eine absichtliche Umgehung des aus französischer Sicht anzuwendenden Rechts vermuten lassen), lässt sich in der Tat kaum finden.

3. Letztlich wird auch der Vorwurf erhoben, die Prüfung der Gesetzeszuständigkeit bedeute, dem ausländischen Gericht eine Anwendung des französischen Kollisionsrechts abzuverlangen, zu der ein französisches Gericht so nicht gehalten sei.[1284] Dies trifft zu. Während französische Gerichte das autonome französische IPR nämlich grundsätzlich nur auf Parteiantrag, nicht hingegen von Amts wegen anzuwenden haben,[1285] wird ausländischen Gerichten die Anwendung des nach französischem Kollisionsrecht maßgeblichen Sachrechts unter Maßgabe der Prüfung der Gesetzeszuständigkeit stets, also auch dann abverlangt, wenn dessen Anwendbarkeit nicht geltend gemacht wurde.

Aller Kritik zum Trotz hat die Rechtsprechung diese Anerkennungsvoraussetzung bislang nicht aufgegeben.[1286] An ihr allein scheitert die Anerkennung freilich nur in äußerst seltenen Fällen.[1287]

(2) Deutschland

Nach aktuellem deutschem Anerkennungsrecht stellt die Anwendung eines anderen als des nach deutschem Kollisionsrecht anzuwendenden Rechts kein Anerken-

---

1284 *Ancel/Lequette,* GAJDIP, S. 373.

1285 Cass.civ.[1] 18.10.1988, RCDIP 1989.368: Von Amts wegen ist das autonome Kollisionsrecht nur dann anzuwenden, wenn es auf supranationalem Recht beruht, oder wenn die Parteien über die streitigen Rechte nicht verfügen können.

1286 Siehe beispielsweise Cass.civ.[2] 2.10.1984 „Favreau" RCDIP 1986.91 mit Anmerkung Jobard-Bachellier („Unzuständigkeit" des angewendeten Scheidungsrechts der Jungferninseln, da nach französischem Kollisionsrecht das Recht von New York anzuwenden gewesen wäre).

1287 *Audit*, D.i.p., no. 465; *Mayer/Heuzé,* D.i.p., no. 386.

nungshindernis dar.[1288] Die Anwendung des erststaatlichen Kollisionsrechts im Erstverfahren wird bis zur Grenze einer Ordre-public-Verletzung toleriert.

(3) Belgien

Auch Art. 25 § 1 CDIP sieht keine explizite Kontrolle der Gesetzeszuständigkeit vor. Zwar setzt die gemäß Art. 25 § 1 no. 3 CDIP vorzunehmende Prüfung auf eine *fraude à la loi belge*[1289] eine Ermittlung des „an sich" anwendbaren Rechts voraus, da nur dann beurteilt werden, ob es umgangen worden ist. Hierbei wird jedoch nicht die Anwendung des „unzuständigen" Sachrechts durch das Erstgericht, sondern vielmehr die missbräuchliche Umgehung des „zuständigen" Rechts sanktioniert.

(4) Québec

Vor der Reform des Quebecer IZVR knüpften einige Entscheidungen die Anerkennung ausländischer Entscheidungen trotz Kritik aus der Lehre[1290] nach französischem Vorbild an die Wahrung der Gesetzeszuständigkeit.[1291] Auch im Rahmen der bilateralen *„Entente sur l'entraide judiciaire entre la France et le Québec"* ist die Gesetzeszuständigkeit Anerkennungsvoraussetzung.[1292]

Seit der Reform steht einer solchen Prüfung ausdrücklich Art. 3157 C.C.Q. entgegen, dem zu Folge die Anerkennung nicht allein deshalb versagt werden darf, weil das ausländische Gericht ein anderes als das nach dem Quebecer Kollisionsrecht anzuwendende Recht angewendet hat. Dies gilt angesichts der entsprechungslosen Abschaffung des Art. 180.1 C.P.C.Q.[1293] selbst dann, wenn ein Quebecer Gericht auf denselben Fall Quebecer Eingriffsrecht angewendet hätte. Auch Art. 3165 no. 1 i.V.m. Artt. 3151 C.C.Q. führen nicht zu einer bereichsspezifischen

---

1288 Anders noch § 328 I Nr. 3 ZPO in seiner Fassung bis 1986 bezüglich der Abweichung von bestimmten statusrechtlichen Kollisionsnormen „zum Nachteil einer deutschen Partei".

1289 Dazu unten II B 4 b (3).

1290 *Groffier*, Précis de D.i.p. québecois[4], no. 338; *Castel*, D.i.p. québecois, S. 839 m.w.N.

1291 Siehe etwa Cour supérieure 13.10.1978 „St. Fort c. Petioth, J.E. 78-885 (C.S.).

1292 Siehe Titre VII no. 1 b des Annexes zur *Loi assurant l'application de l'entente sur l'entraide judiciaire entre la France et le Québec*, L.R.Q., chapitre A-20.1 (online: www.canlii.org/qc/legis/loi/a-20.1/20050616/tout.html). *Goldstein/Groffier*, D.i.p. I, no. 160 befürworten allerdings zum Zweck der Vereinheitlichung des Anerkennungsrechts ein Abweichen von der Konvention, d.h. den einseitigen Verzicht auf die Prüfung der Gesetzeszuständigkeit.

1293 Dazu oben II B 3 a (5) aa iv.

Prüfung der *compétence législative*. Die Vorschriften sollen zwar die Anwendung des materiellen Quebecer (Rohstoffhaftungs-)Rechts durchsetzen, erreichen dieses Ergebnis aber durch Anordnung einer ausschließlichen Zuständigkeit.[1294] Die Anerkennung ist folglich selbst dann ausgeschlossen, wenn das ausländische Gericht Quebecer Recht angewendet hat. Eine bereichsspezifische Abweichung von Art. 3157 C.C.Q. bedingt allerdings Art. 574 C.C.Q.[1295], dem zu Folge bei der Anerkennung einer ausländischen Adoptionsentscheidung nachzuprüfen ist, ob „die Vorschriften über die Zulässigkeit der Adoption und über die Zustimmung zur Adoption beachtet worden sind". Welche Vorschriften dies betrifft, bestimmt sich nach der an das Domizil des Adoptierten anknüpfenden Kollisionsregel des Art. 3092 al. 1 C.C.Q.

b) Rechtsmissbrauchskontrolle

Das zweite Anerkennungshindernis, welches nicht allen verglichenen Rechtsordnungen bekannt ist, besteht im missbräuchlichen Herbeiführen einer ausländischen Entscheidung mit dem Willen, die Anwendung einer zwingenden gesetzlichen Bestimmung zu umgehen.

(1) Frankreich

Der Rechtsmissbrauchsgedanke durchzieht die gesamte französische Rechtsordnung. Er spiegelt sich im innerstaatlichen materiellen und prozessualen Recht ebenso wider wie im internationalen Privat- und Prozessrecht. So wird die missbräuchliche Umgehung des nach französischem Kollisionsrecht anzuwendenden Rechts (kollisionsrechtliche *fraude à la loi*) durch Anwendung des umgangenen Rechts sanktioniert.[1296] Auf anerkennungsrechtlicher Ebene spielt der Rechts-

---

1294 Siehe oben II B 3 a (5) aa iv.

1295 ***Art. 574 al. 1 C.C.Q.*** *Le tribunal appelé à reconnaître un jugement d'adoption rendu hors du Québec s'assure que les règles concernant le consentement à l'adoption et à l'admissibilité à l'adoption de l'enfant ont été respectées.*

1296 Siehe *Holleaux/Foyer/Geouffre de la Pradelle*, D.i.p., no. 447 ff. Angenommen wurde eine kollisionsrechtliche *fraude* etwa in Cass.civ.[1] 20.3.1985 „Caron", RCDIP 1986.66 mit Anmerkung Lequette: Das französische IPR knüpft das Erbstatut bei unbeweglichen Sachen an ihre Belegenheit, bei beweglichen Sachen dagegen an das letzte Domizil des Erblassers. Herr Caron, auf die Jungferninseln emigrierter Eigentümer eines in Frankreich belegenen Appartements, wollte dieses ohne die Restriktionen des französischen Erbrechts (insbesondere den Pflichtteilsanspruch seiner Kinder) an seine ehemalige Sekretärin und ein medizinisches Institut zu vererben. Deshalb verkaufte er die Immobilie an eine Gesellschaft, deren Hauptanteilseigner er selbst war. Seinen Anteil brachte er sodann in einen Erb-*Trust* ein. Diese Operamissbrauchsgedanke nicht nur – in Form der bereits dargestellen[1297] *fraude à la compétence* – eine Rolle bei der Bestimmung der Anerkennungszuständigkeit. Vielmehr erhebt die „Munzer"-Entscheidung rechtsmissbräuchliches Verhalten zu einem eigenständigen Anerkennungshindernis. Nach der Darstellung seiner historischen Entwicklung (aa), der Erscheinungsformen des anerkennungshindernden Rechtsmissbrauchs (bb) und dessen heutiger Bedeutung (cc) wird gezeigt werden, dass sich die anerkennungsrechtliche Missbrauchskontrolle in mancherlei Hinsicht mit anderen Anerkennungsvoraussetzungen überschneidet (dd).

aa) Historische Entwicklung

Ihren Ausgang nahm die Missbrauchsrechtsprechung in der „Princesse de Bauffremont"-Entscheidung der Cour de cassation aus dem Jahr 1878,[1298] der folgender Fall zu Grunde lag: Die gebürtig belgische, seit ihrer Heirat mit dem französischen Prinzen de Bauffremont französische Prinzessin de Bauffremont hatte einige Zeit von ihrem Mann gerichtlich getrennt (*séparé de corps*) in Frankreich gelebt. Sie beabsichtigte, den rumänischen Prinzen Bibesco zu ehelichen. Das derzeit geltende französische Recht ließ jedoch keine Scheidung zu. Aus diesem Grund verlegte die Prinzessin ihr Domizil in das Herzogtum Sachsen-Altenburg, dessen Nationalität sie daraufhin erwarb. Das dort geltende Recht setzte die gerichtliche Trennung mit einer Scheidung gleich und ließ daher eine erneute Eheschließung zu. Nachdem die Prinzessin auf dieser Grundlage in Berlin die Ehe mit dem Prinzen Bibesco eingegangen war, strengte der Prinz de Bauffremont in Frankreich eine negative Feststellungsklage *(action en inopposabilité)*[1299] an. Die Cour de cassation stellte fest, dass die zweite Eheschließung dem Kläger nicht entgegengehalten werden könne, da das Verhalten der Prinzessin eine missbräuchliche Umgehung der Bestimmungen des französischen Eherechts darstelle.

Um ein ähnliches Manöver ging es auch in der „Giroux"-Entscheidung von 1977.[1300] Weil das Quebecer Recht zur damaligen Zeit keine gerichtliche Ehescheidung zuließ, verlegte Herr Giroux sein Domizil von Québec nach Reno, um sich nach dem Recht von Nevada scheiden lassen. Das anschließend in Frankreich eingereichte Exequaturbegehren wurde wegen Gesetzesumgehung abgelehnt.

---

tionen sollte es ihm ermöglichen, die Wohnung unverändert zu nutzen, sie aber (in Form der beweglichen Gesellschaftsanteile) nach dem Recht der Jungferninseln zu vererben. Die Cour de cassation sah darin eine Gesetzesumgehung, welche die Anwendung des französischen Erbrechts nach sich zog.

1297 Siehe oben II B 3 a (2).

1298 Cass.civ. 18.3.1878, S. 1878.1.193 mit Anmerkung Labbé; GAJDIP no. 6.

1299 Siehe dazu oben II A 1 b a.E.

1300 Cass.civ.[1] 11.7.1977 „Giroux", RCDIP 1978.152 mit Anmerkung Audit.

Auch in der „Lemaire“-Entscheidung von 1988 versagte die Cour de cassation die Anerkennung einer haitianischen Scheidung wegen Umgehung des französischen Rechts.[1301]

bb) Erscheinungsformen des anerkennungshindernden Rechtsmissbrauchs

Die Missbrauchsprüfung soll verhindern, dass ein ausländisches Verfahren mit dem alleinigen Ziel angestrengt wird, die daraus resultierende Entscheidung in Frankreich anerkennen zu lassen, weil ein französisches Gericht keine vergleichbare Entscheidung erließe.[1302] In der Regel baut der anerkennungsrechtlich relevante Rechtsmissbrauch auf einer Veränderung des nach dem ausländischen IPR maßgeblichen kollisionsrechtlichen Anknüpfungspunkts oder des qualifikationserheblichen Sachverhalts auf. Dieses als *fraude à la loi* bezeichnete Verhalten führt dazu, dass dasjenige (prozessuale oder materielle) Recht, welches das ausländische Gericht an sich anzuwenden hätte, unangewendet bleibt. Ein anerkennungsrechtlich relevanter Missbrauch kann aber auch in Fällen angenommen werden, in denen das anzuwendende Recht nicht manipuliert wurde, sondern die Anrufung des ausländischen Gerichts als solche missbräuchlich erscheint, etwa wenn das ausländische Forum nur deshalb in Anspruch genommen wurde, weil es für eine vorteilhaftere Auslegung oder parteiische Anwendung bestimmter Vorschriften bekannt ist. Diese Missbrauchsform wird gemeinhin als *fraude au jugement* bezeichnet.[1303]

cc) Verbleibende Bedeutung dieser Anerkennungsvoraussetzung

Wie sich an den eingangs[1304] erörterten Entscheidungen ablesen lässt, liegt das Hauptanwendungsfeld der Missbrauchskontrolle im familienrechtlichen Bereich. Zwar ist es heute nicht mehr erforderlich, eine französische Entscheidung zu umgehen, um eine Scheidung zu ermöglichen. Denn das aktuelle französische Sachrecht eröffnet stets die Möglichkeit einer Scheidung. Und sofern ein scheidungsfeindliches ausländisches Recht Scheidungsstatut ist, dürfen französische Gerichte das als ordre-public-widrig angesehene ausländische Scheidungsverbot nicht beachten.[1305]

1301 Cass.civ.[1] 22.4.1986/6.7.1988 „Lemaire“, RCDIP 1989.89 mit Anmerkung Gaudemet-Tallon.

1302 *Mayer/Heuzé*, D.i.p., no. 393.

1303 *Mayer/Heuzé*, D.i.p., no. 393; *Muir Watt*, Jurisclasseur Droit international, Fasc. 584-4 no. 23.

1304 II B 4 b (1) aa.

1305 *Mayer/Heuzé,* D.i.p., no. 200.

Denkbar ist es allerdings, dass eine oder beide Parteien von den günstigeren Eheauflösungsvoraussetzungen oder -folgen eines bestimmten Rechts profitieren wollen und aus diesem Grund einseitigen bzw. einvernehmlichen „Scheidungstourismus“ betreiben. Insbesondere kann ein Ehemann, der erfährt, dass seine Frau beabsichtigt, sich in Frankreich von ihm scheiden zu lassen, versuchen, dem zuvorzukommen, indem er seine Partnerin (mit für ihn günstigeren Konsequenzen) im Ausland verstößt. Hier kann der Missbrauchskontrolle entscheidende Bedeutung zukommen, denn selbst wenn die Ehefrau ein französisches Scheidungsverfahren in Gang bringt, bevor der Ehemann das ausländische Verstoßungsverfahren anstrengen kann, ist zweifelhaft, ob die Anerkennung der Verstoßung an der (früheren) französischen Rechtshängigkeit scheitert.[1306]

dd) Überschneidungen mit anderen Anerkennungsvoraussetzungen

Die Feststellung eines anerkennungsrechtlich relevanten Rechtsmissbrauchs überschneidet sich häufig mit anderen Anerkennungshindernissen:

1. Zum einen treffen manchmal *fraude* und mangelnde Anerkennungszuständigkeit zusammen. Dient etwa die Schaffung eines provisorischen Wohnsitzes im Erststaat der Umgehung des im eigentlichen Wohnsitzstaat angewendeten Rechts, begründet diese Wohnsitznahme i.d.R. keine „deutliche Verbindung“ mit dem Erststaat i.S.d. „Simitch“-Formel,[1307] zugleich ist eine anerkennungshindernde *fraude à la loi* gegeben.[1308] Beide Anerkennungshindernisse wurden etwa in der Berufungsinstanz der „Giroux“-Entscheidung angenommen.[1309]

2. Zum anderen deckt sich eine anerkennungshindernde *fraude à la loi* häufig mit der fehlenden Gesetzeszuständigkeit. Denn bei dessen Nachprüfung wird zu Vergleichszwecken das französische IPR herangezogen, und in dessen Rahmen wird die in Rede stehende Gesetzesumgehung ebenfalls – als kollisionsrechtliche *fraude à la loi* – berücksichtigt.[1310] Sanktioniert das vom Erstgericht angewendete IPR die kollisionsrechtliche *fraude à la loi* im Gegensatz zum französischen IPR nicht und wurde deshalb das umgangene Recht angewendet, mangelt es regelmäßig bereits an der Gesetzeszuständigkeit. Anders wäre es nach der Äquivalenztheorie nur, wenn das angewendete Recht zu einem vergleichbaren Ergebnis führte wie das umgangene.[1311] Dies dürfte aber angesichts der Tatsache kaum vorkom-

---

1306 Siehe oben II B 3 d (2) aa.

1307 Siehe *Muir Watt*, Anmerkung zu T.g.i. Paris 10.5.1990, RCDIP 1991.391; *dieselbe*, Anmerkung zu Cass.civ.[1] 5.5.1998, RCDIP 1998.662.

1308 Cass.civ.[1] 11.7.1977 „Giroux“, RCDIP 1978.152 mit Anmerkung Audit.

1309 C.A. Paris 5.3.1976 „Giroux“, RCDIP 1978.149 mit Anmerkung Audit.

1310 Siehe oben Einleitung zu II B 4 b (1).

1311 Siehe oben II B 4 a (1) aa.

men, dass die Gesetzesumgehung gerade darauf abzielt, ein anderes Ergebnis zu erreichen.

3. Schließlich ist in Fällen eines anerkennungsrechtlich relevanten Rechtsmissbrauchs des Öfteren zugleich ein anerkennungshindernder Ordre-public-Verstoß festzustellen. Dies ist insbesondere dann denkbar, wenn ein Auslandsverfahren deshalb angestrengt wird, weil das anvisierte Ergebnis in einem französischen Verfahren angesichts der kollisionsrechtlichen Ordre-public-Hürde nicht zu erreichen wäre, etwa eine einseitige Verstoßung der Ehefrau. Auch in anderen Sachbereichen kommt ein Eingreifen beider Anerkennungsvoraussetzungen in Betracht. In einer Entscheidung von 1995 erklärte die Pariser Cour d'appel etwa das Prinzip der Unabänderlichkeit des eigenen Namens zum Bestandteil des internationalen Ordre public, kennzeichnete eine in Großbritannien erwirkte Namensänderung zugleich als missbräuchlich und versagte ihr folglich die Anerkennung.[1312]

Die beiden Anerkennungshindernisse müssen allerdings nicht zusammenfallen, da sie sich in einem bestimmten Punkt voneinander unterscheiden. Während unter dem Gesichtspunkt des internationalen Ordre public nur ein objektives Element, die Unhaltbarkeit des Anerkennungsergebnisses vorausgesetzt wird, erfordert die Feststellung einer *fraude* die Überzeugung des französischen Gerichts vom Vorliegen eines subjektiven Elements, des Umgehungswillens. Da der Umgehungswille die einzige Motivation für die Anstrengung des Auslandsverfahrens darstellen muss, häufig aber lediglich mitbestimmend ist, ist die Feststellung eines Verstoßes gegen den anerkennungsrechtlichen Ordre public leichter als die einer anerkennungshindernden *fraude*.

In Folge der dargelegten Überschneidungen wird die Existenzberechtigung des eigenständigen Anerkennungshindernisses des Rechtsmissbrauchs gelegentlich in Frage gestellt.[1313]

(2) Deutschland

Die gesetzliche Regelung in Deutschland ist eindeutig. Weder nach § 328 I ZPO noch nach Art. 7 § 1 I FamRÄndG noch im Rahmen des (für die Anerkennung reiner Privatscheidungen) maßgebenden Art. 17 I EGBGB stellt die Gesetzes- oder Zuständigkeitserschleichung ein gesondertes Anerkennungshindernis dar. In Parallele zum deutschen Kollisionsrecht, in dessen Rahmen Gesetzesumgehun-

---

1312 C.A. Paris 1.12.1995, JDI 1997.793 mit Anmerkung Lucas.

1313 *Courbe*, RCDIP 1991.596 (600 ff.); *Muir Watt*, Jurisclasseur Droit international, Fasc. 584-4 no. 19 hält eine eigenständige Rechtsmissbrauchsprüfung nur für den Fall für erforderlich, dass die Anerkennungsvoraussetzung der Gesetzeszuständigkeit abgeschafft wird.

gen (sofern sie nicht bereits von einer speziellen Regelung erfasst werden[1314]) überwiegend durch sorgsame Auslegung und Analogiebildung begegnet wird,[1315] kennt auch das internationale Zivilverfahrensrecht kein gesondertes Anerkennungshindernis der fraus legis. Vielmehr wird auch insoweit auf eine sorgsame Auslegung rekurriert oder der Ordre public bemüht:[1316]

1. Oft kann bereits die Anerkennungszuständigkeit des Erstgerichts verneint werden, weil der zuständigkeitsrechtliche Anknüpfungspunkt es erlaubt, Umgehungsgesichtspunkte zu berücksichtigen. So setzt etwa der gewöhnliche Aufenthalt (§ 606a I Nr. 2-4 ZPO in spiegelbildlicher Anwendung) eine bestimmte Aufenthaltsdauer voraus, deren Relevanz sinkt, wenn ein eindeutiger Verbleibewille festgestellt werden kann. Diese Kriterien ermöglichen es, dass in die Bewertung des gewöhnlichen Aufenthalts schon Umgehungsgesichtspunkte einfließen.[1317] So kann etwa in Fällen des einvernehmlichen „Scheidungstourismus'" der gewöhnliche Aufenthalt im Scheidungsstaat leicht verneint werden, da sich die Ehegatten häufig nur für die Dauer der Scheidung im ausländischen Staat aufhalten und von vornherein Rückkehrwillen besitzen. Gestützt auf diese Begründung hat die deutsche Rechtsprechung mehrfach die Anerkennung von mexikanischen Scheidungen verweigert.[1318]

2. Auch der anerkennungsrechtliche Ordre public wird bemüht, insbesondere bei missbräuchlich erscheinenden ausländischen Auflösungen des Ehebandes.[1319] Auch in folgendem Fall reagierte der BGH mit der Ordre-public-Schranke: Der Kläger hatte in Italien ein Versäumnisurteil erwirkt, indem er dem Beklagten versichert hatte, er benötige diesen ausländischen Titel nur, um seine Bank zur Gewährung eines Kredits zu veranlassen, würde ihn jedoch nie vollstrecken. Gleich-

1314 Beispiele bei *Kegel/Schurig*, IPR, S. 477.

1315 *Kegel/Schurig*, IPR, S. 482 ff.; ebenso zum deutschen Sachrecht *Teichmann*, Die Gesetzesumgehung im Spiegel der Rechtsprechung, JZ 2003, 764 f.; siehe aber LG Berlin 17.9.1996, NJW-RR 1997, 378, das das Erschleichen der örtlichen Entscheidungszuständigkeit nach § 39 S.1 ZPO statt durch restriktive Norminterpretation unter Rückgriff auf den allgemeinen Rechtsmissbrauchsgedanken sanktioniert.

1316 *Kegel/Schurig*, IPR, S. 488 ff., die den Rekurs auf den Ordre public selbst ablehnen (a.a.O. S. 488).

1317 Siehe *Heeder*, Fraus legis, S. 318.

1318 Siehe die Nachweise bei Soergel-*Schurig*, EGBGB, Art. 17, Rn. 89.

1319 Siehe etwa den Bescheid des Senators für Rechtspflege und Strafvollzug Bremen vom 13.5.1974, IPRspr. 1974 Nr. 184, zur Frage der Anerkennbarkeit einer irakischen Scheidung nach Konvertierung des deutschen Ehemannes zum Islam. Siehe ferner BayObLG 30.11.1981, IPRax 1982, 104, wo die Auslandsverstoßung als ordre-public-widrig angesehen, kurioserweise aber zugleich ein Rechtsmissbrauch der Ehefrau durch Einleitung eines inländischen Scheidungsbegehrens diskutiert wurde.

wohl beantragte er daraufhin die Erteilung des Exequaturs, die zunächst auch zugestanden, in der Revisionsinstanz dann aber aufgehoben wurde.[1320]

(3) Belgien

Unter altem belgischen IZVR stellte Rechtsmissbrauch kein gesondertes Anerkennungshindernis dar. Vielmehr wurde Entscheidungen, die auf einer Gesetzesumgehung fußten, die Anerkennung unter Berufung auf einen Verstoß gegen den internationalen Ordre public, als dessen Bestandteil auch der Grundsatz „fraus omnia corrumpit“ aufgefasst wurde, versagt. Unter neuem Recht stellt die Umgehung der Anknüpfungsregeln des belgischen IPR in nicht dispositiven Rechtsbereichen nun ausdrücklich ein Anerkennungshindernis dar. Gemäß Art. 25 § 1 no. 3 CDIP kann eine „Entscheidung, die in einem Bereich ergangen ist, in welchem die Parteien nicht frei über ihre Rechte verfügen können“, nicht anerkannt werden, „wenn sie mit dem alleinigen Ziel erwirkt wurde, die Anwendung des nach belgischem Kollisionsrecht anwendbaren Rechts zu vermeiden“. Als Anwendungsbeispiel nennen die Gesetzesmaterialien Fälle, in denen eine Partei ihren strukturell „schwächeren“ Vertragspartner im Ausland – etwa unter Berufung auf eine nach der ausländischen lex fori wirksame, nach belgischem Recht jedoch unwirksame Gerichtsstandsvereinbarung – zur Rechenschaft zieht, um so die Anwendung belgischer Schutzvorschriften zu umgehen.

Die speziellen Vorschriften für die Anerkennung ausländischer Verstoßungen und ausländischer Adoptionen vermögen ebenfalls bestimmte Formen missbräuchlichen Verhaltens zu sanktionieren:

Gemäß Art. 57 § 2 no. 3 CDIP setzt die Anerkennung einer im Ausland vollzogenen Verstoßung voraus, dass sich keiner der Ehepartner zum Zeitpunkt ihrer gerichtlichen Bestätigung gewöhnlicherweise in einem Staat aufhält, der diese Form der Eheauflösung nicht kennt. Dies verhindert eine Anerkennung, wenn die Verstoßung allein deshalb im Ausland durchgeführt wurde, weil sie am gewöhnlichen Aufenthaltsort des Mannes nicht möglich wäre.

Ein Anerkennungshindernis besteht gemäß Art. 57 § 2 no. 4 CDIP überdies, wenn die Frau der Verstoßung nicht freiwillig zugestimmt hat. In Folge dessen scheidet eine Anerkennung in der Regel aus, wenn die ausländische Verstoßung nur deshalb vollzogen wurde, um den Folgen eines inländischen Scheidungsbegehrens der Frau vorzubeugen. Denn sofern diese vorhat, sich in Belgien scheiden zu lassen, dürfte sie einer Verstoßung regelmäßig nicht (freiwillig) zustimmen.

1320 BGH 10.7.1986, NJW-RR 1987, 377, 388. Derartiges klägerisches Vorgehen dürfte auch nach französischem Recht als Verstoß gegen den (prozessualen) Ordre public gewertet werden, siehe *Mayer/Heuzé*, D.i.p., no. 390.

Nach Art. 72 CDIP hängt die Anerkennbarkeit einer Auslandsadoption davon ab, dass bestimmte Vorgaben aus dem belgischen *Code civil* im ausländischen Verfahren beachtet wurden. Dies verhindert, dass die Anwendung dieser Schutzvorschriften durch eine Auslandsadoption und ein anschließendes Anerkennungsgesuch umgangen wird.

(4) Québec

Wie in Deutschland stellt missbräuchliches Verhalten auch in Québec kein eigenes Anerkennungshindernis dar. Fälle, in denen nach französischem IZVR eine *fraude* angenommen würde, müssen daher mit Hilfe anderer Anerkennungshindernisse gelöst werden.

In Betracht kommt hierfür insbesondere die anerkennungsrechtliche Ordre-public-Hürde.[1321] Auch das spiegelbildlich angewendete Forum-non-conveniens-Prinzip bietet die Möglichkeit, die Effektivität fraudulösen Verhaltens im Ergebnis einzudämmen. Zwar spielen subjektive Faktoren wie ein Umgehungswille im Rahmen der nach Art. 3135 C.C.Q. vorzunehmenden Abwägung keine Rolle. Abwägungsrelevant ist jedoch die objektive Feststellung, dass der Beklagte bei dem Auslandsverfahren rechtliche Nachteile erlitten hat. Eine anerkennungsrechtlich relevante *fraude* zielt aber gerade auf die eigene Bevorteilung und damit einhergehend auf die Benachteiligung der anderen Partei. Ist die vom Kläger zu Umgehungszwecken geschaffene Verbindung zum Forumstaat nur schwach, lässt sich dies mit Hilfe der Quebecer Version des Spiegelbildprinzips sanktionieren, der zu Folge grundsätzlich eine „wichtige Verbindung“ zum Erststaat erforderlich ist.[1322]

Ob sich mit Hilfe dieser anderen Anerkennungsvoraussetzungen alle denkbaren Missbrauchsfälle adäquat lösen lassen, ist allerdings fraglich, wie sich etwa am Beispiel des (einseitigen oder einvernehmlichen) Scheidungstourismus zeigt. Art. 3167 al. 1 C.C.Q.[1323] knüpft die Anerkennungszuständigkeit für Ehescheidungen alternativ an die einfache Residenz und an die gemeinsame Nationalität der Ehegatten. Die Residenz lässt sich leicht verändern, bietet mithin Umgehungspotential. Wird die Residenz in Umgehungsabsicht ins Ausland verlegt, kann die Anerkennung der Auslandsscheidung u.U. durch spiegelbildliche Anwendung des Forum-non-conveniens-Grundsatzes verhindert werden, dessen Anwendbarkeit neben der in Art. 3167 al. 1 C.C.Q. speziell geregelten indirekten Scheidungs-

1321 *Goldstein/Groffier*, D.i.p. I, no. 168 S. 404.
1322 Siehe oben II B 3 a (3) bb.
1323 Die Anerkennung von Scheidungen aus anderen kanadischen Provinzen richtet sich nicht nach dieser Vorschrift, sondern nach Art. 13 der *Loi sur le divorce*, siehe oben II B 1 d.

zuständigkeit zwar zweifelhaft, nach h.M. aber gleichwohl zu bejahen ist.[1324] Widersprechen die erstrebten Scheidungsfolgen grundsätzlichen Wertungen des Quebecer Rechts, wirkt der internationale Ordre public anerkennungshindernd. Auch wenn dies nicht der Fall ist, die Ehegatten aber nur kurzzeitig im Scheidungsstaat residiert haben, dürfte es nach der h.M., die Art. 3164 C.C.Q. auch im Anwendungsbereich des Art. 3167 C.C.Q. für anwendbar hält,[1325] möglich sein, die Anerkennung mangels „wichtiger Verbindung" zum Erststaat zu versagen.

(5) Vergleich

Verhaltensweisen, die unter die französische Definition des anerkennungshindernden Rechtsmissbrauchs fallen, begründen häufig auch andere Anerkennungshindernisse. Die Cour de cassation hat sich dennoch für eine zusätzliche allgemeine Absicherung entschieden. Diese mag in vielen Fällen keine eigenständige Bedeutung haben, trägt aber zur Füllung auftretender Lücken im Anerkennungsrecht bei. Dies lässt sich an folgendem, von der Cour d'appel Paris entschiedenen Fall verdeutlichen: Ein in Frankreich lebender Syrer, der nacheinander zwei Ehen geführt hatte, war verstorben und hinterließ ein Testament, in dem er seine zweite Frau als Universalvermächtnisnehmerin eingesetzt hatte. Die Brüder des Verstorbenen wollten diese um ihren Vermächtnisanspruch bringen, um selbst von dem Anfall der Erbschaft zu profitieren. Zu diesem Zweck erwirkten sie (wohl in Kooperation mit der ersten Ehefrau des Verstorbenen) ein syrisches Urteil, welches die erste Scheidung aufhob, feststellte, dass die erste Ehe noch immer bestehe und den Brüdern Ansprüche auf die Hinterlassenschaft einräumte. An dem syrischen Verfahren war die zweite Ehefrau weder beteiligt noch wurde sie von den Brüdern davon unterrichtet. Anschließend beantragten die Brüder die Anerkennung des syrischen Urteils in Frankreich. Da die zweite Ehefrau nicht Partei im ausländischen Verfahren war, konnte keine Verletzung ihrer Verteidigungsrechte festgestellt werden. Die Cour d'appel hielt das Verhalten der Antragsteller jedoch für rechtsmissbräuchlich und verweigerte die Anerkennung aus diesem Grund.[1326]

In Belgien wurde in Frankreich gewählte Ansatz einer allgemeinen Missbrauchskontrolle nur insoweit übernommen, als eine Umgehung von nach belgischem Kollisionsrecht anzuwendendem indisponiblem Recht in Rede steht. Mithin scheidet die Annahme einer Gesetzesumgehung von vornherein aus, soweit eine Rechtswahl zulässig ist. Ob eine solche tatsächlich getroffen wurde, ist dabei irrelevant. Eine strukturell „gleichstarke" Partei, die es abgelehnt hat,

1324 Siehe dazu oben II B 3 a (3) cc.
1325 Siehe oben II B 3 a (3) cc.
1326 C.A. Paris 10.6.1972, JDI 1974.150 mit Anmerkung Geby-Gérard.

eine Rechtswahl zu treffen, wird folglich nicht unter dem Aspekt des Rechtsmissbrauchs davor geschützt, vor ein ausländisches Alternativforum zitiert zu werden, selbst wenn dort gerade dasjenige Recht angewendet wird, welches zu wählen sie verweigert hatte; in Frankreich ist eine Anerkennungsversagung in solchen Fällen dagegen nicht ausgeschlossen. Bezüglich der Anerkennung ausländischer Verstoßungen und ausländischer Adoptionen wird die allgemeine Missbrauchskontrolle des Art. 25 § 1 no. 3 CDIP durch spezielle Regelungen in Art. 57 und Art. 72 CDIP ergänzt.

Im C.C.Q. hat sich demgegenüber die auch von Teilen des französischen Schrifttums vertretene Ansicht niedergeschlagen, dass eine eigenständige Missbrauchskontrolle entbehrlich ist. Insoweit besteht Übereinstimmung mit dem deutschen Anerkennungsrecht.

Die anerkennungsrechtliche Lage ist jeweils Spiegelbild der kollisionsrechtlichen Behandlung missbräuchlichen Verhaltens: Während in Frankreich und Belgien einer Umgehung des „zuständigen" Rechts bereits auf kollisionsrechtlicher Ebene mit einem allgemeinen Mechanismus begegnet wird,[1327] ist ein solcher sowohl dem deutschen als auch dem Quebecer Kollisionsrecht unbekannt.[1328]

c) Verbürgung der Gegenseitigkeit

Mit § 328 I Nr. 5 ZPO erhebt das deutsche Recht die Verbürgung der Gegenseitigkeit zur allgemeinen Anerkennungsvoraussetzung. Nur ausnahmsweise, nämlich in den Fällen der §§ 328 II ZPO, 16a FGG, 343 I 2 InsO und Art. 7 § 1 I 2 FamRÄndG wird auf dieses Erfordernis verzichtet. Angesichts mitunter heftiger Kritik aus dem In- und Ausland hat die Rechtsprechung die Rigorosität der Regelung abgemildert und lässt es mittlerweile ausreichen, wenn das Anerkennungsrecht und die Praxis der ausländischen Gerichte „im Wesentlichen gleichwertige Bedingungen" für die Anerkennung und Vollstreckung eines deutschen Urteils gleicher Art im Ausland schaffen.[1329] Auch eine partielle Verbürgung der Gegenseitigkeit genügt.[1330] Hierin besteht eine rechtstechnische Parallele zur Äquivalenztheorie,

---

1327 Frankreich: Siehe oben Einleitung zu II B 4 b (1); Belgien: Art. 18 CDIP, der dieselben Restriktionen enthält wie Art. 25 § 1 no. 3 CDIP.

1328 Das Quebecer IPR enthält lediglich eine allgemeine kollisionsrechtliche Ausweichklausel (Art. 3082 C.C.Q.), die rein objektiv auf den Mangel einer ausreichenden Verbindung zum Staat, dessen Recht anzuwenden wäre, abstellt. Subjektive Umstände, insbesondere ein Gesetzesumgehungswille, sind dabei nicht von Belang. Das deutsche IPR enthält nicht einmal eine allgemeine kollisionsrechtliche Ausweichklausel.

1329 BGH 30.9.1964, BGHZ 42, 194, 197.

1330 BGH 30.9.1964, BGHZ 42, 194, 199.

mit deren Hilfe die französische Cour de cassation die ebenfalls als zu rigide empfundene Anerkennungsvoraussetzung der Gesetzeszuständigkeit abmildert.[1331]

Im französischen Rechtskreis ist die die Verbürgung der Gegenseitigkeit als Anerkennungsvoraussetzung allein in Art. 3162 C.C.Q. zu finden. Diese Vorschrift weist jedoch kaum Parallelen mit der deutschen Regelung auf.

Der Anwendungsbereich des Art. 3162 C.C.Q. beschränkt sich auf die Anerkennung steuerrechtlicher Entscheidungen. Daraus folgt, dass Art. 3162 C.C.Q. die Anerkennungsmöglichkeiten entgegen der allgemeinen Anerkennungsvoraussetzung des § 328 I Nr. 5 ZPO nicht verengt, sondern vielmehr erweitert. Denn nach dem autonomen deutschen (sowie französischen und belgischen) Anerkennungsrecht werden steuerrechtliche Entscheidungen überhaupt nicht anerkannt.

Die Beschränkung auf steuerrechtliche Entscheidungen hat zur Folge, dass ein Kernargument der Kritik an § 328 I Nr. 5 ZPO auf Art. 3162 C.C.Q. nicht zutrifft. Der deutschen Regelung wird vorgeworfen, sie beschränke die Anerkennungsmöglichkeiten aus Gründen der Staatsräson zu Lasten der Parteien. Anders die Quebecer Regelung: Da der Bürger eine Entscheidung, die ihm einen Rückgewähranspruch gegen den Fiskus zubilligt, regelmäßig mit besseren Aussichten im Fiskusstaat vollstrecken lassen kann und daher regelmäßig kein Interesse an einer Anerkennung in Québec hat, betreffen steuerrechtliche Anerkennungsgesuche in aller Regel Entscheidungen, die eine Steuerschuld des Bürgers konstatieren. Das Reziprozitätserfordernis in Art. 3162 C.C.Q. geht daher zu Lasten des Fiskusstaates. Dieser hat im Übrigen jederzeit die Möglichkeit, sich eine Zugriffsmöglichkeit auf das in Québec belegene Vermögen der Steuerschuldner zu verschaffen, indem er steuerrechtliche Entscheidungen aus Québec auf dem eigenen Territorium anerkennt und für vollstreckbar erklärt.

5) Vergleich der Anerkennungsvoraussetzungen

Die zwischen den einzelnen Anerkennungsvoraussetzungen bestehenden Querverbindungen sowie die funktionalen Äquivalente zwischen den verglichenen Rechtsordnungen wurden an den betreffenden Stellen bereits erörtert. Im Folgenden wird nunmehr die Anerkennungsregelung insgesamt verglichen.

Die Vorteile und Gefahren eines großzügigen Anerkennungsrechts sind bekannt.[1332] Zu seinen Errungenschaften zählt, dass es die Wahrung im Ausland wohlerworbener Rechte ermöglicht und die Entstehung von hinkenden Rechtsver-

---

1331 Siehe oben II B 4 a (1) aa.

1332 Ausführlich dazu *Geimer*, Anerkennung ausländischer Entscheidungen in Deutschland, S. 2-10.

hältnissen zu vermeiden hilft. Gegenläufig bedeutet es aber auch, die Wirkungen ausländischer Entscheidungen, welche möglicherweise innerstaatlichen Wertentscheidungen zuwider laufen, in größerer Zahl auf das Inland zu erstrecken. Damit einher geht ein gesteigerter Anreiz, ein ausländisches Verfahren mit dem Ziel zu betreiben, die vergleichsweise günstigen ausländischen Verhältnisse zu nutzen und die Entscheidung anschließend im Inland anerkennen zu lassen. Angesichts dieser gegeneinander abzuwägenden Interessen verwundert es nicht, dass die hier verglichenen Rechtsordnungen unterschiedliche Ansätze aufweisen, diese miteinander in Einklang zu bringen. Eine Gesamtschau der anerkennungsrechtlichen Unterschiede zeigt, dass das Anerkennungsrecht Deutschlands, Frankreichs und Québecs restriktiver ist als das belgische.

Das französische Anerkennungsrecht ist dem ersten Anschein nach recht liberal, da es die Anerkennungszuständigkeit weder an die spiegelbildliche Einhaltung der französischen Zuständigkeitsregeln noch an andere, fest vorgegebene Kriterien knüpft, sondern lediglich eine „deutliche Verbindung" zum Erststaat voraussetzt. Dieser Grundsatz wird jedoch durch eine stattliche, wenngleich seit Entfall der Exklusivität des Art. 15 C.civ. um eine weitere Zuständigkeit reduzierte, Anzahl ausschließlicher französischer Zuständigkeiten eingeschränkt. Hinzu kommt die allgemeine Missbrauchskontrolle. Eine weitere Einschränkung der Anerkennbarkeit resultiert, allerdings nur in seltenen Fällen, aus der (abgemilderten) Kontrolle der Gesetzeszuständigkeit. Bemerkenswert ist, dass sich das Anerkennungshindernis der inländischen Rechtshängigkeit, das ein „reaktives" *forum shopping* (d.h. die Einleitung eines „schnelleren" ausländischen Verfahrens mit dem Ziel durch die nachfolgende Anerkennung der ausländischen Entscheidung ein inländisches Verfahren zu überrunden) verhindert, offenbar bislang nicht zweifelsfrei durchsetzen konnte. Insoweit kann allerdings, jedenfalls in evidenten Fällen, die allgemeine Rechtsmissbrauchskontrolle Abhilfe schaffen.

Das deutsche Anerkennungsrecht ist in der Frage der Anerkennungszuständigkeit strenger als das französische Recht, da das Spiegelbildprinzip die Anerkennung sogar dann hindert, wenn ausnahmsweise eine enge Verbindung zum Erststaat gegeben ist, die lediglich nicht der typisierten Anknüpfung des deutschen Gesetzes entspricht. Hinzu kommt die (freilich abgemilderte) Anerkennungsvoraussetzung der Verbürgung der Gegenseitigkeit. Ein Missbrauch des Anerkennungsrechts wird dagegen nicht als solcher sanktioniert.

Das Quebecer Recht ist hinsichtlich der Anerkennungszuständigkeit am strengsten, da es die Spiegelbildregel durch das zusätzliche Erfordernis einer „wichtigen Verbindung" zum Erststaat sowie durch die gespiegelte Anwendung des Forum-non-conveniens-Prinzips verschärft. Insbesondere letzterer Mechanismus erlaubt es, auf eine gesonderte Sanktionierung der missbräuchlichen Ausnutzung der Anerkennungsregeln sowie auf eine Kontrolle der Gesetzeszuständigkeit zu verzichten.

Liberaler zeigt sich das belgische Anerkennungsrecht. Es sieht zwar eine abgemilderte Version der französischen Missbrauchskontrolle vor, verzichtet dafür aber auf eine auch rein objektive Gesetzesumgehungen erfassende Prüfung der Gesetzeszuständigkeit. Vor allem verfolgt das belgische Recht einen freigiebigen Ansatz bei der Prüfung der Anerkennungszuständigkeit, indem es grundsätzlich vertrauensvoll auf eine positive Nachprüfung der Verbindung zum Erststaat verzichtet. Dieser Grundsatz wird nur durchbrochen, wenn eine der wenigen ausschließlichen belgischen Zuständigkeiten eingreift oder die Anerkennungszuständigkeit allein auf der Anwesenheit des Beklagten oder der Belegenheit seines Vermögens im Erststaat beruht.

Restriktiver als im Übrigen zeigt sich das belgische Recht allerdings gegenüber *forum shopping* zum Zweck der Verstoßung der Ehefrau, das durch die speziellen Vorkehrungen in Art. 57 CDIP effektiv konterkariert wird.

C Wirkungen anerkannter Entscheidungen

Die Anerkennung einer ausländischen Entscheidung bewirkt, dass ihr gewisse Wirkungen im Inland zugebilligt werden. Fraglich ist allerdings, in welchem Umfang (1) und ab welchem Zeitpunkt (2) diese Wirkungen eintreten.

1) Wirkungsumfang

Ist eine ausländische Entscheidung anzuerkennen, so fragt sich, welche Wirkungen ihr im Inland beizulegen sind: Ist sie einer inländischen vergleichbaren Entscheidung gleichzustellen oder werden schlicht die Wirkungen, welche die Entscheidung nach dem Recht des Erststaates entfaltet, auf das Inland erstreckt? Einer eindeutigen Lösung ist die Frage bislang in keiner der verglichenen Rechtsordnungen zugeführt worden:

Die in Deutschland herrschende Lehre folgt nicht der – u.a. in Österreich herrschenden – Gleichstellungslehre, wonach einer ausländischen Entscheidung die Wirkungen einer vergleichbaren inländischen Entscheidung zukommen,[1333] sondern der Wirkungserstreckungstheorie.[1334] Ihr zu Folge zeitigt die ausländische Ent-

1333 Siehe *Matscher*, ZZP 86 (1973), 408 f.

1334 *Kropholler*, IPR, S. 660; *Martiny* in: Hb. IZVR III/1, Kap. I, Rn. 367; *Gottwald*, ZZP 103 (1990), 257 (261 ff.); *Geimer*, IZPR, Rn. 2776 f. m.w.N.

scheidung im Inland die Wirkungen, die sie nach dem Recht des Erststaates entfaltet. Überwiegend wird der Wirkungserstreckung jedoch eine Obergrenze gesetzt,[1335] die nach einer Ansicht durch den Ordre public,[1336] nach anderer Ansicht durch den Vergleich mit einer inländischen Entscheidung („Kumulationstheorie“)[1337] gezogen wird. Ausgenommen von der Wirkungserstreckung wird die Vollstreckungswirkung, welche sich nach deutschem Recht richtet.[1338]

Im französischen Schrifttum werden alle drei Ansätze vertreten: Sowohl die durch den internationalen Ordre public begrenzte als auch die mit Hilfe der Kumulationstheorie begrenzte Wirkungserstreckung hat ihre Befürworter. Daneben wird vorgeschlagen, den Wirkungsumfang dem französischen Recht zu entnehmen, der ausländischen Entscheidung aber gleichwohl nicht mehr Wirkungen beizulegen, als ihr nach dem Recht des Erststaates zukommen.[1339] Die Rechtsprechung ist ebenfalls uneinheitlich,[1340] eine kürzlich ergangene Entscheidung der Cour de cassation deutet allerdings darauf hin, dass sie mittlerweile eher dem erstgenannten Ansatz zuneigt.[1341] Für ausländische Sorgerechts- und Unterhaltsentscheidungen, die nach französischem Recht bei Veränderung der Tatsachenlage abgeändert werden können, gilt jedenfalls, dass sie auch dann durch französische Gerichte abänderbar sind, wenn sie dies nach dem Recht des Erststaates nicht waren.[1342] Die Vollstreckungswirkung unterliegt anerkanntermaßen französischem Recht als

---

1335 Anscheinend gegen eine Obergrenze allerdings *Gottwald*, ZZP 103 (1990), 257 (262).

1336 So etwa *Kropholler*, IPR, S. 660; *Martiny* in: Hb. IZVR III/1, Kap. I, Rn. 369.

1337 So etwa *v.Bar/Mankowski*, IPR I, Rn. 114; *Schack*, IZVR, Rn. 796; *Geimer*, IZPR, Rn. 2780 ff. m.w.N. zu beiden Meinungen.

1338 *V.Bar/Mankowski*, IPR I, Rn. 117; *Schack*, IZVR, Rn. 793; *Geimer*, IZPR, Rn. 3100.

1339 Siehe nur *Péroz*, La réception des jugements étrangers dans d'ordre juridique français, no. 220 ff. m.N., die selbst (a.a.O., no. 232 ff.) eine eigene Variante der Gleichstellungstheorie entwickelt.

1340 Nachweise bei *Péroz*, La réception des jugements étrangers dans d'ordre juridique français, no. 232 ff.

1341 Siehe Cass.civ.[1] 29.9.2004, JDI 2005.378 mit Anmerkung Melin. Der Gläubiger eines insolventen Schuldners hatte, ohne die Forderung beim Insolvenzverwalter angemeldet zu haben, einen Bürgen des Schuldners in Belgien verklagt und obsiegt. Die Cour de cassation verweigerte die Anerkennung der belgischen Entscheidung mit folgender Begründung: *„(...); Mais attendu qu'une décision de reconnaissance ou d'exécution en France d'un jugement étranger ne conférant pas à celui-ci plus de droits que n'en aurait une décision nationale, elle ne saurait tenir en échec le principe d'ordre public interne et international selon lequel, en cas de procédure collective, tout céancier doit déclarer sa créance (...).“*

1342 Nachweise bei *Muir Watt*, Jurisclasseur droit international, Fasc. 584-6, no. 113.

dem Recht des Anerkennungsstaats.[1343] In Belgien und Québec ist die Frage weder gesetzlich eindeutig geregelt,[1344] noch in der höchstrichterlichen Rechtsprechung oder in der Lehre bislang kontrovers erörtert worden.

2) Zeitpunkt der Wirkungserstreckung

Fraglich ist auch der Zeitpunkt der Wirkungserstreckung. Hierbei geht es nicht die Frage, in welchem Zeitpunkt die Anerkennungsvoraussetzungen vorliegen müssen.[1345] Vielmehr geht es darum, von welchem Zeitpunkt an die Wirkungen einer anerkennbaren ausländischen Entscheidung auf das Inland erstreckt werden.

Ab wann die Wirkungen auf das Inland erstreckt werden, ist häufig Vorfrage in einem anderen Verfahren, etwa wenn ein im Ausland Geschiedener dem inländischen Unterhaltsbegehren des ehemaligen Ehepartners das ausländische Scheidungsurteil entgegenhält. Mangels Vollstreckungsfähigkeit eines Scheidungsurteils kommen insoweit nur zwei Zeitpunkte in Betracht, nämlich derjenige, in dem das Urteil im Erststaat wirksam wurde (retroaktive Wirkungserstreckung) und derjenige, in welchem die Anerkennung im Zweitstaat stattfindet. Bei der Erstreckung von Wirkungen vollstreckungsfähiger Entscheidungen kommt zusätzlich der Zeitpunkt in Betracht, in dem die ausländische Entscheidung mit dem Exequatur versehen wird.

Die in Deutschland h.M. leitet aus der automatischen Anerkennung kraft Gesetzes ab, dass die Wirkungen des erststaatlichen Urteils stets in dem Zeitpunkt auf das deutsche Territorium erstreckt werden, in welchem sie im Erststaat eintreten.[1346] Das soll auch für Urteile gelten, deren Anerkennung von einer zwingenden

---

1343 *Muir Watt*, Jurisclasseur droit international, Fasc. 584-6, no. 111; *Audit*, D.i.p., no. 446.

1344 Gemäß Art. 22 § 3 no. 2 CDIP „erklärt die Anerkennung für Recht, was im Ausland entschieden wurde." Den Gesetzesmaterialien zu Folge hat das Anerkennungsgericht die Entscheidung, so wie sie ist, anzuerkennen oder die Anerkennung zu versagen, eine Abänderungsbefugnis steht ihm nicht zu. Dies spricht für eine Wirkungserstreckung. In den beiden relevanten Quebecer Gesetzen (C.C.Q. und C.P.C.Q.) ist die Frage nicht einmal ansatzweise geregelt.

1345 Dies ist insbesondere hinsichtlich der Verbürgung der Gegenseitigkeit und der Bestimmung des Inhalts des internationalen Ordre public – zum insoweit maßgeblichen Zeitpunkt siehe oben II B 3 b (5) – von Bedeutung.

1346 MüKo-*Gottwald*, ZPO II, § 328 Rn. 8; *Linke*, IZPR, Rn. 368; *Martiny* in: Hb. IZVR III/1, Kap. I Rn. 298; *Herrmann*, Die Anerkennung US-amerikanischer Urteile, S. 58 f.; *Geimer*, IZPR, Rn. 2798 m.w.N. in Fn. 94 (Das von ebendiesem a.a.O. Fn. 95 zitierte BGH-Urteil (BGH 21.4.1998, IPRax 1999, 466), wonach auf den Zeitpunkt der Anerkennungsprüfung abzustellen sein soll, erging lediglich zur Frage, welcher Zeitpunkt für die Bestimmung des Inhalts des internationalen Ordre puförmlichen Feststellung nach Art. 7 § 1 FamRÄndG abhängt, da sie ihre Wirkungen nach Durchlaufen dieser Prozedur ex tunc entfalten.[1347]

In Frankreich geht man davon aus, dass die Anerkennung einer de plano anerkennbaren ausländischen Entscheidung auf den Zeitpunkt zurückwirkt, in dem die ausländische Entscheidung nach dem Recht des Erststaates Wirkungen entfaltet hat.[1348]

Was exequaturbedürftige Entscheidungen anlangt, sind die Meinungen geteilt. Während Teile des Schrifttums auch hier eine Rückwirkung befürworten,[1349] ist die Wirkungserstreckung nach anderer Ansicht an die Erteilung des Exequaturs gekoppelt.[1350] Letztere Ansicht hängt ersichtlich mit der Vorstellung zusammen, exequaturbedürftige Entscheidungen seien vor Exequaturerteilung auf französischem Boden rechtlich nicht relevant. Die Rechtsprechung gesteht zumindest in bestimmten Fällen eine rückwirkende Anerkennung exequaturbedürftiger Entscheidungen zu.[1351]

In Québec und Belgien wurde der Frage wenig Aufmerksamkeit zu Teil, höchstrichterliche Entscheidungen sind nicht ersichtlich. Allerdings spricht der dort herrschende Ansatz der automatischen Urteilsanerkennung sowie die grundsätzliche[1352] Möglichkeit einer Inzidentanerkennung dafür, dass die Anerkennung stets auf den Zeitpunkt des Erlasses im Erststaat zurückwirkt.

D Ergänzung des Anerkennungsrechts durch anti-suit injunctions?

Nachdem die anerkennungsrechtlichen Regelungen erörtert worden sind, scheint es angebracht, darzulegen, inwieweit die inländischen Gerichte befugt sind, eine der Parteien durch eine – ihrem angelsächsischen Ursprung entsprechend als *anti-suit*

---

blic maßgebend ist); OLG Hamm 9.1.1992, IPRspr. 1992, Nr. 113 (bezüglich einer in Marokko vorgenommenen Verstoßung der Ehegattin).

A.A. *Schütze*, Deutsches IZPR[1], S. 163 sowie Deutsches IZPR[2], Rn. 365, der die Erstreckung der Anerkennungswirkungen an einen aktuellen „Inlandsbezug" bzw. eine „Binnenbeziehung" knüpfen möchte.

1347 BGH 28.6.1961, JZ 1962, 446; *Linke*, IZPR, Rn. 368 m.w.N.

1348 *Péroz*, La réception des jugements étrangers dans d'ordre juridique français, no. 249; *Loussouarn/Bourrel/De Vareilles-Sommières*, D.i.p., no. 504-2, beide m.w.N.

1349 *Mayer/Heuzé*, D.i.p., no. 427.

1350 *Loussouarn/Bourrel/De Vareilles-Sommières*, D.i.p., no. 504-2; *Péroz*, La réception des jugements étrangers dans d'ordre juridique français, no. 253 S. 138.

1351 Etwa Trib.civ. Seine 24.3.1923, J.D.I. 1923.872 und Cass.civ.[1] 19.3.1991, RCDIP 1992.108 mit Anmerkung Ancel: Vollstreckbarkeit eines ausländischen Unterhaltsurteils auch für den Zeitraum vor der Erteilung des Exequaturs.

1352 Zu deren Einschränkung in Québec auf Grund der Regelung über die sachliche Zuständigkeit siehe oben II A 1 d.

injunction bezeichnete – Anordnung zu verpflichten, die Verfolgung ihrer Rechte im Ausland zu unterlassen oder einzustellen. Denn die Befugnis zu derartigen Anordnungen ergänzt das Anerkennungsrecht (1). Im Gegensatz zum englischen und US-amerikanischen Recht (2) sind sie weder in Deutschland noch in Frankreich oder Belgien zulässig (3). Das Quebecer Recht hat diese Rechtsfigur dagegen übernommen (4).

1) Die ergänzende Funktion von anti-suit injunctions

Durch das gegenüber dem Kläger ausgesprochene Verbot, sein Recht vor ausländischen Gerichten zu verfolgen, wird vermieden, dass der Beklagte durch ein im Ausland geführtes, möglicherweise schikanöses Verfahren übermäßig belastet wird. Gleichzeitig stellt die *anti-suit injunction* ein Mittel dar, parallele Verfahren im In- und Ausland sowie anschließende Urteilskonflikte von Anfang an zu vermeiden, statt sie erst im Nachhinein durch Versagung der Anerkennung aufzulösen.

Eine andere Stoßrichtung hat ein Unterfall der *anti-suit injunction,* die sog. *counter anti-suit injunction*. Sie stellt eine Reaktion auf eine im Ausland erlassene *anti-suit injunction* dar und soll verhindern, dass die inländische Gerichtsgewalt ausgehöhlt wird, weil sich der Kläger gezwungen sieht, das inländische Verfahren einzustellen.

2) Rechtslage in England und den USA

Das englische wie das US-amerikanische Recht gewähren die Möglichkeit, eine *anti-suit injunction* zu erlassen, allerdings nicht unter identischen Voraussetzungen.

a) England

Die englische Rechtsprechung macht den Erlass einer *anti-suit injunction* von folgenden Voraussetzungen abhängig:

Das englische Gericht muss für den Erlass einer solchen Anordnung zuständig sein.[1353] Dies hängt i.d.R. davon ab, ob eine Zustellung *(service of writ)* an den

1353 House of Lords 4.12.1980 „Castanho v. Brown & Root (UK) Ltd“, [1981] AC 557; Court of Appeal 30.7.1985 „Midland Bank plc v. Laker Airways Ltd“, [1986] QB 689; Privy Council 14.5.1987 „Societé Nationale Industrielle Aérospatiale v. Lee Kui Jak“, [1987] AC 871.

Antragsgegner möglich ist.[1354] Darüber hinaus muss das ausländische Verfahren *„vexatious or oppressive"* erscheinen. Wann das der Fall ist, ist einer allgemeinen Definition kaum zugänglich.[1355] In einer Entscheidung von 1986 zählte das House of Lords abschließend bestimmte Fallgruppen auf.[1356] Dieser Ansatz ist aber inzwischen wohl wieder aufgegeben worden.[1357] Beispielsweise erlassen englische Gerichte *anti-suit injunctions*, wenn das ausländische Verfahren entgegen einem *„right not to be sued abroad"* angestrengt worden sind. Ein solches kann sich etwa aus einer ausschließlichen Gerichtsstandsvereinbarung zugunsten englischer Gerichte oder einer Schiedsvereinbarung zugunsten einer englischen Schiedsstelle ergeben. Eine Anordnung kommt auch in Betracht, wenn das ausländische Verfahren nicht den Anforderungen eines fairen Prozesses entspricht *(„interferes with the due process of the court")*. Der australische High Court geht demgegenüber von einer engeren Definition aus und hält ein ausländisches Verfahren nur dann für *„vexatious or oppressive, if there is nothing which can be gained by them over and above what may be gained in local proceedings"*.[1358] Schließlich wird i.d.R. vorausgesetzt, dass sowohl das betreffende Ausland als auch England selbst ein „geeignetes" Forum darstellen, eine Rechtsverfolgung mithin auch im Inland möglich wäre *(multi fora cases)*. Ist allein das ausländische Forum „geeignet" *(single forum cases)*, sind *anti-suit injunctions* selten, gleichwohl aber nicht ausgeschlossen.[1359]

Sind diese Voraussetzungen erfüllt, wird die beantragte Anordnung erlassen, es sei denn, der Antragsgegner kann plausibel darlegen, dass das ausländische Forum ihm materiellrechtliche oder prozessuale Vorteile bietet, die er anderenfalls einbüßen würde. Betreibt der Antragsgegner entgegen der Anordnung das ausländische Verfahren (weiter), stellt dies einen *contempt of court* dar,[1360] der durch die Beschlagnahmung des im Inland belegenen Vermögens des Antragsgegners, durch Geld- oder durch Freiheitsstrafe sanktioniert wird. Obgleich *anti-suit injunctions*

1354 Siehe *Dicey/Morris*, The Conflict of Laws, nr. 12-058; *North/Fawcett*, P.I.L., S. 360.

1355 Siehe *Dicey/Morris*, The Conflict of Laws, nr. 12-060, 12-063.

1356 House of Lords 29.7.1986 „South Carolina Insurance Co v. Assurantie NV", [1987] AC 24.

1357 Siehe *Dicey/Morris*, The Conflict of Laws, nr. 12-059 (unter Verweis auf House of Lords 2.4.1998 „Airbus Industrie G.I.E. v. Patel", [1999] 1 A.C. 119).

1358 High Court of Australia „CSR Ltd. v. Cigna Insurance Australia Ltd.", (1997) 189 C.L.R. 345, 393.

1359 *Dicey/Morris*, The Conflict of Laws, nr. 12-068; *North/Fawcett*, P.I.L., S. 362, 367; implizit House of Lords 19.7.1984 „British Airways Board v. Laker Airways Ltd.", [1985] A.C. 58; Court of Appeal 30.7.1985 „Midland Bank plc c. Laker Airways Ltd." [1986] 1 Q.B. 689 (C.A.).

1360 *North/Fawcett*, P.I.L., S. 241.

nicht gegenüber ausländischen Gerichten, sondern gegenüber dem Kläger erlassen werden, wird von etlichen Seiten kritisiert, dass sie leicht als Einmischung in die Angelegenheiten fremder Jurisdiktionen verstanden werden können.[1361]

b) USA

In den Vereinigten Staaten von Amerika haben sich, in Folge eines Justizkonflikts zwischen England und den USA anlässlich der Liquidation der Fluggesellschaft „Laker Airways",[1362] zwei unterschiedliche Ansätze herausgebildet. Der eine geht dahin, den Erlass einer *anti-suit injunction* wegen ihres Spannungsverhältnisses zur *Comity* auf enge Ausnahmefälle zu begrenzen. Zulässig soll eine *anti-suit injunction* insbesondere dann sein, wenn dies notwendig ist, „um die Gerichtsgewalt des inländischen Gerichts zu schützen oder um die Umgehung von fundamentalen öffentlichen Interessen des Forums zu verhindern".[1363] In anderen US-Staaten sind *anti-suit injunctions* über die gerade genannten Fälle hinaus auch dann zulässig, wenn das ausländische Verfahren *„oppressive or vexatious"* erscheint.[1364] Jedenfalls muss es sich aber um *multi fora cases* handeln, in *single forum cases* werden *anti-suit injunctions* nicht angeordnet.

3) Rechtslage in Deutschland, Frankreich und Belgien

In Deutschland, Frankreich und wohl auch in Belgien sind *anti-suit injunctions* ebenso wenig zulässig wie nach europäischem Zivilverfahrensrecht. Im Bezug auf letzteres wurde die Befugnis zum Erlass von *anti-suit injunctions* bereits seit längerem bezweifelt, weil sie das vereinheitlichte Zuständigkeits- und Anerken-

---

1361 *Gaudemet-Tallon*, Rev. int. dr. comp. 1994.424 ff. (434); *Van Houtte*, „À propos des injonctions *anti-suit* et d'autres torpilles pour couler des actions étrangères", S. 147 (148); *Gottwald*, Grenzen zivilgerichtlicher Maßnahmen mit Auslandswirkung, S. 119 (123); OLG Düsseldorf 10.1.1996, EWiR 1996, 321; *Clavel*, Rev. de l'arb. 2001.669 ff. (677), der *anti-suit injunctions* trotz völkerrechtlicher Bedenken befürwortet, wenn sie der Durchsetzung einer Schiedsklausel dienen.

1362 Näher dazu *Hartley*, 35 Am.J.Comp.L. 487 (1987), S. 487 ff. und 494 ff.; *Del Duca/ Zaphiriou*, „United States of America", in: *Fawcett*, Declining juridiction in P.I.L., S. 420 ff.

1363 Siehe „Laker Airways v. Sabena Belgium World Airways", 731 F.2d 909 (DC Cir. 1984), S. 927, wo Judge Wilkey erläuterte, eine *anti-suit injunction* sei angebracht, wenn die ausländische Entscheidung wegen Verstoßes gegen die *public policy* in den USA nicht anerkannt werden würde, da auf diesem Weg bereits der Erlass der ausländischen Entscheidung verhindert werden könne.

1364 *Hartley*, Am.J.Comp.L. 35 (1987) 487, S. 499.

nungssystem zu unterminieren drohen.[1365] In der Entscheidung „Turner v. Grovit" bestätigte vor kurzem auch der EuGH, dass der Erlass von Anordnungen, welche die Rechtsverfolgung in anderen Mitgliedsstaaten untersagen, unzulässig ist, „selbst wenn [die andere] Partei wider Treu und Glauben zu dem Zweck handelt, das bereits anhängige [inländische] Verfahren zu behindern".[1366]

a) Deutschland

Eine auf die Unterlassung der Rechtsverfolgung im Ausland gerichtetes Begehren ist in Deutschland nach h.M. mangels Rechtsschutzbedürfnisses unzulässig.[1367] Allerdings kann ein auf Unterlassung der Rechtsverfolgung im Ausland gerichteter materiellrechtlicher Anspruch aus Vertrag oder Delikt bestehen.[1368] So wird u.a. vertreten, eine ausschließliche internationale Gerichtsstandsvereinbarung begründe die Verpflichtung, allein im prorogierten Forum zu klagen.[1369] Sofern ein solcher Anspruch besteht, kann der Beklagte den aus dem ausländischen Verfahren resultierenden Schaden u.U. im Wege einer Schadensersatzklage liquidieren.

b) Frankreich

Auch das französische Recht befugt nach derzeit ganz überwiegender Ansicht nicht zum Erlass von *anti-suit injunctions*.[1370] Zwar hat *De Vareilles-Sommières* kürzlich Möglichkeiten aufgezeigt, wie ein funktional äquivalentes Ergebnis durch eine mit der Androhung einer *astreinte*[1371] bewehrte Anwendung bestehender Prozessrechtsvorschriften erreicht werden könnte.[1372] Die Rechtsprechung hat diese Gedanken bislang jedoch nicht aufgegriffen.

1365 Siehe *Van Houtte*, „À propos des injonctions *anti-suit* et d'autres torpilles pour couler des actions étrangères", S. 149 ff.

1366 EuGH 27.4.2004 „Turner v. Grovit", Rs. C-159/02, Slg. 2004, S. I-3565 (zur Rechtslage unter Geltung des EuGVÜ).

1367 *Schlosser*, Der Justizkonflikt zwischen den USA und Europa, S. 37; *Geimer*, IZPR, Rn. 1118 m.w.N. Ebenfalls gegen die Zulässigkeit von *anti-suit injunctions*, allerdings ohne rechtstechnische Begründung, *Schack*, IZVR, Rn. 771 ff.

1368 Zu den möglichen Anspruchsgrundlagen im Einzelnen *Hau*, Positive Kompetenzkonflikte, S. 202 ff.; *Geimer*, IZPR, Rn. 1122.

1369 *Schröder*, The right not to be sued abroad, S. 530 ff. (530); *Kurth*, Inländischer Rechtsschutz gegen Verfahren vor ausländischen Gerichten, S. 60 ff. (67). Dagegen *Dorsel*, Forum non conveniens, S. 168 m.w.N.

1370 Siehe *Gaudemet-Tallon*, Rev. int. dr. comp. 1994.423 (434); *De Vareilles-Sommières*, Trav. com. fr. DIP 1998-2000, S. 64.

1371 Siehe dazu oben II B 3 b (2).

1372 *De Vareilles-Sommières*, Trav. com. fr. DIP 1998-2000, S. 65.

Etwaige Urteilskonflikte werden somit erst im Stadium der Anerkennung der ausländischen Entscheidung gelöst. Auch eine eventuelle übermäßige Belastung des Beklagten durch das ausländische Verfahren wird nur in diesem Rahmen in Rechnung gestellt. Französische Staatsangehörige wurden dabei durch die ausschließliche Zuständigkeit aus Art. 15 C.civ. besonders geschützt. Nach der weiter oben erwähnten jüngsten Entwicklung der Rechtsprechung[1373] dürfte dies nun nicht mehr zutreffen.

c) Belgien

Das belgische Recht enthält keine Bestimmung, die *anti-suit injunctions* ausdrücklich zulässt.[1374]Allerdings erließ das Brüsseler T.p.i. im Jahr 1989 eine gegen eine US-amerikanische *anti-suit injunction* gerichtete *counter anti-suit injunction.*[1375] Zu Grunde lag folgender Fall: Ein in Belgien ansässiger Kläger hatte einen in den USA domizilierten Sportler in Belgien wegen Nichterfüllung arbeitsvertraglicher Pflichten verklagt. Der Beklagte erwirkte daraufhin vor einem US-amerikanischen Gericht eine gegen das belgische Verfahren gerichtete *anti-suit injunction.* In Reaktion darauf verfügte das Brüsseler T.p.i., der Beklagte habe jede Rechtsverfolgung im Ausland zu unterlassen, welche die Arbeit der belgischen Gerichte beeinträchtige. Begründet wurde dies unter anderem damit, dass die ausländische Anordnung den Rechtsgewähranspruch aus Art. 6 EMRK, Art. 8 der belgischen Verfassung sowie Art. 14.1 des Internationalen Vertrags über bürgerliche und politische Rechte von 1966[1376] verletze. Die Verfügung wurde mit der Androhung einer *astreinte* in Höhe von 1.000.000 belgischen Francs für jeden Tag der Zuwiderhandlung verbunden. Im Anschluss an diese Entscheidung wurde die Zulässigkeit von *anti-suit injunctions* in der belgischen Literatur nicht mehr ausgeschlossen.[1377]

Eine Entscheidung des Handelsgerichts Dendermonde aus dem Jahr 2000[1378] spricht allerdings gegen die Zulässigkeit solcher Anordnungen. Zu entscheiden war über den Antrag eines in Belgien ansässigen Unternehmens, dem Prozessgegner unter Androhung einer *astreinte* (in Höhe von 1.000.000 belgischen Francs für jeden Tag der Zuwiderhandlung) aufzuerlegen, eine in den USA bereits angeordnete *discovery-procedure* einzustellen. Der Antrag wurde mit der Begründung

1373 Siehe oben II B 3 a (5) aa (ii).

1374 *Fallon*, „Belgium“, in: *Fawcett*, Declining jurisdiction in P.I.L., S. 116.

1375 T.p.i. Bruxelles (prés.), 18.12.1989, R.W. 1990-1991, S. 676.

1376 Online: www.ohchr.org/french/law/ccpr.htm.

1377 Siehe insbesondere *Fallon*, „Belgium“, in: *Fawcett*, Declining jurisdiction in P.I.L., S. 118.

1378 Trib. Com. Dendermonde 3.1.2000, R.D.C. 2000, S. 242 mit Anmerkung Wautelet.

abgelehnt, ein belgisches Gericht könne sich nicht „in ein ausländisches Verfahren einmischen und Maßnahmen anordnen, die auf die Aussetzung dieses Verfahrens zielen“. In der Zusammenschau der beiden Gerichtsentscheidungen muss davon ausgegangen werden, dass der Erlass initiativer *anti-suit injunctions* ausgeschlossen ist. Die Bedenken, sich mittels reaktiver *counter anti-suit injunctions* in ausländische Verfahren einzumischen, fallen offenbar geringer aus, da sich das betreffende ausländische Gericht selbst durch den Erlass einer *anti-suit injunction* in das belgische Verfahren eingemischt hat.[1379]

Der Schutz des im Ausland Beklagten sowie die Lösung eines eventuellen Urteilskonflikts bleibt mithin auch in Belgien dem Anerkennungsrecht überlassen.

4) Rechtslage in Québec

Im Jahr 1991, d.h. noch unter Geltung alten Rechts, ließ die Quebecer Cour d'appel den Erlass einer *counter anti-suit injunction* zu.[1380] Kurz darauf, in der Entscheidung „Amchem Products“[1381] aus dem Jahr 1993, stellte die kanadische Cour suprême die Zulässigkeit von *anti-suit injunctions* unter common law fest.[1382] In der „Opron“-Entscheidung[1383] aus dem Jahr 1999 schließlich bestätigte die Quebecer Cour supérieure die Zulässigkeit von *anti-suit injunctions* auch unter Geltung des neuen Quebecer IZVR.

Letzterer Entscheidung lag folgender Sachverhalt zu Grunde: Die Quebecer Gesellschaft Opron Inc. (im Folgenden: Opron) hatte mit der Gesellschaft Rolls Royce Verträge über den Bau eines Motorentestgeländes in Québec abgeschlossen. Als Subunternehmer engagierte Opron die Gesellschaft Aero Systems Engineering Inc. (im Folgenden: A.S.E.) aus Minnesota. Opron und A.S.E. vereinbarten, dass die zwischen Opron und Rolls Royce geltenden Vertragsklauseln, darunter eine

---

1379 Vgl. *Nuyts*, L'exception de forum non conveniens, no. 365, S. 485, der vermutet, dass das Handelsgericht Dendermonde die beantragte Anordnung nur deshalb nicht erlassen habe, weil die Funktion der belgischen Rechtspflege – im Gegensatz zum dem vom Brüsseler T.p.i. beurteilten Fall – durch die ausländische *discovery-procedure* nicht beeinträchtigt wurde.

1380 Cour d'appel du Québec 30.7.1991 „John Mansville Corporation c. The Dominion of Canada General Insurance Co.“, [1991] R.D.J. 616 (C.A.).

1381 Cour suprême du Canada 25.5.1992 und 25.3.1993 „Amchem Products Inc. c. British Columbia (Workers' Compensation Board)“, [1993] 1 R.C.S. 897.

1382 Bezug nahm das Gericht u.a. auf die Entscheidung des englischen Privy Council 14.5.1987 „Société nationale industrielle Aérospatiale v. Lee Kui Jak“, [1987] 3 All. E.R. 510 (C.P.).

1383 Cour supérieure 11.2.1999 „Opron Inc. v. Aero Systems Engineering“, [1999] R.J.Q. 757 (C.S.).

Schiedsklausel zugunsten einer Quebecer Schiedsstelle, auch zwischen ihnen gelten sollten. A.S.E. verpflichtete sich zudem, für die Rückzahlung eines Darlehens zu bürgen, das Opron bei einer Quebecer Bank aufgenommen hatte.

Später verklagte A.S.E. Opron in Minnesota auf Schadensersatz wegen falscher Angaben über das durch die Bank eingeräumte Kreditlimit. Trotz der getroffenen Schiedsvereinbarung bejahte das angerufene Gericht seine Zuständigkeit. Opron beantragte daraufhin in Québec eine *anti-suit injunction*, um zu verhindern, dass A.S.E. die Klage in Minnesota fortführt. A.S.E. bestritt die Quebecer Zuständigkeit mit der Begründung, das Verfahren in Minnesota begründe das Verfahrenshindernis der internationalen Litispendenz und im Übrigen sei Québec „forum non conveniens".

Die Cour supérieure hingegen stellte fest, die Litispendenz-Einwendung greife schon deshalb nicht durch, weil die zu erwartende ausländische Entscheidung sowohl wegen Art. 3164 C.C.Q. (mangels einer „wichtigen Verbindung" zu Minnesota)[1384] als auch wegen Art. 3165 no. 3 C.C.Q. (auf Grund der Missachtung der Schiedsklausel) nicht anerkennungsfähig sei. Zudem, argumentierte das Gericht weiter, stehe die Verfahrensaussetzung bei internationaler Litispendenz im gerichtlichen Ermessen und könne daher abgelehnt werden, wenn Minnesota als Forum „ungeeignet" erscheine. Gerade dies sei aber der Fall. Denn weder habe Opron ihr Domizil in Minnesota, noch lägen dort Vertragsabschluss- oder Erfüllungsort, noch sei dort eine deliktische Handlung vorgenommen worden. Außerdem sei die vereinbarte Schiedsstelle aus Quebecer Sicht ausschließlich zuständig. Insgesamt sei ein Verfahren in Minnesota daher nicht mit dem Forum-non-conveniens-Prinzip vereinbar. Schließlich entstehe A.S.E. auch kein irreparabler Schaden, wenn der Rechtsstreit in Québec geführt werde, da das Gericht von Minnesota selbst festgestellt habe, dass Québec ein angemessenes Alternativforum darstelle.

Nach der „Opron"-Entscheidung ist die dogmatische Basis für den Erlass von *anti-suit injunctions* in Québec das Forum-non-conveniens-Prinzip. Allerdings geht es nicht um eine unmittelbare Anwendung des Art. 3135 C.C.Q., dessen Rechtsfolge bekanntlich in einer Einstellung des inländischen, nicht aber des ausländischen Verfahrens besteht. Vielmehr wird auf Forum-(non)-conveniens-Erwägungen lato sensu rekurriert. Der Erlass einer *anti-suit injunction* setzt danach dreierlei voraus: Zum einen muss das ausländische Gericht „forum non conveniens", Québec hingegen „forum conveniens" sein; in *single forum cases,* in denen allein das betroffene Ausland geeignet erscheint, kann demnach keine *anti-suit injunction* ergehen. Zum anderen muss der Forum-non-conveniens-Einwand im ausländischen Verfahren erfolglos geltend gemacht worden sein. Schließlich darf die andere Partei durch den Prozess in Québec nicht unangemessen benachteiligt werden.

1384 Zu dieser Anerkennungsvoraussetzung oben II B 3 a (3) bb.

5) Vergleich

Leitet der Kläger ein Verfahren in einem ausländischen Staat ein, zu dem aus inländischer Sicht keine hinreichende Verbindung besteht, bieten weder die deutsche noch die französische oder die belgische Rechtsordnung die Möglichkeit, einen daraus resultierenden potentiellen Urteilskonflikt im Vorhinein durch eine Anordnung zu verhindern, welche das ausländische Verfahren zum Erliegen bringt. Vielmehr wird unter den Voraussetzungen des Litispendenz- bzw. des Konnexitätseinwandes die inländische Zuständigkeit nicht ausgeübt, und, soweit deren Voraussetzungen nicht erfüllt sind, die Auflösung des Urteilskonflikts dem Anerkennungsrecht überlassen. Auch eine durch das ausländische Verfahren entstehende übermäßige Belastung des Beklagten unterbinden die drei kontinentaleuropäischen Vergleichsrechtsordnungen nicht präventiv, und zwar selbst dann nicht, wenn die Rechtsverfolgung im Ausland schikanös erscheint. Auch insoweit bleibt eine Sanktion dem Anerkennungsrecht überlassen. Dieser Ansatz bietet aber auch im Nachhinein keine umfassende Sanktionsmöglichkeit. Denn das inländische Anerkennungsrecht kann nur die Anerkennung und Vollstreckung im Inland, nicht aber die die Vollstreckung im Erststaat oder die Anerkennung und Vollstreckung in einem anerkennungsrechtlich permissiveren Drittstaat verhindern.

Anders liegt es in Québec, wo die Gerichte die Möglichkeit haben, präventiv wirkende *anti-suit injunctions* zu erlassen. Auffällig ist allerdings, dass die Cour supérieure insoweit einen von der englischen wie von der US-amerikanischen Konzeption abweichenden Weg eingeschlagen hat: Weder ist allein entscheidend, ob das ausländische Verfahren *„vexatious or oppressive"* erscheint, noch, ob die inländische Gerichtshoheit durch das ausländische Verfahren gefährdet wird. Vielmehr hängt die Entscheidung davon ab, ob sich das ausländische Gericht entgegen der Quebecer Sichtweise für ein geeignetes Forum gehalten hat. Sowohl ein eventueller Urteilskonflikt als auch der Schutz des Beklagten bzw. der inländischen Gerichtshoheit gegen eine übermäßige Belastung durch das ausländische Verfahren wird mithin lediglich als Abwägungsfaktor bei der Ermittlung der Eignung der in Frage stehenden Foren berücksichtigt.

E Das Vollstreckbarerklärungsverfahren

Die materiellen Voraussetzungen für die Vollstreckbarerklärung stimmen in allen verglichenen Rechtsordnungen großteils mit den Anerkennungsvoraussetzungen überein, wobei allerdings zusätzlich die Vollstreckbarkeit der Entscheidung nach dem Recht des Erststaates vorausgesetzt wird.[1385] Auch die Zulässigkeitsvoraussetzungen des Vollstreckbarerklärungsverfahrens unterscheiden sich trotz einiger Sonderregeln – in Deutschland insbesondere §§ 722, 723 ZPO, in Belgien Artt. 23, 24 CDIP[1386], in Québec Artt. 785, 786 C.P.C.Q.[1387] – nicht wesentlich von denen eines Erkenntnisverfahrens.[1388]

Erörterungswürdig sind hingegen die innerstaatliche Zuständigkeit für die Vollstreckbarerklärung (1) sowie die Frage der Umrechnung ausländischer Zahlungstitel im Vollstreckbarerklärungsverfahren (2).

1) Vollstreckbarerklärungszuständigkeit

a) Deutschland

Nach § 722 II ZPO ist für die Klage auf Erlass des Vollstreckungsurteils das Amtsgericht oder Landgericht, bei dem der Schuldner seinen allgemeinen Gerichts-

1385 Für Frankreich: T.g.i. Paris 1.7.1987, RCDIP 1988.720 mit Anmerkung Ancel; das Erfordernis der Vollstreckbarkeit im Erststaat ergibt sich daraus, dass nach französischer Auffassung kein Interesse (*intérêt à agir*, siehe dazu unten Fn. 1386) an der Vollstreckbarerklärung einer im Erststaat nicht vollstreckbaren Entscheidung bestehen kann; vorläufige Vollstreckbarkeit im Erststaat scheint auszureichen, siehe C.A. Paris 12.5.1961, JDI 1962.442 mit Anmerkung Sialelli. Für Deutschland: *Geimer*, IZPR, Rn. 3104; vorläufige Vollstreckbarkeit reicht hier nicht aus, siehe *Schack*, IZVR, Rn. 821. Für Québec: Art. 3155 no. 2 Var. 3 C.C.Q. Für Belgien: Art. 22 § 1 al. 1 CDIP.

1386 Art. 23 CDIP verweist mit kleinen Abweichungen auf die Verfahrensvorschriften der Artt. 1025 bis 1034 C.jud.; Art. 24 CDIP bestimmt, welche Belege der Antragsteller beizubringen hat.

1387 Art. 785 C.P.C.Q. sieht für das Vollstreckbarerklärungsverfahren – wie für das prinzipale Anerkennungsverfahren – eine vereinfachte Verfahrenseinleitung *(„requête introductive d'instance")* vor, um das Verfahren zu beschleunigen. Darüber hinaus bestimmt die Vorschrift, innerhalb welcher Frist der Exequaturgegner den Antrag zu erwidern hat (binnen 20 Tagen nach Zustellung), sowie, wann das Exequaturverfahren frühestens beginnen kann (40 Tage nach Zustellung des verfahrenseinleitenden Schriftstücks); siehe dazu Cour du Québec 16.11.2004 „Banque de Montréal c. Myers", www.jugements.qc.ca, no. 200-02-034288-045.

1388 Die Zulässigkeit eines französischen Zivilverfahrens setzt neben der Zuständigkeit des Gerichts, dem Fehlen entgegenstehender Rechtskraft, Verjährung und Präklusion insbesondere eine Klagebefugnis *(qualité pour agir)*, ein „entstandenes, vorhandenes und legitimes Klageinteresse" *(intérêt né, actuel et légitime à agir)* sowie ein Klagerecht *(droit d'agir)* voraus, siehe Art. 122 NCPC. Im belgischen und Quebecer Zivilprozessrecht gelten ganz ähnliche Zulässigkeitsvoraussetzungen, siehe Artt. 17, 18 C.jud. bzw. Artt. 55, 57 C.P.C.Q. (zu letzteren: *Ferland*, La procédure et la preuve, S. 24 f.).

stand hat, und sonst das Amtsgericht oder Landgericht zuständig, bei dem nach § 23 gegen den Schuldner Klage erhoben werden kann. Die sachliche Zuständigkeit richtet sich, sofern nicht eine gesetzliche Regelung (z.B. § 10 III AUG) eine anderweitige, ausschließliche Zuständigkeit vorsieht, nach dem Gegenstand der ausländischen Entscheidung.[1389] Dies gilt nach h.M. auch bei ausländischen Insolvenzentscheidungen.[1390] In Familiensachen und in Angelegenheiten der freiwilligen Gerichtsbarkeit kommt nach der Rechtsprechung allerdings auch die Zuständigkeit des Familiengerichts bzw. des Richters der freiwilligen Gerichtsbarkeit in Betracht.[1391]

b) Frankreich

Für ein französisches Exequaturverfahren ist gemäß Art. 311-11 al. 1 C.org.jud. sachlich das T.g.i. zuständig, und zwar, sofern keine Kollegialentscheidung erforderlich erscheint, in Form eines Einzelrichters. Besondere Gerichte, insbesondere die Handelsgerichte, sind seit einer Entscheidung von 1855[1392] von der Befugnis zur Exequaturerteilung ausgeschlossen. Örtlich zuständig ist gemäß Art. 9 des Dekrets vom 31.7.1992[1393] i.V.m. Artt. 42 und 48 NCPC nach Wahl des Antragstellers das Gericht am allgemeinen Gerichtsstand des Antragsgegners oder das Gericht am Vollstreckungsort.[1394] Hat der Antragsgegner keinen allgemeinen Gerichtsstand in Frankreich oder ist dieser unbekannt, ist allein das Gericht am Vollstreckungsort zuständig. Dies weicht von der allgemeinen Regelung ab, der zu Folge dem Kläger grundsätzlich ein Wahlrecht unter allen französischen Gerichten (Art. 42 al. 3 NCPC) bzw. ein unter Beachtung der Erfordernisse einer „vernünftigen Verwaltung der Rechtspflege" auszuübendes Wahlrecht (Rechtsprechung) zusteht.[1395]

1389 Stein/Jonas-*W.Münzberg*, ZPO, § 722 Rn. 13; Zöller-*Geimer*, ZPO, § 722 Rn. 47.

1390 *Geimer*, IZPR, Rn. 3524 m.w.N. A.A. *Schütze*, Deutsches IZPR², Rn. 468.

1391 Siehe Zöller-*Geimer*, ZPO, § 722 Rn. 47; kritisch hierzu *Schütze*, Deutsches IZPR², Rn. 376.

1392 C.A. Paris 16.4.1855, S. 1855.2.236.

1393 Décrèt No. 92-755 du 31 juillet 1992 instituant de nouvelles règles relatives aux procédures civiles d'exécution pour l'application de la loi No. 91-650 du 9 juillet 1991 portant réforme des procédures civiles d'exécution.

1394 Zur Rechtslage vor der Reform siehe Cass.civ.¹ 5.4.1960, RCDIP 1961.389 mit Anmerkung Weser (Zuständigkeit des Gerichts am Domizil- Residenz- oder Vollstreckungsort); C.A. Paris 18.12.1973, RCDIP 1974.530 mit Anmerkung Audit (Zuständigkeit des Gerichts am Beklagtendomizil; mangels eines solchen in Frankreich: Wahlrecht des Klägers unter Berücksichtigung der Erfordernisse einer guten Justizverwaltung).

1395 Siehe oben I B 1 c (2).

c) Belgien

Sachlich zuständig für Exequaturgesuche ist nach Art. 23 § 1 CDIP i.V.m. Art. 570 C.jud. unabhängig vom Streitwert das T.p.i. Eine Ausnahme gilt gemäß Art. 121 CDIP nur für die Vollstreckbarerklärung ausländischer Insolvenzentscheidungen. Diese obliegt dem Handelsgericht *(tribunal de commerce)*. Örtlich zuständig ist gemäß Art. 23 § 2 CDIP alternativ das Gericht am Domizil oder das Gericht am gewöhnlichen Aufenthaltsort des Beklagten. Liegen beide Anknüpfungspunkte außerhalb Belgiens, ist das Gericht am Vollstreckungsort zuständig.

d) Québec

Die Quebecer Gesetze bestimmen weder die örtliche noch die sachliche Zuständigkeit für die Vollstreckbarerklärung ausländischer Entscheidungen. Die sachliche Zuständigkeit ermittelt die Cour supérieure anhand einer analogen Anwendung des Art. 949.1 C.P.C.Q., der die allgemeinen Regeln (Art. 34 C.P.C.Q.) zur Anwendung beruft.[1396] Hingegen ist keine Gerichtsentscheidung ersichtlich, die näher darlegt, woraus sich die örtliche Exequaturzuständigkeit ergibt. Auch insoweit scheinen stillschweigend die allgemeinen Regeln (Artt. 68 ff. C.P.C.Q.) angewendet zu werden.

e) Vergleich

1. Während die sachliche Zuständigkeit für Vollstreckungsgesuche nach deutschem und Quebecer Recht vom jeweiligen Streitwert abhängt, konzentrieren das französische und belgische Recht sie an einem Gericht.

2. Einzig das belgische Recht weist die sachliche Zuständigkeit für die Vollstreckbarerklärung ausländischer Insolvenzentscheidungen dem Handelsgericht zu. Angesichts eventueller Abgrenzungsschwierigkeiten zu Entscheidungen i.S.d. Art. 25 I InsolvenzVO, für deren Vollstreckbarerklärung das T.p.i. zuständig ist,[1397] wäre eine Konzentrierung sämtlicher Vollstreckbarerklärungsverfahren am T.p.i. möglicherweise sinnvoller gewesen. In diesem Punkt besteht auch eine auffällige Abweichung vom französischen Recht, das der Handelsgerichtsbarkeit schon Mitte des 19. Jahrhunderts die Exequaturzuständigkeit entzogen hat.

3. Auch was die Bestimmung des örtlich zuständigen Exequaturgerichts angeht, gehen die Lösungen auseinander. Während die europäischen Vergleichsrechte in besonderen Vorschriften auf den allgemeinen Gerichtsstand und alternativ

1396 Siehe dazu oben II A 1 d.
1397 Art. 25 I 1 InsolvenzVO i.V.m. Art. 39 I EuGVO i.V.m. Anhang II zur EuGVO.

oder subsidiär auf den Gerichtsstand am Vollstreckungsort bzw. in Deutschland den allgemeinen Vermögensgerichtsstand abstellen, scheint die Quebecer Rechtsprechung mangels expliziter gesetzlicher Vorgaben die für das Erkenntnisverfahren geltenden Regeln über die örtliche Zuständigkeit anzuwenden.

4. Die Möglichkeit, eine ausländische Entscheidung im Rahmen eines anderen Verfahrens inzident für vollstreckbar zu erklären, sieht nur das Quebecer Recht ausdrücklich vor. Voraussetzung ist gemäß Art. 785 al. 2 C.P.C.Q. allerdings, dass das in der Hauptsache entscheidende Gericht zugleich zuständig für die Vollstreckbarerklärung ist. Für bestimmte Konstellationen vertritt auch die französische Rechtsprechung diesen Ansatz. So kann das T.g.i., welches über die Validierung einer Pfändung in dritter Hand *(validation d'une saisie-arrêt)* zu entscheiden hat, inzident auch die dafür erforderliche Vollstreckbarkeit des zu Grunde liegenden ausländischen Titels erklären.[1398]

Anders scheint es in Belgien zu liegen: Art. 22 CDIP behandelt laut seiner Überschrift sowohl die Anerkennung als auch die Vollstreckbarerklärung ausländischer Entscheidungen, § 1 al. 3 CDIP der Vorschrift erwähnt jedoch nur die inzidente Anerkennung. Dies spricht gegen die Zulässigkeit einer inzidenten Vollstreckbarerklärung. Auch das deutsche Recht sieht eine solche nicht vor.

5. Fraglich ist endlich, ob wie bei der Zuständigkeit für ein Erkenntnisverfahren[1399] unerwünschte „Lücken" in der Bestimmung des örtlich zuständigen Exequaturgerichts entstehen können. Da inländische Gerichte für die Vollstreckung ausländischer Entscheidungen stets international zuständig sind, können solche „Lücken" auftreten, soweit die Vorschriften über die örtliche Zuständigkeit keine Zuständigkeitsbestimmung ermöglichen. In der Praxis besteht diese Gefahr jedoch kaum. Da ein Vollstreckbarerklärungsverfahren angesichts des international weit verbreiteten Doppelexequaturverbotes[1400] regelmäßig nur sinnvoll ist, wenn der Vollstreckungsort im Inland liegt, ist stets eine örtliche Zuständigkeit gegeben, wenn die örtliche Exequaturzuständigkeit wie in Frankreich und Belgien an den Vollstreckungsort anknüpft. Konsequenterweise enthält die belgische Kodifikation nur eine lückenfüllende Regelung bezüglich der örtlichen Zuständigkeit für das prinzipale Anerkennungsverfahren (Art. 23 § 2 al. 2 CDIP), nicht jedoch bezüglich der Exequaturzuständigkeit. Das deutsche Recht knüpft die örtliche Zuständigkeit zwar nicht an den Vollstreckungsort. Die hier maßgebliche Kombination aus dem allgemeinen Gerichtsstand und dem Vermögensgerichtsstand dürfte aber in allen Fällen, in denen sich der Vollstreckungsort in Deutschland befindet, eine Bestimmung der örtlichen Zuständigkeit ermöglichen. Auch in Québec dürften die

1398 Trib.civ. Seine 30.5.1956, RCDIP 1958.730 mit Anmerkung Loussouarn. Weitere Nachweise bei *Muir Watt*, Jurisclasseur Droit international, Fasc. 584-8, no. 74.

1399 Dazu oben I B 1 c.

1400 Zu dessen möglicher Durchbrechung in Kanada siehe oben II B 2 c (1).

nach der Quebecer Rechtsprechung auf die Exequaturzuständigkeit anzuwendenden allgemeinen Zuständigkeitsregeln (Artt. 68 ff. C.P.C.Q.) alle Fälle erfassen, in denen der Vollstreckungsort in Québec liegt. Zwar ist der Vollstreckungsort als solcher danach wie in Deutschland kein Zuständigkeitskriterium, die einschlägigen Vorschriften stellen jedoch je nach in Frage kommender Art der Streitigkeit auf das Domizil des Beklagten oder einer der Parteien, die Residenz des Beklagten, die Belegenheit von Vermögen des Beklagten bzw. des Erblassers usw. ab, womit alle denkbaren Vollstreckungsorte abgedeckt sein dürften.

2) Umrechnung ausländischer Zahlungstitel?

Wird die Vollstreckbarerklärung einer ausländischen Entscheidung beantragt, die zur Zahlung einer in fremder Währung ausgedrückten Geldsumme verpflichtet, stellt sich die Frage, ob eine Umrechnung in inländische Währung vorzunehmen ist. Für Entscheidungen aus dem Euro-Raum ist die Problematik mit Einführung der gemeinsamen Währung entfallen, für Entscheidungen aus anderen Staaten besteht sie jedoch fort. Soweit eine Umrechnung erforderlich ist, stellt sich die Folgefrage, zu welchem Kurs sie zu erfolgen hat. Insofern kommt der Kurs zum Zeitpunkt der Fälligkeit der Schuld im Ausland, der Kurs zum Zeitpunkt des Erlasses des ausländischen Entscheidung oder der Exequaturentscheidung sowie der Kurs zum Zeitpunkt der Schuldtilgung in Betracht. Dabei ist die Wahl des maßgebenden Zeitpunktes keineswegs unerheblich, da sie die ursprüngliche Verbindlichkeit enorm auf- oder abwerten kann.

In Deutschland werden auf ausländische Währung lautende Zahlungstitel nicht umgerechnet.[1401] Erst im Rahmen der Zwangsvollstreckung kommt eine Umrechnung in Betracht. Was dann gilt, ist umstritten.[1402] Es lässt sich eine Tendenz dahingehend ausmachen, auf den Zeitpunkt der effektiven Zahlung abzustellen.

In Frankreich wird die Umrechnungsfrage unter dem generelleren Aspekt betrachtet, ob das Exequaturgericht den Spruch des Erstgerichts modifizieren darf.

1401 *Baumann*, Leistungs- und Abänderungsklage bei früherem Auslandsurteil (zu OLG Stuttgart, 18.8.1988), IPRax 1990, 28, 29; *Grothe*, FamRZ 2004, 717, 718.

1402 *Schack*, IZVR, Rn. 965 möchte bei effektiven Fremdwährungsschulden die lex causae über die Umrechnung entscheiden lassen, sofern die ausländische Entscheidung den Umrechnungskurs nicht selbst festlegt, bei unechten Fremdwährungsschulden spricht er sich im Einklang mit *Baumann*, IPRax 1990, 28, 29 für eine Umrechnung nach dem Kurs zur Zeit der Aushändigung der inländischen Zahlungsmittel durch den Schuldner bzw. Ersteigerer aus. Gegen diese Differenzierung *Grothe*, Fremdwährungsverbindlichkeiten, S. 743. Vgl. ferner *Bachmann*, Fremdwährungsschulden in der Zwangsvollstreckung, S. 74 ff.

Insoweit weist die Rechtsprechung keine einheitliche Linie auf.[1403] Ob eine Umrechnung in fremder Währung gefasster Urteile zulässig ist, scheint bislang nicht höchstrichterlich geklärt worden zu sein. Die wenigen Entscheidungen, die das Problem andeuten, sprechen dafür, dass keine Umrechnung durch das Exequaturgericht, sondern allenfalls eine befreiende Zahlung in französischer Währung zum Umrechnungskurs am Zahlungstag in Frage kommt.[1404]

Auch die belgische Kodifikation beschäftigt sich nicht mit der Umrechnungsfrage. Die belgische Rechtsprechung ist uneinheitlich. Während die Cour d'appel de Liège teils eine Umrechnung verweigerte,[1405] teils eine Umrechnung am Tag der Schuldtilgung anordnete,[1406] entschied die Cour d'appel de Bruxelles, dass grundsätzlich eine Umrechnung entsprechend dem Kurs am Tag des Erlasses des Ersturteils stattfinde, schloss aber ausdrücklich nicht aus, im Fall eines steten Wertverfalls ausnahmsweise einen später geltenden Umrechnungskurs heranzuziehen.[1407]

In Québec ist jedenfalls eine Umrechnung im Vollstreckbarerklärungsverfahren erforderlich. Denn gemäß Art. 12 der *Loi sur la monnaie et les changes*[1408] müssen Geldsummen in kanadischen Justizverfahren, auch im Vollstreckbarerklärungsverfahren, stets in kanadischer Währung ausgedrückt werden. Eine Verlagerung auf das Vollstreckungsverfahren kommt mithin nicht in Betracht.[1409] Das genannte Gesetz enthält allerdings keine Umrechnungsregelung.

Der Wechselkurs zum Zeitpunkt der effektiven Zahlung kommt jedenfalls nicht in Betracht, da er am Tag der Exequaturerteilung noch nicht feststeht. Vor der

---

1403 Siehe *Mayer/Heuzé*, D.i.p., no. 422 n.N.

1404 C.A. Paris 13.2.1925, JDI 1926.87: *„(...); qu'il ne pouvait pas appartenir au tribunal de modifier la décision des juges étrangères à laquelle s'applique cet exequatur; qu'ils l'ont certainement modifiée en substituant à la comdamnation en marks, prononcée par le tribunal de Strasbourg, une condamnation en francs; qu'ils étaient sans droit pour effectuer cette opération de change. (...)"*.
T.g.i. Paris 18.12.1967, Gaz.Pal. 1968.2.108: *„(...); Dit que la [société défenderesse] devra d'acquitter des condamnations mises à sa charge en versant leur contre-valeur en francs francais au jour du paiement;(...)"*.
T.g.i. Paris 20.5.1976, 2ième esp., RCDIP 1977.138: *„(...); Dit que la société défenderesse pourra se libérer valablement en réglant la contre-valeur en francs francais au jour du paiement, de la somme de 16000 dinars;(...)"*.

1405 C.A. Liège, 16.3.1971, J.L. 1971-72, S. 227.

1406 C.A. Liège, 25.1.1984, J.L. 1984, S. 113, mit Anmerkung De Leval.

1407 C.A. Bruxelles, 29.11.1994, Pas. 1994, II, S. 5, 10.

1408 L.R.C. 1985, chapitre C-52, online: www.canlii.org/ca/sta/c-52.

1409 Bereits vor Inkrafttreten dieses Gesetzes wurde entschieden, dass eine in ausländischer Währung gefasste Entscheidung in Kanada nicht vollstreckbar sei, siehe Cour d'appel du Québec „Carsley Silk Co. Ltd. c. Koechlin Baumgartner et Cie" [1972] C.A. 267.

Reform des Quebecer IZVR folgten die Quebecer Gerichte zunächst der damals in den kanadischen Common-Law-Provinzen angewandten *„breach date conversion rule"*, der zu Folge der Kurs zum Zeitpunkt der Pflichtverletzung maßgeblich war.[1410] Nachdem sich die Rechtsprechung dort aber von dieser Lösung abgewandt hatte, änderte auch die Quebecer Rechtsprechung ihre Position und rechnete fortan regelmäßig entsprechend dem Wechselkurs um, der für den Gläubiger am günstigsten war.[1411] Das Währungsschwankungsrisiko trug also stets der Schuldner. Anders wurde nur dann entschieden, wenn der Gläubiger mit der Verfolgung seiner Rechte übermäßig lange gewartet hatte; eine solche Nachlässigkeit ging zu seinen Lasten.[1412]

Nunmehr ist die Konvertierung in Art. 3161 C.C.Q. geregelt, dem zu Folge die Umrechnung nach dem Wechselkurs zu erfolgen hat, der am Tag galt, an dem die ausländische Entscheidung im Erststaat vollstreckbar wurde. Bis zur Umrechnung richten sich die Zinsen nach dem Recht des Erststaates, danach nach Quebecer Recht. Für Unterhaltsentscheidungen aus den kanadischen Schwesterprovinzen sowie aus bestimmten ausländischen Staaten gilt allerdings eine Sonderregelung.[1413]

Art. 3161 C.C.Q. räumt kein richterliches Ermessen ein, sondern bindet die Umrechnung an einen festen Zeitpunkt. Die frühere Lösung bot zwar nicht die Rechtssicherheit der aktuellen gesetzlichen Regelung. Da es hierbei jedoch nicht um die Frage geht, ob eine Anerkennung überhaupt stattfinden kann, sondern lediglich darum, wie hoch der Nutzen einer solchen für den Gläubiger ist, erscheint ein gewisses Maß an Rechtsunsicherheit akzeptabel. Im Übrigen verhinderte die Umrechnung nach dem für den Gläubiger günstigeren Wechselkurs, dass der Schuldner in Zeiten der Entwertung des kanadischen Dollars Nutzen aus einer Zahlungsverzögerung ziehen konnte.[1414] Dies war auch interessengerecht, da es

---

1410 Siehe Cour supérieure du Québec „The Custodian c. Blucher" [1927] R.C.S. 420.

1411 Cour supérieure du Québec 16.6.1986 „Standel c. Edelman", J.E. 86-761; Cour supérieure du Québec 31.5.1984 „Grison c. Extrufix", J.E. 84-602; Cour d'appel du Québec 16.6.1989 „Cohen c. Hill Samuel & Co.", J.E. 89-1265, [1989] R.J.Q. 2078: Jeweils Umrechnung nach dem am Tag der Exequaturentscheidung geltenden Kurs, da kein schuldhaftes Zögern des Gläubigers festgestellt werden konnte.

1412 Cour supérieure du Québec „Kraft c. Otto" [1978] C.S. 752; Cour supérieure du Québec „Omni-Valor-Rhoninter S.A. c. Le Roy et Arbinter-Omni Valor", [1987] R.J.Q. 1544: Umrechnung nach dem am Tag der Exequaturentscheidung geltenden Kurs, da der Gläubiger schuldhaft gezögert hatte.

1413 Art. 1.1 der *Loi sur l'exécution réciproque d'ordonnances alimentaires* (L.R.Q. 1977, chapitre E-19 (online: www.canlii.org/qc/legis/loi/e-19/20050616/tout.html), wonach der Wechselkurs am Tag des Erlasses der Unterhaltsentscheidung maßgeblich ist.

1414 Siehe Cour supérieure 30.11.2001 „Varma-Sampo c. Beninco Holdings Canada Inc.", www.jugements.qc.ca, no. 500-05-065482-018, wonach die alte, flexible Regelung für die Homologation von Schiedssprüchen fortgilt.

dem Schuldner freistand, die rechtskräftige erststaatliche Entscheidung zur rechten Zeit zu erfüllen und damit ein währungsschwankungsbedingtes Anwachsen seiner Schuld zu verhindern. Die heute geltende Regelung bevorzugt den Gläubiger nur dann, wenn die kanadische Währung gegenüber der ursprünglichen Währung zwischen Erst- und Anerkenntnisentscheidung eine Aufwertung erfahren hat. In einer Phase der Abwertung des kanadischen Dollars verleitet die Regelung den Schuldner hingegen gerade dazu, die Zahlung hinauszuzögern. Es lässt sich aber nicht auf Jahre hinaus absehen, wie sich der kanadische Dollar im Verhältnis zur ursprünglichen Währung entwickelt. Das früher eingeräumte Kurswahlrecht des Gläubigers begegnete einer kalkulierten Zahlungsverzögerung des Schuldners dagegen stets angemessen.

G Ergebnis zum zweiten Teil

Auch bezüglich der Anerkennung und Vollstreckbarerklärung ausländischer Entscheidungen hat sich gezeigt, dass innerhalb des französischen Rechtskreises etliche Parallelen bestehen. Mehr noch als bezüglich der Zulässigkeit internationaler Zivilverfahren machen sich aber auch Unterschiede bemerkbar. So hat die französische Rechtsprechung noch immer nicht vollständig davon Abstand genommen, die Anerkennung an das Durchlaufen eines Exequaturverfahrens zu binden, was Folgewirkungen für die Anerkennungshindernisse der anderweitigen Rechtshängigkeit und der entgegenstehenden Rechtskraft sowie für den Zeitpunkt der Wirkungserstreckung zeitigt. Auch die Anerkennungsvoraussetzung der Gesetzeszuständigkeit ist seit der Reform des belgischen und des Quebecer Anerkennungsrecht nur noch im französischen Recht zu finden.

Dagegen ist in Belgien auch nach der Kodifikation nach französischem Vorbild eine gesonderte Missbrauchsprüfung durchzuführen, die dem Quebecer Anerkennungsrecht unbekannt ist. Weitere Besonderheiten des Quebecer Rechts bestehen in der u.U. möglichen Berücksichtigung der Rechtshängigkeit in einem Drittstaat als Anerkennungshindernis, der Anerkennbarkeit ausländischer Steuerentscheidungen bei Verbürgung der Gegenseitigkeit sowie in der obligatorischen Umrechnung ausländischer Zahlungstitel im Exequaturverfahren.

Das belgische Recht sticht dagegen durch seine einzigartige sachliche Sonderzuweisung der Anerkennung und Vollstreckbarerklärung ausländischer Insolvenzentscheidungen an die Handelsgerichte sowie durch eine Sonderregelung für die Anerkennung ausländischer Verstoßungen der Ehefrau heraus.

Der deutlichste Unterschied innerhalb des französischen Rechtskreises zeigt sich hinsichtlich der Ermittlung der Anerkennungszuständigkeit. Während die französische Rechtsprechung mit einer recht unpräzisen Generalklausel arbeitet und nur französische ausschließliche Zuständigkeiten anerkennt, folgt man in Québec einer modifizierten Version des Spiegelbildprinzips, in dessen Rahmen auch drittstaatliche ausschließliche Zuständigkeiten berücksichtigt werden. In Belgien wird dagegen vollständig auf die positive Nachprüfung der Anerkennungszuständigkeit verzichtet, diese vielmehr nur bei Bestehen belgischer ausschließlicher Zuständigkeiten oder Inanspruchnahme bestimmter exorbitanter Zuständigkeiten verneint.

III. Anregungen für das deutsche IZVR

1. Sollte das autonome deutsche IZVR kodifiziert werden, was sich schon unter dem Aspekt der Rechtssicherheit und Rechtsklarheit empfähle, wäre zunächst darauf zu achten, einen möglichst umfassenden Regelungskomplex zu schaffen. Die belgische Kodifikation, die die Quebecer Kodifikation hinsichtlich ihrer Regelungsdichte in etlichen Punkten übertrifft, bietet hierfür einen vernünftigen Maßstab. Zu erwägen wäre allerdings, darüber hinaus auch eine ausdrückliche Regelung der Partei- und Prozessfähigkeit ausländischer Personen aufzunehmen.

2. Inhaltlich wäre die Übernahme folgender Lösungen aus dem französischen Rechtskreis zu erwägen.

2.1 Entscheidungszuständigkeit

Der ersatzlosen Streichung der allgemeinen Vermögenszuständigkeit nach Quebecer Vorbild steht nach dem oben Ausgeführten nichts entgegen. Auch die Schaffung einer am Vorbild des Art. 13 CDIP ausgerichteten Auffangregelung zur Bestimmung der innerstaatlichen Zuständigkeit erscheint empfehlenswert. In Betracht zu ziehen wäre darüber hinaus die Übernahme der vom belgischen Gesetzgeber bestätigten Rechtsprechung, der zu Folge ein zum Schutz der „schwächeren" Partei aufgestelltes Derogationsverbot ausnahmsweise nicht greift, wenn das prorogierte ausländische Gericht mit Sicherheit Schutzvorschriften anwenden wird, die den inländischen Schutzvorschriften entsprechen. Zu bedenken ist allerdings, dass die faktischen Nachteile eines Auslandsverfahrens (Sprachbarrieren, höhere Kosten etc.) sowie die prozessrechtlichen Unterschiede dabei nicht berücksichtigt werden. Zu erwägen wäre es daher, auch insoweit eine äquivalente Lage vorauszusetzen. Des Weiteren sollte der vom derzeit geltenden Recht vorgesehene zeitlich begrenzte Derogationsschutz künftig nicht mehr an die „Nichtkaufmannseigenschaft", sondern nach französischem Vorbild an die „Verbrauchereigenschaft" anknüpfen. Schließlich erscheint auch die ausdrückliche Regelung der Rechtsfolgen einer Derogation der inländischen Gerichte in Art. 7 CDIP vorbildhaft.

2.2 Verfahrenshindernisse

In Betracht käme, die Rechtsfolge der internationalen Litispendenz nach dem Vorbild des französischen Rechtskreises ermessensabhängig zu gestalten. Damit würde den Gerichten ein effizientes Mittel an die Hand gegeben, eine „Torpedierung" des inländischen Verfahrens zu vereiteln. Zu bedenken wäre allerdings, dass sich Urteilskonflikte dann nicht mehr stets vermeiden ließen. Alternativ könnte eine zwingende Rechtsfolge angeordnet, zugleich aber für den Prioritätstest abweichend von der Konzeption des § 261 III Nr. 1 ZPO an den Zeitpunkt der Anhängigkeit des Rechtsstreits in den betroffenen Staaten angeknüpft werden.

Zu befürworten wäre jedenfalls die explizite Einräumung einer bloßen Verfahrensaussetzungsmöglichkeit, die erst dann in eine Einstellungspflicht übergeht, wenn im Ausland eine mit Sicherheit anerkennbare Entscheidung erlassen wurde.

Schließlich erschiene es sinnvoll, die im Rahmen des Litispendenzeinwandes anzustellende Anerkennungsprognose ausdrücklich auf sämtliche Anerkennungsvoraussetzungen, d.h. grundsätzlich auch auf die Ordre-public-Konformität der zu erwartenden ausländischen Entscheidung, auszudehnen. Dadurch würde verhindert, dass sich die Gewährung von Rechtsschutz verzögert, obwohl im ausländischen Verfahren bereits unheilbare Verstöße gegen essentielle Verfahrensgrundsätze stattgefunden haben.

Sollte sich der Gesetzgeber nach französischem Vorbild für die Einführung eines Verfahrenshindernisses bei internationaler Konnexität entscheiden, wären die eben genannten Punkte auch in dessen Rahmen zu beachten. Insbesondere dürfte sich die Anerkennungsprognose nicht wie derzeit in Frankreich in der Prüfung der Anerkennungszuständigkeit erschöpfen.

2.3 Anerkennung ausländischer Entscheidungen

Der in Personenstandsangelegenheiten besonders wichtige Aspekt der Rechtssicherheit spräche für eine gesonderte Regelung der Voraussetzungen für die Anerkennung einer ausländischen Verstoßung der Ehefrau nach dem Vorbild des belgischen Rechts. Auf die Einräumung eines Anerkennungsermessens sowie auf das Erfordernis einer gerichtlichen Bestätigung der Verstoßung im Erststaat sollte allerdings aus den oben genannten Gründen[1415] verzichtet werden. Auch die Übernahme der problematischen[1416] Anknüpfung an die Nationalität der Ehepartner sollte gründlich überdacht werden.

1415 Siehe oben II B 3 b (3).
1416 Siehe oben II B 3 b (3).

3. Die nun folgenden Lösungen empfehlen sich dagegen nicht für eine Übernahme.

3.1 Verfahrenshindernisse

Eine Einführung des forum-non-conveniens-Prinzips in das deutsche IZVR ist angesichts der damit einhergehenden Gefahr mangelnder Vorhersehbarkeit der Zuständigkeitsentscheidung sowie der Gefahr einer Erosion des gesetzlichen Zuständigkeitsgefüges abzulehnen.

Sollte sie trotz der geschilderten Bedenken erwogen werden, wäre jedenfalls darauf zu achten, dass sowohl der absolute Ausnahmecharakter der Feststellung „forum non conveniens" sowie die dabei zu berücksichtigenden Kriterien gesetzlich festgelegt werden und das erkennende Gericht zudem verpflichtet wird, die Einzelfallumstände, die ein Abweichen vom gesetzlichen Zuständigkeitsgefüge ausnahmsweise erforderlich machen, ausführlich darzulegen. Zudem wäre zu erwägen, nach nach dem Vorbild des belgischen Art. 19 § 1 al. 2 CDIP[1417] einen Passus vorzusehen, demnach bei der Anwendung des Forum-non-conveniens-Prinzips das Bedürfnis nach der Vorhersehbarkeit der Zuständigkeitsentscheidung zu berücksichtigen ist. Ausgeschlossen werden sollte die Feststellung von „forum non conveniens" jedenfalls im Fall einer ausschließlichen Prorogation des Inlands sowie dann, wenn eine im Interesse einer strukturell unterlegenen Partei geschaffene inländische Zuständigkeit gegeben ist. Im Übrigen hätte sich der Gesetzgeber zu entscheiden, ob er eine Ergänzung des Litispendenzmechanismus durch „forum non conveniens" befürwortet. Auch insoweit wäre eine gesetzliche Klarstellung zweckdienlich. Aus bereits ausführlich erläuterten Gründen[1418] wäre schließlich die Einräumung einer bloßen Verfahrensaussetzungsmöglichkeit sinnvoll.

Auch eine am Forum-non-conveniens-Gedanken orientierte Regelung nach Art des Art. 6 § 2 CDIP empfiehlt sich nicht. Denn auch sie beeinträchtigt ohne Not die Vorhersehbarkeit der Zuständigkeitsentscheidung und widerspricht überdies der prozessualen Parteiautonomie.

1417 Als Reaktion auf die Kritik des Conseil d'Etat am Entwurf der in Art. 19 CDIP enthaltenen allgemeinen kollisionsrechtlichen Ausweichklausel wurde diese um einen Passus ergänzt, wonach bei ihrer Anwendung das Bedürfnis nach der Vorhersehbarkeit des anwendbaren Rechts zu berücksichtigen ist.

1418 Siehe oben I C 4 b (3).

Eine generalklauselartige Bestimmung der Anerkennungszuständigkeit wie in der französischen „Simitch"-Entscheidung verbietet sich auf Grund der daraus resultierenden Rechtsunsicherheit. Auch die Modifizierung des Spiegelbildprinzips durch das zusätzliche Erfordernis einer „deutlichen Verbindung" nach Art des Art. 3164 C.C.Q. ist nicht zu empfehlen, da dies eine ungerechtfertigte Ungleichbehandlung in- und ausländischer Foren darstellt. Ein Verzicht auf die positive Nachprüfung der Anerkennungszuständigkeit nach belgischem Vorbild ist mangels allgemeiner Missbrauchskontrolle, mit deren Hilfe die missbräuchliche Ausnutzung ausländischer Foren sanktioniert werden könnte, ebenfalls nicht empfehlenswert.

Ebenso wenig empfiehlt sich die Übernahme einer zeitpunktfixierten Währungskonvertierung im Exequaturverfahren, wie sie Art. 3161 C.C.Q. vorsieht.

Normenverzeichnis

I. Frankreich

Nouveau Code de procédure civile

Art. 42
La juridiction territorialement compétente est, sauf disposition contraire, celle du lieu où demeure le défendeur.
S'il y a plusieurs défendeurs, le demandeur saisit, à son choix, la juridiction du lieu où demeure l'un d'eux.
Si le défendeur n'a ni domicile ni résidence connus, le demandeur peut saisir la juridiction du lieu où il demeure ou celle de son choix s'il demeure à l'étranger.

Art. 43
Le lieu où demeure le défendeur s'entend:
– s'il s'agit d'une personne physique, du lieu où celle-ci a son domicile ou, à défaut, sa résidence,
– s'il s'agit d'une personne morale, du lieu où celle-ci est établie.

Art. 44
En matière réelle immobilière, la juridiction du lieu où est situé l'immeuble est seule compétente.

Art. 45
En matière de succession, sont portées devant la juridiction dans le ressort de laquelle est ouverte la succession jusqu'au partage inclusivement :
– les demandes entre héritiers ;
– les demandes formées par les créanciers du défunt ;
– les demandes relatives à l'exécution des dispositions à cause de mort.

Art. 46
Le demandeur peut saisir à son choix, outre la juridiction du lieu où demeure le défendeur :
– en matière contractuelle, la juridiction du lieu de la livraison effective de la chose ou du lieu de l'exécution de la prestation de service ;
– en matière délictuelle, la juridiction du lieu du fait dommageable ou celle dans le ressort de laquelle le dommage a été subi ;
– en matière mixte, la juridiction du lieu où est situé l'immeuble ;

– en matière d'aliments ou de contribution aux charges du mariage, la juridiction du lieu où demeure le créancier.

Art. 48

Toute clause qui, directement ou indirectement, déroge aux règles de compétence territoriale est réputée non écrite à moins qu'elle n'ait été convenue entre des personnes ayant toutes contracté en qualité de commerçant et qu'elle n'ait été spécifiée de façon très apparente dans l'engagement de la partie à qui elle est opposée.

Art. 92

L'incompétence peut être prononcée d'office en cas de violation d'une règle de compétence d'attribution lorsque cette règle est d'ordre public ou lorsque le défendeur ne comparaît pas. Elle ne peut l'être qu'en ces cas.
Devant la cour d'appel et devant la Cour de cassation, cette incompétence ne peut être relevée d'office que si l'affaire relève de la compétence d'une juridiction répressive ou administrative ou échappe à la connaissance de la juridiction française.

Art. 93

En matière gracieuse, le juge peut relever d'office son incompétence territoriale. Il ne le peut, en matière contentieuse, que dans les litiges relatifs à l'état des personnes, dans les cas où la loi attribue compétence exclusive à une autre juridiction ou si le défendeur ne comparaît pas.

Art. 100

Si le même litige est pendant devant deux juridictions de même degré également compétentes pour en connaître, la juridiction saisie en second lieu doit se dessaisir au profit de l'autre si l'une des parties le demande. A défaut, elle peut le faire d'office.

Art. 101

S'il existe entre des affaires portées devant deux juridictions distinctes un lien tel qu'il soit de l'intérêt d'une bonne justice de les faire instruire et juger ensemble, il peut être demandé à l'une de ces juridictions de se dessaisir et de renvoyer en l'état la connaissance de l'affaire à l'autre juridiction.

Art. 509

Les jugements rendus par les tribunaux étrangers et les actes reçus par les officiers étrangers sont exécutoires sur le territoire de la République de la manière et dans les cas prévus par la loi.

Art. 1070
Le juge aux affaires familiales territorialement compétent est:
– le juge du lieu où se trouve la résidence de la famille;
– si les parents vivent séparément, le juge du lieu de résidence du parent avec lequel résident habituellement les enfants mineurs en cas d'exercice en commun de l'autorité parentale, ou du lieu de résidence du parent qui exerce seul cette autorité;
– dans les autres cas, le juge du lieu où réside celui qui n'a pas pris l'initiative de la procédure.

En cas de demande conjointe, le juge compétent est, selon le choix des parties, celui du lieu où réside l'une ou l'autre.
Toutefois, lorsque le litige porte seulement sur la pension alimentaire, la contribution à l'entretien et l'éducation de l'enfant, la contribution aux charges du mariage ou la prestation compensatoire, le juge compétent peut être celui du lieu où réside l'époux créancier ou le parent qui assume à titre principal la charge des enfants, même majeurs.
La compétence territoriale est déterminée par la résidence au jour de la demande ou, en matière de divorce, au jour où la requête initiale est présentée.

Code civil

Art. 14
L'étranger, même non résidant en France, pourra être cité devant les tribunaux français, pour l'exécution des obligations par lui contractées en France avec un Français; il pourra être traduit devant les tribunaux de France, pour les obligations par lui contractées en pays étranger envers des Français.

Art. 15
Un Français pourra être traduit devant un tribunal de France, pour des obligations par lui contractées en pays étranger, même avec un étranger.

Art. 2123
L'hypothèque judiciaire résulte des jugements, soit contradictoires, soit par défaut, définitifs ou provisoires, en faveur de celui qui les a obtenus.
Elle résulte également des décisions arbitrales revêtues de l'ordonnance judiciaire d'exécution ainsi que des décisions judiciaires rendues en pays étrangers et déclarées exécutoires par un tribunal francais.
(...)

Code de travail

Art. L.121-3
Est nulle et de nul effet toute clause attributive de juridiction incluse dans un contrat de travail.

Art. R.517-1
Le conseil de prud'hommes territorialement compétent pour connaître d'un litige est celui dans le ressort duquel est situé l'établissement ou est effectué le travail.
Si le travail est effectué en dehors de tout établissement ou à domicile, la demande est portée devant le conseil de prud'hommes du domicile du salarié.
Le salarié peut toujours saisir le conseil de prud'hommes du lieu où l'engagement a été contracté ou celui du lieu où l'employeur est établi.
Toute clause qui directement ou indirectement déroge aux dispositions qui précèdent est réputée non écrite.

Code des assurances

Art. R.114-1
Dans toutes les instances relatives à la fixation et au règlement des indemnités dues, le défendeur est assigné devant le tribunal du domicile de l'assuré, de quelque espèce d'assurance qu'il s'agisse, sauf en matière d'immeubles ou de meubles par nature, auquel cas le défendeur est assigné devant le tribunal de la situation des objets assurés.
Toutefois, s'il s'agit d'assurances contre les accidents de toute nature, l'assuré peut assigner l'assureur devant le tribunal du lieu où s'est produit le fait dommageable.

II. Belgien

Code de droit international privé

Art. 2 Sous réserve de l'application des traités internationaux, du droit de l'Union européenne ou de dispositions contenues dans des lois particulières, la présente loi régit, dans une situation internationale, la compétence des juridictions belges, la détermination du droit applicable et les conditions de l'efficacité en Belgique des décisions judiciaires et actes authentiques étrangers en matière civile et commerciale.

Art. 4 § 1. Pour l'application de la présente loi, le domicile se comprend comme:
1° le lieu où une personne physique est inscrite à titre principal, en Belgique, sur les registres de la population, sur les registres des étrangers ou sur le registre d'attente;
2° le lieu où une personne morale a en Belgique son siège statutaire.
§ 2. Pour l'application de la présente loi, la résidence habituelle se comprend comme:
1° le lieu où une personne physique s'est établie à titre principal, même en l'absence de tout enregistrement et indépendamment d'une autorisation de séjourner ou de s'établir; pour déterminer ce lieu, il est tenu compte, en particulier, de circonstances de nature personnelle ou professionnelle qui révèlent des liens durables avec ce lieu ou la volonté de nouer de tels liens;
2° le lieu ou une personne morale a son établissement principal.
§ 3. Pour l'application de la présente loi, l'établissement principal d'une personne morale se détermine en tenant compte, en particulier, du centre de direction, ainsi que du centre des affaires ou des activités et, subsidiairement, du siège statutaire.

Art. 5 § 1. Hormis les cas où la présente loi en dispose autrement, les juridictions belges sont compétentes si le défendeur est domicilié ou a sa résidence habituelle en Belgique lors de l'introduction de la demande.
S'il y a plusieurs défendeurs, les juridictions belges sont compétentes si l'un d'eux est domicilié ou a sa résidence habituelle en Belgique, à moins que la demande n'ait été formée que pour traduire un défendeur hors de la juridiction de son domicile ou de sa résidence habituelle à l'étranger.
§ 2. Les juridictions belges sont également compétentes pour connaître de toute demande concernant l'exploitation de l'établissement secondaire d'une personne morale n'ayant ni domicile ni résidence habituelle en Belgique, lorsque cet établissement est situé en Belgique lors de l'introduction de la demande.

Art. 6 § 1. Lorsque les parties, en une matière où elles disposent librement de leurs droits en vertu du droit belge, sont convenues valablement, pour connaitre des différends nés ou à naître à l'occasion d'un rapport de droit, de la compétence des juridictions belges ou de l'une d'elles, celles-ci sont seules compétentes.
Hormis les cas où la présente loi en dispose autrement, le juge belge devant lequel le défendeur comparaît est compétent pour connaître de la demande formée contre lui, sauf si la comparution a pour objet principal de contester la compétence.
§ 2. Dans les cas prévus au § 1er, le juge peut toutefois décliner sa compétence lorsqu'il résulte de l'ensemble des circonstances que le litige ne présente aucun lien significatif avec la Belgique.

Art. 7 Lorsque les parties, en une matière où elles disposent librement de leurs droits en vertu du droit belge, sont convenues valablement, pour connaître des différends nés ou à naître à l'occasion d'un rapport de droit, de la compétence des juridictions d'un État étranger ou de l'une d'elles et qu'une juridiction belge est saisie, celle-ci doit surseoir à statuer, sauf s'il est prévisible que la décision étrangère ne pourra pas être reconnue ou exécutée en Belgique ou si les juridictions belges sont compétentes en vertu de l'article 11. La juridiction belge se dessaisit lorsque la décision étrangère est susceptible d'être reconnue en vertu de la présente loi.

Art. 8 Une juridiction belge compétente pour connaître d'une demande l'est également pour connaître :
1° d'une demande en garantie ou en intervention, à moins que celle-ci n'ait été formée que pour traduire hors de la juridiction normalement compétente celui qui a été appelé;
2° d'une demande reconventionnelle dérivant du fait ou de l'acte sur lequel est fondée la demande originaire.

Art. 9 Lorsque les juridictions belges sont compétentes pour connaître d'une demande, elles le sont également pour connaître d'une demande qui y est liée par un rapport si étroit qu'il y a intérêt à instruire et à juger celles-ci en même temps afin d'éviter des solutions qui pourraient être inconciliables si les causes étaient jugées séparément.

Art. 10 Dans les cas d'urgence, les juridictions belges sont également compétentes pour prendre des mesures provisoires ou conservatoires et des mesures d'exécution concernant des personnes ou des biens se trouvant en Belgique lors de l'introduction de la demande, même si, en vertu de la présente loi, les juridictions belges ne sont pas compétentes pour connaître du fond.

Art. 11 Nonobstant les autres dispositions de la présente loi, les juridictions belges sont exceptionnellement compétentes lorsque la cause présente des liens étroits avec la Belgique et qu'une procédure à l'étranger se révèle impossible ou qu'on ne peut raisonnablement exiger que la demande soit formée à l'étranger.

Art. 12 Le tribunal saisi vérifie d'office sa compétence internationale.

Art. 13 Lorsque les juridictions belges sont compétentes en vertu de la présente loi, la compétence d'attribution et la compétence territoriale sont déterminées par les dispositions pertinentes du Code judiciaire ou de lois particulières, sauf dans le cas prévu à l'article 23.

Toutefois, à défaut de dispositions susceptibles de fonder la compétence territoriale, celle-ci est déterminée par les dispositions de la présente loi concernant la compétence internationale. Lorsque ces dispositions ne permettent pas de déterminer la compétence territoriale, la demande peut être portée devant le juge de l'arrondissement de Bruxelles.

Art. 14 Lorsqu'une demande est pendante devant un tribunal étranger et qu'il est prévisible que la décision étrangère sera susceptible de reconnaissance ou d'exécution en Belgique, le tribunal belge saisi en second lieu d'une demande entre les mêmes parties ayant le même objet et la même cause, peut surseoir à statuer jusqu'au prononcé de la décision étrangère. Il tient compte des exigences d'une bonne administration de la justice. Il se dessaisit lorsque la décision étrangère est susceptible d'être reconnue en vertu de la présente loi.

Art. 16 Au sens de la présente loi et sous réserve de dispositions particulières, le droit d'un Etat s'entend des règles de droit de cet Etat à l'exclusion des règles de droit international privé.

Art. 18 Pour la détermination du droit applicable en une matière où les personnes ne disposent pas librement de leurs droits, il n'est pas tenu compte des faits et des actes constitués dans le seul but d'échapper à l'application du droit désigné par la présente loi.

Art. 19 § 1. Le droit désigne par la présente loi n'est exceptionnellement pas applicable lorsqu'il apparaît manifestement qu'en raison de l'ensemble des circonstances, la situation n'a qu'un lien très faible avec l'Etat dont le droit est désigné, alors qu'elle présente des liens très étroits avec un autre Etat. Dans ce cas, il est fait application du droit de cet autre Etat.
Lors de l'application de l'alinéa 1er, il est tenu compte notamment :
– du besoin de prévisibilité du droit applicable, et
– de la circonstance que la relation en cause a été établie régulièrement selon les règles de droit international privé des Etats avec lesquels cette relation presentait des liens au moment de son établissement.
§ 2. Le § 1er n'est pas applicable en cas de choix du droit applicable par les parties conformément aux dispositions de la présente loi, ou lorsque la désignation du droit applicable repose sur le contenu de celui-ci.

Art. 21 L'application d'une disposition du droit étranger désigné par la présente loi est écartée dans la mesure où elle produirait un effet manifestement incompatible avec l'ordre public.

Cette incompatibilite s'apprécie en tenant compte, notamment, de l'intensité du rattachement de la situation avec l'ordre juridique belge et de la gravité de l'effet que produirait l'application de ce droit étranger.
Lorsqu'une disposition du droit étranger n'est pas appliquée en raison de cette incompatibilité, une autre disposition pertinente de ce droit ou, au besoin, du droit belge, est appliquée.

Art. 22 § 1. Une décision judiciaire étrangère exécutoire dans l'Etat où elle a été rendue est déclarée exécutoire en Belgique, en tout ou en partie, conformément à la procédure visée à l'article 23.
Une décision judiciaire étrangère est reconnue en Belgique, en tout ou en partie, sans qu'il faille recourir à la procédure visée a l'article 23.
Si la reconnaissance est invoquée de façon incidente devant une juridiction belge, celle-ci est compétente pour en connaître.
La décision ne peut être reconnue ou déclarée exécutoire que si elle ne contrevient pas aux conditions de l'article 25.
§ 2. Toute personne qui y a intérêt ainsi que, en matière d'état d'une personne, le ministère public, peut faire constater, conformément à la procédure visée à l'article 23, que la décision doit être reconnue ou déclarée exécutoire, en tout ou en partie, ou ne peut l'être.
§ 3. Au sens de la présente loi :
1° le terme décision judiciaire vise toute décision rendue par une autorité exerçant un pouvoir de juridiction;
2° la reconnaissance établit pour droit ce qui a été décidé à l'étranger.

Art. 23 § 1. Hormis les cas visés à l'article 121, le tribunal de première instance est compétent pour connaître d'une demande concernant la reconnaissance ou la déclaration de la force exécutoire d'une décision judiciaire étrangère.
§ 2. Hormis le cas visé à l'article 31, le tribunal territorialement compétent est celui du domicile ou de la résidence habituelle du défendeur; à défaut de domicile ou de résidence en Belgique, ce tribunal est celui du lieu d'exécution.
Lorsque la demande concernant la reconnaissance d'une decision ne peut être portée devant un tribunal désigné à l'alinéa 1er, le demandeur peut saisir le juge du lieu de son domicile ou de sa résidence habituelle; à défaut de domicile ou de résidence en Belgique, il peut saisir le tribunal de l'arrondissement de Bruxelles.
§ 3. La demande est introduite et instruite conformément à la procédure visée aux articles 1025 à 1034 du Code judiciaire. Le requérant doit faire élection de domicile dans le ressort du tribunal. Le juge statue à bref délai.

§ 4. La décision judiciaire étrangère pouvant faire ou faisant l'objet d'un recours ordinaire peut donner lieu à des mesures d'execution provisoires. Le juge peut subordonner celles-ci à la constitution d'une garantie.
§ 5. Par dérogation à l'article 1029 du Code judiciaire, durant le délai prévu pour un recours contre une décision autorisant l'exécution et jusqu'à ce qu'il ait été statué sur ce dernier, il ne peut être procédé qu'à des mesures conservatoires sur les biens de la partie contre laquelle l'exécution est demandée. La décision qui autorise l'exécution emporte l'autorisation de procéder à ces mesures.

Art. 25 § 1. Une décision judiciaire étrangère n'est ni reconnue ni déclarée exécutoire si :
1° l'effet de la reconnaissance ou de la déclaration de la force exécutoire serait manifestement incompatible avec l'ordre public; cette incompatibilité s'apprécie en tenant compte, notamment, de l'intensité du rattachement de la situation avec l'ordre juridique belge et de la gravité de l'effet ainsi produit;
2° les droits de la défense ont été violés;
3° la décision a été obtenue, en une matière où les personnes ne disposent pas librement de leurs droits, dans le seul but d'échapper à l'application du droit désigné par la présente loi;
4° sans préjudice de l'article 23, § 4, elle peut encore faire l'objet d'un recours ordinaire selon le droit de l'Etat dans lequel elle a été rendue;
5° elle est inconciliable avec une décision rendue en Belgique ou avec une décision rendue antérieurement à l'étranger et susceptible d'être reconnue en Belgique;
6° la demande a été introduite à l'étranger après l'introduction en Belgique d'une demande, encore pendante, entre les mêmes parties et sur le même objet;
7° les juridictions belges étaient seules compétentes pour connaître de la demande;
8° la compétence de la juridiction étrangère était fondée uniquement sur la présence du défendeur ou de biens sans relation directe avec le litige dans l'Etat dont releve cette juridiction; ou
9° la reconnaissance ou la déclaration de la force exécutoire se heurte à l'un des motifs de refus visés aux articles 39, 57, 72, 95, 115 et 121.
§ 2. En aucun cas, la décision judiciaire étrangère ne peut faire l'objet d'une révision au fond.

Art. 26 § 1. Une décision judiciaire étrangère fait foi en Belgique des constatations faites par le juge si elle satisfait aux conditions nécessaires à son authenticité selon le droit de l'Etat dans lequel elle a été rendue.
Les constatations faites par le juge étranger sont écartées dans la mesure où elles produiraient un effet manifestement incompatible avec l'ordre public.

§ 2. La preuve contraire des faits constatés par le juge étranger peut être apportée par toutes voies de droit.

Art. 27 § 1. Un acte authentique étranger est reconnu en Belgique par toute autorité sans qu'il faille recourir à aucune procédure si sa validité est établie conformément au droit applicable en vertu de la présente loi, en tenant spécialement compte des articles 18 et 21.
L'acte doit réunir les conditions nécessaires à son authenticité selon le droit de l'Etat dans lequel il a été établi.
L'article 24 est, pour autant que de besoin, applicable.
Lorsque l'autorité refuse de reconnaître la validité de l'acte, un recours peut être introduit devant le tribunal de première instance, sans préjudice de l'article 121, conformément à la procédure visée à l'article 23.
§ 2. Un acte authentique étranger, s'il est exécutoire dans l'Etat où il a été établi, est déclaré exécutoire en Belgique par le tribunal de première instance, sans préjudice de l'article 121, conformément à la procédure visée à l'article 23 et après vérification des conditions visées au § 1er.
§ 3. Une transaction passée devant un juge étranger, si elle est exécutoire dans l'Etat où elle a été conclue, peut être déclarée exécutoire en Belgique aux mêmes conditions qu'un acte authentique.

Art. 28 § 1. Un acte authentique étranger fait foi en Belgique des faits constatés par l'autorité étrangère qui l'a établi, s'il satisfait à la fois :
1° aux conditions de la présente loi régissant la forme des actes; et
2° aux conditions nécessaires à son authenticité selon le droit de l'Etat dans lequel il a été établi.
Les constatations faites par l'autorité étrangère sont écartées dans la mesure où elles produiraient un effet manifestement incompatible avec l'ordre public.
§ 2. La preuve contraire des faits constatés par l'autorité étrangère peut être apportée par toutes voies de droit.

Art. 29 Il peut être tenu compte en Belgique de l'existence d'une décision judiciaire étrangère ou d'un acte authentique étranger, sans vérification des conditions nécessaires à sa reconnaissance, à la déclaration de sa force exécutoire ou à sa force probante.

Art. 32 Hormis les matières où la présente loi en dispose autrement, les juridictions belges sont compétentes pour connaître de toute demande concernant l'état ou la capacité d'une personne, outre dans les cas prévus par les dispositions générales de la présente loi, si :

1° cette personne a sa résidence habituelle en Belgique lors de l'introduction de la demande; ou
2° cette personne est belge lors de l'introduction de la demande.

Art. 33 Les juridictions belges sont compétentes pour connaître de toute demande concernant l'autorité parentale ou la tutelle, la détermination de l'incapacité d'un adulte ou la protection de la personne d'un incapable, dans les cas prevus par les dispositions générales de la présente loi et à l'article 32.
Les juridictions belges sont compétentes pour connaître de toute demande concernant l'administration des biens d'un incapable, outre dans les cas prévus par les dispositions générales de la présente loi et à l'article 32, si la demande porte sur des biens situés en Belgique.
Les juridictions belges sont également compétentes pour connaître de toute demande concernant l'exercice de l'autorité parentale et du droit aux relations personnelles des parents avec leurs enfants âgés de moins de dix-huit ans accomplis, lorsqu'elles sont saisies d'une demande en nullité de mariage, de divorce ou de séparation de corps.
Dans les cas d'urgence, les juridictions belges sont également compétentes pour prendre, à l'égard d'une personne se trouvant en Belgique, les mesures que requiert la situation.

Art. 34 § 1. Hormis les matières où la présente loi en dispose autrement, l'état et la capacité d'une personne sont régis par le droit de l'Etat dont celle-ci a la nationalité.
Toutefois, la capacité est régie par le droit belge si le droit étranger conduit à l'application de ce droit.
La capacité acquise conformément au droit applicable en vertu des alinéas 1er et 2 ne se perd pas par l'effet d'un changement de nationalité.
§ 2. Les incapacités propres à un rapport juridique sont régies par le droit applicable à ce rapport.

Art. 40 Les juridictions belges sont compétentes pour connaître de toute demande de constat d'absence ou de détermination de ses effets, outre dans les cas prévus par les dispositions générales de la présente loi à l'exclusion de l'article 5, si :
1° la personne disparue était belge ou avait sa résidence habituelle en Belgique lors de sa disparition; ou
2° cette demande concerne des biens de l'absent situés en Belgique lors de l'introduction de la demande.

Art. 46 Sous réserve de l'article 47, les conditions de validité du mariage sont régies, pour chacun des époux, par le droit de l'Etat dont il a la nationalité au moment de la célébration du mariage.
L'application d'une disposition du droit designé en vertu de l'alinéa 1er est écartée si cette disposition prohibe le mariage de personnes de même sexe, lorsque l'une d'elles a la nationalité d'un Etat ou a sa résidence habituelle sur le territoire d'un Etat dont le droit permet un tel mariage.

Art. 57 § 1. Un acte établi à l'étranger constatant la volonté du mari de dissoudre le mariage sans que la femme ait disposé d'un droit égal ne peut être reconnu en Belgique.
§ 2. Toutefois, un tel acte peut être reconnu en Belgique après vérification des conditions cumulatives suivantes :
1° l'acte a été homologué par une juridiction de l'Etat où il a été établi;
2° lors de l'homologation, aucun époux n'avait la nationalité d'un Etat dont le droit ne connaît pas cette forme de dissolution du mariage;
3° lors de l'homologation, aucun époux n'avait de résidence habituelle dans un Etat dont le droit ne connaît pas cette forme de dissolution du mariage;
4° la femme a accepté de manière certaine et sans contrainte la dissolution du mariage;
5° aucun motif de refus visé à l'article 25 ne s'oppose à la reconnaissance.

Art. 72 Par dérogation aux dispositions de la présente loi, une décision judiciaire ou un acte authentique étranger portant établissement, conversion, révocation, révision ou annulation d'une adoption n'est pas reconnu en Belgique si les dispositions des articles 365-1 à 366-3 du Code civil n'ont pas été respectées et tant qu'une décision visée à l'article 367-1 du même Code n'a pas été enregistrée conformément à l'article 367-2 de ce Code.

Art. 77 Les juridictions belges sont compétentes pour connaître de toute demande en matière successorale, outre dans les cas prévus par les dispositions générales de la présente loi à l'exclusion de l'article 5, si :
1° le défunt avait sa résidence habituelle en Belgique au moment de son décès; ou
2° la demande porte sur des biens situés en Belgique lors de son introduction.

Art. 85 Les juridictions belges sont compétentes pour connaître de toute demande concernant des droits réels sur un bien, outre dans les cas prévus par les dispositions générales de la présente loi, si ce bien est situé en Belgique ou est réputé l'être en vertu de l'article 87, § 2, lors de l'introduction de la demande, ou, en cas de demande concernant des droits réels sur une créance, si le débiteur est domicilié ou a sa résidence habituelle en Belgique lors de l'introduction de la demande.

Art. 86 Les juridictions belges sont compétentes pour connaître de toute demande concernant la protection de droits de propriété intellectuelle, outre dans les cas prévus par les dispositions générales de la présente loi, si cette demande vise une protection limitée au territoire belge.
Par dérogation aux dispositions générales de la présente loi, les juridictions belges ne sont compétentes pour connaître de toute demande concernant l'inscription ou la validité de droits de propriété intellectuelle donnant lieu à dépôt ou enregistrement, que si ce dépôt ou enregistrement a été demandé en Belgique, y a été effectué ou est réputé y avoir été effectué aux termes d'une convention internationale.

Art. 95 Une décision judiciaire étrangère concernant l'inscription ou la validité de droits de propriété intellectuelle donnant lieu à dépôt ou enregistrement n'est pas reconnue en Belgique si, outre l'existence d'un motif de refus visé à l'article 25, le dépôt ou enregistrement a été demandé en Belgique, y a éte effectué ou est réputé y avoir été effectué aux termes d'une convention internationale.

Art. 96 Les juridictions belges sont compétentes pour connaître de toute demande en matière d'obligations, outre dans les cas prévus par les dispositions générales de la présente loi, lorsque cette demande concerne :
1° une obligation contractuelle,
a) si celle-ci est née en Belgique; ou
b) si celle-ci est ou doit être exécutée en Belgique;
2° une obligation dérivant d'un fait dommageable,
a) si le fait générateur de l'obligation est survenu ou menace de survenir, en tout ou en partie, en Belgique; ou
b) si et dans la mesure où le dommage est survenu ou menace de survenir en Belgique;
3° une obligation quasi contractuelle, si le fait dont résulte cette obligation est survenu en Belgique.

Art. 97 § 1. Les juridictions belges sont compétentes pour connaître de toute demande concernant une obligation visée à l'article 96, introduite par une personne physique qui a agi dans un but étranger à son activité professionnelle, c'est-à-dire le consommateur, contre une partie qui a fourni ou devait fournir un bien ou un service dans le cadre de ses activités professionnelles, outre dans les cas prévus à l'article 96, si :

1° le consommateur a accompli en Belgique les actes nécessaires à la conclusion du contrat et avait sa résidence habituelle en Belgique à ce moment; ou
2° le bien ou le service a été fourni ou devait l'être à un consommateur qui avait sa résidence habituelle en Belgique au moment de la commande, si celle-ci a été précédée d'une offre ou d'une publicité en Belgique.
§ 2. En matière de relation individuelle de travail, l'obligation contractuelle est exécutée en Belgique au sens de l'article 96 lorsque le travailleur accomplit habituellement son travail en Belgique lors du différend.
§ 3. Une convention attributive de compétence internationale ne produit ses effets à l'égard du travailleur ou du consommateur que si elle est postérieure à la naissance du différend.

Art. 109 Par dérogation aux dispositions générales de la présente loi, les juridictions belges ne sont compétentes pour connaître de toute demande concernant la validité, le fonctionnement, la dissolution ou la liquidation d'une personne morale que si l'établissement principal ou le siège statutaire de cette personne est situé en Belgique lors de l'introduction de la demande.

Art. 110 La personne morale est régie par le droit de l'Etat sur le territoire duquel son établissement principal est situé dès sa constitution.
Si le droit étranger designe le droit de l'Etat en vertu duquel la personne morale a été constituée, le droit de cet Etat est applicable.

Art. 111 § 1. Le droit applicable à la personne morale détermine notamment :
1° l'existence et la nature juridique de la personne morale;
2° le nom ou la raison sociale;
3° la constitution, la dissolution et la liquidation;
4° la capacité de la personne morale;
5° la composition, les pouvoirs et le fonctionnement de ses organes;
6° les rapports internes entre associés ou membres ainsi que les rapports entre la personne morale et les associés ou membres;
7° l'acquisition et la perte de la qualité d'associé ou de membre;
8° les droits et obligations liés aux parts ou actions et leur exercice;
9° la responsabilité pour violation du droit des sociétés ou des statuts;
10° dans quelle mesure la personne morale est tenue à l'égard de tiers des dettes contractées par ses organes.
§ 2. Toutefois, la personne morale ne peut invoquer une incapacité fondée sur des restrictions du pouvoir de représentation en vertu du droit applicable, à l'encontre d'une partie, si cette incapacité est inconnue du droit de l'Etat sur le territoire

duquel l'acte a été passé par cette partie et si celle-ci n'a pas connu et n'a pas dû connaître cette incapacité à ce moment.

Art. 112 Le transfert de l'établissement principal d'une personne morale d'un Etat à un autre n'a lieu sans interruption de la personnalité qu'aux conditions auxquelles le permet le droit de ces Etats.
En cas de transfert de l'établissement principal sur le territoire d'un autre Etat, la personne morale est régie par le droit de cet Etat à partir du transfert.

Art. 115 Une décision judiciaire étrangère concernant la validité, le fonctionnement, la dissolution ou la liquidation d'une personne morale n'est pas reconnue en Belgique si, outre l'existence d'un motif de refus visé a l'article 25, l'établissement principal de la personne morale était situé en Belgique lors de l'introduction de la demande à l'étranger.

Art. 118 § 1. Par dérogation aux dispositions générales de la présente loi, les juridictions belges ne sont compétentes pour ouvrir une procédure d'insolvabilité que dans les cas prévus à l'article 3 du règlement sur l'insolvabilité.
Dans les autres cas, elles sont toutefois compétentes :
1° pour ouvrir une procédure principale : lorsque l'établissement principal ou le siège statutaire d'une personne morale est situé en Belgique, ou lorsque le domicile d'une personne physique est situé en Belgique;
2° pour ouvrir une procédure territoriale : lorsque le débiteur possède un établissement situé en Belgique.
§ 2. Lorsque le juge belge s'est déclaré compétent pour ouvrir une procédure d'insolvabilité, sur la base du règlement sur l'insolvabilité ou du § 1er, il l'est également pour connaître des contestations qui en derivent directement.
§ 3. La reconnaissance en Belgique d'une décision judiciaire étrangère ouvrant une procédure principale ne fait pas obstacle à l'ouverture d'une procédure territoriale par un juge belge.

Art. 121 § 1. Une décision judiciaire étrangère relative à l'ouverture, au déroulement ou à la clôture d'une procédure d'insolvabilité et qui n'a pas été prononcée en vertu du règlement sur l'insolvabilité, est reconnue ou déclarée exécutoire en Belgique conformément à l'article 22 :
1° en tant que décision dans une procédure principale, lorsque la décision a été rendue par une juridiction de l'Etat où était situé l'établissement principal du débiteur au moment de l'introduction de cette procédure;
2° en tant que décision dans une procedure territoriale, lorsque la décision a été rendue par une juridiction de l'Etat où était situé un établissement autre que l'éta-

blissement principal du débiteur au moment de l'introduction de cette procédure; dans cette hypothèse, la reconnaissance et l'exécution de la décision ne concernent que les biens situés sur le territoire de l'Etat où cette procédure a été ouverte.
§ 2. Une décision judiciaire étrangère visée au § 1er ne peut sortir en Belgique d'effets qui seraient contraires aux droits des parties conformément aux règles de l'article 119, § 2 à § 4.
§ 3. En cas de reconnaissance, l'administrateur peut exercer les pouvoirs établis dans la décision étrangère, comme celui de demander l'ouverture d'une procédure territoriale en Belgique ou de solliciter des mesures provisoires et conservatoires en sa qualité d'administrateur d'une procédure principale étrangère.
§ 4. Par dérogation à l'article 23, le tribunal de commerce est compétent pour connaître de toute demande visée au § 1er.
Le tribunal de commerce est également compétent pour connaître de toute demande concernant la reconnaissance ou la déclaration de la force exécutoire d'une décision judiciaire étrangère rendue sur base du règlement sur l'insolvabilité.
Ces dérogations n'affectent pas une demande concernant le règlement collectif de dettes d'une personne qui n'a pas la qualité de commerçant au sens du droit belge.

Art. 123 § 1. Les juridictions belges sont compétentes pour connaître de toute demande concernant les relations entre le fondateur, le trustee ou le bénéficiaire d'un trust, outre dans les cas prévus par les dispositions génerales de la présente loi, si :
1° le trust est administré en Belgique; ou
2° la demande concerne des biens situés en Belgique lors de son introduction.
§ 2. Lorsque l'acte constitutif d'un trust attribue compétence aux juridictions belges ou aux juridictions d'un Etat étranger, ou à l'une d'elles, les articles 6 et 7 sont applicables par analogie.

Code judiciaire

Art. 854 Sauf lorsqu'elle est d'ordre public, l'incompétence du juge saisi doit être proposée avant toutes exceptions et moyens de défense.

III. Québec

Code civil du Québec

Art. 7 Aucun droit ne peut être exercé en vue de nuire à autrui ou d'une manière excessive et déraisonnable, allant ainsi à l'encontre des exigences de la bonne foi.

Art. 307 La personne morale a son domicile aux lieu et adresse de son siège.

Art. 3076 Les règles du présent livre s'appliquent sous réserve des règles de droit en vigueur au Québec dont l'application s'impose en raison de leur but particulier.

Art. 3078 La qualification est demandée au système juridique du tribunal saisi; toutefois, la qualification des biens, comme meubles ou immeubles, est demandée à la loi du lieu de leur situation.
Lorsque le tribunal ignore une institution juridique ou qu'il ne la connaît que sous une désignation ou avec un contenu distincts, la loi étrangère peut être prise en considération.

Art. 3079 Lorsque des intérêts légitimes et manifestement prépondérants l'exigent, il peut être donné effet à une disposition impérative de la loi d'un autre État avec lequel la situation présente un lien étroit.
Pour en décider, il est tenu compte du but de la disposition, ainsi que des conséquences qui découleraient de son application.

Art. 3080 Lorsqu'en vertu des règles du présent livre la loi d'un État étranger s'applique, il s'agit des règles du droit interne de cet État, à l'exclusion de ses règles de conflits de lois.

Art. 3081 L'application des dispositions de la loi d'un État étranger est exclue lorsqu'elle conduit à un résultat manifestement incompatible avec l'ordre public tel qu'il est entendu dans les relations internationales.

Art. 3082 À titre exceptionnel, la loi désignée par le présent livre n'est pas applicable si, compte tenu de l'ensemble des circonstances, il est manifeste que la situation n'a qu'un lien éloigné avec cette loi et qu'elle se trouve en relation beaucoup plus étroite avec la loi d'un autre État. La présente disposition n'est pas applicable lorsque la loi est désignée dans un acte juridique.

Art. 3083 L'état et la capacité d'une personne physique sont régis par la loi de son domicile.
L'état et la capacité d'une personne morale sont régis par la loi de l'État en vertu de laquelle elle est constituée, sous réserve, quant à son activité, de la loi du lieu où elle s'exerce.

Art. 3092 Les règles relatives au consentement et à l'admissibilité à l'adoption d'un enfant sont celles que prévoit la loi de son domicile.
Les effets de l'adoption sont soumis à la loi du domicile de l'adoptant.

Art. 3109 La forme d'un acte juridique est régie par la loi du lieu où il est passé.
Est néanmoins valable l'acte qui est fait dans la forme prescrite par la loi applicable au fond de cet acte ou par celle du lieu où, lors de sa conclusion, sont situés les biens qui en font l'objet ou, encore, par celle du domicile de l'une des parties lors de la conclusion de l'acte.
Une disposition testamentaire peut, en outre, être faite dans la forme prescrite par la loi du domicile ou de la nationalité du testateur soit au moment où il a disposé, soit au moment de son décès.

Art. 3111 L'acte juridique, qu'il présente ou non un élément d'extranéité, est régi par la loi désignée expressément dans l'acte ou dont la désignation résulte d'une façon certaine des dispositions de cet acte.
Néanmoins, s'il ne présente aucun élément d'extranéité, il demeure soumis aux dispositions impératives de la loi de l'État qui s'appliquerait en l'absence de désignation.
On peut désigner expressément la loi applicable à la totalité ou à une partie seulement d'un acte juridique.

Art. 3112 En l'absence de désignation de la loi dans l'acte ou si la loi désignée rend l'acte juridique invalide, les tribunaux appliquent la loi de l'État qui, compte tenu de la nature de l'acte et des circonstances qui l'entourent, présente les liens les plus étroits avec cet acte.

Art. 3113 Les liens les plus étroits sont présumés exister avec la loi de l'État dans lequel la partie qui doit fournir la prestation caractéristique de l'acte a sa résidence ou, si celui-ci est conclu dans le cours des activités d'une entreprise, son établissement.

Art. 3121 En l'absence de désignation par les parties, la convention d'arbitrage est régie par la loi applicable au contrat principal ou, si cette loi a pour effet d'invalider la convention, par la loi de l'État où l'arbitrage se déroule.

Art. 3129 Les règles du présent code s'appliquent de façon impérative à la responsabilité civile pour tout préjudice subi au Québec ou hors du Québec et résultant soit de l'exposition à une matière première provenant du Québec, soit de son utilisation, que cette matière première ait été traitée ou non.

Art. 3132 La procédure est régie par la loi du tribunal saisi.

Art. 3134 En l'absence de disposition particulière, les autorités du Québec sont compétentes lorsque le défendeur a son domicile au Québec.

Art. 3135 Bien qu'elle soit compétente pour connaître d'un litige, une autorité du Québec peut, exceptionnellement et à la demande d'une partie, décliner cette compétence si elle estime que les autorités d'un autre État sont mieux à même de trancher le litige.

Art. 3136 Bien qu'une autorité québécoise ne soit pas compétente pour connaître d'un litige, elle peut, néanmoins, si une action à l'étranger se révèle impossible ou si on ne peut exiger qu'elle y soit introduite, entendre le litige si celui-ci présente un lien suffisant avec le Québec.

Art. 3137 L'autorité québécoise, à la demande d'une partie, peut, quand une action est introduite devant elle, surseoir à statuer si une autre action entre les mêmes parties, fondée sur les mêmes faits et ayant le même objet, est déjà pendante devant une autorité étrangère, pourvu qu'elle puisse donner lieu à une décision pouvant être reconnue au Québec, ou si une telle décision a déjà été rendue par une autorité étrangère.

Art. 3138 L'autorité québécoise peut ordonner des mesures provisoires ou conservatoires, même si elle n'est pas compétente pour connaître du fond du litige.

Art. 3139 L'autorité québécoise, compétente pour la demande principale, est aussi compétente pour la demande incidente ou reconventionnelle.

Art. 3140 En cas d'urgence ou d'inconvénients sérieux, les autorités québécoises sont compétentes pour prendre les mesures qu'elles estiment nécessaires à la protection d'une personne qui se trouve au Québec ou à la protection de ses biens s'ils y sont situés.

Art. 3141 Les autorités du Québec sont compétentes pour connaître des actions personnelles à caractère extrapatrimonial et familial, lorsque l'une des personnes concernées est domiciliée au Québec.

Art. 3142 Les autorités québécoises sont compétentes pour statuer sur la garde d'un enfant pourvu que ce dernier soit domicilié au Québec.

Art. 3143 Les autorités québécoises sont compétentes pour statuer sur une action en matière d'aliments ou sur la demande de révision d'un jugement étranger rendu en matière d'aliments qui peut être reconnu au Québec lorsque l'une des parties a son domicile ou sa résidence au Québec.

Art. 3144 En matière de nullité du mariage et en matière de nullité ou de dissolution de l'union civile, les autorités québécoises sont compétentes lorsque l'un des conjoints a son domicile ou sa résidence au Québec ou que l'union y a été célébrée.

Art. 3145 Pour ce qui est des effets du mariage ou de l'union civile, notamment ceux qui s'imposent à tous les conjoints quel que soit leur régime matrimonial ou d'union civile, les autorités québécoises sont compétentes lorsque l'un des conjoints a son domicile ou sa résidence au Québec.

Art. 3146 Les autorités québécoises sont compétentes pour statuer sur la séparation de corps, lorsque l'un des époux a son domicile ou sa résidence au Québec à la date de l'introduction de l'action.

Art. 3148 Dans les actions personnelles à caractère patrimonial, les autorités québécoises sont compétentes dans les cas suivants:
1° Le défendeur a son domicile ou sa résidence au Québec;
2° Le défendeur est une personne morale qui n'est pas domiciliée au Québec mais y a un établissement et la contestation est relative à son activité au Québec;
3° Une faute a été commise au Québec, un préjudice y a été subi, un fait dommageable s'y est produit ou l'une des obligations découlant d'un contrat devait y être exécutée;
4° Les parties, par convention, leur ont soumis les litiges nés ou à naître entre elles à l'occasion d'un rapport de droit déterminé;
5° Le défendeur a reconnu leur compétence.

Cependant, les autorités québécoises ne sont pas compétentes lorsque les parties ont choisi, par convention, de soumettre les litiges nés ou à naître entre elles, à propos d'un rapport juridique déterminé, à une autorité étrangère ou à un arbitre, à moins que le défendeur n'ait reconnu la compétence des autorités québécoises.

Art. 3149 Les autorités québécoises sont, en outre, compétentes pour connaître d'une action fondée sur un contrat de consommation ou sur un contrat de travail si le consommateur ou le travailleur a son domicile ou sa résidence au Québec; la renonciation du consommateur ou du travailleur à cette compétence ne peut lui être opposée.

Art. 3150 Les autorités québécoises ont également compétence pour décider de l'action fondée sur un contrat d'assurance lorsque le titulaire, l'assuré ou le bénéficiaire du contrat a son domicile ou sa résidence au Québec, lorsque le contrat porte sur un intérêt d'assurance qui y est situé, ou encore lorsque le sinistre y est survenu.

Art. 3151 Les autorités québécoises ont compétence exclusive pour connaître en première instance de toute action fondée sur la responsabilité prévue à l'article 3129.

Art. 3152 Les autorités québécoises sont compétentes pour connaître d'une action réelle si le bien en litige est situé au Québec.

Art. 3153 En matière successorale, les autorités québécoises sont compétentes lorsque la succession est ouverte au Québec ou lorsque le défendeur ou l'un des défendeurs y a son domicile ou, encore, lorsque le défunt a choisi le droit québécois pour régir sa succession.
Elles le sont, en outre, lorsque des biens du défunt sont situés au Québec et qu'il s'agit de statuer sur leur dévolution ou leur transmission.

Art. 3154 Les autorités québécoises sont compétentes en matière de régime matrimonial ou d'union civile dans les cas suivants:
1° Le régime est dissout par le décès de l'un des conjoints et les autorités sont compétentes quant à la succession de ce conjoint;
2° L'objet de la procédure ne concerne que des biens situés au Québec.
Dans les autres cas, les autorités québécoises sont compétentes lorsque l'un des conjoints a son domicile ou sa résidence au Québec à la date de l'introduction de l'action.

Art. 3155 Toute décision rendue hors du Québec est reconnue et, le cas échéant, déclarée exécutoire par l'autorité du Québec, sauf dans les cas suivants:
1° L'autorité de l'État dans lequel la décision a été rendue n'était pas compétente suivant les dispositions du présent titre;
2° La décision, au lieu où elle a été rendue, est susceptible d'un recours ordinaire, ou n'est pas définitive ou exécutoire;
3° La décision a été rendue en violation des principes essentiels de la procédure;
4° Un litige entre les mêmes parties, fondé sur les mêmes faits et ayant le même objet, a donné lieu au Québec à une décision passée ou non en force de chose jugée, ou est pendant devant une autorité québécoise, première saisie, ou a été jugé dans un État tiers et la décision remplit les conditions nécessaires pour sa reconnaissance au Québec;
5° Le résultat de la décision étrangère est manifestement incompatible avec l'ordre public tel qu'il est entendu dans les relations internationales;
6° La décision sanctionne des obligations découlant des lois fiscales d'un État étranger.

Art. 3156 Une décision rendue par défaut ne sera reconnue et déclarée exécutoire que si le demandeur prouve que l'acte introductif d'instance a été régulièrement signifié à la partie défaillante, selon la loi du lieu où elle a été rendue.
Toutefois, l'autorité pourra refuser la reconnaissance ou l'exécution si la partie défaillante prouve que, compte tenu des circonstances, elle n'a pu prendre connaissance de l'acte introductif d'instance ou n'a pu disposer d'un délai suffisant pour présenter sa défense.

Art. 3157 La reconnaissance ou l'exécution ne peut être refusée pour la seule raison que l'autorité d'origine a appliqué une loi autre que celle qui aurait été applicable, d'après les règles du présent livre.

Art. 3158 L'autorité québécoise se limite à vérifier si la décision dont la reconnaissance ou l'exécution est demandée remplit les conditions prévues au présent titre, sans procéder à l'examen au fond de cette décision.

Art. 3159 Si la décision statue sur plusieurs demandes qui sont dissociables, la reconnaissance ou l'exécution peut être accordée partiellement.

Art. 3160 La décision rendue hors du Québec qui accorde des aliments par versements périodiques peut être reconnue et déclarée exécutoire pour les versements échus et à échoir.

Art. 3161 Lorsqu'une décision étrangère condamne le débiteur au paiement d'une somme d'argent exprimée dans une monnaie étrangère, l'autorité québécoise convertit cette somme en monnaie canadienne, au cours du jour où la décision est devenue exécutoire au lieu où elle a été rendue.
La détermination des intérêts que peut porter une décision étrangère est régie par la loi de l'autorité qui l'a rendue, jusqu'à sa conversion.

Art. 3162 L'autorité du Québec reconnaît et sanctionne les obligations découlant des lois fiscales d'un État qui reconnaît et sanctionne les obligations découlant des lois fiscales du Québec.

Art. 3163 Les transactions exécutoires au lieu d'origine sont reconnues et, le cas échéant, déclarées exécutoires au Québec aux mêmes conditions que les décisions judiciaires pour autant que ces conditions leur sont applicables.

Art. 3164 La compétence des autorités étrangères est établie suivant les règles de compétence applicables aux autorités québécoises en vertu du titre troisième du présent livre dans la mesure où le litige se rattache d'une façon importante à l'État dont l'autorité a été saisie.

Art. 3165 La compétence des autorités étrangères n'est pas reconnue par les autorités québécoises dans les cas suivants:
1° Lorsque, en raison de la matière ou d'une convention entre les parties, le droit du Québec attribue à ses autorités une compétence exclusive pour connaître de l'action qui a donné lieu à la décision étrangère;
2° Lorsque le droit du Québec admet, en raison de la matière ou d'une convention entre les parties, la compétence exclusive d'une autre autorité étrangère;
3° Lorsque le droit du Québec reconnaît une convention par laquelle la compétence exclusive a été attribuée à un arbitre.

Art. 3166 La compétence des autorités étrangères est reconnue en matière de filiation lorsque l'enfant ou l'un de ses parents est domicilié dans cet État ou a la nationalité qui y est rattachée.

Art. 3167 Dans les actions en matière de divorce, la compétence des autorités étrangères est reconnue soit que l'un des époux avait son domicile dans l'État où la décision a été rendue, ou y résidait depuis au moins un an, avant l'introduction de l'action, soit que les époux ont la nationalité de cet État, soit que la décision serait reconnue dans l'un de ces États.

Dans les actions en matière de dissolution de l'union civile, la compétence des autorités étrangères n'est reconnue que si l'État connaît cette institution; elle l'est alors aux mêmes conditions que s'il s'agissait d'un divorce.

Art. 3168 Dans les actions personnelles à caractère patrimonial, la compétence des autorités étrangères n'est reconnue que dans les cas suivants:
1° Le défendeur était domicilié dans l'État où la décision a été rendue;
2° Le défendeur avait un établissement dans l'État où la décision a été rendue et la contestation est relative à son activité dans cet État;
3° Un préjudice a été subi dans l'État où la décision a été rendue et il résulte d'une faute qui y a été commise ou d'un fait dommageable qui s'y est produit;
4° Les obligations découlant d'un contrat devaient y être exécutées;
5° Les parties leur ont soumis les litiges nés ou à naître entre elles à l'occasion d'un rapport de droit déterminé; cependant, la renonciation du consommateur ou du travailleur à la compétence de l'autorité de son domicile ne peut lui être opposée;
6° Le défendeur a reconnu leur compétence.

Code de procédure civile

Art. 20 Si le moyen d'exercer un droit n'a pas été prévu par ce code, on peut y suppléer par toute procédure non incompatible avec les règles qu'il contient ou avec quelque autre disposition de la loi.

Art. 46 Les tribunaux et les juges ont tous les pouvoirs nécessaires à l'exercice de leur compétence.

Ils peuvent, en tout temps et en toutes matières, tant en première instance qu'en appel, prononcer des ordonnances de sauvegarde des droits des parties, pour le temps et aux conditions qu'ils déterminent. De plus, ils peuvent, dans les affaires dont ils sont saisis, prononcer, même d'office, des injonctions ou des réprimandes, supprimer des écrits ou les déclarer calomnieux, et rendre toutes ordonnances appropriées pour pourvoir aux cas où la loi n'a pas prévu de remède spécifique.

Art. 57 Toute personne physique ou morale domiciliée hors du Québec et que la loi de son domicile autorise à ester en justice peut exercer cette faculté devant les tribunaux du Québec.

Art. 68 Sous réserve des dispositions du présent chapitre et des dispositions du livre X au Code civil du Québec, et nonobstant convention contraire, l'action purement personnelle peut être portée:

1. Devant le tribunal du domicile réel du défendeur, ou, dans les cas prévus à l'article 83 du Code civil du Québec, devant celui de son domicile élu.

Si le défendeur n'est pas domicilié au Québec, mais qu'il y réside ou y possède des biens, il peut être assigné soit devant le tribunal de sa résidence, soit devant celui où se trouvent ces biens, soit devant celui du lieu où la demande lui est signifiée en mains propres;

2. Devant le tribunal du lieu où toute la cause d'action a pris naissance; ou, dans le cas d'une action fondée sur un libelle de presse, devant le tribunal du district où réside le demandeur, lorsque l'écrit y a circulé;

3. Devant le tribunal du lieu où a été conclu le contrat qui donne lieu à la demande.

Le contrat d'où résulte une obligation de livrer, et qui a été négocié par l'entremise d'un tiers qui n'était pas le représentant du créancier de cette obligation, est tenu pour avoir été conclu au lieu où ce dernier a donné son consentement.

Art. 164 L'absence de compétence d'attribution peut être soulevée en tout état de cause et peut même être déclarée d'office par le tribunal, qui adjuge les dépens selon les circonstances.

Art. 785 La demande de reconnaissance et d'exécution d'une décision rendue hors du Québec se fait par requête introductive d'instance. Le délai pour comparaître est de 20 jours et celui pour la présentation est d'au moins 40 jours.

Literaturverzeichnis

Ancel, Bertrand / Lequette, Yves: Grands arrêts de la jurisprudence francaise de droit international privé, 4. Auflage, Paris 2001 (zitiert: GAJDIP)

Ancel, Bertrand: Anmerkung zu Civ.[1] 3.6. et 17.6. 1997, 3e espèce, RCDIP 1998.457 ff.

Anton, A.E.: Private International Law: A treatise from the standpoint of Scots Law, 1. Auflage, Edinburgh 1967

Arroyo, Diego P. Fernández: Exorbitant and exclusive grounds of jurisdiction in european Private International Law: Will they ever survive?, in: Mansel/Pfeiffer/Kronke/Kohler/Hausmann, Festschrift für Erik Jayme, München 2004, S. 169-187

Audit, Bernard: Droit international privé, 3. Auflage, Paris 2000 (zitiert: D.i.p.)

– Fraude à la loi, in: Jurisclasseur droit international, Fasc. 535 (1995)

Auer, Stefan: Kommentierung zu Artt. 2-21 EuGVO, in: Geimer/Schütze, Internationaler Rechtsverkehr in Zivil- und Handelssachen, München (2005)

Bachand, Frédéric: L'intervention du juge canadien avant et durant un arbitrage commercial international, Diss., Paris/Montréal 2004

– Pour l'abandon par les tribunaux québécois de la notion de clause compromissoire parfaite et des formalités s'y rapportant, [2004] 64 R. du B. 121 ff.

Bachmann, Birgit: Fremdwährungsschulden in der Zwangsvollstreckung, Heidelberg 1994

Bar, Christian v. / Mankowski, Peter: Internationales Privatrecht, Bd.1: Allgemeine Lehren, München 2003 (zitiert: IPR I)

– Internationales Privatrecht, Bd.2: Besonderer Teil, München 1991 (zitiert: IPR II)

Barnich, Laurent: Les actes juridiques en droit international privé, Bruxelles 2001

– Présentation du noveau Code belge de droit international privé, Rev.not.belge 2005, 6 ff.

Barriere Brousse, Isabelle: Anmerkung zu Cass.civ.[1] 30.3.2004, JDI 2005.791 ff.

Bartin, E: Principes de droit international privé, Bd.1, Paris 1930

Basedow, Jürgen: Europäisches Zivilprozessrecht, in: Max-Planck-Institut für Ausländisches und Internationales Privatrecht, Handbuch des Internationalen Zivilverfahrensrechts, Bd.1, Kapitel II, Tübingen 1982 (zitiert: Hb. IZVR I, Kap. II)

Battifol, Henri: Droit international privé, 4. Auflage, Paris 1959 (zitiert: D.i.p.[4])
Battifol, Henri / Lagarde, Paul.: Droit international privé, Bd.1, 6. Auflage, Paris 1976 (zitiert: D.i.p.[6] I)
– Droit international privé, Bd.1, 7. Auflage, Paris 1983 (zitiert: D.i.p.[7] I)
– Droit international privé, Bd.2, 7. Auflage, Paris 1983 (zitiert: D.i.p.[7] II)
Baudin-Maurin, Marie-Pierre: Être ou ne pas être..., D. 2002.Chr.1763 ff.
Bauer, Hubert: Grundsätze der internationalen Zuständigkeit inländischer Gerichte im französischen Privatverfahrensrecht, RabelsZ 30 (1960), 483 ff.
– Compétence judiciaire internationale des tribunaux civils francais et allemands, Paris 1965
Bäumer, Annette: Die ausländische Rechtshängigkeit und ihre Auswirkungen auf das internationale Zivilverfahrensrecht, Dissertation, Köln 1999
Baumann, Peter: Leistungs- und Abänderungsklage bei früherem Auslandsurteil, Besprechung des Urteils OLG Stuttgart 18.8.1988, IPRax 1990, 28 ff.
Baumbach, Adolf / Lauterbach, Wolfgang / Albers, Jan / Hartmann, Peter: Zivilprozessordnung, 64. Auflage, München 2006 (zitiert: ZPO)
Barbé, Candice: Le nouveau droit international privé belge – Mariage et divorce, J.T. 2005, 173 ff. (188 ff.)
Baruchel, Nathalie: La personnalité morale en droit privé – éléments pour une théorie, Paris 2004
Beguin, Jacques: Un texte à abroger: La loi sur la reconnaissance internationale des sociétés anonymes étrangères, in: Mélanges Champaud, Paris 1997, S. 1 ff.
Behr, Volker: Myth and reality of punitive damages in Germany, [2005] JLC 197 ff.
Behrens, Peter: Das Internationale Gesellschaftsrecht nach dem Überseering-Urteil des EuGH und den Schlussanträgen zu Inspire Art, IPRax 2003, 193 ff.
Birk, Rolf: Kommentierung zu Artt. 25, 26 EGBGB, in: Münchner Kommentar zum Bürgerlichen Gesetzbuch, Bd.10: Internationales Privatrecht, 4. Auflage, München 2006 (zitiert: MüKo, BGB)
Bischoff, Jean-Marc: Anmerkung zu Civ.[1] 20.11.1974, RCDIP 1975.670 ff.
Blumenwitz, Dieter: Kommentierung zu Artt. 5, 6 EGBGB, in: Staudinger, BGB, Einleitung zum IPR, Neubearbeitung, Berlin 2003 (zitiert: BGB)
Bonomi, Andrea: Le nouveau système de la reconnaissance et de l'exécution des jugements étrangers en Italie, RCDIP 1997.372 ff.
Boré, Louis / De Salve de Bruneton, Jean: L'action en justice des associations étrangères, D. 2001.Jur.665 ff.
Borges, Georg: Sie Sitztheorie in der Centros-Ära: Vermeintliche Probleme und unvermeidliche Änderungen, RIW 2000, 167 ff.
Bork, Reinhard: Kommentierung zu §§ 38-40 ZPO, in: Stein/Jonas, Zivilprozessordnung, Bd.1, 22. Auflage, Tübingen 2003 (zitiert: ZPO)

– Kommentierung zu §§ 41a-127a ZPO, in: Stein/Jonas, Zivilprozessordnung, Bd.2, 22. Auflage, Tübingen 2004 (zitiert: ZPO)
Boularbah, Hakim: Le nouveau droit international privé belge – Efficacité des jugements et actes authentiques, J.T. 2005, 173 ff. (184 ff.)
Bourel, Pierre: Conflits de juridiction: Immunités de juridiction et d'execution, in: Jurisclasseur droit international, Fascicule 581-50 (1993)
Braas: Précis de procédure civile, Bd.1: Organisation judiciaire. Compétence, 3. Auflage, Bruxelles 1944
Cadiet, Loic: Droit judiciaire privé, 2. Auflage, Paris 1998
Cambier, Cyr: Droit judiciare civil, Bd.2: La compétence, Bruxelles 1981
Carlier, Jean-Yves: Le Code belge de droit international privé, RCDIP 2005.11 ff.
Carval, Suzanne: La responsabilité civile dans sa fonction de peine privée, Paris 1995
Caupain, Marie-Thérèse / De Leval, Georges: L'efficacité de la justice civile en Europe, Bruxelles 2000
Castel, Jean-Gabriel: Droit international privé québécois, Toronto 1980 (zitiert: D.i.p. québecois)
Castel, Jean-Gabriel / Walker, Jane: Canadian conflict of laws, 5. Auflage, Toronto 2004
Chabas, François: Astreintes, in: Répertoire de procédure civile, Paris 2003
Clavel, Sandrine: Anti-suit injunctions et arbitrage, Rev. de l'arb. 2001.669 ff.
Coester-Waltjen, Dagmar: Zum Begriff der „Unterhaltssache" im Sinne der internationalen Zuständigkeit nach § 23a ZPO, IPRax 1990, 26 ff.
Coipel-Cordonnier, Nathalie: Les conventions d'arbitrage et d'élection de for en droit international privé, Paris 1999
Corbion, Lycette: Le déni de justice en droit international privé, Diss., Paris 2002
Courbe, Patrick: Anmerkung zu Cass.civ.[1] 6.6.1990 „Akla", RCDIP 1991.596 ff.
Court de Fontmichel, Alexandre: La sanction des fautes lucratives par des dommages-intérêts punitifs et le droit français, Rev.dr.unif. 2005.337 ff.
Cuniberti, Gilles / Winkler, Matteo M.: Anmerkung zu EuGH 1.3.2005 „Owusu", JDI 2005.1183 ff.
De Bra, Peter: Verbraucherschutz durch Gerichtsstandsregelungen im deutschen und europäischen Zivilprozessrecht, Frankfurt a.M. 1991
De Leval, Georges: Éléments de procédure civile, 2. Auflage, Bruxelles 2005
Delnoy, Paul: Anmerkung zu Cass.civ.[1] belge, 5.12.1963, RCJB 1967, 60 ff.
Delvaux, Thierry: Représentation et comparution des sociétés devant les juridictions de l'ordre judiciaire, Act.dr. 2002, 443 ff.
De Page, Henri / Masson, Jean-Pol: Traité élémentaire de droit civil belge, Bd. 2: Les personnes, 4. Auflage, Bruxelles 1990 (zitiert: Traité élémentaire II)
Despagnet, Frantz: Précis de droit international privé, 5. Auflage, Paris 1909

De Vareilles-Sommières, Pascal: Le forum shopping devant les juridictions francaises, Trav.com.fr.DIP 1998-2000, S. 49-65

Devers, Alain: De Vienne à Grenoble en passant par Bruxelles: du mauvais usage des règles de compétence internationale du juge francais, D. 2001.Jur.2547 ff.

Dicey, Albert Venn / Morris, John Humphrey Carlile: The Conflict of Laws, 13. Auflage, London 2000

Dörner, Heinrich: Kommentierung zu § 328 ZPO in: Handkommentar Zivilprozessordnung, 1. Auflage, Baden-Baden 2006 (zitiert: HK-ZPO)

– Kommentierung zu Artt. 25, 26 EGBGB, in: Staudinger, BGB, Neubearbeitung, Berlin 2000 (zitiert: BGB)

Dohm, Christian: Die Einrede ausländischer Rechtshängigkeit im deutschen internationalen Zivilprozessrecht, Berlin 1996

Dorandeu, Nicolas: La transmission des clauses attributives de compétence en droit international privé, JDI 2002.1001 ff.

Dorsel, Christoph: Forum non conveniens – Richterliche Beschränkung der Wahl des Gerichtsstandes im deutschen und amerikanischen Recht, Berlin 1996

Doser, Torge: Gegenseitigkeit und Anerkennung ausländischer Entscheidungen, Frankfurt/M. 1999 (zitiert: Gegenseitigkeit)

Droz, Georges A.L.: Anmerkung zu Civ.[1] 1.2.1972, RCDIP 1973.315 ff.

– La compétence judiciaire et l'effet des jugements dans la communauté économique européenne selon la convention de Bruxelles du 27.9.1968, Diss., Paris 1971

Droz, Georges A.L. / Revillard, Mariel: Successions, in: Jurisclasseur Droit international, Fasc. 557 (2001)

Duranton, Guy: Nationalité (Généralités), in: Jurisclasseur Droit des sociétés (2004)

Dutoit, Bernard: Droit international privé suisse, Commentaire de la loi fédérale du 18 décembre 1987, 4. Auflage, Basel 2005

Ebke, Werner F.: Überseering: „Die wahre Liberalität ist Anerkennung", JZ 2003, 927 ff.

El-Husseini Begdache, Roula: Le droit international privé français et la répudiation islamique, Paris 2002

Emmanuelli, Claude: Droit international privé québecois, Montréal 2001 (zitiert: D.i.p. québecois)

Epping, Manja: Die Schiedsvereinbarung im internationalen privaten Rechtsverkehr nach der Reform des deutschen Schiedsverfahrensrechts, München 1999

Escarra, Jean: Manuel de droit commercial, Bd.1, Paris 1948

Fawcett, J.J. [Hrsg.]: Declining jurisdiction in Private International Law, Oxford 1995

Ferland, Denis: La procédure et la preuve, in: Bareau du Québec, Cours de la formation professionelle du barreau du Québec 1988-1989, Cowansville 1988

Ferland, Denis / Emery, Benoît: Précis de procédure civile du Québec, Vol.1 (Art. 1-481.17 C.p.c.), 3. Auflage, Cowansville 1997

Fettweis, Albert: Éléments de la compétence et de la procédure civile, Bd.2: La compétence, Liège 1962 (zitiert: Éléments de la compétence et de la procédure civile II)

– Précis de droit judiciaire, Bd.2: La compétence, Bruxelles 1971 (zitiert: Précis de droit judiciaire II)

– Droit judiciaire privé, Bd.1, 4. Auflage, Liège 1976 (zitiert: Droit judiciaire privé I)

Fevery, Daphné: La reconnaissance et l'exécution des décisions judiciaires étrangères en Belgique en dehors du champ d'application des Conventions de Bruxelles et de Lugano, in: Walter/Baumgartner, Recognition and Enforcement of Foreign Judgments, S. 75-107

Fischer, Gerfried: Abschied vom ordre public bei Börsentermingeschäften im Ausland, IPRax 1999, 450 ff.

Frankenstein, Ernst: Internationales Privatrecht, Bd.3, Berlin 1934

Francescakis, Ph.: Anmerkung zu Civ.[1] 30.10.1962 „Scheffel c. Scheffel", RCDIP 1963.387 ff.

François, Jérôme: Droit civil, Bd.4: Les Obligations, Régime général, Paris 2000

Francq, Stéphanie: Das belgische IPR-Gesetzbuch, RabelsZ 2006, 235 ff.

Fricke, Martin: Anerkennungszuständigkeit zwischen Spiegelbildgrundsatz und Generalklausel, Bielefeld 1990

Furtak, Oliver: Die Parteifähigkeit in Zivilverfahren mit Auslandsberührung, Heidelberg 1995

Gaillard, E.: Anmerkung zu Civ.[1] 20.12.1993 „Comité populaire de la municipalité de Khoms c. Soc. Dalico Contractors", JDI 1994.433 ff.

Gaudemet-Tallon, Hélène: Recherches sur les origines de l'article 14 du Code civil, Paris 1964

– La prorogation volontaire de juridiction en droit international privé, Paris 1965

– Anmerkung zu Civ.[1] 9.1.1968, RCDIP 1968.494 ff.

– La compétence internationale à l'épreuve du nouveau Code de procédure civile: aménagement ou bouleversement?, RCDIP 1977.1 ff.

– Anmerkung zu Civ.[1] 17.12.1985, RCDIP 1986.540 ff.

– La litispendance internationale dans la jurisprudence francaise, in: Mélanges dédiés à Dominique Holleaux, Paris 1990

– Anmerkung zu C.A. 10.10.1990, RCDIP 1991.907 ff.

– Les régimes relatifs au refus d'exercer la compétence juridictionelle en matière civile et commerciale: Forum non conveniens, lis pendens, Rev.int.dr.comp. 1994.424 ff.
– Les Conventions de Bruxelles et de Lugano, 2. Auflage, Paris 1996
– Compétence civile et commerciale, Rép.dr.int. Dalloz (1998)
– Quelques réflexions sur les propositions concernant la compétence judiciaire, la reconnaissance et l'exécution des décisions en matière successorale dans l'Union européenne, in: Deutsches Notarinstitut, Internationales Erbrecht in der EU: DNotI-Symposium, Brüssel 10./11.05.2004, Würzburg 2004, S. 445 ff. (online: www.dnoti.de/eu_studie/16-Gaudemet-Tallon.pdf) (zitiert: Quelques réflexions)

Geimer, Reinhold: Zur Prüfung der Gerichtsbarkeit und der internationalen Zuständigkeit bei der Anerkennung ausländischer Urteile, Bielefeld 1966
– Anerkennung ausländischer Entscheidungen in Deutschland, München 1995 (zitiert: Anerkennung)
– Reflexionen über ausschließliche internationale Zuständigkeiten, in: Briner/Fortier/Berger/Bredow, Liber Amicorum Karl-Heinz Böckstiegel, Köln 2001, S. 187-203
– Internationales Zivilprozessrecht, 5. Auflage, Köln 2005

Geimer, Reinhold / Schütze, Rolf A.: Europäisches Zivilverfahrensrecht, 2. Auflage, München 2004 (zitiert: EZVR)

Glenn, H. Patrick: La capacité de la personne en droit international privé francais et anglais, Paris 1975
– Prorogation volontaire et compétence internationale, [1977] 23 McGill L.J. 125 ff.
– La guerre de l'amiante, RCDIP 1991.41 ff.
– Droit international privé, in: Barreau du Québec et Chambre des notaires du Québec, La réforme du Code civil, Bd.3, 1993, S. 669 ff. (zitiert: D.i.p.)
– Codification of Private International Law in Québec – an Overview, IPRax 1994, 308 ff.
– Recognition of foreign judgments in Quebec, [1997] 28 Can. Bus. L. J. 404 ff.
– La cour suprême du Canada et la tradition du droit civil, [2001] R. du B. can. 151 ff.
– Exequatur sur exequatur (Doppelexequatur) in Europe and North America, in: Basedow u.a., Aufbruch nach Europa, Tübingen 2001, S. 705-712

Goldstein, Gérald: L'experience canadienne en matiere d'uniformisation, d'harmonisation et de coordination des droits, [1998] 32 R.J.T. 235 ff.

Goldstein, Gérald / Groffier, Ethel: Droit international privé, Bd.1: Théorie générale, Cowansville 1998 (zitiert: D.i.p. I)

– Droit international privé, Bd.2: Règles spécifiques, Cowansville 2003 (zitiert: D.i.p. II)

Goldstein, Gérald / Talpis, Jeffrey: Les perspectives en droit civil québécois de la réforme des règles relatives à l'effet des décisions étrangères au Canada, Teil I: [1995] 74 R du B can. 641 ff., Teil II: [1996] 75 R du B can. 115 ff.

Gottwald, Peter: Grenzen zivilgerichtlicher Maßnahmen mit Auslandswirkung, in: Lindacher u.a., Festschrift für Walther J. Habscheid, Bielefeld 1989, S. 119-130

– Grundfragen der Anerkennung und Vollstreckung ausländischer Entscheidungen in Zivilsachen, ZZP 103 (1990), 257-293

– Kommentierung zu §§ 322 - 328 ZPO, in: Münchener Kommentar zur Zivilprozessordnung, Bd.1, 2. Auflage, München 2000 (zitiert: MüKo, ZPO II)

– Kommentierung Internationales Zivilprozessrecht, in: Münchener Kommentar zur Zivilprozessordnung, Bd.3, 2. Auflage, München 2001 (zitiert: MüKo, ZPO III)

Grasmann, Günter: System des internationalen Gesellschaftsrechts, Berlin 1970

Gressot-Leger, Séverine: Faut-il supprimer le contrôle de la loi appliquée par le juge étranger lors de l'instance en exequatur?, JDI 2003.767 ff.

Groffier, Ethel: Précis de droit international privé québecois, 3. Auflage, Montréal 1984 (zitiert: Précis de D.i.p. québecois³)

– Précis de droit international privé québecois, 4. Auflage, Montréal 1990 (zitiert: Précis de D.i.p. québecois⁴)

Grolimund, Pascal: Drittstaatenproblematik des europäischen Zivilverfahrensrechts, Tübingen 2000

Großfeld, Bernhard: Internationales Gesellschaftsrecht, in: Staudinger, BGB, 12. Auflage, Berlin 1998 (zitiert: IntGesR)

Grothe, Helmut: Die „ausländische Kapitalgesellschaft & Co.", Köln 1988

– „Exorbitante Gerichtszuständigkeiten" im Rechtsverkehr zwischen Deutschland und den USA, RabelsZ 58 (1994), 686 ff.

– Exorbitante Gerichtszuständigkeiten – Konfliktquelle im deutsch-amerikanischen Rechts- und Wirtschaftsverkehr, in: Heldrich/Kono, Herausforderungen des Internationalen Zivilverfahrensrechts, Tübingen 1994, S. 209–229 (zitiert: Exorbitante Gerichtszuständigkeiten)

– Fremdwährungsverbindlichkeiten, Berlin 1999

– Anmerkung zu OLG Hamm 25.7.2003, FamRZ 2004, 717 ff.

Grynbaum, Luc: Une illustration de la faute lucrative: le „piratage" de logiciels, D.2006.chr.655 ff.

Guerchoun, Frédéric: La primauté constitutionelle de la Convention européenne des droits de l'homme sur les conventions bilatérales donnant effet aux répudiations musulmanes, JDI 2005.695 ff.

Guez, Philippe: L'élection de for en droit international privé, Diss., Paris 2000
Guillemard, Sylvette: Liberté contractuelle et rattachement juridictionnel, EJCL Volume 8.2 (www.ejcl.org/82), Art. 82-1
Guillemard, Sylvette / Prujiner, Alain / Sabourin, Frédérique: Les difficultés de l'introduction du forum non conveniens en droit québecois, Les Cahiers de Droit 1995, S. 913-951
Guinchard, Emmanuel: Procès équitable (article 6 CESDH) et droit international privé, in: Nuyts/Watté, International Civil Litigation in Europe and Relations with Third States, Bruxelles 2005
Habscheid, Walther J.: Zur Berücksichtigung der Rechtshängigkeit eines ausländischen Verfahrens, RabelsZ 31 (1967), 254 ff.
– Zur materiellen Rechtskraft des Urteils gegen den siegreichen Kläger im internationalen Prozeßrecht, ZZP 1962, 164 ff.
Hamel, Joseph / Lagarde, Gaston: Traité de droit commercial, Bd.1, Paris 1954
Hartley, Trevor C.: Comity and the Use of Antisuit Injunctions in International Litigation, [1987] 35 Am.J.Comp.L. 487 ff.
Hau, Wolfgang Jakob: Positive Kompetenzkonflikte im internationalen Zivilprozessrecht, Frankfurt 1996
Hausmann, Rainer: Anhang I zu § 40, in: Wieczorek/Schütze, Zivilprozessordnung und Nebengesetze, Bd.1, 3. Auflage, Berlin 1994 (zitiert: ZPO)
– Anhang II zu Artt. 27-37 EGBGB, in: Staudinger, BGB, Artt. 27-37 EGBGB, 13. Bearbeitung, Berlin 2002 (zitiert: BGB)
Heeder, Oliver: Fraus legis, Eine rechtvergleichende Untersuchung über den Vorbehalt der Gesetzesumgehung in Deutschland, Österreich, der Schweiz, Frankreich und Belgien unter besonderer Berücksichtigung des Internationalen Privatrechts, Frankfurt a.M. 1998
Heiderhoff, Bettina: Die Berücksichtigung ausländischer Rechtshängigkeit in Ehescheidungsverfahren, Dissertation, Bielefeld 1998
– Widerklage und ausländische Streitanhängigkeit – Kommentar zur Entscheidung des OGH vom 12.2.1997, IPRax 1999, 392 ff.
Heldrich, Andreas / Kono, Toshiyuki: Herausforderungen des Internationalen Zivilverfahrensrechts, Tübingen 1994
Héron, Jacques / Le Bars, Thierry: Droit judiciaire privé, 2. Auflage, Paris 2002
Hoffmann, Bernd von: Internationales Privatrecht, 7. Auflage, München 2002
Holleaux, Dominique: Compétence du juge étranger et reconnaissance des jugements, Paris 1970
– La litispendance internationale, Trav.com.fr.DIP 1971-1973, S. 203 ff.
– Anmerkung zu Cass.ch.mixte 28.6.1974, C.A. Aix-en-Provence 10.5.1974 und T.g.i. Paris 7.6.1974, JDI 1975.88 ff.
– Anmerkung zu C.A. Paris 16.12.1974 und C.A. Dijon 29.1.1975, JDI 1976.147 ff.

– Anmerkung zu C.A. Reims, 24.11.1977, JDI 1979.386 ff.
Holleaux, Dominique / Foyer, Jacques / De Geouffre de La Pradelle, Géraud: Droit international privé, Paris 1987 (zitiert: D.i.p.)
Honsell, Heinrich / Voigt, Nedim Peter / Schnyder, Anton K.: Kommentar zum schweizerischen Privatrecht, Internationales Privatrecht, Basel 1996
Huber, Peter: Die englische forum-non-conviens-Doktrin und ihre Anwendung im Rahmen des Europäischen Gerichtsstands- und Vollstreckungsübereinkommens, Berlin 1994
– Art. 21 EuGVÜ und Rechtshängigkeit in England – Ende der Debatte, IPRax 1995, 332 ff.
Huet, André: Le nouveau Code de Procédure civile du 5.12.1975 et la compétence internationale des tribunaux français, JDI 1976.342 ff.
– Anmerkung zu C.cass. 6.2.1985 „Simitch", JDI 1985.462
– Relations habituelles d'affaires et acceptation tacite d'une clause attributive de juridiction en droit international privé, in: Le rôle de la volonté dans les actes juridiques, études à la mémoire du professeur Alfred Rieg, Bruxelles 2000, S. 501 ff.
– Procédure civile et commerciale dans les rapports internationaux. Compétence de la „lex fori", in: Jurisclasseur droit international, Fascicule 582-10 und 582-20 (2001)
– Compétence des tribunaux francais à l'égard des litiges internationaux, in: Jurisclasseur droit international, Fascicule 581-10 - 581-43 (2001/2004)
Jafferali, Rafael: L'application du droit belge aux societés de droit étranger. Une esquisse des contours de la lex societatis, RDCB 2004, 764 ff.
Jault-Seseke, Fabienne: Anmerkung zu Civ.[1] 16.10.2001, RCDIP 2002.555 ff.
Jayme, Erik: Zur Übernahme der Lehre vom „forum non conveniens" in das deutsche Internationale Verfahrensrecht, StAZ 1975, 91 ff.
– Anmerkung zu LG Frankfurt/M. 29.1.1982 und OLG Frankfurt/M. 3.3.1982, IPRax 1982, 201 f.
Jayme, Erik / Hausmann, Rainer: Internationales Privat- und Verfahrensrecht, 12. Auflage, München 2004
Johnson, Walter S.: Conflict of Laws, 2. Auflage, Montréal 1962
Jonet, JeanMatthieu: Sociétés commerciales – La théorie du siège réel à l'épreuve de la liberté d'établissement – Autour de l'arrêt Überseering, J.T.D.E. 2003, 33 ff.
Jung, Harald: Vereinbarungen über die internationale Zuständigkeit nach dem EWG-Gerichtsstands- und Vollstreckungsübereinkommen und nach § 38 II ZPO, Bochum 1980
Kahn, Philippe: Anmerkung zu Civ.[1] 13.12.1994 u.a., JDI 1995.343 ff.

Kegel, Gerhard / Schurig, Klaus: Internationales Privatrecht, 9. Auflage, München 2004

Kessedjian, Catherine: La reconnaissance et l'exécution des jugements étrangers en France – hors les Conventions de Bruxelles et de Lugano, in: Walter/Baumgartner, Recognition and Enforcement of Foreign Judgments, S. 184 ff.

Khairallah, Georges: La personnalité morale en France d'une société anonyme étrangère, D.2004.Jur.692 ff.

Kim, Yong Jin: Internationale Gerichtsstandsvereinbarungen, Frankfurt a.M. 1995

Kropholler, Jan: Internationale Zuständigkeit, in: Max-Planck-Institut für Ausländisches und Internationales Privatrecht, Handbuch des Internationalen Zivilverfahrensrechts, Bd.1, Kapitel III, Tübingen 1982 (zitiert: Hb. IZVR I, Kap. III)

– Europäisches Zivilprozessrecht, 7. Auflage 2002, Heidelberg (zitiert: EZPR)

– Internationales Privatrecht, 5. Auflage 2004, Mohr Siebeck Tübingen

Kurth, Jürgen: Inländischer Rechtsschutz gegen Verfahren vor ausländischen Gerichten, Berlin 1989

Labbée, Xavier: L'enfant concu n'est pas créancier d'aliments, D. 1999.Jur.177 ff.

Lafleur, Eugène: The conflict of laws in the province of Québec, Montréal 1898

Lagarde, Paul: Anmerkung zu Cass.soc. 8.11.1973, RCDIP 1974.360 und 361

– Anmerkung zu Cass.civ.[1] 29.1.1967, RCDIP 1970.477 ff.

– Anmerkung zu EuGH 5.11.2002 „Überseering", RCDIP 2003.524 ff.

Lamazerolles, Eddy: Irrégularité de l'action en justice de la société en formation, D. 2000.Jur.627 ff.

Leible, Stefan / Hoffmann, Jochen: Überseering und das deutsche Gesellschaftskollisionsrecht, ZIP 2003, 925 ff.

Lenenbach, Markus: Die Behandlung von Unvereinbarkeiten zwischen rechtskräftigen Zivilurteilen nach deutschem und europäischem Zivilprozessrecht, Berlin 1997

Lequette, Yves: Anmerkung zu C.A. Paris 12.7.1984, RCDIP 1985.520 ff.

Lerebours-Pigeonnière, Paul: Droit international privé, 7. Auflage, Paris 1959 (zitiert: D.i.p.)

Linke, Hartmut: Zum Wert oder Unwert der Vollstreckungsklage (§§ 722, 723 ZPO), Festschrift für Rolf A. Schütze zum 65. Geburtstag, München 1999, S. 427-436

– Internationales Zivilprozessrecht, 4. Auflage, Köln 2006 (zitiert: IZPR)

Locré, Jean-Guillaume: Esprit du Code Napoléon, Paris 1805-1807

Loussouarn, Yvon: „Personnes morales étrangères" in: comité francais de droit international privé, La codification du droit international privé, Paris 1956, S. 41 ff.

Loussouarn, Yvon / Bourel, Pierre / De Vareilles-Sommières, Pascal: Droit international privé, 8. Auflage, Paris 2004 (zitiert: D.i.p.)
Loussouarn, Yvon / Bredin, Jean-Denis: Droit du commerce international, Paris 1969
Martiny, Dieter: Anerkennung ausländischer Entscheidungen nach autonomem Recht, in: Max-Planck-Institut für Ausländisches und Internationales Privatrecht, Handbuch des Internationalen Zivilverfahrensrechts, Bd.3/1, Kap. I, Tübingen 1984 (zitiert: Hb. IZVR III/1, Kap. I)
Matthies, Heinrich: Die deutsche internationale Zuständigkeit, Frankfurt a.M. 1955
Mayer, Pièrre: Droit international privé et droit international public sous l'angle de la notion de compétence, RCDIP 1979.1 ff.und 349 ff.
– Droit international privé, 2. Auflage, Paris 1983 (zitiert: D.i.p.[2])
– Droit international privé, 3. Auflage, Paris 1987 (zitiert: D.i.p.[3])
– Anmerkung zu Civ.[1] 20.12.1993 „Comité populaire de la municipalité de Khoms c. Soc. Dalico Contractors", RCDIP 1994.664 ff.
Mayer, Pièrre / Heuzé, Vincent: Droit international privé, 7. Auflage, Paris 2001 (zitiert: D.i.p.)
Meyer, Perry: The jurisdiction of the courts as affected by the Doctrine of „Forum non conveniens", [1964] 24 R. du B. 565
Milleker, Erich: Der negative internationale Kompetenzkonflikt: Versuch eines Beitrags zur Lehre vom Renvoi im internationalen Zivilprozeß, Bielefeld 1975
Ministère de la Justice du Québec: Commentaires du ministre de la Justice, Le Code civil du Québec, 2, Québec 1993 (zitiert: Commentaires)
Moreau, Bertrand: Arbitrage international, Rép. proc. civ. Dalloz, 2004
Motulsky, Henri: Procédure civile et commerciale, in: Francescakis, Répertoire de droit international, Bd.2, Paris 1969, S. 648 ff.
Müller, Harald: Die Gerichtspflichtigkeit wegen „doing business", Köln 1992
Münzberg, Wolfgang: Kommentierung zu §§ 704-827 ZPO, in: Stein/Jonas, Zivilprozessordnung, Bd.7, 22. Auflage, Tübingen 2002 (zitiert: ZPO)
Muir Watt, Horatia: Effets en France des décisions étrangères, in: Jurisclasseur Droit international, Fasc. 584 (1990)
– Remarques sur les effets en France des jugements étrangers indépendamment de l'exequatur, in: Mélanges dédiés à Dominique Holleaux, Paris 1990, S. 301-316
– Droit international et procédure civile, Rép.proc.civ. 1995
– Anmerkung zu Cass.civ. 5.5.1998, RCDIP 1998.662 ff.
– La codification en droit international privé, Droits 1998.149 ff.

Musielak, Hans-Joachim: Kommentar zur Zivilprozessordnung, 4. Auflage, München 2005 (zitiert: ZPO)
Nagel, Heinrich / Gottwald, Peter: Internationales Zivilprozessrecht, 5. Auflage, Köln 2002 (zitiert: IZPR)
Neuhaus, Paul Heinrich: Internationales Zivilprozessrecht und internationales Privatrecht, RabelsZ 20 (1955), 201-269
– Anmerkung zu BGH 14.6.1965, JZ 1966, 237-242
Neuhaus, Paul Heinrich / Kropholler, Jan: Entwurf eines Gesetzes über internationales Privat- und Verfahrensrecht (IPR-Gesetz), RabelsZ 44 (1980), 326-343
Neuner, Robert: Internationale Zuständigkeit, Mannheim 1929
Niboyet, Jean Hippolyte-Paulin: Traité de droit international privé francais, 2, 2. Auflage, Paris 1951 (zitiert: Traité de D.i.p. francais II)
– Traité de droit international privé francais, 6, 2. Auflage, Paris 1950 (zitiert: Traité de D.i.p. francais VI)
Normandin, P.: Les pouvoirs inhérents de la Cour supérieure et la doctrine 'forum non conveniens', [1987] 47 R. du B. 469 ff.
North, Peter / Fawcett, J.J.: Cheshire and North's Private International Law, 13. Auflage, Edinburgh 1999 (zitiert: P.I.L.)
Nuyts, Arnaud: L'exception de forum non conveniens (Étude de droit international privé comparé), Bruxelles 2003
– Le nouveau droit international privé belge – Règles générales, J.T. 2005, 173 ff. (177 ff.)
Oullette, Monique: Des Personnes, in: Barreau du Québec et Chambre des notaires du Québec, La réforme du Code civil, Bd.1, Québec 1993, S. 11 ff.
Pagenstecher, Max: Gerichtsbarkeit und internationale Zuständigkeit als selbständige Prozessvoraussetzungen, RabelsZ 11 (1937), 337 ff.
– Werden die Partei- und Prozessfähigkeit eines Ausländers nach seinem Personalstatut oder nach den Sachnormen der lex fori beurteilt?, ZZP 64 (1951), 249-284
Pataut, Étienne: Principe de souveraineté et conflit de juridictions, Paris 1999
– Clauses attributives de juridiction et clauses abusives, in: Krausz, Liber amicorum Jean Calais-Auloy, Paris 2004
– Liberté d'établissement et droit international privé des sociétés: un pas de plus, D. 2004.Jur.491 ff.
– Procédure civile et commerciale, in: Carreau/Lagarde/Synvet, Répertoire de droit international, 2. Auflage, t.3, Paris 2004
Peacock, Mark G.: Doctrine of 'forum non conveniens' in Ontario and Québec: The Two Solitudes, [1987] 47 R. du B. 111 ff.
Péroz, Hélène: La réception des jugements étrangers dans l'ordre juridique français, Paris 2005

Pfeiffer, Thomas: Internationale Zuständigkeit und prozessuale Gerechtigkeit, Frankfurt 1995

Pillet, A: Des personnes morales en droit international privé, Paris 1914

Ponsard, André: Le contrôle de la compétence des juridictions étrangères, Trav. com.fr.DIP 1985-1986, S. 47-64

Prioux, Raphael: Les sociétés belges et les sociétés étrangères, in: Kileste/ Caluwaerts u.a., Dernières évolutions en droit des societés, Bruxelles 2003, S. 311 ff.

Raape, Leo: Internationales Privatrecht, 5. Auflage, Berlin 1961

Rabel, Ernst: The Conflict of Laws, A Comparative Study, 2 Volumes, Volume 1, 2. Auflage, Ann Arbor 1960

Rauscher, Thomas: Talaq und deutscher ordre public, IPRax 2000, 391 ff.

Reid, Hubert / Carrier, Claire: Code de procédure civile du Québec – Jurisprudence et doctrine, 19. Auflage, Montréal 2003

Reithmann, Christoph / Martiny, Dieter: Internationales Vertragsrecht, 6. Auflage, Köln 2004

Reu, Fritz: Die staatliche Zuständigkeit im Internationalen Privatrecht, Marburg 1938

Riezler, Erwin: Internationales Zivilprozessrecht und prozessuales Fremdenrecht, Berlin/Tübingen 1949

Rigaux, Francois: Droit international privé, Bd.2: Droit positif belge, Bruxelles 1979 (zitiert: D.i.p. II)

Rigaux, Francois / Fallon, Marc: Droit international privé, Bd.2: Droit positif belge, 2. Auflage, Bruxelles 1993 (zitiert: D.i.p. II)

Roth, Herbert: Kommentierung zu §§ 1-37 ZPO, in: Stein/Jonas, Zivilprozessordnung, Bd.1, 22. Auflage, Tübingen 2003 (zitiert: ZPO)

– Kommentierung zu §§ 328, 329 ZPO, in: Stein/Jonas, Zivilprozessordnung, Bd.4/1, 21. Auflage, Tübingen 1998 (zitiert: ZPO)

Rouard, Pierre: Traité élémentaire de droit judiciaire privé, tôme préliminaire, Volume 1: Principes généraux du droit judiciaire privé, Buxelles 1979

Rosenberg, Leo / Schwab, Karl Heinz / Gottwald, Peter: Zivilprozessrecht, 16. Auflage, München 2004

Roth, Günter H.: Internationalrechtliche Probleme bei Prorogation und Derogation, ZZP 90 (1980), 156-177

Rüßmann, Helmut: Negative Feststellungsklage und Leistungsklage sowie der Zeitpunkt der endgültigen Rechtshängigkeit im Rahmen des EuGVÜ – Entscheidungs- und Klärungsbedarf durch den EuGH, IPRax 1995, 76 f.

Sandrock, Friederike E.: Die Vereinbarung eines „neutralen“ internationalen Gerichtsstandes, Heidelberg 1997

Schack, Haimo: Internationales Zivilverfahrensrecht, 3. Auflage, München 2002

– Die Versagung der deutschen internationalen Zuständigkeit wegen forum non conveniens und lis alibi pendens, RabelsZ 58 (1994), 40-58

Schlosser, Peter: Der Justizkonflikt zwischen den USA und Europa, Berlin 1985

Schmitt, Jochem: Kommentar zu §§ 1-11 BGB, in: Münchener Kommentar zum BGB, Bd.1, München 2001 (zitiert: MüKo, BGB)

Schnyder, Anton K.: Wirtschaftskollisionsrecht: Sonderanknüpfung und extraterritoriale Anwendung wirtschaftsrechtlicher Normen unter besonderer Berücksichtigung von Marktrecht, Zürich 1990

Schröder, Jochen: Internationale Zuständigkeit, Opladen 1971

– The Right not to be sued abroad, in: Musielak u.a., Festschrift für Gerhard Kegel, Stuttgart 1987, S. 523-548

Schütze, Rolf A.: Die Berücksichtigung der Rechtshängigkeit eines ausländischen Verfahrens, RabelsZ 31 (1967), 233-253

– Deutsches Internationales Zivilprozeßrecht, Berlin 1985 (zitiert: Deutsches IZPR[1])

– Deutsches Internationales Zivilprozessrecht unter Einschluss des Europäischen Zivilprozessrechts, 2. Auflage, Berlin 2005

– Schiedsgericht und Schiedsverfahren, 3. Auflage, München 1999

Schumann, Ekkehard: Internationale Rechtshängigkeit (Streitanhängigkeit), in: Rechberger, Festschrift für Winfried Kralik zum 65. Geburtstag, S. 301-316, Wien 1986

Schwab, Karl Heinz / Walter, Gerhard: Schiedsgerichtsbarkeit, 7. Auflage, München 2005

Simonart, Valérie: La personalité morale en droit privé comparé, Bruxelles 1995

Sinay-Cytermann, Anne: Anmerkung zu Civ.[1] 24.2.1998, RCDIP 1999.311 ff.

– L'ordre public en matière de compétence judiciaire internationale, Diss., Strasbourg 1980

Soergel, Hans T.: Bürgerliches Gesetzbuch mit Einführungsgesetzen und Nebengesetzen, Bd.10: Einführungsgesetz, 12. Auflage, Stuttgart 1996 (zitiert: EGBGB)

Solus, Henry / Perrot, Roger: Droit judiciaire privé, Bd.1: Introduction, Notions fondamentales, Organisation judiciare, Paris 1961 (zitiert: Droit judiciaire privé I)

– Droit judiciaire privé, Bd.3: Procédure de première instance, Paris 1991 (zitiert: Droit judiciaire privé III)

Sonnenberger, Hans Jürgen: Einleitung IPR, in: Münchner Kommentar zum Bürgerlichen Gesetzbuch, Bd.10: Internationales Privatrecht, 4. Auflage, München 2006 (zitiert: MüKo, BGB)

Spellenberg, Ulrich: Internationales Verfahrensrecht in Ehesachen, in: Staudinger, BGB, 13. Auflage, Berlin 2005 (zitiert: IntVerfR Ehe)

Staudinger, J. von: Kommentar zum Bürgerlichen Gesetzbuch mit Einführungsgesetz und Nebengesetzen:
- Artt. 3-6 EGBGB, Neubearbeitung, Berlin 2003
- Artt. 7-12 EGBGB, 13. Bearbeitung, Berlin 2000
- Artt. 25, 26 EGBGB, Neubearbeitung, Berlin 2000
- Artt. 27-37 EGBGB, 13. Bearbeitung, Berlin 2002
- Internationales Gesellschaftsrecht, 12. Auflage, Berlin 1998
- Internationales Verfahrensrecht in Ehesachen, 13. Auflage, Berlin 2005

Stein, Friedrich / Jonas, Martin: Kommentar zur Zivilprozessordnung
- Bd.1: Einleitung, §§ 1-40, 22. Auflage, Tübingen 2003
- Bd.2: §§ 41-127a, 22. Auflage, Tübingen 2004
- Bd.4/1: §§ 300-347, 21. Auflage, Tübingen 1998

Talpis, Jeffrey A. / Castel, J.-G.: „Le Code civil du Québec – Interprétation des règles de droit international privé“, in: La réforme du Code civil, Bd.3, Québec 1993, S. 801 ff. (zitiert: Le Code civil du Québec)
- Aspects juridiques de l'activité des sociétés et corporations étrangères au Québec, [1976] C.P. du N. 215 ff.

Talpis, Jeffrey A. / Kath, Shelley L.: The Exceptional as Commonplace in Quebec Forum Non Conveniens Law: Cambior, a Case in Point, [2000] 34 R.J.T. 761 ff.
- „If I am from Grand-Mère, Why Am I Beeing Sued in Texas?“ – Responding to Inappropriate Foreign Jurisdiction in Quebec – United States Crossborder Litigation, Montréal 2001

Teichmann, Arndt: Die „Gesetzesumgehung“ im Spiegel der Rechtsprechung, JZ 2003, 761-768

Théry, Philippe: Pouvoir juridictionnel et compétence, Étude de droit international privé, Diss., Paris 1981

Thomas, Heinz / Putzo, Hans: Zivilprozessordnung, 27. Auflage, München 2005 (zitiert: ZPO)

Tilquin, Thierry: L'incorporation comme facteur de rattachement de la *lex societatis*, RPS 1998, 5 ff.

Trudel, Gérard: Traité de droit civil du Québec, Bd.1, Montréal 1942

Valéry, Jules: Manuel de droit international privé, Paris 1914

Van Gerven, Dirk/ Wyckaert, Marieke: Kroniek Vennootschaprecht 2000-2001, TRV 2001, 442 ff.

Van Houtte, Hans: À propos des injonctions *anti-suit* et d'autres torpilles pour couler des actions étrangères, in: Caupain/De Leval, L'efficacité de la justice civile en Europe, Bruxelles 2000, S. 147 ff.

Vincent, Jean / Guinchard, Serge: Procédure civile, 26. Auflage, Paris 2001

Viney, Geneviève / Jourdain, Patrice: Traité de droit civil, Les effets de la responsabilité, Paris 2001

Voegele, Katja: Full Faith and Credit – Die Anerkennung zivilgerichtlicher Entscheidungen zwischen den US-amerikanischen Bundesstaaten, Berlin 2003

Völker, Christian: Zur Dogmatik des ordre public, Berlin 1998

Voirin, Pierre / Goubeaux, Gilles: Droit civil, Bd.1, 29. Auflage, Paris 2003 (zitiert: Droit civil I)

Wahl, Ulrich: Die verfehlte internationale Zuständigkeit: Forum non conveniens und internationales Rechtsschutzbedürfnis, Berlin 1974

Walchshöfer, Alfred: Die deutsche internationale Zuständigkeit in der streitigen Gerichtsbarkeit, ZZP 80 (1967), 165-229

Walter Gerhard / Baumgartner, Samuel P.: Recognition and Enforcement of Foreign Judgments Outside the Scope of the Brussels and Lugano Conventions, Den Haag 2000 (zitiert: Recognition and Enforcement of Foreign Judgments)

Watté, Nadine: Le nouveau droit international privé belge – Étude critique des fondements des règles de conflit de lois, JDI 2006.851 ff.

Weigel, Arnulf: Gerichtsbarkeit, internationale Zuständigkeit und Territorialitätsprinzip im deutschen gewerblichen Rechtsschutz, Bielefeld 1973

Wernecke, Frauke: Die Einheitlichkeit des europäischen und des nationalen Begriffs vom Streitgegenstand, Berlin 2003

Weyde, Daniel: Anerkennung und Vollstreckung deutscher Entscheidungen in Polen, Tübingen 1997

Wolff, Martin K.: Vollstreckbarerklärung, in: Max-Planck-Institut für Ausländisches und Internationales Privatrecht, Handbuch des Internationalen Zivilverfahrensrechts, Bd.3/1, Kap. IV, Tübingen 1984 (zitiert: Hb. IZVR III/1, Kap. IV)

Zimmermann, Walter: Zivilprozessordnung, 7. Auflage, Heidelberg 2006 (zitiert: ZPO)

Zöller, Richard / Geimer, Reinhold: Zivilprozessordnung, 25. Auflage, Köln 2005 (zitiert: ZPO)

Abkürzungsverzeichnis

a.a.O.	am angegebenen Ort
a.E.	am Ende
AC	Law Reports: Appeal Cases
Act.	Actualité Jurisprudentielle
Act.dr.	Actualités du droit
A.C.W.S.	All-Canada Weekly Summaries
AJ	Actualité juridique
al.	alinéa
All ER	The All England Law Reports
Am.J.Comp.L.	American Journal of Comperative Law
B.R.	Rapports judiciaires du Québec, Cour du banc de la reine
Bull.belge	Bulletin des arrêts de la Cour de cassation belge
Bull.civ. I/II/etc.	Bulletin des arrêts de la Cour de cassation francaise, section civile, première/deuxième/etc. partie
BGHZ	Entscheidungen des Bundesgerichtshofs in Zivilsachen
C.A.	Cour d'appel (Frankreich); Court of appeal (England); Recueils de jurisprudence du Québec, Cour d'appel (Québec)
Can. Bus. L. J.	Canadian Business Law Journal
C.ass.	Code des assurances
Cass.belge(1/2/etc.)	(Première/deuxième/etc. chambre de la) Cour de cassation belge
Cass.civ.(1/2/etc.)	(Première/deuxième/etc.) chambre civile de la Cour de cassation française
Cass.ch.mixte	Chambre mixte de la Cour de cassation française
Cass.com.	Chambre commerciale de la Cour de cassation française
Cass.crim.	Chambre criminelle de la Cour de cassation française
Cass.req.	Chambre des requettes de la Cour de cassation française
Cass.soc.	Chambre sociale de la Cour de cassation française
C.cass.(belge)	Cour de cassation (Belgien)
C.c.B.C.	Code civil du Bas Canada
C.civ.	Code civil (Frankreich)
C.civ.belge	Code civil (Belgien)
C.com.	Code de commerce (Frankreich)

C.cons.	Code de la consommation
C. de D.	Cahiers de droit
CDIP	Code de droit international privé
C.G.I.	Code général des impôts
CH-IPRG	Schweizerisches Bundesgesetz vom 18. Dezember 1987 über das Internationale Privatrecht
Chr.	Chronique
C.jud.	Code judiciaire (Belgien)
CMR	Genfer Übereinkommen über den Beförderungsvertrag im internationalen Straßengüterverkehr
C.org.jud.	Code de l'organisation judiciaire
C.P.	Conseil privé/Privy Council
CPC	Code de procédure civile (Frankreich)
C.P. du N.	Cours de perfectionnement du Notariat
C.proc.pén.	Code de procédure pénale (Frankreich)
C.P.C.Q.	Code de procédure civile (Québec)
C.S.	Cour supérieure; Receuils de jurisprudence du Québec, Cour supérieure
C.soc.	Code des sociétés
C.trav.	Code du travail
D.	Receuil Dalloz
D.I.	Droits intellectuels (Belgien)
D.L.R.	Dominion Law Reports
Doc. Parl.	Documents parlementaires
D.P.	Receuil périodique et critique Dalloz
Dr.mar.fr.	Droit maritime français
EMRK	Konvention zum Schutze der Menschenrechte und Grundfreiheiten vom 4.11.1950
ésp.	éspèce
EuGVO	Verordnung (EG) Nr.44/2001 über die gerichtliche Zuständigkeit und die Anerkennung und Vollstreckung von Entscheidungen in Zivil- und Handelssachen vom 22.12.2000
EuGVÜ	Brüsseler EWG-Übereinkommen über die gerichtliche Zuständigkeit und die Vollstreckung gerichtlicher Entscheidungen in Zivil- und Handelssachen vom 27.9.1996
EuVTVO	Verordnung (EG) Nr. 805/2004 zur Einführung eines europäischen Vollstreckungstitels für unbestrittene Forderungen vom 21.4.2004

EheVO II	Verordnung (EG) Nr. 2201/2003 über die Zuständigkeit und die Anerkennung und Vollstreckung von Entscheidungen in Ehesachen und in Verfahren betreffend die elterliche Verantwortung und zur Aufhebung der Verordnung (EG) Nr. 1347/2000
EwiR	Entscheidungen zum Wirtschaftsrecht
F. 2d.	Federal Reporter
Fasc.	Fascicule
Fn.	Fußnote
GAJDIP	Grand arrêts de la jurisprudence française de droit international privé
Gaz.Pal.	Gazette du Palais
i.d.R.	in der Regel
Inf.rap.	Informations rapides
InsolvenzVO	Verordnung (EG) Nr. 1346/2000 über Insolvenzverfahren vom 29.5.2000
IPR	Internationales Privatrecht
IPRG	Gesetz über das internationale Privatrecht
IPRspr.	Die deutsche Rechtsprechung auf dem Gebiete des internationalen Privatrechts
i.R.d.	im Rahmen der/des
i.V.m.	in Verbindung mit
IZPR	Internationales Zivilprozessrecht
IZVR	Internationales Zivilverfahrensrecht
Hb.	Handbuch
JCP	Jurisclasseur périodique (Semaine juridique)
JDI	Journal de droit international privé, begründet von Clunet (1874 – 1914) Journal de droit international (seit 1915)
J.E.	Jurisprudence-Express
J.L.	Jurisprudence de la Cour d'appel de Liège et de son ressort (1888-1977); Jurisprudence de Liège (1978-1986); Revue de jurisprudence de Liège, Mons et Bruxelles (seit 1987)
JLC	The Journal of Law and Commerce
J.O.	Journal Officiel
Jur.	Jurisprudence
J.T.	Journal des tribunaux
J.T.T.	Journal des tribunaux du travail
Lloyd's Rep.	Lloyd's Law Reports

LM	Lindenmayer/Möhring, Nachschlagewerk des Bundesgerichtshofs
L.P.J.	La presse juridique, recueil de jurisprudence
L.R.C.	Lois et réglements du Canada
L.R.Q.	Lois et règlements du Québec
LugÜ	Luganer Übereinkommen über die gerichtliche Zuständigkeit und die Vollstreckung gerichtlicher Entscheidungen in Zivil- und Handelssachen vom 16.9.1988
Man.R.	Manitoba Reports
M.B.	Moniteur belge
M.(w.)N.	Mit (weiteren) Nachweisen
NCPC	Nouveaux Code de procédure civile (Frankreich)
OLGR	OLG-Report
Pas.	Pasicrisie belge
Prés.	Président
QB	Queen's Bench Division
Q.A.C.	Québec Appeal Cases
RCDIP	Revue de droit international privé (bis 1933) Revue critique de droit international (1934-1946) Revue critique de droit international privé (seit 1947)
R.C.J.B.	Revue critique de jurisprudence belge
R.C.S.	Rapports judiciaires du Canada, Cour suprême du Canada
R.D.C.	Revue de droit commercial
R.D.J.	Revue de droit judiciaire
R. du B.	Revue du Barreau (du Québec)
R. du B. can.	Revue du Barreau canadien / Canadian Bar Review
Rec.	Recueil
Rép.dr.int.	Répertoire de droit international Dalloz
Rép.proc.civ.	Répertoire de procédure civile Dalloz
Rev. de l'arb.	Revue de l'arbitrage
Rev. dr. unif.	Revue de droit uniforme
Rev. int. dr. comp.	Revue internationale de droit comparé
Rev.not.belge	Revue du notariat belge
RG	Reichsgericht
RGZ	Entscheidungen des Reichsgerichts in Zivilsachen
R.J.Q.	Rapports Judiciaires du Québec / Recueil de jurisprudence du Québec
Rn.	Randnummer

R.P.	Rapports de pratique du Québec
RTD	Revue trimestrielle de droit
RTD com.	Revue trimestrielle de droit commercial
R.W.	Rechtskundig Weekblad
S.	Seite (dt.) ; Sirey, Recueil général des lois et arrêts (frz.)
Slg.	Gerichtshof der europäischen Gemeinschaften, Sammlung der Rechtsprechung des Gerichtshofes und des Gerichts erster Instanz
Somm.	Sommaires commentés
T.g.i.	Tribunal de grande instance
T.p.i.	Tribunal de première instance
Trav. com. fr. DIP	Travaux du comité francais de droit international privé
Trib.civ.	Tribunal civil
TRV	Tijdschrift voor Rechtspersoon en vennootschap
u.a.	unter anderem/n
u.U.	unter Umständen
Var.	Variante
WLR	The Weekly Law Reports
WM	Wertpapiermitteilungen
ZZP	Zeitschrift für Zivilprozess

Berliner Schriften zum internationalen und ausländischen Recht

Herausgegeben von Helmut Grothe

Band 1 Petra Wutzo: Arzneimittelwerbung des Herstellers und Verbraucheransprüche im deutschen und französischen Recht. 2009.

Band 2 Ilias Chamos: Die Umsetzung der Verbraucherkreditrichtlinie 87/102/EWG in Deutschland und Griechenland. Unter besonderer Berücksichtigung personaler und dinglicher Kreditsicherheiten. 2010.

Band 3 Eva Schäper: Gewinnzusagen. Materiellrechtliche, international verfahrensrechtliche und kollisionsrechtliche Untersuchung des Anspruchs aus § 661a BGB. 2010.

Band 4 Bernhard Kunkler: Das internationale Zivilverfahren im französischen Rechtskreis. Eine rechtsvergleichende Untersuchung des autonomen internationalen Zivilverfahrensrechts Frankreichs, Belgiens und Québecs. 2010.

www.peterlang.de